U0906990

中国年鉴资源全文数据库
CHINA YEARBOOK DATABASE
YB
核心年鉴

北京工业年鉴

BEIJING INDUSTRY YEARBOOK

2016

（总第26卷）

北京市经济和信息化委员会　编

北京出版集团公司
北　京　出　版　社

图书在版编目（CIP）数据

北京工业年鉴. 2016 / 北京市经济和信息化委员会编. — 北京：北京出版社，2016.12
ISBN 978-7-200-12518-4

Ⅰ. ①北… Ⅱ. ①北… Ⅲ. ①地方工业经济—北京—2016—年鉴 Ⅳ. ①F427.1-54

中国版本图书馆CIP数据核字（2016）第244311号

策　　划　于　虹
责任编辑　白　珍　曲　丹
特约编辑　杨秀珍　王　岩
责任印制　宋　超
装帧设计　盛天果

北京工业年鉴 2016
BEIJING GONGYE NIANJIAN 2016
北京市经济和信息化委员会　编
*
北京出版集团公司
北京出版社　出版
（北京北三环中路6号）
邮政编码：100120
网　址：www.bph.com.cn
北京出版集团公司总发行
新华书店经销
北京京华虎彩印刷有限公司印刷
*
889毫米×1194毫米　16开本　24.75印张　插页28　900千字
2016年12月第1版　2016年12月第1次印刷
印数1—500
ISBN 978-7-200-12518-4
定价：280.00元

质量监督电话：010-58572393

如有印装质量问题，由本社负责调换

本书附同版本 CD-ROM 一张，光盘内容以书面文字为准

《北京工业年鉴》编纂委员会

顾　问

隋振江

主　任

张伯旭

副主任

张国栋	李　洪	王学军	童腾飞
樊　健	毛东军	刘京辉（女）	任世强
姜广智	邹　彤（女）	张兰青（女）	陈志峰
陆恭超	班　宁		

委　员

（按姓氏笔画排序）

于吉顺	马建勋	王　旭	王　岩	王志刚	王建国	史红民
史硕致	朱　晟	任亚光	刘文超	祁增华	孙　凯	苏志民
杜　伟	李　节	李　玎	李元涛	李同智	李国庆	吴　立
吴神赋	何建吾	张一平	陈　平	罗　强	周怀明	胡小兵
胡东升	胡宝琛	姜　武	姜德义	徐和谊	徐艳阳	郭　洪
唐建国	梅　群	梁　胜	程　红	靳　伟		

《北京工业年鉴》编辑部

主　　编　张伯旭

副 主 编　唐建国　徐艳阳　张一平

执行主编　杨秀珍

特约编审（按姓氏笔画排序）

王　佐　王晓元　王跃生　孔　雷
艾　滨　史宜会　仝海威　朱晓龙
刘　霞（女）　孙学军　苏联波　李　强
李　巍　杨靖国　何宝森　汪　宏
张　晶　张宇航　邵明红（女）　金成山
侯　颖（女）　夏存仁　顾瑾栩　徐海龙
高　展（女）　常德志　彭其贵　彭雪海
潘　锋

编　　审（按姓氏笔画排序）

王　锦（女）　王玉婵（女）　刘　爽（女）　刘乃清
刘纪艳（女）　李惠敏（女）　杨秀珍（女）　吴　琼（女）
张松林　赵延文　潘会楼

《北京工业年鉴》组稿人员

（按姓氏笔画排序）

于　玲（女）	于凌燕（女）	马孝林	王　伟
王　志（女）	王　锦（女）	王秋丹（女）	尹亚昌
尹志东	代　蓉（女）	朱宝刚	刘　浩
刘春明	关佳洁（女）	许　林	李　远
李文博（女）	李淑敏（女）	杨　婷（女）	吴　彧（女）
吴国健	吴明晓	宋盈熹	宋慧宇（女）
张　健	张一鸣	陈　珊（女）	陈宗河
罗向东（女）	郑　雪（女）	郑晓川	胡跃平
贾岩琦（女）	徐博非（女）	高建敏（女）	黄永波
常　江（女）	崇为伟	葛　冰	蔡　琍（女）

编辑说明

一、2016 版《北京工业年鉴》由北京市经济和信息化委员会主办，北京市产业经济研究中心承办。

二、本年鉴是一部反映北京工业经济全面情况的大型工具书和资料性年刊。通过大量资料、数据、图片，真实地记录了北京市 2015 年工业经济的发展情况，对于全面、系统地了解和掌握北京工业经济发展所取得的成就，研究北京工业经济运行和重要行业、重点企业的发展变化及规律，指导下一年度的经济工作具有重要的参考价值。

三、本年鉴采用文章和条目两种体裁，以条目体为主。辟有特载、大事记、总述、产业、区工业、开发区、企业、协会组织、产品、人物、法规政策文件、工业数据、附录共 13 个一级栏目。

四、本年鉴所载内容由相关部门和企业单位提供，经供稿单位主管负责人审核。全市性数据由北京市统计局提供。

五、本年鉴选用资料的时限为 2015 年 1 月 1 日—2015 年 12 月 31 日（个别内容根据实际情况略作调整）。

六、《北京工业年鉴》自 1991 年起编辑出版，本年鉴为第 26 卷。一直得到全市工业系统及协作单位各级领导和编辑工作者的大力支持，我们深表感谢。

七、欢迎各界读者继续关注年鉴、收藏年鉴、使用年鉴，并对年鉴的不足之处给予指正，帮助我们进一步改进年鉴的编纂工作，以期更好地为读者服务。

八、《北京工业年鉴》编辑部联系方式：

电　　话　（010）85235624/85235643

电子邮箱　bianjibu@bjeit.gov.cn

地　　址　北京市朝阳区工体北路 6 号凯富大厦 5 层 510 室

邮政编码　100027

综　述

2015 年，全市工业系统在北京市委市政府的正确领导下，深入学习贯彻习近平总书记系列重要讲话和对北京工作的重要指示精神，一手抓不符合首都城市战略定位的产业调整疏解，一手抓高精尖产业体系构建，实现产业进退有序、结构优化升级、整体提质增效。

全市规模以上工业总产值 17449.6 亿元。汽车及交通运输设备产业规模以上工业总产值 4267.3 亿元，同比增长 5.9%；电子信息制造业规模以上工业总产值 2110.2 亿元，同比下降 13%；装备产业规模以上工业总产值 2435.2 亿元，同比下降 1.8%；生物与医药产业规模以上工业总产值 733.0 亿元，同比增长 9.6%；都市产业规模以上工业总产值 1560.4 亿元，占全市规模以上工业总产值的 8.9%；基础与新材料产业规模以上工业总产值 6343.4 亿元，同比下降 12.5%。

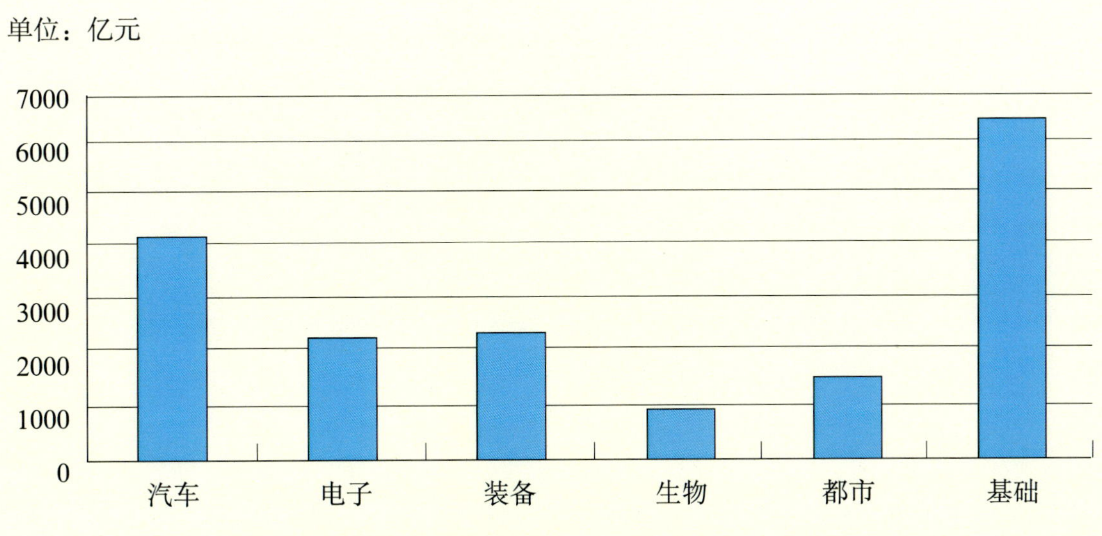

2015 年北京市规模以上工业六大产业总产值

协同发展

1 月 19 日，作为京津冀产业协同的重点项目，北京生物医药产业园落户河北沧州临港经济技术开发区

4 月 3 日，北京现代四工厂在河北沧州开工建设

5 月 13 日，北京威克多公司在河北衡水产业园投入生产

8 月 21 日，首钢京唐二期工程启动

9 月 25 日，《北京（曹妃甸）现代产业发展试验区产业发展规划》发布

11 月 20 日，2015 京津冀产业转移系列对接项目签约

12月4日，三一集团在中非装备制造业展会上介绍“埃塞俄比亚阿达玛二期风电项目”

同方威视安检设备在美国峰会应用

新常态、新机遇“一带一路”政策宣贯及投资对接活动

5 月 14 日，北京市中小企业公共服务平台开通运行

10 月 19 日，以“创业创新 · 汇聚发展新动能”为主题的 2015 年全国大众创业万众创新活动周拉开帷幕

3 月 30 日，北京市中小企业公共服务平台首届“创业庙会”开幕

新能源智能汽车专项

4 月 9 日，市经济信息化委主任张伯旭调研普莱德电池

3 月 20 日，以“万众 E 行　助力申奥”为主题的北汽新能源卫・蓝先锋行动启动

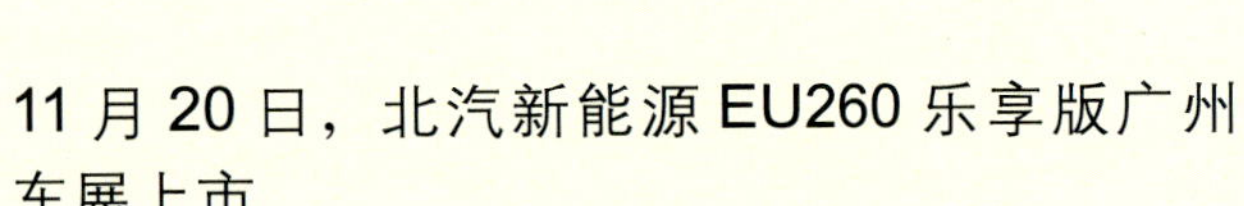

11 月 20 日，北汽新能源 EU260 乐享版广州车展上市

12 月 31 日，北汽新能源第 20000 辆汽车下线暨 200 辆换电出租车交付

10 月 29—30 日，以“把握机遇，共促中国集成电路产业大跨越”为主题的 2015 北京微电子国际研讨会召开

10 月 29 日，中芯北京二期 B3 厂房工程启动

中芯国际先进制程工艺生产线

智能制造和服务专项

研发机构和重点企业落户亦创智能机器人创新园

和利时智能产品数字化车间

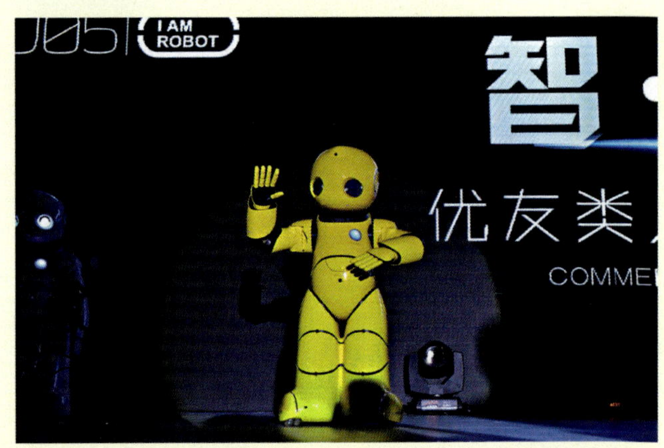

康力优蓝推出国内首个服务机器人“优友”

京东方全球首款 82 英寸 10K 超高清显示屏上市

2015 首届工业互联与智能制造之互联网 + 高峰论坛召开

12 月 10 日，“IT 强国梦”北京自主可控信息系统专项重大项目发布

东土科技携 Aquam 系列新品亮相 2015 年德国纽伦堡 SPS IPC Drives 展会

互联网专项

小米销量进入全球前三

7月21日，北京工艺美术行业发展促进中心与京东商城签署战略合作协议

北京都市产业优秀工业产品参加网上行活动，入驻京东、天猫商城

1月8日，天坛生物亦庄基地投产

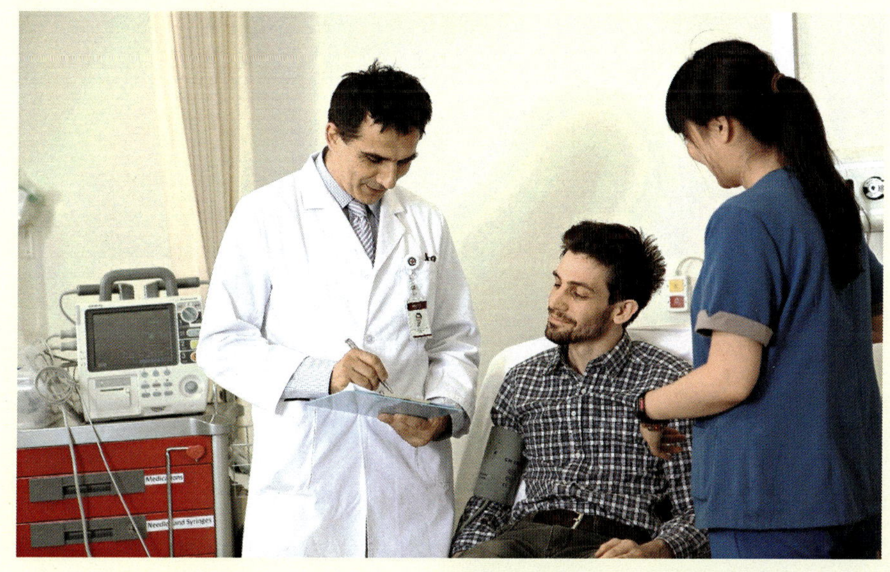

6月18日，京东方拟收购明德投资股权，作为智慧健康投资发展平台

同仁堂健康药业公司开创中医药领域“互联网+健康”新模式

通用航空和卫星应用专项

北斗导航企业研制生产的北斗产品应用于“9·3”大阅兵

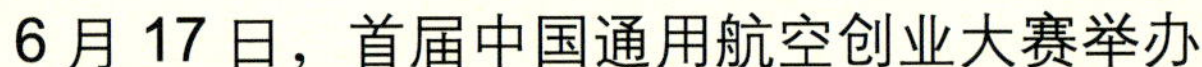

6月17日，首届中国通用航空创业大赛举办

6月19日，北京通用航空有限公司首架P750飞机交付使用

7月，京津冀北斗卫星导航区域应用示范工程启动

目　　录

特　　载

大 事 记

总　　述

产　　业

区 工 业

开 发 区

企　业

协会组织

产　品

人　物

法规政策文件

工 业 数 据

附 录

索　　引

彩色插页

Contents

Special Issues

Chronicle Events

Overview

Industry

District and County Industry

Development Zones

Enterprises

Associations Summary

Products

Personages

Documents of Policy and Regulation

Industrial Data

Appendix

Index

Catalog of Color Inserts

特　载

深化改革创新　加快转型发展
实现“十三五”时期经济和信息化良好开局
——在2016年北京市经济和信息化工作会上的报告

北京市经济和信息化委员会主任　张伯旭

（2016年1月29日）

同志们：

今天的会议，是在“十三五”开局之年召开的一次全市经济和信息化工作大会，具有承前启后、继往开来的重大意义。会议的任务是：总结“十二五”全市经济和信息化的发展情况，分析形势，展望未来，全力做好2016年的重点工作。下面，我代表市经信委报告工作。

一、“十二五”发展情况及2015年工作回顾

（一）“十二五”发展情况

“十二五”时期是全市经济和信息化发展极不平凡的5年。面对错综复杂的外部环境以及调整转型等诸多挑战，在市委市政府的正确领导下，全市经信系统深入学习贯彻习近平总书记重要指示精神，团结奋进、攻坚克难、改革创新，主动谋求发展方式转变，深度推进产业结构调整，较好地完成了各项任务，实现了“十二五”圆满收官。

这5年，产业结构深入调整。在京津冀区域内主动谋划产业转型，持续推动产业结构向高端化、服务化、集聚化、融合化、低碳化方向升级。5年来，全市规模以上工业增加值年均增长约6%，利润年均增长约10%，上缴税收年均增长约12%；与“十一五”末相比，从业人员减少6.5%，全员劳动生产率提高46%，达到人均32.5万元，接近全市平均水平的2倍。现代制造业和高技术制造业成为工业发展主体，占工业增加值的比重分别为49.4%和21.3%。以电子、汽车、医药为代表的高端产业快速发展，占工业增加值比重达到40%，比“十一五”末提高了9个百分点。二、三产业融合，制造业服务化特征更加明显，生产性服务业增加值占全市GDP的比重超过53%，比“十一五”末提高约6.5个百分点。软件和信息服务业蓬勃发展，增加值年均增长14.3%，占全市GDP的比重达到10%以上。符合首都城市战略定位的高端产业进一步向城市发展新区和市级以上开发区集中，一般制造环节向北京周边加快转移。首钢、北汽、金隅、三元等一批重点企业主动在津冀区域布局，产业辐射带动作用不断增强。

这5年，节能减排大力推进。贯彻落实清洁空气行动计划，深化工业污染治理。会同发改、环保等部门，发布实施《2012—2020年工业大气污染治理行动计划》《北京市新增产业的禁止和限制目录（2015年版）》以及《不符合首都功能定位的工业行业调整、生产工艺和设备退出指导目录》等一系列政策措施。与“十一五”末相比，2014 年工业二氧化硫和氮氧化物排放量分别下降 34% 和 28.7%。万元工业增加值能耗下降 35.4%，为 0.52 吨标煤，处于全国最好水平；水耗下降 26.6%。近 3 年累计关停 1006 家一般制造和污染企业，减少用工约 5 万人，削减主要大气污染物排放约 1.7 万吨。朝阳、通州、昌平等区结合污染企业退出工作，积极整治镇村产业聚集区，取得较好成效。推动生态园区建设，实施工业领域合同能源项目管理，开展企业清洁生产。近 3 年累计压减约 200 万吨工业燃煤，完成 5240 蒸吨工业企业燃煤锅炉清洁能源改造。

这 5 年，创新驱动效应显现。致力于建设全国科技创新中心，坚持把自主创新和技术进步作为产业发展的关键，建立健全以企业为主体、产学研相结合的技术创新体系。2015 年，全市市级及以上企业技术中心达 612 个，比“十一五”末增长 1 倍。2014 年，全市工业投入研发经费 234 亿元，比“十一五”末提高 1 倍以上；占工业增加值比重达 6.5%，比“十一五”末提高 2.3 个百分点，比全市平均水平高 0.5 个百分点。工业新产品产值占总产值比重达 20%，比“十一五”末提高 4 个百分点。规模以上工业企业中有研发创新活动的占 30.9%，比“十一五”末增长 1 倍，专利申请量增长 1.3 倍。创新成果不断涌现，集成电路核心设备实现突破，12 英寸 28 纳米刻蚀机、离子注入机等实现销售，京东方自主研发的液晶面板技术达到国际先进水平，文化创意和科技创新为制造业注入时尚元素和高端内涵，以小米模式、和利时模式为代表的一批业态创新不断涌现。出台《促进中小企业发展条例》，建立 1+16+N 的中小企业公共服务体系。中小企业累计创新融资 298.6 亿元，支持企业近 2000 家，创投引导基金总规模达 61.7 亿元，已对 239 家中小企业进行股权投资，其中战略性新兴产业项目占比超过 90%。

这 5 年，智慧城市建设提速。将信息化建设与治理“大城市病”相结合，新一代信息技术在服务民生和提升城市精细化管理能力方面发挥了重要作用。发布《“智慧北京”行动纲要》，深度推进两化融合，实现从“数字北京”向“智慧北京”的跃升。加快“全光纤城市”建设，累计完成 552 万户铜缆网络光纤化改造，全市具备光纤接入能力的用户超过 1000 万户，基本实现全光纤网络覆盖；累计建设 4G 基站 4.1 万个，基本实现城区、乡镇及行政村的全覆盖。建立国内城市运行和应急领域首套物联网应用技术规范和支撑平台，建成覆盖交通、人口、安全、环保等各领域的信息化平台，实施智能交通、大气污染监测、不动产登记等一批重大应用项目。网上政务服务、政府数据开放和政务信息资源共享深入推进，信息网络安全保障能力不断提升。开通“信用北京网”，城市信用环境指数保持全国第一。建成 1672 个星级智慧社区，公共服务信息化程度不断提高。建设中国软件名城，在全国率先建成软件和信息服务交易所及大数据交易服务平台。深入实施“祥云工程”，“北京健康云”服务用户近百万。累计完成 4.4 万台北斗终端的安装应用，北斗导航应用水平继续领跑全国。两化融合发展总指数达 84.8，较“十一五”末提升 14.2 个百分点，处于全国前列。

这 5 年，改革创新持续深入。以改革为动力，寓管理于服务之中，坚持有所为、有所不为，全系统工作重心转向战略规划、资源汇聚和平台建设等方面，实现了从抓具体事务为主向抓统筹协调为主，从谋项目为主向谋布局为主，从谋扩能为主向谋升级为主的重大转变，为市委市政府决策发挥了参谋助手作用。积极推进审批制度改革，累计取消行政审批事项 5 个大项和 3 个子项，将 5 项非许可审批调整为行政服务，取消和调整事项的比例为 37%。主动清理废止一批不适应深化改革创新需要的政策文件。加强工业行业安全管理，没有发生重大责任事故。

（二）2015 年工作回顾

2015 年是全系统攻坚克难、改革创新的突破之年。我们围绕京津冀协同发展战略，抓好产业调整疏解、结构升级、布局优化等中心任务，实现高技术制造业增加值增长 6.7%，不符合首都城市战略定位的产业增加值下降 7.2%，万元工业增加值能耗下降 8.2%，软件和信息服务业增加值增长 12%。工作亮点突出体现在以下 4 方面：

一是高精尖产业体系构建取得新突破。结合落实《中国制造 2025》，着眼建设全国科技创新中心，制定出台《〈中国制造 2025〉北京行动纲要》（以下简称《北京行动纲要》），提出了“三四五八”发展战略，以“正面清单”的方式，向社会回应了北京发展什么和如何发展的问题，为北京市未来 5 ～ 10 年高精尖产业的发展提供了明确指导。一年来，一大批高精尖成果相继落地，如北京自主可信开放高端计算系统进入产业化，28 纳米芯片制程工艺进入量产，石墨烯等新材料研究应用取得新进展，全球首创手足口病 EV71 疫苗一类新药获批生产，智能汽车发展加快，新能源纯电动汽车销量连续 3 年位列全国第一。

二是京津冀产业协同发展迈出新步伐。坚持禁限和疏导并举，会同发改、环保等部门，修订《北京市新增产业的禁止和限制目录（2015 年版）》，完善污染扰民企业搬迁政策，启动企业差别电价征收工作。会同环保部门完成首批10家生态工业园区认定。关停退出326家一般制造和污染企业，超额完成全年任务。以共建产业园区作为京津冀产业协同发展的突破口，对外发布《北京（曹妃甸）现代产业发展试验区产业发展规划》，推动首钢京唐二期等重大项目开工建设；北京·沧州生物医药产业园正式启动，会同药监部门在全国开创医药企业异地监管新模式；深入推进张北云计算产业基地建设，努力打造“中国数坝”。

三是信息化建设结出新硕果。建成六里桥政务云中心，为实现全市电子政务集约化建设奠定了基础。“首都之窗”在全国省级政府网站评价中连续9年位居榜首。改版“北京网”，实现百余项业务直接在网上办理，推动信息惠民。加快利用“北京通”整合市民服务卡，发布地方标准，将“京医通”纳入“北京通”范围，全年发放“北京通”卡约500万张，为大数据在市民服务领域的应用打下基础。牵头制定落实《北京市加快社会信用体系建设的实施意见》，初步建成个人信用信息系统。“提速降费”取得实质进展，本市宽带平均可用下载速率达10.6兆，同比提高了101.9%。20家企业入选2015年国家“互联网与工业融合创新试点”名单，数量居全国第一。

四是发展环境实现新提升。深化财政资金使用方式改革，与财政部门共同设立总规模200亿元的高精尖产业发展基金，已完成母基金和首批11支子基金的设立。加快创新平台建设，正式运营北京市中小企业公共服务枢纽平台网络，培育推广以“北京工业云”、中航“爱创客”等为代表的一批“互联网+”制造创新服务平台。完善产业发展引导政策，制定落实本市优化企业兼并重组市场环境的实施意见、应急产业发展的实施意见等政策文件。各区经信部门主动作为，重点开发区产业结构不断优化，服务能力显著增强。

同时，全系统坚持讲政治、顾大局的优良传统，不断提升重大活动服务保障能力，以高度的政治责任感，全力做好纪念抗战胜利70周年等重大活动期间的空气质量保障、通信和信息安全应急保障以及无线电管理等工作，做到了全面准确，万无一失，得到各方面的充分肯定。

这些成绩的取得，是市委市政府正确领导和工信部精心指导的结果，是各兄弟委办局大力支持与帮助的结果，更是各区政府、开发区及广大企业共同努力的结果。在此，我代表市经信委，对各界的支持和努力，表示衷心的感谢和崇高的敬意！

回顾5年来的发展历程，我们深切体会到，做好全市经济和信息化工作，要始终牢牢把握首都城市战略定位，坚持主动调整转型；要始终致力于形成创新驱动、内生增长的发展方式；要始终发扬求真务实、开拓创新的工作作风。同时，也要看到我们的工作与党中央和市委市政府的要求还有很大的目标差距，全系统在认识、适应特别是引领新常态方面的能力还有较大欠缺。今后一段时期，我们还要进一步加强学习，不断总结，持续改进，锐意创新。要站在“四个全面”的战略高度，始终按照“三严三实”的要求，持续推进作风建设，更好地完成肩负的每一项任务。

二、形势和展望

“十三五”时期是我国全面建成小康社会的决胜阶段，是北京市落实首都城市战略定位、加快建设国际一流和谐宜居之都的关键阶段。党的十八届五中全会明确了未来5年我国经济社会发展的方向目标，特别是提出了“创新、协调、绿色、开放、共享”五大发展理念。2015年中央经济工作会提出了“去产能、去库存、去杠杆、降成本、补短板”五大任务，以及供给侧结构性改革等重点工作，对解决我国发展中存在的各种问题，具有很强的指导性和针对性。我们必须要深刻理解，在工作中主动对标，对不上的事不能再干，对得上的事要加把劲干。

“十三五”时期，我们的任务既光荣又艰巨。全市经济和信息化发展的宏伟蓝图已经展开，前景美好，但也面临一些突出的困难和问题。对此，必须要保持清醒的认识。一是在产业发展方面，产业层次还不够高，存在供需错配的情况；创新优势发挥还不充分，引导技改升级的政策力度不够，高精尖产业的发展环境和政策合力有待加强；产业投资不足，具有较大带动作用的龙头项目尚未形成破竹之势。二是在企业疏解调整方面，调整退出的政策和经济手段不够完善，企业主动转型发展的积极性有待增强；“小散乱污”企业治理涉及利益复杂，要建立多层级责任制和压力传导机制，才能将工作落实到位。三是在信息化建设方面，信息化对“大城市病”治理、政府管理创新等工作还应发挥更大的支撑作用，顶层设计和统筹协调力度还要加大，新技术条件下的互联网治理和信息安全保障任重道远。四是在全系统内部管理方面，面向企业和公众的服务能力需要提升，全系统的工作合力、担当意识和创新意识仍需增强。

机遇和挑战并存。我们正处在一个大发展、大变革的时期，也面临着产业的大跨界、大颠覆，从短期看可能会经历阵痛，但从长远看是迎来了干事创业的难得契机和更大舞台。“十三五”时期，我们要立足首都城市战略定位，统筹落实《京津冀协同发展规划纲要》《中国制造 2025》《"互联网 +" 行动指导意见》《促进大数据发展行动纲要》等一系列战略部署，以全面推进《北京行动纲要》的实施落地为抓手，不断提升统筹资源、整合要素和专业服务能力，突出抓好技术创新、标准创制、品牌创建、政策创造，实现"在疏解中发展、在调整中提升"，真正发挥并全面提升北京在全国制造业技术创新、智能制造、两化深度融合、智慧城市建设、中小企业发展及军民融合等领域的示范引领作用，在更高水平上推动北京经济和信息化科学发展。

在产业发展方面，瞄准全球产业创新制高点，围绕制造强国建设，以构建产业生态为基础，以提高发展质量和效益为中心，以推动"在北京制造"向"由北京创造"转型为主线，全面实施"三四五八"发展战略，着力疏解非首都功能产业，构建高精尖产业新体系，统筹优化产业空间布局，加快打造"小微企业成长生态圈"，努力走出一条"疏存量推转型、优增量强创新、促协同谋共赢"的发展新路，实现产业的轻盈腾飞和全面升级，促进京津冀产业形成协同创新和一体发展格局。

到 2020 年，努力完成"四个一千"工程，即淘汰退出 1000 余家污染落后企业、疏解转移 1000 余家不符合首都城市战略定位的企业、转型升级 1000 余家具有传统比较优势的企业、培育发展 1000 余家符合高精尖产业发展方向的企业。推动产业结构持续优化，空间布局更趋合理，企业创新发展能力不断提升，绿色发展水平迈上新台阶。形成一批具有较强竞争力的优势产业，保持制造业和软件信息服务业占 GDP 比重和对地方财政贡献"两稳定"，实现创新能力和质量效益"双提升"。

在信息化建设方面，以打造"智慧北京"升级版为主题，以智慧发展为主线，着力构建完整的大数据和物联网应用支撑环境，全面提升北京信息基础设施保障、信息化应用和信息安全管理水平，加快形成政务信息领域信息化统筹规划建设格局，深化建设全市统一的政务云，力争在智慧交通、智慧教育、智慧医疗方面推出更多有影响、见实效的应用项目，全面提高信息化对经济发展、城市运行和民生服务的保障支撑能力。

到 2020 年，实现"智慧北京"全面升级，信息化发展水平保持全国领先，争创国际一流，推动北京率先进入信息社会，发展成为全球信息通信枢纽、互联网创新中心、智慧城市示范基地和国家"互联网 +"产业融合创新策源地。

三、2016 年重点工作安排

2016 年是"十三五"规划的开局之年，做好全年经济和信息化工作意义重大。我们要在市委市政府的坚强领导下，全面贯彻党中央、国务院相关会议精神，按照全市统一部署，以改革创新的精神，全面抓好《北京行动纲要》的落实工作，加快疏功能、转方式、优环境、补短板、促协同，进一步提升发展的质量效益，实现"十三五"良好开局。

综合各种因素，我们确定 2016 年主要预期目标是：产业结构不断优化，符合首都城市战略定位的产业加快发展，其中规模以上现代制造业和高技术制造业增加值增速均在 7% 左右，现代制造业占全市工业的比重超过 50%；不符合首都城市战略定位的产业加快疏解和退出，增加值下降 5% 以上。工业效率提升，消耗减少，全员劳动生产率提高 3.5% 左右，万元工业增加值能耗和水耗同比均下降约 3%。软件和信息服务业平稳发展，营业收入增长约 10%。打造"智慧北京"升级版取得新突破。

2016 年，我们要着重抓好以下 5 方面工作：

（一）加快产业调整疏解，推动京津冀协同发展

将京津冀协同发展与北京自身的发展紧密结合，主动担当，推动三地产业协同创新升级。

一是推动完善政策机制。会同发改、财政、土地、规划、环保等部门，研究修订工业污染行业调整、生产工艺和设备退出指导目录，推动出台收储、转让等工业用地二次开发利用的一揽子政策。加快实施差别化水电气热价格政策，落实新的排放标准，强化财政资金引导，提升企业主动关停退出的积极性。细化产业疏解工作方案，推动中心城区符合高精尖产业发展方向的制造企业有序向远郊区及津冀地区梯度转移，一般制造企业及不具备比较优势的生产环节加快向周边地区转移。

二是加快完成产业退出疏解任务。严格执行新增产业的禁限目录，加强市区两级项目审批部门工作联动，确保禁限项目"零准入"。关停退出 300 家一般制造和污染企业，确保提前一年超额完成清洁空气行动计划提出的累计 1200 家的退出任务。压减工业燃煤 20 万吨，继续推进市级以上开发区的生态化改造工作。突出抓好城乡结合部的"小散乱污"企业退出工作，请各区认真落实全市工作部署，按照"谁属地谁治理，谁招商谁清理"

的原则，尽快摸清底数，细化工作方案，确保完成“小散乱污”企业治理退出的年度任务。

三是加强重点合作园区的建设。配合争取北京（曹妃甸）现代产业发展试验区国家级政策试点，推动城建重工、葛洲坝能源等一批项目尽快落地。促进北京·沧州生物医药园已开工项目尽早竣工投产，未开工签约项目尽早开工。协助解决张北云计算产业基地信息化基础设施升级完善等问题，加快阿里北方云计算基地等项目建设，确保按期投入运营。加快京冀通航产业园规划工作，研究共建机制，统筹京冀通航产业发展。推动新能源节能环保装备等领域优势企业参与津冀地区重大工程，促进京津冀产业整体升级。积极做好和田、拉萨等地的对口支援合作。

（二）贯彻落实《北京行动纲要》，加快构建高精尖产业体系

在促进高精尖产业发展方面，政府要扮演好平台搭建者、政策创造者、环境提供者的三重角色。我们将尽快推动成立领导小组，联合各方力量，形成工作合力，加快工作落实。

一是发挥好高精尖产业发展基金的撬动和引领作用。加强高精尖母基金和已设立的11支子基金的管理，推动设立新能源汽车、机器人与智能制造、应急产业等专项基金，对基金投向严格把关，抓好基金风险防范。加强与中关村发展集团、亦庄国投等一批投资公司及相关商业银行的合作，借助专业化和市场化运作，推动资本与高精尖产业融合发展。

二是制定好《北京行动纲要》落地生根的配套政策。编制高精尖产品目录及项目优选线标准，启动实施八大产业生态建设专项和五大行动，力争在新能源汽车、集成电路、机器人、3D打印、新一代健康诊疗、卫星通航等重点领域取得突破。以市级以上开发区为主体，系统梳理全市产业发展空间，优选10家左右进行高精尖产业的集中布局。继续举办好高端产业发展专题研讨班，探索与天津、河北方面联合举办职业技能大赛。

三是培育好首批代表性强的高精尖项目。变征集项目为发现项目，总结自主可信开放系统等项目的运作经验，主动引导市场投向，组合资源布局具有战略意义的高精尖项目。推动完善项目落地协调机制，加快中航发动机总部和研发中心、机器人创新产业基地、智能汽车创新科技园、中芯北方12寸集成电路、诺华制药等一批项目落地建设。支持北京经济技术开发区创建中国制造2025示范区。

这里特别强调，请各区尤其是远郊区，抓住高精尖产业发展契机，围绕《北京行动纲要》落实，细化本区工作方案，立足区域比较优势，明确发展方向和重点。要树立开放合作的“大北京”理念，以央企为重点，积极谋划引进各类产业要素资源，争取国家各类试点示范，带动整体发展环境的提升。

（三）提升企业技术创新能力，增强发展新动能

把创新摆在发展全局的核心位置，抓住京津冀创建全面创新改革试验区的机遇，深化企业为主体的产业创新体系建设，加快形成创新驱动、内生增长的发展方式。

一是加快建设共性技术平台。以跨界创新服务平台为载体，面向产业重大共性需求，启动3～5个市级制造业创新中心建设，力争首批1～2个国家级制造业创新中心落户北京，加速产业前沿技术、关键核心技术等共性技术的供给、扩散和应用。调整企业技术中心认定管理办法，变“被动评”为“主动布”，将面向生产的技术开发中心升级为新产品创造中心。建设1～2个国家级产业技术基础公共服务平台，为产业技术创新提供基础支撑和公共服务。

二是支持企业技术创新。继续做好国家重大专项的组织实施，会同北京海关摸清进出口产品和技术需求清单，结合已有优势，以本地企业为核心，聚合创新资源，加快材料创新、工艺创新和产品创新，探索推进实施进口替代。逐步建立高精尖产业的技术基础体系、标准支撑体系和监测评价体系。建设高端轨道交通创新基地，进行标准化试点。推动央企等龙头企业率先开放创新资源，培育制造业众创空间，形成协同开放的新型产业组织模式。组织召开技术创新大会，营造鼓励企业创新氛围。

三是加大技术改造升级力度。围绕品种品质品牌，以创新供给带动消费升级。加快落实“绿色制造技术改造行动”和“京津冀联网智能制造示范行动”，出台技术改造目录，会同财政、环保等部门研究推出相关政策，加大资金引导力度，支持传统优势企业实施绿色制造和智能制造技术改造，全年将重点支持节能减排和产业升级技术改造200余项。

四是加快中小企业创新发展。梳理评估中小微企业政策落实效果，完善相关制度。强化中小企业发展基金的引导作用，加快推进基金的专业化管理和市场化运营。充分运用好“政、银、担”风险共担机制，推动投贷

保联动。研究建立北京市小微企业投融资环境指数，探索更多为小微企业服务的融资促进模式，力争全年新增融资 70 亿元。继续完善中小企业公共服务枢纽平台网络，制定发布《北京市小微企业成长行动计划（2016—2020)》，促进大众创业、万众创新。

（四）加快信息化建设，打造“智慧北京”升级版

强化信息化对民生福祉的服务支撑，让市民共享发展成果。

一是加快信息基础设施升级建设。推进“提速降费”，完成铜缆网络光纤化改造，建成“全光纤城市”，大幅提升本市网速，实现平均签约带宽超过 30 兆，平均可用下载速率超过 12 兆。在信息管道统一建设、“最后一公里”公平接入等方面，力争取得实质性突破。加强基站规划和建设管理，在主要公共场所提供免费无线上网服务。升级信息资源共享交换平台，推进社区公共服务综合信息平台建设。

二是抓好市行政副中心信息化建设。瞄准国际一流，开展行政副中心智慧城市示范区顶层设计，会同规划部门开展行政副中心信息化基础设施规划，启动行政办公区智能化建设和信息化大楼建设工作，带动北京信息化应用水平的提升和信息产业的发展。推进京津冀区域，尤其是冬奥会举办地的信息基础设施统筹建设和对接共享。

三是提升信息化支撑民生和城市服务的能力。扩展北京市政务云应用，除公安、安全系统外，新建系统全部上云、已建系统逐步迁移。将“北京网”和“北京服务您”建设成为集成各类公共服务的政府服务门户。实施“祥云工程”3.0 版，在交通、教育、医疗等领域，主动协调启动一批重大应用项目。全面推进“北京通”与各领域的融合对接，全年新增发卡 500 万张以上。建设完善全市公共信用信息服务平台，起草制定公共信用信息归集和使用管理办法，推动建立以信用为核心的新型市场监管与服务机制，以及京津冀统一的信用管理体系。

四是强化信息网络安全保障能力。编制政务信息安全技术指南，推进信息安全等级保护，加强信息安全检查和渗透测试，利用大数据分析技术完善政务信息安全监控平台。维护无线电管理秩序，做好重大活动通信保障和突发事件应急处置。

（五）瞄准智能制造主攻方向，推动两化深度融合

着眼构造新型制造体系，加快新一代信息技术与制造技术融合发展，促进制造业向数字化、网络化、智能化方向发展。

一是深化“互联网 +”制造业创新发展。加快发展生产性服务业，鼓励制造业企业主动向服务型制造、平台化经营和个性化服务方向转型。大力发展工业电子商务，通过需求拉动，实现对供给侧资源逆向优化整合。加快工业云协同制造，推动跨区域、跨行业资源共享与生产协同应用。

二是抢抓智能制造制高点。牵头推出更多的智能制造国家标准，推进一批智能制造新模式应用和示范试点项目建设。支持海淀区建设智能制造创新中心。启动京津冀智能制造工程并在智能电网、生物医药等行业应用。争取世界机器人大会永久会址落地，建设国家机器人检验认证中心，加快打造智能机器人创新基地。着眼 5G 通信技术前沿，服务智能交通应用，大力发展智能汽车。

三是落实国家大数据战略。发布大数据和云计算发展行动计划，探索完善大数据开放利用机制，组建大数据管理中心，打造政务数据开放门户，率先促进政务数据资源共享开放。加快京津冀大数据试验区创建工作，带动张家口大数据新能源综合示范区建设。

四是加快军民融合发展。抓住国防科技工业改革、军工科研院所转制契机，重点推进中船海洋装备创新研发基地、军民融合信息安全等项目建设，促进军民融合产业向纵深发展。推动高分、北斗等卫星应用与信息产业融合发展。以丰台科技园应急产业示范基地建设为重要抓手，加快发展应急产业。

同志们，今年的工作任务十分繁重，为保障做好全年工作，我再强调 4 方面要求 :

一是加强顶层统筹。按计划编制完成“十三五”工业转型升级、软件信息服务业发展及信息化建设等相关规划。推进依法行政，深化审批制度改革，做好经济运行监测，不断提高宏观思维和战略研判能力。与相关部门做好协同配合，在产业疏解转移、项目引进方面，确保全市一盘棋、工作一本账。

二是做好企业服务。推进减税降负，落实好降成本相关政策，妥善处置“僵尸企业”。支持市属工业企业加大改革力度，借助“一带一路”等政策契机，开展跨国并购。支持企业参与政府采购以及新机场、行政副中心建设。支持“老字号”企业扩大发展。

三是加强安全生产管理。市区两级经信部门要落实管行业必须管安全的要求，加强对企业的安全生产指导，督促企业落实主体责任，严格执行安全生产责任制，狠抓管理制度和岗位培训；切实做好核应急与民爆等行业的监督管理，始终做到警钟长鸣。重大活动和节日期间，各单位一定要加强隐患排查和应急值守，确保万无一失。

四是抓好党的建设。以落实全面从严治党为主线，从严思想教育、从严监督管理、从严改进作风、从严纪律约束、从严落实责任，切实抓好党员干部队伍的作风建设。加强新闻宣传，营造良好舆论氛围。健全“一岗双责”长效机制，坚持反腐倡廉不放松、不手软，营造风清气正的工作环境。

同志们，做好2016年工作，使命光荣，责任重大。我们一定要以时不我待的使命感和紧迫感，奋力拼搏，久久为功，不断推动全市经济和信息化转型发展，为北京率先全面建成小康社会、建设国际一流的和谐宜居之都，贡献更大力量。

关于中关村示范区2015年及“十二五”时期创新发展情况和下一步工作安排的报告

中关村科技园区管理委员会主任　郭　洪

中关村科技园区管理委员会主任　郭　洪

一、2015年中关村示范区创新发展情况

2015年，在部际协调小组支持指导下和市委市政府坚强领导下，中关村示范区按照“三严三实”的标准和要求，全面贯彻习近平总书记系列重要讲话精神，深入落实党中央、国务院和市委市政府关于实施创新驱动发展战略、构建京津冀协同创新共同体、建设全国科技创新中心等重大决策部署，主动适应引领经济发展新常态，坚持制度创新与科技创新“双轮驱动”，进一步释放创新创业活力，加快转型升级和动力转换，圆满完成了全年各项工作任务，形成“园园打造高精尖”新局面。李克强总理一年内先后两次到中关村视察，充分肯定中关村创新创业取得的成绩，4次对中关村报送的信息做出重要批示，首届“全国大众创业万众创新活动周”主会场活动和第32届国际科技园区协会（IASP）世界大会在中关村成功举办。

（一）创新发展取得新成效

一是战略支撑能力进一步提升。初步核算，2015年示范区高新技术企业实现总收入4.07万亿元，同比增长12.8%，利润总额和实缴税费分别增长14.7%和10.7%。高新技术企业实现增加值5557.4亿元，同比增长12.2%，对全市经济增长的贡献率达36.8%。战略性新兴产业集群收入占示范区总收入的比重达到71.6%，高精尖经济结构加快形成。

二是创新引领能力进一步提升。政策创新持续引领全国，70余项改革试点稳步推进。企业专利申请量突破6万件，万元增加值能耗约为全市的1/5。创业活动呈现创业社区兴起、天使投资+合伙人制+股权众筹、大企业内部创业等六大新趋势，全年新创办科技型企业2.4万家，中关村创业大街日均孵化企业4.9家，成为引领我国科技创业的新地标。成功承办首届“全国大众创业万众创新活动周”主会场活动，发布600余个创新平台和项目，参与人数超过10万人，推出的“网上会客厅”将中关村创业服务辐射到全国。

三是辐射带动能力进一步提升。中关村核心区创新策源地功能强化，中心城区分园加快转型升级，企业总收入占示范区的比重超过70%，郊区10园着力提升创新资源承接能力，经济增速是示范区整体的2倍。跨京津冀的科技创新园区链初步形成。

四是国际影响力进一步提升。企业“走出去”进程不断加快，领军企业加速海外布局，带动更多中关村企业在海外设立研发中心、孵化器、投资基金，开展海外并购。示范区企业累计在海外设立分支机构571家，全年以中关村企业为主发起海外并购36起，同比增加15起，并购金额525.5亿元。

（二）采取的重点工作举措

一是打破体制机制束缚，释放创新创业活力。坚持全面创新改革，积极参与并承接全面创新改革顶层设计，会同市发改委等部门成功争创京津冀全面创新改革试验区，开展大众创业万众创新综合改革试点获得国家发改委批复。原有先行先试政策深化落实，尤其是实施科技成果使用、处置、收益权改革，为国家修订《促进科技成果转化法》提供了决策支撑。一系列政策创新取得新突破，在市领导和人才工作领导小组亲自推动下，会同市公安局等部门，争取公安部推出了开通申请永久居留“直通车”、设立审批服务窗口等20项外籍人才出入境管理政策，成为全国外籍人才管理力度最大的制度创新；会同市食药局等部门，争取食药总局批复上市许可持有人制度等12条政策；会同市工商局争取工商总局支持，出台全流程网上登记办理等19条政策；会同北京国检局、北京海关，争取国家质检总局支持设立了特殊物品及生物材料进出口“一站式”服务平台。

二是把握未来创新趋势，加快布局前沿技术领域。坚持创新引领战略，前瞻布局人工智能与大数据、下一代网络、集成电路设计制造与高端计算、智能机器人与工业控制、免疫靶向与基因治疗等十大前沿技术领域。发掘支持百度无人驾驶汽车、商汤计算机视觉、中航石墨烯、科兴手足口疫苗等重大创新成果。截至2015年底，企业累计创制国际标准184项，在人工智能、移动互联网、高端显示等领域逐步掌握话语权。

三是精准制定新兴产业政策，构建高精尖经济结构。出台大数据、智能硬件、集成电路设计、生物医药医疗器械等产业政策，率先在全国实施十大“互联网+”创新工程，引领高端产业呈现新特征：1. 互联网和大数据促进各行业转型升级，用友、金山、广联达等传统软件企业以“互联网+”、大数据为突破口拓展新领域、开展新业务，成功实现转型升级；2. 前沿技术研发、商业模式创新、科技金融创新相结合，催生以共享经济为代表的新经济、新业态，创造了新需求、新就业和新价值，滴滴出行、58同城、美团等企业成为中国共享经济的代表；3. 制造业服务化趋势凸显，利亚德、中国普天、北斗星通等一批制造企业转型成为“综合服务提供商”。

四是统筹提升园区创新功能，引领构建京津冀协同创新共同体。推动有序疏解非首都功能，各分园疏解项目207个，疏解人员2.3万人，盘活存量土地2.94平方千米。优化提升首都创新功能，支持核心区改造中关村大街，带动城六区分园开展“双创”，会同市科委、市经信委等部门协调高端项目在郊区10园落地，形成“园园打造高精尖”态势。组织领军企业和联盟，对接世园会科技需求和市行政副中心规划建设。探索形成政府引导型、企业主导型、高校院所成果转移型、多主体协同型等合作模式。推动打造跨京津冀的园区链，聚焦“4+N”，制订了天津滨海—中关村科技园共建方案，与石家庄、保定、唐山等地围绕集成电路、循环经济开展产业对接和项目合作。支持中发展集团设立中关村协同发展投资有限公司和中关村协同创新投资基金，支持中国技术交易所建设京津冀技术交易平台。企业累计在津冀设立分公司逾2000家。

五是构建“联合治理”格局，优化创新创业生态系统。加强政府引导作用，在科技部火炬中心支持下，实施“创业中国”中关村引领工程，创业服务机构在16个分园实现全覆盖。加快中关村人才管理改革试验区和国家科技金融创新中心建设，已聚集“千人计划”人才1091人，占全国的21%；发挥市场主导作用，天使投资和创业投资案例分别占全国的42.7%和32.2%，均居全国第一，众创、众包、众扶、众筹服务平台纷纷涌现。重视社会各方参与，听取采纳人大代表、政协委员、企业家顾委会意见，支持建设北京大数据研究院等协同创新平台、中关村股权众筹联盟等创新型组织，产业联盟、行业协会等社会组织超过200家。

六是打造链接全球创新网络的关键枢纽，提高全球创新资源配置能力。在全球坐标系中找准定位，搭建国际合作平台，高水平承办第32届国际科技园区协会（IASP）世界大会，48个国家的近700名代表参会，32个国际合作项目签约，是IASP有史以来规模最大的一次年会。搭建国际孵化和资本运营平台，成立中关村硅谷创新中心，已完成6个项目入孵及8个项目入驻；设立斯坦福中关村国际技术转移基金，已累计投资项目24个，投资金额超3000万美元。

二、“十二五”时期中关村示范区创新发展的成效

“十二五”时期是中关村发展历程中不平凡的5年，是中关村率先建设国家自主创新示范区、推进体制机制改革和政策先行先试、推动创新发展格局发生重大变化的5年。特别是在中关村发展的关键历史时期，2013年9月30日，中央政治局在中关村举行第九次集体学习活动，习近平总书记发表重要讲话，指出中关村已经成为我国创新发展的一面旗帜，面向未来，要加大实施创新驱动发展战略力度，加快向具有全球影响力的科技创新中心进军，为全国实施创新驱动发展战略发挥更好示范引领作用。

习近平总书记的重要讲话，为中关村创新发展指明了方向。5年来，中关村示范区深入贯彻落实党中央国务院和市委市政府一系列重大决策部署，坚持发挥市场在资源配置中的决定性作用和更好发挥政府作用，瞄准到2020年"率先建成具有全球影响力的科技创新中心"战略目标，当好主战场、排头兵和先遣队，积极探索中国特色自主创新道路，创新发展迈上了新台阶，初步建成了具有全球影响力的科技创新中心。

（一）在工作举措上，着力推动了"十件大事"

一是推动中关村示范区条例立法，发布实施《中关村国家自主创新示范区条例》。贯彻落实国务院批复的《中关村国家自主创新示范区发展规划纲要（2011—2020年）》，并争取将中关村的建设写入了国家"十二五"规划纲要和京津冀协同发展规划纲要，为示范区发展建设提供了法治保障和规划指导。

二是成立了由中央19个部门和北京市30余个委办局共同组建的中关村创新平台，形成了跨层级、跨部门的协同创新组织模式。落实国务院"1+6""新四条""新新四条"系列先行先试政策，其中科研项目经费管理改革、研发费用加计扣除、中小企业股份转让系统等10余项试点政策在全国推广，出台实施"京校十条""京科九条"等市级创新政策，发布系列实施细则，逐步形成促进科技创新及产业化的政策框架体系，探索形成了一批可复制、可推广的经验。

三是争取国务院批复同意中关村空间规模和布局调整，空间规模由232.52平方千米调整为488平方千米，形成一区多园、各具特色、重点建设"两城两带"的发展格局。

四是建立部市会商工作机制，与科技部、财政部等国家部委探索建立了支持战略性新兴产业重大项目"直通车"绿色通道、开展中关村现代服务业试点。与中科院建立院市合作机制，形成了重大项目支持合力。

五是在中组部、国家发展改革委等15个部委支持下加快建设中关村人才特区，实施13项特殊政策，开展高端人才发展机制创新。在"一行三会"等9部委支持下建设国家科技金融创新中心，设立中国人民银行中关村支行，建立天使投资、创业投资、境内外上市等10条投融资渠道，开展境外并购外汇管理、互联网金融、股权众筹、融资租赁等创新试点。

六是建立军地会商机制。与5家军事大单位签署战略合作协议，中关村军民融合科技创新示范基地建设写入了国务院和中央军委印发的《统筹经济建设和国防建设"十二五"规划》，加强了军地协同创新。

七是完善央地协同创新机制。与中科院、北大、清华等50余家高校院所共建中关村科学城，与神华集团等24家中央企业共建未来科技城，支持48个新型产业技术研究院和特色产业创新园项目建设，打造具有国际影响力的大型企业集团技术创新和成果转化基地。

八是建立全市重大科技成果产业化的资金统筹机制，市财政每年安排100亿元统筹资金，聚焦支持国家科技重大专项、重大科技基础设施和重大科技成果产业化项目，探索推进股权投资与股权激励、项目经费管理改革试点政策的结合，加强战略性新兴产业集群创新引领。

九是发布实施中关村战略性新兴产业集群创新引领工程（2013—2015），提出了培育"641"战略性新兴产业发展格局。联合科技部火炬中心发布实施互联网跨界融合创新中关村示范工程（2015—2020）和"创业中国"中关村引领工程（2016—2020），率先在全国实施十大"互联网+"产业创新工程和七大创业工程，加强对全国产业转型升级和创新创业的示范引领。

十是推动重组设立中关村发展集团，运用市场手段加大市级层面创新资源统筹力度，建成中关村国家自主创新示范区展示中心，搭建创新成就展示窗口和平台。

（二）在发展成效上，实现了"四个新突破"

一是引领首都创新驱动发展实现新突破。高新技术企业总收入比2010年翻一番，年均复合增长率超20%，实现增加值占全市GDP比重提高6个百分点，对全市经济增长的贡献率提高19个百分点；企业专利申请量较2010年翻两番，创制标准增长26%；战略性新兴产业占比保持在65%以上，高精尖经济结构加快形成。在首都创新发展战略中的作用逐步实现由"示范引领"向"引领支撑"的转换。

二是体制机制改革和政策创新实现新突破。实施了以"1+6""新四条"为代表的一系列改革试点，围绕科技成果转化、人才管理服务、科技金融创新、工商登记注册制度、出入境检验检疫等重点领域开展政策先行先试，不断加强创新改革的顶层设计，全国创新改革"试验田"和"排头兵"作用更加突出。建立了部市会商、院市合作、军地融合创新等工作机制，改革的系统性、全面性和部门联动性更加突出，逐步实现由单一领域、碎片化改革向系统性全面创新改革的转变。

三是构建创新创业生态系统实现新突破。探索形成了由六大要素、三大环境构成，以要素聚合、主体协同、文化融合、内外运行有序为特征的创新创业生态系统。全国 80% 的天使投资人活跃在中关村，披露的创业投资案例和金额占全国 40% 以上，“90 后”创业者、领军企业骨干创业者、连续创业者组成了新的创业大军，创新工场、车库咖啡、36 氪、微软加速器、YOU+ 青年创业社区等创新型孵化器纷纷涌现，引领全国科技创新创业进入新时代。

四是提高对外辐射和全球影响力实现新突破。每年 80% 的技术合同成交额辐射到京外乃至海外，上市公司营业收入 3/4 来自京外地区，半数左右由中关村企业发起或主导的产业联盟吸纳了京外地区成员。小米、滴滴、58 同城等企业在中关村诞生并迅速成长，成为移动互联网和分享经济时代的领跑者。百度、京东入围全球互联网公司十强，联想、中芯国际、紫光、京东方等企业跻身所在领域世界前列。

（三）在发展方式上，形成了“六大转变”

一是在发展态势上，从科技创新和新兴产业发展“跟跑者”转变为不同领域“跟跑者”“并跑者”，甚至局部领域“领跑者”并存。二是在功能要求上，从建设科技体制改革试验田、高新技术产业基地，初步建成具有全球影响力的科技创新中心，转变为推进全面创新改革试验、打造国家创新平台和新经济的强大引擎、率先建成具有全球影响力的科技创新中心。三是在目标体系上，从注重产业规模壮大、产业结构调整，转变为更加注重创新对供给侧结构改革的支撑作用。四是在路径选择上，从科技创新主要依靠释放体制活力、培育市场动力，转变为更加依靠需求拉动、创业带动、资本驱动和服务促进。五是在环境营造上，从着力构建区域性创新创业生态系统，转变为着力推动构建跨区域创新创业生态系统、主动融入全球创新网络并成为关键枢纽。六是在创新治理体系上，从政府规划为主，转变为政府引导、市场主导、社会参与的联合治理格局。

在取得成绩的同时，我们清醒地认识到，中关村创新发展还面临着一些问题和挑战：一是制约创新创业的体制机制障碍还不少，国际一流的创新创业友好环境尚未完全形成；二是具有全球影响力的重大创新成果、创新型企业、领军人才还偏少，整合利用全球高端创新资源的能力不强，支持企业国际化发展的有效途径不多；三是统筹协调发展机制还不完善，一区多园和京津冀功能互动、梯次布局的科技园区链尚未完全形成。解决这些问题，正是我们下一步工作的主攻方向。

三、“十三五”时期中关村示范区创新发展的总体思路

“十三五”时期，是中关村率先建成具有全球影响力的科技创新中心的决胜时期。面对新一轮科技革命和产业变革潮流，世界各国科技创新和产业创新竞争更趋激烈，国家推进“四个全面”战略布局和实施创新驱动发展战略、京津冀协同发展战略，北京建设国际一流和谐宜居之都，都把科技创新摆到了发展全局的核心位置，这对中关村来说，既提出了更高要求，更是难得的重大历史机遇。

根据市委市政府要求，我们高度重视，并于 2014 年 10 月底启动了示范区“十三五”时期发展规划的研究、编制工作。目前，整体工作扎实有序推进，已经形成规划文本（第四稿），还在反复征求各方面意见建议、不断修改完善之中，条件成熟时将尽快上报示范区领导小组会议审定后发布。对于未来 5 年示范区创新发展的总体思路，我们的初步思考和考虑是：

（一）在战略定位和发展目标上，强化“六大功能”、紧盯“一个中心”

“六大功能”指，进一步强化中关村全球高端创新资源配置中心、原始创新重要源头和自主创新主要策源地、科技创业首选地、新经济引领地、制度创新示范地、创新思想文化发源地的功能。

“一个中心”，即紧紧盯住率先建成具有全球影响力的科技创新中心的总目标，创新能力显著增强，创新质量明显提高，创新环境更加优化，科技创业高度活跃，重点区域协同创新格局形成，对全国特别是京津冀创新共同体的创新引领能力进一步提升，全球创新影响力进一步显现。到 2020 年，实现中关村高新技术企业总收入规模达到 10 万亿元，形成 2 ～ 3 个拥有技术主导权的产业集群，培育出一批国际知名品牌和具有较强国际竞争力的跨国企业，形成若干世界一流大学和科研机构，培养和聚集一批优秀创新人才特别是产业领军人才。为北京建设全国科技创新中心和建设创新型国家提供强力支撑，为全国实施创新驱动发展战略发挥更好示范引领作用。

考虑数据的可获得性、可靠性等因素，初步考虑构建包括创新能力、创新质量、创新环境、科技创业、协同发展、全球竞争力等 6 个方面的发展规划目标体系，实现与北京建设全国科技创新中心发展目标的有效衔接。

（二）在发展路径上，坚持“六大原则”

一是全球视野。坚持对标全球创新坐标系和立足国家创新战略需求相统一，着力增强全球高端创新资源配置能力，提升在全球创新网络中的影响力和话语权，高起点、高标准谋划和推动中关村创新发展。

二是创新引领。坚持前沿、高端标准定位，准确把握全球创新未来趋势和国家重大战略需求，着力增强创新驱动发展能力，当好新经济的发动机，引领首都、京津冀乃至全国经济社会转型升级发展方向。

三是智慧生态。坚持高端化、集聚化、融合化、低碳化的智慧生态建设原则，支持建立更高的智慧生态园区建设标准，加强信息基础设施建设和生态环境保护，努力构建“环境友好、和谐宜居”的国际一流智慧生态园区。

四是市场主导。坚持发挥市场在资源配置中的决定性作用和更好发挥政府作用，不断健全促进科技创新和新兴产业发展的市场化机制，强化企业的创新主体地位和主导作用，进一步释放高校院所创新活力，着力营造创新创业良好环境。

五是开放融合。围绕科技创新、成果转化和产业化，大力发展多层次、多模式、市场化的融合创新平台，打造利益共同体、命运共同体、责任共同体，加强区域融合创新，推动形成“大循环”融合创新发展格局。

六是改革保障。坚持科技创新与制度创新“双轮”驱动，用制度创新释放科技创新活力，持续发挥中关村科技创新改革试验田功能，坚持问题导向和需求导向，积极探索创新驱动发展新机制。

（三）在重点任务上，聚焦“三个着力”

一是着力深化全面创新改革，打造国际一流的创新创业生态系统。深化全面创新改革试验，不断完善“自下而上提出改革需求、自上而下部署改革任务、上下左右协同推进落实”的全面创新改革工作机制。加快建设中关村人才管理改革试验区，逐步形成具有国际竞争力的人才制度优势，深化中关村国家科技金融创新中心建设，构建多元化融资渠道，建立多层次资本市场支持创新机制。不断优化创新创业服务体系，营造创新创业文化氛围，加快建立以市场需求为导向的创新创业生态环境，持续引领大众创业、万众创新新潮流。

二是着力提升创新驱动发展能力，打造自主创新重要源头和原始创新主要策源地。实施知识产权和标准战略，进一步提高知识产权创造、运用、保护、管理和服务的综合能力。加强以融合创新为核心的创新能力建设，与企业、高校、院所、央源、军源等创新源头形成更加深度的合作机制，构建并完善融合创新体系。加快培育前沿信息、智能制造和新材料、生物健康、生态环境、现代交通、新兴服务业六大高精尖产业，强化创新集群空间布局。统筹“一区多园”协同创新功能，实现每个园区都有高精尖产业目标。

三是着力深化开放合作创新，打造链接全球创新网络的关键枢纽。引领区域协同创新，促进创新要素开放共享，推动京津冀协同创新共同体建设，共同打造协同创新网络节点，不断优化拓展产业链、园区链、创新链。加快聚集人才、技术、资本等国际化高端资源，积极瞄准、研究把握全球科技创新趋势和前沿技术开发方向，推动产生前沿性国际化创新成果，不断提升企业国际化创新能力，支持企业拓展国际市场，搭建平台实现国际化布局。

四、2016年重点工作安排

2016年是“十三五”规划开局之年，是中关村率先建成具有全球影响力的科技创新中心的关键一年。示范区将认真贯彻党的十八大，十八届三中、四中、五中全会精神和习近平总书记系列重要讲话精神，深入落实市委十一届八次、九次全会，市“两会”精神，牢固树立创新、协调、绿色、开放、共享的发展理念，聚焦改革、统筹、服务，深入落实创新驱动发展战略、京津冀协同发展战略、建设全国科技创新中心等重大部署，解放思想，敢于担当，真抓实干，扎实推进供给侧结构性改革、全面创新改革和扩大对外开放，优化创新创业生态系统，打造国家自主创新重要源头和原始创新主要策源地，抢占全球科技创新竞争制高点，在北京建设全国科技创新中心、构建京津冀协同创新共同体中发挥引领支撑和辐射带动作用，实现“十三五”良好开局。

（一）深化全面创新改革

推进《京津冀区域全面创新改革试验方案》全面实施，承接国家《深化科技体制改革实施方案》和《北京市全面创新改革试验方案》相关改革任务，积极开展中关村大众创业万众创新综合改革试点。会同市商务委、市工商局、市食药局、市编办、市财政局等部门，围绕开放式创新、融合创新、监管和审批制度创新等方面，深入开展北京服务业扩大开放综合试点、工商行政管理改革试点、生物医药医疗器械审评审批改革试点、“大众创业、万众创新”行政审批管理改革试点、中关村现代服务业试点等工作。

（二）深入推进中关村人才管理改革试验区建设

深化外籍人才出入境管理改革，落实人才管理改革 8 条措施，吸引更多外籍创新创业人才，打造具有国际竞争力的人才制度优势。依托北京生命科学研究所、北京纳米能源与系统研究所、北京大数据研究院等新型科研机构，聚集“千人计划”等国际顶尖人才（团队），鼓励各分园实施人才专项计划。在市人才工作领导小组的指导下，会同市委组织部、市人力社保局等部门，制定中关村“国际人才港”建设方案，对国际顶尖人才（团队）按照“一人一办”方式落实配套政策措施。推动各分园继续建设人才公租房，支持有条件的分园建设配套齐全的人才公寓。

（三）加快建设中关村国家科技金融创新中心

争取国务院批复互联网金融综合改革试点总体方案，支持中关村企业获得股权众筹、第三方支付、个人征信、互联网保险等试点资格或金融业务牌照。会同市金融局等部门建设完善中关村示范区互联网金融信用信息平台，开展区块链技术等金融前沿科技的应用研究。会同中国人民银行营业管理部，争取中国人民银行、国家外汇管理局支持，推动扩大中关村外债宏观审慎管理试点和境外并购外汇管理试点范围。会同北京银监局，争取中国银监会同意在中关村率先开展银行投贷联动试点，加快设立中关村银行。会同北京证监局，争取中国证监会同意中关村科技证券公司纳入首批科技证券机构试点范围，加快推动北京区域股权交易市场科技创新板和深交所中关村上市培育基地建设。会同北京保监局，争取中国保监会支持探索建立科技保险创新示范区，拓展保险服务科技创新的新方式、新领域。在市政府投资引导基金统筹安排下，推动设立天使投资、创业投资、海外投资等中关村投资引导基金。

（四）大力推进军民融合科技创新

与国家发改委等部委沟通对接，争创中关村国家军民融合创新示范区。探索开展军地共同承担武器装备科研生产重点任务试点。搭建中关村军民融合科技成果转化等服务平台，推进蓝鲸军民融合创新园、四季青军民融合产业园等特色园建设，探索建设军民融合先进项目研究机构。着力支持网信、特种机器人等军民两用科技成果转化产业化。

（五）提升自主创新和原始创新能力

对接中科院“率先行动”计划，促进前沿技术成果在中关村转化。加强与清华、北大、北航等央属高校对接合作，紧盯“北京高校高精尖创新中心建设计划”进展，支持清华大学未来芯片技术等首批 13 家高精尖创新中心的关键核心技术落地转化。加强与中航工业、中国船舶、中国中车等央企合作，建立中关村企业与央企合作机制。组建中关村京企云梯创新联盟，完善与市属国企创新资源对接机制。布局支持格灵深瞳和百度无人驾驶汽车、QDChip 量子点芯片、旷视科技人脸识别、国承万通 StepVR 虚拟现实设备、麓柏科技软件定义存储、梦之墨液态金属、中科院量子通信、清华 BTK 激酶抑制剂类药物等一批前沿项目，打造多个具有全球影响力的技术领域。会同市知识产权局等部门建设中关村知识产权服务业集聚发展示范区，加强中关村知识产权金融创新工作。会同市质监局等部门成立中关村标准化协会，发布一批基于关键核心技术的“中关村标准”。

（六）加快构建高精尖经济结构

落实国家“互联网 +”战略和北京实施意见，深入实施国家高新区互联网跨界融合创新中关村示范工程。落实《中国制造 2025》战略和《北京行动纲要》，加快构建以企业为主体的产业创新体系。落实国家大数据战略，扎实推进京津冀大数据综合试验区建设。积极支持北京协同创新研究院、北京大数据研究院、天合科技成果转化促进中心等创新平台发展。在无线通信与光通信、3D 打印和微纳制造、脑科学、储能等十大前沿技术领域加快布局，与海淀、丰台、大兴、延庆等区共同研究，推进石墨烯、智能硬件、轨道交通、智能机器人、新能源等高端产业项目建设，支持产业化创新。支持大企业利用“互联网 +”、大数据和前沿技术转型升级，提升大企业及其品牌的全球影响力。服务“大城市病”治理，在大气污染防治、智慧交通、垃圾污水处理等领域，支持实施一批新技术新产品示范应用。会同市统计局开展“三新”“双创”统计监测工作，强化预测预警分析。

（七）持续优化创新创业生态系统

推进“一城三街”建设，建设新中关村大街，打造辐射带动全国众创空间的新地标。支持大企业和产业联盟建设“双创”平台，构建开放共享、协同创新、融合发展的创业生态圈。支持郊区分园建设创新型孵化器和“双创”社区，为郊区发展高精尖产业提供支撑。支持在海外设立跨境创业服务机构，加强与美国、英国、德国、以色列、芬兰以及东南亚等国家和地区的创新主体合作，支持国际知名孵化机构在中关村设立分支机构，实现全球平行、同步孵化。承接落实好全国“双创周”活动，支持举办国际性创业创新大赛，继续开展中关村“大数据日”、中关村品牌推介系列活动。会同市民政局等部门建立示范区社会组织诚信体系，支持各类社会组织在产业促进、行业政策研究、科技成果转化等方面发挥作用。

（八）推动一区多园统筹协调发展

围绕分园定位和特色产业发展方向，对接相关创新资源和重大项目。会同市发改委、市规划委、市建委等部门，加强对分园规划建设总体引导，布局建设一批协同创新中心、科技新城、特色园区和创新创业社区，提升基础设施和公共服务能力。支持东城园打造版权交易产业链；支持西城园推进北京“设计之都”核心区建设；支持朝阳园推进大望京科技商务创新区建设；支持海淀园推进中关村科学城建设；支持丰台园建设中国铁路通信信号产业园和国家应急产业示范基地，探索建立石墨烯产业创新中心、组建中关村石墨烯产业联盟；支持石景山园建设北京保险产业园；支持门头沟园承接3D打印、智能机器人项目；支持房山园承接智能电动车、工业互联网和智能制造项目；支持通州园建设国家现代农业科技城种业交易中心项目；支持顺义园建设国家第三代半导体联合创新基地；支持大兴园建设中关村医学工程转化中心英才产业园；支持亦庄园推进中芯国际三期、奔驰发动机二期、新能源汽车产业园等项目；支持昌平园建设国家蛋白质科学基础设施北京基地（凤凰工程）；支持平谷园推进北京通用航空科技创新园建设；支持怀柔园推进纳米科技产业园建设；支持密云园推进北京智能装备协同创新中心、北京未来网络科技高精尖创新中心建设；支持延庆园承接能源互联网、生态农业项目，支持符合条件的分园开展国家新型工业化产业示范基地创建工作。会同市国土局，争取国土资源部等部委支持中关村开展促进大众创业万众创新用地试点，通过转让、合作开发、委托开发等方式，提高腾退空间盘活利用效率。推动建立一区多园统筹协同发展利益协调等机制，提高产业承接能力和优质资源吸引能力。深化企业融合服务平台等项目推广应用，推动中关村服务总线系统集成等新建项目实施，持续推进“智慧中关村”示范试点项目。

（九）构建京津冀协同创新共同体

发布实施《中关村京津冀协同创新共同体建设行动计划》，聚焦三轴和“4+N”重点区域深化园区合作，实施政策先行先试、创新社区共建、新兴产业协同培育、“互联网＋”和新技术新产品示范应用、京津冀人才圈建设、金融服务一体化六大工程。推动打造以“中关村数据研发运营服务—承德、张家口数据存储—天津数据装备制造”为主线的京津冀大数据走廊。全面启动天津滨海中关村科技园建设，与石家庄正定共同推进集成电路、智能制造产业对接协作，与保定、宝坻共同推动创新创业资源的优化配置，与曹妃甸开展绿色生态循环技术示范推广合作。

（十）打造链接全球创新网络的关键枢纽

吸引跨国公司自建或共建研发机构，参与产业技术研发平台建设，鼓励其设立研发总部。推动微软、英特尔、甲骨文、IBM等跨国公司研发机构与示范区企业开展研发合作。支持中关村企业发起设立海外并购基金，在境外设立分支机构、研发中心和孵化器，将海外分支机构打造成为企业“走出去”的海外桥头堡。推动中关村企业成立“一带一路产业发展促进会”，支持企业在俄罗斯、土耳其、伊朗、乌克兰、巴基斯坦、泰国等国发展，构建“一带一路”协同创新共同体。

（十一）加强示范区党的建设和管委会自身建设

积极发挥中关村示范区党建联席会议作用，支持各分园基层党建创新。深化“三严三实”专题教育成果，精心组织“两学一做”学习教育，切实增强政治意识、大局意识、核心意识、看齐意识、机遇意识和开局意识。加强机关队伍建设，履行好党风廉政建设主体责任和监督责任。加快转变政府职能，进一步完善和强化政府引导、市场主导、社会参与的“创新联合治理”体系。

（摘自2016年2月26日中关村国家自主创新示范区2016年园区工作会暨双创经验交流会上的讲话）

坚定信心保生存　攻坚克难求发展
奋力实现“十三五”良好开局

首钢总公司总经理　张功焰

2015 年，首钢广大干部职工在总公司党委和董事会领导下，深入贯彻中央精神和北京市工作要求，面对空前严峻的市场形势，坚持“真变、快变、实变”，全面深化改革，在破解难题上狠下功夫。

一、全面深化改革工作有序推进

落实总公司党委全面深化改革指导意见，把改革作为发展动力，坚持问题导向，扭住关键环节，夯基垒台、立柱架梁，做好顶层设计。一系列重大改革举措系统推进，基本完成了“两会”确定的各项改革任务。

首钢总公司总经理　张功焰

集团管控体系改革稳步推进。在首钢“创新、创优、创业‘三创’经验交流会”上聚焦构建集团管控体系这一主题深入研讨，凝聚共识。年初率先实施做实股份公司，将三个管理层级压缩为一个层级，完成烧结、球团整合，实现铁前、迁顺一体化管理。

按照精干高效要求，系统设计总部机关管控职能，构建扁平化组织，有序剥离事务性、服务性职能，成立业务支持服务部门。广大干部职工服从和服务于改革大局，保证了改革顺利推进。

提高劳动效率工作成效显著。各单位深入落实总公司提高劳动效率动员大会精神，坚持思想引领，细化工作方案，争取地方政府支持，既大刀阔斧又平稳推进。

薪酬分配制度改革深入实施。进一步规范分配秩序，理顺分配关系，激发企业活力。

全面预算管理体系初步建立。针对全面预算管理体系短板，规范损益预算，强化现金预算和投资预算编制，严控投资支出，防范资金风险。

企业改革发展难题逐步破解。总公司坚持问题导向，始终客观辩证地对待问题，坚持敢于担当，投入了极大的精力，最大限度地寻求最大公约数，积极稳妥地解决了一批始终困扰首钢发展的历史遗留问题。

“十三五”规划编制基本完成。转变观念，补齐短板，改变“规划是规划、干是干”的传统做法，集中精力，上下结合，全员参与，基本完成规划编制。

二、钢铁业在艰难环境中奋力前行

面对持续恶化的钢铁市场，广大干部职工眼睛向内、顽强拼搏、砥砺前行，共筑企业生存防线。

加强内部管理，深入开展挖潜增效。钢铁业各单位钢材销售以钢协月度国内钢材价格指数为标尺、国内采购以钢协发布 40 多家钢铁企业平均采购价格为标尺、进口矿采购以普氏 62%品位粉矿平均指数为标尺、内部工作增效以财务账上效益为标尺、产品结构调整以年度预算安排为标尺，以这“五把尺子”为标准，努力跑赢市场、跑赢同行、跑赢自己。面对整个行业巨额亏损的严峻形势，经过广大职工的拼搏努力，内部工作实现大幅增效。

优化产品结构，提高市场营销能力。瞄准高端产品市场，全年完成高端领先产品 452 万吨，汽车板 204 万吨，电工钢 133 万吨，镀锡板 31 万吨，开展新产品研发 155 项，实现转产 39 项，完成 754 个汽车板零件认证和 40 项产品认证。

围绕“制造 + 服务”，提升生产线制造能力。京唐公司二期工程开工建设。

节能环保取得新成效。积极推进首钢集团绿色行动计划，完成治理项目 29 项、节能项目 15 项。在首都重大活动期间，四地企业为区域环境改善做出了重大贡献。

三、两大园区开发积极推进

深入学习贯彻习近平总书记视察北京重要讲话精神和市委市政府对首钢工作要求，增强思想自觉和行动自党，首钢老工业区开发建设从明确规划政策、管理体制等转入到基础设施建设和项目落地实施阶段；曹妃甸示范区起步快、集聚效应凸显、社会影响力集合放大，开局良好。郭金龙书记、王安顺市长等领导多次到两大园区调研，做出重要指示；《人民日报》头版头条充分肯定首钢。

首钢老工业区开发建设取得新进展。按照北京市委市政府关于“首钢园区开发首要任务是打好基础”的指示精神，在市、区各相关部门帮助下，坚持一手抓园区规划深化，一手抓基础设施建设。首钢老工业区开发建设进入新阶段。首钢老工业区列入国家智慧城市试点，绿色生态规划通过北京市绿色生态示范区评审，联合中国工程院、清华大学等单位，共同开展了园区建筑风貌研究，课题成果达到国际先进水平。

曹妃甸示范区建设实现良好开局。成立了京冀曹妃甸协同发展示范区建设投资有限公司，产业区环保基站1号楼续建完工，土地整理、主干路网、河道疏浚项目全面开工。生态城场地平整和主干路网项目进场建设。现代产业发展试验区完成了100平方千米地形测绘，制订了造地方案。获得国家长贷低息专项建设基金20亿元。

四、非钢产业努力向城市综合服务商转型

新动能培育逐步加快。非钢各单位主动开拓市场，积极创立品牌，向城市综合服务商转型。

处于困境的机电公司，在时间紧、任务重、要求高的情况下，出色完成长安街沿线景观提升护栏项目，自主研发的充电桩已批量生产。首建集团建成北京市单体最大的智能化立体车库，承揽了1300个车位的建造订单，开始设计建设大公交示范立体车库。环境产业公司累计处理建筑垃圾约12万吨，产品得到市场充分认可；鲁家山生物质能源项目安全顺稳达产，提前15天完成全年100万吨计划任务。实业公司在中关村国家自主创新展示中心的服务受到社会广泛好评，又成功中标中关村软件园物业管理。国际工程公司签订社会市场日处理5万吨的海水淡化工程设计合同。首自信公司承建的北京市首个最大的“光伏超级充电站”项目开工。首钢男篮蝉联2014—2015赛季CBA联赛总冠军，首钢女子乒乓球队获得乒超联赛冠军。

五、产融结合取得重要进展

首钢股份重大资产重组顺利推进，总公司敏锐抓住窗口期，推进非公开发行股份，引入战略投资者，提振了市场信心。京西重工在香港上市后，通过资产注入，抓住有利时机，实现较大规模上市融资。

超前预判国内基金业发展势头，率先成立京冀协同发展产业投资基金，借势整合“北京服务·新首钢”等多支基金，成立首钢基金公司并受托管理北京市的多支基金，实力明显增强。

财务公司实现当年申请、当年批筹、当年开业，当年资金归集率超过行业平均水平。资金归集不仅仅是钱多少的归集，更是首钢思想统一、凝聚力和执行力的具体体现，为社会传递了满满的正能量，为扩大业务和健康发展创造了条件。

六、基础管理工作持续改进

巡视整改工作按计划完成。市委第二巡视组对首钢的专项巡视，对首钢工作进行“把脉问诊”，对领导干部从政治上进行“健康体检”，有力促进了首钢内部管理工作。认真落实市委巡视反馈意见，总公司党政主要领导认真履行整改工作第一责任人职责，领导班子成员带头落实“一岗双责”，制订了整改工作方案，做到件件有着落、事事有回音。

监督检查工作形成合力。充分发挥监事“事中监督”、审计“披露问题”、纪检“查处震慑”、组织“选人用人”等监督合力作用，实现信息共享、协同高效，提升监督工作的管理能力。

集团管理能力逐步提高。我们深刻认识到提升管理能力比建设管控体系更困难、更迫切、更重要，在抓好管控体系改革的同时，一刻都没有放松管理能力的提升。总公司党委常委会、董事会和经理办公会逐步实现了规范有序，提高了决策效率。

七、职工队伍建设全面加强

全年举办党委中心组学习扩大会及理论讲座29次，完成第二期领导人员特训班、短训班。通过市场选聘，为新产业引进高端人才17人；完成第七批77名首钢技术专家、153名技术带头人选拔表彰；高端人才培养工程取得新成效，国际工程公司张福明入选国家百千万人才工程，被授予“国家有突出贡献中青年专家”称号。京唐公司王建斌被评为全国“百姓学习之星”；高技能人才队伍培养工作受到国务院领导肯定，技术研究院刘宏荣获“中华技能大奖”。徐凝、闵鹿蕾和胡亮学获得全国劳模称号。首钢职工健康管理信息系统上线运行。广泛开展送温暖活动，加大帮困救助力度。

首钢2015年的工作，得到党中央、国务院、北京市委市政府及社会各界的高度关注和大力支持。一年来，面对严峻的市场形势，很多困难无法想象，很多问题尖锐复杂，很多矛盾触及思想触及利益。首钢的全体干部职工在不同的残酷战场，但在同样的炮火硝烟下，始终站在最前沿，承受着巨大压力，只争朝夕、日夜拼搏，付出了艰苦的努力。我们既要看到成绩，也要正视存在的问题；我们坚持问题导向，既肯定成绩又找准问题；我们坚持实事求是，既把握规律又结合实际；我们坚持战略思维，既抢抓机遇又沉着应战。各单位干部职工要不断增强历史责任感和紧迫感，把压力变为新的动力，不断创造新的业绩。

（摘自2016年2月3日首钢第十八届职工代表大会第四次会议暨集团工作会议上的报告）

抓住机遇　加快发展新能源汽车产业
推动京津冀协调发展

北京汽车集团有限公司董事长　徐和谊

一、北汽发展新能源汽车机遇

当今世界，科技进步已经成为推动经济发展和企业盈利的最主要力量。以互联网为核心的新技术从生产、商务到生活领域，不断创造着令人惊叹的新变化，其创新能力和颠覆性给传统行业带来前所未有的压力与挑战。与此同时，我国较发达地区多年快速推进工业化的弊端也不断显现，人口、资源、环境的城市病以及区域发展不平衡和地区产业同质化带来的产能过剩，正迅速成为我国经济社会发展的瓶颈。

北京汽车集团有限公司
董事长　徐和谊

在国家发展谋求新转型、区域整合谋求新思路的大背景下，国家出台京津冀协同发展战略，将区域经济一体化提升到新高度。酝酿已久的《京津冀协同发展规划纲要》出炉，明确提出要着力调整优化经济结构和空间结构，构建现代化交通网络系统，推进产业升级转移，加快打造现代化新型首都圈，努力形成京津冀目标同向、措施一体、优势互补、互利共赢的协同发展新格局，打造中国经济发展新的支撑带。《京津冀协同发展规划纲要》从城市发展的角度重新定义创新的核心地位，提出要充分利用北京科技创新资源富集、天津研发转化能力突出、河北转型发展势头良好的综合优势，大力实施创新驱动发展战略，坚持走内涵式发展道路，推进经济结构优化升级，把京津冀打造成推动全国经济社会发展的新引擎，这对我们企业具有重要的指导作用。

随着京津冀协同发展战略的实施，北汽集团的发展生态即将面临重大变革。京津冀协同发展，在产业、环境、城市治理等方面都对北汽集团提出了新要求。可以说，风险与机遇并存，压力与动力同在。

我们认识到，环境污染是民生之患、民心之痛；治理污染，绿色发展，既是全社会的呼声，也是党和国家的战略重点。党的十八届五中全会上明确提出了创新、协调、绿色、开放、共享的发展理念，并强调要“加大环境治理力度，以提高环境质量为核心，实行最严格的环境保护制度”，体现了国家铁腕治理环境污染的决心。而发展新能源汽车，正是汽车行业顺应国家绿色发展要求，承担企业社会责任的有效手段。党中央、国务院对节能与新能源汽车产业的发展高度重视。习近平总书记强调“加快发展节能与新能源汽车是我国迈向汽车强国的必由之路”，李克强总理批示“加快发展节能与新能源汽车是促进汽车产业转型升级、抢占国际竞争制高点的紧迫任务，也是推动绿色发展、培育新的经济增长点的重要举措”。国务院、北京市连续几次召开专题会议，讨论新能源汽车产业的规划与发展方案。从会议的密集程度可以看出，随着新能源汽车技术趋于成熟，行业转型提速，国家和各级政府对新能源汽车产业的重视已上升到前所未有的高度，加快发展新能源汽车已经迫在眉睫、时不我待。从京津冀协同发展的角度看，发展新能源汽车也是解决京津冀地区环境问题、促进“三地”经济协调发展的重要抓手。这对我们企业主要有5个方面的机遇：

一是生态环境保护创造新能源汽车发展新机遇。《京津冀协同发展规划纲要》要求将加强生态环境保护作为协同发展的重点领域率先突破，其中大气污染治理是京津冀生态环境保护的攻坚战。北京市贯彻《京津冀协同发展规划纲要》意见指出要以治理PM2.5为重点，推广新能源汽车，加快淘汰更新老旧机动车，力争2017年全市PM2.5年均浓度比2012年下降25%左右。显示北京市将进一步改革新能源汽车管理方案、推进相关基础设施建设、加大行业政府支持，也表明北京市未来新能源汽车需求将进一步提升。

二是污染协同治理创造津冀地区新能源汽车新需求。北京的空气污染除本城污染外，还有来自周边城市污染的影响。周边城市的主要污染源虽不是汽车尾气，但随着汽车需求大幅向“三、四、五、六线”城市的“80后、90后”转移，未来这些城市将成为汽车需求的主力，为了治理和缓解大气污染，对整个京津冀地区更有利的新能源汽车的鼓励政策和燃油动力机车的限制政策，势必增加整个地区对新能源汽车的需求。

三是交通一体化降低新能源车续航里程。消费者对纯电动乘用车的顾虑主要集中在续航里程较短、充电不便。随着污染治理对新能源汽车的需求增加，预期未来充电桩等基础设施建设将有所改善。交通一体化对瓶颈路、断头路的打通和未来纯电动车续航里程的增强，使纯电动车的城际使用范围扩大。随着国家航空、铁路网络的建设，可以预期中远程的公共交通将变得愈发便捷和高效，中短程尤其是城际交通将成为普通乘用车的主要使用方向，清洁能源纯电动汽车的优越性将更加凸显。

四是产业转移降成本促升级。津冀地区拥有连通北京的便捷交通，较为完善的制造业产业链，市场广阔，具有土地和劳动力成本较北京低的比较优势，是北京制造业转移的首选之地。未来北京制造业企业向高精尖的“技术创新中心”转型，资产轻型化、业务创新化是发展的主要方向，大量生产制造部门，甚至部分制造研发部门的迁出不可避免。依托“三地”比较优势，京津冀一体化给北京企业转型升级提供了更广大的可操作空间。

五是创新转型既是挑战也是机遇。北京地区的制造业相对高端，但距“科技创新中心”的要求还有距离。北京发展“四个中心”，推动城市产业高精尖的未来规划无疑对传统制造业企业提出挑战。但高标准要求对主动要求转型的企业也是机遇。北京拥有全国首屈一指的智力和创新资源。北京市提出要在北京打造自主创新源头，提升原始创新能力，积极培育先导技术企业和战略新兴企业，支持产学研合作，促进高端创新资源集聚。虽然尚未形成政策，但是可以依托企业转型发展需要，在互联网＋创新，高精尖技术研发领域先行先试，形成机制和示范，以企业的实际行动争取政府的“创新中心”政策支持，从而把握时代先机，掌握创新机遇，不断促进企业向更高远的方向发展。

京津冀地区环境治理刻不容缓，企业创新转型谋划“三地”发展新篇章势在必行。新能源汽车和创新转型不仅是京津冀协同发展的要求，也是整个汽车行业发展的方向。北汽集团决心要抢抓机遇、乘势而上，把北汽集团在新能源汽车上的先发优势转化成为领先优势，占据行业的领导者地位。采取更加强有力的措施，发挥集团化的整体优势与兵团作战的大协作优势，坚决打赢这场新能源汽车的攻坚战和保卫战，使北汽集团成为北京市打造新兴支柱产业的中流砥柱。

二、北汽发展新能源汽车工作方针

对新能源汽车产业加大倾斜力度，做到“五个优先”：产品研发优先规划与实施，产能分配优先安排，项目计划优先实施，资金投入优先考虑，人力资源优先保障。集团推动新能源汽车加快发展的基本思路是：

轻资产：利用北汽集团现有资源，特别是已有的厂房基地等基础设施，整合国内外资源，以少投资甚至不投资模式实现产能、供应链、营销网络、服务网络等传统资源布局，在互惠互利的前提下减轻集团和新能源公司的资本负担，将有限的资本投入到核心的战略资源中。

重生态：树立以客户为中心的理念，以“互联网＋”战略和开放精神谋求广泛合作，围绕客户需求重构服务模式，整合社会资源，为客户提供产品＋服务＋充电＋运营一体化的城市绿色智能出行解决方案，构建完整的汽车生态圈，为客户提供汽车全生命周期的服务。

强创新：把创新摆在新能源汽车发展的首要位置，以技术创新、产品创新、商业模式创新、机制创新、管理创新推动北汽新能源实现对核心技术的掌控，打造核心竞争力。

抓转型：预计未来新能源汽车产业将分化出两种发展模式，一种是在传统车身上搭载新能源动力，生产组织方式不变，技术含量低，进入门槛低，目前绝大多数国内企业都采取这种方式，预计未来竞争局面将和传统汽车行业一样趋于白热化；另一种则是以特斯拉为首的互联网企业，以新能源动力为突破口，通过将电动化、轻量化、智能化、网络化集于一身的迭代产品和全新的商业模式、汽车生态，改变全球汽车产业思维方式，这是未来真正的新能源汽车产业。我们要像特斯拉那样另辟蹊径，走出一条不同于传统汽车产业发展模式、引领新能源汽车产业转型升级的发展之路，才能实现由先发优势转变为领先优势。

三、北汽发展新能源汽车战略目标

通过结构调整、商业模式创新和组织变革，整合集团内外优势资源，提升核心竞争力，实现2020年产销新能源汽车50万辆，市场份额国内第一，将北汽新能源汽车打造成为纯电动汽车国内领军品牌、国际主流品牌，使北汽成为国内规模最大、实力最强、世界一流的新能源汽车制造服务商，成为北京市建设世界级新能源汽车创新科技园的核心力量。

北汽集团已经开始着手制定北汽新能源汽车“十三五”发展规划，将从产业定位、产品战略、动力总成战略、产业布局战略、品牌战略、人才战略等方面，对未来5年北汽新能源汽车产业进行全面筹划，从4个方面稳步推进新能源汽车工作。

（一）打通产业链，实现内部资源共享

发挥集团化战略优势，一方面要集中力量办大事，另一方面要分兵攻克技术、市场堡垒，需要整车、零部件、服务贸易等全产业链的高效协同与支持配合。我们要将各企业发展新能源汽车的积极意愿，进行有序的规划、分工、组织和管理，转化为任务共担、资源共用、利益共享的大协作格局，形成发展新能源汽车的强大合力。

（二）整合社会资源，完善产业链布局

北汽新能源汽车产业发展，重要的经验就是整合社会资源为我所用。我们要进一步解放思想，开阔视野，抓住一切机会，充分利用和整合国内外优势资源，通过多种形式的合资合作，借船出海，在产业布局、上下游供应链建设等方面取得突破性进展。

（三）培育自主创新能力，通过电动化、智能化、轻量化技术的结合打造领先优势

在新能源领域，特斯拉、比亚迪等企业具备一定技术优势，能够根据纯电动车对底盘、车身的特殊需求而设计开发全新平台的新能源车产品，能够将最新智能技术、轻量化技术应用到自己的产品中，能够围绕电池和充电等中心环节形成自己的核心技术和独特的商业模式与汽车生态。这是更有吸引力的产品和更高级的发展形态，代表了新能源汽车作为技术升级与产业变革的革命性力量的生命力所在。北汽集团要瞄准未来新能源汽车将电动化、智能化、轻量化技术密切结合的技术方向，加大投入，加强产学研合作，加快培育自主创新能力，整合集团内外技术资源，分工协作进行技术攻关，在各个关键领域都要取得突破。

（四）加强资本运作和品牌、人才队伍建设，为新能源汽车持续健康发展提供坚强保障

新能源汽车产业尚处于培育发展阶段，投资需求较大，盈利能力不足，需要北汽集团强大体系能力的支撑，需要我们从资本运作、品牌建设、人才队伍建设等方面入手，为新能源汽车发展保驾护航。我们将加快资产证券化步伐，推动北汽新能源股份公司尽早上市。要加强品牌建设，把北汽新能源汽车打造成为国际主流品牌。还要加强人才队伍建设，构建更加完善、灵活、差异化的人才激励机制，使北汽成为全球新能源汽车尖端人才的荟萃之地，成为各类人才创新创业的乐土。

在做好企业内部工作的同时，北汽集团也要和京津冀的企业界、协会以及政府加强合作，探索新能源汽车基建、管理新标准，为推广无污染出行方式贡献力量。还将以津冀地区为核心，推动生产制造部门向外转移，围绕“三地”产业链布局，完善区域协同创新体系，促进区域创新资源整合，推动京津冀地区深度融合，协同共进。

（摘自2015年11月30日北京市国资委论坛徐和谊董事长演讲稿）

抢抓供给侧结构性改革机遇
打造具有国际行业竞争力国内领先的高科技产业集团

北京电子控股有限责任公司董事长 王 岩

北京电子控股有限责任公司
董事长 王 岩

党的十八大以来，以习近平同志为总书记的新一届中央领导集体，全面贯彻落实党的十八大精神，提出了实现“两个一百年”奋斗目标和中华民族伟大复兴的“中国梦”，成为凝聚全党全国各族人民团结奋斗的一面精神旗帜。到2020年全面建成小康社会，是实现“中国梦”的关键一步，是中华民族的共同企盼，也是党对全体人民的庄严承诺，必须如期完成。但也应该认识到，全面建成小康社会不可能一蹴而就，困难仍然很多，任务十分艰巨。面对复杂严峻的国内外形势，党中央对经济形势的认识和治理思路不断清晰，先后提出了“三期叠加”“经济新常态”等科学论断，部署了“一带一路”“京津冀协同发展”等国家战略，实施了一系列创新性的宏观调控政策。特别是习近平总书记在中央财经领导小组第十一次会议上首次提出，要在适度扩大总需求的同时，着力加强供给侧结构性改革，着力提高供给体系质量和效率，成为我们国家“十三五”时期适应新常态、引领新常态，推进经济结构调整和产业转型升级的重要遵循。

供给侧结构性改革是中央正确认识经济形势后选择的经济治理药方，体现了新常态下中国经济治理的新思路。这意味着宏观经济的指挥棒将由过去的需求端管理转向供给端管理，经济增长将由主要依靠刺激需求转向主要依靠全要素生产率的提高，经济结构将由传统制造业、中低端产业向新兴制造业、中高端产业转变。这些新变化，对企业来讲，既是机遇也是挑战。如果我们抓住时机提升技术实力、提高制造水平，就能够乘着电子信息产业大发展的东风实现企业的跨越式发展，反之则可能被市场淘汰，成为被改革的对象。“十二五”以来，电控在市委市政府和市国资委的正确领导下，紧紧围绕贯彻落实“十二五”发展战略，坚持科技引领、创新驱动的发展理念，持续推进科技创新、改革调整和集团化建设等重点任务，电控相关产业的技术创新水平和产业化能力大幅提升，为形成新的竞争优势、实现产业快速发展奠定了坚实的基础。面向“十三五”，我们将深入学习领会党的十八大，十八届三中、四中、五中全会精神和习近平总书记系列重要讲话精神，按照“四个全面”战略布局和五大发展理念的要求，牢牢把握供给侧结构性改革带来的机遇，贯彻落实电控“十三五”发展规划纲要，在产业发展、提质增效、深化改革等方面实现更大作为。

一、正确认识供给侧结构性改革的丰富内涵

所谓供给侧结构性改革，是指从供给侧入手，用改革的办法推进结构调整，减少无效和低端供给，扩大有效和中高端供给，增强供给结构对需求变化的适应性和灵活性，提高全要素生产率，使我们的供给结构更好满足广大人民群众的需要，促进经济社会持续健康发展。供给侧结构性改革，是党中央在深刻把握经济活动规律、立足我国经济发展实践的基础上，对马克思主义基本原理的创造性运用。正确全面认识供给侧结构性改革的内涵，有助于我们更好理解中央大政方针，推动企业提质增效、价值创造，构建内涵集约发展新格局。

第一，深刻认识供给侧结构性改革的理论内涵。供给和需求是市场经济内在关系的两个基本方面，二者是对立统一的关系，供给和需求互为依存、互为条件，同时新的需求可以催生新的供给，新的供给也可以创造新的需求。需求侧的主要因素是投资、消费和出口，即我们俗称的“三驾马车”；供给侧的主要因素包括劳动力、资本、土地、创新、制度等。因此，从经济管理手段上看，需求侧管理重在解决总量性问题，注重短期调控；供给侧管理重在解决结构性问题，注重激发经济增长动力。我国提出的供给侧结构性改革是在马克思主义政治经济学理论基础上发展起来的，与西方经济学的供给学派有着本质区别。供给学派的思想方法比较绝对，只注重供给而忽视需求，只注重市场功能而忽视政府作用，政策重点是减税、突出税率作用；我国提出的供给侧改革，既强调供给又关注需求，既突出发展社会生产力又注重完善生产关系，既发挥市场的决定性作用又更好发挥政府作用，既着眼当前又立足长远，通过一系列政策举措，最终达到解放和发展社会生产力的目的。

第二，深刻认识供给侧结构性改革的实践基础。改革开放以来，我国经济政策主要采取的是需求侧管理，依靠消费、投资和出口对经济进行刺激，促使我国经济实现了30多年的高速增长；另一方面，我们在供给侧的探索也从未停止，家庭联产承包责任制改革、发展乡镇企业、国有经济战略性改组等都是供给侧改革。当前，我国经济已经进入到新的发展阶段，面临着新的形势和任务：一是我国经济正从粗放向集约、从简单分工向复杂分工的高级形态演进，这是经济发展的必然趋势和客观要求。在新的发展阶段，我们的传统优势已经发生变化，主要依靠增加资金、人力、物力等生产要素的粗放式发展无以为继，必须要尽快转变经济发展方式，形成新的增长动能。二是长期的需求刺激和高速发展积累的结构性、体制性矛盾日益显现，主要表现为“四降一升”，即经济增速下降、工业品价格下降、实体企业盈利下降、财政收入增幅下降、经济风险发生概率上升。这些矛盾不是周期性的，而是结构性的，单纯依靠需求刺激难以解决产能过剩等结构性问题，必须要从供给侧入手改善供给结构，实现由低水平供需平衡向高水平供需平衡的跃升。

第三，深刻认识供给侧结构性改革的政策重点。2015年12月召开的中央经济工作会议，对供给侧结构性改革做了全面阐述，推进供给侧结构性改革要以“十个更加注重”为标尺，牢牢把握“五大政策支柱”，重点完成好“五大重点任务”。一是去产能，当前的主要任务是尽快处置“僵尸企业”，减少过剩产能，腾出实物资源、信贷资源和市场空间；二是降成本，主要体现在降低制度性交易成本，转变政府职能、简政放权，降低企业税费负担等方面；三是去库存，主要通过加快农民工市民化，扩大有效需求，打通供需通道，消化库存，稳定房地产市场；四是补短板，主要是支持企业技术改造和设备更新，提高企业技术改造投资能力，培育发展新产业，加快技术、产品、业态等创新；五是去杠杆，主要是化解地方政府债务风险，规范各类融资行为，坚决守住不发生系统性和区域性风险的底线。“五大重点任务”是从生产端入手，着力优化存量、引导增量、主动减量，进而提高供给结构对需求变化的适应性和灵活性。

二、准确把握供给侧结构性改革对企业的重大影响

供给侧改革作为一种新的宏观经济调控思路，必然要通过政策传导，在微观领域取得突破。企业作为市场经济活动的微观主体，在供给侧改革的大背景下，也将迎来新的挑战和机遇。

第一，产业结构将加速调整优化，电子信息产业迎来良好发展机遇。从宏观经济产业结构来看，未来第一产业比重将继续下降，第三产业将继续上升，而第二产业将出现分化。具体到第二产业，钢铁、水泥等产能过剩行业将进一步压缩，一些新产业、新技术、新业态将得到快速发展。电控所处的电子信息产业是国家大力支持的战略性新兴产业，国家推动传统产业的转型升级、培育新的经济增长点，为我们相关产业拓宽了新的市场空间；互联网信息技术的快速发展和对各行各业的深度渗透，催生了大量新产业新业态新模式，也将为我们借助互联网信息技术推动产品和服务的融合发展，打造新的商业模式、产业模式创造良好机遇。在大力推动“大众创业、万众创新”的背景下，中央和地方政府陆续出台了《中国制造2025》、“互联网+”行动计划等引导性政策，针对战略性新兴产业、现代服务业和文化创意产业等领域，也颁布了一系列支持扶植政策和相关配套措施，这为我们相关产业积极争取各种资源，加快技术创新和市场开拓，营造了良好的政策环境。同时我们也要认识到，从电控自身来看，我们的产业结构、产品结构也存在与市场需求不适应的方面，我们要加快补齐短板，提高电子信息产品和服务的质量与标准，提升供给的有效性。

第二，市场环境将更加公平开放，资源配置的方式将发生变化。与需求管理政策相比，供给侧改革强调的是通过制度变革与完善，转变政府职能、简政放权，降低实体经济企业成本，营造公平开放的市场环境。中央经济工作会议提出要帮助企业降低成本，企业税费负担、社会保险费、财务成本等都将进一步降低，为企业利润提升创造空间。随着资源配置方式的变化，政府对国有企业的支持政策也将发生深刻变化。以往国有企业以非市场化方式享有的一些特殊政策，未来在支持力度上会逐步弱化，形式上也将改变原有无偿补助的模式，导致企业获取政策的难度和成本都会加大；过去在一些特殊领域设置的市场门槛是有利于国有企业的，今后将会逐步向所有市场主体开放，使得企业在相关市场领域依靠特殊身份积累的优势将不复存在；过去“出了问题可以找政府”这扇门将会逐步关上，对政府的法律法规可以“搞变通”这种情况也将会改变，原有通过传统手段进行市场营销的方式也难以取得市场优势。这就要求我们要改变思维惯性，不断增强以市场化方式获取资源、参与竞争的能力。

第三，国有企业将更充分地参与市场竞争，深化改革迎来有利时机。国有企业改革是供给侧改革的重要内容，此前发布的《关于深化国有企业改革的指导意见》等一系列文件贯穿了供给侧改革的思想。按照改革总体设计，国企改革将朝着社会主义市场经济改革方向不断推进，到“十三五”末，要形成更加符合我国基本经济制度和社会主义市场经济发展要求的国有资产管理体制、现代企业制度、市场化经营机制，使国有经济活力、控制力、影响力、抗风险能力明显增强。短期来看，国有企业对这种新的变化可能会有一定的不适应，但长期来看，推动国有资本的证券化，加快解决企业资产权属不清、剥离“国企办社会”的职能等改革举措，有利于国有企业更好参与市场竞争，实现良性健康发展。电控从事的电子信息产业属于完全竞争领域，相关企业都处在全球化的竞争格局中，行业属性要求我们必须构建现代管理体系和市场化的体制机制，走市场化改革的路子。深化国企改革为电控提供了良好的政策契机，有利于我们通过体制机制创新，实施多元化改造来提高资本实力和融资能力，增强产业快速发展的动力；同时有利于形成市场化的选人用人、考核评价和激励约束机制，提高吸引和聚集高端创新人才的能力，激发企业的生机和活力。

三、在供给侧改革背景下电控产业发展的主要思路

经过“十二五”的快速发展，电控资产总量达到 1734 亿元，2015 年营业收入达 573 亿元，利润总额达到 37.8 亿元，经济规模居市属国企前列，但是电控整体的产业资源利用效率较低、价值创造能力不够强等问题依然突出。在中央提出供给侧结构性改革的大背景下，电控也进一步明确了未来产业发展的方向，“十三五”期间，将集中力量打好加快产业发展、全面提质增效和创新体制机制这“三大战役”，其中加快产业发展是核心，全面提质增效是重点，创新体制机制是关键。

第一，以科技创新为核心动力，不断提升供给的有效性。我们要紧紧抓住科技创新这个牛鼻子，瞄准产业链和价值链高端环节，突破制约产业发展的核心技术和关键工艺瓶颈，加快技术创新、产品创新，打好加快产业发展这场核心战役，向市场提供更加优良的“电控制造”。一要持续加大技术创新的投入力度。把技术创新放在更加突出的位置，逐年加大科技支出，确保“十三五”电控整体科技支出占主营收入的比重年均不低于 6%；探索通过资本运作来获取新的创新资源，加大资本运作力度，围绕产业链上下游，采取收购兼并等方式整合优势产业资源，不断提升产业核心竞争力和可持续发展能力。二要在重大项目的落实过程中持续推进技术创新。加快重大产业项目落地，整合系统内外资源，按计划推动半导体显示、集成电路、高效储能电池及系统应用和集成电路装备等产业领域的重点建设项目；通过重点项目的实施，加快推进半导体显示技术研发和产业化，提高高端电子装备的工艺水平，不断提升高效储能电池及系统应用的自主研发能力，重点产业技术水平达到国内一流、国际领先水平。三要持续加强技术创新人才队伍建设。坚持全球视野、高端引领的人才工作理念，围绕重点产业的发展定位，采取猎取和培养相结合的方式，配置好产业亟须的技术带头人；利用首席技师工作室等技术技能创新平台，加大培养锻炼力度，满足新建重点项目的高技能人才需求；创新引智引才模式，通过设立海外研发机构的形式，整合海外高端创新人才。到“十三五”末，基本实现重点产业都配齐掌握全球技术市场趋势、具有行业影响力的技术带头人，培养一支技术精湛、具有良好职业素养的高素质技能人才队伍。四要持续优化技术创新的体制机制。坚持开放合作的创新模式，面向全球开展技术创新合作，通过联合开发等方式，满足企业技术创新资源需求；完善高效协同的两级科技创新体系，加大重点创新项目的推动与协调力度，建设一批具有国际竞争力、国内领先的科研开发平台；结合全面深化国企改革，探索建立或完善科研人员短期及中长期激励机制和容错机制，促进科研人员共享创新成果，激发企业创新热情。

第二，以全面提质增效为主攻方向，提高企业全要素生产率。我们要牢固树立危机意识，树立不进则退的意识，树立企业家的价值就是要创造经济效益的意识，不断创新产业发展模式、提高资源利用效率、提高经营管理能力，打好提质增效这场重要战役。一要加快构建“产品 + 服务”的产业发展模式。更加注重产品制造的服务化，构建网络化的信息管理平台，实现满足客户个性化、差异化需求的产品研发和设计，实现智能化、柔性化、高品质、高效率的产品制造，提高为客户提供产品全生命周期服务的能力，使企业由生产型制造向服务型制造转变，不断提升基于产品高附加值的获利能力。更加注重服务业务的产品化，针对市场和客户的共性需求，完善服务业务的运营管理体系，提高管理服务的质量和水平，形成标准化、模块化的服务模式，提升服务的品牌效益；针对市场和客户的差异化需求，不断提高服务产品的策划和设计能力，推动服务增值和业务创新，形成个性化、定制化的服务模式，从而拓宽服务业务的增值空间。二要深挖潜力，不断提高存量资源利用效率。持续推进企业间整合，着力解决主业不突出，资源布局分散，利用效率不高的问题；进一步清晰产业发展布局，打造专心专注专业的产业发展平台；深入挖掘园区的经营价值创造能力，积极探索所有权和经营权分离的运营管理新模式，引导企业在获取增值收益上下功夫；建立对企业集约利用资源的考核评价机制，引导企业树立高效运用资源的意识，克服跑马占地、不计资源成本的思想；进一步加大企业低效无效资产的处置力度，持续推进劣势企业的退出工作，解决“空壳”公司的问题，逐步取消没有核心竞争力、低毛利率的相关业务。到“十三五”末，在利用存量资源创造价值上要实现新的突破。三要不断推进企业经营管理水平的提升。下大力气解决企业各经营要素上简单、粗放的管理行为，要以市场为导向推进科技创新，坚决克服研发成果不能满足市场需要的困难，也要最大限度避免技术研发投入超前或滞后于市场需求的现象；加强生产制造的工艺开发和质量管理，切实提高产品的可靠性和稳定性，有效解决因质量问题而不能收回货款以及售后服务费用高而导致销售利润下降的问题；加强采购环节的管理，运用先进管理模式实现采购成本的控制；建立科学的市场营销管理体系，通过发挥市场营销人员的作用，不断促进企业树立市场意识，满足客户需要，提高响应速度，获得市场信誉。

第三，以深化改革为关键支撑，不断增强企业发展活力。深化国企改革为电控改革发展提供了难得的契机，我们要主动适应改革，拥抱改革，打好体制机制创新这场关键战役，通过改革来增强企业发展活力，更加适应全球市场竞争的需要。一要加快完善现代企业制度。进一步健全企业法人治理结构，形成权责对等、运转协调、有效制衡的决策执行监督机制；推进法人治理规范运作，加强董事会建设和对派出董事的考核管理；试点推行职业经理人制度，畅通现有经营管理者与职业经理人身份转换通道；试点董事会按市场化方式选聘经理层制度，形成市场化的退出通道，形成经营者能上能下的管理机制。二要加快理顺母子公司管理体系。进一步调整优化总部和企业的管理边界，明确两级母子公司的职责定位，实行权力清单和责任清单管理，明确总部和企业两级平台的管理权限，构建具有电控特色的现代治理体系和管理机制；进一步健全电控系统内控管理体系，完善与权责相对应的管理制度和流程，实现企业与总部制度体系的有机衔接；加强总部平台建设，转变管理模式和方式，提升员工经营意识和服务意识，实现由管理服务型向价值创造型总部转变。三要加快推进股权多元化改造。鼓励和支持产业发展平台实施股权多元化改造，深化与中央企业、外资企业和其他社会资本等的战略合作，试点推进混合所有制改革；加大力度培育具备条件的企业实现资本证券化，充分发挥上市平台的功能，推动相关产业以进入上市公司的形式实现资本证券化；搭建电控层面的产业发展平台，择机实施股权多元化改造，力争到“十三五”末实现整体上市，打通资本市场通路，提高电控平台的资本实力和融资能力。四要加快解决“企业办社会”等历史遗留问题。加强社保对象集中管理，进一步完善社保对象管理体系，提高社保管理的专业化水平，积极争取先行先试政策，力争到“十三五”末实现社保对象的社会化移交，建立电控与政府共同管理的工作机制；加强非经营性资产的集中管理，健全非经营性资产的管理体系，积极争取政策支持，力争到“十三五”末基本完成非经营性资产处置工作；加强历史问题处置，针对进入平台内部的不良资产和相关历史遗留问题，要加大推进力度，创新方式方法，化解“疑难杂症”，提高资产质量和收益，为科技产业发展提供有力保障。

供给侧结构性改革是以习近平同志为总书记的党中央立足中国道路、着眼中国实际，从理论和实践上不断探索的结晶，有着科学的理论基础和具体的现实依据。我们将认真贯彻落实中央关于推进供给侧结构性改革的部署，牢固树立创新发展理念，抢抓供给侧改革带来的市场机遇，闯出一条产业优化升级的路子；将瞄准价值链高端环节，牢牢扭住科技创新这个关键，积极培育新技术、新产业、新业态，着力改善供给结构，增强企业发展的内生动力。“十三五”时期，电控将着力打好加快产业发展、全面提质增效、创新体制机制“三大战役”，努力将电控打造成为具有国际行业竞争力、国内领先的高科技产业集团，为国家和北京市电子信息产业发展做出新的更大贡献。

（摘自《北京企业党建研究》2016 年第 2 期）

积极疏解　主动调整
加快实现北化集团“华丽转身”

北京化学工业集团有限责任公司董事长　刘文超

一、深刻把握有序疏解北京非首都功能、推动京津冀协同发展的重大意义

北化集团作为市属国企，要坚定不移地把贯彻落实中央《京津冀协同发展规划纲要》（以下简称《纲要》）和市委《中共北京市委北京市人民政府关于贯彻〈京津冀协同发展规划纲要〉的意见》（以下简称《贯彻意见》）作为头等大事，以强烈的政治责任感和历史使命感，打好有序疏解非首都功能这场攻坚战。还要坚持同步提升，发挥市属国企服务保障作用，围绕解决城市发展短板和群众反映强烈的问题，加强环境整治，消除安全隐患，完善服务配套，提升城市品位，更好地服务和支撑首都功能，为建设国际一流的和谐宜居之都、实现京津冀协同发展的宏伟目标做出更大贡献。

北京化学工业集团有限责任公司
董事长　刘文超

二、充分认识北化集团产业疏解、调整转型的有利基础

一是完成了“产业瘦身”。北化集团已将石化系列6户重点骨干企业划转到中国石化集团，将焦化厂划转到市燃气集团，并对化肥、农药、建材、涂料等16种(系列)高耗能、高污染产品进行了停产或调整，坚决摈弃了原有的以石油化工、煤化工为主的大化工、原料型化工发展模式。通过产业调整，北化集团虽然在资产规模、销售收入、利润总额等经济指标方面减少了90%，但每年可减少工业废水排放4700万吨、COD 7000吨、工业烟尘6100吨、SO_2 1万吨、工业废渣18.6万吨，为首都贡献了蓝天绿水，为成功举办2008年北京奥运会做出了历史性贡献。

二是优化了产业布局。10年时间，北化集团已在大兴区安定镇建设了北京精细化工基地（规划用地1800亩，现已建成1000亩），建设了比较完善的水、电、气、污水处理等公用工程配套设施，对原在市区的精细化工、电子化学品、生物化学品、化工新材料等产品进行了异地搬迁建设。还积极实施“走出去”战略，在河北、天津、浙江、安徽、广东、重庆等6省（市）建立了生产工厂。

三是强化了服务保障功能。北化集团秉持“百姓衣食住行、化工情系其中”的发展理念，发挥市属国企的功能作用和工业集团的产业优势，在医用氧气及特种气体供应，自来水、污水、城市废弃物处理，IT行业及科研机构废弃溶剂试剂回收提纯，汽车尾气治理等方面，不断加大化工新产品、新技术、新装备的应用力度，在首都城市运行、市民衣食住行等方面提供了不可替代的专业服务保障。

三、科学谋划北化集团产业疏解、调整转型的中长期任务

一是全力抓好两方面工作，即全力抓好疏解调整与转型创新工作。疏解调整是解决企业发展空间受到制约的重要举措，转型创新是解决企业可持续生存的必由之路。两方面互为支撑、辩证统一。在疏解调整的过程中要同步进行转型创新，成功的转型创新必然是对疏解调整的有力支持。

二是正确把握3个关系。一是统筹谋划，正确把握近期、中期、远期的关系，核心是“局”，重要在“布”，关键在“干成”，每一步都要取得实实在在的成效，使阶段性成果与战略性目标匹配统一；二是协调推进，正确把握集团层面统筹推进与企业层面具体实施的关系，调动上下两个积极性、主动性、创造性，目标一致、齐心协力、高效率地推动工作；三是精心落实，正确把握疏解调整、项目布局与经济总量的平衡关系，做到京内与京外产能的“有效衔接、平稳过渡、稳定提升”，防止集团年度经济指标的大起大落。

三是妥善处理3个关键问题。一是把握标准，实施疏解和京外布局的产品，要具有技术内涵、创新能力、品牌影响等比较优势或具有一定的战略价值，做到有取有舍、有进有退，不能为疏解而疏解；二是创新模式，要高度重视产业合作，积极推进市场、技术、资本、人才“四嫁接”，大力发展混合所有制经济，在合作共赢中

实现发展；三是找准定位，疏解项目原则上要向产业集中地或主要市场地区（显在或潜在）转移，要同步进行技术改造和产品优化升级，防止简单的物理转移。

四、坚持两手抓、两促进，加快京外布局和京内转型升级

（一）抓好产业疏解和京外布局

第一，加快优势制造业的京外布局。在现有6省（市）生产工厂基础上，将具有比较优势的高等级乳胶制品、新能源、新材料、电子化学品等主导产品，向产业集中地或主要市场地区疏解。2016—2017年，要加快建设电子级乳胶手套项目、工程塑料项目；通过资本运作方式，推动丙烯酸乳液项目；积极落实环保新型聚氨酯黏合剂项目，加快考虑锂离子电池电解液（京外第二工厂）项目，并同步开展其他新的京外布局项目研究，适时启动。以“2017年取得重要进展、2020年完成主导产品京外布局”为时间节点，加速推进。

第二，全面推进在京产业基地的“腾笼换鸟”。重点谋划大兴区安定镇北京精细化工基地的产业转型。一是继续深化“绿色生态化工园区”建设，确保现有重点产业疏解之前的安全稳定运行，让职工有活干、有饭吃；二是围绕北京新机场周边区域产业规划，发挥化工基地公共设施配套齐全的优势，加快推进化工基地的调整转型。大兴新机场主体工程已开始建设，其定位为“大型国际枢纽机场”，化工基地与其直线距离11千米，已纳入辐射半径约15千米、规划面积约600平方千米、空间布局为“一带两区三镇”的新航城覆盖范围。加强与市区两级部门的沟通联络，加快融入新航城“港”（空港）、“区”（保税区、物流区、园区）、“城”（航空城）一体化发展的临空经济合作区，实现化工基地现有产业的转型。

第三，带头做好城区内大型批发市场的疏解转型。北化集团所属北京环球橡胶厂，位于大红门地区，1996年起停产转型，企业利用自有厂房车间建成18000平方米的北京环球“众人众”轻纺市场对外出租，面对非首都功能疏解的任务，终止与承租方签署的2016—2024年《第三期市场租赁合同》，计划在2016年12月31日前完成市场租户全部清退、市场关闭，研究解决市场腾退后原市场区域的转型调整方案，帮扶企业渡难关、保稳定。

（二）抓好京内产业转型升级，提高专业服务保障水平

第一，要在城市保障方面有所作为。一是继续配合市安监局推进“全市危险化学品集中管理体系”建设，发挥重要骨干作用。北化集团有专业优势、国企优势和工作基础。二是全面做好城市气体保障工作。北化集团所属的北普系列气体公司，主要生产液化氧气、氮气、氩气以及特气、混合气等气体产品，是全市“生命线企业”和市政府确定的“突发安全事件应急救援支持单位”之一，担负着为北京市各大医院、首都机场、毛主席纪念堂、航空航天试验等部门的正常用气和应急保障工作。三是促进与市自来水集团的深度合作。市自来水用量每年约为10亿立方米，自来水消毒处理所用的液氯、次氯酸钠、工业液氧等主要化学品（皆为危险化学品），每年用量为8万～10万吨。北化集团能够为其供应质优价廉的工业化产品，还能够提供专业化的技术服务和应急处理保障。

第二，要在环保治理方面有所作为。一是深化与排水集团的战略合作。与排水集团签署了战略合作协议，为其提供污水处理、雨水回用所需新型化学药剂试剂以及化工新技术新装备等。2015年药剂试剂供应量6500吨，并承接高碑店和小红门污水处理厂的现场制氧工程，创新了污水处理工艺路线。二是促进与市环卫集团的产业合作。2015年北化集团专门为环卫集团垃圾处理研制生产的新型环保化学试剂已达2500吨，有经济效益，更有显著的社会效益。三是提升汽车尾气治理能力。北化集团自主研发了公交汽车尾气处理超净高纯专用化学试剂，能够确保公交汽车尾气排放达到国V标准，成为市公交集团的重要保障支持项目。北化集团已将其列入城市运行保障的重要内容之一，加强了技术团队，扩大了生产能力，推广到西安、南京等大城市。

第三，要在循环利用方面有所作为。北化集团发挥产业毗邻优势，已建成年回收废弃化学试剂溶剂7000吨规模的生产线，为京东方TFT-LCD 8.5代线、中芯国际等IT企业、全市科研机构进行废弃溶剂试剂进行环保提纯和安全回收处理，经济效益和社会效益明显。市环保局认定该装置为全市唯一一套溶试剂回收装置，已给北化集团发放了全市唯一的特许经营资质，并给予了资金支持。北化集团还应在此领域不断拓展，积极发展其他相关循环经济及环保产业，提高服务保障能力和水平。

（摘自2016年1月北京化工集团领导人员调研报告）

时尚产业——北京纺织业战略转型的必然选择

北京纺织控股有限责任公司董事长 吴 立

北京纺织控股有限责任公司
董事长 吴 立

一、发展时尚产业是北京纺织业的战略选择

（一）时尚产业的内涵

时尚产业兴起于19世纪的欧洲，随着时代变迁，其产业范畴、商业模式、表现形式都有极大的变化。进入21世纪，时尚产业给许多国家的经济带来了新的发展机遇。

目前，在世界各国国民经济产业或行业的划分以及经典经济学的教科书中，并不存在“时尚产业”这一分类。但事实上近百年来国际时尚的发展已经使时尚产业不断出现和蓬勃发展，且形成初具雏形的产业链条。时尚产业是通过融合高科技、创意、媒体的因素，对传统产业资源要素进行整合、提升、组合后，形成的一种独特的产品、服务、商品运作模式。在本质上，时尚产业属于现代都市产业，其产生和发展都与都市的转型与发展密切相关；在产业形式上，时尚产业是跨越高附加值先进制造业与现代服务业产业界限的多产业集群组合；在产品服务上，表现为提供体现流行审美情趣和消费理念的中高档消费。

根据时尚产业发展理论，时尚的传导存在多种路径，但品牌时装业始终是时尚产业的核心。其主要特征有：具有关联性和边缘性，产业整合度高；具有包容性和多元性，参与范围广；具有引领性和超前性，媒介关注度高，消费者互动介入;具有变化性与创新性，是一个动态的产业。时尚产业涵盖广，联结着生产加工、设计研发、品牌营销、会展、模特经济、传媒、文化艺术、市场营销、教育等诸多环节，是最有可能使中心城市的传统工业找到一条成功转型与可持续发展的创新之路，打造出独具特色与市场活力的都市产业。

（二）纺织服装产业发展态势与规律

以传统观念来看，纺织业是接近衰退的产业，但从世界范围纺织产业发展来看，纺织业衰而不亡。20世纪90年代以来，世界纺织及服装市场发生了巨大变化，本来将纺织业视为夕阳产业的部分发达国家重整旗鼓，在国际纺织品供应中又占据重要的地位。英国里兹大学的学者在分析这一现象后，提出了纺织产业经济持续发展的新理论。他们认为，判断一个国家的纺织业处于何种阶段应该考察生产量、国际贸易量、生产能力、产业策略、产业结构、国内经济和国内市场等因素，并提出了新的纺织经济发展阶段理论。在分析了部分国家纺织业发展的历史和现状后，他们提出纺织经济的发展将经历以下过程：大规模低端加工制造→高科技产品的研究开发→高端产品的生产制造→高附加值产品（包含时尚、科技、服务、文化等因素）的设计开发和品牌经营。由此可见，国际纺织业态的总体发展趋势是由低端到高端，由低附加值到高附加值，由实体生产制造到经营运作。

（三）发展时尚产业是北京纺织控股公司的战略选择

面对中国经济进入新常态、国资国企改革进入攻坚期、首都发展进入新的战略期的新形势、新情况，能不能在首都生存与发展，能不能创新发展，成为北京纺织业面临的课题。推动创新发展，必须聚焦首都城市战略定位，与“四个中心”的定位相融合、相协调、相适应，而如何推动产业向高端发展、实现高端发展，必须遵循自身所涉足产业的发展规律。

世界纺织强国的纺织发展路线，都是由低端发展到高端，由以生产制造为主到以经营运作为主，并衍生出相关的时尚产业。纽约、伦敦、巴黎、米兰、东京等世界五大“时尚之都”的发展历程表明，在这些城市发展中起过重要作用的纺织服装业均经过了业态转变，其产业链逐步延伸，并成为时尚产业发展的基础和核心。中国纺织工业联合会编制的《纺织工业“十三五”规划》提出：“纺织工业是我国传统支柱产业、重要的民生产业和创造国际化新优势的产业，是科技和时尚融合、衣着消费与产业用并举的产业，在美化人民生活、带动相关产业、拉动内需增长、建设生态文明、增强文化自信、促进社会和谐等方面发挥着重要作用。”包括大型央企在内的众多在京纺织企业，已经开始布局时尚产业。上海纺织集团也提出要加快培育和促进时尚产业发展。

在北京“时装之都”建设10周年座谈会上，北京市副市长张工讲话指出：“建设时装之都，适应北京特大型城市和国际交往中心的特征、定位，应该用互联网、众筹等新思维增强时尚经济、创意发展，体现北京服装产业价值高端化、体量轻型化、生产清洁化。”张工强调，借首都经济发展转型之机，北京要制定好“十三五”服装纺织产业发展规划，重点引领北京时尚产业转型升级。

作为立足首都的国有企业，北京纺织控股公司及所属企业的正确选择是，把自身的发展与北京的城市战略定位相融合，利用北京建设全国文化中心、国际交往中心的优势，主动适应国际纺织业发展趋势的要求，适应北京城市发展和产业结构调整的要求，顺应大势、转型升级，全力做好打造“时尚科技服务”新纺织，创建时尚产业集团。

二、北京纺织发展时尚产业具备的基础和条件

近年来，北京纺织控股公司落实京津冀协同发展战略，淘汰落后产业，转移低效产能，聚焦产业高端，注重转型发展，主动推动纺织印染等一般性制造业全面退出，服装加工制造环节全面转出北京地区，强化“城市应急”类、高精尖特色产业用纺织品的研发及应用，聚焦以品牌时装、文化创意、特色地产、信息科技为载体和内涵的时尚产业，产业结构、企业结构、业务结构等均发生显著变化，为公司由传统纺织向都市时尚产业集团转型奠定了基础、创造了条件。

公司品牌建设取得可喜成绩。拥有铜牛针织内衣、雪莲羊绒衫两个中国名牌产品和雷蒙牌西服套装、天坛牌衬衫、绿典牌天然彩棉服装及其制品5个北京市名牌产品。铜牛（TONGNIU）、雪莲被认定为中国驰名商标。铜牛、雪莲、雷蒙、天坛、绿典、佳泰、绿典“棉桃图形”、JINGGUAN等8个品牌商标被认定为北京市著名商标。

公司文化创意产业发展亮点纷呈。莱锦文化创意产业园实现传统产业的华丽转身，成为推动企业转型升级、保留城市历史记忆并挖掘工业遗产价值的典范，入选北京市首批“市级文化创意产业示范园区”。丰棉“创客空间”、瀛海工业旅游园（“双创中心”）、杨宋影视基地、铜牛梦工厂、上海创意谷等一批文创项目进入实施阶段。

公司时尚运作平台初步搭建。收购北京时装之都文化传播有限责任公司，获得《时尚北京》杂志运营主导权。公司所属的新媒体技师学院专业优势凸显，打造了一批动漫、影视、新媒体工作室。

公司时尚地产发展初具规模。旗下方恒置业公司以地产开发和时尚服务为两大发展方向，通过“地产+X”模式不断推进时尚地产发展，业态涵盖购物中心、五星级酒店、5A级写字楼、文化地产及旅游地产等。公司还拥有多个产业园区，通过“腾笼换鸟”，具备打造“孵化器”“时尚空间”的优势和条件。

三、北京纺织发展时尚产业的初步构想

“十三五”期间，北京纺织控股公司将以“时尚、科技、服务”新纺织为特征，打造首都服装纺织行业领先的时尚产业集团，由传统制造业向制造业后续服务价值链延伸，走时尚产业发展之路。构建以高端服装服饰品牌为核心，以创意园区为平台，以“时尚空间”“孵化器”、网络营销、文化传媒、会展活动、品牌输出、时尚地产、资本运作等为依托的时尚产业格局。

（一）加强顶层设计，突出战略落地，构建大时尚格局

一级企业需强化顶层设计和监督、管控、指导、服务职能，按照“市场化改革、产业化发展、资本化运作、专业化整合、集团化管控、信息化融合”六大原则，探索总部实体化建设，创新管控模式，促进战略落地。结合公司发展格局和未来的发展趋势，对公司名称进行更改，以适应转型发展的需要，引领新的发展。二级企业要当好战略执行者、资源利用者和业务经营者，确保控制风险，有效运营，提质增效。三级企业要成为特色产品、特色服务的价值创造者，共同推动时尚产业集团的发展。

（二）坚持把品牌服装作为发展时尚产业的核心，夯实时尚基础

提升老品牌，展现时尚新形象。创新发展模式，在研发设计、产品升级、品牌形象、国际合作等方面创新工作，培养一批服装设计、品牌运作、市场推广等领域的专业人才，促使铜牛、雪莲、雷蒙、天坛、绿典等老品牌焕发新的光彩。

集聚优势资源，着力打造原创品牌。加大对新成立专业品牌运营公司的扶持力度，围绕设计研发、渠道建设、运营模式创新等高端环节加大投入，提升自有品牌影响力和美誉度。

引入高端外部资源，提速服装品牌时尚化进程。一是扩大代理品牌。在品牌企业代理美国大嘴猴、RIP

CURL、RTW 等国际品牌基础上，扩大代理品牌规模，以代理品牌的成熟渠道带动自有服装品牌的发展提升。二是收购成熟品牌。择机收购高端服装品牌公司，收购线上服装品牌，吸引设计师团队加盟，加速品牌时尚化发展进程。

（三）坚持把布局文创平台作为发展时尚产业的重要载体，拓宽时尚内涵

优化品牌服务平台。在收购北京时装之都文化传播有限责任公司基础上，以《时尚北京》杂志为平台，为公司品牌提供广告、展示宣传平台。与中国纺织工业联合会合作举办时尚圆桌论坛，权威发布时尚愿景，吸引战略合作伙伴。择机合作收购模特经纪公司为品牌企业服务。探索策划北京国际服装文化节和北京时装周，使其成为北京城市的响亮品牌和“文化名片”。抓住京津冀协同发展的机遇，在津冀地区创办京津冀时装春季（秋季）展，提升地位和影响力。

发展文化创意产业。抓住北京加强市级文化创意产业功能区建设的机遇，挖掘园区资源，借鉴莱锦文化创意产业园的运营经验，探索文创园区的经营模式，着力建设怀柔影视文创园、朝阳铜牛梦工厂、上海方苑锦创意谷等文化创意园区。发挥新媒体技师学院的专业优势，发展动漫、影视、新媒体等文化创意产业。开拓以创意园区为载体的时尚产业同高端品牌产业紧密结合的发展之路，打造“品牌小镇”“品牌一条街”。

打造时尚地产业态。运用现代信息科技手段，完善商业综合体、自持物业的运营模式，建立“特色服务树品牌”“增值服务创价值”“专业服务谋发展”的物业发展格局，有效服务文化创意产业。以北京为核心，以张承、津唐等发展带为方向，积极探索“地产＋文化/零售/酒店”的文创地产项目，打造与城镇化进程相契合的时尚地产、养老地产、旅游地产等新业态。

（摘自《时尚北京》2016 年 3 月）

大 事 记

1月

5 日 2015 年国防科技工业工作会议在京召开。会议贯彻党的十八大，十八届三中、四中全会和习近平总书记系列重要讲话精神，落实中央经济工作会议、全军装备工作会议精神，总结 2014 年工作，研究推动国防科技工业改革发展的思路举措，部署 2015 年重点任务。

19 日 京冀生物医药产业协同发展暨北京 · 沧州渤海新区生物医药园项目在河北省石家庄市签约。市经济信息化委与河北省工信厅签订生物医药产业协同发展框架协议，沧州渤海新区与北京市工业设计研究院及 22 家企业分别签订合作协议和入区意向书，入区项目总投资达 61 亿元。

20 日 北京工业经济联合会第五届理事会第五次会议召开。会议授予北京建材行业联合会、北京工艺美术行业协会和北京医药行业协会二级枢纽型社会组织并颁牌。

26 日 华润赛科和辉瑞"思尔明"战略合作项目成功签约。该项目进一步丰富了华润赛科的销售产品线，有利于加速企业转型，提高公司整体专业化学术推广能力。

27 日 WPP 集团和华通明略公司发布了第五届 BrandZ ™最具价值中国品牌 100 强名单，华润三九位列第五十七位。

29 日 市政府常务会议审议通过《北京市关于进一步优化企业兼并重组市场环境的实施意见》。

2月

2 日 北京现代节能新车型第九代索纳塔投产。

4 日 北京市召开行业协会脱钩试点工作会议，对《北京市行业协会、商会与行政机关脱钩试点方案》提出修改意见，就推进北京市行业协会、商会脱钩工作进行研讨。

6 日 2015 年北京市工业和信息化工作会召开。会议回顾 2014 年全市经济和信息化系统主要工作和重点成就，部署 2015 年六大重点任务：创新机制，加快推进京津冀产业协同发展；创新政策，加快不符合首都城市战略定位产业调整疏解；创新环境，着力构建高精尖产业体系；创新应用，加快推进智慧北京建设；创新理念，务实推进两化融合、军民融合同步发展；创新形象，不断强化政府机构自身建设。

6—7 日 北京和利时集团有限公司通过工业和信息化部电子科学技术情报研究所评估审核，成为北京市第一家通过两化融合管理体系建设评估审核企业。

7 日 北京重大科技成果轻型高机动救援装备捐赠仪式在北京举行。新兴际华集团捐赠 19 台（套）智能化轻型高机动应急救援系统装备。

10 日 市经济信息化委组织北京通用航空产业基地管委会、中俄直升机集团和北京通用航空产业基地投资控股有限公司赴北京（曹妃甸）现代产业发展试验区进行产业项目对接。

12 日 4 架意大利泰克南飞机在平谷马坊交付试

飞成功，这是继金海湖机场之后，北京东部又一处通用航空运营基地正式启用。

13 日 总参某部、中国仪器进出口（集团）公司、北京兴科迪科技有限公司三方签约，合作共建信息安全产业园。该项目以某国家工程实验室为平台，共同打造信息安全产业园和军转民高新技术孵化器，在盘活央企资源、“腾笼换鸟”发展信息安全高精尖产业的同时，推动军民用高新技术共享和双向转化。

14 日 国家集成电路产业投资基金股份有限公司、华芯投资管理有限责任公司、紫光集团有限公司在北京签署三方战略合作协议。同时，国家开发银行与紫光集团签署开发性金融合作协议。

15 日 2015 年北京工业志鉴工作会在市经济信息化委凯富大厦办公区召开。会议主题是“以奉献精神写好志，以责任精神编好鉴，全面完成 2015 年工业志鉴编修任务”，启动“口述工业历史，传承工业精神”访谈工作。

本月 中国化学制药行业年度峰会发布了“2014 中国化学制药行业优秀企业和优秀产品品牌”名单，华润三九复方醋酸地塞米松乳膏获得“OTC 优秀产品品牌”称号。

3 月

3 日 财政部、工业和信息化部、中国保险监督管理委员会联合在北京召开电视电话会，宣贯首台（套）重大技术装备保险补偿机制，部署试点工作。《首台（套）重大技术装备推广应用指导目录》包括 14 个领域 360 多项装备产品，作为本次试点的支持范围。

9 日 北京隆达轻工控股有限责任公司所属的楠辰·惠鼎联合体与北京庄子工贸公司合作建设庄子文化创业园项目签约。

10 日 北京北大先锋科技有限公司与北大科技开发部、北大化学学院合作成立北京天盾新材科技有限公司。

10—13 日 航天 503 所军工固定资产投资项目通过国家国防科工局财审司、军工项目审核中心竣工验收复查。

12 日 北京汽车股份有限公司和 MBtech 公司合资成立的北京北汽德奔汽车技术中心有限公司在北汽产业研发基地签约。

19 日 京能集团北京京能电力股份有限公司石景山热电厂正式关停。

20 日 北汽新能源助力北京申办 2022 冬奥会卫·蓝先锋行动在京启动。

21 日 北京汽车首款高性能休旅 SUV——北汽绅宝 X65 上市。

25 日 市经济信息化委组织北汽集团及其所属北汽新能源公司、北汽福田公司等企业共同赴石家庄，与河北省新能源汽车领导小组办公室（河北省工信厅）进行对接，就协同推进京冀新能源汽车推广应用和京产新能源汽车产品在河北省享受相关扶持政策等问题进行沟通。

同日 梅赛德斯－奔驰中国国际时装周（2014/2015 秋冬系列）开幕式暨“汉帛奖”第二十三届中国国际青年设计师时装作品大赛在北京举行，80 余位设计新秀参加“汉帛奖”最终角逐。

27 日 市经济信息化委会同市燃气集团召开昌平区工业领域煤改气工作协调会，研究昌平区工业企业燃煤设施清洁能源改造，重点对接典型企业燃气管线敷设进度。

同日 “首都环境保护奖”表彰大会在北京会议中心召开。市经济信息化委节能与环保产业处、基础与新材料产业处以及 7 家区县工业主管部门和 11 家企业获得“首都环境保护先进集体”称号。胡倩、何瑾等 12 位市、区县工业主管部门、企业负责人获得“首都环境保护先进个人”称号。

本月 国家新闻出版广电总局通报了 2014 年绿色印刷相关调查报告结果，华润三九旗下九星印刷获得“国家印刷示范企业”称号。

4 月

3 月 24 日、4 月 3 日 市经济信息化委分别赴房山、昌平两区督促加快年度污染企业关停退出工作。两区是北京市污染企业关停退出重点区，2015 年退出任务量为全市总量的 24%。

3 日　北京现代第四工厂在河北沧州开工。该项目占地近 200 万平方米，总投资 74.5 亿元，新建冲压、车身、涂装、总装和发动机车间等，设计年产能力 30 万辆整车和 20 万台发动机。

8 日　首辆国产奔驰 GLA 级高端紧凑型 SUV 正式下线，北京奔驰 NGCC 工厂正式投产。

11 日　北京 · 沧州渤海新区生物医药产业园开工。

16 日　市经济信息化委赴丰台区检查污染企业关停退出工作。丰台区 2015 年计划关停退出 19 家企业，已完成 12 家。

17 日　北京市两化融合管理体系贯标试点企业推荐工作完成，共征集到 34 家试点企业，确定 30 家推荐企业。

22 日　曲美家具集团股份有限公司在上交所正式挂牌上市，京派家具第一股登陆 A 股市场。

23 日　工信部、财政部、保监会联合在北京召开首台（套）重大技术装备保险补偿机制试点工作北区对接会，重点落实首台（套）重大技术装备保险补偿机制试点工作。

5 月

6 日　市经济信息化委启动“感受高精尖——走进两化融合标杆企业”系列宣传活动。

8 日　中国北车北京二七轨道交通装备有限公司收购天津二七康库得曲轴有限公司签约仪式在天津举行。

13 日　北京威克多衡水工厂投入生产，原北京厂区转型发展文化创意产业。

14 日　北京市中小企业公共服务平台正式开通。

同日　北京市中小企业服务联盟成立。

20 日　市经济信息化委会同平谷区经济信息化委赴平谷马坊工业开发区调研纺织控股公司清河三羊毛纺织集团下属 3 家退出企业。3 家企业调整退出后，每年可减少废水排放 20 万吨，节约能源 3000 吨标准煤。

22 日　怀柔区中小企业公共服务平台正式运营为全市首个正式运营的区县级中小企业公共服务平台。

25 日　国家质量监督检验检疫总局授予东阿阿胶股份有限公司生态原产地产品保护证书，对复方阿胶浆予以保护，并准予使用生态原产地产品保护标志。

28 日　全球领先的品牌咨询公司 Interbrand 发布“2015 最佳中国品牌价值排行榜”，东阿阿胶股份有限公司跻身中国最具价值的第四十六位，品牌贡献收益的净现值达到 28.46 亿元。

本月　北京市科学技术委员会公布了 2010 年度北京市重点实验室和北京市工程技术研究中心绩效考评结果。华润紫竹建设的北京市生殖避孕药物工程技术研究中心被评为优秀，并获得市科委 100 万元专项资金支持。

6 月

2—5 日　市经济信息化委会同市环保局开展 2015 年第一批环保技改项目评估工作。共评审燕山石化等 8 家工业企业的 15 个大气污染物治理项目，总投资约 1.94 亿元，年可减排烟粉尘 2.1 万吨、氮氧化物 439 吨、挥发性有机物 444 吨。15 个项目共申请奖励资金 4900 万元。

5 日　首批 21 辆长安逸动出租汽车在北京上牌，北京长安公司出租汽车产品正式在京上路运营。

9 日　航天特种材料及工艺技术研究所（航天 306 所）军工固定资产投资项目通过市国防科工办会同航天科工集团公司组织的专家竣工验收。

10 日　北京市琉璃河水泥有限公司建成的国内首条垃圾焚烧飞灰处置线正式通过北京市环保局验收。

12 日　北京同仁堂投资发展有限责任公司在中海地产广场揭牌。

16 日　“中关村领创空间”正式发布。

日前，北京市中小企业创业投资引导基金第八批合作创业投资公司第一次股东会、董事会在市中小企业公共服务平台召开。本批引导基金共合作设立 5 家创投公司，协议金额为 12.22 亿元，引导基金协议出资额为 3.5 亿元，财政资金放大倍数约 3.5 倍。

18 日　中兴通讯联合知名高校、科研机构与车企共同发起的大功率无线输电产业联盟（WPTA）在京成立。

19 日 北京通用航空有限公司向湖北同诚通用航空有限公司交付首架 P750 飞机。

23 日 北京化工集团所属北京东方瑞博龙科技发展有限公司清算注销。

25 日 首届品类领导者大会在北京举行。“999 感冒灵”获颁 2015 年度“感冒冲剂品类领导品牌”荣誉。

7 月

3 日 北京市充换电站项目启动仪式在中石化北京石油分公司举行。

6 日 市经济信息化委会同北京汽车行业协会，对北电科林电子有限公司、北京事必达汽车有限公司和位于丰台区的北京三兴汽车有限公司、北京环卫集团环卫装备有限公司、北京城建重工有限公司等 5 家以生产改装车为主的装备制造企业进行调研，了解企业搬迁调整工作进展情况和对政策的需求。

8 日 市经济信息化委组织同仁堂国药集团与韩国韩美集团进行对接，就双方合作前景、品种选择、市场准入等问题交换意见。

11 日 0 时 28 分，由 3 颗高分辨率卫星组成的“北京二号”民用商业遥感卫星星座升空，29 分钟后进入预定轨道。“北京二号”成功入轨。

12 日 “2014 年度中国医药工业百强榜”发布，中国医药集团总公司、华润医药控股有限公司、拜耳医药保健有限公司、中国远大集团有限责任公司、悦康药业集团有限公司、费森尤斯卡比（中国）投资有限公司、北京四环制药有限公司、北京诺华制药有限公司、中国通用技术（集团）控股有限责任公司、赛诺菲（北京）制药有限公司、康美药业股份有限公司、北京同仁堂科技发展股份有限公司、北京同仁堂股份有限公司、北京泰德制药股份有限公司 14 家企业进入百强榜，比 2013 年新增两家。

同日 中国医药工业信息中心发布了 2014 年度中国医药工业百强榜单，华润医药名列第五位。

15 日 北京市市长王安顺在市政府主持召开东方化工厂调整转型专题会议。同意成立市东方化工厂调整转型工作小组，按照京津冀一体化和通州副中心建设的总体要求，落实企业主体责任。

同日 京津冀北斗卫星导航区域应用示范项目研讨会召开。北京市将加强与天津、河北两地主管部门和企业的紧密合作，加快推进京津冀北斗卫星导航区域应用示范项目的可行性论证。

同日 市经济信息化委主持召开专题会，研究部署产业调整转移重点项目梳理工作，宣贯新发布的《关于落实清洁空气行动计划进一步规范污染扰民企业搬迁有关事项的通知》（京经信委发〔2015〕28 号）。

17 日 北京航天动力研究所军工固定资产投资项目通过市国防科工办与航天科技集团公司组织的专家竣工验收。

21 日 北京工艺美术行业发展促进中心与京东商城战略合作签约。协议双方共同约定在京东商城开设主营北京工艺美术特色产品的工艺美术专栏，在产品网上交易、精品网上拍卖、产品和设计众筹、“展商＋电商”模式创新、移动支付等多领域进行全方位合作。

22 日 小米移动互联网科技园在海淀区安宁庄破土动工。规划建筑面积约 22 万平方米，总投资估算约为 46.2 亿元，建设周期为 3 年。

同日 北京汽车行业协会第五届会员代表大会在北汽顺义研发基地召开。北汽集团副总经理孔磊当选为北京汽车行业协会新会长。

24 日 “京津冀及周边地区工业资源综合利用协同发展行动计划”在河北省唐山市启动。

30 日 北京现代全新 SUV 车型——全新途胜在北京现代第二工厂下线。

8 月

4 日 清华大学科技成果成功转化的国内首台 12 英寸化学机械抛光机交付使用，标志国内 12 英寸化学机械抛光机进入大型生产线。

同日 市经济信息化委组织召开第四届北京传统工艺美术评审委员会换届大会。第四届北京传统工艺美术评审委员会由 31 名委员组成，设立两级评审机构，即主任委员会和专业委员会。人员组成包括政府主管部门、行业协会、北京工艺美术大师及行业专家学者。

6 日 北京市副市长隋振江与中石化股份公司总裁李春光在市政府进行会谈，共同研究东方化工厂调整转型工作。

6—7 日 2015 北京企业联合会暨北京市企业家年会首次走进曹妃甸，100 多家企业的企业家们与唐山市、曹妃甸政府共话京津冀协同发展。

20 日 市经济信息化委会同市环保局、市国资委组成联合督查组，分 5 路赴各区县现场检查工业企业停限产工作。同时，各区县工业主管部门组成 50 余个督查组约 150 人，现场检查企业停限产措施落实情况。

21 日 首钢京唐二期工程在河北省曹妃甸正式启动。预计总投资 436 亿元，年产近千万吨钢。

31 日 首钢基金公司联合河北省相关企业、金融机构共同发起设立的曹妃甸发展基金首个投资项目——“唐曹高速”项目落地。曹妃甸发展基金是京冀协同发展产业投资基金第一支子基金，总规模 100 亿元。

本月 由中国企业信用评价中心、商务部研究院信用评级与认证中心联合评定，华润医药控股有限公司获得“中国 AAA 级信用企业”“全国文明诚信示范单位”称号。

9 月

8 月 20 日—9 月 4 日 全市 1927 家企业采取停限产措施，其中停产企业 1188 家、限产企业 739 家。

2 日 华润医药集团与华润（零售）集团有限公司签署框架协议，收购华润堂及三九连锁药店业务 100% 股权。

9 日 北京金典汉方药业股份有限公司与北京大地富鑫生物科技有限公司在北京兴谷经济开发区管委会合作签约。金典汉方新厂占地 2.67 万平方米，总投资 3.2 亿元，固定资产投资 2.3 亿元。

10 日 海淀园企业利亚德公司发布全球第一款低于 1 毫米间距的 LED 显示屏，进入批量生产。

同日 工业和信息化部组织召开智能制造试点示范经验交流电视电话会议，宣读 46 家试点示范项目名单。北京航天智造科技发展有限公司、中化化肥有限公司、北京矿冶研究总院、北京和利时系统工程有限公司 4 家企业的项目入选。

16 日 中共北京市委副书记、市长王安顺调研北京智行鸿远汽车有限公司、亚运村汽车交易市场和小营公交场站新能源汽车推广应用情况。王安顺指出，当前发展新能源汽车是北京汽车产业“弯道超车”的突破口，也是治理大气污染的迫切要求，要举全市之力支持新能源汽车发展。

同日 由商务部投资促进局、中国民航科普基金会和市经济信息化委共同举办的“首届中国航空产业国际合作与投融资大会”在北京召开。

25 日 由市经济信息化委、河北省工信厅和唐山市人民政府共同主办的“北京（曹妃甸）现代产业发展试验区产业发展规划发布暨曹妃甸协同发展示范区招商推介会”在北京召开。会上发布北京（曹妃甸）现代产业发展试验区产业发展规划，15 个重点项目现场签约。

28 日 北京红星股份有限公司源升号博物馆新馆“中国酒馆”对外开放。该馆位于北京市东城区前门大街 99 号，中国二锅头酒诞生地——源升号酒坊遗址。

10 月

12 日 航天科工智能机器人公司在京成立，注册资金 2 亿元。

13 日 北京市副市长隋振江带队赴首钢调研技术创新和产业发展工作。隋振江强调，首钢要坚持改革和创新，在做优做强钢铁业的同时，努力拓展城市服务业，坚持产品创新和服务创新紧密结合。依托现有的技术创新能力和首都技术产业联盟的集成能力，走出一条科技创新发展的新路。

同日 哈工大机器人集团北京研发中心正式落户亦庄机器人创新基地。注册资金 1 亿元。

20 日 首钢与北京富电科技合作的全市最大光伏充电站项目在石景山区开工。该项目采用 PPP 模式合作建设，预计总投资1500万元，将采用立体停车库的形式建设50个充电桩。充电站整个建筑的能源提供全部由太阳能完成，每天发电量可满足80辆纯电动车的充电需求。

21日 中关村管委会、北京市食品药品监督管理局和海淀区政府共同举办的中关村医学工程转化中心成立。

同日 在中国印刷技术协会、中国网印及制像协会、欧洲网印协会联合会和亚太网印及制像协会联合主办的“2015中国国际网印及数字化印刷展”上，北京市印刷技术研究所送选的“中华圣景”获得金奖。

28日 第十六届北京市工业和信息化职业技能竞赛总结表彰大会在北京信息职业技术学院召开。本届竞赛共设置64个职业工种，涉及竞赛组委会68个，近4万人参与初赛，5172人进入复赛，1533人进入决赛。通过竞赛，共1611人取得职业资格证书（其中获得初级证书296人、中级证书670人、高级证书474人、技师证书159人、高级技师证书12人）；评选出428名“北京市工业和信息化高级技术能手”，20名“北京市工业和信息化行业技术能手”,40名“北京市工业和信息化最佳操作能手”。

29日 北京奔驰后驱车二期项目投产，首款车型GLC SUV下线。项目总投资57.3亿元，占地52.93万平方米，新增产能12万辆。

同日 中芯北京二期B3厂房工程启动。

11月

5日 市经济信息化委组织民爆领域专家对北京京煤化工公司进行第二轮民爆器材安全生产专业督查。

5—6日 中国非处方药物协会发布2015年度中国非处方药生产企业及产品综合统计排名，华润医药旗下华润三九、东阿阿胶以及华润紫竹等企业及其产品均榜上有名，华润三九继续高居榜首。

6日 同仁堂集团与圆核经典文化传媒（北京）有限公司共同出资成立北京同仁堂圆核文化传媒有限公司。

9日 在中国化学制药工业协会、中国医药商业协会、中国非处方药物协会、中国医药企业发展促进会、国药励展展览有限责任公司共同主办的“2015中国化学制药行业年度峰会”上，华润医药集团荣获2015中国医药行业企业集团十强第二名。

12—13日 市经济信息化委与市政府外联办联合召开35家在京重点中央企业座谈会，就企业未来产业发展、项目落地等进行研讨。

13日 北京市政府正式下发《关于撤销密云县、延庆县设立密云区、延庆区的通知》。撤县设区后，原密云县的行政区域为密云区的行政区域，密云区人民政府驻鼓楼街道鼓楼西大街3号；原延庆县的行政区域为延庆区的行政区域，延庆区人民政府驻儒林街道湖北西路1号。

19日 国家工业和信息化部公布了2015年国家技术创新示范企业名单，东阿阿胶股份有限公司成功跻身“2015年国家技术创新示范企业”。

23日 北京康力优蓝机器人科技有限公司在2015世界机器人大会上发布国内第一款量产商用服务机器人“优友”，这是继日本软银集团2015年初推出人形机器人Pepper后，全球第二款真正量产化的服务机器人。

24日 北京化工集团所属北京华腾橡塑乳胶制品有限公司安徽华腾乳胶项目竣工验收。

29日 市、区两级2100家应急企业采取停产减产、提高治污设施运行效率等措施，减少污染物排放。

30日 市经济信息化委召开应急督查工作部署会，对市级重点应急企业停限产措施落实情况进行现场检查，抽查区级企业停限产情况，督促企业严格执行应急措施。

12月

3日 中关村大兴—亦庄园管委会正式成立。管委会办公室设在区经济信息化委，成员由开发区科技局、区经济信息化委、区科委及相关产业基地、相关镇政府等单位抽调人员组成，岗位拟定12个，负责统筹北京经济技术开发区、大兴生物医药产业基地、国家新媒体产业基地、新能源汽车产业基地、军民结合产业基地、中关村·大兴现代服务业产业园的服务工作。

同日 华润医药集团以华润赛科 100% 股权注资华润双鹤，重大资产重组项目于本日完成交割。

3—4 日 市经济信息化委组织召开减负工作总结会，落实惠企减负措施情况。

8 日 北京文化产权交易中心正式上线。

9 日 《〈中国制造 2025〉北京行动纲要》发布。

10 日 全国工业领域电力需求侧管理第二批示范企业授牌。中芯国际集成电路制造（北京）有限公司入围，这是继北京水泥厂、现代汽车、京东方光电和燕京啤酒后的第五家示范企业。

16 日 由华润赛科研制、美国子公司 Secan 所申报的左乙拉西坦片 ANDA 获得美国 FDA 的批准。这是华润赛科独立研发完成的第一个 ANDA 产品。

18 日 北京市开发区协会换届大会在北京顺鑫中盛会议中心召开。北京市工业设计院副院长张志宏当选会长。

19 日 7 时 北京市启动空气重污染红色预警，工业系统迅速启动工业应急分预案，市、区、控股公司组织 100 多个检查组对工业企业停限产措施进行督查。

21 日 “中关村军民融合产业园”启动。

23 日 二七装备公司名称变更为“中车北京二七机车有限公司”，工商营业执照生效日期为 2015 年 12 月 23 日。

24 日 《关于加快应急产业发展的实施意见》通过市政府审议。

29 日 北京华盾雪花固安公司在固安基地揭牌。

30 日 北京科兴生物制品有限公司自主研发的预防用生物制品 I 类新药——肠道病毒 71 型灭活疫苗生产注册申请获得国家食品药品监督管理总局批准，取得新药证书和药品注册批件。

31 日 北汽新能源 200 辆换电出租车交付仪式在大兴采育经济开发区举行。本次交付的 200 辆换电出租车为北汽新能源 EU220 三厢车型，搭载普莱德三元锂离子电池，最高车速为 140 千米 / 小时，续航能力达 220 千米，单次换电时间不超过 3 分钟。

本月 大兴采育经济开发区、中关村大兴园生物工程与医药产业基地、北京大兴经济开发区通过首批“北京市生态工业园区”认定。

同月 大兴采育经济开发区申报的国家低碳工业园区试点实施方案通过工业和信息化部、发展改革委组织的评审论证，成为国家低碳工业园区试点园区（第二批）。

总 述

2015年总述

2015年，全市工业系统在北京市委、市政府的正确领导下，围绕京津冀协同发展战略，抓好产业调整疏解、结构升级、布局优化等中心任务，实现高技术制造业增加值增长6.7%，不符合首都城市战略定位的产业增加值下降7.2%，万元工业增加值能耗下降8.2%。

构建高精尖产业体系。结合落实《中国制造2025》，着眼建设全国科技创新中心，制定出台《〈中国制造2025〉北京行动纲要》，提出“三四五八”发展战略，以“正面清单”的方式，向社会回应了北京发展什么和如何发展的问题，为北京市未来5—10年高精尖产业的发展提供明确指导。一大批高精尖成果相继落地：北京自主可信开放高端计算系统进入产业化，28纳米芯片制程工艺进入量产，石墨烯等新材料研究应用取得新进展，全球首创手足口病EV71疫苗一类新药获批生产，智能汽车发展加快，新能源纯电动汽车销量连续3年位列全国第一。

京津冀产业协同发展。市经济信息化委配合工信部编制《京津冀协同发展产业升级转移规划（2015—2020年）》《京津冀产业转移指南》，研究提出产业合作思路建议，推动建立交流机制；联合河北省工信厅、唐山市政府于9月25日正式对外发布《北京（曹妃甸）现代产业发展试验区产业发展规划》，明确试验区产业发展方向、空间布局，推动首钢京唐二期等重大项目开工建设。北京·沧州生物医药产业园正式启动，会同药监部门在全国开创医药企业异地监管新模式。组织区县、开发区及相关企业与津冀有关市县加强产业协作，支持首钢、北汽、二商、三元等市属国企在津冀进行产业链布局。

实施《北京市新增产业的禁止和限制目录（2015年版）》《北京工业污染行业、生产工艺调整退出及设备淘汰目录（2014年版）》《工业企业调整退出奖励资金管理办法》，严控产业增量，调整存量，就地关停退出一般制造和污染企业326家。完善污染扰民企业搬迁政策，启动企业差别电价征收工作。会同环保部门完成首批10家生态工业园区认定工作。

深化财政资金使用方式改革，市经济信息化委与财政部门共同设立高精尖产业发展基金，支持产业发展，首批基金计划总规模55亿元，其中母基金计划出资13亿元，拟合作11支子基金。加快创新平台建设，正式运营北京市中小企业公共服务枢纽平台网络，出台加强金融支持小微企业发展的若干措施。年内，新增中小企业创新融资88亿元，同比增长10%。培育推广以“北京工业云”、中航“爱创客”等为代表的一批“互联网+”制造创新服务平台。完善产业发展引导政策，制定落实本市优化企业兼并重组市场环境的实施意见、应急产业发展的实施意见等政策文件。重点开发区产业结构不断优化，服务能力显著增强。

完成“十三五”时期北京市经济和信息化发展规划18项支撑性课题研究工作，启动《北京市“十三五”时期工业转型升级规划》编制工作，对接全市“十三五”规划纲要及其他专项规划，形成报审稿。

产业结构与调整。2015年，全市工业运行稳中有进，进中提质，重点发展的汽车、电子和医药三大产业占规模以上工业的比重达40%，比上年同期提高1.5个百分点。汽车产业实现产值4084.7亿元，同比增长5.4%，自主品牌快速发展，全年共生产自主品牌汽车85.7万辆，同比增长8.4%，占全市汽车产量的

38.2%。医药产业实现产值727.9亿元(不含医疗器械)，同比增长8.8%。经济效益进中提质。年内，规模以上工业实现利润同比增长6%，高于全国8.3个百分点（全国下降2.3%）。工业企业地税收入242.3亿元，同比增长11.8%。规模以上工业综合能耗1564.7万吨标准煤，同比下降7.3%；万元增加值能耗下降8.2%。截至年底，规模以上工业企业从业人员106.9万人，较去年同期减少4.4万人，同比下降4%；工业全员劳动生产率达33.2万元/人，接近全市平均水平的两倍。结构调整扎实推进。年内，制定增量准入和存量调整的政策目录，严控新项目准入，引导存量主动调整，就地关停退出一般制造和污染企业326家。以电子信息、生物医药、汽车为代表的现代制造业增加值增长6.3%，信息服务业增长12%；不符合首都功能定位的产业增加值同比下降7.2%。产值百亿元以上的企业21家，实现产值9420亿元，占全市规模以上工业的比重为53.7%。创新研发活力增强。年内，全市规模以上工业企业研发经费内部支出173.5亿元，同比增长17.4%，快于大中型重点企业增速4.2个百分点；信息服务业研发经费内部支出88.6亿元，同比增长11.5%。新能源汽车相关企业共实现研发经费支出33.8亿元，同比增长80.2%，高于全市大中型企业67个百分点。全年共生产新能源汽车2.4万辆，同比增长2.4倍。入选2015年中国软件企业百强33家、中国互联网企业百强43家、中国移动互联网30强21家，数量均居全国之首。产业融合趋势显现。二、三产业融合形成的新业态成为工业发展的新增长点，生产性服务业增加值占全市地区生产总值的比重超过50%，“制造业+生产性服务业”的增加值占全市地区生产总值的比重已超65%，工业对服务业的带动系数约为1∶4∶3。新兴业态、产业模式创新层出不穷，乐视车联网技术与北汽整车研发技术相结合打造出全新一代互联网智能汽车系统。金风科技、三一重工等一批企业开始由产品制造商向服务提供商转型。北汽股份、福田康明斯发动机、北京京仪绿能等20家企业入选全国互联网与工业融合创新试点，“互联网+”推动制造业转型升级。

固定资产投资。2015年，全市工业固定资产投资累计完成671.3亿元，同比下降5.7%。工业投资占全市固定资产投资比重的8.4%，比2014年同期减少1.01个百分点。其中，城镇工业投资完成602.1亿元，同比下降7.97%，占全部工业投资比重的89.7%；农村工业投资完成69.1亿元，同比增长19.91%，占全部工业投资比重的10.3%。

重大项目落地。2015年，全市纳入协调推进机制的项目79个，涉及总投资1143亿元。累计完成固定资产投资185亿元。全市重点产业投资结构进一步优化，汽车、电子、医药投资合计占重点产业投资比重达70%。中芯北方B2项目实现8000片月产能，28纳米工艺小批量产，B3项目正式开工建设；北京奔驰前驱车一期项目GLA级SUV投产，全年累计生产4.8万台；北京奔驰发动机一工厂二期全面建成，预计全年可新增发动机20万台；北京天坛生物疫苗产业基地建成投产，实现总投资35亿元；同仁堂集团在大兴的4个生产基地项目主体封顶，实现总投资40亿元。

科技成果转化。2015年，面向企业技术中心、高校和科研院所征集一批重大产业化储备项目，对具有重大经济效益潜力的项目进行跟踪对接。其中，北京市热力集团拟投资7.3亿元在京津冀地区开展电蓄热项目布局和供热行业大数据中心；大唐电信整合集团优质资源，拟投资3亿元在工业产品智能感控系统、应急无线通信、多行业可视物联网等领域。开展“互联网+”安全智能产品服务和产业化；普天集团投资4亿元开展可信传输设备、宽带集群系统研发以及健康医疗大数据管理分析平台。北方微电子将在经济技术开发区投资15亿元建设集成电路、半导体照明、先进封装等新兴领域先进技术及装备的产业化项目，已完成投资3.6亿元。加强与中科院北京分院的合作。完成26个产业化项目的筛选，推动量子通信项目获得市科委支持。市经济信息化委与中科院物理所等院所合作，推动心血管疾病智能无创诊断技术、高端科研仪器装备产业化等项目在京产业化。对中科院35个科研机构2014年度在北京市实施的院市合作项目进行了梳理分析，2014年度在京合作项目1437项，产生销售收入总额132.8亿元，年度利税24.6亿元。推进两化融合，组织互联网企业与传统产业开展对接交流。组织四方继保与华胜天成、大唐软件与首航节能等企业合作，四方继保利用华胜天成的“云悦”产品以及大数据服务在企业内部IT设备与系统、网管服务等方面合作，提升企业内部信息化水平；首航节能将借助大唐软件在智慧城市建设、软件设计等方面的优势，拓展企业在新能源利用、节能环保领域的市场开拓能力。加强新技术新产品推广应用。参与制定《中关村国家自主创新示范区新技术新产品政府首购和订购实施细则》《中关村国家自主创新示范区新技术新产品认定管理办法》；配合市科委开展2015年第一至第三批的新技术新产品认定。年内，共有1136

家企业申报2230项产品,218家企业申报348项服务。经过专家评审，共有1100家企业的1994项产品为新产品，210家企业的328项服务为新服务。

科技标准化建设。2015年，结合国家标准化体制改革，加强标准化在推进创新驱动、建设科技创新中心方面的促进作用。国家质检总局、国家标准委公布的2014年度中国标准创新贡献奖中，北京市56项标准获得项目奖，其中一等奖7项、二等奖20项、三等奖29项。中关村企业作为主要完成单位的13项标准获得项目奖，占总数的23.2%。制定《社会服务一卡通（北京通）卡片技术规范》《清洁生产评价指标体系汽车制造业》等一系列与产业发展、创新应用密切相关的标准，其中《社会服务一卡通（北京通）卡片技术规范》于6月1日正式实施。推动百项节能标准建设专项工程，在现有国家标准和行业标准系统梳理的基础上，按照市发展改革委牵头确定的“更新修订老旧标准、适度提升地方标准、新增填补空白标准”原则，共组织制定37项节能、清洁生产地方标准，其中28项已正式发布。

企业技术中心建设。2015年，启动2015年第十八批企业技术中心认定工作，重点面向集成电路、信息安全、4G移动通信、大数据与物联网、智能制造装备、新一代健康诊疗、新能源汽车、航空航天等领域征集，助推高精尖产业发展。共征集82家申报单位，已经完成材料初审。完成2014年企业技术中心评价工作。对443家应评价企业进行年度评价。先后召开3次企业座谈会进行政策讲解、填报培训等服务。在企业技术中心升级改造方面，梳理完成企业技术中心下一步工作思路和举措，围绕《〈中国创造2025〉北京行动纲要》中5类产品、8大专项对企业技术中心进行分类，系统性地修改企业技术中心认定管理办法。对企业技术中心成效进行年度分析。统计270家技术中心所在企业科技活动经费支出额合计795亿元，占主营业务收入比重的2.6%。其中，规模以上企业科技活动经费支出额占主营业务收入比重的0.9%。企业研究与试验发展人员合计18.5万人，占企业职工总数的13.0%。2014年工业和软件信息化业认定技术中心所在的270家企业新产品销售收入12413亿元，占主营业务收入的41.0%。共拥有发明专利14792项，平均每家企业55项。工业和软件业认定技术中心企业中近90%的企业在相应细分领域处于领军地位，如新一代信息技术产业中细分的下一代互联网产业领域，神州数码、天元网络等企业重点围绕IPV6的相关标准开展研究，属于该细分领域的领军企业；节能环保产业中细分的水循环产业领域，北京碧水源科技股份有限公司是膜生物反应器（MBR）国内技术大规模应用的奠基者，替代进口，技术综合实力处于国内第一、世界前三的水平；高端装备产业中细分的数控机床产业领域，北一数控在大型、高精度数控母机技术方面处于行业领先位置。

工业设计。2015年，组织征集推荐9家企业申报国家级工业设计中心。组织企业技术中心，申报过2012年中国优秀工业设计奖、2013年度国家级工业设计中心及中关村工业设计产业协会的会员单位等工业设计相关企业申报。经专业处审核，共上报小米科技有限责任公司等9家企业。申报企业2013年、2014年获设计类奖项合计61项，授权专利356项。经工信部评审，小米科技有限责任公司、北京全路通信信号研究设计院有限公司被认定为2015年国家级工业设计中心。组织联想（北京）有限公司和北京洛可可科技有限公司开展国家级工业设计中心复核工作。完善工业设计产业信息统计库。调研工业设计产业集聚区，汇总整理市10余家工业设计产业集聚区情况。2家园区被市经济信息化委认定为小企业创业基地并给予支持。完善企业情况统计表，掌握100余家发展较为成熟的工业设计专业企业和50多家工业企业设计中心的基本情况。完善政策统计表。掌握国家、北京市及各省、直辖市和23个地级市工业设计相关政策制定情况。根据《国家级工业设计中心认定管理办法(试行)》和近期支持文化创意产业发展政策，修改完善《北京工业设计中心管理办法和工作细则》。

工业品牌建设。2015年，根据工信部《关于做好2015年工业质量品牌建设工作的通知》（工信科函〔2015〕115号）要求，制订《北京市经济和信息化委员会2015年工业质量品牌建设工作计划》。组织征集33家企业申报工信部2015年品牌培育试点企业。截至年底，市145家企业获得品牌培育试点企业称号，8家企业被工信部评为品牌培育示范企业。组织开展品牌培育管理体系培训、咨询服务、首席质量官、品牌经理以及全面质量管理方法的培训。辅导、帮助企业申报工信部2015年品牌培育试点企业。推荐辅导3家企业品牌建设，成为品牌培育示范企业。配合市质监局开展首届北京市人民政府质量管理奖评选工作,推荐北京京东方科技集团股份有限公司、联想（北京）有限公司等企业申报首届北京市人民政府质量管理奖。联想（北京）有限公司、北京汽车集团有限公司、中国北京同仁堂（集团）有限公司、京东方科技集团股份有限公司获得质量奖，北京三元食品股份有限公司获得提名奖。开展创奖争优活动。启动第六届北京知名品牌，第六十六、六十七次QC小组活动，“北京市实施卓越绩效模式先进企业”“北京杰出质量人”“北京市优秀QC小组和质量信得过班组”等创奖争优活动。截至年底，北京市154家企业的189个品牌获得“北京知名品牌”称号。4家工业企业获得“北京质量奖”称号，9家工业企业获得“北京市实施卓越绩效模式先进企业”称号，24人获得“北京杰出质量人”称号。推进产业集群区域品牌试点建设。动员组织中关村管委会申报并成为工信部第二批产业集群区域品牌试点单位。组织北京经济技术开发区、航空301所专家、北京质量协会专家、京东方、数字产业园建设单位召开3次协调会，推进“数字显示产业”产业集群区域品牌试点建设。

节能环保。2015年，本市规模以上工业总能耗1564.7万吨标准煤，规模以上工业万元增加值能耗下降8.2%。年内，研究制定相关政策，推进节能环保工作。联合市发展改革委、市财政局、市环保局、国土、市国资委、市地税等多个部门印发《关于落实清洁空气行动计划进一步规范污染扰民企业搬迁政策有关事项的通知》(京经信委发〔2015〕28号)，停止执行原200号文及2014号文。修订后的污染扰民搬迁政策将适用范围扩展到全市范围内所有工业企业，从税收优惠角度对企业疏解退出形成有力的政策支持。会同市发展改革委、市财政局、市环保局制定并发布《北京市完善差别电价政策的实施意见》，通过差别电价的实施，促进不符合首都功能定位的企业调整退出。年内，调整退出工业污染企业326家，2013—2015年已累计调整退出工业污染企业1006家。为推进污染企业的调整退出，全年下达奖励资金1.09亿元。2013—2015年已累计下达工业污染企业调整退出奖励资金3.32亿元。初步测算，1006家工业污染企业退出后可削减燃煤约93.2万吨，减少主要大气污染物排放17425吨，其中二氧化硫减排3170吨、氮氧化物减排7982吨、烟粉尘减排4863吨、挥发性有机物减排1410吨。污染企业调整退出减少的大气污染物排放占工业总减排量近40%。继续推进压减工业燃煤工作。初步统计，共拆除停用工业燃煤设施2038蒸吨。2013年至今，累计压减工业燃煤约250万吨，拆除停用工业燃煤设施约6000蒸吨，累计下达清洁能源改造奖励资金2.4亿元。推进工业企业清洁生产和技术改造。加强标准引导，推动印刷业、家具制造业、石油炼制业、汽车整车制造业、医药制造业等一批行业性清洁生产标准发布实施；会同市发展改革委、市环保局制定并发布2015年工业清洁生产审核名单，根据工作需要对名单进行修订。共推动113家工业企业开展清洁生产审核工作，其中自愿开展审核的企业58家、强制性审核企业55家。配合市发展改革委和市环保局做好工业企业清洁生产审核评估。对自愿开展清洁生产审核的56家企业进行验收，共产生各类中高费方案229项，其中已经实施方案117项。加大环保技改推进力度。会同市环保局推进百项环保技改工程，全年共组织实施大气环保技改项目144项，项目总投资约17亿元，可减排挥发性有机物4000吨、氮氧化物2400吨、烟粉尘2300吨，回收硫磺6万吨。承担中国人民抗日战争暨世界反法西斯战争胜利70周年纪念活动期间工业系统空气质量保障任务，1927家工业企业采取停限产措施，保障了纪念活动期间的空气质量。

央企服务。2015年，市经济信息化委以履行好“四个服务”为宗旨，走访服务央企，推进在京央企项目建设，加大对在京央企服务力度，切实提高服务水平，协调解决企业遇到的困难和问题。11月12—13日，市经济信息化委、市政府外联服务办联合召开35家重点在京央企70余人参加的座谈交流会。会议以企业座谈、大会交流和问卷调查的形式举行。加强央企在京投资大项目协调力度，对央企高精尖项目予以资金支持，燕山石化、中科信、航天易联、航天长征、中航工业集团、中国航天科工集团等央企的13个项目纳入市经济信息化委重点协调推进重大工业项目库，涉及总投资149.9亿元。产业分布上，装备产业项目6个，总投资23.6亿元；基础与新材料产业项目4个，总投资23亿元；航空航天产业项目3个，总投资103.4亿元。年内，市工业发展统筹资金重点支持一批国家02专项地方配套项目，安排资金9321万元，截至12月，北京地区启动02专项项目44项。促进中国科学院光电研究院、中科信、中电科等一批央企项目科研成果在京落地转化。开展新兴际华应急装备产业园项目与市经济信息化委高精尖产业发展基金对接工作。围绕六大产业、软件信息服务业、军民融合创新发展、科技成果转化、信息化基础设施建设等方面，加强对中央在京企业和驻京部队服务，各项工作取得新的进展。

禁止化学武器履约。2015年，市经济信息化委围绕履约和监控化学品管理开展了一系列工作。按时完成北京市6家企业、9个厂区2014年度监控化学品宣布数据的采集、审核和上报工作；依法完成3家企业9个批次监控化学品进口许可的审核工作；按照《国家禁化武办关于开展第二类监控化学品专项监督检查工作的通知》要求，完成北京市企业的监督检查工作；组织专家对北京市监控化学品企业进行模拟核查，提升企业应对国际核查的能力；参加国家禁化武办防扩散工作培训，组织召开条例征求意见专家会，参加国家禁化武办对广东省的监督检查。

落实重大专项配套。2015年，会同各产业处室3次征集了重大专项配套项目，截至年底，01～04专项共安排配套项目206个，累计安排地方配套资金30.9亿元。其中，市经济信息化委安排5.1亿元，市科委安排2.5万元，市财政局安排18.1亿元，市国资委安排0.69亿元，中关村管委会安排0.75亿元，开发区安排2.4亿元，海淀区安排0.57亿元，海淀区降低地价视同配套安排资金0.74亿元，全年市经济信息化委安排配套资金1亿元。

知识产权运用与推进。2015年，开展2015年工业企业知识产权运用能力培育工程，向企业广泛宣传、讲解培育工程和知识产权运用能力评估指标，共认定试点企业166家，41家工信部工业企业知识产权运用示范企业，数量均暂居全国首位。向工信部推荐18家优秀企业申报知识产权运用"标杆"企业。帮助48家企业融资3.18亿元；试点企业中有1个项目获得中国专利金奖，3个项目获得中国专利优秀奖。知识产权管理体系逐步完善，90%以上的试点企业建立了知识产权管理制度，企业近5年经授权的有效发明专利数在500件以上的有4家，分别是京东方、曙光信息产业（北京）有限公司、北京中星微、机械科学研究总院。其中，京东方达1975件。落实工信部知识产权推进计划任务。协调工信部电子科学技术情报研究所、软交所完成"北京军民结合新型工业化示范基地知识产权协同运用"项目方案，该项目主要在北京地区开展军民结合产业的知识产权现状、需求及发展方向的研究。截至年底，已上报工信部，并通过专家评审和工信部正式立项。配合市双打办开展打击侵权假冒工作，联合相关处室宣传贯彻全国打击侵权假冒工作要点及全国双打电视电话会议精神。配合工商、食药监局加大双打工作力度，捣毁制售假冒伪劣产品窝点252个。

对口支援与区域合作。2015年，加强与受援地区的交流交往交融，全年共举办北京—受援地区双向对接考察活动29批，累计达338人次。继续推进产业援疆，3月，协助和田地区经济信息化委在京举办和田地区服装专业人才培训班，对和田地区46名服装企业从业人员在京就服装理论、服装制版等方面的知识进行了为期3个月的培训；8月，派出北京技师学院专业教师在和田地区组织短期培训活动，和田当地160名服装产业从业人员参加培训班；市经济信息化委组织北京服装纺织企业、电商企业和食品粮食加工20多家企业赴和田考察对接，与会企业针对和田地区企业出现的技术难题和工艺流程等问题，进行现场指导和帮助；加强项目进程，协调当地政府推进华威和田发电厂建设，解决建设中遇到的问题。11月，华威和田发电有限公司2×135兆瓦热电工程项目2号发电机组实现并网一次成功，正式并入新疆电网。

两会提案办理。2015年，市经济信息化委承办各类建议提案共计101件，包括全国人大建议1件、全国政协提案7件，市人大建议41件（含议案4件）、市政协提案52件（含界别提案9件）。其中，单办3件（人大建议1件，政协提案2件）、主办26件（建议11件，提案15件）、会办70件（建议28件，提案42件）、部门参考2件。29件主（单）办建议提案中有15件涉及产业优化调整，约占总数的52%，内容涵盖中关村园区建设、工业大院整合，涉及食品、医药、电子、信息等产业；7件涉及中小微企业发展，占总数的24%，集中体现在落实《北京市促进中小企业发展条例》、优化中小企业发展环境、减轻企业负担、鼓励中小企业发展创新等方面；6件涉及信息化建设，占总数的21%，分布在建立企业电子信息平台、建立北京市民APP、推进政府信息资源共享等方面。26件主办件中，需要3个以上单位共同办理的有7件，4个及以上单位共同办理的有5件。按照建议提案办理要求，101件建议提案均按时保质完成，其中29件主责件办理结果均列为"A类"。

"十二五"时期北京市工业发展回顾

"十二五"时期，全市工业贯彻落实中央和市委市政府决策部署，加快转变发展方式，推动产业结构调整，工业整体保持稳步增长，质量效益实现明显提升。

发展质量稳步提升。2015年，全市工业实现增加值3710.9亿元，比"十一五"末提高34.3%，"十二五"

时期年均增速为 6.1%；规模以上工业实现利润总额 1597.7 亿元，比“十一五”末提高 55.4%；规模以上工业全员劳动生产率达到 33.3 万元 / 人，比“十一五”末提高 50%。北汽集团、首钢集团两家市属国企进入世界 500 强，北汽新能源纯电动汽车销量连续 3 年位居全国第一，联想、紫光等一批企业成功实施海外并购，产业全球影响力和资源配置能力进一步提升，为全市经济平稳运行和“科技创新中心”建设做出重要贡献。

产业结构深化调整。主动适应经济发展新常态，持续推动产业结构向高端化、服务化、集聚化方向转型。2015 年，现代制造业和高技术制造业占全市工业增加值的比重分别为 49.4% 和 21.3%，分别比“十一五”末提高 10.1 个百分点和 2.6 个百分点。以电子信息、汽车、生物医药为代表的高端产业占工业增加值比重达到 40%，比“十一五”末提高了 9 个百分点。生产性服务业增加值达到 12160 亿元，占全市地区生产总值的比重为 52.9%，比“十一五”末提高 5.4 个百分点。

创新驱动效应初显。实施创新驱动发展战略，工业自主创新能力明显增强。2015 年，全市市级及以上企业技术中心数量达到 612 个，是“十一五”末的 2.23 倍。规模以上工业企业中有研发创新活动的占 32.2%，较“十一五”末提高 17.1 个百分点；规模以上工业企业专利申请量达到 20024 件，较“十一五”末增长 1.3 倍；规模以上制造业每亿元主营业务收入有效发明专利数达到 1.6 件。12 英寸 28 纳米刻蚀机、离子注入机等集成电路核心设备实现规模化生产；京东方自主研发的液晶面板生产工艺技术达到国际先进水平。

绿色发展成效显著。“十二五”期间，全市多措并举加大工业节能减排力度，累计淘汰退出 1006 家一般制造企业。2015 年，全市工业万元增加值能耗为 0.486 吨标准煤、万元增加值水耗为 10.5 立方米，分别比“十一五”末下降 47.5% 和 43.2%（按现价计算）；规模以上工业企业从业人员为 110.4 万人，比“十一五”末下降 11%，实现了以较少的资源消耗支撑“十二五”时期工业总产值 27.3% 和增加值 34.3% 的增长。生态工业园区建设取得新进展，北京经济技术开发区成为国家级生态工业示范园区，10 家市级以上开发区完成生态化改造，绿色发展水平明显提升。

融合发展不断深入。两化融合水平进一步提高，“十二五”末期，全市两化融合发展总指数达到 84.8，比“十一五”末提高 14.7 个百分点，位列全国第四位。二、三产业融合互动趋势明显，制造业服务化特征更加突出，金风科技、三一重工等一批企业开始由产品制造商向服务提供商转型。军民融合深度推进，中关村丰台园依托新兴际华军工资源，集聚应急产业链条，成为首批国家应急产业示范基地；“军转民”和“民参军”双向提速，涌现出无人机、北斗导航等一批高精尖新产品，全力推动中国航空发动机集团筹备建设。

产业集聚态势明显。开发区作为全市工业承载主体的地位显著增强，2015 年，市级以上开发区实现工业总产值 10184.8 亿元，占全市工业总产值的比重为 58.4%，较“十一五”末提高 13.4 个百分点。全市开发区单位土地工业总产值产出率达到 95 亿元 / 平方千米，工业用地集约利用水平进一步提高。

区域协同步伐加快。落实京津冀协同发展战略，重点依托“4+N”产业合作平台，推进产业疏解转移。推动首钢集团、金隅集团、北京现代、三元乳业等重点企业在津冀布局。启动共建产业园区建设，《北京（曹妃甸）现代产业发展试验区产业发展规划》正式对外发布，首钢京唐二期、城建重工等一批产业项目签约落地；引导 22 家北京市生物医药企业将原料药生产环节转移至北京 · 沧州渤海新区生物医药园，推进 9 家企业开工建设；推动张北云计算产业基地建设，打造国家级云计算产业集聚区；支持河北正定、天津武清等区域打造一批差异化、特色鲜明的产业园区。

（市经济信息化委）

产 业

综 述

2015年，全市工业系统按照市委、市政府的要求和部署，一手抓不符合首都城市战略定位的产业调整疏解，一手抓高精尖产业体系构建，实现产业进退有序、结构优化升级、整体提质增效。

经济运行有序有度。年内，全市工业实现增加值3710.9亿元，同比增长1%，占全市地区生产总值的比重为16.1%。两类产业有序增减，实现了“该升的升，该降的降”，以电子信息、生物医药、汽车为代表的现代制造业增加值增长6.3%，不符合首都功能定位的产业增加值下降7.2%。

工业发展提质增效。年内，规模以上工业从业人员110.4万人，较去年同期减少6.3万人，同比下降5.4%。工业全员劳动生产率达33.3万元/人。能耗水平持续下降，全年规模以上工业综合能耗1784.4万吨标准煤，同比下降4.8%；万元增加值能耗同比下降5.7%。全年规模以上工业实现利润同比增长5.4%。

一批高精尖成果相继落地。北京自主可信开放高端计算系统进入产业化，28纳米芯片制程工艺进入量产，石墨烯等新材料研究应用取得新进展，全球首创手足口病EV71疫苗一类新药获批生产，智能汽车发展加快，新能源纯电动汽车销量连续3年位列全国第一。

推进央企重点项目建设。年内，燕山石化、中科信、航天易联、航天长征、中航工业集团、中国航天科工集团等央企的13个项目纳入市经济信息化委重点协调推进重大工业项目库，涉及总投资149.9亿元。6个装备产业项目，总投资23.6亿元；4个基础与新材料产业项目，总投资23亿元；3个航空航天产业项目，总投资103.4亿元。市经济信息化委工业发展统筹资金重点支持一批国家02专项地方配套项目，安排资金9321万元，截至12月，北京地区已启动02专项项目44项。

（市经信委运行处）

汽车与交通设备产业

【概况】2015年，北京汽车与交通运输设备制造业工业总产值4267.3亿元，同比增长5.9%。汽车制造业实现产值3882.9亿元，同比增长6.4%，其中整车产值2709.1亿元，同比增长8.7%；零部件产值1110.4亿元，同比增长1.4%。年内，累计生产汽车224.2万辆，同比增长3.1%，累计销售汽车227.1万辆，同比增长4.9%。北汽集团公司市场占有率为10.2%，与去年持平，继续稳居全国第五。北京现代公司销售汽车106.3万辆，同比下降5.1%，乘用车市场占有率为5%，较去年底下降0.06个百分点，居全国第六位；轿车市场占有率为6.5%，排名保持全国第四。北汽福田公司销售汽车49万辆，同比下降11.7%，商用车市场占有率为13.7%，保持全国第一。其中，福田中重卡产品销售8.1万辆，同比下降32.5%，中重卡市场占有率为10.8%，排名第五位。北汽股份公司销售汽车25.1万辆，同比增长19.2%。北京奔驰公司销售汽车 25 万辆，同比增长 72%。北汽有限公司销售汽车 1.9 万辆，同比下降 33.3%。北京长安公司销售汽车 19.4 万辆，同比增长 85.6%。

（市经信委汽车处）

【第九代索纳塔投产下线】 2 月 2 日，北京现代第九代索纳塔正式投产下线。该车型搭载了高效节能新型发动机，是北京现代第一款国产混合动力车型，售价为 19 万～ 26 万元。该车型有 2.0L、2.4L、1.6T 和 2.0L 混合动力 4 种配置；外观采用了流体雕塑 2.0 设计理念。长、宽、高分别为 4855 毫米、1865 毫米、1475 毫米，轴距为 2805 毫米。

（市经信委汽车处）

【北汽德奔公司签约】 3 月 12 日，北京汽车股份有限公司和 MBtech 公司合资成立“北京北汽德奔汽车技术中心有限公司”，签约仪式在北汽产业研发基地举行。北汽德奔注册资本为 1000 万美元，投资总额为 2500 万美元。其中，北京汽车持股 51%，MBtech 公司持股 49%。公司总部位于北京，同时在德国斯图加特设立办公室。合资公司主要负责自主品牌高端车型的整车设计、新能源车型开发、前瞻技术的本地化应用，进一步推动提升北京汽车自主品牌乘用车产品及核心零部件的开发能力。

（张　健）

【卫 · 蓝先锋行动在京启动】 3 月 20 日，以“万众 E 行　助力申奥”为主题的北汽新能源助力北京申办 2022 冬奥会卫 · 蓝先锋行动在北京启动。北汽新能源推出助力北京申办 2022 年冬奥会的一揽子计划，包括向北京冬奥申委捐赠工作用车、推出两款助奥特别版车型—EV200 轻快版和 EV160 轻秀版，设立 1 万名助奥购车基金、承建 1 万个公共充电设施、提供 1 万次免体验机会等。此次推出的 EV200 轻快版车型，配备 SK 三元锂电池，综合工况下续航里程超过 200 千米，最大可实现 245 千米续航；EV160 轻秀版车型，配备普莱德磷酸铁锂电池，经济时速下续航里程可达到 190 千米。同时，北汽新能源提供每款车 2022 元的“助力申奥”购车基金。

（市经信委汽车处）

【京冀两地新能源汽车协同推广】 3 月 25 日，市经济信息化委组织北汽集团及其所属北汽新能源公司、北汽福田公司等企业赴石家庄，与河北省新能源汽车领导小组办公室（河北省工信厅）进行对接。在京津冀协同发展的背景下，北汽集团所有新能源汽车产品在河北省区域内视同地产车，享受河北省企业同等扶持政策。

（市经信委汽车处）

【现代第四工厂开工建设】 4 月 3 日，北京现代第四工厂在河北沧州举行开工仪式。国家发展改革委、工业和信息化部有关领导，河北省省长张庆伟，北京市副市长张工、北京市经济和信息化委员会主任张伯旭等同志出席开工仪式。该项目占地近 200 万平方米，总投资 74.5 亿元，新建冲压、车身、涂装、总装和发动机车间，建成后可形成年产 30 万辆整车和 20 万台发动机能力，初期投放产品为瑞纳下一代车型和小型 SUV，达产后年销售收入 360 亿元、利润总额 29 亿元、税金 45 亿元，带动直接就业 3500 人。北京现代落户河北沧州，是北京市统筹规划利用资源要素空间，推进京冀产业对接协作的重要举措。张工表示，北京市政府全力支持北京现代沧州工厂项目建设，推进一系列产业功能的有序转移，实现京津冀汽车产业圈的共同发展。

（市经信委汽车处）

【奔驰首辆国产 GLA 下线】 4 月 8 日，首辆国产 GLA 级高端紧凑型 SUV 在 NGCC 工厂正式下线。作为 NGCC 工厂投产的第一款产品，国产 GLA 在秉承戴姆勒全球统一制造标准和质量标准的基础上，国产化率达到 50% ～ 60%。国产 GLA 搭载了北京奔驰发动机工厂最新生产制造的梅赛德斯—奔驰 M270 发动机，凭借缸内直喷、压力喷射器、低惯量涡轮增压技术等领先技术，以及多重火花点火技术、兰彻斯特平衡器、可调式机油泵、智能停启等创新技术的应用，M270 发动机在保有充沛动力的同时，提高了运转的平稳度，降低噪声，减少燃油消耗，使国产 GLA 实现高性能与低排放的统一。在车身连接方面集合了众多戴姆勒尖端的制造工艺，其中包括激光焊接和全新自检测涂胶两大源自梅赛德斯—奔驰 S 级轿车所采用的工艺，实现了车身高精度、高强度、轻重量的统一，满足用户对节油和安全的双重需求。在质量管控方面，通过 4 个不同层次的检查考核和验证，确保驶出北京奔驰的每一辆 GLA 都完全符合戴姆勒的全球统一标准，从而全面保证每一位用户对于产品品质的要求。

（市经信委汽车处）

【中国中车股份有限公司落户海淀】 6 月 1 日，中国南、北车合并后新设公司——中国中车股份有限公司在海淀区完成注册，注册资金 278.8 亿元。

（郑　雪）

【现代第五工厂在重庆开工】 6 月 23 日，北京现代第五工厂的开工仪式在重庆两江新区的鱼复工业区举行。该项目总投资 77.5 亿元，占地面积 187 万平方米，整车年产能为30万辆，发动机年产能为30万台。

（市经信委汽车处）

【中国第一家充电合资公司成立】 7月16日，北汽新能源汽车有限公司、青岛特来电新能源有限公司、冀东物贸集团有限责任公司3家企业在北京签署建设中国第一家充电合资公司合作协议。其中，青岛特来电新能源有限公司出资占比85%，北汽新能源汽车有限公司占比10%，冀东物贸集团有限责任公司占比5%。同日，由该充电合资公司筹建的位于亦庄创意生活广场的公共综合充电站正式投入运行。

（市经信委汽车处）

【新能源和小排量汽车发展措施获国务院支持】 9月29日，国务院总理李克强主持召开国务院常务会议，确定支持新能源和小排量汽车发展措施，促进调结构扩内需，要求各地不得对新能源汽车实行限行、限购，已实行的应当取消。同时在2015年10月1日—2016年12月31日内，对购买1.6L及以下排量的乘用车实施减半征收车辆购置税的优惠政策。

（市经信委汽车处）

【北汽零部件产业】 年内，作为集团零部件业务的核心平台，海纳川公司实现营业收入363.44亿元，营业收入和利润分别同比增长25.55%和14.55%。年内，随着北京三立、和信底盘、岱摩斯等合资项目落地，海纳川公司所属的北京现代配套企业由7家发展到18家；所属9家企业获得北京奔驰MFA2项目配套10个产品的定点；所属英纳法、天纳克等企业继续扩大外部市场份额，大林万达获70万台变速箱机壳业务。

（张　健）

【“十二五”时期北京市汽车与交通设备产业发展回顾】 北京汽车产业在“十二五”期间取得大发展，核心企业北汽集团的整体实力显著提高，产销规模快速增长，自主品牌和新能源汽车都取得较快进展，逐步向国内汽车企业集团第一板块趋近。北京汽车产业对全市工业的支撑作用已处于骨干地位。

北京新能源汽车产业位居国内领先地位。“十二五”期间北京形成覆盖电动乘用车、电动客车、电动货车等的多系列电动汽车产业链，达产后年生产电动汽车约8万辆，实现产值约200亿元。同时，在融合智能终端、智能监控、人机互动、无线充电等车联网技术方面取得初步成效。加强纯电动汽车示范推广工作，“十二五”期间全市累计推广2.89万辆。完善电动车备案管理，制定北京市推广应用纯电动小客车、专用车、大客车生产企业及产品备案管理细则。

自主品牌汽车实力显著增强。吸引中国长安集团落户北京，实现投资65.6亿元，年产20万台整车和发动机，为北京增加产值255亿元，同时带动相关零部件产业发展，一期共有14家企业入驻，投资32亿元，产值115亿元。北汽方面，2011年投资15亿元建设越野车生产基地，该项目可年产15万辆越野车，产值190亿元。支持北汽股份上市，协调北汽股份在上市过程中遇到的问题，提高企业资本化水平。商用车方面，推动北汽福田调整产品结构，投产重卡二工厂和多功能车项目。实现福田发动机扩能技改，增加产能40万台，每年增加产值70亿元。推动北汽福田与德国戴姆勒集团合资，建设福田戴姆勒新建发动机工厂项目，一期总投资4.5亿元，产能2.8万台OM457发动机。

合资品牌加快发展。支持北京奔驰投资253亿元扩能技改，形成40万辆整车和50万台发动机生产能力，达产后可实现产值1200亿元，同时吸引17家企业入驻亦庄零部件产业园，总投资超过20亿元，产出约150亿元。北京奔驰已覆盖E级、C级轿车，GLK、GLC、GLA等多种车型，月产超过2万辆。鼓励北京现代投资64.9亿元建设第三工厂，年产25万台整车和发动机，新增销售收入324亿元。

推动配套零部件产业发展。支持北汽投资40.2亿元建设北汽动力总成研发基地，可年产30万台发动机、10万台CVT和20万台MT变速器，产值70.7亿元。推动北汽福田OM457发动机项目开工和康明斯大发动机项目、奥铃发动机扩能等项目投产。支持海纳川投资建设采育汽车天窗项目。支持北京奔驰在亦庄及河北周边建设配套零部件产业园。推动博泽门模块、麦格纳仪表盘等项目投产。

推广清洁能源使用。推进北京市天然气汽车产业链建设。组织市燃气集团、北汽福田、北京现代等企业开展对接，形成覆盖气源供应保障、车辆生产、供气系统集成、气瓶生产、加气装置生产等较为完善的天然气汽车产业链。支持北汽福田LNG公交车研发与生产，协调市公交集团采购北汽福田LNG公交车。支持北京现代CNG双燃料出租车研发与生产，满足北京市CNG双燃料出租车更新需求。

（市经信委汽车处）

电子信息产业

【概况】2015 年，北京电子信息产业全年实现产值 2110.2 亿元，同比下降 13%；实现工业增加值 284.4 亿元；完成出口交货值 605.3 亿元，规模较上年度缩减 35.4%；实现主营业务收入 2519.8 亿元，同比下降 10.5%；利润总额 63.8 亿元，同比下降 35.5%。完成固定资产投资 63.9 亿元，同比增长 29.2%。从产业结构看，移动通信业产值占比约 45%，计算机业占比约 15.6%，数字电视业占比约 18.6%，集成电路业占比约 15%。传统产业深度调整，新产业快速发展，附加值较低的组装、加工、代工类产品在行业比重中快速下降，附加值较高的自主创新产品、高端设计服务、核心元器件制造、系统集成类产品在行业比重中逐步成为支柱行业，工业生产结构处于持续优化过程中。

重大项目建设。年内，中芯国际（北京）B1 产线满产满销，利润率大幅提升，提前布局先进工艺产线，总投资 72 亿美元的中芯国际 B2、B3 集成电路生产线项目进展顺利，B2 项目累计完成投资 52 亿元，生产线设备安装改造 142 台，月产能达到 6000 片；B3 项目于 10 月 29 日奠基，工程招投标工作已完成。加快推进小米亦庄产业园、海淀产业园建设，多次专题协调市区两级国土、规划等部门，确保两个产业园取得土地使用权，小米海淀科技园项目于 10 月开工建设，总投资约 46.2 亿元。小米亦庄产业园项目总投资约 5 亿元，已完成土地招拍挂程序。联想总部（北京）园区建设一期工程基本完成，二期工程开工建设，完成 50% 土方开挖工程量。北京电控 8 寸晶圆特色工艺生产线建设完成厂房选址与可研报告拟制工作，推进项目公司开展项目可研和环评、制定项目实施进度计划和资金使用计划、落实项目注册资金的来源、进行技术合作谈判等工作。

专项资金项目申报与管理。年内，按照北京市高精尖产业基金总体思路，编制完成智能终端生态链并购子基金方案，主要聚焦投资 3 个垂直行业：移动智能终端、智能电视以及相关上下游生态链。全年共支持项目 44 项，涉及财政支持约 11.2 亿元。北京电子信息企业申报国家 02 专项，获得支持课题 11 个。申报国家 03 专项，共 37 个课题，获得批准的课题数量为 13 个。申报工业转型升级项目，获得批准 9 项，涉及总投资 56807.5 万元，获得财政支持 8850 万元。申报工业强基项目，获得批准 2 项，涉及总投资 3.04 亿元，获得财政支持 3291 万元。申报“北京市工业发展资金”“中小企业发展资金”，支持市级项目 9 项，涉及总投资 4.51 亿元，财政资金支持 3001 万元，其中支持工业发展资金 6 项、中小企业发展专项资金 3 项。全年完成项目验收 64 项，涉及财政资金支持 2.34 亿元。其中，完成验收工业发展资金项目 8 项、中小企业发展专项资金项目 12 项、统筹资金项目 2 项、中关村现代服务业项目 1 项、工信部电子发展基金项目 41 个。

（市经信委电子处）

【中关村集成电路设计产业园挂牌】1 月 30 日，中关村集成电路设计产业园在北航科技园致真大厦挂牌，紫光集团收购展讯通信与锐迪科微电子后在北京整合的新的芯片设计总部落户该产业园。产业园由中关村管委会会同海淀区联合设立，围绕国际一流的集成电路设计产业园区的建设目标，集聚全球顶级的集成电路设计人才、团队和企业，成为中关村集成电路产业发展的重要平台和载体。中关村集成电路设计产业园分为两期，一期设在已经建成的北京航空航天大学致真大厦（A 座、B 座），建筑面积近 10 万平方米；二期设在中关村 1 号，面积近 20 万平方米。

（郑　雪）

【小米移动互联网科技园动工】7 月 22 日，小米移动互联网科技园在海淀区安宁庄破土动工。科技园规划建筑面积约 22 万平方米，满足高新技术企业科技研发及配套需求，包括研发中心、会议室、展示厅、报告室、图书室、多功能厅、员工休息室、洽谈室、员工餐厅、地下车库、设备用房等，总投资估算约为 46.2 亿元，建设周期为 3 年。

（市经信委电子处）

【京东方携手国家集成电路产业投资基金】8 月 18 日，京东方发布公告，与国家集成电路产业投资基金、北京亦庄国际新兴产业投资中心、北京益辰奇点投资中心共同发起设立集成电路基金，各自认缴出资额分别为 15 亿元、15 亿元、10 亿元和 1650 万元，基金规模 40 余亿元。该基金主要投资领域为与显示面板相关的集成电路上下游产业及其相应领域。

（郑　雪）

【全球首款超微间距 LED 屏发布】9 月 10 日，海淀园企业利亚德公司发布全球第一款低于 1 毫米间距的

LED 显示屏，并宣布已进入批量生产环节。利亚德突破了小间距尖端技术的多重技术壁垒，率先完成 P1.9—P1.6—P0.7 的三级跳，实现量产全球最小间距 P0.7 毫米超微间距 LED 面板。

（郑 雪）

【京仪 12 项产品获市级第一批新技术新产品认定】 9 月，京仪集团所属 5 家企业 12 项产品经专家评审及认定小组审核，获得北京市 2015 年第一批新技术新产品认定，即博飞公司基于网络的远程自动检测系统、地磁测量系统、GTS 系列陀螺寻北仪、BTS 系列全站仪、DAL 系列数字水准仪、DJD 系列电子经纬仪和 TDJ 系列经纬仪，自动化院集成电路专用水冷机组、300 毫米晶圆倒片机，光电所油罐容积检测仪，京仪北方公司的单相费控智能电能表，检测公司 ZRQF 系列智能风速计。

（宋盈熹）

【中芯北方 B3 项目启动】 10 月 29 日，中芯北方集成电路制造有限公司及各方投资人在北京经济技术开发区举行第三条 12 英寸集成电路生产线（B3）项目启动仪式。中芯北方 B3 项目总投资 36 亿美元，建设一条月产能 3.5 万片 12 英寸晶圆的集成电路生产线，工艺技术水平为 28 纳米～ 14 纳米，建设周期 4 年。

（市经信委电子处）

【半导体显示产业综合实力进一步提升】 年内，京东方公司加快推进高分辨率、触控、LTPS、OLED、AR/VR 等新技术开发，完成技术研发项目 94 项，实现 LTPS 手机产品、高端车载产品、异形穿戴产品、高亮度医疗产品等多款新品量产出货，全球首发产品覆盖率保持 39% 以上。强化产线产品转型升级，实现现有产线满销满产；新产线建设取得突破，鄂尔多斯 5.5 代线产能稳步提升，单月基板投入量达 25K；重庆 8.5 代线产能爬坡和良率提升均创业内最快速度，单月基板投入量突破 100K，良品率达到 90% 以上；成都 6 代线、福州 8.5 代线、合肥 10.5 代线全面开工建设。整体出货量跃居全球第四位，移动产品市场占有率稳居全球第一，整机代工业务单月产销量突破百万台。

（黄永波）

【高端电子元器件研发和生产能力进一步增强】 年内，北京电子控股有限责任公司所属燕东整合内外部资源，加大合作力度，加快推进 8 英寸大规模集成电路装备工艺验证平台项目，制订形成资金筹措、技术引进等工作方案，完成项目选址工作；推进高速数据传输安全保护专用集成电路产业化项目实施，完成密云厂房建设和产线调试运营，小型封装产品月产能达到 7 亿个；启动与芯片设计公司的投资合作。飞宇突破在同一平面多方阻薄膜电阻制备、电容集成等关键技术，完成高集成度薄膜多层布线项目验收。推进特种电子元器件产业发展，加快新品开发和产线改造，多项产品技术达到国内领先水平，电阻、光电器件、磁材等产品细分市场占有率保持第一。

（黄永波）

【高端电子工艺装备产业】 年内，北方微电子、七星电子加快推进国家 02 重大专项实施，加大集成电路、LED 等核心工艺装备开发力度，拓展辐射新的应用领域。完成大产能硅 APCVD 产品开发和 20 纳米～ 14 纳米立体栅刻蚀机的内部工艺验证；90 纳米～ 65 纳米立式氧化炉项目实现产品销售，通过专项验收。完成 IC 领域单片铝 Pad 溅射设备研发和上线；完成 LPCVD 设备在中芯国际产线的量产工艺验证；12 英寸硬掩膜 PVD 被中芯国际指定为 28 纳米制程 Baseline 机台，成为 28 纳米生产线 PVD 设备第一供应商；55 纳米铜互连清洗机实现销售。市场拓展成效显著，LED 刻蚀机国内市场占有率 65%，其中 LED 氮化镓刻蚀机市场占有率达到 90%；LED 氮化铝溅射设备国内市场占有率 68%，封装 PVD 产品国内市场占有率超过 60%。

（黄永波）

【高效储能电池及系统应用产业】 年内，爱思开强化与战略合作伙伴在产业链上下游的融合发展，加大技术转移及再创新力度，完成面向北汽新能源 C34 项目的技术论证；启动与 SK 的电池芯合作谈判及项目选址工作；加快动力电池包生产线全自动化改造，谋划电池包生产线二期项目，实现 7500 台电池包的年销售目标。七星利用自主技术完成 200 瓦时 / 千克锂离子动力电池产品研发，实现 25 兆瓦晶硅太阳能电池生产线的整线运行。大华完成双通道锂电池模组测试样机开发，实现了 225 千瓦充放电机的销售。

（电 控）

【电子信息技术应用服务产业】 年内，京东方启动实施健康医疗产业发展规划，与 IBM、Dignity Health 达成战略合作，完成对明德医院的收购，形成整合式健康医疗服务模式。兆维完成薄膜晶体管液晶显示器件点灯装备样机开发，实现在客户端的试用；完成包裹智能检测分拣系统开发并实现批量销售；AOI 全自动在线检测装备成功进入平板显示领域并取得商业化订单。北广科技完成特大功率超长波全固态发信机样机开发；完成 CDR 发射机研发并实现销售。瑞普三元完成万分之五高精度压力 / 差压变送器产品开发。益泰提升信息系统集成应用服务能力，形成智慧园区业务整体解决方案。七星加大对外合作力度，推进线上艺术品交易平台建设，构建了线上线下互动融合的艺术品交易模式，实现“798 艺苑”上线运营。

（黄永波）

【智慧园区产业创新发展能力进一步提升】年内，推动低效存量资源集约利用，加快重点园区项目建设，创新园区服务业务模式、拓展业务规模。电子城完成 IT 产业园 A1 厂房主体结构封顶和 A6 厂房主体结构验收；国电总部 4 号地、5 号地按计划推进；朔州数码港项目住宅一期工程正式开工建设；完成天津互联网金融产业园项目设计方案，取得 1 号地和 7 号地土地使用权证；加大与系统内外部的战略合作，打造科技孵化、众创空间等服务业态，推进创 E+ 项目的实施，正式启动酒仙桥社区和研发中心社区项目。北广集团进一步优化 B/C 座项目规划方案，并上报市政府审批。牡丹构建创新孵化器众创空间服务平台，完成创 e 空间和 M8 楼众创空间的基础改造。

（黄永波）

【“十二五”时期北京市电子信息产业发展回顾】“十二五”期间，北京电子信息产业（制造业和软件与信息服务业）综合实力排名全国前 5 位，科技基础和技术研发实力全国第一。北京在集成电路、平板显示、智能终端制造等领域处于全国技术领先地位。

北京电子信息制造业成为北京工业的支柱产业之一，在工业总产值中占比达到 16.3%，在工业增加值中占比达到 8.7%。北京电子信息制造业在固定资产投资较少、资源环境约束趋紧、人民币升值影响的情况下，以占全市工业 11% 左右的固定资产投资，创造出约占全市工业 12% 左右的增加值，占全市工业 GDP 比重达到 16%，成为工业发展的重要支撑力量。

2014 年，全市电子信息制造业实现工业产值 2417.8 亿元，同比增长 10.1%，累计实现增加值增速 17%，对全市工业拉动 1.6 个百分点。全年新增固定资产投资 49.5 亿元，同比下降 31.9%，占全市工业投资的 6.9%。

2009—2014 年，北京电子制造业总体处于平稳运行、产业结构优化调整升级的过程中，年工业总产值保持在 2000 亿元左右的规模，产业结构由“十一五”中期的移动通信业（占比 65%）和计算机业（占比 25%）的两点支撑格局逐步转变为移动通信业（占比 53%）、计算机业（占比 13%）、数字电视业（占比 12%）、集成电路业（占比 15%）、LED 业（占比 5%）的多点支撑格局。产业布局进一步向北京经济技术开发区、上地、空港和电子城集聚，上述区域工业总产值占全市总规模的 90%，其中北京经济技术开发区占全市总规模的 56%。

（市经信委电子处）

装备产业

【概况】2015 年，北京规模以上装备制造企业 1199 家，同比下降 5.4%，其中超过 10 亿元的企业 44 家。规模以上装备企业累计实现产值 2435.2 亿元，同比下降 1.8%，主营业务收入 2708.1 亿元，同比增长 0.4%；利税总额 213.2 亿元，同比下降 12.9%；实现工业增加值 602.9 亿元，同比增长 5.2%；平均用工人数 25.7 万人，同比下降 5.1%。

产业平稳运行。加强与工信部装备司和机械工业信息研究院等单位联系，定期对装备产业细分行业进行分析；加强与区县、150 家重点企业沟通，掌握企业生产经营、调整疏解情况，掌握装备产业运行态势，发现存在问题，及时进行调度，保证产业平稳运行。按照“党政同责、一岗双责”规定，会同区县工业主管部门加强安全生产宣传和检查，防范杜绝生产安全事故。会同昌平、延庆工业主管部门开展重污染日应急督查，督促相关企业落实停限产措施。

推动产业京津冀协同发展。推动城六区疏解符合首都功能的高精尖产业在远郊区县布局，支持大兴区、房山区承接北二机床、远东仪表和罗斯蒙特等疏解项目。继续推动一般性生产制造环节调整疏解，会同京城控股公司推动京城新能源关停和北重汽轮机辅机生产环节外迁，腾退厂房近 30 万平方米。执行《北京市新增产业的禁止和限制目录（2015 年版）》，指导相关区县有序开展调整疏解，全年 29 家规模以上装备企业实现一般制造环节停产或外迁。推动全市重大技术装备应用于津冀地区重大工程，推动四方继保、精雕科技和合纵科技等一批在津冀地区进行产业用布局的企业应用智能制造新模式进行生产管控。推动德威华泰参与石家庄化工产业园水循环代谢示范工程建设；推动碧水源中标张家口市崇礼污水处理等 2022

年冬奥会配套工程建设。

推动智能制造创新发展。按照北京市构建高精尖新型经济结构的具体要求，制订智能制造系统和服务专项方案并组织实施。参与主办2015年世界机器人大会，加强国际交流合作，打造智能机器人学术交流、展览展示和交易合作的产业发展平台。推动智能装备产业聚集发展，启动亦庄智能机器人产业基地建设，吸引哈工大机器人集团（华北）总部、智能佳智能机器人等项目落地。推动海淀区启动智能制造创新中心建设，聚集智能服务机器人、文物保护装备和高端医疗器械等项目。推动公共服务平台建设，支持仪综所、北自所、电子四院等单位牵头开展智能制造共性综合标准体系研究及试验验证，推动软测中心、机科总院、北自所和仪综所开展机器人、高端装备零部件先进成形、民爆装备检验检测和文物保护装备产业化及应用协同等公共服务平台建设。推广应用智能制造模式，支持航天长征MEMS传感器制造、机电院机床公司高档数控机床关键零部件数字化车间和首瑞集团智能电网低压配电设备和用户端设备研制等项目应用智能制造新模式。

加大企业帮扶力度。开展产业对接合作，组织重点企业参观调研西门子安贝格和成都自动化工厂，推动西门子与煤科天玛、北车二七开展智能制造项目合作。支持企业享受国家优惠政策，辅导帮助企业申请享受国家关键零部件和原材料进口免税政策，全年共有13家重大技术装备生产企业1.37亿美元进口货物得到免税批复；推荐盛科今泽科技有限公司享受国家首台（套）重大技术装备保险补偿政策。支持重大技术装备首台（套）应用，推动和利时现场总线设备管理系统在神华福能3号机组应用，实现该系统在国内大型百万火电机组的首次应用；推动北车二七低地板车辆、和利时车载及监控系统参与打造国内首条“无人驾驶”城轨线路。推动装备“走出去”，推动金风科技获得南非120兆瓦机组采购大单，在塞尔维亚启动建设该国第一个风电项目。推动同方威视安检设备在阿根廷、哈萨克斯坦等国多次查获毒品和走私物品，进一步扩大海外市场。

支持推动高精尖项目建设。推荐中国软件测评中心、和利时承担产业振兴和技术改造项目，推荐华德液压、机科总院、北自所承担工业强基示范工程项目，推荐仪综所、电子四院和首瑞集团等单位承担智能制造专项标准研究及试验验证和新模式应用项目，推荐精雕科技承担“高档数控机床与基础制造装备”科技重大专项课题，全年北京地区相关单位承担31项国家重大专项项目（课题），获得中央财政资金支持3.96亿元。给予市级财政资金支持1900万元，推动东土科技工业以太网交换机、星网卫通惯性测量系统内嵌仪表和普利门惯性捷联石油定向钻井测量系统等项目建设。加强协调服务，推动雪迪龙环境监测系统生产线建设、海林节能分体式太阳能热水系统产业化和多元环球水务节水灌溉设备产业化等项目竣工投产；推动新特电气生产基地和研发中心、煤科天玛煤矿综采自动化产业基地等项目全面启动工程建设。

（市经信委装备处）

【首台（套）重大技术装备保险补偿机制试点】4月23日，工信部、财政部、保监会联合在京召开首台（套）重大技术装备保险补偿机制试点工作北区对接会，落实首台（套）重大技术装备保险补偿机制试点工作，促进装备制造商、用户与保险企业沟通交流。三部门相关司局，北方片区17个省市区工业和信息化主管部门，有关装备制造企业、用户企业及保险公司等单位200余人参加会议。会议宣贯和解读了首台（套）重大技术装备保险补偿政策，强调各方要紧密配合，加强政策宣贯，做好装备制造企业和保险机构的充分对接，用好用足国家政策，组织好试点推进工作。

（市经信委装备处）

【航天科工智能机器人公司成立】10月12日，航天科工智能机器人公司在北京市注册成立，注册资金2亿元。公司重点推进智能机器人总体技术、一体化伺服关节技术、感知与识别技术、新型抗冲击仿生机构、导航与定位技术等自主可控核心技术的研发。

（市经信委装备处）

【哈工大机器人集团北京研发中心落户亦庄】10月13日，哈工大机器人集团北京研发中心正式落户亦庄机器人创新基地。该中心注册资金1亿元，重点开展特种机器人关键技术研发与创新，打造集特种和服务机器人研发、实验、检测、销售、服务以及总部结算于一体的创新总部基地。

（市经信委装备处）

【京城机电主动疏解非首都功能企业】年内，北京京城机电控股有限责任公司贯彻落实习近平总书记视察北京的讲话精神，立足北京城市功能定位，疏解非首都功能，主动疏解转移劳动密集型、资源依赖型一般制造业，关停高污染、高耗能生产企业。华德铸造业务实现完全退出。线缆制造业务退出，部分疏解到河北。电机生产业务疏解到山东。电线电缆研究所、北瀛铸造、北京起重机器厂第五分厂、京城泰昌4家企业均按照市国资委退出计划完成相关工作。

（尹亚昌）

【京城机电构建高精尖产业体系】年内，京城机电贯彻落实党中央、国务院推动京津冀协同发展的重大战略决策，发起组建“中关村环都经济圈装备制造产业创新联盟”，落实京津冀协同发展要求。按照《中国制造2025》及“北京行动纲要”要求，公司加快提质增效、加大技术创新和产业升级力度，向高精尖方向发展。打造高端智能制造示范基地、亦创机器人创新园区等智能制造的示范项目；加快制造与服务的协同发展，由提供设备向系统集成总承包服务转变；培育数控系统、增材制造等高精尖产业，构建公司高精尖产业体系，落实“北京行动纲要”等要求。北人集团公司在主厂区全力打造亦创智能机器人创新园，全力发展机器人产业，12月开工建设世界机器人大会永久会址。

（尹亚昌）

【“十二五”时期北京市装备产业发展回顾】“十二五”期间，北京市装备产业形成一定规模。2015年，市装备产业实现产值2475亿元，其中智能制造装备、新能源装备、节能环保装备、轨道交通装备分别超过1000亿元、900亿元、300亿元、200亿元。

细分领域实力突出。智能制造装备领域清华、机械总院、中科院自动化所等高等院校和研发机构国内领先，拥有和利时、东土科技、航天易联等具备国内仪控系统领先企业，北一数控、北二机床等机床优势企业，北自所、安川首钢、天智航、康力优蓝、三帝打印、易加三维等机器人、增材制造核心企业，以及金自天正、国电智深、康拓科技、煤科天玛等行业自动化系统集成商，在国家智能制造标准、公共平台方面处于国内领先水平。新能源装备领域拥有金风科技、国电联合动力、中科信、电科院、四方继保、盟固利等一批国内龙头企业，布局国内新能源装备领先的科技研发资源，具备国内一流的系统集成和交钥匙工程能力。节能环保装备领域具有国际一流的变频节能研发和制造能力，国内领先的水处理、固废垃圾处理技术研发和工程建设能力，首航艾启威、神雾热能、碧水源、德威华泰、雪迪龙等企业在高压变频、高效燃烧、水处理、固废处理、大气污染监测治理等方面形成了涵盖技术研发、装备和服务的完整产业体系。轨道交通装备领域拥有国内领先的技术研发体系和完整的产业配套体系，聚集北京交大、铁科院、通号院等国内核心轨道交通科研院所，以及中铁、交控科技等创新能力较强的企业实体，在城轨车辆、智能控制、安全控制等领域拥有核心技术与自主知识产权。

创新能力显著提升。“十二五”期间，全市装备产业涌现出一批技术成果。机械科学研究总院的“筒子纱数字化自动染色成套技术与装备”项目获得国家科学技术进步一等奖；北二机床的“曲轴柔性、精密、高效磨削加工关键技术与成套装备”获得中国机械工业科学技术奖特等奖；天地玛珂电液控制系统有限公司参与的“智能矿山建设关键技术与示范工程”获得中国煤炭工业协会科学技术奖；金风科技参与的“大功率风电机组研制与示范”项目获得中国机械工业科学技术奖特等奖；嘉博文的“有机废物生物强化腐殖化及腐殖酸高效提取循环利用技术”获得国家技术发明奖二等奖；交控科技CBTC系统技术打破国际垄断并实现进口替代。

布局调整成效显著。“十二五”期间，全市装备产业集聚发展雏形逐渐显现。智能制造装备领域形成北京经济技术开发区、海淀区两大产业聚集区，在智能制造标准、检测认证、技术研发和产业示范方面初具影响力；新能源装备领域已经基本形成北京经济技术开发区金风产业园、延庆八达岭新能源基地等多个园区（基地）为主的支撑发展格局。

（市经信委装备处）

生物与医药产业

【概况】2015年，生物与医药产业推进京津冀协同发展中心工作，坚持稳生产、扩需求、强帮扶、推项目，全年完成工业总产值733亿元，同比增长9.6%；实现利润131.9亿元，同比增长17.1%；完成固定资产投资总额45亿元，同比基本持平。

京津冀协同发展。1月，市经济信息化委与河北省工信厅在石家庄举行项目签约仪式，按照“共建、共管、共享”理念打造北京·沧州渤海新区生物医药产业园。截至12月，累计有38家北京医药企业与生物医药园签订入区意向，其中10家企业当年开工建设。同仁堂集团先后在河北安国、玉田等中药材集散地和主产区共购置土地31.2万平方米，投资建设提取及液体制剂基地等4个项目。京冀工业和信息化、食品药品监管等相关部门，就异地监管座谈协商，形成专题材料报送国家相关部门和市政府，并获得国家食品药品监管总局的函复，明确支持北京市开展药品跨区域生产试点，允许企业在京津冀地区跨境设置生产基地。

构建高精尖产业结构，执行《〈中国制造2025〉北京行动纲要》，组织新一代健康诊疗与服务专项实施方案的编写与推进工作。方案以构筑“1+2”产业发展新模式为切入点，着重打造创新成果产业化这“1条主线”，构建基因和智慧健康“2条产业链”，突出技术创新和产品创新对产业的引领作用，引导产业向覆盖预防、诊断、治疗、康复全环节覆盖方向发展。建立两支聚焦生物医药领域的高精尖产业并购基金，推动本市医药上市公司和金融机构紧密合作，吸引社会资本参与打造本市医药龙头企业，做大做强细分产业。

推进重大项目建设。年内，推荐泰德制药等2个项目申请国家工业转型升级重点项目；推荐中国医学科学院药用植物研究所牵头建设的全国中药材生产技术服务平台和4个基地建设重大项目。“十二五”期间，市经济信息化委围绕国家、市生物医药产业发展领域的支持方向和重点，为125个生物医药产业项目争取资金合计6.96亿元。对“十一五”时期以来的134个产业项目进行跟踪服务，截至年底，共验收产业项目96个，验收率为72%。

布局“十三五”规划。按照《国务院办公厅关于转发工业和信息化部等部门中药材保护和发展规划(2015—2020年)的通知》(国办发〔2015〕27号)精神，落实市领导的指示，市经济信息化委会同市中医局、市食药局等部门启动《北京市中药产业发展实施方案(2015—2020年)》的编写工作；启动生物与医药产业“十三五”时期发展研究，邀请监管部门、企业、科研院所、投资机构和行业组织等多方面专家、领导针对北京生物医药产业未来的发展思路和重点方向提出建议。

(市经信委医药处)

【北京·沧州生物医药产业园项目启动】 4月11日，北京·沧州渤海新区生物医药产业园项目集体开工。自1月19日北京市经济信息化委与河北省工信厅在石家庄签订战略合作框架协议、确定共同打造北京·沧州渤海新区生物医药产业园以来，产业园规划已初步成形，园区内两条主要道路建成通车，康辰、四环、万生、朗依等10家企业的建设项目当年开工建设。

(市经信委医药处)

【同仁堂启动中药制剂项目建设】 5月8日，同仁堂科技与河北省唐山市玉田县委、县政府签署投资协议书，正式启动中药制剂项目建设。该项目位于河北省玉田县国家农业科技园区核心区内，是原（净）料存储、原料前处理、提取、液体制剂和软胶囊剂的综合生产基地。项目利用北京的科技资源优势，发挥首都科技创新的引领示范作用，按照“京津冀”协同发展的战略要求进行生产经营。项目建成投产后，将承载1000万千克/年的产能，兼具原料前处理和自主提取能力。

(葛 冰)

【搭建生物医疗领域孵化平台】 7月25日，由华控技术转移有限公司出资、与清华大学医学院合作成立的北京清一创新投资管理有限公司完成工商登记手续正式开始运营。该公司的生物医疗领域创新创业孵化平台注册资本2000万元，将整合政府、投资机构、行业专家、校友、学院技术资源等多方力量，完善成果转化服务体系，重点服务清华医学院原创的科技成果，促进生物医药领域科技成果转化，培养生物医药产业创新创业人才。

(宋慧宇)

【金典汉方药业落户平谷】 9月9日，北京金典汉方药业股份有限公司与北京大地富鑫生物科技有限公司合作签约仪式在北京兴谷经济开发区管委会举行。金典汉方新厂占地2.67万平方米，总投资3.2亿元、固定资产投资2.3亿元，建成后可实现年销售额超10亿元、利税超2亿元。

(市经信委医药处)

【《中药煎药机》国际标准出版发行】 11月6日，由北京东华原医疗设备有限责任公司担任的《中药煎药机》国际标准（ISO 18665）出版发行。这是中医诊疗设备领域的第二个国际标准，也是国际标准化组织/中医药技术委员会（ISO/TC249）发布的第四个中医药国际标准。《中药煎药机》国际标准的颁布实施标志着东华原煎药机得到国际的真正认可。

(万 玮)

【中关村生命科学联合创新服务中心运行】 12月18日，全国首家“一站式”特殊物品及生物材料进出口公共服务平台——中关村生命科学联合创新服务中心（简称北平台）启动运行。北平台位于中关村生命科学园，由检验检疫集中监管中心、公用型保税仓库和联合办事大厅3部分组成，是设施专业、品类齐全、风险可控、通关便捷、兼具保税物流和检疫集中查验功能的公共服务平台，可一站完成进口生物材料多部门办理的报关、检疫等流程。

(万 玮)

【"十二五"时期北京市生物与医药产业发展回顾】"十二五"时期，北京市生物与医药产业保持稳定的增长态势，在总量规模、研发创新、产业效益、绿色发展、区域协同等方面取得显著成绩，为产业转型升级奠定坚实基础。

经济实力稳步提升。"十二五"期间，全市生物与医药产业规模不断壮大，对全市工业战略支撑作用逐渐增强。全市生物医药工业[①]总产值由454亿元增长至866亿元，年均复合增长率达到12%，高于全市工业平均增速约5个百分点，占全市工业的比重由3.3%上升至4.5%；医药工业增加值由153亿元增长至305亿元，年均复合增长率达14.7%，占全市工业增加值的比重从5.6%上升到9.6%。生物与医药产业对促进全市工业稳步增长、结构持续优化等发挥了积极作用。

创新研发能力增强。创新平台建设加快,"十二五"期间生物与医药领域新增市级工程实验室34个、企业技术中心17个，产业创新能力进一步提升。企业研发投入加大，全市医药制造企业研发投入年均复合增长率34%，增速高于全市19个百分点。新技术新产品涌现，"十二五"期间，本市新药成果转化成绩显著，全市43个品种获得新药证书和136个品种获得批准文号，其中包括吡非尼酮、EV71型疫苗等多个一类新药；国产医疗器械产品突破发展，首款可充电脑起搏器、3D打印人体植入物——人工髋关节假体以及软人工晶状体等产品获得注册批准，手术机器人、PET–MR等大型医疗仪器产业化应用加速；生物医药产业新产品贡献率2014年达到24%，高于本市工业平均水平。

产业效益持续领先。北京市生物与医药产业"高端、高质、高效"特点突出，主要效益指标均处于国内医药行业领先水平。"十二五"期间，医药工业企业利润总额由72亿元增长至147亿元，年均复合增长率为15%，高于本市工业增速5个百分点，利润率连续多年维持在17%，高于全国平均值7个百分点；企业的增加值率保持在40%以上，是工业企业增加值率的两倍。

产业结构稳中趋优。产业格局保持稳定，化学药、中药、生物制药、医疗器械四轮驱动。化学原料药生产环节已基本退出本市，中药材前处理及中药提取等环节不再新增产能，推动了全市化学药和中药高端化发展；基因检测、细胞治疗、医用植介入物等新兴领域核心技术的突破，促进了生物制药和医疗器械领域的快速发展。龙头企业支撑作用强劲，拜耳医药产值突破百亿元，16家企业产值超过10亿元，营业收入合计占全产业比例达50%。品种结构逐步优化，"重磅品种"培育成果显著,全市"亿元产品"突破100个，销售额超过400亿元，对全产业规模的贡献在50%以上。

区域协同成效初显。"十二五"期间，在京津冀协同发展战略推进下，北京市生物与医药产业在京津冀区域内全产业链分工合作模式已初步形成。全市充分发挥政府引导力量，按照"共建、共管、共享"原则，与河北省共同打造北京·沧州渤海新区生物医药产业园，承接北京生物与医药产业部分生产环节的转移,在药品监管、园区建设、政策扶持等方面实现突破，进一步优化全市生物与医药产业结构。同时，部分重点企业加快向津冀两地布局建设医药生产基地，进一步推动了京津冀地区生物与医药领域产业链、创新链的协同发展；中药企业在京外布局了一批高起点、高标准、高品质的种植基地,面积合计达1.13亿平方米，遍布全国16个省份，其中21个基地通过GAP认证，约占全国总数的1/7。

产业集聚效应突出。"十二五"期间，北京市生物与医药产业聚集度进一步提高，已形成了"一南一北，优势互补"的产业集聚区和集群发展模式，南部是以北京经济技术开发区和大兴生物医药产业基地为核心的新兴研发和高端制造中心，北部是以海淀和昌平为主的研发创新中心。集聚区内重点引进了中国食品药品检定研究院、国家蛋白质科学基础设施——北京基地等一批国家级重点科研机构，打造了中关村高端医疗器械产业园、亦庄生物医药产业园等一批特色园区，同时大兴生物医药产业基地获批"国家新型工业化产业示范基地"。年内，集聚区工业总产值占全市医药工业比重达到65%以上，成为支撑北京生物与医药产业持续发展的关键力量。

绿色发展特征显著。"十二五"期间，通过加大节能改造、改进生产技术工艺，北京市医药企业资源利用率不断提升。"十二五"期末，规模以上医药企业工业万元增加值能耗为0.086吨标煤，万元增加

---

①生物医药工业包括国民经济分类中的（27）医药制造业和（358）医疗仪器设备及器械制造。其中，医药制造业包括（271）化学药品原料药制造、（272）化学药品制剂制造、（273）中药饮片加工、（274）中成药生产、（275）兽用药品制造、（276）生物药品制造、（277）卫生材料及医药用品制造。

值水耗为3.5立方米，分别仅为全市工业平均水平的17.5%和43.8%；与“十一五”末相比，万元增加值能耗和水耗分别下降了40.6%、48.5%。

（市经信委医药处）

都市产业

【概况】 2015年，都市产业围绕工信部、市委市政府的重大战略部署，按照协同发展的总体思路，以改革创新为动力，以提高发展的质量和效益为重点，在产业转型升级、调整疏解以及京津冀产业协同发展方面取得成效。都市产业全年共完成产值1560.4亿元，占全市规模以上工业产值的8.9%，主营业务收入1926.7亿元，利润总额93.7亿元。都市产业重点行业中的食品工业、印刷包装业和服装纺织业响应京津冀协同发展要求，主动到河北和天津进行新的生产能力布局，在京主要开展研发设计、品牌拓展和总部服务等更加适合在京发展的产业关键环节。食品工业累计实现产值814.9亿元，占整个都市产业的52.2%，是都市产业的最大行业；服装纺织占9.1%，累计实现产值142.3亿元；印刷包装占11.1%，累计实现产值173.3亿元。文体工美行业占7.7%，全年累计实现产值119.4亿元，同比增长43.8%。

（市经信委都市处）

【一轻首家上市公司成功登陆A股资本市场】 4月22日，北京大豪科技股份有限公司首次公开发行股票上市仪式在上海证券交易所举行。大豪科技成为中国缝制机械电控行业和北京一轻控股公司首家上市公司，证券简称为大豪科技，证券代码为603025，本次股票发行总数为5100万股，发行价为11.17元，发行市盈率22.98倍。

（一轻控股）

【曲美家具成为市家具行业首个上市公司】 4月22日，曲美家具集团股份有限公司在上交所正式挂牌上市，成为北京市家具行业首个上市公司。曲美家具是国内较早重视产品环保性能、加大环保投入的家具企业之一，是北京市第一家将电子商务模式与家具销售结合的家具企业，也是第一家全线使用水性漆工艺的家具企业。

（市经信委都市处）

【柔性节能保温篷房生产基地】 8月19日，北京纺织控股有限责任公司与新疆和田地区行署、和田市正式签订战略合作协议及项目投资协议书。纺织控股公司将在新疆和田市北京工业园区内投资建立柔性节能保温篷房生产基地，占地18.4万平方米，总投资额达1.5亿元。

（纺织控股公司）

【源升号博物馆新馆正式对外开放】 9月28日，北京红星股份有限公司源升号博物馆新馆——“中国酒馆”正式对外开放，该馆位于东城区前门大街99号，建在中国二锅头酒的诞生地——源升号酒坊的遗址上。

（一轻控股）

【隆达公司固定资产总投资过亿元】 年内，北京隆达轻工控股有限责任公司共实施技术改造和研发产业化、基础设施建设、车辆更新购置等固定资产投资项目20项，完成总投资1.13亿元。其中，固定资产投资9755万元，即特种印刷产业实施项目2项，总投资1713万元，全部为固定资产投资（其中政府支持1500万元）；特种塑料新材料产业实施项目3项，总投资7301万元，其中固定资产投资7206万元；特种稀贵金属新材料产业实施项目5项，总投资2141万元，其中固定资产投资652万元（含政府支持500万元）；企业车辆更新购置实施项目10项，共计更新购置车辆13辆，总投资184万元，全部为固定资产投资。隆达公司固定资产重大投资项目有：华盾雪花（固安）基地建设项目总投资3.01亿元，其中固定资产投资2.31亿元，已完成建筑面积5.2万平方米的厂房建造，基础配电、外网、绿化、循环水、消防及相关配套等工程建设已基本完成，新增设备的投入工作同步展开，基地共投入新增生产设备7台，其中农膜设备3台，引进意大利土工设备1台，中空设备3台，新设备进入安装阶段；华盾马家楼物业管理项目与丰台区区域发展规划结合，进行戏曲文化创意产业园的建设；有色所贵金属封装材料产业化项目总投资2000万元，其中固定资产投资1000万元，购置高精度微型热轧机、精密贵金属轧机、贵金属连铸机等生产工艺设备8台（套），该项目获市国资委资本金支持500万元；印刷二厂更新多色胶印机项目总投资950万元，项目建设期已基本完成。

（隆达公司）

【工美集团完成国礼“和平尊”设计制作】 为纪念联合国成立70周年，9月27日，国家主席习近平向联合国赠送“和平尊”。“和平尊”由北京工美集团设计制作，是继中国向联合国赠送的第一件礼物牙雕《成昆铁路》以及巨幅艺术壁毯《长城》之后，又一次倾心设计制作的国之重器，有20余家企业、设计机构和院校，18名国家级、市级工艺美术大师参与，经过118天紧张艰苦的设计、研讨、论证、筛选、试制，并经过北京市、外交部领导审定，圆满完成国礼设计制作任务。

（李 刚）

【“十二五”时期北京市都市产业发展回顾】“十二五”时期，北京市都市产业以服务首都“三个北京”和世界城市建设为基本出发点，努力构建包括健康型、创意型、时尚型、资源型都市产业在内的“现代都市四大产业体系”，产业规模稳步扩大，产业层次进一步提升，创新能力、企业实力、品牌影响力和绿色发展水平稳步提升，融合趋势明显，空间布局进一步优化，为“十三五”时期进一步转型提升发展奠定了良好基础。

总量规模保持平稳。“十二五”时期，都市产业规模增长相对平稳。2011—2013年，规模以上工业总产值由1562.2亿元增至1738.3亿元，年均增速5.5%。受政策调整等因素影响，2014年，规模以上工业总产值降至1546.2亿元（快报数），占全市工业总产值的8.3%，内部结构出现调整，食品饮料行业总产值占都市产业总产值的54.4%，比2011年提高4个百分点；服装纺织行业占比为11%，下降2个百分点；印刷包装行业占比约为12%，变化不大。

创新能力稳步提升。2011—2014年，都市产业研发投入和产出保持增长，研发人员总数增长13.3%，研发经费内部支出增长38.6%，专利申请数增长58.5%，新产品产值增长12.7%。企业技术中心数量保持增长，新增三元食品、资源亚太2家国家级企业技术中心，国家级企业技术中心达到6家；新增朗姿股份、古船食品等8家市级企业技术中心，市级企业技术中心达到43家。企业研发创新活跃，产学研联合趋于紧密，顺鑫农业与中国农业大学合作设立都市产业首家博士后科研工作站，北京服装学院时尚设计产业创新园投入使用，涌现APEC“新中装”等设计成果，探路者与中国极地研究中心合作打造“极地仿生”科研平台，超轻防晒、智能单向导湿等创新成果完成转化。

企业实力不断增强。“十二五”时期，都市企业在企业管理、品牌建设、质量保障等方面取得进步。龙头企业规模进一步扩大，2013年，29家企业产值超过10亿元，顺鑫、燕京等企业产值超过30亿元。企业资本运作能力提升，新增朗姿、奥瑞金、曲美等上市企业，重组形成京粮股份、首都酒业等大型企业。品牌培育取得成效，新增红螺、古船等6个中国驰名商标，三元、燕京等品牌的“首都高品质”形象进一步巩固。产品质量保障能力增强，在乳制品、调味品等领域承担国家食品诚信管理体系建设试点，红螺食品获得国家诚信管理体系证书。

两化融合深入推进。“十二五”时期，行业公共信息服务平台建设继续推进，“时装之都”“工美艺城网”成为促进行业发展的重要信息化平台。企业信息化应用不断深入，生猪屠宰、乳制品加工重点企业建立食品质量可追溯系统和信息化运营平台试点，三元食品、顺鑫鹏程等企业入选工信部两化融合管理体系贯标试点单位，曲美家居布局OAO云平台，爱慕、朗姿等企业成为国内服装企业互联网营销标杆企业，盛通印刷通过ERP系统实现更加复杂、精准的业务流程管理。

产业融合趋势明显。“十二五”时期，食品、服装、工美等主导行业与旅游、文化、贸易、出版等行业融合加速，涌现“顺鑫游”、二商王致和、北京珐琅厂、北冰洋工厂等工业旅游，威克多服装业孵化器平台等科技服务业融合，一轻控股北京国际葡萄酒交易所等商业融合以及爱慕时尚工厂、依文时尚欧洲园等集时尚艺术、展览交流、休闲娱乐等于一体的复合空间。雅昌艺术印刷集团更名为雅昌文化集团，向集艺术品展示、网络销售、精品复制于一身的服务型企业转型。

绿色发展水平提高。“十二五”时期，北京都市产业能耗水平继续下降，2011—2013年，规模以上企业能耗由113.1万吨标煤降至112.7万吨标煤，下降0.4%，万元增加值能耗由0.3吨标煤降至0.26吨标煤，下降14%。都市产业严格执行国家和北京市大气污染防治措施，加快退出落后生产工艺设备，改造燃煤锅炉，推动家具、印刷等行业的挥发性有机物治理，曲美家居启动水性漆技改，成为业内首家全线产品使用水性漆的家居企业。在一系列措施推动下，都市重点企业主要污染物排放总量逐年下降，与“十二五”期初相比，首要污染物二氧化硫的排放量下降近50%。

产业布局趋于优化。“十二五”时期，都市产业空间布局进一步调整优化，重点行业生产环节继续向远郊区迁移聚集，呈现出按城市功能区定位发展的分布格局，高端发展载体进一步完善，751D PARK北京时尚设计广场成为北京“时装之都”的重要标志，以通州宋庄创意产业园、华江工艺美术文化产业园等为代表的特色聚集区发展良好。同时，都市产业向京外扩张步伐加快，一批企业已在天津、河北布局生产环节，为京津冀都市产业链条重构与布局优化提供示范，三元在新乐市投建三元河北工业园，逐步输出其品牌、资本、管理、人才等要素资源，对当地畜牧、屠宰、物流等产业环节形成有效带动。

（市经信委都市处）

基础与新材料产业

【概况】2015年，全市基础与新材料产业规模以上工业企业工业总产值6343.4亿元，同比下降12.5%；工业增加值1217.8亿元，同比下降1.4%；主营业务收入6636.8亿元，同比下降12.6%；利润707亿元，同比增长16%；工业固定资产投资完成23亿元，同比下降35.8%。

全年基础产业主要行业中，石油加工、炼焦及核燃料加工业增加值181.5亿元，同比增长20%；主营业务收入626.1亿元，同比下降29%；利润29.2亿元，同比增长88%。化学原料及化工制品制造业增加值70.6亿元，同比增长13%；主营业务收入353.7亿元，同比下降4%；利润12.4亿元，同比下降55%。黑色金属冶炼及压延加工业增加值2.3亿元，同比下降77%；主营业务收入106.8亿元，同比下降25%；利润-8亿元，同比下降590%。非金属矿物制品业增加值67.3亿元，同比下降10%；主营业务收入451.1亿元，同比下降16%；利润14.8亿元，同比下降17%。原油加工量1000.1万吨，同比下降4.8%；乙烯产量78.6万吨，同比增加1.3%；钢材产量175万吨，同比下降10.3%。

协调推进项目建设。年内，燕化公司总投资4.7亿元的第三套三废项目、中航复材总投资5.5亿元的航空产业园复合材料一期建设项目顺利建成投产；燕化公司总投资1.7亿元的炼厂饱和气体回收装置项目、微纳星源总投资6亿元的超顺排碳纳米管项目、奥德赛总投资2.1亿元的电子封装新材料项目、矿冶总院总投资1.6亿元的稀有金属涂层材料项目、八亿时空总投资3.3亿元的液晶显示材料项目正在有序推进。

（市经信委基础处）

【石景山热电厂正式关停】3月19日，京能集团北京京能电力股份有限公司石景山热电厂正式关停。4台22万千瓦燃煤机组全部关停，机组关停后，每年削减燃煤320万吨，占北京市压减电力用煤920万吨的35%、全市压煤总量1300万吨的25%，同时每年相应减少二氧化硫排放3478吨、氮氧化物排放6608吨、粉尘排放1043吨。

（崇为伟）

【京津冀钢铁产业联盟在京成立】4月11日，京津冀钢铁行业节能减排产业技术创新联盟在京成立。首批成员单位由北京科技大学、中国钢研科技集团有限公司、新兴际华集团有限公司等70余家机构组成，涉及京津冀区域钢铁节能减排领域的高等院校，科研院所，工程公司，装备制造生产企业，大型钢铁生产企业及科技、金融服务机构等，首届联盟理事长单位为北京科技大学，由校长张欣欣担任理事长，秘书处设在北京科技大学。在京津冀三地科技主管部门的组织推动下，联盟将整合三地钢铁生产企业、节能减排相关机构、高校院所和金融机构等全链条资源，以“科技促进产业聚集”为主线，着力搭建“政产学研金用”产业融合发展平台，促进科技成果在京津冀区域的快速产出、转移、落地和产业化，实现钢铁行业产品升级、资源综合利用以及污染排放达标治理，打造一条京津冀钢铁行业的生态价值链。

（宋慧宇）

【首钢厂东门迁建】5月25日，作为北京市长安街西延长线上的重点工程之一，首钢厂东门异地迁建项目保护性拆除工程正式动工，工期约18天，6月11日完成全部拆迁工作。建于1992年的首钢厂东门，长56.28米，高12.85米，总建筑面积206平方米。为配合北京市重点建设项目长安街西延道路工程建设，按照首钢高端产业综合服务区的规划，形成厂东门异地迁建方案。新厂门将按1∶1的比例，迁建至长安街西延长线与晾水池（群明湖）东路交口的东北角。建成后的厂东门，将成为新首钢“五区两带”（“五区”包括工业主题园、文化创意产业园、综合服务中心区、总部经济区和综合配套区；“两带”包括滨河综合休闲带和城市公共活动休闲带）规划中长安街以北城市公共活动休闲带的南端起点，沿着厂东门的中心点一路向北将是新首钢工业资源景观的中轴线。这里南面连接石景山直达永定河、门头沟的跨河大桥，在建的轻轨将直达新首钢的北端，通过地下空间与地铁一号线实现换乘。

（关佳洁）

【国内首条垃圾焚烧飞灰处置线通过市环保局验收】6

月 10 日，北京市琉璃河水泥有限公司建成的国内首条垃圾焚烧飞灰处置线通过市环保局验收。飞灰处置示范线包括飞灰水洗、烘干预处理系统、污水处理系统及配套设施，其各项环保设施及排放均符合市环保部门验收要求。

（金　隅）

【北汽新能源与中石化北京石油充换电站项目启动】 7 月 3 日，北汽新能源与中国石化北京石油战略合作签约暨北京市充换电站项目启动仪式在中石化北京石油分公司举行。换电模式主要应用于北京市出租车领域，换电车型为北汽新能源新开发的 C50EB 产品，整个换电过程 3 分钟，换电一次可运营 200 公里。北京石油将在 9 月底前首先建设完成双榆树、东经路等地区 2 ～ 4 座充换电站并开展示范运营，后续将根据电动汽车推广规模完成充换电站的配套建设，打造北京市充换电站群。

（市经信委汽车处）

【东方化工厂调整转型】 7 月 15 日，北京市市长王安顺在市政府主持召开东方化工厂调整转型专题会议，同意成立市东方化工厂调整转型工作小组，强调要按照京津冀一体化和通州副中心建设的总体要求，落实企业主体责任，各相关部门要依据工作小组分工，摸清底数，提出方案，依法依规，加快推进。8 月 6 日，副市长隋振江与中石化股份公司总裁李春光在市政府进行会谈，共同研究东方化工厂调整转型工作，并就主要重点、难点问题交换意见，对下一步工作做出部署和安排。

（市经信委基础处）

【首钢股份资产置换】 8 月 3 日，首钢股份（000959）自 4 月 23 日停牌以来，公布重大资产重组预案。根据公告显示，首钢股份以持有的贵州投资 100% 股权与首钢总公司持有的京唐钢铁 51% 股权进行置换。9 月 8 日，首钢股份正式披露，经公司五届九次董事会审议通过的非公开发行股份预案。9 月 29 日，北京首钢股份有限公司 2015 年度第一次临时股东大会采取现场会议与网络投票相结合的方式召开，大会以不低于 98.76% 的赞成票审议通过 29 项议案。

（关佳洁）

【京唐二期工程启动】 8 月 21 日，首钢京唐二期工程在河北省曹妃甸正式启动。该工程是京冀两地落实京津冀协同发展战略的重点项目，项目选址在首钢京唐钢铁公司预留地，预计总投资 436 亿元，年产近千万吨钢。北京市副市长隋振江，河北省委常委、唐山市委书记焦彦龙，河北省副省长张杰辉，以及国家各有关部委，北京市、河北省有关部门、单位的负责人参加了工程启动仪式。

（市经信委基础处）

【S–Zorb 装置余热回收系统试车成功】 9 月 18 日，燕山石化炼油二厂 2#S–Zorb 装置余热回收系统试车成功。该系统采用世界领先的 ORC 余热发电技术，可将精制汽油中所蕴含的低温余热高效地转化为稳定电能，有效减少装置能耗。经初步概算，该系统在最佳工况下净发电量为 500 度 / 小时，每年可创造利润 300 余万元。

（吴明晓）

【京唐 1 号高炉获国家级金质奖】 10 月，国家住房城乡建设部发布《关于公布第十四届全国优秀工程勘察设计奖的公告》，由首钢国际工程公司自主创新设计的中国第一座 5000 立方米以上巨型高炉——首钢京唐 1 号 5500 立方米高炉工程设计获得全国优秀工程勘察设计金质奖。京唐 1 号高炉创新采用合理炉料结构、炉料分级入炉技术；自主设计开发并罐式无料钟炉顶设备炉料分布控制技术；采用纯水密闭循环冷却、铜冷却壁、薄壁内衬等高炉综合长寿技术，高炉设计寿命 25 年；采用高风温顶燃式热风炉和助燃空气高温预热技术，平坦化出铁场和铁水直接运输工艺、环保型螺旋法渣处理工艺等。该高炉设计过程中，共计采用十大类 68 项具有国际先进水平的创新技术和工艺装备。

（关佳洁）

【稀土异戊橡胶工业成套技术“出龙”】 11 月 23 日，燕山石化承担的“3 万吨 / 年稀土异戊橡胶工业成套技术”通过中国石化技术成果鉴定，项目正式“出龙”。该项目是中石化十条龙攻关项目之一，自主开发多项专利技术和专有技术，完成了万吨级稀土异戊橡胶成套技术工艺包的开发，可产出 Nd–IR01 和 Nd–IR02 两个牌号的产品，产品顺 –1，4 结构含量 98% 以上。

（吴明晓）

【固体酸烷基化项目顺利中交】 12 月 7 日，燕山石化 100 吨 / 年固体酸烷基化项目实现中交。该中试装置是国内在固体酸烷基化领域的首次尝试，以酸性固体材料作为催化剂生产烷基化油，与现有液体酸催化剂相比，具有产物容易分离、设备材质要求较低、不存在酸泄漏风险、不生产废酸等特点。

（吴明晓）

【“十二五”时期北京市基础与新材料产业发展回顾】 “十二五”时期是北京市基础与新材料产业进行深层次结构调整的重要时期，按照创新、协调、绿色、开放、共享的发展理念，围绕供给侧结构性改革和全面贯彻落实《中国制造2025》，抓疏解、促协同、谋发展，有舍有得，努力实现“瘦身健体”和“提质增效”，加快转型发展的步伐。

调整疏解加速推进。落实清洁空气行动计划，做好疏解退出工作，严格执行禁限目录，严控增量，确保禁限项目零准入。钢铁领域，按照《国务院关于钢铁行业化解过剩产能实现脱困发展的意见》等有关文件要求，推进首钢总公司开展钢铁产能化解工作；化工领域，加快推进东方石化厂调整转型，推进危化品企业调整退出；建材领域，开展水泥压减产能工作，提前完成水泥产能压减目标，水泥企业调整转型为协同处置城市危废、污水处理厂污泥和垃圾焚烧飞灰的城市基础设施。

产业结构日益优化。随着首钢搬迁、金隅逐步外迁和一般制造业调整疏解力度的加大，传统原材料占比逐步减少，高精尖新材料成为北京市新材料发展重点并呈现出快速发展的态势。前沿新材料发展迅速，石墨烯、超导材料、智能材料等技术水平处于全国前列，纳米材料、生物医用材料已经具备一定的产业规模；关键新材料领域形成了一批具有优势的新材料和产品，包括稀土功能材料、稀有金属材料、半导体材料、先进储能材料、人工晶体、功能性膜材料以及高性能纤维及其复合材料等。2015年，北京市基础和新材料产业规模以上工业企业实现工业总产值6295.3亿元，同比下降13%，占全市规模以上工业总产值的36.1%。

企业创新实力不断增强。北京市支持新材料企业的培育和发展壮大，打造新材料产业发展园区，一批重点骨干企业、重点产品和园区已经形成。中科三环是全球稀土永磁材料及器件领域的龙头企业，同时拥有烧结和快淬两种生产工艺技术，产销量达到全国的1/3；安泰科技定位高端市场，已成为全球第二大非晶微晶带材制造商；碧水源水处理膜居国内领先地位；中材人工晶体在光学晶体、闪烁晶体等部分领域居国际先进水平；北京航材院在石墨烯研发和产业化应用方面已取得明显的先发优势；微纳星源在世界上首次研制成功超顺排碳纳米管并产业化；纳通医疗、有研亿金等企业在介入性生物医用材料方面居国内领先地位。中关村科学城、中关村永丰国家级新材料技术成果转化及产业化基地、怀柔纳米产业园、北京石化新材料科技产业基地已成为北京市新材料产业发展的成熟集聚区。

生产性服务业蓬勃发展。一些大院大所和大型企业利用自身检测条件和技术优势，延伸制造业务，开展对外检验检测等生产性服务业，取得明显成效。北京市组建了北京材料分析测试联盟，推动相关各方资源共享、优势互补、检验检测技术方法攻关、标准制定和检验检测互认等工作。联盟包括中国建筑材料检验认证中心、国家有色金属及电子材料分析测试中心、国家钢铁材料测试中心等18家单位，拥有分析检测仪器设备约4000台（套)，涵盖建材、有色金属、钢铁、生物医药等多个领域。2015年，联盟单位检测及相关业务收入超过30亿元，年增长率连续多年超过30%。

重点项目稳步推进。“十二五”时期共推动新材料重点项目14个，总投资约88亿元。中航复材总投资5.5亿元的顺义航空产业园复合材料建设项目、安泰科技总投资8.3亿元的LED半导体配套难熔材料及高性能纳米晶超薄带项目、蓝星东丽总投资9800万美元的反渗透膜及膜元件项目建成投产；微纳星源总投资6亿元的超顺排碳纳米管项目、世纪金光总投资8.4亿元的宽禁带半导体功能材料与功率器件产业化项目、有研亿金总投资3.4亿元的高纯金属靶材和记忆合金项目、矿冶院总投资1.55亿元的工业零部件表面强化用高性能稀有金属涂层项目、八亿时空总投资3.26亿元的年产100吨显示用液晶材料项目等一批新材料项目顺利推进。

（市经信委基础处）

国防科技工业

【概况】2015年，是国防科技系统完成“十二五”规划的收官之年，是国防和军队全面实施改革、军民融合战略深入发展的关键之年。在市委、市政府的决策指导下，北京市国防科技工业系统创新思路、凝心聚力、圆满完成全年工作任务。

“保军”任务圆满完成。突出“保军”主线，坚持在军品科研生产中把质量放在第一位，确保在京军品科研生产任务圆满完成。

国防重大工程顺利实施。全力协调保障重型运载火箭、探月工程三期、高分专项等国防重大工程的条件保障工作，建立武器装备科研生产条件保障长效协调机制，“特事特办、急事急办”，确保国防重大工程按照时间节点和任务要求实施。

安全管理有序推进。坚持管理与科学技术防范并重，狠抓安全保密责任，加大保密检查力度；进一步创新安全生产监管方式，强化安全监管体系建设，组织安全生产检查及民爆行业安全生产专项整治行动；继续推进北京市核应急委员会（北京市核应急指挥部）组建工作，加强对核应急工作的组织领导，着力加强核应急救援力量建设，不断强化紧急出动和现场处置能力。

政府职责有序履行。进一步简化优化军工资质受理工作流程、畅通办理渠道，严格程序、严格标准，公平公正、高效有序地开展军工资质受理及审查工作；规范军工固定资产投资项目等验收工作，开展军工固定资产投资验收、军品配套科研项目验收、项目招投标等工作。

军民融合深度发展。落实军民融合的各项推进举措，多次组织与军地各方的对接活动，共同打造军转民高新技术创新平台，推进一批军用技术转民用并使之产业化；组织编制军转民与民参军技术产品推荐目录信息征集工作，为企业提供咨询服务、技术培训和政策宣贯等，推进军工开放水平；加强军民融合创新基地建设，中关村军民融合产业园正式启动，航空航天产业和海洋装备特色产业园建设抓紧进行。

推动京津冀协同发展。北京主动向津冀地区延伸，通过签订战略合作协议、加速产业转移与对接等形式，促进京津冀一体化发展；北京、天津、河北三地国防科工办（局）共同签订《高分数据应用战略合作框架协议》，建立合作协调机制，实现地区资源融合与产业互动；截至年底，1500余家中关村企业在京津冀地区设立分支机构或研发中心，在交通一体化、生态环保、产业转移等方面实施一批新技术示范应用项目。

（市国防科工办）

【军民合作共建信息安全产业园签约】2月13日，在市经济信息化委和海淀区经信办的协调推进下，总参某部、中国仪器进出口（集团）公司、北京兴科迪科技有限公司三方共同签约，合作共建信息安全产业园。该项目旨在贯彻军民融合深度发展战略要求，以某国家工程实验室为平台，共同打造信息安全产业园和军用高新技术孵化器，在盘活央企资源、“腾笼换鸟”发展信息安全高精尖产业的同时，推动军民高新技术共享和双向转化。

（郑　雪）

【军工固定资产投资项目通过验收】7月17日，受国家国防科工局委托，北京市国防科工办会同航天科技集团公司组织专家对北京航天动力研究所军工固定资产投资项目进行竣工验收。年内，北京市国防科工办完成38项军工固定资产投资项目的竣工验收。北京航天动力研究所隶属于航天科技集团公司第六研究院，是国内最早从事液体火箭发动机研制的专业研究所，获得国家科技进步奖9项，部级以上科技成果300余项。

（市国防科工办）

【军工科研生产运行协调保障】年内，市国防科工办全力协调重型运载火箭、探月工程三期、高分工程等国防重大任务条件保障工作，建立武器装备科研生产条件保障长效协调机制，一事一议，确保“特事特办、急事急办”的原则落实到位，保障重点军工科研生产任务按照时间节点和任务要求顺利进行。全年完成“长征五号”运载火箭芯一级动力系统试车相关协调保障工作；多次协调“长征五号”运载火箭在京交通运输事宜；协调探月工程三期在京建设项目落地保障，航天五院、中国科学院高分工程建设项目保障任务；推动钢铁研究总院、建材研究总院等单位多品种、小批量产业基地建设项目在京建设。

（市国防科工办）

【军品市场准入与市场监管】年内，国防科技工业着眼构建统一、高效、富有活力的军品市场环境，进一步简化优化工作流程、畅通办理渠道，严格程序、严格标准，公平公正、高效有序地开展军工资质的受理及审查工作，为武器装备科研生产提供有力保障。全年共受理、审查二类武器装备生产许可申请、军工保密资格认证申请和涉密中介机构备案共计300余家，为不同主体进入国防领域提供了有力的服务保障。开展持证单位年度监督检查工作，对北京地区取得二、三级保密资格的单位进行年度检查；组织对北京地区二类许可持证单位进行2014年度监督检查。坚持重大事项报告制度，对资产重组、承担的军品科研生产任务发生重大变化事项及时进行上报处理；对40余家单位办理证书变更。组织100余家民口配套单位开展了国外某型产品的安全隐患排查；全年对70余家涉密单位开展安全保密检查，其中对13家涉密单位进行现场核查。

（市国防科工办）

【固定资产投资管理】年内，市国防科工办会同军工集团公司及各项目主管部门完成28项军工固定资产投资项目竣工验收；军工集团公司及各项目主管部门会同市国防科工办完成18项军工固定资产投资项目竣工验收；完成对中国建材研究院、钢铁研究总院等单位承担的14项军工固定资产投资项目监督检查，并形成了检查报告上报国防科工局；配合国防科工局、市发展改革委完成7项军工固定资产投资项目监督检查；办理招投标备案69项。协助地方企业争取国家项目资金支持。5个市属单位军工固定资产投资项目完成项目申报，并通过国防科工局组织的立项评审。5个项目总投资约2.7亿元。

（市国防科工办）

【军品配套科研项目管理】 年内，市国防科工办组织现有军品配套科研项目承研单位研讨北京地区科研项目管理的薄弱环节和改进方向，对承研单位的内部管理及与市国防科工办的接口关系提出明确的要求；组织专家对北京北冶功能材料有限公司、北京理工大学等6家单位的11个科研项目进行验收；组织2家单位对2015年军工科研项目任务进行研讨和论证，并完成项目申报初审。

（市国防科工办）

【核应急管理】 年内，市国防科工办推进北京市核应急委员会（北京市核应急指挥部）组建工作，研究构建核应急组织机构框架及职责，起草《北京市核应急委员会组建方案》。10月29日，市编委正式批复设立北京市核应急委员会，加挂北京市核应急指挥部牌子。组织开展“核应急公众沟通及宣传活动”，编制并发放图文并茂的宣传册和印有核安全知识的扇子及环保袋；举办核科学技术应用与辐射安全防护的专题讲座，普及放射、辐射防护、核应急等基本知识；进一步加强核应急能力建设，实现核应急救援力量人员、装备、器材和行动方案的有机结合；坚持常态化应急演练，实现每周一次紧急出动演练，每半月一次战备演练，每月一次带背景的应急处置演练；针对春节、两会、国庆等重要时期，开展核与辐射突发事件应急处置专项演练。

（市国防科工办）

【军工及民爆行业安全管理】 年内，市国防科工办强化安全生产责任落实。加强对民爆及军工单位重点时期安全生产专项督查；加大新《安全生产法》的宣贯力度，推进依法治安；结合“安全生产月”活动，组织各军工、民爆企业相关人员开展新安法的宣贯，营造学法知法、遵法守法、敬畏制度、尊重程序的良好氛围；组织开展北京民爆行业安全生产“一岗双责”落实工作，监督落实企业主体责任，推进北京民爆企业安全生产诚信制度建设；建立事故隐患等同于事故的处罚机制，失信惩戒机制，以及不良信用记录、黑名单制度等，加大对违法企业的处罚力度；组织开展北京地区军工单位安全生产监管对策研究，加强对企业安全生产管理制度的建立及落实情况的检查指导，完善督查检查常态化工作机制。推进安全生产标准化建设，北京地区民爆企业全部完成达标任务，军工单位90%完成达标。对已达标5家军工单位安全生产年度运行进行检查，督促改进；全面开展军工建设项目职业卫生“三同时”工作，研究制定北京地区实施细则，规范工作程序和要求，加强对本行政区域内军工建设项目职业卫生“三同时”的监督管理；严格行政许可，依法细化民爆安全生产条件，并严格审查把关；加强重大危险源管控和隐患排查治理，建立健全企业重大危险源（点）和10人以上危险作业场所的基础数据库，建立隐患排查治理台账，实现排查、整改、验证、销账闭环管理。

（市国防科工办）

【航空航天产业发展】 年内，市国防科工办确定航空航天高精尖内涵，落实通航指导意见。从通用航空、卫星应用两个专业方向提出鼓励发展的高精尖产品目录；明确航空领域研发试制、运营服务、商务金融、无人机等高端环节，提出关键技术与产品、城市及区域服务保障、通用航空消费三大重点；围绕卫星应用领域的星座通信、低轨卫星宽带通信、卫星遥感、卫星导航等技术产业化，提出大力发展卫星地面设备和卫星应用服务两个重点方向；以建设城市功能保障新通道，搭建低空安全保障体系，建设通用航空科技创新中心，构建以首都为核心的通用航空网络化运营服务体系为重点，发展北京市通航产业。与国内综合排名10强的创投机构开展对接，发挥其资源、资金优势，以及管理团队在通航领域的从业、投资经验，以政府资金为引导，吸引社会资本参与，共同设立通航基金，基金规模为2.75亿元，其中市高精尖母基金出资5000万元，围绕北京通航产业链的发展，兼顾京津冀一体化布局，采取股权、债权等方式进行投资，加快推进北京通航产业发展。研究推动由平谷通航基地为主的政府主导和以臻迪、中国民航管理干部学院为主的社会资本主导的两类众创空间的建设，推动通航创业联动平台常态化运行，运用资本的力量推动高精尖创新项目的发展；联合商务部投资促进局、中国民航管理干部学院、中国民航科普基金会等单位共同举办“首届中国通用航空创业大赛”；联合商务部投资促进局、中国民航科普基金会举办“首届中国航空产业国际合作与投融资大会”；支持平谷区利用存量加快推进马坊通航机场建设，在前期马坊临时起降点的基础上，完成综合机库、机场跑道工程和周边迁移、清理等相关工作；会同平谷区政府，启动马坊临时起降点升级为通用航空机场的相关申报程序。利用北京高分数据应用服务中心和技术服务中心，构建高分数据服务平台，开展公益服务、商业服务和产业化应用推广，推动北京市卫星遥感应用及产业化发展。重点推进高分一号、二号卫星数据与其他国产数据相结合的应用，数据覆盖范围涉及北京、天津、河北等省市，为京津冀协同发展提供支撑服务；推进北京信威公司在空天信息领域，建设覆盖全球的多功能低轨卫星宽带通信系统，实现空、天、地一体化移动宽带接入服务，提供飞机、船舶全球实时监视信息服务。完成灵巧通信试验卫星的成功发射和在轨测试，先期验证卫星移动通信星座建设所需的关键技术。

（市国防科工办）

【军民融合】年内，市国防科工办完善军民融合工作体系，与原总参某部、全军武器装备采购信息网、原总装炮研所等单位进行对接，开展军地合作。向150余家具有军工保密资格的企事业单位下发全军武器装备采购信息网注册认证通知，其中130余家军工保密资格的企事业单位在采购网进行注册认证；完成大兴军民结合产业基地复评工作，推动航天新长征电动汽车技术有限公司项目、红金龙军民结合高科技创新产业园项目开工建设，推进军民融合产业园、国防知识产权转化应用、军民融合项目建设。与原总参某部等单位合作，以军队某国家工程实验室为平台，共同打造军转民高新技术创新平台。先期将以国产自主可控高性能CPU推广应用、全自主知识产权信息安全技术产品、信息安全系统总体集成等项目为抓手，在海淀区打造军民融合信息安全产业园，推动军民两用高新技术共享和双向转化，基本具备入驻条件；协调中船工业、大兴区等单位，发挥军工集团的技术、资源、人才优势，在生物医药基地规划技术产品创新研发、系统集成等海洋装备特色产业园区。建设“立足国内、面向全球”的国家级海洋装备创新研发基地，在船舶导航及位置服务领域、全球船舶运营服务保障领域，形成具有全球竞争力的产业集群，项目总投资36亿元。扎实开展军民融合服务工作。按照工信部、国防科工局的要求，组织推荐北摩高科、星网宇达、华力创通等6家具有军工保密资格和国防科研生产许可证的企业，参加军民融合发展成果展；组织完成2015年度军转民、民参军技术产品推荐目录信息征集工作，共推荐报送中讯四方等20家企业的30项民参军技术产品信息。组织高分辨率对地观测系统数据应用暨空间信息专项对接会，北京、天津、河北三地国防科工办（局）共同签订高分数据应用战略合作框架协议，建立合作协调机制，着力建设京津冀地区高分数据典型行业应用与重点示范，实现地区资源融合与产业互动，引导卫星遥感信息产业的标准化、规范化发展。

（市国防科工办）

【通航产业发展】年内，市国防科工办推动京冀通航产业园建设。充分发挥北京在招商、创新、人才等方面的优势，结合三河在空间、土地资源丰富等方面的特点，推动双方在发展通用航空的基本思路和总体规划方面达成共识，共同打造集研发、制造、销售、运营、维修、培训、展示的通航全产业链。在2015京津冀产业对接系列活动中，平谷区与廊坊市、三河市共同签署京冀通航产业园合作协议，遵循“共建、共管、共享、共赢”原则，在园区规划、产业布局、合作机制等方面开展合作。园区位于平谷区马坊镇与三河市齐心庄镇交界处，占地333.33万平方米，其中平谷区占地80万平方米、三河市占地253.33万平方米，统一编制园区总体发展规划。推动京津冀地区通用航空运营网络建设。在平谷区至河北省唐山市、迁安市、保定市、昌黎县、平泉县，以及天津市塘沽、窦庄等地的多条低空航线均实现通航的背景下，由中国民航科学技术研究院、国家空域技术重点研究实验室、西安天和防务技术股份有限公司和平谷通航产业基地共同建设的华北地区低空安全监控指挥中心投入使用，具备飞行计划申报与受理、飞行环境评估、监管部门飞行信息共享等功能。增强应急救援保障功能。协调民航、空军和平谷区相关部门，对张家口崇礼的通航运营发展条件和情况进行调研，研究讨论通航机场选址建设问题，形成《2022年北京冬季奥林匹克运动会建立空中交通保障系统建议书》，全面阐述北京市和张家口两地通用航空机场的选址、建设和后期运营等内容。6月底，向北京市政府上报《关于服务2022京张冬奥会构建“空中交通服务系统”的意见》，并以此为契机与民航华北局和三河市急救机场共同研究，搭建京津冀通航应急救援网络体系。

（市国防科工办）

中小企业

【概况】2015年，北京市促进中小企业发展工作围绕首都功能定位，促进产业结构调整，全力推动高精尖中小企业发展，不断转变政府职能，重改革，促创新，在优化发展环境、改革服务模式和创新工作机制等方面开展多项工作。

推进促进中小企业发展条例宣贯。5月，经市政府批准，市经济信息化委以市促进中小企业发展工作领导小组的名义向市发展改革委、市财政局、市科委、市规划委、市人力社保局、市商务委、市工商局等35个委办局及16个区县政府下发《关于认真贯彻实施〈北京市促进中小企业发展条例〉的通知》（京促中小企发〔2015〕1号），进一步明确各有关单位按照条例责任分工，不断完善各项工作措施，依法促进市中小企业尤其是小微企业的健康发展。组织召开以“重改革、稳发展、促就业、保民生——以服务创新精神推进我市中小企业实现新突破”为主题的2015年度领导小组工作会。完成市政府督查室对贯彻落实《国务院关于扶持小型微型企业健康发展的意见》（国发〔2014〕52号）有关情况的工作报告和国务院督查室对北京市贯彻实施扶持小微企业发展政策落实情况的材料准备和报送工作。

改革中小企业服务模式。加大政策资金支持力度。年内，中小企业发展专项资金共安排2.85亿元支持创新融资及中小企业公共服务体系建设。在创新融资方面，全年安排创新融资资金1.87亿元，截至10月，带动创新融资发行规模达到63.81亿元。在平台基地建设方面，安排资金0.98亿元，支持项目45个，预计项目完成后，将新增及改造中小企业公共服务平台面积7.17万平方米，新增年服务中小企业能力1.88万家/次；新增中小企业创业及服务面积6.61万平方米，可为445家小微企业提供创业服务空间。推进中小企业公共服务平台建设。5月14日，北京市中小企业公共服务平台正式开通运营，构建社会优质服务资源充分整合、市区（县）两级联动、线上线下互为补充的立体化服务体系。在政策服务方面，发布政策200余项，开展“政策通”系列培训35期、培训企业4000家，线上、线下解答企业政策咨询问题7000多项；在融资服务方面，引入银行、担保、创投、证券等各类金融服务机构40多家，通过集合信托、融资租赁、私募债等渠道为380多家企业融资55亿元；在场地服务方面，梳理适合于创业的场地空间10万平方米、开放实验室1万平方米，已帮助80多家企业找到满意的办公、生产、试验场所；在人才服务方面，举办定期的人才对接会、采取便捷的互联网人才分享方式帮助56家企业快速找到人才。在平台聚集的企业已经达到1万家，市级枢纽平台直接服务企业900家以上，合作服务机构及窗口服务平台服务企业11.8万家。加强平台和基地认定工作。年内，开展第四批北京市中小企业公共服务平台、小企业创业基地认定工作，认定市级中小企业公共服务平台4家，年服务企业689家；认定市级小企业创业基地5家，建筑面积9.97万平方米，入驻企业497家。截至第四批认定完成，市级中小企业公共服务平台数量已达到63家，小企业创业基地53家。对于不符合首都功能定位，产业方向进入限制和淘汰目录的小企业创业基地不再进行支持。

创新中小企业工作机制。创新投融资服务机制，截至年底，创新融资发行规模88亿元，发行企业467家。设立中小企业发展基金。3月12日，《北京市中小企业发展基金管理办法》正式发布，中小企业发展基金资金已筹集到位22.2亿元。发挥创投引导基金对初创期企业的支持作用，起草《北京市中小企业创业投资引导基金实施细则》；启动第八批引导基金出资工作；协调参股创投企业出资、投资事项，引导参股企业投向本市符合战略导向的初创期中小企业。截至年底，引导基金已签订投资协议的参股创业投资公司共8批34家，总规模为61.27亿元，其中引导基金协议出资额约15.5亿元，合作创业投资机构协议出资额约45.77亿元，财政资金放大倍数约6.66倍。已对225家中小企业进行了股权投资，投资额约24.47亿元，其中全年共投资102家中小企业。在管理中，对于不符合首都功能定位、产业方向进入限制和淘汰目录的企业不再对其股权投资。依托北京市中小企业公共服务平台，以市级枢纽服务平台为核心，充分调动各区县窗口服务平台、国家级中小企业公共服务示范平台、市级中小企业公共服务平台、小企业创业基地、各类合作服务机构等服务资源，发挥服务优势，组织各项活动促进“大众创业、万众创新”。

推进“逐步清退工业大院”工作。年内，“逐步清退工业大院”工作列入市政府折子工程。4月上旬，两次组织召开专题会议进行工作部署，按照“明确范围、摸清底数、拟定政策、逐步实施”的指导思想，开展了一系列有针对性和卓有成效的工作。依托北京市中小企业公共服务平台开发完成了清退镇村工业大院在线填报监测系统(简称监测系统)。借助监测系统，向各区县镇村企业主管部门下发《关于开展镇村工业大院调查的通知》,9 月底完成《镇村工业大院调查表》的汇总工作。

（市经信委中小处）

【中小企业公共服务平台开通】 5 月 14 日，北京市中小企业公共服务平台正式开通。平台联通全市 16 个区县、33 个委办局、138 家优质服务机构和 154 家社会服务平台,形成了“1+16+N”的服务平台网络体系，覆盖全市各区、各产业集群的中小企业，为企业提供政策、信息、人才、资金、管理、技术、法律等全方位、全品类、全生命周期的服务。

（市经信委中小处）

【中小企业公共服务平台参展全国首届“双创周”】 10 月 19—25 日期间，北京市中小企业公共服务平台受工业和信息化部委托，代表全国工业和信息化系统在主会场参展全国首届“大众创业万众创新活动周”。参展期间，多位国家领导人，国家各部委、北京市领导以及市有关委办局、企业、服务机构等相关人员到平台展区参观，参观人数达 2000 余人次。平台为参观人员免费发放各类政策汇编手册，为 128 家企业提供价值 4 万元的免费服务包，节约企业资金 300 余万元，并举办了“北京市小微企业成长大赛”预热等多项主题服务活动。

（市经信委中小处）

【引导基金协议出资总额 61.7 亿元】 截至年底，签订投资协议的引导基金参股创业投资公司共 8 批 34 家，总规模（协议出资总额）为 61.7 亿元。其中，引导基金协议出资额约 15.4 亿元，合作创业投资机构协议出资额约 46.3 亿元，财政资金放大约 4 倍。引导基金已从 12 家参股创业投资公司完成退出，所投资金 3.33 亿元已全部回拨至引导基金专设账户，实现了财政资金的循环使用。

（市经信委中小处）

【290 家中小企业获引导基金投资】 截至年底，引导基金合作创业投资公司对 290 家中小企业进行了股权投资。其中，电子信息项目 29 个，占所投项目总数的 10%；互联网项目 178 个，占所投项目总数的 61.38%；节能环保产业项目 18 个，占所投项目总数的 6.2%；生物与医药产业项目 22 个，占所投项目总数的 7.59%；高端制造业项目 13 个，占所投项目总数的 4.48%；文化创意产业项目 26 个，占所投项目总数的 9%；新材料产业项目 2 个，占所投项目总数的 0.69%。此外，还有 1 个现代服务业项目，1 个新型农业项目，分别各占所投项目总数的 0.34%。根据数据统计，290 个所投项目中，初创期项目 212 个，占所投项目总数的 73.1%；早中期项目 71 个，占所投项目总数的 24.5%；成熟期项目 7 个，占所投项目总数的 2.41%。

（市经信委中小处）

【债权融资基金和风险补偿基金运行】 年内，债权基金第一批出资 3 亿元，与北京中关村科技融资担保有限公司、北京中小企业信用再担保有限公司、北京海淀科技企业融资担保有限公司 3 家合作机构共同设立 3 支子基金，每支子基金规模 2.5 亿元，合作期限 3 年。债权基金于年底前与 3 家合作机构签订有限合伙协议，完成工商登记注册工作，在托管银行开立托管账户，完成债权基金出资工作。风险补偿基金规模 2 亿元，首批合作机构为北京银行，合作期限 2 年，完成设立和出资工作，与北京银行签订合作协议。

（市经信委中小处）

【“十二五”时期北京市中小企业发展回顾】 “十二五”时期，中小企业总体保持健康快速发展。整体规模稳步增长。根据第三次全国经济普查数据（简称“三经普”），总体看，全市中小企业的总量规模、收入、税收、利润等呈现出较好的增长态势。2013 年末，全市中小企业数量 42.5 万家，占全市企业总数的 97.3%，比 2008 年增长 73.3%，年均增长 11.6%；拥有资产总额 15.9 万亿元，占全市企业总量的 16.5%，比 2008 年增长 52.7%，年均增长 8.8%；实现营业收入 5.9 万亿元，占全市企业总量的 43.4%，比 2008 年增长 95.2%，年均增长 14.3%；实现利润总额 4104.2 亿元，占全市企业总量的 20.1%，比 2008 年增长 70.3%，年均增长 11.2%；应缴税金 2267 亿元，占全市企业总量的 31.6%，比 2008 年增长 92.2%，年均增长 14%；吸纳就业 568.2 万人，占全市企业总量的 63.1%，比 2008 年增长 17.4%，年均增长 3.3%。

产业结构不断优化。全市中小企业在“调结构、转方式”的大环境下，随着首都功能定位的日益清晰，产业疏解力度不断加大，不符合城市功能定位的企业逐步退出，产业结构得到进一步优化。从产业上看，服务经济主导的特征显著，三产中小企业在各项指标上占据绝对比重，2013 年，三产中小企业为 38.4 万个，比 2008 年增长 85.5%，占全部中小企业总数的

90.3%；拥有资产总额14.2万亿元，增长59.3%，占全部中小企业资产总额的89.5%；实现营业收入4.83万亿元，增长109.3%，占全部中小企业营业收入的81.7%；实现利润总额3580.1亿元，增长88.1%，占全部中小企业利润总额的87.2%；从业人员432.7万人，增长33.6%，占全部中小企业从业人员的76.2%。二产中小企业从业人员有所减少，其他指标略有增长。2013年，二产中小企业的数量、资产总额、营业收入、利润总额分别为4.1万个、1.67万亿元、1.08万亿元和524.2亿元，分别比2008年增长了7.6%、13.1%、50%和3.5%；从业人员135.5万人，减少15.4%，占全部中小企业从业人员的23.8%。

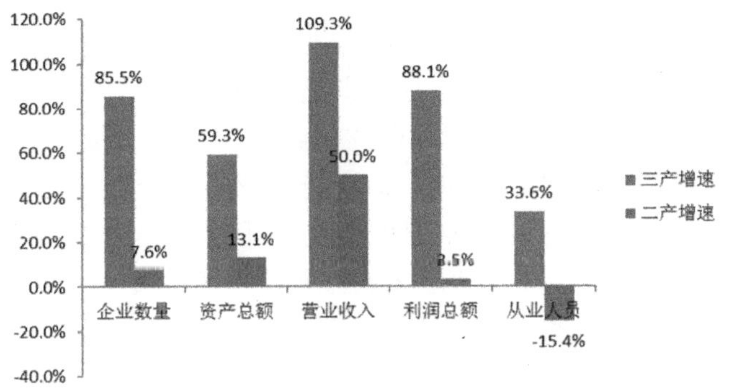

图1 2008—2013年二、三产业中小企业增长情况

从行业上看，制造业中小企业减员增效，新兴行业发展较快。制造业中小企业数及从业人员均有所减少。2013年，制造业中小企业数量2.68万个，比2008年下降6.5%，占全市中小企业总量的6.3%，比2008年下降5.4%；从业人员97.2万人，比2008年下降9.4%，占全市中小企业从业人员的17.1%，比2008年下降5.1%。但资产总额、营业收入和利润总额均稳步增加。2013年，制造业中小企业拥有资产总额0.98万亿元，实现营业收入0.71万亿元，利润总额380.4亿元，分别比2008年增长66.2%、54.1%和66.2%。文化、体育和娱乐业，科学研究和技术服务业，信息传输、软件和信息技术服务业等新兴服务业发展较为活跃，企业数量较2008年分别增长1.6倍、1.5倍和1.1倍，占全市中小企业数量的比重分别提升1.3、3.6和1.5个百分点。

创新能力显著增强。市中小企业利用科技资源开展创新活动，企业创新投入稳步提升，创新活力不断增强，科技创新成果不断增加。2013年，全市有研发活动的中小企业数量1285个，其中中型企业423个、小型企业841个、微型企业21个。拥有科技活动人员18.3万人，其中中型企业11.8万人、小型企业6.4万人、微型企业1106人。全市中小企业投入研究与试验发展（R&D）项目经费149.5亿元，占全市企业总量的34.9%；申请专利数量16753件，占全市企业总量的51.8%；申请发明专利10495件，占全市企业总量的53.7%。重点领域中小企业取得突破性技术成果。如创毅视讯成功研制全球首款支持20兆带宽的TD-LTE终端基带通信芯片，和芯星通成功研制完全具有自主知识产权的国际首款、国内首创的多系统多频率卫星导航高性能SoC芯片，康辰药业成功研发国家一类新药注射用尖吻蝮蛇血凝酶（苏灵）等。

空间分布更加合理。依循城市发展空间战略调整和功能优化配置，中小企业的空间功能布局日趋优化，集聚发展效应逐步显现。随着中心城区发展空间日渐饱和，城市发展新区和城市功能拓展区成为中小企业发展的重要阵地。从各项指标的总量上看，城市功能拓展区占比最大，除利润总额外，主要经济指标占比均超过50%；从增长速度上看，城市发展新区中小企业实现快速增长，2008—2013年，资产总额、营业收入、应缴税金的增速都在100%以上，企业数量增长95%，从业人员增长24%，均处于全市首位。而首都功能核心区增速较为缓慢，从业人员有所下降。

绿色发展水平提升。中小企业以其生产方式灵活、组织成本低廉、进退转移便捷等优势，更能抓住向“绿色发展”转型升级的机遇。近年来，全市通过技术改造、价格调节、产业转移等方式，推动中小企业逐步降低能源消耗，进一步提升绿色发展水平。中小企业在环境改善和节能减排方面做出了努力，绿色业态不断涌现，碳减排、清洁生产、固体废弃物处理、污水处理和循环利用等领域快速发展，绿色经济成为新的增长点。2013年，全市中小企业能源消耗总量为1531.8万吨标准煤，占全市企业能源消耗总量的40.3%；全市小微企业用于节能环保科技项目的经费支出共5亿元，占小微企业全部项目经费支出的7.9%，比全市工业高2.9个百分点。

中小企业服务体系更加完善。推进公共服务平台建设。针对中小企业点多面广、分布较散的特点，全市着力打造社会优质服务资源充分整合、市区两级联动、线上线下互为补充的“一厅（2000平方米的市中小微服务大厅）+一网（平台业务系统）+一联盟”（市中小企业服务联盟）”的立体化服务架构，形成了“1+16+N”的“北京市中小企业公共服务平台网络体系”，即1个市级公共服务（枢纽）平台+16个区窗口平台+N个产业集群窗口平台的平台网络体系，实现了对市、区和重点产业集群内中小企业服务的全覆盖。平台联通了16个区、33个委办局、113家优质服务机构、154家社会服务平台，引入银行、担保、创投、证券等各类金融服务机构40多家，为全市中小企业提供信息、政策、场地、资金、技术、市场、管理、人力资源、创业辅导、信息化和电子商务、法律等生产经营所需的全要素服务。截至2015年年底，平台聚集企业达1万家，市级枢纽平台直接服务企业900家以上，合作服务机构及窗口服务平台服务企业11.8万家。截至2015年年底，市认定市级中小企业公共服务平台数量累计达63家，其中12个平台被工信部认定为国家中小企业公共服务示范平台，公益性或低收费服务占总服务量的43%。加强创新创业载体建设。不断强化小企业基地的建设和认定工作，累计认定53家小企业创业基地，入驻小微企业近6000家，上缴税收超过30亿元，有效拓展小型、微型企业创业空间，改善创业环境，降低创业成本，促进小微企业集聚发展。加强创业孵化机构建设，打造培育各类孵化机构超过150家，国家级孵化机构50家，入驻企业超过9000家，累计毕业企业超过8000家，鼓励发展新型创新创业孵化模式，累计成立众创空间百余家，其中被授予“北京市众创空间”称号的65家。推进以企业为主体的创新能力平台建设，截至2015年12月，全市已累计认定以企业为依托的北京市重点实验室63家，北京市工程技术研究中心179家，市级企业研发机构438家；新增企业国家重点实验室3家，累计数量达35家，占全国总数的20%。

财政资金支持合理有效。财政资金的杠杆拉动效应明显。2013年底，设立了北京市中小企业发展基金，基金采取“多路集成”的方式，整合创投引导基金、发展专项资金、中关村现代服务业专项资金、高端制造业担保代偿资金等多项资金，集中发力，吸引和集聚一批具有较高专业水准的合作机构，共同支持中小企业发展。基金初期规模20亿元，以股权投资、风险补偿、债权融资等方式与社会资金开展合作，引导和带动各类社会资金支持初创期、成长期小微企业发展。综合采用创新融资贴息、金融机构奖励等措施，降低中小企业融资成本，鼓励和引导金融机构开展中小企业融资业务，进一步改善了中小企业融资环境。其中，创业投资引导基金对初创期企业起到较好的支持作用，其运作模式也成为国内创投引导基金的一面旗帜，不断推进全市产业结构升级和经济发展方式转变。截至2015年年底，中小企业发展基金资金已筹集到位22.2亿元，同时设立首期规模为3亿元的债权子基金、安排2亿元风险补偿基金；已投资项目中电子信息、互联网、节能环保、生物医药等领域占比98%，推动中小企业为本市加快构建高精尖结构形成更有力支撑。鼓励中小企业参与市场采购。通过立法和相关政策措施，规定在同等条件下政府采购应当优先购买中小企业提供的产品和服务，为中小企业预留年度政府采购项目预算总额30%以上的市场份额，为小型、微型企业提供评审优惠，鼓励大中型企业与小型、微型企业组成联合体参加政府采购并享受价格扣除优惠，确保中小企业在参与政府采购过程中的平等地位。同时，针对创新技术产品在研发、技术转化和市场化3个阶段的不同特点，综合使用订购、首购、推广应用等采购政策，加大政府采购支持中小企业发展政策的执行力度。

投融资渠道和服务持续改善。银行业金融机构对中小企业的服务能力稳步提升。近年来，银行业金融机构对中小企业融资的主渠道作用进一步显现，多数银行设立了中小企业信贷专营机构，服务面覆盖全市重点发展产业和重要民生工程，已形成科技型、“三农”、文化创意企业、绿色等多种类型的信贷专营机构体系。截至2015年年底，北京辖内银行业金融机构小微企业贷款余额7745.53亿元，同比增长13.88%，高于各项贷款平均增速2.9个百分点；小微企业贷款户数14.71万户，同比增加6.7个百分点；设立了近50家专门为科技企业服务的信贷专营机构或特色支行。银行业金融机构加强与担保、信托、保险、证券、租赁、风险投资公司等各类机构的合作，不断创新面向中小企业融资特点和实际需求的创新型金融产品和服务。如中国建设银行北京中关村分行营业部发放中小企业“通”系列产品，华夏银行北京中关村支行探索信用贷款、知识产权质押贷款、股权质押贷款、信用增值贷款等产品，北京银行朝外支行开创了版权质押和影视剧打包贷款的新业务模式。民间资本有效拓宽了中小企业的融资渠道，融资性担保公司和小额贷款公司有效带动了社会资金的运行，重点解决了科技、文创、三农类小微企业融资难问题，成为传统商业银行的有益补充。截至2015年年底，全市已批准设立小额贷款公司105家，实现16个区全覆盖，注册资本金总额158.8亿元，融资余额6.3亿元，贷款余额141.2亿元，年度累计发放贷款232.5亿元，全部投向小微企业和“三农”领域。融资性担保机构120家，在保余额2261.3亿元，同比增长18.9%；全年新增16.9万家企业得到了本市融资担保机构的担保支持。由民营资本发起设立的中关村银行也正在筹备当中。资本市场服务中小企业的广度和深度显著提升。全市已形成中小企业与多层次资本市场的有效对接。截至2015年年底，主板及二板市场上，全市已上市企业累计264家，累计融资额8123亿元。其中，中小板46家，同比增加6家；创业板80家，较上年同期增加16家。“新三板”挂牌企业共计763家，占全国挂牌企业的14.88%，居全国首位；挂牌企业发行股票融资436次、331亿元，均位居全国第一。区域性股权市场（北京四板）新增服务中小微企业1415家，实现各类融资共计59.89亿元，是2014年的7.05倍。发行私募债的小微企业共49家，募集资金总额达46.44亿元，私募债发行位居全国前列。

（市经信委中小处）

镇村工业

【概况】2015年，北京市镇村企业按照稳步推进京津冀一体化协同发展战略实施，疏解北京非首都功能的总要求，主动适应增速趋缓、结构优化、效益提高、质量提升的经济发展“新常态”，克服国内外经济发展环境中诸多不利因素的影响，调整产业结构和空间布局，淘汰落后产业，压缩过剩产能，转变经济增长方式，实现产业转型升级，实现企业提质增效，创新能力和市场竞争能力有所提升。年内，北京镇村企业128854家，同比减少7.8%，其中规模以上企业1673家，同比减少45.5%，规模工业企业1062家，同比减少36.1%；从业人员984986人，同比减少8.3%；完成营业收入4924.5亿元，同比下降11.2%；完成利润总额2887.25亿元，同比下降4%；实现增加值890.68亿元，同比下降11.1%；实现工业增加值491.29亿元，同比下降14.1%；完成出口产品交货值99.04亿元，同比下降13%；上缴税金214.12亿元，同比下降10.5%；提供劳动者报酬359.55亿元，同比下降21.9%；人均劳动者报酬36503元，同比下降14.9%；私营以上企业资产总额6682.84亿元，同比下降3.7%；私营以上企业负债总额4457.84亿元，同比下降4.2%；私营以上企业资产负债率66.7%，比上年降低0.3个百分点。

（李倩 赵颖）

【经济总量有所下降】年内，受首都发展战略布局调整影响，京郊镇村企业经济总量呈现负增长，营业收入和增加值降幅均超过10%。全市镇村企业累计完成营业收入4924.5亿元，同比下降11.2%，其中工业营业收入2619.5亿元，同比下降10.9%；实现增加值890.7亿元，同比下降11.1%，其中工业增加值491.35717亿元，同比下降14.1%。

（李倩 赵颖）

【经济效益有所提升】年内，受京郊镇村企业经济总量下滑影响，镇村企业利润总额呈现负增长，但利润总额降幅低于营业收入降幅，企业利润率有所提高，经济效益有所提升。全年镇村企业累计实现利润总额288.7亿元，同比下降4%；镇村企业利润率为5.9%，比上年提高0.5个百分点。镇村工业企业实现利润总额142.5亿元，同比下降1.7%；镇村工业利润率为5.4%，比上年提高0.5个百分点。

（李倩 赵颖）

【产业结构继续优化】年内，京郊镇村企业主动适应经济发展“新常态”，转变增长方式，调整产业结构，产业结构继续优化。全年北京镇村企业（私营以上）完成增加值778.4亿元，其中一产增加值3.5亿元，占比0.4%，所占比重比上年降低0.2个百分点；二产增加值531亿元，占比68.2%，所占比重比上年降低4.5个百分点；三产增加值243.9亿元，占比31.4%，所占比重比上年提高4.7个百分点。

2015年北京镇村企业（私营以上）主要经济指标产业分布情况

	增加值（%）	企业（个数）	职工人数（人）	营业收入（亿元）	利润总额（亿元）
合计	778.4	18716	643016	4389.1	231.6
一产	3.5	398	6500	21.2	-0.6
比重	0.4	2.1	1.0	0.5	-0.3
二产	531.0	9817	432082	2925.4	146.7
比重	68.2	52.5	67.2	66.7	63.3
三产	243.9	8501	204434	1442.5	85.5
比重	31.4	45.4	31.8	32.9	37.0

（李倩 赵颖）

【空间布局更加合理】年内，随着首都城市功能布局调整的不断深化，北京镇村企业空间布局和区域结构更加趋于合理。城市发展新区（通州区、顺义区、大兴区、昌平区、房山区）作为全市镇村经济的主体，镇村企业营业收入3369亿元，占全市镇村企业的68.4%；利润总额189.4亿元，占全市镇村企业的65.6%；增加值626.7亿元，占全市镇村企业的70.3%；工业增加值423亿元，占全市镇村企业的 86.1%；出口产品交货值 82.8 亿元，占全市镇村企业的 83.6%，所占比重均在 60% 以上，主导地位更加显著。

2015 年京郊镇村企业主要经济指标区域分布情况

单位：亿元

	营业收入	利润总额	增加值	工业增加值	出口产品交货值
合　计	4924.5	288.7	890.7	491.3	99.0
城市功能拓展区	802.2	55.9	150.4	16.5	0.5
所占比重（%）	16.3	19.4	16.9	3.4	0.5
城市发展新区	3369.0	189.4	626.7	423.0	82.8
所占比重（%）	68.4	65.6	70.3	86.1	83.6
生态涵养区	753.3	43.4	113.6	51.8	15.7
所占比重（%）	15.3	15.0	12.8	10.5	15.9

（李倩　赵颖）

【镇村工业仍占主体】年内，北京市稳步推进京津冀一体化协同发展，大力疏解非首都功能，加大工业小区、工业大院清理力度，镇村工业规模大幅缩减，但在镇村企业中仍占据主体地位。全京郊镇村工业企业 16148 家，同比减少 14.8%；职工人数 449181 人，同比减少 12.6%；完成营业收入 2619.5 亿元，同比下降 10.9%；实现增加值 491.3 亿元，同比下降 14.1%；实现利润总额 142.5 亿元，同比下降 1.7%。镇村工业企业数占镇村企业总量的 12.5%，职工人数占镇村企业总量的 45.6%，营业收入占镇村企业总量的 53.2%，增加值占镇村企业总量的 55.2%，利润总额占镇村企业总量的 49.4%，在镇村企业产业结构中继续占据主体地位。

2015 年北京镇村工业企业主要经济指标完成情况

	企业个数（个）	职工人数（人）	营业收入（亿元）	增加值（亿元）	利润总额（亿元）
私营以上	9070	381028	2480.2	464.4	130.8
个体户	7078	68153	139.3	26.9	11.7
合计	16148	449181	2619.5	491.3	142.5
所占比重（%）	12.5	45.6	53.2	55.2	49.4

（李倩　赵颖）

【规模企业下滑明显】年内，受北京市疏解非首都功能影响，京郊镇村规模企业，特别是规模工业企业各项主要经济指标及其所占比重大幅下降，在镇村经济中的主导地位和带动作用有所弱化。全年镇村规模企业 1673 家，同比减少 45.5%，占镇村企业总数的 1.3%，所占比重比上年降低 0.9 个百分点。其中，规模工业企业 1062 家，同比减少 36.1%，占镇村工业企业总数的 6.6%，所占比重比上年降低 1 个百分点。镇村规模企业职工人数 314492 人，同比减少 18.9%，占镇村企业职工总数的 31.9%，所占比重比上年降低 4.2 个百分点。其中，规模工业企业职工人数 189119 人，同比减少 25.5%，占镇村工业企业职工总数的 42.1%，所占比重比上年降低 7.3 个百分点。镇村规模企业营业收入 3221.9 亿元，同比下降 21.3%，占镇村企业营业收入的 65.4%，所占比重比上年降低 8.4 个百分点。其中，规模工业企业营业收入 1702.6 亿元，同比下降 25%，占镇村工业企业营业收入的 65%，所占比重比上年降低 12.3 个百分点。镇村规模企业增加值 521.1 亿元，同比下降 22.2%，占镇村企业增加值的 58.5%，所占比重比上年降低 8.3 个百分点。其中，规模工业企业增加值 302.3 亿元，同比下降 28.8%，占镇村工业企业增加值的 61.5%，所占比重比上年降低 12.8 个百分点。镇村规模企业利润总额 162.9 亿元，同比下降 15%，占镇村企业利润总额的 56.4%，所占比重比上年降低 7.3 个百分点。其中，规模工业企业利润总额 91.3 亿元，比上年下降 23.5%，占镇村工业企业利润总额的 64.1%，所占比重比上年降低 18.2 个百分点。

（李倩　赵颖）

【节能减排成效显著】年内，镇村工业企业着力转变经济增长方式，调整产业结构，淘汰落后产能，加快推进产业升级，发展资源节约型和环境友好型的绿色低碳产业，节能减排工作取得显著成效，能源结构趋于合理，资源消耗量明显下降。年内，全市 1062 家镇村规模工业企业消耗水资源 2180 万吨，同比减少 29.4%；消耗电能 19.6 亿千瓦时，同比减少 22.1%；消耗原煤 49.8 万吨，同比减少 43.9%；消耗焦炭 3180 吨，同比减少 64.6%；消耗成品油 61.4 万吨，同比增加 71.5%；消耗天然气 1.39 亿立方米，同比减少 23.2%。

（李倩　赵颖）

【园区清理初见成效】年内，北京市加快疏解非首都功能，清理郊区镇村工业小区和工业大院，取得初步成效。全年镇村工业园区数由 2014 年的 83 个减少到 79 个，比 2014 年减少 4 个，降幅为 6%；年末园区实有企业 1968 家，比 2014 年减少 261 家，降幅为 11.7%；园区内企业完成总产值 1432.9 亿元，同比下降 9.5%。

（李倩　赵颖）

【外贸出口形势严峻】年内，受国内外经济环境及各种不利因素影响，京郊镇村企业外贸出口企业数和出口产品交货值均呈现负增长。全年北京镇村出口企业326家，比上年减少65家，同比减少16.7%。其中，年出口交货值500万元（含）以上企业184家，比2014年减少46家，同比减少20%。全年累计完成出口产品交货值99亿元，同比下降13%。其中，年出口交货值500万元（含）以上企业出口交货值89.5亿元，同比下降11%。出口产品交货值占营业收入的比重为2%，比2014年降低0.1个百分点。

（李倩 赵颖）

【社会贡献有所弱化】年内，京郊镇村企业数128854家，同比减少7.8%；镇村企业职工人数984986人，同比减少8.3%；支付劳动者报酬359.6亿元，同比下降21.9%；镇村企业职工人均劳动报酬36503元，同比下降14.9%；上缴税金214.1亿元，同比下降10.5%。镇村企业吸纳农民就业，促进农民增收，支持郊区新农村建设，推动京郊农村经济社会发展的作用有所弱化。

（李倩 赵颖）

民政工业

【概况】截至2015年年底，北京市民政工业总公司所属企业50家，其中市属福利企业41家、直属企业17家，主要涉及日用化学用品制造、印刷包装及纸制品加工制造、专业设备制造，利用房屋土地等从事资产经营、医药制造、建筑工程及装饰装修、物业管理、餐饮住宿等领域。全系统职工总数为8168名，其中在职职工2269名、离退休职工5899名。全系统有残疾职工3100人，占职工总数的38%。年内，完成工业总产值1.65亿元，营业收入3.75亿元，利润总额1.56亿元。

（王 志）

【完成市属福利企业集团组建】年内，出台《北京市民政工业总公司改革总体方案》，实施以资本运营为核心的国有资产经营管理运营模式，实现福利企业土地设施资源的合理规划利用。改革内容包括体制机制改革和产业调整改革两大部分，拟分筹备注册期、调整布局期、快速发展期3个阶段推进。

（王 志）

【全年扶残助困等慰问金约101万元】年内，总公司为残疾职工、困难户、低保户、劳动模范、离退休人员等送去慰问品慰问金，合计约101万元，普惠职工约6194人次，保障职工的基本生活和各项合法权益的落实。为符合救助标准的12名困难职工和1名单亲困难女职工及其子女，发放“金秋助学”助学金2.43万元；为系统278名残疾职工的283名子女发放“爱心助学金”17.1万元。落实上级关于老干部生活待遇的各项规定，进一步贯彻落实《北京市离退休干部工作领导责任制》。为29名离休干部发健康休养费、29名离休干部发团拜费，合计2.03万元。在重大节日和特殊时期走访慰问老干部，为老干部祝寿，计8600元。在建党94周年之际，慰问29名离休老干部，发放中心慰问金共计5.8万元，慰问参加抗战的两名老干部，发放慰问金每人2000元。在“中国人民抗日战争胜利70周年”来临之际，为5名离休干部发放纪念章及慰问金，共计4万元。组织80余名离退休老干部参加健康体检。

（王 志）

私营个体工业

【概况】2015年，北京市工商联倡导守法诚信，深入开展理想信念教育实践活动。坚持问题导向，开展服务会员企业“大走访”活动，鼓励有条件的民营企业建立现代企业制度。发挥工商联优势，组织开展京津冀多领域产业对接活动，打造京外境外2个服务基地。截至年底，市工商联已在布隆迪、刚果（金）、肯尼亚、卢旺达、莫桑比克、尼日利亚、坦桑尼亚、乌干达建立8家“北京市工商联、北京市商会非公经济发展服务基地”。建立健全行业商会自律机制，建立企业家副主席（副会长）述职机制。

（商双健）

【推进“民企参军”政策落实】3月，北京市工商联会员企业北京兴科迪科技有限公司与总参某部、中国仪器进出口（集团）公司三方共同签约，合作共建信息安全产业园。该项目旨在贯彻军民融合深度发展战略要求，以国家工程实验室为平台，共同打造信息安全产业园和军转民高新技术孵化器，推动军民用高新技术共享和双向转化。开展全军武器装备采购信息网应用培训，市工商联系统机关干部及首都优势民营企业代表安方高科电磁安全技术公司、兴科迪科技公司、福润达化工公司等100余名负责人参加培训。

（商双健）

【政策解读与培训】 5月初，市委统战部和市工商联以青年企业家为重点，联合举办两期北京市民营企业负责人培训班。两期培训以青年企业家为主体，采取自下而上的方式，在16个区推荐的基础上最终确定150家企业的青年掌门人参加培训。5月29日，市工商联与市科委、市人力社保局联合主办“企业科技创新与创业就业政策解读会”，全市各区工商联、外埠商会、行业商会和企业代表150余人出席会议。市科委解读国务院和北京市科技创新方面的多项鼓励支持政策，市人力社保局介绍当前北京市创业就业形势和存在的问题、企事业单位招聘政策及企业用工需注意的事项等内容。11月3日，市工商联在瀚海智业集团举办创新创业思想分享会，邀请瀚海智业董事长王汉光就海外孵化器、创新中心建设运营以及企业“走出去”等问题进行现场交流。中央统战部五局、市委统战部、市工商联相关人员以及企业家共计70余人参加活动。12月3日，市工商联召开直属会员座谈会暨京津冀协同发展培训讲座，近100家直属会员企业负责人出席。12月10—11日，市工商联组织开展北京企业家走进天津创新创业思想活动，贯彻落实京津冀协同发展战略，疏解非首都核心功能，助力北京市非公企业向津冀区域拓展发展空间、优化产业布局、实现转型升级。市委统战部、市工商联、各区工商联领导及重点民营企业家100余人参加活动。12月17—18日，市工商联在北京蓝调庄园会议中心举办民营企业产业升级工作培训会，帮助企业适应经济发展新常态，树立“互联网+”和创新创业新思维，促进民营企业产业升级。各区工商联分管经济工作的副主席、专职干部以及行业商会、外埠商会负责人等近70人参加活动。12月18日，市工商联、市商会，北京市美容美发化妆品商会与台湾美容行业参访团举行交流座谈会。北京和台湾美容美发化妆品行业的优秀企业代表近60人参加会议。12月22日，由市工商联支持，中欣安泰集团联合清华大学经管学院发起成立的青年创业平台“170创业营”在京启动。市委统战部、市工商联及相关企业、高校代表共70余人参加启动仪式。“170创业营”旨在依托“互联网+”模式，通过政产学研共同合作，为“80后”“90后”青年创业者特别是非公有制经济人士中的互联网界青年创业者提供人才培养与项目培育平台，市工商联是“170创业营”的支持单位。

（商双健）

【“光彩十堰南阳行”助推南水北调对口协作】 5月12—17日，市工商联组织33名来自各区工商联主要负责人及知名企业家代表，前往南水北调中线渠首所在地湖北省十堰市、河南省南阳市，开展“光彩十堰南阳行”活动，推进南水北调对口协作工作。年内，市工商联组织召开投资项目洽谈会，就重点投资项目及投资环境等问题进行洽谈。北京仁创科技企业落户十堰张湾区，北京利民恒华科技公司和德润通农科公司分别与十堰市签订花菇和魔芋粉采购协议，朝阳区工商联还与南阳市工商联签订友好商会协议。

（商双健）

【服务民营企业“走出去”】 年内，市工商联分别与市发展改革委、市商务委就进一步深化引导、帮助民营企业“走出去”服务工作达成合作共识：建立紧密交流沟通机制，联手强化宣传培训工作，健全完善“走出去”项目服务体系。市工商联与市发展改革委合作，共同建立北京企业参与“一带一路”工作项目库，服务民营企业“走出去”。市工商联与市商务委合作，共同组织经贸交流活动，搭建企业项目对接服务平台，对各省市名特优产品线上线下平台给予政策支持。搭建央企、国企与民企间的互动合作平台，助推企业“抱团出海”。共同完善企业贸易服务网络，助力企业外向型发展。

（商双健）

【加强和改进法律服务工作意见出台】 年内，市工商联制发《关于加强和改进法律服务工作的意见》（以下简称《意见》）。《意见》明确提出开展法律服务工作的指导思想、目标任务、职能作用、能力建设举措、保障措施，对全面加强和改进工商联法律服务工作做出部署。

（商双健）

【非公有制劳动争议调解】 年内，为加强北京市非公有制企业劳动争议预防调解工作，完善首都非公经济劳动争议多元调解机制，市工商联从2014年起与市劳动争议调处工作领导小组开展有效沟通协调，后经领导小组审议，于一季度市劳动争议调处工作领导小组办公室会议上，正式加入市劳动争议调解联动机制，成为领导小组成员单位。6月，市工商联与市司法局签订《关于共同推动行业性、专业性人民调解组织建设的合作协议》，为工商联、行业商会（协会）建立人民调解组织和引入多元有效的调解机制提供有力法律支撑和政府支持。12月4日，市工商联和住宅房地产业商会共同举办非公有制企业和谐劳动关系专题讲座活动，企业和商会的110余名相关负责人参加活动。12月22日，市工商联和住宅房地产业商会共同举办非公企业经营管理法律实务培训，来自相关行业的企业家、商会组织负责人共160余人参加培训。

（商双健）

【北京民企荣获全国工商联科学技术奖】年内，北京格林伟迪科技有限公司“宽带光纤接入系统核心芯片和成套设备的开发及产业化”获得中华全国工商业联合会科技进步奖一等奖。获得三等奖的有：北京东方雨虹防水技术股份有限公司“热塑性聚烯烃（TPO）防水卷材及应用技术开发”、北京握奇数据系统有限公司“新型3G移动用户识别卡”、北京绿创声学工程股份有限公司“火力电厂噪声控制设计方法与控制技术研究”、北京联东投资（集团）有限公司“多支点横向移动模架”、北京圣博润高新技术股份有限公司“LanSecS（堡垒主机）内控管理平台”和北京桑德环境工程有限公司“节能型MBR产业化关键技术研究”。

（商双健）

校办工业

【概况】2015年，北京地区有52所高校参加普通高校校办产业统计。其中，教育部直属高校25所、其他中央部委属高校8所、市属市管高校19所。参加统计的52所高校所投资企业共1853家。其中，大型企业63家、中型企业358家、小型企业1090家、微型企业342家。年末资产总计5030.6亿元，流动资产合计3259.54亿元，非流动资产合计1771.06亿元；年末负债总计3580.53亿元，流动负债合计1849.41亿元，非流动负债合计1731.12亿元；所有者权益总计1450.06亿元，实收资本（股本）84.94亿元，未分配利润131.72亿元，归属于学校方股东的所有者权益466.34亿元 。营业收入1735.37亿元，营业成本中主营业务收入1733.44亿元、营业成本1591.29亿元，其中主营业务成本1428.47亿元、销售费用77.83亿元，管理费用120.29亿元，财务费用98.75亿元；利润总额128.51亿元，净利润99.04亿元，其中归属于学校方股东的净利润30.22亿元。现金净流量416.98亿元，其中经营活动现金净流量6.32亿元、投资活动现金净流量-192.31亿元、筹资活动现金净流量599.43亿元。财政补贴收入559.12亿元、国有资本经营预算金74.47亿元、文化产业专项资金0.62亿元、科技创新资金30.32亿元、上交国有资本收益1.96亿元、企业实际缴纳税金总额82.48亿元，其中增值税15.91亿元、营业税14.37亿元、企业所得税33.05亿元、其他19.15亿元、上交学校利润金额15.91亿元。获授权的专利数1113项，登记的计算机软件及集成电路版权228项，获省市部委、国家级的奖项330项。接纳学生实习8831人次，学生累计实习229万小时，全年累计在培硕士研究生771人，全年累计在培博士研究生103人。年末职工总人数120923人，其中接受高等教育学历的人员59284人、研究开发人员16998人、专职管理人员14106人、已参加社保人数96827人（上年为83064人）。实际发放和支付的劳动工资总额283.06亿元，其中支付社会保险（含住房公积金）177.86亿元。职工年教育培训经费1亿元。具有学校事业编制的员工人数1841人。

（宋慧宇）

【重大奖项】1月9日，中国出版传媒商报社、法兰克福书展、法兰克福学院联合主办的“第二届（2014—2015）中国创意工业创新奖报告发布暨颁奖礼”在北京国际展览中心（老馆）举行，方正阿帕比CEBX技术获得中国创意工业创新技术金奖。同日，国家科学技术奖励大会在北京举行，展讯通信具有自主知识产权的“无线通信终端核心芯片关键技术及产业化平台”入选2014年度国家科技进步奖——企业技术创新工程奖。1月13日，由中国建筑装饰协会电器委员会、中国建筑装饰与照明设计师联盟主办的第四届照明工程百强企业评选活动揭晓，同方股份旗下同方光电环境公司连续3届被授予“百强企业第一名”称号。1月27日，由中国电子信息行业联合会主办的2014年度中国电子信息行业优秀企业评选结果公布，同方股份、紫光股份均入选2014年度中国“电子信息行业创新能力五十强企业”，分别位列第十四位和第二十一位。3月11—14日，中国家电行业规格最高的大型综合性展会——中国家电博览会（AWE）在上海举行，同方智能家居产品云罐获得2015艾普兰奖最受大众欢迎产品奖。3月26日，2015年中国半导体市场年会暨第四届中国集成电路产业创新大会在合肥召开，展讯通信获得由中国半导体行业协会颁发的2015年中国十大集成电路设计企业称号。9月1日，中国电子信息行业联合会主办的2015年中国“电子信息百强企业”评选结果公布，同方股份、紫光股份均获得2015年中国“电子信息百强企业”，分别排名第20位和第46位。9月1日，中国仪器仪表学会公示2015年中国仪器仪表学会科技奖获奖名单，博奥生物的“恒温扩增微流控芯片核酸分析仪研究”项目获得科学技术奖一等奖。9月，第七届中国制冷学会科学技术发明奖揭晓，同方人环申报项目“适合我国寒冷气候区的热泵关键技术及其应用”获得该奖项一等奖。11月26日，中国集成电路产业促进大会在厦门举行，由工信部软件与集成电路促进中心组织的第十届“中国芯”评选结果同期公布，展讯通信、锐迪科的两款产品均获得第十届“中国芯”最具市场表现产品称号。11月，2015德勤高科技高成长亚太区500强名单公布，博奥生物旗下子公司北京博奥晶典生物技术有限公司凭借在生命科学领域的技术优势和创新力荣登榜单前10名。12月23—24日，由工信部指导、中国信息通信研究院主办的2015年移动智能终端峰会在北京召开，展讯通信获得“墨提斯”(METIS)年度可信芯片奖和年度北斗导航芯片奖。年内，由中国国家知识产权局和世界知识产权组织共同主办的第十七届中国专利奖颁奖大会在北京举行，方正IT选送的“一种自动测试栅格图像处理器的方法及系统”获得中国专利优秀奖。集成该专利技术的方正畅流数字化工作流程广泛应用于报纸印刷系统，使报纸印刷事故率降低了80%。经北京市知识产权局推荐，北大维信公司获得国家知识产权局授予的知识产权优势企业称号。

（宋慧宇）

【基地建设】 1月28日，博奥晶典正式入驻北京亦庄生物医药园。6月，北大明德“200号”化学中试基地完成基础设施建设。该基地位于北京大学昌平分校，成为北大明德办公、实验、中试一体化基地，由北京大学化学学院委托北大明德进行统一管理。7月22日，北大科技园石家庄园区落地启动。该科技园区由北大科技园、中国电子系统工程第四建设有限公司与石家庄市裕华区政府三方合作共建。园区首期建设科技孵化器，位于石家庄市裕华区怀特众创大厦，总建筑面积约8400平方米，以电子信息、生物医药等战略性新兴产业领域为方向，建设集创业苗圃项目孵化、中小型科技企业孵化、规模型科技企业加速于一体的综合型科技企业孵化器。12月28日，“众创空间”正式落成并启动运营。年内，北大科技园天津宝坻园区全面投入运营。该园区由北大科技园与天津市宝坻区政府合作共建，位于天津宝坻经济开发区天宝工业园区，以农业高科技、大数据、生物医药、电商互联网为产业方向，是北大科技园围绕国家京津冀协同发展战略及宝坻区战略性新兴产业建设优质的技术支撑平台、信息交互平台、人才培养平台、管理服务平台。园区一期建设“科技企业孵化器”于4月开园运营，总运营规模1.83万平方米，位于天津市宝坻经济开发区海关大厦。截至年底，园区入驻企业50家，引进北京未名大数据科技有限公司、华农天时（北京）科技有限公司、绿欣科技（天津）有限公司等重点项目14家。

（宋慧宇）

【重点项目】 2月14日，紫光集团与国家集成电路产业投资基金股份有限公司、华芯投资管理有限责任公司在北京签署三方战略合作协议，紫光集团与国家开发银行签署开发性金融合作协议。根据协议，5年内，国家集成电路产业投资基金拟以股权投资方式给予紫光集团总金额不超过100亿元支持，用于紫光集团发展集成电路业务，扩大集成电路业务规模，提升集成电路业务核心竞争力；国家开发银行与紫光集团在各类金融产品上的意向合作融资200亿元等值人民币。2月18日，北京科技大学设计研究院有限公司的明泰铝1+4热连轧自动化系统改造项目投产。改造后实现全自动轧制，月产达4万吨以上。3月，国家卫生计生委医政医管局发布第一批肿瘤诊断与治疗项目高通量基因测序技术临床应用试点单位名单，博奥生物旗下北京博奥医学检验所再次榜上有名，博奥生物成为全国唯一一家六证齐全的机构。5月13日，博奥生物与北京清华长庚医院在北京签订合作协议，双方将共建分子诊断中心，合作开展个体遗传检测服务项目，共同推进精准医学的落地发展。6月15日，清控科创与西班牙电信旗下Telefonica Open Future、中国联通联合打造的“联合创业空间”在西班牙马德里正式揭牌。6月30日，同方股份与戴尔公司在北京签署战略合作备忘录，双方将在计算机系统、服务和解决方案、IT基础架构、全球采购和供应链协同等领域展开全面合作，提升双方竞争力和品牌价值。11月27日，博奥生物与中国人民解放军第三军医大学第一附属医院（重庆西南医院）在北京举行战略签约仪式，双方就联合研发强军/疾病相关基因芯片产品、共建转化医学中心、共同申请承担相关科研项目、定期举办战略合作对接会和学术交流以及共同申报科协“院士专家工作站”等开展合作。年内，北京科技大学冶金工程研究院的马钢 CSP 二级系统改造项目顺利实施并投入运行。系统功能完全满足生产控制要求，模型系统覆盖原系统所有钢种和规格，并新开发出 SPA-H、MYS700、硅钢等新钢种，实现 1.2×1219 薄规格稳定轧制。项目所需成本 670 万元，为企业节省投资 2000 余万元。年内，印度尼西亚 1780 自动化控制系统项目进入实验室联调阶段。该项目是北京科技大学冶金工程研究院自主开发的带钢热连轧计算机控制系统，是响应国家“一带一路”号召，第一次走出国门的自动化系统项目。

（宋慧宇）

【节能减排】4 月 16 日，中核能源与中科华核电技术研究院、清华大学核研院在北京签订《低温核供热堆产业化合作框架协议》和《河北低温堆可研及初步设计阶段技术服务合同》，标志着低温核供热堆产业化进入了实质性工作阶段。低温核供热堆技术可广泛应用于区域供热、热电联供、大面积制冷、海水淡化以及工业供汽等领域。7 月 31 日，同方人环依托领先的热泵节能技术，投身于张家口市的大气污染防治行动中，为其量身定制“城市清洁能源解决方案”，推动张家口市实现能源梯级利用与合理利用，达到节能减排的目的。同方人环已在张家口地区累计实施热泵面积近百万平方米。年内，同方人环下属同方瑞风空调有限公司专门为药企节能开发的“药厂 GMP 专用型组合式空调机组”通过温湿分控、智能控制等核心技术的综合应用，可将空调系统能耗降低 40% ～ 60%。在马应龙药业集团综合制剂大楼项目中，同方瑞风采用 GMP 专用型组合式空调机组 20 台、空调智能控制系统一套，在实现节能降耗的同时，满足药品生产过程中的无菌、净化要求。

（宋慧宇）

【企业改革】年内，北大明德确定三大业务产业链，即以健康管理、药物和医疗产业链支撑的大健康产业链；以储放能材料、生物医用材料、环保材料为导向的新材料产业链；以人才为聚焦点的想法验证中心的双创平台，形成高校的创新孵化平台。3 月 10 日，北京北大先锋科技有限公司与北大科技开发部、北大化学学院合作的北京天盾新材科技有限公司正式成立，从事国防领域的军事烟幕以及隐身涂料等方面的产品研发、生产与销售。清华控股、启迪股份、紫光集团共同组建启迪科技服务集团。该集团首期募集资金规模达 100 亿元，以“孵化服务、创业投资、并购重组”为核心手段，建立以“孵化 + 金融 + 云服务”为特征的 4.0 时代创业服务生态系统。年内，清华控股集团财务有限公司获准开业。该公司注册资本 10 亿元，是为集团成员单位提供资金集中管理、结算、信贷、中间业务等多种服务的非银行金融机构。

（宋慧宇）

【生产经营】年内，北京大学校办产业总体稳定发展，持续反哺学校。初步统计，全年资产总额 2805 亿元，同比增长约 40%，总收入 949 亿元，同比增长约 4.9%。北大医学部产业系统上交学校 2800 万元，校本部校办企业共上交学校 1.15 亿元。各企业通过设立奖教金、发展基金、修建校舍等方式支持学校建设。方正集团设立“方正奖学金”“奖教金”，青鸟集团设立“杨芙清—王阳元院士奖教学金”“才斋奖学金”，北大先锋设立化学院“北大先锋奖学金”，北大维信设立“北大医学部医学教育奖及爱心维信助学金”等。各校办企业履行社会责任，全年向学校及社会捐款、捐物总额超过 2000 万元，已向国家缴纳各项税费共计 44 亿元。北大明德旗下的肇庆明德科技有限公司继续发展以聚维酮碘为基础配方的日化产品生产及销售业务，产品系列包括环境消毒液、牙膏、洗手液等。北京北大先锋科技有限公司实现营业收入 1.63 亿元，总资产 5.2 亿元，利润总额 3037 万元。年内，北大维信血脂康胶囊在全国调脂药市场的排名为第八位、中药调脂药市场排名第一位。北京北大先锋科技有限公司与铬盐生产商四川银河化学股份有限公司签署 ZO-5500/90 制氧装置合同，利用北大先锋公司的 VPSA 制氧技术为铬盐生产提供稳定且高性价比的氧气，是国内铬盐行业首次采用变压吸附制氧技术，是铬盐领域的一项重要创新。4 月，清华控股有限公司旗下以启迪科技服务集团为主的 4 家公司作为战略投资人，受让桑德集团持有的桑德环境股份有限公司 29.8% 的股份，成为桑德环境第一大股东。启迪控股全资海外投资平台公司成为香港主板上市公司锦恒汽车安全的重要股东。由华控技术转移有限公司出资成立的北京清一创新投资管理有限公司完成工商登记手续，并于 7 月 25 日正式开始运营。该公司由清华控股全资子公司华控技术转移有限公司全资出资，与清华大学医学院合作成立的生物医疗领域创新创业孵化平台，注册资本 2000 万元。清控金融联合北京工业发展投资管理有限公司、天津市东丽区人民政府、河北清华发展研究院等单位发起设立的京津冀一体化新兴产业投资基金总规模 100 亿元，首期基金 10 亿元已完成封闭。12 月 11 日，台湾矽品精密工业股份有限公司与紫光集团签署策略联盟契约及认股协议书。紫光集团以每股新台币 55 元（约合人民币 10.78 元）的价格认购约

10.33 亿股，总金额为新台币约 568 亿元（约合人民币 111.328 亿元），增资后紫光集团将持有矽品 24.9% 的股权，成为其第一大股东，并获得矽品董事会中的一个董事席位。9 月 15 日，诚志股份审议通过《诚志股份有限公司发行股份及支付现金购买资产并募集配套资金暨关联交易预案》，向包括清华控股在内的 10 名特定投资者非公开发行股份募集资金不超过 119.86 亿元，所募集资金（扣除发行费用后）用于购买惠生（南京）清洁能源股份有限公司 99.6% 的股权及用于建设惠生能源全资子公司南京惠生新材料有限公司 60 万吨 / 年 MTO 建设项目。10 月 30 日，紫光集团与台湾力成科技在台湾新竹签署策略联盟契约及认股协议书，紫光集团向力成投资约 6 亿美元，以每股 75 元新台币的价格，获得力成约 25% 的股份，成为力成最大股东。力成是全球半导体后段封测服务领导厂商之一。北京化工大学校办产业所属企业 30 家，其中全资企业 14 家、控股企业 3 家、参股企业 13 家，主要从事化工产品的研发与销售、教育培训。总资产 2.02 亿元，全年销售收入 1.2 亿元，实现税前利润 78 万元，上缴税金 800 万元，上交学校 240 万元。

（宋慧宇）

【技术改造】年内，北大明德对聚维酮碘消毒剂进行技术创新，开展系列消毒剂配方研发，完成聚维酮碘和咪唑 / 三氮唑类复合物的配方研发、聚维酮碘泡沫消毒保护剂配方和圈舍消毒剂研发等，应用于日化、水产、畜牧行业。北京北大先锋科技有限公司在中小型制氧设备方面实现标准化，按照商品模式做工程，降低工程造价、缩短供货周期，提高公司在同规模制氧设备中的竞争力。血脂康生产工艺改进，突破血脂康产能瓶颈，工艺实现自动化控制，产能实现翻番。经过改扩建后的北大维信血脂康生产线年产能达到 7 亿粒。

（宋慧宇）

【自主创新】年内，北大明德开发出自主创新的以 LED 为光源的便携式光谱仪和配套检测试剂，后续公司将陆续开发心脏标志物、感冒标志物和肿瘤标志物免疫检测试剂，以便携仪器为主要检测平台，满足多种家庭健康检测需求的产品系列。北大明德因在磷酸铁锂正极材料制备的深厚行业技术储备和积累，被北京市科委纳入“废旧动力锂离子电池回收关键技术优化研究——回收再利用关键技术研究”，该技术达到新能源汽车对电池的高性能和绿色环保的要求。北京北大先锋科技有限公司硫酸厂尾气脱硫吸附剂及工艺开发取得重大突破，正在进行工业侧线实验。该技术吸附脱出硫酸尾气中的 SO_2，然后把 SO_2 返回制硫酸，没有固废、液废等二次污染产生，实现零排放，运行成本低。北京北大先锋科技有限公司针对石化和炼油厂罐区 VOC 的提标改造技术取得阶段成果，把尾气中大量烷烃和苯类化合物吸附回收，处理后的尾气中 VOC 含量大大降低至 30 毫克每标准立方米以下，不仅远远低于现有国标的 12 克每标准立方米，也低于京津冀地区即将实施的 80 毫克每标准立方米新标准。

（宋慧宇）

【“十二五”时期北京市校办产业发展回顾】“十二五”时期，北京校办产业坚持“改革创新、规范管理”的发展方向，围绕全市校办产业为北京市教育事业发展服务、为北京市经济建设和社会发展服务的根本目标，不断推进全市校办企业规范化建设常态化，主动调整产业布局和产业结构，培育新的经济增长点，加快实施创新驱动战略，推进科技成果转化与产业化，实现校办企业转型升级，产业规模稳步扩大，产业层次逐步提升，资产迅速积累，社会效益显著，为“十三五”时期进一步转型升级奠定良好基础。

校办产业规范化建设常态化工作机制基本形成。完善企业法人治理结构。2009 年，根据市教委《关于在全市高校开展完善校办企业法人治理结构专项检查工作的通知》（京教办发〔2008〕6 号）精神，在全市校办企业开展了高校校办企业完善法人治理结构监督检查工作。全市有 44 所高校完成自查并上报自查报告，17 所高校接受抽查，专家组审定 44 所高校完善校办企业法人治理结构专项检查的评审意见。市教委印发《关于反馈完善校办企业法人治理结构专项检查专家评审意见的通知》（京教办函〔2009〕5 号），各高校普遍根据评审意见进行认真整改。加强企业制度建设工作。2010 年，根据两委《2010 年北京教育系统党风廉政建设和反腐败工作主要任务分工》要求和市教委《关于开展北京高校校办企业制度建设工作专项检查的通知》（京教函〔2010〕396 号）部署，全市 43 所高校开展校办企业制度建设专项检查工作。重点检查各高校资产经营公司及所属主要企业的“三会制度”、财务与审计制度、企业负责人廉洁从业制度、内控制度等企业必备重点规章制度的建设及执行情况。检查结果，全市大多数高校校办企业制度建设基本完善，仅少数高校由于企业规模小等原因，企业管理制度体系尚未建立健全。开展企业内控审计评价工作。2012 年，对全市部分高校校办企业内部控制情况进行审计评价试点工作。采用引入第三方受托机构评价的方式开展，共涉及全市 43 所高校所属的 66 家校办企业，其中资产管理公司（或有类似职能的企业）

24家、科技园11家、出版社11家、其他服务业企业20家。参加评价的企业平均得分为82.14分，得分在85分以上的25家，其中有5家企业得分超过了90分。2013年，在全市各级各类学校（教育机构）举办的全资、控股的校办企业中推进内控审计评价工作。2014年，内控审计评价工作全面结束。截止到2014年年底，全市共有61家单位320家全资、控股企业参加了内控审计评价工作。其中，高校企业270多家（全市高校全资、控股企业300多家，部分企业因规模小、人员少或处于非正常经营状态，已提出申请不参加内控审计评价工作），区县及直属直管单位企业近50家（市教委直属直管单位所属企业约40家，除去处于非正常经营状态的企业外，共有37家参加了审计评价工作），基本做到全资、控股企业全覆盖。开展以资产处置为重点的校办企业国有资产监管自查工作。2015年下半年，在全市校办企业开展国有资产监管自查工作，其中重点关注国有资产处置。7—9月，各单位进行自查。10月，组织专家对重点校办企业进行实地调研。11—12月，进行整改落实，各单位对检查中发现的问题进行梳理分类，深刻分析原因，健全完善相关制度。

主动调整产业布局和产业结构，培育新的经济增长点。北大产业：北大医疗产业集团收购山东齐鲁石化中心医院100%举办权，携旗下鲁中医院、恺德医院、吴阶平泌尿外科及规模最大的社会办医机构北京大学国际医院等，与华润、中信、复兴并称中国“四大”医疗集团。未名集团控股子公司未名生物医药公司与上市公司万昌科技重大资产重组也顺利完成。清华产业：清华产业在新一代信息技术领域推动紫光古汉和紫光股份股东互换，紫光股份定增收购“新华三”，与微软、世纪互联合作，紫光集团收购同方国芯，并计划利用800亿元定增筹划建设芯片工厂、布局半导体封装测试等。清华产业逐步实现从芯片设计、生产、存储，再到服务器、服务云的全产业链布局。在能源环保领域诚志股份收购南京惠生99.6%的股权，转型为清洁能源领域领头羊。清华控股与启迪股份联手以70亿元收购中国最大从事固废处理业务的上市公司桑德环境，在环保领域又下一城。清华控股整合中核能源、国核华清、清能创新和清华核能技术研究公司组建清控核能集团，推进核反应堆技术的产业化工作。其他学校产业：北京理工大学与北京市中关村发展集团共同建设中关村国防科技园，构建国防体系产学研创新基地和研发中心的平台，形成高新技术企业孵化器、高新技术成果转化及产业化基地。中国传媒大学中传资产管理公司转变角色，使产业和科研单位结成双赢的伙伴合作关系，成立全资子公司——北京中传融媒节目制作公司，申请获得影视节目制作许可证资质。北京工业大学北工大投资管理公司与北京京城机电控股有限责任公司联合共建“3D打印公司”，促进学校3D打印技术的成果转化与应用推广。北京化工大学化新科技股份公司利用现有的技术及设备生产飞机专用清洗剂。北京交通大学资产公司推进孵化器公司引入战略投资进行股权改造，推进设计院重组。北京中医药大学北中资产管理有限公司合作成立北京北中大中医门诊部有限公司。首都经济贸易大学京华之舟（北京）文化传媒公司整合东西方文化精神和艺术理念，开创公司品牌新形象等。

加快实施创新驱动战略，推进科技成果转化与产业化，实现校办企业转型升级。落实“京校十条”，开展科技成果使用、处置、收益管理。不断优化创新创业生态系统，支持众创空间等孵化机构集聚发展，催生一批新技术、新产品、新模式、新业态。北京大学方正下属信产集团的PCB凭借高密度互连混合集成印制电路板关键技术及产业化项目获得“国家科学技术进步奖”。清华产业推进学校重大产业化项目，依托清华大学医学院成立的北京清一创新投资管理有限公司，是专门服务生物医疗科技成果转化的孵化平台；与电子系共同成立华科天盛孵化平台，聚焦于电子系天津电子信息研究院科技成果的加速孵化。北京化工大学制定学科性股份公司收益分配管理办法，明确科技成果评估作价入股企业实施路线，确定科技型公司设立的流程和收益分配方案。北京印刷学院加强产学研互动，探索高校科技成果作价入股、科技人员股权激励相结合，已有3个产业化项目的股权激励方案落地，分别给予团队中有突出贡献的核心技术人员与管理人员6%～9%的股权激励。成立北京高校科技产业协会科技成果转化服务分会（众筹联盟）。2015年7月起，北京地区北京联合大学、北京建筑大学、首都医科大学、中国石油大学、中国矿业大学、北京科技大学、北京工业大学、北京信息科技大学、北京服装学院、中央财经大学10所高校校办产业部门为贯彻中央“激发高等院校、科研院所创新活力和构建新型创新创业实体，推进科技同经济结合、科技成果与现实生产力对接”精神发起组建“众筹联盟”。对接河北、天津、湖北丹江口等地方政府和企业运营平台，众筹联盟作为北京高校科技产业协会的二级分会进行运作。众筹联盟已经初步建立成果储备库、专家库，各高校自有科技成果转化推介项目首期入库 31 项，入选专家库专家 52 人，参与合作的检验检测中心 13 家。北京教育科技产业信息网科技成果转化数据库上线试运行，编印《智库 2015——北京高校科技成果转化与产业化推介项目选编》《科技成果转化服务手册》。企业创新经营，内在潜力得以激发。北京航空航天大学资产公司形成“1+4”产业布局，在精密机械、精密仪器、软件开发、电子信息、飞行器设计与制造、导航与制导、新材料等领域拥有独立自主知识产权的产品与技术。北京邮电大学资产公司以信息产业为主导，发展云计算、物联网、计算机视觉、大规模数据并行计算等领域的核心技术和共性平台。北京农学院科技产业集团深化校企合作，新推出“五悦”精品肉、番茄多样性展示、种养结合媒体棚、节本增效农业物联网应用模式等亮点项目。中国矿业大学校办企业天津市炭金能源技术公司完成新型环保改性型煤的研发，克服天津港爆炸突发情况，产量不断提高。北科大赛能杰公司开展环保节能燃烧技术国际合作，推进新三板上市。中国人民大学环境学院教授团队与资产公司共同投资组建公司，资产公司以知识产权评估入股方式投资尚川（北京）水务有限公司占股 30%。北京教育科学研究院培训中心建设“外脑”专业团队，以“互联网 +”的思维创新经营模式创造新的增长点。北京建筑大学将北京天乐批发市场有限公司激活并更名为北京建大投资有限公司，为校办产业发展和科技园建设急迫问题的解决提供平台等。

校办产业平稳有序地发展，产业规模不断扩大。资产总额 2015 年比 2014 年增长 40.97%，2014 年比 2013 年增长 46.69%；所有者权益 2015 年比 2014 年增长 23.39%，2014 年比 2013 年增长 40.50%；归属校方股东的所有者权益 2015 年比 2014 年增长 9.40%，2014 年比 2013 年增长 35.08%。

资产情况指标

单位：万元

	资产总额	所有者权益	归属于校方股东的所有者权益
2013 年	24327329.42	8364797.28	3156007.71
2014 年	35685434.88	11752343.98	4263115.81
2015 年	50305951.78	14500639.11	4663430.33

经营状况良好。营业收入 2015 年比 2014 年增长 8.24%，2014 年比 2013 年增长 19.91%；主营业收入 2015 年比 2014 年增长 8.55%，2014 年比 2013 年增长 19.90%；利润总额 2015 年比 2014 年增长 65.31%，2014 年比 2013 年增长 26.56%；净利润 2015 年比 2014 年增长 72.21%，2014 年比 2013 年增长 22.39%。

经营状况指标

单位：万元

	营业收入	主营业收入	利润总额	净利润
2013 年	13370650.02	13318422.73	614259.51	469931.86
2014 年	16032321.84	15969369.29	777412.20	575140.55
2015 年	17353716.79	17334375.12	1285115.14	990420.84

企业处于高速发展期。2013—2015 年，经营活动现金净流量连续 3 年为正数，在经营活动中产品迅速占领市场，销售呈现快速上升趋势，大量货币资金回笼；为了扩大市场份额，企业仍需要大量追加投资，投资活动现金净流量连续 3 年为负数；仅靠经营活动现金流量净额无法满足所需投资，企业必须筹集必要的外部资金作为补充，筹资活动现金净流量连续 3 年为正数，这些都说明企业正处于高速发展期。

现金流量

单位：万元

	2013 年	2014 年	2015 年
现金净流量	883745.36	556966.11	4169761.62
经营活动现金净流量	413052.25	157174.17	63210.15
投资活动现金净流量	−1509013.86	−2686309.54	−1923092.89
筹资活动现金净流量	1950741.33	3040256.18	5994332.83

社会效益显著。上交国有资产收益连续 3 年逐年增加，企业实际缴纳税金总额连续 3 年基本持平。

上交国有资本收益和企业实际缴纳税金总额

单位：万元

	上交国有资本收益	企业实际缴纳税金总额
2013 年	12376.95	958887.01
2014 年	17580.92	808898.96
2015 年	19626.61	824826.68

提供大量就业机会。截至 2015 年年底，职工总人数 120923 人，已参加社保人数 96827 人。母公司实际发放和支付的劳动工资总额 283.06 亿元，其中支付社会保险（含住房公积金）177.86 亿元。

年末职工总人数及实际支出薪酬总额

	年末职工总人数（人）	实际发放和支付的劳动工资总额 支付职工薪酬（万元）
2013 年	86222	1187909.44
2014 年	94205	1340570.44
2015 年	120923	2830631.75

为北京教育改革和发展提供有力的资金支持。归属于学校方股东的所有者权益、归属于学校方股东的净利润、母公司当年上交学校利润金额、母公司支付给学校的各类研发和技术转让经费基本上都在逐年增加。

企业对学校贡献

单位：万元

	归属于学校方股东的所有者权益	归属于学校方股东的净利润	母公司当年上交学校利润金额	母公司支付给学校的各类研发、技术转让经费
2013 年	3156007.71	214778.28	36408.43	742.73
2014 年	4263115.81	234898.57	51850.13	1012.87
2015 年	4663430.33	302195.66	38790.23	2632.91

为培养人才提供实践场所和条件。

培养学生情况（只统计母公司）

培养学生指标	2013 年	2014 年	2015 年
接纳学生实习人次	6753 人次	8648 人次	8831 人次
学生累计实习工时	1295278.24 小时	2028907.34 小时	2290394.74 小时
全年累计在培硕士研究生人数	401 人	548 人	771 人
全年累计在培博士研究生人数	89 人	119 人	103 人

（宋慧宇）

区工业

综　述

2015年，北京市区规模以上工业企业总产值（当年价格，下同）17449.63亿元。其中，首都功能核心区工业总产值1270.18亿元，城市功能拓展区工业总产值3619.37亿元，城市发展新区工业总产值8335.26亿元，生态涵养发展区工业总产值1121.08亿元。工业销售产值（当年价格，下同）17279.27亿元。其中，首都功能核心区1271.10亿元，城市功能拓展区3526.96亿元，城市发展新区8267.56亿元，生态涵养发展区1109.92亿元。出口交货值1078.38亿元。其中，首都功能核心区11.65亿元，城市功能拓展区145.91亿元，城市发展新区834.52亿元，生态涵养发展区86.30亿元。全市区规模以上工业企业单位个数3548家。其中，首都功能核心区93家，城市功能拓展区975家，城市发展新区1963家，生态涵养发展区517家。全市区规模以上工业企业资产总计38609.76亿元，主营业务收入18864.90亿元，利润总额1597.71亿元，应交税金合计1179.10亿元，从业人员年平均人数1104384人。

东城区工业

【概况】2015年，东城区规模以上工业企业工业总产值184.89亿元，同比增长20.7%，累计完成销售产值180.14亿元，同比增长15.4%，工业总产值、累计销售产值增势明显，重点企业支撑作用突出。其中，大型企业完成工业总产值32.67亿元，同比增长35.2%；中型企业完成工业总产值134.26亿元，同比增长39%；小型企业完成工业总产值17.19亿元，同比下降45.7%；微型企业完成工业总产值0.77亿元，同比下降3.8%。11家规模以上工业出口企业共完成出口交货值8.23亿元，同比下降59.4%。

（李文博）

【完成碳排放报告履约工作】2—6月，东城区发展改革委通过召开节能工作培训会、专家答疑、电话反复沟通等多种方式，推进落实北京市关于碳排放控制的相关工作。本区57家一般排放单位全部完成上年碳排放报告的报送工作；39家重点排放单位全部完成上年碳排放报告报送、核查及履约工作。

（李明博）

【开展重点用能单位节能考核】4月9日—5月8日，东城区发展改革委委托专业机构联合成立考核工作组，对重点用能单位开展2014年度节能目标责任评价考核。此次考核采取各重点用能单位提交节能工作自查报告、考核工作组审核评分与抽样现场核查相结合的方式，综合考查各单位本年度节能目标完成情况

注：统计范围为年主营业务收入2000万元及以上的工业法人单位；根据有关规定，国家电网公司、冀北电力有限公司的“工业总产值(当年价格)”“工业销售产值（当年价格)”由北京市统计局统一核算，以上“工业总产值(当年价格)”“工业销售产值(当年价格)”指标分区数据之和不等于全市合计数。

和节能措施落实情况。最终确定30家参评单位的考核等次，其中8家为优秀、7家为良好、12家基本完成、3家未完成。

（李明博）

【支持鼓励节能项目征集】 5月，东城区发展改革委启动本年度支持鼓励节能项目的征集。经专家评审，最终52家用能单位获得共计616.97万元资金补助，支持领域包括节能新机制推广、新技术推广、能源审计配套补贴、清洁生产审核配套补贴等。

（李明博）

【重点用能单位能源审计】 年内，东城区根据区能源审计推广实施方案，4—9月启动年综合能耗2000吨标准煤（含）～5000吨标准煤的43家用能单位的能源审计工作。通过对用能单位的能源审计报告进行初审、复审，以及抽取部分单位进行现场审核的综合评定，共7家获得优秀等次、27家获得良好等次、9家获得合格等次。

（李明博）

【调整退出5家企业】 年内，东城区按照北京市调整疏解相关要求，组织不符合首都功能定位的企业开展调整退出工作，通过搬迁、变更营业执照等方式，调整退出5家企业，即北京自动化仪表七厂、北京光电技术研究所、北京元隆皮草皮革有限公司、北京元汉领带衣帽厂、金泰汇通商贸有限公司琉璃井门市部。

（李文博）

【中小企业促进与发展】 年内，东城区落实《北京市促进中小企业发展条例》精神，制定责任分解表共47项，明确各职能部门服务中小微企业发展具体工作职责和内容。组织开展3场《北京市促进中小企业发展条例》及市、区各项企业扶持政策宣贯工作，宣贯企业300家。研究、制定《东城区“十三五”时期中小微企业和非公经济发展规划》拟定稿。

（丁 洋）

【新认定4家区级小企业创业基地】 年内，东城区通过4家中小企业服务分中心、13家小企业创业基地，为驻区中小微企业提供基础服务、增值服务和政府购买服务，共吸引新增入驻企业460家，累计服务企业10579家次，共组织各类企业培训、活动332场，参加企业6011家次，培训人数6264人次，为20家企业解决融资2.37亿元，推动22家企业在深圳创业板以及新三板等多层次资本市场挂牌上市，实现转型升级。

（丁 洋）

西城区工业

【概况】 2015年，西城区规模以上工业企业完成总产值1067.9亿元，同比增长10.7%。其中，能源供应业企业累计完成产值985.9亿元，同比增长13.6%，占西城区规模以上企业总产值的92.3%。全区规模以上工业企业累计完成销售产值1071.9亿元，同比增长11%，产销率为100.4%。

（马孝林）

【节能减排】 年内，西城区结合双控双降任务，重点关注区内能耗大的企业。完成全年目标，能源消费总量为451.4万吨标准煤；万元地区生产总值能耗降低4.6%；在全区通过节能宣传进机关、进用能单位、进社区、进校园、进超市、进酒店，组织参观节能环保展览会等活动，引导树立节能理念；确定节能改造项目9个，项目总投资4798.33万元，支持鼓励改造资金1439.50万元，节能效率15%以上。

（马孝林）

【中小企业发展】 年内，西城区规范中小企业认定及项目备案管理工作，开展中小企业认定18家，开展工业及软件信息服务业行政许可项目备案14个；完成24家中小企业创新融资909万元的贴息申请；协助工信部完成了10家企业填写《企业负担问卷调查》及走访工作；定期组织相关政府部门及行业协会召开西城区中小企业发展工作领导小组季度工作会，对中小企业新政实施效果、政府服务协调及中小企业自身发展等工作进行了全面的梳理和总结；编制印发《西城中小企业动态》。

（马孝林）

【电力管理】 年内，西城区已建及在建的变电站25个。桃园、菜市口220千伏变电站投入使用。西交民巷变电站、西四变电站正在做前期准备工作；按照市发展改革委、区政府、电力公司3家出资的方式，对老旧小区电力线路进行改造，已经对巴黎公寓、岳峰园等6个小区进行了电力改造，总投资约6300万元，其中区政府出资约2200万元；做好电力运行保障及“两会”“两节”“开斋节”“9·3大阅兵”等重要节点的电力保障和应急值守工作。

（马孝林）

朝阳区工业

【概况】 年内，朝阳区实现地区生产总值 4640.2 亿元。其中，第一产业实现增加值 1.2 亿元，同比下降 16.1%；第二产业实现增加值 358 亿元，同比增长 3.3%，其中工业实现增加值 305 亿元；第三产业实现增加值 4281 亿元，同比增长 7.3%。三次产业结构为 0.02 : 7.72 : 92.26。

在国内工业品需求疲软、区域内重点单位生产规模缩减等因素的影响下，工业增速持续回落。290 家规模以上工业企业实现工业总产值 723.4 亿元，同比下降 28.1%；实现主营业务收入 807.1 亿元；实现利润总额 86.5 亿元，同比增长 10.6%。全区 84 家高技术制造业企业实现工业总产值 171.6 亿元，同比下降 4.9%，占全区工业总产值的 23.7%；实现主营业务收入 181.9 亿元，利润总额 23.8 亿元。

（陈　珊）

【科技企业孵化器联盟成立】 12 月 4 日，由科技企业孵化器、创新型孵化器、众创空间、产业园区、大学科技园、留学人员创业园等 73 家单位共同组成的朝阳区科技企业孵化器联盟正式成立。该联盟的成立，从根本上解决了科技企业孵化器过于分散、整体发展不均衡、服务能力不足、资源共享不够等方面的问题，将分散在各个企业的优质软硬件资源进行整合，配置科技型中小企业和创业者，使信息、技术、资本、人才等创新创业要素资源高效率、无障碍地流通，真正实现资源要素统筹配置和集约化使用，从而降低创新创业成本。联盟成立后，企业在一家孵化器孵化，多家孵化器都会为它提供服务，提高了孵化器的服务水平，帮助企业早日成长、壮大。

（陈　珊）

【中关村朝阳园与承德签署合作协议】 12 月 11 日，电子城管委会与承德高新区管委会举行两地高新园区合作协议签约仪式，签订《北京中关村朝阳园·承德国家高新技术产业开发区战略合作框架协议》，双方将在京津冀协同发展战略背景下，发挥各自优势，在资源共享、产业转移升级、企业发展服务等方面开展全面、深入合作，为两地高新园区提供新的合作平台和机制保障。

（陈　珊）

【望京生命科学国际创新园成立】 12 月 21 日，位于中关村电子城西区的望京生命科学国际创新园正式成立。该园将为药物研发、诊断试剂、医疗器械等生命科技领域企业提供优良的创业环境和高质量的服务，并吸引外包专业机构、风投机构等配套产业资源入驻园区，促进产业集群式发展，最终形成生命科学生态圈。望京生命科学孵化器也同时推出，将为入孵企业提供标准研发实验室系统、公共技术支撑平台、投融资等服务，并在房租补贴、产业资金支持、人才引进等方面给予支持，带动生命科学领域的中小企业协同发展。

（陈　珊）

【产业发展】 年内，朝阳区工业 30 个行业中有 21 个行业的工业总产值出现不同程度的下降，其中产值比重占比较高的煤炭开采和洗选业下降 28.3%，开采辅助活动下降 17.3%。六大支柱行业实现工业总产值 665.7 亿元，占全区规模以上工业总产值的 75.8%。其中，电力热力生产和供应业 172.4 亿元，煤炭开采和洗选业 164.5 亿元，开采辅助活动 126.4 亿元，医药制造业 73.6 亿元，电气机械和器材制造业 65.5 亿元，计算机、通信和其他电子设备制造业 63.3 亿元。

（陈　珊）

【园区建设】 年内，中关村朝阳园新落户、注册资本过亿元企业 43 家。电子城西区项目陆续竣工，爱立信二期、默沙东、时代凌宇项目交付使用，望京生命科学国际创新园开园；东区改造提升步伐加快，国际电子总部 4 号地、京东方等重点项目有序推进；大望京科技商务创新区产业氛围加快形成，以“互联网 +”为特色的 90 余家企业签约入驻；北扩区完成 142.8 公顷征地手续，为重点项目落地奠定基础。

（陈　珊）

【产业结构调整】 年内，朝阳区围绕构建高精尖经济结构，强化空间楼宇与产业项目对接，发挥产业引导资金作用，引进和培育新增长点。服务业高端化发展优势显著，新增 20 家重点功能型企业，商务服务业利润总额同比增长 20.6%。金融业经济贡献明显提升，财政收入同比增长 45.7%，引进 50 家重点金融机构。文化创意产业集聚效应增强，新增注册资本 5000 万元以上企业 241 家，内部结构更加优化。科技创新行业活力显现，信息技术服务业发展迅速，新增企业数同比增长 74.7%，科学研究和技术服务业增加值拉动 GDP 增长 1.6 个百分点。科技融合型、原创型、高附加值的新兴业态增长较快，数字文化、数字出版、移动新媒体等领域企业营业收入增速超过40%。中关村朝阳园建设全面提速，绿地中心、浦项中心、保利国际广场等项目相继交付使用，新增产业空间76万平方米，新的经济增长极正在加快形成。

（陈 珊）

【企业固定资产投资】年内，朝阳区核准、备案工业及软件类企业固定资产投资项目117个，涉及电子信息、通信设备、医药、电力热力等多个行业，建设内容涉及以互联网为基础建设的研发平台、大数据服务、营销平台建设，提升企业研发能力的技术中心建设，生产线技术改造，小企业创业基地建设等多个领域，总投资额229.5亿元。

（陈 珊）

【企业减负】年内，朝阳区以“服务企业、助力成长”为主题，营造企业发展环境，减轻企业特别是中小型企业负担。加大政策宣传力度，帮助企业更加深入地了解、掌握、运用相关政策，引导企业按照相关政策的调控取向调整结构、发展生产和开展经营。落实小微企业税收优惠政策，主动为小微企业提供个性化服务，简化办税手续，开通办税“绿色通道”，对纳税人办理涉税事项一次性告知，及时办理，切实减轻小微企业办税负担。落实“三证合一”“一照一码”商事制度改革，制作1万份《“三证合一”“一照一码”改革问题解答宣传册》用于宣传，以提高改革宣传力度，为广大申请人做好答疑解惑工作，减少企业往返各部门次数。健全国资监管制度，加强产权管理，深化审计监督，完善绩效考核与评价体系，推进国有资本经营预算5方面工作，提升国资监管水平。

（陈 珊）

【开展镇村产业集聚区整治】年内，朝阳区落实《北京市2013—2017年清洁空气行动计划重点任务分解2015年工作措施》（京政办发〔2015〕7号），推进镇村产业集聚区污染治理，根据《镇村产业集聚区工业污染整治工作方案》，对辖区内孙河乡砂石料场集聚区开展整治工作，并通过市经济信息化委、市环保局验收。孙河乡砂石料场集聚区含35家砂石料场，重点分布在沙子营村，主营业务及产品是加工生产砂石料，占地面积合计38.87万平方米，工作人员合计325人，年产值合计6786万元，主要污染物为烟（粉）尘。年内，35家企业全部停产并完成设备拆除，清退完毕。

（陈 珊）

【促进中小企业发展】年内，朝阳区多效并举，促进中小企业健康发展。与建行朝阳支行、西部信托和北京中科智担保有限公司等金融机构合作，发行2015年《朝阳区中小企业贷款集合资金信托计划》，募集资金1亿元。北京盛唐时代文化传播有限公司等9家企业通过集合信托合作模式，实现融资计划。举办中小企业银企对接会，搭建银政企对接平台，为参加活动的40余家驻区企业提供朝阳区产业促进政策咨询解读，发挥朝阳区中小企业发展专项资金对企业健康发展的引导扶持作用，落实中小企业专项支持金额共计1920万元，惠及企业39家。修订《朝阳区推动企业上市工作办法》，增加对新三板挂牌成功的企业给予一次性奖励50万元的扶持政策，减轻了企业负担，增强了企业上市热情。共有23家企业获得上市奖励扶持资金，金额总计1200万元。

（陈 珊）

【健全中小企业服务体系】年内，朝阳区加强中小企业服务体系建设，在调研其他区中小企业服务中心构建模式和运行情况的基础上，就朝阳区中小企业服务中心的具体模式和工作进行认真研究，形成《中小企业服务中心工作方案》。推进中小企业公共服务平台建设，完善市中小企业服务平台朝阳区窗口平台，进行内容更新和维护，为企业提供服务。

（陈 珊）

【中关村朝阳园确定“十三五”发展目标及任务】年内，中关村朝阳园确定“十三五”规划发展目标及主要任务。实施国际研发聚集工程，通过聚集以“研发中心”为龙头、由产业链高端带动、功能不断完善的跨国企业，打造具有国际影响力的科技创新中心。统筹园区现有产业空间和新增产业空间，为重点产业、重点企业发展拓展空间。实施新兴产业培育工程，打造创新创业品牌孵化器，助推众创空间建设，构建京津冀协同共同孵化平台。按照实事求是、因地制宜、量力而行、节约高效的原则，提升交通环境，启动朝阳园北区基础设施建设，推进“智慧电子城”和绿色建筑建设，严格产业项目准入，实现可持续发展。实施服务体系完善工程，营造良好的发展环境。

（陈 珊）

海淀区工业

【概况】2015 年，海淀区规模以上工业企业实现工业总产值 1929.4 亿元，列全市第三位，占全市总量的 11%，同比下降 3.4%，较去年增速下降了 31 个百分点，与全市持平。工业总产值增速在 17 个区（含北京经济技术开发区）列第六位。地区生产总值 4613.5 亿元，同比上升 7.5%。实现出口交货值 80.9 亿元，同比下降 0.8%，较去年增速增加了 5.4 个百分点。规模以上工业总产值中，高技术制造业产值占比达 62.6%，比上年同期提高了 3.2 个百分点。

从具体行业看，六大产业产值一升五降。全年工业总产值排序在行业首位的是电子信息产业，实现工业总产值 1064.5 亿元，同比增长 1.3%，占全市比重的 49.3%，占海淀区工业比重的 55.2%；实现出口 34.7 亿元，同比下降 7%。第二位为装备产业，实现工业总产值 508.4 亿元，同比下降 6.1%，占全市装备产业比重的 22.3%，占海淀区工业比重的 26.4%；实现出口 36.2 亿元，同比增长 8.3%。汽车与交通设备产业保持在第三位，实现工业总产值 143.7 亿元，同比下降 6.3%，占海淀区工业比重为 7.4%；实现出口 0.3 亿元，同比增长 15.5%。基础与新材料产业、都市产业和医药产业分列第四、五、六位，分别实现工业总产值 105.2 亿元、73.3 亿元和 34.3 亿元，分别同比下降 24%、4.8% 和 7.7%。

（郑 雪）

【启迪科技服务集团成立】1 月 12 日，由启迪控股股份有限公司联合清华控股有限公司、紫光集团有限公司共同发起的启迪科技服务集团合作签约仪式在清华科技园举行。启迪科技服务集团首期募集资金规模 100 亿元，其中启迪控股出资不低于 50 亿元，清华控股和紫光集团承诺各出资 10 亿元，其他近 30 亿元将洽商社会有志从事科技服务业的机构和个人参与投资合作。启迪科技服务集团旨在聚合政、产、学、研、金、介等创新要素，集成清华系列企业的优质科技资产，创新科技服务模式，延展科技创新服务链，力争成为中国服务最完善、最具影响力的全链条科技服务提供商。

（郑 雪）

【5 家机构获批技术转移示范机构】1 月 12 日，国家科技部公布了第六批国家技术转移示范机构名单。北京北林先进生态环保技术研究院有限公司、北京软件和信息服务交易所有限公司、北京赛德兴创科技有限公司（北大技转中心）、北京华国昆仑科技有限公司、超越科创投资（北京）有限公司 5 家海淀区技术转移机构入选。

（郑 雪）

【天使投资论坛举办】1 月 14 日，在中关村管委会、海淀区人民政府的支持下，由中关村创业投资和股权投资基金协会、中关村股权投资协会、中关村天使投资协会共同主办的“2014 中关村天使投资论坛暨年度天使投资评选颁奖典礼”召开。论坛评出了“2014 年度中关村天使投资领军人物”“2014 年度中关村十大天使投资人”“2014 年度中关村天使投资新锐人物”“2014 年度中关村最活跃天使投资机构”“2014 年度中关村优秀创业服务机构”“2014 年度中关村天使投资会员最佳投资案例”等奖项。

（郑 雪）

【与丹江口市签订合作协议】1 月 19 日，海淀区与湖北省丹江口市签订《中关村海淀园丹江口分园协作共建协议》和《中关村海淀园丹江口科技人才协作框架协议》，同时海淀镇与浪河镇、上庄镇与盐池河镇签订缔结友好镇协议。根据协议，海淀园与丹江口市将共同协作，建设海淀园丹江口分园，开展科技合作，组织园区高科技企业与丹江口市进行交流合作，将适合丹江口市的科技项目落户丹江口市，促进双方的经济社会发展。

（郑 雪）

【企业院士专家工作站授牌】1 月 20 日，由北京市科协、海淀园管委会、海淀区科协共同举办的 2015 年海淀园“企业院士专家工作站”授牌仪式暨“打造科技开放合作平台，实施创新驱动发展座谈会”召开，为 3 家企业院士专家工作站授牌，同时就核心区产学研机制构建工作进行座谈。

（郑 雪）

【创业中国中关村引领工程发布】2 月 4 日，海淀区“创业中国中关村引领工程”和“国家高新区互联网跨界融合创新中关村示范工程”发布暨启动仪式在中关村示范区展示中心举行。

（郑 雪）

【香港启迪科技园落成】2 月 5 日，启迪控股在香港开设的首个启迪科技园创新空间正式落成。香港启迪科技园是依托清华大学设立的综合性大型科技服务集团企业，包括健身室、咖啡厅、共享工作空间、演讲厅等，将通过启迪控股在内地专业科技服务网络，为租户提供独有的创新创业支持，助力中关村企业走向国际化。

（郑 雪）

【创新创业企业上市培育基地揭牌】 2月5日，"中关村股票指数发布暨中关村创新创业企业上市培育基地"揭牌仪式在中关村示范区展示中心举行。中关村创新创业企业上市培育基地由深圳证券交易所、中关村管委会、北京市金融工作局、海淀区政府及北京股权交易中心五方发起，培育基地作为各方共建的整体性、综合性服务窗口，是参与五方整合资源、优势互补、深化服务的合作平台，将全面推动中关村以及周边地区的创新创业企业与资本市场对接，就近服务企业的规范改制、路演宣传、投融资对接、辅导上市和互动交流，成为创新创业型企业孵化、展示、培育中心，实现企业聚集、政策聚集、资金聚集、人才聚集，发挥资本市场对自主创新和经济转型升级的服务功能。

（郑 雪）

【百度发布新医改宣传平台】 2月11日，百度与国家卫生计生委宣传司共同举办了主题为"走进新医改、见证新未来"的战略合作发布会，联合发布新医改宣传平台。平台主要通过百度健康、百度百科和百度知道三大产品进行展示。

（郑 雪）

【与民生银行签署战略合作协议】 3月11日，海淀区与中国民生银行总行营业部战略合作协议签署仪式在海淀区政府举行。民生银行将以协议的签署为契机，拓展与海淀区合作的深度和广度，加大对科技板块、高精尖产业以及高新技术企业的投入，提升综合化服务水平，为海淀区提供更加精细的业务服务。

（郑 雪）

【首批11家众创空间授牌】 3月23日，北京市众创空间建设推进会在北京市科委举行。北京市科委对以中关村创客总部、创客空间为首的首批11家众创空间进行了授牌，并授予中关村创业大街"北京市众创空间集聚区"称号。

（郑 雪）

【中关村首届"创业庙会"举办】 3月30日，由北京市中小企业公共服务平台举办的首届"创业庙会"在中关村示范区展示中心开市，近300家中小企业报名参加。

（郑 雪）

【中国校企协同产学研创新联盟成立】 4月11日，由中国产学研合作促进会与中关村软件园共同举办的"创新创业（IT）人才培养新模式高峰论坛"在北京中关村软件园举行。会上，中国校企协同产学研创新联盟正式成立。该联盟是以企业、院校为主体，市场为导向的产学研用相结合的创新型组织，将充分发挥企业创新主体和高校创新要素集聚的资源优势，构建校企协同产学研合作平台，促进院校与企业共同建立校企联合培养体系，促进校企双方共同建立工程实践基地，创建富有专业特色的"校企合作、项目育人"人才培养模式，促进产校高度融合与产业转型升级，推动和加快中国校企协同发展进程。

（郑 雪）

【北京协同创新园在海淀区揭牌】 4月23日，北京协同创新研究院与苏家坨镇签署合作框架协议，共建北京协同创新园，旨在更好地发挥研究院的创新优势，加快科技势能转化为经济动能。协同创新园占地40万平方米，总建筑面积约60万平方米，建成后将聚集200家高端科研、教育及产业机构。

（郑 雪）

【众创空间集聚区众创空间授牌】 5月4日，"北京市众创空间集聚区众创空间授牌仪式"在中关村创业大街举行，北京市科委授予街区内的车库咖啡、Binggo咖啡、36氪、3W咖啡、亚杰汇、北京大学创业训练营、IC咖啡、创业家、天使汇、飞马旅、联想之星、硬创邦、虫洞之家、因果树14家入驻机构"北京市众创空间"称号。"北京市众创空间"达25家，海淀区累计19家。

（郑 雪）

【北京众创空间联盟成立】 5月13日，北京众创空间联盟在北京市科委的倡议和支持下在北京成立。该联盟由包括联想之星、极地国际创新中心、3W咖啡等机构在内的54家众创空间、投融资机构和高科技企业联合发起，旨在推动创新创业服务资源开放共享，提升众创空间整体发展水平，为草根创业者提供更优质、便捷的服务。

（郑 雪）

【海淀园与齐河县签署协议】 5月21日，对接京津冀中关村海淀园·齐河县"互联网+"区域战略合作创新示范区签约仪式在山东省德州市齐河县举行。双方将围绕"互联网+"产业领域，共建区域合作共享机制，打造跨区域产业发展合作品牌。漫游世纪（北京）科技孵化器有限公司、易村通达（北京）网络科技有限公司、浦华环保有限公司、北京竹溪园农业科技公司、北京崇峰触控科技有限公司5家企业签约入驻中关村海淀园齐河科技城。

（郑 雪）

【6家单位入选知识产权运营机构】5月21日，国家知识产权局公布采取股权投资方式支持的20家知识产权运营机构，智谷睿拓技术服务有限公司、中国专利技术开发公司、国之专利预警咨询中心、北京科慧远咨询有限公司、北京荷塘投资管理有限公司、北大赛德兴创科技有限公司6家单位入选。每家单位最高可获得国家1000万元的股权投资。

（郑 雪）

【第二家互联网小贷公司设立】5月，北京市金融工作局下发批复，批准北京大北农科技股份有限公司在海淀区设立互联网小贷公司——北京农信小额贷款有限公司。公司注册资本2亿元，成为海淀区继京汇小贷（京东集团全资控股）之后全市第二家获批设立的互联网小贷公司。

（郑 雪）

【中关村会展新技术新产品交流会举行】6月5日，由中关村展示中心联合中关村会展与服务产业联盟举办的“中关村会展新技术新产品交流会”在展示中心举行。重点展示了北京全电智领科技有限公司的LED可见光通信技术、上海秦傲网络科技有限公司的智能云数据中心、北京朝河山色数字科技有限公司的创意媒体沙盘及全息影像等近10家企业的新技术、新产品。

（郑 雪）

【“中关村领创空间”正式发布】6月16日，由中关村发展集团、软通动力信息技术（集团）有限公司共同出资打造的新型创新创业服务平台“中关村领创空间”正式发布。“中关村领创空间”集聚了中关村区域内的技术、人才、资本、市场、平台等创新创业要素，将为企业提供线上线下的“双线服务”。

（郑 雪）

【中关村小巨人创客中心启动】6月18日，“北京银行支持中关村科技创业创新发展暨中关村小巨人创客中心启动仪式”在中关村示范区展示中心举行。中关村小巨人创客中心是国内首家银行业推出的，服务对象设定为科技、文化、绿色领域的创客，以投贷联动创新为主线，通过联动企业、机构、银行、政府等多方资源，围绕股权投资、债券融资、创业孵化开展工作，搭建股权投资和债券融资联动的平台，打造线下投贷孵联动、线上合作互动社区，推动北京银行中关村分行探索中国的“硅谷银行”运营模式。

（郑 雪）

【世纪互联与SFR达成战略合作】6月24日，中国最大的电信中立互联网基础设施服务提供商——世纪互联与美国领先的私有数据中心开发商——Server Farm Realty, LLC（逻辑链路控制）宣布建立战略伙伴关系，携手提供数据中心基础设施与服务、网络连接以及云计算和信息通信技术解决方案，支持跨国公司在中国和美国的IT基础设施部署与业务发展。

（郑 雪）

【中关村海兴战略性新兴产业促进会】6月30日，中关村海兴战略性新兴产业促进会在中关村展示中心召开筹备成立大会。海兴促进会作为中关村首个集行业协会、高校院所、投资机构、高新园区、龙头企业等多方产业要素于一体的法人实体组织，由中科院企业创研中心、中科院北京国家技术转移中心、海淀区战略性新兴产业促进联席会牵头，联合多家海淀重点产业联盟及企业共60余家单位创建。海兴促进会筹备成立会议表决通过了《中关村海兴战略性新兴产业促进会章程》，并选举出了第一届理事会、监事会。

（郑 雪）

【小米和美的联合发布智能空调】6月30日，美的公司和小米公司的首款合作产品“i青春”智能空调发布。这款智能空调支持蓝牙、WiFi连接，能够跟小米手环、智能家庭套装实时联动，达到智能控温的目的。与传统空调的营销推广模式不同，“i青春”智能空调上市后还将通过小米智能家庭App和小米社区开展试用活动，优先提供给“米粉”使用测评，建立起全新的用户体验和物联交互机制。

（郑 雪）

【北京台湾青年创业基地授牌】7月23日，北京台湾青年创业基地举行授牌仪式。“北京台湾青年创业基地”由北京市台办、中关村管委会挑选中关村创业大街、清华科技园、创业公社、北京远见育成孵化器等4家创业孵化机构建立，旨在促进被授牌机构利用自身优势，整合资源，为台湾青年在北京创业提供更多辅导和支持，为京台两地青年创业合作提供更加便利的服务，协助台湾青年实现创业梦想。

（郑 雪）

【共建河北省最大科技孵化器】7月31日，中关村科技园区海淀园创业服务中心与河北省石家庄市新华区签署合作协议，并联手北京鼎尖投资、河北杰明投资、新华鑫圆城市建设投资共同建立创新型科技孵化器——北京金种子创业谷石家庄众创空间，项目落地后将成为河北省最大的科技孵化器。北京金种子创业谷为中关村海淀创业园下属三大孵化基地之一，是中关村管委会认定的创新型孵化器，具有“零成本零门槛创业＋全链条全过程孵化”与“聚集服务资源＋完善生态系统”的特色。

（郑 雪）

【拉卡拉公司新设互联网小额贷款公司】7月，拉卡拉支付有限公司在海淀区设立互联网小贷公司——北京拉卡拉小额贷款有限公司，注册资本1.3亿元，成为海淀区继京汇小贷（京东集团全资控股）、大北农小贷（北京大北农科技集团有限公司全资控股）之后的第三家互联网小贷公司。拉卡拉小贷旨在依靠拉卡拉支付有限公司的大数据平台，分析、研究不同客户的自身特点，为客户量身定制贷款计划，为区域中小微企业提供多样化的融资选择，解决融资难问题。

（郑 雪）

【北京科创园产业基地落户沧州】8月3日，北京（海淀）留学人员创业园与沧州市渤海新区在中关村创业大厦签署战略合作框架协议，共同打造北京科创园渤海新区产业基地。双方将按照共建、共管、共赢协同发展的理念，打破地区利益观念束缚，发挥北京科创园的科创、人才、技术及渤海新区的区位、交通、配套、政策等优势，实现合理分工协作，齐心协力推进北京科创园渤海新区产业基地建设，打造京津冀协同发展的示范基地，实现优势互补、错位发展、合作共赢。

（郑 雪）

【中关村东升科技园三期开发建设】8月7日，中关村东升科技园三期（京昌路楔形绿地棚户区改造）项目宅基地腾退工作正式启动，标志着中关村东升科技园三期的建设工作正式拉开帷幕。中关村东升科技园三期是北京市规划的7条楔形绿地之一，总用地面积约1.77平方千米，涉及搬迁的地上物建筑面积约94.35万平方米。

（郑 雪）

【e谷创想空间在秦皇岛启动】8月10日，中关村海淀园秦皇岛分园e谷创想空间启动暨项目签约仪式在秦皇岛开发区举行。漫游世纪（北京）科技孵化器有限公司是首批入驻中关村海淀园秦皇岛分园的企业之一，秦皇岛漫游世纪科技孵化器有限公司是其旗下的全资子公司，其创办的总面积3万平方米的“e谷创想空间”，将以“提供优质空间、营造创新氛围、致力创业服务”为理念，通过复制中关村“人才＋资本＋服务”的创新创业生态系统，在新兴信息服务、文化创意、信息网络、高端软件、先进环保等产业方面，为入孵的创新创业者全程提供“中关村”式服务，力争3～5年成功孵化100家从事互联网行业的小微科技型企业，使之成为具有影响力的新兴产业发源地和创新创业人才聚集地。年内，已和21家企业签署了入孵协议。北京颐和兴业科技有限公司、北京铭软科技有限公司、北京恒天中信科技有限公司等8家企业入驻并投入运营。

（郑 雪）

【中关村管委会与承德市签署合作协议】8月17日，中关村管委会与河北省承德市人民政府签署协同创新发展战略合作协议。双方将构建“领创空间＋协同创新共同体基金”的市场化运营服务平台，促进大数据、节能环保、大健康三大重点合作领域产业融合的“2+3”合作体系，共同争取国家政策支持，将中关村示范区先行先试政策推广到承德，共同制定实施有利于协同创新的政策措施，在土地使用、人才引进、基础设施建设、科技成果转化和产业化、市场开放等方面给予支持。

（郑 雪）

【海淀园与沈北新区签署协议】8月21日，沈阳市沈北新区智慧产业招商推介会在北京中关村国家自主创新示范区展示中心举行。会上，海淀园管委会与沈北新区建立全面战略合作关系。根据协议，海淀园管委会将推荐海淀园区内适合在沈北新区发展的科技成果转化项目、具有跨区域发展需求的企业、需要迁出企业或项目等转移或落户沈北新区。同时，沈北新区发挥承接功能，协调相关资源，支持配套设施建设，为承接企业或项目提供良好的发展环境，并优先支持海淀园新技术新产品在沈北新区乃至沈阳市经济社会发展中的推广应用，在智慧城市、两化融合、军民融合等领域为中关村科技园区海淀园的科技成果创造良好的市场环境。

（郑 雪）

【中小微企业集合外债授信】9月9日，由海淀区政府主办的海淀区2015年企业外债集合授信签约仪式举行。北京中关村海淀科技金融创新商会、中关村海新联新兴产业促进会分别与中国银行、交通银行、光大银行达成了总额5亿～10亿欧元，综合成本最低为每年2.43%，担保方式基本为全信用方式的外债集合授信协议。这一创新在全国开创了中小微企业集合外债授信的先河，率先实现了中小微企业最低的年综合融资成本。

（郑 雪）

【11个项目入围优秀创业项目】9月15日，北京市召开2015年北京市优秀项目遴选结果通报会暨创业融资指导会。全市共遴选出24个优秀创业项目，海淀区11个项目入围，占总数的46%。其中，微软创投

加速器的“云适配”和海淀园创业服务中心的“开放手术摄录系统设备”为引领项目，启迪孵化器的“高性能椭圆曲线密码芯片”和北航天汇孵化器的“智能通用的机器人 / 无人机操作系统（平台）”为重点项目，中关村软件园孵化器的“超便携式移动平台激光雷达”等项目为成长项目。

（郑　雪）

【海淀留创园分园揭牌】 9 月 25 日，由北京福泉投资有限公司、中关村海淀园创业服务中心共同举办的翠湖云中心——海淀留创园分园授牌仪式举行。翠湖云中心孵化基地总建筑面积 6000 平方米，其中集中办公区有 1000 余个工位，旨在为企业构筑全新的生态办公和项目孵化空间。

（郑　雪）

【“中关村创新创业季”系列活动】 10 月 11 日，由海淀区人民政府、中关村科技园区管理委员会、北京市科学技术委员会共同主办，中关村科技园区海淀园管理委员会、北京海淀置业集团有限公司承办的“中关村创新创业季（2015）”系列活动拉开帷幕。本届活动历时 20 天，以“创见未来”为主题，紧紧围绕着“创”字，在中关村核心区（海淀）13 个分会场陆续举办全球创业大会、创业马拉松、环球顶级赛事、创客嘉年华、全球风险投资峰会等五大板块 30 多项创新创业活动，集中展示以中关村核心区（海淀）为代表的当今世界创新创业领域取得的优秀成果，吸引全球优质创业资源聚集中关村核心区。

（郑　雪）

【中关村创新创业服务平台上线】 10 月 19 日，全国首届“大众创业万众创新活动周”拉开帷幕。在此次“双创周”的中关村展示中心主会场，中关村创新创业服务平台“网上会客厅”首发上线。平台融合了政策、技术、人才、金融、知识产权等 208 个服务机构的 1264 项服务，着力推出四大服务频道，为创业者提供找人、找地、找投资等服务，为企业提供股权、研发、专利等融合服务，以及政策解读、项目在线服务，为创业者提供拓展人脉圈、打造活动广场服务。

（郑　雪）

【西三旗（金隅）科技园开工】 11 月 18 日，中关村西三旗（金隅）科技园人才公寓开工仪式举行。中关村西三旗（金隅）科技园位于海淀区西三旗街道辖区建材城环岛周边地区，总占地面积约 0.4 平方千米，总规模约 66 万平方米，是中关村科学城第五批建设项目之一，计划 2020 年建成。根据规划，科技园将重点打造 IT 信息服务产业基地，以智能家居、公共出行综合信息服务、两化融合和信息安全三大重点行业信息服务运营平台为核心的新型平台型产业链，同时，园区近 1/3 的面积将用于人才公寓、学院、医院、邮局等配套设施建设，服务入驻企业的同时服务地区百姓。

（郑　雪）

【分布式光伏屋顶电站示范区竣工】 11 月 19 日，永丰产业基地分布式光伏屋顶电站竣工暨并网发电启动仪式举行，该项目是海淀区首个分布式光伏屋顶电站示范区项目。分布式光伏发电项目建设于永丰基地企业加速器一区，设备安装于 ABC 三栋办公楼楼顶上，使用楼顶面积 5000 平方米，电站装机量为 300 千瓦，每年发电量 35 万度，光伏电站采用“自发自用、余量上网、电网调节”的运营模式，自发自用比例 90% 以上。该项目中结合“互联网 +”光伏新能源，建立了光伏电站智能远程监控平台，实现远程实时监测、设备运行分析、发电量评估分析，及时有效地提供光伏电站检测及运维服务。

（郑　雪）

【获得 3 项中国专利金奖】 12 月 15 日，国家知识产权局和世界知识产权组织共同主办第十七届中国专利奖颁奖大会，表彰第十七届中国专利奖获奖单位。在含金量最高、影响力最大的中国专利金奖项目中，海淀区驻区单位清华大学的“一种动态可重构阵列处理器的构令流工作方法”、中国矿业大学（北京）的“一种矿井地下水的分布式利用方法”及中国电力科学研究院的“一种模块化多电平换流器阀保护方法”3 项发明专利项目获奖。

（郑　雪）

【工业园区建设】 年内，海淀园园区经济提质增效成效显著，园区总收入实现 1.62 万亿元，约占示范区总收入的 40%，同比增长 13%；预计技术合同成交额 1437 亿元，同比增长 5.1%。专利授权量达 3.12 万件，同比增长 39%，占北京市的 33.2%，居全市之首。发明专利授权量 1.56 万件，同比增长 35.3%，约占全市的 50%。国家高新技术企业总数达 6157 家，约占全市的 50%。

（郑　雪）

【科技成果】 年内，海淀区主持完成的 49 项成果获得国家科学技术奖，包括特等奖 2 项、一等奖 1 项、二等奖 46 项，占全国通用项目获奖总数的 21.3%，占北京市通用项目获奖总数的 69%。此外，还有 24 项参与完成的成果获奖，主持和参与完成的获奖项目数占全国通用项目授奖总数的 31.7%。在主持完成的 49

项成果中，包括国家自然科学奖10项，占北京市自然科学奖通用项目的83.3%，占全国自然科学奖通用项目的23.8%；国家技术发明奖12项，占北京市技术发明奖通用项目的70.6%，占全国技术发明奖通用项目的24%；国家科技进步奖27项，占北京市科技进步奖通用项目的64.3%，占全国科技进步奖通用项目的19.6%。

（郑　雪）

【中关村创业大街】年内，海淀区制定《中关村大街建设工作方案（2015—2017）》，同时授予理工大学科技园E座大厦、中关村科贸中心、光耀东方地下广场等楼宇主题称号；开展创业大街南扩增容工作，启动改建一新的11号楼，建筑面积达9000多平方米，吸引更多优质创服机构入驻；截至年底，大街累计腾退房屋面积约3万平方米，使用面积2.2万平方米，超过街区总体可控制面积的71%。街区可控空间及基础设施升级工作全面完成；创业会客厅建成投入使用，设立多证联办服务站，推出科技类企业设立登记“一口受理、同步办理、一口发证”多证联办服务；成立YOU+国际青年创业社区，集居住、办公、娱乐于一体，形成创新创业氛围的独特创新模式型社区；大街孵化创业企业超过600家，其中获得融资的企业超过350家，平均每家企业融资500万元，融资总额超过17.5亿元；创业会客厅窗口服务机构4家，常驻投融资办公室21家，已为2114个创业项目提供多证联办、投资融资等服务；中关村核心区企业综合服务平台完成设计改版，汇集了区内近600家各类服务载体与中介机构的相关信息、300余项各类服务产品，已有4507家企业开通平台用户，汇集企业各类数据超6万条。

（郑　雪）

【创新创业服务载体】年内，海淀区推进全链条、无缝隙的创新创业服务体系建设，涉及“创意创想—种子期—初创期—成长期—产业化”等企业发展各个阶段，覆盖“集中办公区—孵化器—加速器—产业园”等各类创业服务机构。截至年底，共有各类服务机构超百家，包括创客总部等市级众创空间43家、3W咖啡等集中办公区111家、车库咖啡等新兴产业孵化器14家、36氪等中关村创新型孵化器23家、启迪等国家级孵化器16家、北航科技园等国家级大学科技园12家、漫游世纪等小企业创业基地18家、海淀园创业服务中心等留学人员创业园21家、清控科创等科技企业加速器6家。孵化总面积达240万平方米。其中年平均新增孵化企业2000家，累计孵化企业过万家，累计毕业企业数近5000家。筛选和发布“海帆企业”1228家，北京银行等4家合作银行共为300多家海帆企业提供了融资服务，授信额达41.9亿元。

（郑　雪）

【帮扶中小企业】年内，海淀区联合北京市科委、北京协同创新研究院共同设立15亿元的创新母基金；联合北大、清华、中科大、中科院北京分院等13个高校院所以及商飞、京东方等70多家企业，初步完成仿真与设计、智能机器人、先进制造、智能电网等18个协同创新中心组建，与“湍流与复杂系统国家重点实验室”等6个国家级重点实验室开展实质性合作，已遴选137个成果转化项目进行前期评估，49项完成了知识产权转移，已在海淀注册公司29家，其中市属高校技术成果孵化17家。

（郑　雪）

【校地协同创新】年内，海淀区完成清华大学、北京大学的30多个重点项目对接，腾退双清路八家附近5000平方米空间用于清华大学科技成果转化，对清华、北航、中科院理化所等高校院所开展重点调研，跟踪“激光刻蚀”“语音识别机器人”“石墨烯产业化项目”等一批重点项目，开展项目库搭建，采用“项目路演+专题汇报”等形式，加强产业项目对接；推动清华大学燃气轮机核心部件生产基地、北京金属增材制造创新中心等一批重点产业项目落地海淀区。

（郑　雪）

【中关村协同创新服务平台】年内，中关村协同创新服务平台与北京地区33家高校院所、16家产业联盟和行业组织、10家专业园区、11家孵化器达成合作，汇集各类信息1.5万余条，其中信息8724条、技术成果3239个、实验场所322个、服务机构621家、专家近400人、注册企业会员超过1600家。平台线下围绕无人机、可穿戴设备、移动医疗等产业举办各类活动27次，累计为200多个项目提供了对接服务，促成交易并完成备案40笔，合同金额达3227.11万元。

（郑　雪）

【智能硬件产业集聚区】年内，海淀区联合中关村管委会出台《关于促进中关村智能硬件产业创新发展的若干支持措施》，为产业发展保驾护航；推动海龙大厦、中发电子市场等业态调整，腾退空间1万余平方米，在中关村大街及周边地区相继挂牌中关村智能硬件创新中心、中关村智能制造创新中心以及中关村智造大街，以全链条服务和孵化为特色，涵盖工业设计、敏捷制造、软硬件解决方案、测试、供应链整合、规模生产乃至市场推广等各类服务机构，为智能硬件企业加速发展提供资本、政策和空间等全方位支持；推进国际合作，引入孵化出谷歌的 plug and play 孵化器，ARM 与中科创达共同组建的安创加速器，打造高品质的国际化街区，提升科技创新的全球影响力。

（郑 雪）

【军民融合】年内，海淀区发布《中关村军民融合创新示范区规划方案》，提出打造以北理工军民融合创新园、中关村军民融合产业园、玉泉慧谷信息安全产业园为核心的“一体三园”军民融合产业发展格局，探索军地科技成果双向转化新模式。军民融合产业园正式挂牌，与信威通信、海兰信等多家企业达成入驻意向；制定《中关村信息安全产业园建设方案》，已签约产业空间近 1.1 万平方米，协调推进玉泉慧谷信息安全产业园建设，有序腾退西郊汽配城 816 间商户，疏解 4000 余人；支持军工科技成果转化，探索军民融合人才培训新模式，与国防大学共同举办两届“中关村核心区军民融合高端人才培训班”。

（郑 雪）

【重点功能区建设】年内，海淀区推进中关村科学城建设，北理工中关村国防科技园等 21 个项目落成，释放产业空间 125.5 万平方米，引进高新技术企业近千家，中关村科学城地区总产值超过 3000 亿元；推进中关村创新中心区 CID 建设，组织中关村软件园、中关村东升科技园等申报 2015 年中关村生态园区建设项目，5 个项目获批。

（郑 雪）

【智慧海淀】年内，海淀区推进网络基础设施建设，无线网络覆盖扩大至 2678 个区域，整体覆盖率达到 69%；推进全国政务云平台建设，已有 55 家单位共计 120 个系统在云平台上运行；全区共铺设光缆总长度约 1121.4 千米，覆盖了全区 473 个区域单位，提升全区网络服务保障能力；综合行政服务中心信息化系统累计为 3192 家科技类企业办理并联审批及“四证一书”发放业务；网格化社会服务管理信息化系统实现城乡全覆盖，包括全区 29 个二级网格、634 个三级网格；房屋全生命周期系统累计录入房屋总建筑面积达 1.4 亿平方米、楼宇数约 2.5 万、总户数约 97.5 万，并已建立全区 2.5 维模型和 32 平方千米占地面积的精细三维模型，为全区数据资源共享提供了房屋管理领域的数据支撑；启动“智慧卫生”医联体服务体系建设，搭建卫生云数据中心、卫生信息平台以及卫生综合管理系统等，为卫生管理提供数据支持。

（郑 雪）

【新技术新产品】截至年底，海淀区累计 734 家企业的 1494 项新技术新产品被认定为北京市新技术新产品，占全市认定数的 59.6%。设立新技术新产品应用推广专项资金，累计对 26 家单位提供支持项目资金 1065 万元。全区 37 个部门采购新技术新产品（服务）项目 4.53 亿元，其中海淀区教委在智慧教育领域采购海淀区新技术新产品项目 2.34 亿元。

（郑 雪）

丰台区工业

【概况】2015 年，丰台区 198 家规模以上工业企业实现工业总产值 340.5 亿元，同比下降 1.5%，增速比上年同期下降 4.1 个百分点，高于全市 1.9 个百分点。在全市 16 个区及开发区中，全区工业产值所占比例约为 1.9%，排名第十一位，增速排名第五位，增速排名比上年上升了 7 位。全年工业企业实现销售产值 342.9 亿元，同比增长 0.1%，其中实现内销产值 331.1 亿元，同比增长 0.8%，实现出口交货值 11.8 亿元，同比下降 15.4%。工业产销率为 100.7%。全区现代制造业全年共实现工业总产值 171.9 亿元，同比下降 0.7%，占全区总产值的比重已达 50.5%；高技术产业全年实现工业总产值 78.1 亿元，同比增长 11%。

全区六大产业产值呈现出“三增三降”态势，其中都市产业、电子信息产业和生物医药产业有较快增长，同比增速分别为 9%、10% 和 22.7%；装备产业同比下降 4.9%；基础与新材料产业同比下降 6.6%，汽车与交通设备产业同比下降 7.7%。

全区前十大行业实现总产值 270.1 亿元，占全区工业总产值比重为 79.3%。前十大行业呈现“五增五降”态势，其中医药制造业，计算机、通信和其他电子设备制造业，非金属矿物制品业，汽车制造业，电力、热力生产和供应业分别增长 22.5%、12%、10%、9.9% 和 7.8%。

（杨 婷）

【中国首届应急产业发展大会】10 月 29 日，首届中国应急产业发展大会在丰台区园博园召开，大会由中国中小企业发展促进中心、中国中小企业国际合作协会、国际应急管理学会（TIEMS）中国委员会主办，北京市经济信息化委、北京市丰台区政府、应急救援装备产业技术创新战略联盟等多家单位联合协办。大会主题是“发展应急产业，提升应急能力，服务经济社会”，由应急产业发展工作座谈会、应急产业主题报告会、应急产品和服务成果展会等3项活动组成，共吸引400余名中外应急管理领域的专家学者及产业界代表参加。

（杨 婷）

【加快疏解非首都功能】年内，丰台区启动工业制造业疏解工作。研究区工业制造业2015年疏解工作任务，制订疏解工作方案，重点摸清工业企业底数，全面掌握和分析有关情况，细化疏解措施；开展疏解调整退出企业调研。委托第三方调研机构进行实地逐户走访，全面梳理排查区工业企业底数；继续推动北京城建重工、北京重型机械厂、华盾雪花、三兴汽车、华林特装车、凯特特装车等企业的疏解工作。

（杨 婷）

【工业污染企业退出】年内，丰台区按照调整疏解非首都核心功能的总体要求，全面摸底区规模以下工业污染企业，建立区内不符合北京城市功能定位的企业台账，全年共退出23家工业企业，超额完成全年工作任务4家。

（杨 婷）

【获得首批国家应急产业示范基地】年内，丰台区主动协调有关部门，以中关村科技园区丰台园为主体，成功获得国家发展改革委、工信部、科技部联合授予的首批国家应急产业（专业）示范基地。

（杨 婷）

【完善中小企业政策】年内，丰台区完成《丰台区“专精特新”企业认定标准》和《丰台区“专精特新”企业创新创业示范基地管理办法》《丰台区中小企业创新创业公共服务平台管理办法》的文件修订工作，启动“专精特新”企业认定工作，共有39家企业被认定为丰台区“专精特新”企业，编制《丰台区“专精特新”企业（2014）》，印刷500册，面向各委办局、街乡镇及企业发放。

（杨 婷）

【加快“专精特新”企业基地建设和发展】年内，丰台区梳理汇总全区87家楼宇的基本信息，并与区内30家重点楼宇建立了联系；走访调研三乡一镇，基本掌握了乡镇楼宇整体情况，为下一步推动建设“专精特新”企业创新创业示范基地奠定基础；初步形成《丰台区关于鼓励乡镇楼宇建设“专精特新”企业创新创业示范基地的实施意见》。

（杨 婷）

【中小企业创新创业促进会】年内，丰台区中小企业创新创业促进会取得了丰台区民政局下发的社会团体法人登记证书。促进会由区内13家“专精特新”企业自发成立，作为丰台区大众创新万众创业“1+N”政策体系的重要组成部分，旨在开展众筹服务，聚集社会化、专业化服务机构，对接政府资源，支持企业创新创业，核心业务是围绕“资金、项目、培训、空间、市场”5个基本点，为区中小企业的发展提供专业研究、技术推广，政策研究、法规宣传，对外交流、协调服务，咨询服务、专业培训，引进项目、信息开发，承办委托等服务，最终成为企业“自主化、众筹化”的服务平台，成为政府对接企业的战略伙伴。

（杨 婷）

【推进创新融资工程】年内，丰台区组织推荐中特物流、谊安医疗等47家企业的75个贴息项目，申报2015年北京市中小企业发展专项资金创新融资项目资金，融资总额12.7亿元，同比增长84%，已有26个项目获得贴息补助资金971万元。

（杨 婷）

石景山区工业

【概况】2015年，石景山区规模以上工业企业累计完成工业总产值226.3亿元，同比下降7.8%。其中，现代制造业完成工业总产值37亿元，同比下降10.5%；高技术产业完成工业总产值6.15亿元，同比下降26.4%。从行业布局看，随着非首都功能产业疏解和产业转型升级的不断深化，石景山区工业内部结构逐步趋于合理。其中，以黑色金属矿采选业为主体的资源类行业占比下降明显，电力、热力生产和供应业实现由天然气替代煤炭的清洁能源生产后占比扩大。

（代 蓉）

【继续推进工业结构调整】年内，石景山区以服务“全面深度转型、高端绿色发展”战略和“八个高端体系”建设为导向，以污染企业退出、产业疏解为重点，构建以高端服务业为主导的产业体系。完成北京京能电力股份有限公司石景山热电厂、北京京能热电粉煤灰工业有限公司、北京兴业达机电设备制造有限公司3

家企业调整退出工作，压减燃煤 305 万吨，减少从业人员 1437 人。

（代 蓉）

【中小企业服务体系和创新平台】年内，石景山区共帮助 20 家企业申报北京市中小企业创新融资贴息项目，实现集合信托、融资租赁等创新融资总额 2.41 亿元。3 月 25 日，石景山区政府与微软签订《北京市石景山区人民政府与微软（中国）有限公司战略合作备忘录》，双方分别提供其最具竞争力和品牌价值的优势资源，共建“微软技术实践中心”“石景山互联网游戏创业平台”。

（代 蓉）

【抓好工业行业的安全生产】年内，石景山区为确保全区工业经济的平稳发展，督促企业落实安全生产主体责任，抓目标责任的落实，组织召开了工业企业安全生产大会，进一步明确了安全生产工作企业主体责任；抓监督指导，围绕世界田径锦标赛和抗战胜利 70 周年纪念活动保障工作重点，在两大活动期间组织开展安全检查和宣传活动；抓整改措施，通过各项检查，对查出的事故隐患及时提出整改意见，认真督促企业落实整改措施，确保整改到位。

（代 蓉）

【威尔科克斯有限公司获奖】年内，北京巴布科克·威尔科克斯有限公司始终秉承差异化经营的理念，坚持不断发展自身的技术特色，持续保持技术领先，在产业领域技术创新中成果显著。该公司采取“调整、巩固、完善、提高”8 字方针，指导并促进产品技术开发。在“全国机械工业第三十四次质量信得过班组、质量管理小组质量活动评比”中，该公司“树新技术革新 QC 小组”获得 2015 年度全国机械工业优秀质量管理小组活动成果一等奖；膜式壁车间“过渡管组”组装段获得 2015 年度全国机械工业优秀质量信得过班组活动成果一等奖。在 2015 年召开的“中国钢结构协会科学技术奖评审会”上，该公司申报的《锅炉钢结构制造技术规范》NB/T 47043－2014 获得中国钢结构协会科学技术一等奖。

（代 蓉）

门头沟区工业

【概况】2015 年，门头沟区规模以上工业实现总产值 83.5 亿元，同比减少 15.2%；实现营业收入 85.4 亿元，同比减少 6.1%；实现利润 12.02 亿元，同比减少 10.1%；完成出口交货值 20.9 亿元，同比增长 23.5%。

（贾岩琦）

【企业技术中心】年内，北京立德衡环保工程有限公司通过第十八批北京市级企业技术中心认定。

（贾岩琦）

【科技重大专项】年内，北京精雕科技集团联合吉林大学、北京航空航天大学等单位申报的国家科技重大专项 2015 年度课题“高档数控机床与基础制造装备”获工信部批复，并得到中央财政的支持。

（贾岩琦）

【中小企业融资服务】年内，门头沟区着力解决中小企业融资难题，联合北京国资融资租赁股份有限公司举办中小企业“融资租赁”对接会，引导企业通过集合信托、融资租赁等创新融资模式进行融资，组织 4 家企业申报北京市中小企业创新融资贴息项目，实现创新融资 1.35 亿元，贴息 253 万元。

（贾岩琦）

【两化融合服务】年内，门头沟区组织开展了“工业云”培训，依托北京市“工业云”服务平台和“1+N+N”服务体系，面向企业普及推广研发设计、数据管理、协同营销、工程服务等“工业云”服务，推进两化融合发展。

（贾岩琦）

【企业安全生产】年内，门头沟区根据新安全生产法要求，加强工业、软件和信息服务业的安全监管，建立和完善安全监管机制，严格落实行业监管责任。

（贾岩琦）

【工业调整疏解】年内，门头沟区全面落实产业调整疏解工作目标，共调整疏解 30 家一般性制造企业，其中制砖企业 5 家。

（贾岩琦）

【压减燃煤】年内，门头沟区退出了北京东方龙泉装饰砖有限公司、北京龙泉华泰建材有限公司等 6 家高污染企业。落实《北京市 2013—2017 年清洁空气行动计划》，采取有效措施，实现工业企业压减燃煤 1.2 万吨。

（贾岩琦）

房山区工业

【概况】2015年，房山区实现工业总产值1032.3亿元，同比下降12.1%。完成工业税收153.2亿元，同比增长33%，占全区比重的63.1%。其中，规模以上工业企业实现产值992.9亿元，同比下降12.7%，降幅比年初收窄5.7个百分点；规模以下工业企业实现产值39.4亿元，同比增长5.8%。

区属工业企业保持较高增速。区属规模工业实现产值405.6亿元，同比增长23.3%，全年保持20%以上增长。

经济结构调整继续深化。困扰区经济发展多年的石化“一业独大”、燕化“一企独大”的状况正在逐步改观。燕化公司占比由前几年的70%以上降至54%。若剔除燕化公司，房山区规上工业企业累计完成产值435.2亿元，同比增长16.9%。

高技术制造业企业快速发展。规模以上高技术制造业15家，实现工业产值16.9亿元，同比增长28.6%，高于全区平均水平41.3个百分点。

工业固定资产投资平稳增长，规上企业产销衔接良好，出口大幅增长。完成工业固定资产投资52.1亿元，同比增长26.8%；全区规上工业企业完成销售产值992.3亿元，产销率为99.9%，产销率超过95%的大类行业25个，占比89.3%；规上工业实现出口交货值15.7亿元，同比增长62.5%。

五大产业产值呈现“三增两减”。汽车及交通设备产业企业8家，实现产值173.1亿元，同比增长118.1%。生物与医药产业企业8家，实现产值10亿元，同比增长18.1%。装备制造产业企业52家，实现产值72亿元，同比增长1.2%。基础与新材料产业企业58家，实现产值693亿元，同比下降25.1%。都市工业企业48家，实现产值44.7亿元，同比下降14.6%。

（王秋丹）

【合力共建中关村创新城】3月11日，房山区委区政府与中关村管委会就共建中关村南部科技创新城达成共识，区经济信息化委承担了制订《共建中关村南部科技创新城行动计划》的工作。经过多轮论证修订，《行动计划》于5月完成，并通过了区政府常务会、区委常委会和中关村管委会主任办公会的审议。中关村创新城将以中关村房山园和长良、窦店两大城市组团为基础，重点发展新能源汽车、新材料、工业互联网、智能制造等战略性新兴产业，建设中关村新兴产业前沿技术研究院、中关村上市企业产业园、高端楼宇产业集群等众创空间载体；打造金融、行政服务、科技、人才、众创空间、产业对接、基础设施建设和智慧园区信息服务八大平台；完善各平台支撑政策，推出“五个一”“保姆”式服务清单，即为来房山的创新创业者提供一处创业场所、一套公租住宅、一个北京车牌照指标、一笔创投资金、一张优先服务卡。中关村创新城的最终目标是成为房山区高精尖产业体系的新载体、带动中关村南部和周边区域经济社会发展的新引擎、中关村示范区高端产业和科技资源向津冀孵化和辐射的新枢纽。《房山区创业投资引导基金管理实施细则》《房山区支持众创空间发展的实施意见》《房山区引进高层次人才、创新创业人才（团队）支持办法》《关于加快科技创新的支持办法》颁布实施，其他相关政策正在抓紧完善修订之中。

（王秋丹）

【引进对接高端资源】5月30日，房山区与文资泰玺资本管理有限公司签署战略合作框架协议，已有多支国内知名基金入驻。中国最大的基金产业集聚区、全市首家基金小镇项目正式落户长沟镇。该项目将在长沟镇重点打造北京基金总部基地和孵化器，吸引私募证券投资基金、对冲基金、创业投资基金等相关中介机构、金融机构入驻，形成以基金及相关产业链公司为主体的全新金融中心，着力构建基金研发和创新平台、基金发行和管理平台、信息交流和企业融资平台。房山区已正式出台《促进北京基金小镇建设实施意见》，拟于5年内注入资金10亿元。到2019年年底，北京基金小镇中具有较大规模的基金及相关机构将超过200家，管理的资产总规模超过5000亿元。

（王秋丹）

【百名留英博士创业房山行活动】9月11日，欧美同学会留学生报国基地授牌。该活动由区经济信息化委负责组织筹办。活动中，100余名博士携86个项目与房山区开展对接，首批签订6个协议和6个意向，涉及互联网、智能机器人、生物医药等多个战略性新兴产业。

（王秋丹）

【天使汇基金项目落户】9月18日，区经济信息化委与天使汇金融信息服务有限公司就投资基金和众创空间合作达成共识，签署战略框架协议。天使汇作为国内第一家股权众筹平台于2011年正式上线运营，已经成为中国排行第一的中小企业投融资平台，累计有1.4万余个创业项目，4.75万位创业者注册，1750多家挂牌企业，1000多位认证投资人，已经为400个项目完成融资，金额近40亿元。双方将通过全面合作，共同完善企业创业孵化服务，引导和鼓励各类创业项目与天使投资、创业投资相结合，引入适合房山发展的高新技术企业，营造良好的创新创业生态环境，打造房山区经济发展新引擎。

（王秋丹）

【中细软房山知识产权科技创新园】9月20日，中细软公司搬入新的办公大楼。该公司成立于2002年，作为中国领先的知识产权科技服务云平台，其创立的中华商标超市网是国内商标互联网第一交易平台。在区经济信息化委协调推动下，该公司将汇聚知识产权产业上下游企业，打造房山区也是中国首个知识产权科技园和首个知识产权博物馆，建成房山区第一个亿元税收楼。

（王秋丹）

【全国创新创业活动周】10月19日，房山园在中关村管委会的统一部署下，精心筹划组织以“山水房山、创业摇篮”为主题的“全国创新创业活动周”系列活动，举行启动仪式。仪式上为中关村（房山）高端人才创业基地授牌，并为欧美同学会·中国留学生联谊会留学报国基地揭牌；组织市、区领导和创新创业企业代表100余人参观房山园创新创业成果展。10月22日，组织130余人参加双创大讲堂系列活动。通过“双创周”系列活动，实现与企业的互动交流，充分展示房山区大众创业、万众创新的成绩和亮点。

（王秋丹）

【“工业互联、智慧房山”活动】10月29日，由中关村管委会与房山区联手举办的“工业互联、智慧房山”产业对接活动启动，副市长隋振江、中关村管委会主任郭洪出席启动仪式。中关村上市公司协会、中关村工业互联网产业联盟、中关村智能硬件梦工厂、中关村粉末冶金产业技术创新战略联盟分别介绍了与房山区的对接情况。

（王秋丹）

【推进中关村房山园建设】2012年经国务院批复，房山区15.73平方千米面积成为中关村国家自主创新示范区“一区十六园”之一。其中，北京石化新材料科技产业基地和北京高端制造业基地将发展成为2个千亿元级别的房山经济塔基。北京石化新材料科技产业基地实现工业总产值419.1亿元，有9万吨丁基橡胶、环宇京辉工业气体、迅邦润泽工业仓储等50个重点项目建成投产，完成投资约130亿元。八亿时空液晶显示材料、53万吨润滑油搬迁改造、三废联合装置等12个项目开工建设，可实现投资约18亿元。京燕奥得赛电子封装材料、中植医药公司药物产业化、迅邦润泽石化产品包装服务中心等4个项目正在进行招拍挂准备工作。北京高端制造业基地实现产值91.5亿元，同比增长225%；税收8.4亿元，同比增长740%；安置就业5094人，同比增长44%。长安汽车、京西重工、金朋达、国能电池、海斯特、航天瑞祥6家企业已顺利投产；中国北车、乐利荣、九州一轨、普驰电气、恒通创新等8个项目正在加紧建设；美景、航峰科伟、慧图、劳伦斯等项目正在办理手续，将陆续开工。其中，长安汽车北京公司自2012年投产以来，共生产汽车近26.6万辆，累计实现产值200亿元，就业3865人，百辆电动车服务房山人民出行，为促进产业结构调整和拉动本地就业做出了贡献。海聚工程高科技产业园落实由区人才工作领导小组制定的《关于建设北京海聚人才创新创业基地的若干政策意见》和《关于“海聚人才创新创业基地”布局设想》；飞航吉达航空材料项目和永华晴天设计包装项目已竣工投产，西山新干线环保设备项目主体完工，于年底投产。良乡高教园区依托在园高校及北京校企合作促进会整合人才智力资源、科技条件资源和科技成果资源。智汇城科技创业园示范基地已有7家高新企业入驻；教育实习基地已入驻纳米科学技术、激光光刻技术、云技术等企业20余家；院士工作站、博士后工作站、知识产权科技园等工作正在推进中。

（王秋丹）

【打造众创空间】年内，房山区为打造众创空间，建成面积5000平方米以上高端楼宇19个，建筑面积达到94万平方米，加上在建和规划中的，最终达到500万平方米。其中：

中关村新兴产业前沿技术研究院位于北京高端制造业基地，总建筑面积16.8万平方米，是房山区当前建设水平最高、设施条件最好的众创空间；可做办公、研发的独立单体建筑12个，可容纳研究人员1500～2000人。房山区与中发展集团正在着手联合设立运营机构；北大应用科学实验室和基因干细胞研发、移植项目即将入驻，从根本上为基地从“高端制造”向“科技智造”升级打开了智慧的窗口。

优客工场（北京）创业投资有限公司为著名投资人毛大庆创建的企业。房山区依托良乡高教园区的人才、智力、科技优势，为其提供了8000平方米经营场地打造高端孵化器，发挥其在项目遴选、孵化服务、管理模式、投融资平台等方面的优势，创新商业模式和孵化理念，为符合房山产业定位的创新创业项目孵化加速。

房山园“创新谷”是北京新发展集团计划建设的房山区首个集扶持、服务和投资功能为一体的创新型孵化器。“创新谷”位于良乡经济开发区，首期启动资金2000万元，面积约为1.4万平方米，融合众创空间、科技寺、YOU+国际公寓、车库咖啡等众多创新型商业模式。“创新谷”现已走进中关村，在海淀创业大街开设了房山区首个面向中关村核心区创新创业群体的招商服务窗口。

绿地启航国际一、二期总建筑面积25万平方米，入驻企业580家；三期总建筑面积12万平方米，即将全部交付使用；四期总建筑面积10万平方米，预计2017年交付使用。绿地集团通过企业资源集成优势和产业运营能力，全力打造智慧化的开放管理平台，探索政企联手的发展模式进行产业布局。绿地“京津企业服务平台”将政府、开发商、入驻企业、投资人四方紧密结合在一起，设立招商、政策、资金、物业四大服务窗口，让入驻企业享受到全方位的优质服务。

北京高校大学生创业园（良乡园）位于高教园区教育实习基地，为市教委和房山区共建的首个市级“大学生创业园”。6月15日举行揭牌仪式，市委常委苟仲文授牌。创业园已遴选引进大学生创业团队37个、创业人员150余人。

天洋超级蜂巢由联合国项目事务署、房山区政府以及天洋基业三方合力打造，启动区已经开建，将推出SOHO办公、写字楼、顶级运动会所、休闲公园体系、购物街及自助式休闲空间，为众多国际创新企业打造一个复合的能量空间，建设北京唯一一个以知识互联型国际企业为主的超级孵化平台和经济加速器。万国数据、新浪云计算等知名互联型企业已经签约。

其他如海聚博源总部汇、房山青创园、北京大学创业训练营、蒲公英军创驿站、汇豪大厦等高端楼宇和众创空间都在快速建设推进当中。

（王秋丹）

通州区工业

【概况】 2015年，通州区按照“坚持稳中求进，加快转型升级”的总要求，加快淘汰落后产能、促进企业转型升级、做好培训和融资等工作，努力克服各种不利因素，继续加快转型调整，注重存量企业挖潜，不断提高运行质量，基本实现了平稳发展。

区域工业完成现价工业总产值759.3亿元，同比下降8.4%。其中，规模以上工业企业完成总产值606.5亿元，同比下降12%，低于全市平均增速8.6个百分点。在5个城市发展新区中，通州区增速排名第四，总量排名第五。

规模企业产值绝对值同比下降的比重达到57.1%，同比增长的企业增速也普遍放缓，4—8月产值增速平均每月下行1个百分点，9月降速开始放缓，四季度降幅略有收窄。1—10月产值增速比1—9月下降0.3个百分点，1—11月产值增速比1—10月回升0.1个百分点，全年产值增速比1—11月回升0.1个百分点。

生物与医药产业由于甘李药业股份有限公司等企业的贡献，完成产值35.8亿元，同比增长9.3%，是六大产业中唯一保持增长的产业，拉动全区规模企业产值增速提高0.5个百分点。

受北京现代和北京汽车整车销量下降影响，三季度以来汽车制造业产值增速由正转负，全年实现产值98.9亿元，同比下降6.1%，下拉全区规模企业产值增速1.1个百分点。受百纳威尔科技有限公司客户减少、出口转移影响，电子通信行业全年完成产值27亿元，同比下降60.1%，下拉全区规模企业产值增速6.7个百分点。

2013年投产的北京汽车动力总成有限公司上半年产值增长较快，但三季度以来增速趋缓，全年完成产值15.5亿元，同比增加绝对值3.4亿元，增长27.7%，拉动全区规模企业产值增长0.6个百分点。

（朱宝刚）

【固定资产投资】 年内，通州区投资1000万元以上的在建工业项目67个，计划投资总额126.65亿元。其中，亿元以上项目16个，计划总投资104.85亿元。已完成投资21.28亿元。所有项目达产后可新增产值117.61亿元，税收14.45亿元。

（朱宝刚）

【工业固定资产投资项目管理】 年内，通州区完成非政府投资工业固定资产投资项目99项，总投资28.03亿元。

（朱宝刚）

【节能降耗】 年内，通州区计划完成改造园区外燃煤锅炉90蒸吨，削减比例达70%。19家企业完成22

台锅炉拆改工作，改造燃煤锅炉 112 蒸吨，完成全年工作任务。

（朱宝刚）

【淘汰落后产能】年内，通州区淘汰退出 48 家企业，已完成设备拆除工作，完成市下达淘汰落后产能企业 39 家的任务。

（朱宝刚）

【镇村产业集聚区整治】年内，通州区加大镇村产业集聚区整治工作力度。完成 6 个镇村产业聚集区（潞城镇留庄村、马驹桥镇郭村、宋庄镇六合村、台湖镇碱厂村、西集镇大灰店村、张家湾镇西定福庄村）整治任务，共涉及 131 家企业。10 月 15 日，区经济信息化委、区环保局组成联合验收小组对 6 个镇村产业集聚区进行了验收，已达到市级验收标准。

（朱宝刚）

【帮扶中小企业】年内，通州区与银行等服务机构联合组织各类免费培训 10 次。利用市、区两级中小企业服务平台为 38 家中小企业申请北京市中小企业创新融资贴息项目资金支持，共获得融资 6.9 亿元。创新工作方式，建立通州区中小企业平台微信公众号。公众号于 9 月底完成前期调试工作，10 月 7 日正式上线。60 余家企业加入公众号。

（朱宝刚）

顺义区工业

【概况】2015 年，顺义区 395 家规模以上工业企业完成工业总产值 2813.3 亿元，同比下降 5.5%，占全市总量的 16%。实现销售产值 2812.9 亿元，同比下降 5.6%，产销率为 99.98%。实现内销 2514.7 亿元，同比下降 1.3%；内销占销售产值的 89.4%，较上年提升 2.3 个百分点。实现出口交货值 298.2 亿元，同比下降 21.4%。工业实现增加值 541.9 亿元，同比下降 2.2%，占全区比重的 37.6%。工业完成属地财税收入 241 亿元，同比下降 2.7%，占全区比重的 41.8%；完成公共财政预算收入 36.5 亿元，与同期基本持平，占全区比重的 29.2%。

（郑晓川）

【三大经济功能区建设】年内，顺义区将原有 11 个经济功能园区整合为临空经济核心区、科技创新产业功能区、绿色生态产业功能区三大板块。中关村顺义园区（科技创新产业功能区）拥有科研创新基地 7 个，海外专家主持的研发机构 2 个，战略合作产业园 1 个，航空发动机国家重大科技专项 1 个，国家重点实验室 6 个。北京临空经济核心区与天竺综保区进行国家临空经济示范区申报工作。全区经济功能区实现属地财税收入 308.1 亿元，增长 5.1%，占全区总数的 53.4%。实现一般公共预算收入 64.7 亿元，增长 11.4%，占全区总数的 51.8%。

（郑晓川）

【六大产业】年内，顺义区工业六大产业产值增速“二升四降”。装备产业规模以上企业 123 家，完成工业总产值 212.4 亿元，同比增长 3.4%，产值占全区规模工业总量的 7.5%。生物医药产业规模以上企业 18 家，完成总产值 44.7 亿元，同比增长 8.6%，产值占全区规模工业总量的 1.6%。汽车与交通设备产业规模以上企业 57 家，累计完成工业总产值 1698.8 亿元，同比下降 6.4%，占全区规模工业总量的 60.4%。全区整车企业累计生产汽车 1108615 辆，同比减少 6.1%；累计销售汽车 1127386 辆，同比减少 3.9%。电子信息产业规模以上企业 15 家，完成工业总产值 320.9 亿元，同比下降 3.4%，产值占全区规模工业总量的 11.4%。都市产业共 117 家，完成工业总产值 265.4 亿元，同比下降 3.2%，产值占全区规模工业总量的 9.4%。基础与新材料产业规模以上企业 65 家，完成工业总产值 271.2 亿元，同比下降 12%，产值占全区规模工业总量的 9.6%。

（郑晓川）

【高新技术蓬勃发展】年内，顺义区申请专利 3117 件，同比增长 34.4%；授权专利 2357 件，同比增长 25.3%。93 家企业通过国家级高新技术企业认定并公示。拥有通过科技部、市科委认证的各类研发机构 24 家，空客、宝洁等多家世界 500 强企业的中国研发中心设在顺义。技术合同成交额 10 亿元。

（郑晓川）

【产业项目全要素综合评价机制】年内，顺义区对新引进的项目在产业定位、投资强度、产出效益、节能环保、人口与就业、公共管理成本等方面实行严格的准入审核。全年对“荣宝斋”“中盛益世”“美驰”等 8 批次共 50 个项目进行全要素综合评价，30 个符合产业发展标准的项目准予入区。

（郑晓川）

【项目总投资805.6亿元】年内，顺义区投资5000万元以上的产业项目共63个，总投资805.6亿元，13个项目竣工投产，全部达产可实现产值61.8亿元、税金4.3亿元。其中，北汽集团越野车项目总装、焊装两大工艺车间建设完成并投入使用，中航信高科技产业园生产区实现部分投产。

（郑晓川）

【退出落后企业42家】年内，顺义区淘汰落后产能企业任务42家，提前3个月完成市级年度清退任务，涉及喷涂喷塑、水泥制品等污染行业。做好压减燃煤工作，14家企业完成燃煤锅炉改造工作，超额完成全年任务，压减工业燃煤3.36万吨。在全市启动企业停限产工作中，全区共有392家企业停产、限产，限产企业实现降低污染物排放30%。

（郑晓川）

大兴区工业

【概况】2015年，大兴区规模以上工业总产值684亿元，同比增长3.7%；高于全市平均增速7.1个百分点，在城市发展新区中排名第一。

重点产业发展势头良好。四大主导产业实现产值400.6亿元，同比增长11%，高于规模以上工业平均增速7.3个百分点。现代制造业实现产值296.4亿元，同比增长18.8%。规模以上工业累计实现主营业务收入718.2亿元，比上年同期增长6.6%。实现利润总额48.4亿元，同比增长25.1%。

大兴区工业共六大产业，规模以上企业共计418家，实现产值684.4亿元，同比增长3.7%。汽车及交通设备产业规模以上企业27家，实现产值212.7亿元，同比增长30.5%，占规模以上工业企业总产值的31.1%。装备制造产业规模以上工业企业118家，实现产值128.2亿元，同比下降10.1%，占规模以上工业企业产值的18.7%。生物工程和医药产业规模以上企业24家，实现产值52.3亿元，同比增长5.7%，占规模以上工业企业总产值的7.6%。都市工业规模以上企业157家，实现产值198.3亿元，同比下降0.2%，占规模以上工业企业产值的29%。基础与新材料产业规模以上工业企业88家，实现产值85.5亿元，同比下降15.7%，占规模以上工业企业产值的12%。电子信息产业规模以上工业企业4家，实现产值7.3亿元，同比增长27.7%，占规模以上工业企业产值的1.1%。

（李淑敏 刘莉）

【开、竣工项目】年内，大兴区实现开工项目10个，总投资36.7亿元，占地面积35.4万平方米；实现10个项目竣工，总投资19.8亿元，占地面积37.6万平方米。

（李淑敏 刘莉）

【完成备案项目52件】年内，大兴区共实施非政府投资工业固定资产投资项目52件，总投资42.1亿元。其中，新建项目12件、技术改造和扩建项目40件。

（李淑敏 刘莉）

【园区建设】年内，大兴区利用“拨改投”的方式支持园区基础设施建设，发挥财政资金的引导作用，吸引社会资本按照1∶2的比例进行资金放大，打造吸引高精尖项目的园区软硬件环境。向生物医药基地、新媒体基地各注资1亿元，支持园区基础设施建设。各园区共完成基础设施投资5亿元，实施了新媒体基地广茂大街电力隧道工程，生物医药基地道路大修、绿化提升工程，庞各庄镇瓜乡路、魏善庄镇世界月季洲际大会配套道路等一批项目。生物医药产业基地、新媒体产业基地、新能源汽车产业基地3个市级园区通过首批“北京市生态工业园区”评审。生物医药基地获批国家新型工业化产业示范基地（生物医药·大兴区）。北京采育经济开发区申报的国家低碳工业园区试点实施方案通过工业和信息化部、国家发展改革委组织的评审论证，成为国家低碳工业园区试点园区（第二批）。

（李淑敏 刘莉）

【产业结构调整优化】年内，大兴区综合利用拆迁改造、政策推动、转移对接、综合整治等多项措施，加快工业污染企业调整退出。出台了《关于强化依法管理服务企业发展促进工业调整疏解的工作方案》，研究制定了《大兴区关于强化依法管理服务企业发展促进工业调整疏解的支持办法》。全年调整退出并通过市级认定的工业污染企业共67家。完成5个村镇产业园区集中整治。推进腾退盘活工作，共腾退盘活产业用地33.93万平方米，为引进高精尖产业拓展了空间。落实《京津冀协同发展规划纲要》。组织召开了“产业转移推介会”，共80家企业与湖北茅箭、内蒙古察右前旗、河北蠡县等近20个外埠地区进行现场对接，推进不符合首都功能定位的企业转出。促进企业创新、改造升级，帮助企业争取市级以上政策资金4259万元，21家企业实施了技改。

（李淑敏 刘莉）

【园区建设管理工作】年内，大兴区为统筹规范中关村大兴园各项工作，利用中关村各项政策，强化企业服务、促进区域产业发展，组建了中关村大兴—亦庄园管委会，设立了工作办公室。组织开展中关村高新技术企业认定工作，新增高新企业43家。开展“中关村现代服务业中小企业创业孵化试点实施方案及项目”申报工作，支持众创空间发展。大兴园成功纳入中关村现代服务业中小企业创业孵化试点园区，共申报华商、奥宇等10个孵化项目，获得财政支持资金4836万元。重点支持为创业企业提供创业辅导、科技咨询、技术交流、人才引进、资本对接等有关服务的综合性孵化平台建设。组织25家企业58项专利、5家企业的8个国家（行业）标准、1个北京市著名商标申报中关村技术创新能力建设专项资金。组织中关村雏鹰人才创业、高端领军人才认定申报等工作。

（李淑敏 刘莉）

【企业服务工作】年内，大兴区帮助企业缓解融资难问题。每月定期调查工业企业融资需求，搭建与融资机构的对接平台，全年为中小企业提供贷款6.6亿元。帮助企业争取国家级、市级政策资金支持，共争取各类资金9000余万元。会同机场办等单位召开新区重点企业参与机场飞行区建设推介会，组织区内20家工业企业与新机场飞行区场道工程14家中标单位进行了对接。创新服务方式。生物医药基地成立企业家联合会，引进北京生物工程与新医药产业促进中心，为企业搭建文化、技术、服务交流平台。

（李淑敏 刘莉）

昌平区工业

【概况】2015年，昌平区经济信息化委紧紧围绕“四个全面”战略布局和推进京津冀协同发展战略要求，突出抓好重大项目建设，全力推动低端产业退出，大力支持企业创新发展，不断完善中小企业服务体系建设，持续促进两化深度融合，各项工作取得了新的进展。

年内，全区306家规模以上工业企业完成产值1085.5亿元，同比下降3.6%。工业经济总量位列5个城市发展新区第二位。完成销售收入1090.4亿元，同比下降2.5%，实现产销率100%；完成主营业务收入1166.3亿元，同比下降0.7%；实现利润总额70.9亿元，同比下降1.3%。

六大产业产值“三增三降”，即生物与医药、电子信息及汽车与交通设备产业同比增长，装备、基础与新材料及都市产业同比下降。其中，生物与医药产业完成产值76.1亿元，同比增长3.9%；汽车与交通设备产业完成产值299.9亿元，同比增长1%；装备产业完成产值226.9亿元，同比下降14.9%；基础与新材料产业完成产值412.7亿元，同比下降1.6%；都市产业完成产值48.1亿元，同比下降4.1%。

北汽福田、三一、神华、国电四大重点企业全年共完成产值556.5亿元，占规模工业总量比重51.3%，产值同比下降7.6%，减量46亿元，拉动规模以上工业同比下降4.1个百分点，是昌平区工业产值同比下降的最主要因素。其中，北汽福田完成产值201.5亿元，占规模工业总量比重18.6%，产值同比下降9.1%，减量20.2亿元，拉动规模以上工业下降1.8个百分点。这主要是受宏观经济趋缓影响，商用车市场下滑10.6%，其中货车市场同比下滑11.9%；上年基数较大、上半年抢时间生产“国3”中高档车型（自上年6月开始，“国3”商用车停产）等原因影响。三一公司完成产值61.8亿元，占规模工业总量比重5.7%，产值同比下降26.9%，减量22.8亿元，拉动规模以上工业下降2个百分点。这主要是受投资增速回落、施工项目开工率低、资金到位率低等因素影响较大。公司设备开工率和作业量双双下滑，产品市场需求下滑较大。神华昌运完成产值222.1亿元，占规模工业总量比重20.5%，产值同比增长3.7%，增量7.9亿元，拉动规模以上工业上升0.7个百分点。神华集团山东秦皇岛港下水煤炭结算分配进行了调整（入账大于出账），同时上年基数也较小（特别是7—8月）。这主要因为煤炭市场价格同比下降153元/吨（5500大卡港口下水平仓价上年525元/吨，现为372元/吨）、低端产业退出及雾霾治理等因素，导致京津冀地区煤炭市场逐渐萎缩。国电燃料完成产值71.2亿元，占规模工业总量比重6.6%，产值同比下降13.3%，减量10.9亿元，拉动规模以上工业下降1个百分点。这主要是受煤炭市场价格同比下降的影响。

剔除福田、神华、国电、三一四大企业及增长作用凸显的康明斯的影响，其余规模以上工业企业，产值同比下降3.9%，其中剔除康明斯后的19家年产值5亿元以上企业完成产值184.4亿元，同比下降8.5%；278家年产值5亿元以下企业产值出现同比下降，完成产值279.8亿元，同比下降0.7%。

重点项目建设稳步推进。重点抓好三一重能压裂成套装备研发及产业化项目等27个投资在3000万元以上的重大产业项目建设。25个项目复工建设，其中北京东华原医疗设备有限责任公司生产研发中心等6个项目投入使用；中船重工北京昌平船舶科技产业园等7个项目已主体完工，预计2016年上半年投入使用；中科创新高技术产业园等7个项目主体厂房正在建设中，预计2016年年底竣工；北京新雷能科技股份有限公司模块电源扩产项目等5个项目新开工建设。另外，北京硕方电子科技有限公司硕方科技研发中心等2个项目正在办理各项手续。与此同时，做好非政府投资的工业项目备案、核准等工作。全年共办理核准立项16个，总投资7.04亿元；办理备案项目立项48个，总投资25.03亿元；完成环保备案97个，意向总投资11.1亿元。

污染企业依规有序退出。通过召开工业污染企业退出工作会等形式，宣传市区两级支持政策，全年共完成50家工业污染企业退出任务，压减外来人口2228人。与区环保局和属地镇街相配合，共同对3个镇村产业集聚区工业污染企业进行了清理整治。推进工业领域燃煤锅炉清洁能源改造工作，10家企业完成改造共计77.5蒸吨，削减燃煤2.17万吨。贯彻落实《昌平区空气重污染日应急方案》，对138家停限产企业加大监督力度，严格落实企业减排措施。高标准完成中国人民抗日战争暨世界反法西斯战争胜利70周年纪念活动空气质量保障工作。

企业发展环境持续优化。对小微企业、小企业创业基地、闲置国有土地进行调研，充分沟通协调解决企业面临的难点问题。推进昌平区中小企业公共服务平台建设，平台微信公众号已经开通试运营。指导企业申报北京市小企业创业基地和公共服务平台的认定。开展申报小微企业创业创新基地城市示范工作。组织开展中小企业服务活动，举办了“企业所得税汇算清缴专题”“国家促进小微企业发展政策宣讲”等培训，参训人员300余人次。落实中小企业资金扶持政策，60家中小企业获得区产业转型升级政策资金贷款贴息支持1401.5万元，32家中小企业获市经济信息化委创新融资贴息支持1180万元。做好工业中小企业技改项目监督工作，完成了19家技改和提升研发能力项目的验收工作。

科技创新能力不断增强。大力推进企业技术中心建设，北京康比特体育科技股份有限公司等8家企业通过2015年北京市级企业技术中心认定初审。此外，2014年新增国家认定企业技术中心3家，北京市认定企业技术中心3家。截至年底，全区共有市级以上企业技术中心49家（国家级技术中心5家，市级技术中心44家）。北汽福田汽车股份有限公司被认定为国家技术创新示范企业，全区共有国家技术创新示范企业4家。配合市经济信息化委完成了区2013—2014年规划在建和在用数据中心的情况调查。抓好品牌战略建设工作，新增北京东华原医疗设备有限责任公司“图形”、北京诚益通控制工程科技股份有限公司“诚益通”、北京雪迪龙科技股份有限公司“雪迪龙”、北京元盛隆博家具有限责任公司“元盛隆博”4个“北京市著名商标”，全区北京市著名商标达到50个。

（于凌燕 刘佳）

【共建中关村昌平园怀来分园】 1月7日，昌平区人民政府与河北省怀来县人民政府签订了《昌平区与怀来县战略合作框架协议》和《中关村昌平园怀来分园共建战略合作协议》，昌平区委书记侯君舒，区长张燕友，区委常委、组织部部长李良，副区长孙卫、苏贵光以及张家口市副市长、怀来县委书记郭英，县长李玉清等出席了签约仪式。双方将在河北省怀来新兴产业示范区内共建中关村昌平园怀来分园，总占地面积200万平方米。怀来分园的建立，是落实京津冀协同发展战略的重要举措，将为昌平园优化产业布局、推进产业转型升级等提供更加广阔的空间，为释放区域更大的产业效能和经济发展潜能提供平台。

（万玮）

【昌平区企业联合会举办“企业沙龙”】 6月12—13日，昌平区企业联合会组织第三期“企业沙龙”活动——组织企业家赴芦台经济开发区实地考察。考察活动由区经济信息化委副主任王书刚带队，区企联会长王翠霞以及顺达电子董事长王万顺、中农华威董事长游锡火、津同利华总经理周津同等8位企业家，先后参观了唐山中唐投资股份有限公司绿色建筑产业基地项目、远大洪雨（唐山）防水涂料有限公司、唐山市奥佳新型建材有限公司、明和（芦台）科技有限公司。

（于凌燕）

【昌平园与韩国江原道签订协议】 9月1日，昌平区与韩国江原道科学研究院、政府战略产业科就地区科技发展、企业合作等内容进行座谈交流，签署战略合作协议，韩国访问团参观了北京东华原医疗设备有限责任公司、乐普（北京）医疗器械股份有限公司、爱博诺德（北京）医疗科技有限公司，并与公司负责人座谈，为双方企业的下一步合作奠定良好基础。

（万　玮）

【中关村生命科学园发展论坛举办】 9月17日，昌平区以“创新赢未来”为主题的“中关村生命科学园发展论坛（2015）”在中关村生命科学园生物技术研发中心举办，会议邀请北京市生物和医药产业相关部门、中关村管委会相关部门、企业界高层、知名科学家，围绕北京市科技项目及申报、新药新产品注册申报流程及存在问题、中关村生物医药产业发展状况和新政策、生命科学园产业发展成果等热点话题展开讨论。

（万　玮）

【中韩合作投资设立技术服务公司】 10月15日，韩国全北技术持株会社访问团在中关村生命科学园座谈，北京昌平科技园发展有限公司与北京辅仁慷医疗技术有限公司、高丽大学技术持株公司、汉阳大学技术持株公司、全北地区大学联合技术持株公司、江源地区大学联合技术持株公司共同签署设立技术服务公司的合作协议。助推中韩地区政府、企业在技术研发、生产销售、管理服务等方面进一步加强合作，韩国访问团参观了中关村生命科学园部分企业和在建项目。

（万　玮）

【“大众创业万众创新”活动举行】 10月21日，首届全国“大众创业万众创新”昌平园分场活动在宏福大厦创客100孵化器举行。宏福博奥孵化器牵头，乐邦乐成、创客100等孵化机构参与。创客100是集媒体、投资、孵化和国际论坛于一体的创业孵化器，由《IT时代周刊》和中关村科技园区昌平园共同创办，专注于初创公司的投资孵化业务。在活动现场，多位创投业优秀代表分别以“初创企业容易出现的问题”“在创业路上翻滚的互联网老兵”“创业，你真的准备好了吗”为主题进行了经验分享、交流和互动问答。

（万　玮）

【创客100基金成立】 11月24日，创客100基金在北京举行成立仪式，创客100基金由《IT时代周刊》、创客100和中关村科技园区昌平园管委会共同发起成立，首期募资6000万元，目标专注于互联网领域的创新创业，包括网络安全、O2O等各种应用项目和创业项目，旨在为投资人、创业者和创业项目搭建一个便捷高效的多赢平台。

（万　玮）

【区属国有经济平稳发展】 年内，昌平区国资委监管企业资产总额297.77亿元，同比增长12.24%；所有者权益总额102.74亿元，同比增长25.76%；实现利润总额8674万元，上缴税金1.91亿元。

（任　聪）

【企业结构调整不断优化】 年内，昌平区先后完成红冶钢厂、保温瓶公司等“三高”企业的调整退出工作，配合开展了北京国际高尔夫游乐公司球场清退工作；组建了昌鑫建设投资有限公司、昌平科技园发展有限公司、昌平旅游发展有限公司等平台公司，为全区经济发展搭建了投融资服务平台，通过昌建投投融资平台先后完成燕龙水务集团有限公司、永安市政建设投资有限公司的组建工作；完成昌平区保障房建设投资管理有限公司的组建工作，建立了保障性住房建设、收购、运营管理新机制；推动首冶新元公司转型发展，启动新三板上市工作，助力新元科技园区建设，高标准打造现代化的微型高科技创业园区；协议转让了华都酿酒公司和华都酒业营销公司各70%的股权，实现华都酒业与北京市糖业烟酒公司的战略合作；完成宏达兴电动小客车出租公司的组建工作，指导企业科学运营，出租车数量由2012年的50辆增长到2015年的250辆，方便了昌平区百姓的出行。

（任　聪）

【国企作用有效发挥】 年内，昌房公司继续做好沙河巩华城、七里渠项目拆迁扫尾工作，推进阿苏卫项目搬迁及回迁楼建设工作，落实南口棚户区改造工作，共实现重点项目投资10.8亿元。铭嘉公司推进新城东区开发建设，市政道路建设和土地开发累计投资1.87亿元；完成南环路小区240户居民回迁安置工作，何营路回迁小区A地块1—8号住宅楼主体结构封顶。自来水公司增资京昌水务公司推进昌平第一地表水厂建设，启动邓庄水厂应急加压改造工程，解决昌平地铁二期和长城奥特莱斯等重大建设项目用水需求，全年铺设各类供水管网38.1千米，完成供水量3219万立方米。区供销社全年实现营业收入5.76亿元，比上年度增加991万元，同比增长1.76%。同时，投资6844万元推进小汤山商场建设工程。按期完成兴寿商场升级改造工作，商场营业面积扩大至800平方米。晨光昌盛公司累计为480余家企业提供1100余笔贷款担保，累计金额约113亿元，为全区城市建设和经济社会发展提供了有力支撑。宏达兴公司实行集团化管理模式一年来效果显著，全公司营业收入1.6亿元，实现利润2198.4万元。水屯市场出租率保持在98%，市场成交额88.09亿元；电动出租车公司200辆运营车辆累计行驶里程640万千米以上，实现总载客数134万人次，载客里程434万千米，总运营收入801万元。保障房公司完成北七家宇科项目、南邵中铁建项目收购合同的签署，涉及公租房1091套，推进沙河龙湖“人才公租房”项目、北郝庄回迁楼项目共计929套公租房收购工作并取得进展。皇城粮油公司累计完成3.14万吨市储粮出库任务和5.04万吨市储粮入库任务；完成面粉车间工艺改造工作，成功研发、制作出麦芯粉；完成昌平粮食收储库拆建项目主体工程和后牛坊粮库危房翻建工程。红冶汇新公司稳步开展委贷金融业务，在贷项目7个，委托贷款余额1.51亿元，全年累计利息收入1551.33万元，下属天津园区加大招商力度，已入驻企业3家。

（任 聪）

【企业改革发展取得进展】年内，昌平区修改完善《关于全面深化区属国资国企改革的意见》，并通过区委深改组审议。完成《昌平区“十三五”时期国资国企改革发展规划》的编制。围绕发展昌平区混合所有制经济形成研究成果，并通过发展改革委专家评审论证。全面调研了解监管企业土地资源现状，并列出可利用的资源清单，结合区域产业发展需求研究可用土地资源利用方案。根据南口镇中心区总体规划和棚户区改造计划要求，协助配合区有关部门推进昌房公司、玻璃公司等企业南口棚户区改造工程。

（任 聪）

【提升国资监管水平】年内，昌平区提升国资监管水平。加强资产管理。制定出台《关于加强企业实物资产转让管理工作的通知》，督促监管企业完善并严格落实各层级企业资产租赁管理制度，对9家一级监管企业开展了资产处置、资产租赁管理工作检查。严格财审工作。制定《专项审计经费使用工作流程》，完成了13家企业负责人的业绩考核及薪酬核定、6家企业财务机构负责人考核工作，开展了“小金库”专项检查、企业领导人离任审计、企业负责人任期薪酬发放情况专项审计。严格督查考核。制定实施《区国资委重要工作督查办法》，督促检查机关科室和监管企业对重要工作的落实情况。在监管企业中先后开展了企业法律顾问制度建设情况检查、合同管理工作检查、企业安全生产检查和“三体系”认证审核等多项检查，确保各项工作取得实效。加强业务培训。围绕提高国资监管水平，组织开展了系列业务培训，先后举办了产权管理业务培训、监管企业财务人员新会计准则培训、监管企业董事培训、系统专兼职监事培训、法务工作专题培训、新安全生产法等10余次培训班，全系统800余人次接受了专业培训。

（任 聪）

【中关村昌平园】年内，昌平园企业总数3430家，从业人员15万人，实现总收入3381.4亿元，同比增长6.2%；出口总额13.3亿美元，同比下降11.7%；上缴税费144.8亿元，同比下降0.2%；利润总额267.7亿元，同比增长0.5%；企业内部科技活动经费支出总额95.4亿元，同比增长19.9%；专利申请数4955件，同比下降0.2%；专利授权数3411件，同比增长25.7%。园区有亿元级企业202家，上市企业19家；截至年底，总市值达2173.5亿元，同比增长23.7%。

加大重点结算型项目和创新型项目的引进，推动国网信息通信产业集团、北京神华首路销售公司、河北钢铁集团北京国际贸易公司等企业落地昌平区；推动臻迪科技无人机项目落户中科创新园，北京康远制药公司选址流村工业园；国内首家GMP级口腔干细胞库落户中关村生命园。全年完成投资18.3亿元，超额完成年投资计划(计划投资15.35亿元)。泰宁科创、知蜂堂生产基地等4个项目开工实施，北大国际医院、中科创新园、方正医疗研究院等项目超额完成投资；北京迈瑞医疗科技园、乐华仕健康产业园、中船重工船舶科技产业园等项目主体封顶完工。启动回龙观“双创社区”暨腾讯众创空间(北京)，签约入驻项目20个，涵盖移动互联网、机器人、智能制造、健康等多个领域；在全国首个“双创周”期间，昌平园在宏福大厦设立分会场，组织宏福博奥、乐邦乐成、创客100及其他孵化器参与，共策划投资对接活动6场次；与IT时代周刊杂志社共同建设“创客100创业孵化平台”，设立创客100TMT投资基金；乐邦乐成、果栋社区、国风美唐创新中心等众创空间陆续投入使用；推进科技企业孵化器工作，设立创业投资引导基金，协调设立融科汇智创业投资引导基金，探索“基金＋孵化器”孵化模式，构筑科技创新“1+3+1”发展战略平台。年初，昌平区人民政府与河北省怀来县人民政府签订《昌平区与怀来县战略合作框架协议》和《中关村昌平园怀来分园共建战略合作协议》，共建中关村昌平园怀来分园，总占地面积200万平方米，已确定昌平园怀来分园一期94.4万平方米区域范围，3个项目列入首批开工建设名单。成立北京昌平科技园发展有限公司，加快腾讯众创空间项目顺利实施，作为昌平园怀来分园建设主体进行规划设计及参与土地开发工作，作为出资主体设立厚德昌科投资管理公司和创客100TMT投资基金。开展各种形式的培训活动，帮助企业转型升级：开展“走进科技孵化器”活动，为华北电力大学科技园、乐邦乐成、集中办公区等孵化器的企业进行上门培训；邀请业内知名的证券机构，针对未来有意向在新三板挂牌上市的企业进行业务培训和政策讲解，召开新三板挂牌和政策培训会；召开高新技术企业认定工作培训会，帮助企业做好国家级高新技术企业认定和复审工作。启用国家蛋白质科学基础设施北京基地（凤凰工程）；投入使用北京药检所新所；推动中关村生命科学联合创新服务绿通平台挂牌运行；借助中关村昌平园科技条件平台整合1万多项测试服务资源。科技创新成果不断涌现，乐普（北京）医疗器械股份有限公司和北京思达医用装置有限公司通过英国标准协会（BSI）对环形肺静脉标测导管、含药洗脱冠脉支架系统、超滑造影导丝和机械心脏瓣膜附件等产品的审核；东华原医疗设备有限责任公司的《中药煎药机》（*Herbal Decoction Apparatus*）国际标准（ISO 18665）出版发行；科诺伟业自主研发的风电2兆瓦全功率风电机组成套电控系统、KNGI 900−500HEC光伏并网逆变器通过2015年第一批北京市新技术新产品（服务）认定；国电新能源技术研究院能源创新技术研究中心两项发明专利“一种捕集烟道气中二氧化碳系统和方法”和“一种互补式绿色能源供给系统”获得国家发明专利授权。昌平园管委会通过“中关村昌平园大健康产业联盟”驻韩办事点对接韩国江原道科学研究院和江原道政府战略产业科，双方共同签署了战略合作协议。

（万　玮）

平谷区工业

【概况】 2015年，平谷区完成工业总产值267.6亿元，实现利润总额7.3亿元，分别同比下降2%和44.6%；实现营业收入305.8亿元，同比增长0.5%。

全区规模以上工业企业共有133家，比2014年增加10家。截至年底，完成工业总产值247.4亿元，同比下降3.7%，占全区工业总量的比重为92.5%，同比降低了1.6个百分点；实现主营业务收入285.7亿元，同比下降2.1%；实现利润总额7.8亿元，同比下降47.6%。

（周来春）

【推进中关村平谷园建设】 1—11月，平谷区实现工业总产值56.22亿元，同比增长25.7%；企业从业人员9446万人；累计认定中关村高新技术企业92家。邀请金融部门，对园区内重点企业进行信用评级、信用贷款、中关村相关惠企政策、贷款推介讲解，缓解企业融资难题。推进企业做大做强，促进企业加入中关村信用促进会及“瞪羚计划”，为中小企业融资贷款贴息。对园区内重大项目落地和重点工程建设进展情况、产业用地资源情况进行定期分析。凭借政策、资源优势和辐射带动作用，引领全区在经济总量增长、产业结构优化、土地盘活、园区建设等多方面快速发展。

（周来春）

【工业固定资产投资】 年内，平谷区共有41个工业固定资产投资项目实现开工建设，计划总投资46.7亿元，实际完成20.6亿元。万家瑞药业等6个项目竣工投产。

（周来春）

【培育企业创新发展能力】 年内，平谷区建成维达、普析、长吉加油3个市级企业研发中心。拥有国家驰名商标9件，北京市著名商标22件。企业上市工作取得进展，已有新三板上市企业4家，支持培育有上市意向企业20家。

（周来春）

【加快工业发展政策体系建设】 年内，平谷区编制印发《奖励工业产值贡献突出企业的实施办法（试行）》和《关于进一步促进中小企业发展的意见》等多项支持中小微企业发展的政策意见。共办理不使用政府投资工业和信息化固定资产投资项目备案12个，其中1个为不予备案项目、2个为延期到期重新备案项目。11个项目涉及总投资20.5亿元，其中固定资产投资17.2亿元。共为区内企业申报各级政府支持和奖励资金项目32个，争取政策资金4266万元，已到账资金2757万元，其余1509万元处在项目审批阶段。

（周来春）

【多渠道加快工业融资体系建设】 年内，平谷区成立区中小企业信用促进会，发展会员企业19家，信用准备金达到770万元规模，其中会员企业认缴370万元，区政府、区经济信息化委支持资金各200万元，累计发放信用贷款96笔，金额1.08亿元。搭建银企合作平台，促进企业与金融机构进行对接融资。通过开发整合政府、企业信用资源，政府增信、企业互助，共同缓解小微企业融资难题。区经济信息化委和建设银行平谷支行签订“助保贷”合作协议并开展工作，开创银、政、企三方合作共赢的新型融资模式。

（周来春）

【增加工业用地供给】 年内，平谷区联东U谷产业综合体开工建设，已签约企业18家，入园企业总投资5

整合方面，业内两巨头整合将提高行业定价权和话语权，二片罐价格有望走出低谷。

（王 伟）

【疏解退出工作】年内，怀柔区共有20家企业准备退出，开始做退出相关手续及准备工作的有10家，已完成退出企业4家，即北京翰高兄弟科技发展有限公司、北京宏英土特产品加工厂、北京靓宇达科技有限公司、北京圣达山油箱制造有限责任公司，均已经完成设备拆除工作，每年可减少原煤使用量约700吨，消减二氧化硫排放量约1吨，氮氧化物排放量约6.8吨，减少烟尘排放约1.66吨，腾退工业用地约4.67万平方米。

（王 伟）

【工业节能减排】年内，怀柔区共有7家工业企业实施节能设备更新改造，共12项，总投资约1亿元。通过实施和改造，全区燃煤使用量大幅度降低，有效地控制和降低了二氧化硫、氮氧化物以及粉尘和VOC等污染物的排放，46家企业开展清洁生产工作，其中19家已通过认证。

（王 伟）

密云区工业

【概况】2015年，密云区受国际国内大的经济形势影响，工业发展呈现一季度略有下降，二、三季度持续下滑，四季度降幅收窄的运行态势。全年累计完成工业收入348.5亿元，同比下降7.7%；工业总产值308.8亿元，同比下降9.1%；利润总额13.1亿元，同比下降38.5%。从行业来看，汽车及零部件业形势略有好转。汽车及零部件业完成工业收入165.9亿元，占全区工业比重47.6%，同比增长1.3%；利润总额8.4亿元，同比下降16.3%；收入利润率5.2%，同比降低1.1个百分点。生物医药业降幅逐步收窄。生物医药业完成工业收入13亿元，占全区工业比重3.7%，同比下降1.3%；利润总额2.5亿元，同比增长7.2%；收入利润率19.6%，同比提高1.6个百分点。食品饮料业持续下降。食品饮料业完成工业收入44亿元，占全区工业比重12.6%，同比下降26.7%；利润总额2.7亿元，同比下降39.5%；收入利润率6.6%，同比降低1.5个百分点。黑色金属矿采选业深度下降。黑色金属矿采选业完成工业收入10.1亿元，占全区工业比重2.9%，同比下降48.1%；利润亏损2.7亿元。铁精粉产量157.2万吨，同比减少49.8万吨。纺织服装业持续低迷。完成工业收入14.7亿元，占全区工业比重4.2%，同比下降27.6%。利润亏损3534万元。

年内，密云区“一区七基地”共完成工业收入294.3亿元，同比下降3.4%；占全区工业84.3%，同比提高3.9个百分点。

年内，密云区141家规模以上企业完成工业总产值281.8亿元，同比下降9.2%，占工业比重90.8%；主营业务收入313.2亿元，同比下降6.8%。

年内，密云区年收入亿元以上企业52家，共完成工业总产值244.6亿元，占工业的79.2%，同比下降9.4%。其中，年收入10亿元以上企业完成122.8亿元，占全区工业的39.8%，同比下降8.7%；年收入5亿～10亿元企业完成64.9亿元，同比下降5.9%；年收入1亿～5亿元企业完成56.9亿元，同比下降14.5%。

年内，密云区规模以上出口企业完成出口产品交货值25亿元，同比下降3%。其中，汽车及零部件业完成13.9亿元，同比下降10.3%；纺织服装业完成4.9亿元，同比增长8.8%；食品饮料业完成2.8亿元，同比增长68.2%。

年内，密云区累计签约工业项目6个，协议投资额15.6亿元。其中，协议投资额超过1亿元的项目1个。

年内，密云区完成工业固定资产投入项目41个，本年累计完成投入8.9亿元，同比下降56.1%。其中，排在前三位的行业为：电汽车及零部件业完成投入2.1亿元，占投入总额24.1%；电力、热力、燃气和水的生产供应业完成投入1.9亿元，占投入总额21.8%；生物医药业完成投入1.6亿元，占投入总额18.1%。

（尹志东）

【开发区生态化建设】年内，密云区开展经济开发区生态工业园区实施方案对标工作，24项指标均符合国家级生态园区标准；开发区生态工业园区建设工作完成实地评审和集中汇报专家答疑等项工作，并于年底在全市获得第一批北京市生态工业园区称号。

（尹志东）

【工业污染企业退出】年内，密云区推进不符合首都功能定位的工业企业调整退出工作，6家工业污染企业完成退出，并签订《永久停产承诺书》，疏解外来人口37人，退出土地6.4万平方米，节约综合能源1000吨以上标煤，减少污染物排放44吨，其中二氧化硫排放量减少 1.75 吨、氮氧化物排放量减少 1.07 吨、烟尘排放量减少 40.18 吨、COD 排放量减少 0.91 吨。

（尹志东）

【压减燃煤和清洁能源改造】年内，密云区完成园区外 32 台 107 蒸吨燃煤锅炉拆除和清洁能源改造，2013—2015 年累计超额完成任务的 270%；为 17 家企业争取市级燃煤锅炉清洁能源改造资金 1300 万元，已拨付到位。青岛啤酒三环有限公司燃煤锅炉 4 台共 40 蒸吨煤改气项目已完成并投入使用。完成压减工业燃煤 3.05 万吨。

（尹志东）

【清洁生产审核和环保技术改造】年内，密云区配合区发展改革委、环保局推进清洁生产审核和环保技术改造，2015 年计划完成 9 家企业清洁生产审核，5 家申请验收，4 家企业正在编制报告。完成北京云浩印刷有限责任公司印刷车间 VOC 治理，该企业 VOC 达到排放标准。

（尹志东）

【重点用能企业调控】年内，密云区 29 家重点用能企业综合能源消费量 121074.8 吨标煤，同比下降 13.41%；万元产值能耗 0.0772 吨标煤，同比下降 7.72%。从能耗总量增减情况看，6 家企业能耗同比增长，21 家企业能耗同比下降。从单耗同比增减情况看，14 家企业万元产值能耗同比增长，13 家企业万元产值能耗同比下降，其中 10 家企业下降幅度大于 4.82%。从行业上看，黑色金属矿采选、食品饮料、纺织服装和其他行业单耗同比增长，汽车及零部件和建材业单耗同比下降。

（尹志东）

【企业上市】年内，密云区初步形成多层次资本市场中的“密云板块”。成功推动金诚信矿业在上海证券交易所正式上市，实现区上市企业“零”的突破，首次发行 9500 万股，无老股转让，发行后总股本 3.75 亿股，募集资金 16.33 亿元；推进百特莱德、北超伺服、康华远景、亚克医用、易兰设计、兴业源物业、雅迪力特等 9 家企业在“新三板”成功挂牌；完成第三批上市资源企业申报工作，组织召开第五次上市工作联席会。截至年底，共 45 家上市资源企业。

（尹志东）

【中小企业融资】年内，密云区协调北京市多家担保公司及再担保公司开展集合信托，为 14 家企业融资 1.596 亿元；推行融资租赁的新方式，为 7 家企业成功融资 1.34 亿元；与广发银行合作，采用信用贷款方式成功为 5 家企业融资 2180 万元；与国元证券、中信信托公司合作，为 1 家企业发行私募债融资 1 亿元。通过开展以上几种融资新模式，成功为企业融资 4.15 亿元。定期组织多家企业与银行召开协调会，为银企双方共同发展搭建平台，全年服务企业户数 98 户，融资金额 12.3 亿元。争取市级融资贴息支持，为 22 家企业 30 个项目申请贷款贴息 872 万元。

（尹志东）

【中小企业公共服务平台建设】年内，密云区首家北京市中小企业公共服务平台——北京市上善若水文化传播有限公司已经授牌认定；组织申报北京市中小企业发展专项资金项目，共申请扶持资金 520 万元。

（尹志东）

【“十三五”工业规划】年内，密云区《密云“十三五”时期工业发展规划》初稿形成，基本明确“十三五”时期，以中关村密云园为主体，以“两高两新三重点”为方向，构建符合密云的高精尖产业体系。

（尹志东）

延庆区工业

【概况】2015 年，延庆区规模以上工业企业完成产值 52.7 亿元，同比下降 8.1%。其中，新能源和环保产业完成产值 23.9 亿元，同比增长 6.9%，占规模以上工业总产值的 45.4%。全区工业完成税收 5 亿元，同比增长 12%。五大产业呈现“一增四降”。“一增”为新能源和环保产业，“四降”为基础和新材料、纺织服装、食品饮料和医药制造产业。受中材科技增幅下降和京能降幅扩大的影响，新能源和环保产业增幅下降，完成产值 23.9 亿元，同比增长 6.9%；基础与新材料产业中，众和聚源和鸣远伟业大幅度增长，共完成产值 6 亿元，同比下降 7.2%；食品产业受果园老农降幅扩大影响，完成产值 5.2 亿元，同比下降 6.2%；纺织服装产业受卓文产值大幅度下降影响，完成产值 11.9 亿元；医药制造产业中，华润降幅收窄，共完成产值 1.6 亿元，同比下降 43%。

（高建敏）

【创新融资、政策速递政策宣讲会】1 月 27 日，由中关村科技园区延庆园管理委员会、中关村成长型科技企业互助促进会联合承办的财富快车系列活动之创新融资、政策速递活动在北京金隅八达岭温泉度假村会议中心举办。中关村管委会、中关村社会组织联合会、中关村成长型科技企业互助促进会、延庆园管委会、各金融机构以及100余家企业代表参加了此次活动。会上，延庆园管委会相关人员介绍了延庆园情况。中关村管委会领导就中关村“1+6”“新四条”等先行先试政策进行了解读。各金融机构分别做了助保贷等银行创新产品的主题演讲。中信建设投资公司分享了“新三版上市及再融资”的方式方法。此次活动搭建了企业、政府和金融机构沟通和交流的平台，进一步向外界展示了延庆园，使企业能够更加深入地了解延庆园建设发展情况、中关村有先行先试政策以及金融机构的融资产品，提高了企业创新发展的动力。

（高建敏）

【中关村延庆园参加“科博会”】5月13—17日，中关村延庆园参加第十八届中国北京国际科技产业博览会并设展台。中关村延庆园累计对接企业50余家，接受问询100余家，发放中关村延庆园简介、八达岭新能源谷等宣传资料300余份。延庆园获得由科博会组委会颁发的最佳组织奖和最佳展示奖。

（高建敏）

【小微企业“助保贷”合作协议】7月2日，中关村延庆园管委会与建行延庆分行“助保贷”签约仪式举行。副县长刘兵及相关部门主要领导出席签约仪式。签约仪式上，延庆园管委会常务副主任祁增华代表延庆园管委会与建行延庆分行行长签订《小微企业“助保贷”合作协议》。“助保贷”业务是由中关村延庆园和延庆建行共同筛选企业组成“小微企业池”，由企业助保金和政府风险补偿资金共同作为增信手段的信贷业务。延庆建行按照风险补偿资金的10倍向“小微企业池”企业提供贷款支持，用于支持小微企业生产经营，破解中小微企业融资难题。此次合作协议的签署，搭建了政府、银行、企业三方合作平台，对优化园区金融发展环境和破解融资难、担保难等瓶颈，支持中小企业健康发展具有重要意义。

（高建敏）

【企业信用促进会工作平台】9月10日，中关村信用政策宣讲会（延庆信用工作平台专场）在延庆园管委会举行。延庆园27家中关村高新技术企业以及延庆县域内银行代表参加此次活动。本次活动的圆满举办，标志着延庆园管委会与中关村企业信用促进会合作进入实质性阶段，延庆信用工作平台正式成立运营，延庆园信用体系建设基本完成，“瞪羚计划”“展翼计划”等多个中关村创新政策在延庆园全面落地。中关村信用促进会在延庆园管委会创新科挂促进会延庆分支机构的牌子，并对创新科相关人员系统专业培训，确保延庆工作平台工作开展。

（高建敏）

【中关村延庆园运行监测平台】11月12日，北京中财乔通软件有限公司专家对八达岭开发区、延庆开发区经济运行分析工作人员及41家规模以上工业企业财务报表人员就平台登录、报表申报、报表审核等内容进行了培训，正式启动网上报表工作。平台开通了工业、建筑业、批发和零售业、房地产业、服务业等专业的定期统计报表。

（高建敏）

【新能源孵化器获评特色产业孵化平台】11月24日，延庆区按照《北京市人民政府关于大力推进大众创业万众创新的实施意见》(京政办发〔2015〕49号)的要求，中关村科技园区管理委员会组织对中关村城郊十园的部分创业孵化机构进行了专业的评估。经中关村管委会主任专题会审议，正式将八达岭开发区新能源科技企业孵化器等13家创业服务机构纳入中关村示范区创业服务支持体系，授予“中关村国家自主创新示范区特色产业孵化平台”称号，并颁发牌匾。这标志着八达岭开发区在产业孵化方面具备较强的技术支撑能力和创业投资能力，具有较高的专业服务水平，并且已经建立健全领域特色鲜明的产业孵化平台。

（高建敏）

【智能微电网项目正式投入运行】12月29日，由国家能源局、市发展改革委、延庆区共同投资，八达岭开发区负责建设的北京市新能源产业基地智能微电网项目投入运行。该项目总投资约为1.26亿元，项目包括1座10千伏开闭所、3座配电室、24座建筑能源小屋、1座光伏车棚能源小屋，总计29个子微电网，组成三级微电网群。该微电网群的总变配电容量为5.5兆瓦，接入约2兆瓦分布式光伏、60兆瓦风力发电、2.5兆瓦的多种储能系统。该项目运行后，新能源孵化器的供电将全部由微电网负责提供，优先采用可再生能源（光伏、风电）供电，并综合运用储能系统，实现能量的优化配置，实现绿色发电、高可靠性供电、智能用电，满足用户多元化需求，促进节能减排。

（高建敏）

【重点项目建设加快推进】年内，延庆区新开工项目和在施项目12个，项目全部投资预计17.8亿元，完成投资8.6亿元。环都拓普热回收节能空调、北京新能源产业基地智能微电网和京能集团31.08兆瓦光伏示范电站 3 个项目竣工并通过验收。京城压缩机生产基地产能扩建工程、北京玻钢院酚醛树脂技术改造和蒙皮及储运箱生产车间项目正在办理竣工验收手续。中科院热物理研究所国家级风电叶片研发检测中心、东方润泽生产与研发基地建设等项目正在加快施工建设。京仪远东节能环保仪表系统产业基地等项目正在办理相关手续。

（高建敏）

【重点园区工业运行】年内，延庆、八达岭两个开发区规模以上工业共完成产值 48.7 亿元，占全区规模以上工业产值的 92.5%。截至年底，延庆开发区完成产值 14.2 亿元，同比下降 24%，降幅比 1—11 月扩大 4.9 个百分点；八达岭开发区完成产值 34.5 亿元，同比增长 1%，增幅比 1—11 月回落 2.6 个百分点。其他区域规模以上工业完成产值 4 亿元，同比下降 11.5%。

（高建敏）

【新能源和环保产业】年内，延庆区新能源和环保产业完成产值 23.9 亿元，同比增长 6.9%。重点企业中材科技风电叶片股份有限公司完成产值 9.72 亿元，同比增长 19.1%；北京合锐清合电气有限公司完成产值 2.05 亿元，同比增长 13.6%；北京京仪绿能电力系统工程有限公司完成产值 5.20 亿元，同比增长 6%；北京京能清洁能源电力股份有限公司完成产值 1.58 亿元，同比下降 12.1%。

（高建敏）

【38 家企业获高新技术企业认定】年内，延庆区 9 家企业通过市高新技术企业认定小组审查。北京美正生物科技有限公司、北京方诚智盛生物科技有限公司、北京佳时代包装制品有限责任公司、北京恒源亨通网络工程技术有限公司、北京万邦迪通技术有限公司等 9 家企业通过高新技术企业资格认定，北京华泰润达节能科技有限公司和北京合力清源科技有限公司 2 家高新技术企业通过资格复审。全区国家高新技术企业累计达到 38 家。

（高建敏）

【2 家企业获北京市科学技术奖】年内，延庆区中材科技风电叶片股份有限公司的“低风速低载荷 1.5 兆瓦风电叶片研发及产业化”项目获得 2015 年北京市科学技术奖一等奖。北京玻钢院复合材料有限公司的“高精度兆瓦级风电叶片模具技术研究及批量应用”项目获得 2015 年北京市科学技术奖三等奖。

（高建敏）

开 发 区

综 述

2015年，北京市开发区主要经济指标持续增长，企业经济效益明显改善，开发区招商工作取得明显成效，土地集约利用水平进一步提高。

开发区经济规模稳步扩大。年内，北京市开发区实现总收入4.6万亿元。其中，中关村国家自主创新示范区实现总收入4万亿元；3个市级开发区[①]实现总收入2222.3亿元。北京市开发区实现工业总产值1.02万亿元，占全市工业总产值的比重为58.4%，较“十一五”末提高13.4个百分点。北京市开发区实现利润总额3657.3亿元。其中，中关村国家自主创新示范区实现利润总额3404.5亿元，3个市级开发区实现利润总额164.4亿元。

招商引资工作取得丰硕成果。自开始至报告期，北京市开发区招商项目共计53640个，项目总投资1.9万亿元，注册资本1.7万亿元，其中三资企业注册资本2472亿元、外商实际投资242.3亿美元。中关村国家自主创新示范区招商项目40443个，项目总投资1.5万亿元，注册资本1.3万亿元，其中三资企业注册资本1821亿元、外商实际投资176.1亿美元。

土地开发建设进度逐步加强。年内，北京市开发区规划面积466.9平方千米。其中，3家国家级开发区规划面积453.9平方千米，3家市级开发区规划面积12.9平方千米。截至年底，全市开发区累计开发土地面积和累计供应土地面积分别为315.3平方千米和261.3平方千米，累计建成城镇建设用地面积254.7平方千米。全市开发区单位土地工业总产值产出率约为140亿元/平方千米，相较于“十一五”时期末提高近40%。

（市经信委规划处）

中关村国家自主创新示范区

【概况】2015年，中关村示范区全面贯彻习近平总书记关于北京及中关村发展的系列重要讲话精神，深入落实创新驱动发展战略、构建京津冀协同创新共同体、建设全国科技创新中心等重大决策部署，完成全年各项工作任务，实现“十二五”圆满收官。

战略支撑能力进一步提升。实现总收入4.08万亿元，同比增长13.2%；实缴税费2035.7亿元，同比增长9.6%；利润总额3404.5亿元，同比增长12.3%。高新技术企业实现增加值5557.4亿元，同比增长12.2%，占北京市GDP的比重为24.2%，对北京市经济增长的贡献率达36.8%。中关村示范区六大重点技术领域实现总收入3.09万亿元，占示范区总收入的

①2012年中关村扩区为“一区十六园”之后，原有16家市级开发区中有13家纳入中关村范围，仅剩林河经济开发区、天竺空港经济开发区、房山工业园3家未纳入，为避免重复计算，市级开发区数据仅加总此3家。

75.7%，同比增长 11.1%。其中，电子信息领域作为重点支撑，始终保持快速发展，同比增长 20.3%，高精尖经济结构加快形成。

创新引领能力进一步提升。政策创新持续引领全国，70 余项改革试点稳步推进。新创办科技型企业 2.4 万家，入统企业科技活动人员 60.5 万人，占全部从业人员的比重为 26.2%。创新创业呈现六大新趋势：创业社区兴起；天使投资 + 合伙人制 + 股权众筹成为主流创业模式；大企业内部创业成为必然选择；股权奖励成为吸引优秀人才的主要手段；企业产业链逐步让位于创业生态圈；尖端技术创业不断涌现。61 项成果获国家科学技术奖，占北京地区获奖总数的 86%；149 项成果获北京市科学技术奖，占北京地区获奖总数的 79%；企业申请专利 6.06 万件，其中发明专利 3.78 万件、授权专利 3.5 万件；主导创制标准 522 项。

辐射带动能力进一步提升。各分园快速发展，中关村核心区创新策源地功能强化。海淀园总收入 1.64 万亿元，占示范区总收入的比重达到 40.1%。中心城区六园加快转型升级，企业总收入占中关村示范区的比重超过 70%，郊区十园着力提升创新资源承接能力，经济增速是中关村示范区整体的 2 倍。朝阳园、丰台园等 9 个分园收入超 1000 亿元。聚焦“4+N”，与河北省石家庄、保定、唐山等市围绕集成电路、循环经济开展产业对接和项目合作，企业累计在津冀设立分公司逾 2000 家。企业技术交易成交 4.69 万项，成交额 2905.5 亿元，同比增长 28.6%，占北京市技术交易成交总额的 84.2%。

国际影响力进一步提升。企业“走出去”进程不断加快，更多企业在海外设立研发中心、孵化器、投资基金，开展海外并购。百度在线网络技术（北京）有限公司、北京京东世纪信息技术有限公司跻身全球互联网公司 10 强，联想集团有限公司、小米科技有限责任公司等企业加速海外布局，利亚德光电股份有限公司、江河创建集团股份有限公司等发起实施海外并购，国际影响力和控制力显著增强；以中关村示范区企业为主发起海外并购 37 起，同比增加 16 起，并购金额 561.5 亿元。截至年底，企业累计在海外设立分支机构 571 家。

（中关村管委会）

【蓝鲸军民融合创新园成果展】1 月 4 日，由蓝鲸军民融合创新园管委会和中关村管委会主办的海军与北京市蓝鲸军民融合创新园高新技术成果展在蓝鲸军民融合园举行。展览旨在进一步推广“民参军”高新技术项目，40 余家高新技术企业和海军院校及科研单位的 80 余项技术参展，内容涵盖新装备、新能源、新材料、生物医药和信息技术等领域。其中，中关村示范区 26 家企业参展，展示了涉及作战指挥、政治工作、后勤和装备保障等领域的 50 余个高新技术项目。

（中关村管委会）

【中关村企业参展 CES】1 月 6—9 日，在 2015 年美国国际消费电子展览会（CES2015）上，航天信息股份有限公司、利亚德光电股份有限公司、中科创达软件股份有限公司等 19 家中关村企业参展，主要展示了中科创达软件股份有限公司的 Camera 整体解决方案；北京天宇朗通通信设备股份有限公司的智能手机；利亚德公司的 LED 显示屏；闪联产业技术创新战略联盟的微插座 M5、智能音响、触控一体机 B6、天取 E31（智能家居环境中心）；航天信息股份有限公司的自助通关、EID、智能仓储监管、智能车辆监管等产品、服务和解决方案。展会现场接待 500 余家客户，达成意向订单金额约 1 亿元。联想集团有限公司和由闪联产业联盟组织的北京联盛德微电子有限责任公司等企业同时参展。联想集团展示了智能眼镜、智能手环、自拍闪环等智能设备，并首次推出带有“X1”标识的家族系列产品：Think X1 Family。闪联产业联盟企业展示的产品涉及智能家居、智能照明、智能音频、智能终端等领域，联盛德微公司还首次公布其 CoC（Cloudon Chip）快速开发原形系统。

（中关村管委会）

【京东方集团入选十强】1 月 7 日，在美国国际数据集团（IDG）主办的“2014—2015 年度中国消费电子领先品牌十强”评选颁奖典礼上，京东方科技集团股份有限公司入选十强，并获年度显示技术创新大奖。2014 年，京东方集团在高分辨率、超高清显示技术方面国际领先；在 3D 显示、触控等领域成绩显著；智能手机、平板电脑等高性能 LCD 显示屏市场占有率均位居全球第一；新增申请专利 5000 余件，累计可使用专利 2.6 万余件，全球首发产品覆盖率 38%。

（中关村管委会）

【首批 10 家四板企业挂牌】1 月 9 日，北京股权交易中心（北京四板市场）首批企业集体挂牌仪式在中关村示范区展示中心举行。市金融局、市国资委、市工商局、中关村管委会等相关单位负责人以及北京市 16 区金融办、深圳证券交易所等单位的代表 500 余人参加。北京童忆生物科技有限公司、北京赛欧兰阻燃纤维有限公司、中元伟业（北京）能源科技有限公司、北京桃源西谷信息技术有限公司、北京魂世界信息技术有限公司、北京盛世全景科技有限公司、北京润丰园林绿化工程有限公司、北京中斯水灵水处理技术有限公司、信息港（北京）科技有限公司、北京天普世纪科技股份有限公司10家中小微企业在北京四板市场挂牌，其中科技创新类7家、文化创意类2家、环境保护类1家。

（中关村管委会）

【北京数字与创新论坛举办】 1月22—23日，由商务部、法国驻华使馆联合主办，中关村数字内容产业协会、法国驻华大使馆文化教育合作处承办的北京数字与创新论坛在京举行。20余家法国数字内容企业展示其在数字教育、在线游戏、3D视频、数字技术、数字音乐等领域的成果，并与北大方正集团有限公司、北京蓝色光标品牌管理顾问股份有限公司等60余家中国数字内容领域企业的代表进行了一对一商务洽谈。在法国新创企业与中方合作人会议上，中法双方代表针对中法数字产业、新创产业、中国教育、中国代理公司等内容进行了演讲。

（中关村管委会）

【联想集团获世界移动通信大会奖】 3月2—5日，在2015年世界移动通信大会上，联想集团有限公司获“最佳可穿戴设备”“最佳廉价智能手机”等33个奖项。其中，首款手机—相机跨界产品VIBE Shot获“2015MWC最佳奖”等11个奖项。

（中关村管委会）

【10家孵化器纳入国家科技企业孵化器体系】 3月9日，科技部火炬中心印发《关于支持互联网金融实验室等10家中关村示范区创新型孵化器发展的复函》(国科火函〔2015〕11号)，同意将互联网金融实验室等10家中关村示范区创新型孵化器纳入国家科技企业孵化器的管理服务体系。截至年底，中关村示范区共有27家创新型孵化器纳入国家科技企业孵化器体系。

（中关村管委会）

【北京现代第九代索纳塔上市】 3月20日，由北京现代汽车有限公司主办的北京现代第九代索纳塔上市发布会在深圳市举行。北京现代第九代索纳塔包含3种排量共计8款车型，车辆增加了智能化配置。

（中关村管委会）

【乐视公司与北汽公司开展战略合作】 3月23日，乐视网信息技术（北京）股份有限公司与北京汽车股份有限公司战略合作签约仪式在香港举行。双方将结合乐视公司的互联网技术、软硬件一体化及用户运营与价值挖掘能力，依托北汽公司的研发制造优势，打造新一代互联网智能汽车及汽车生态系统。乐视公司将为北汽公司提供互联网智能汽车的智能系统、EUI操作系统、车联网系统。4月20—29日，在上海汽车展上，双方合作推出一款新概念车。

（中关村管委会）

【中关村智能硬件产业政策发布】 3月27日，由中关村管委会、海淀区政府主办的“中关村智能硬件产业政策发布会暨创新项目路演”活动在中关村示范区展示中心举行。中关村管委会和海淀区政府联合发布《关于促进中关村智能硬件产业创新发展的若干支持措施》。会上，海龙大厦获中关村智能硬件创新中心授牌，硬派空间等8家机构被授牌成为首批中关村智能硬件孵化器，智造工坊等8家机构被授牌成为首批中关村智能硬件公共服务平台。

（中关村管委会）

【中国首个“太空摆渡车”首飞】 3月30日，搭载第十七颗北斗导航卫星的长征三号丙运载火箭在西昌卫星发射中心发射升空，卫星顺利进入预定轨道。第十七颗北斗导航卫星是中国首颗新一代北斗导航卫星，首次使用中国制造的中央处理器（CPU），将开展新型导航信号体制、星间链路等试验验证工作，为北斗卫星导航系统全球组网建设提供依据。卫星搭载由中科院计算技术研究所研制的龙芯中央处理器（CPU）的龙芯1E和龙芯1F抗辐照处理器，其中龙芯1E负责进行常规运算，龙芯1F完成数据采集、开关控制、通信等处理功能。

（中关村管委会）

【灵云人脸识别技术推出】 3月，北京捷通华声语音技术有限公司与清华大学合作研发推出灵云人脸识别技术。成果采用最新深度学习算法，引入国际领先的多模型融合技术，具备“一对一确认”“多选一辨别”功能，可对人脸五官定位并对性别、表情、年龄、肤色、姿态等人脸属性进行分析，同时提供人脸查询和身份数据库管理。该技术也是生物特征（人脸、指纹、声纹）识别的重要组成部分，其行业应用需要海量的生物特征数据支撑和统一的数据库管理。

（中关村管委会）

【获发明专利授权】 4月1日，由北京三元基因药业股份有限公司周敏毅等研发的“干扰素α与布地奈德的雾化吸入剂”获国家发明专利授权(ZL2014100085071)。本发明属于抗病毒药物的组合物领域，含有治疗有效量的干扰素α、布地奈德，以及适量的可药用辅料。用该产品治疗病毒性肺炎，比单独使用干扰素α或布地奈德治疗具有更明显疗效。

（中关村管委会）

【乐视超级手机发布】 4 月 14 日，在“打破边界生态化反”乐视超级手机发布会上，乐视网信息技术（北京）股份有限公司发布乐视超级手机 1、乐视超级手机 1Pro、乐视超级手机 Max 三款手机新品和虚拟现实设备——超级头盔。头盔可支持最大 1000 英寸的影音播放面积，最大可视角度为 800 度，可与乐视超级手机实现互联，即插即用。

（中关村管委会）

【首套 INS 系统应用】 4 月 21 日，北京海兰信数据科技股份有限公司研发制造的首套智慧桥 · 综合导航系统（INS）在两艘扬子江 64000T 散货型远洋商船上应用。系统具备多功能工作站特点，且每个工作站都能实现航线规划、航线监控、避碰、航迹控制、航行数据显示与管理、智能报警等功能，能有效减轻船员负担，实现智能化一人船桥驾驶，加强航行安全。

（中关村管委会）

【小米 4i 手机在印度首发】 4 月 23 日，小米 4i 手机全球首发仪式在印度新德里市举行。小米 4i 手机是小米科技有限责任公司第一款在海外全球首发的产品，也是一款专门为印度定制的手机。

（中关村管委会）

【首款电子机读旅行证件专用芯片通过技术鉴定】 5 月 6 日，由工业和信息化部、公安部联合组织的首款电子机读旅行证件专用芯片技术鉴定会在京举行。芯片由公安部第一研究所研制，经过大批量生产试验、测试，通过中国电子技术标准化研究院的产品检测，完成产品定型，获中国信息安全认证中心 EAL4+ 安全认证证书，满足国际民航组织对电子机读旅行证件芯片产品的安全要求。芯片通过由工业和信息化部、公安部联合组织的技术鉴定。

（中关村管委会）

【首款双模式船用导航雷达研制成功】 5 月 6 日，中国航天科工集团第二研究院宣布，其 23 所研制的固态脉冲、连续波双模式船用导航雷达进入海域试验阶段。这是国内市场首批自主研制的固态双模式船用导航雷达产品。

（中关村管委会）

【140 余家企业参展科博会】 5 月 13—17 日，在第十八届中国北京国际科技产业博览会上，中关村管委会以“引领高精尖，科技创未来”为主题，组织 140 余家中关村示范区企业、6 家产业联盟及创新型孵化机构参展，搭建智能硬件、智能制造、智能互联、智慧环境、智慧医疗、智慧农业、智慧生活以及众创空间 8 个展区，采用图片、数据、多媒体等方式，集中展示 500 余项新技术、新产品和新服务。北京中航智科技有限公司的 TD220 无人机、北京七鑫易维信息技术有限公司的“全能眼”沟通辅具、北京华卫迪特健康科技有限公司的医家通 App 及其智能健康设备、北京米赫医疗器械有限责任公司的永久性人工角膜、北京小鱼儿科技有限公司的家庭智能机器人等以智能、健康、环保为主导的创新技术、创新产品及整体解决方案，通过故事演绎、场景模拟、沉浸体验等方式，展示中关村示范区在人才、技术、资本、市场、空间布局、政策创新、品牌和环境等方面的独特优势。

（中关村管委会）

【共建中关村集成电路设计园】 5 月 21 日，由中关村发展集团股份有限公司、北京首都创业集团有限公司主办的“中关村发展集团与首创集团合作共建中关村集成电路设计园签约仪式”在中关村软件广场举行，主题为“构建高精尖经济结构　推动集成电路产业发展”。市政府副秘书长朱炎以及市经济信息化委、市国资委、中关村管委会、海淀区政府等单位相关负责人以及来自集成电路企业、研究单位、投资机构的代表 60 余人参加。园区在产业定位上将形成以芯片设计、基础软件、物联网、云计算、智能硬件为主体的集成电路设计园，与北京经济技术开发区的制造基地、河北石家庄的封装测试产业基地协同发展。园区将打造产业生态圈、企业生态圈、资源生态圈、智慧生态圈四大生态系统，面向全球 IC 设计企业提供全生命周期成长空间，助力企业从孵化器、创业型企业、高成长企业、大中型企业向国际化企业的高速迈进。9 月 29 日，中关村发展集团与首创集团举办中关村集成电路设计园开工暨企业入园签约仪式，锐迪科微电子有限公司等 10 家集成电路设计企业、投资机构、平台服务商签约入驻，形成了产业、基金、孵化器、服务平台的全生态产业链条。

（中关村管委会）

【首台人脸识别 ATM 机发布】 5 月 29 日，由清华大学与梓昆科技（中国）股份有限公司等单位联合研发的具有人脸识别功能的 ATM 机在杭州市发布。系统采用大数据采集技术、多传感数据融合全息识别技术、生物特征认证、人眼虹膜识别、防偷窥技术等，从数据的采集、控制、识别等方面防止面部遮挡等恶意取款的发生。

（中关村管委会）

【利亚德公司参加美国视听展】 6 月 17—19 日，在 2015 美国视听展（InfoComm）上，利亚德光电股份有限公司展示了利亚德超微间距 LED 面板 TW0.9 和

TW0.7 等产品。

（中关村管委会）

【中关村智能硬件梦工场启动】6月23日，由北京智造工坊科技有限公司主办的中关村智能硬件梦工场启动仪式在中关村示范区展示中心举行。中关村管委会主任郭洪等领导以及海淀区政府等单位相关负责人和企业代表等参加。梦工场是北京市首家重装孵化器，也是全国第一家具备智能硬件工业制造全产业链的协同服务平台，设有智能硬件敏捷制造协同平台、智能硬件协同服务平台和自媒体平台，作为综合性开放化的智能硬件服务公共平台，通过聚集全国优秀的上下游生产要素，为智能硬件创业者和企业提供快速打样、协同服务等全产业链服务。

（中关村管委会）

【京东方集团投资建设第10.5代生产线】7月10日，京东方科技集团股份有限公司发布《关于签署重大投资协议暨复牌公告》，宣布与合肥市政府、合肥市建设投资控股（集团）有限公司签署了《合肥高世代薄膜晶体管液晶显示器件（TFT−LCD）生产线项目投资框架协议》。项目总投资400亿元，项目公司注册资本220亿元，其中180亿元由合肥市政府、合肥市建设投资公司筹集，40亿元由京东方集团自筹解决；总投资与注册资本的差额部分，通过银团贷款解决。合肥市政府将在地块配套条件、能源供应、政府补贴、人才引进等方面为项目提供政策性支持。12月2日，开创8K新时代——合肥京东方第10.5代TFT−LCD生产线及配套项目开工仪式在合肥市举行。

（中关村管委会）

【福田汽车绿色智能制造示范项目启动】7月24日，张家口市政府与北汽福田汽车股份有限公司战略合作签约仪式在京举行。双方签署《关于福田汽车集团北京厂区工业制造业务迁入宣化区战略合作协议书》。根据协议，张家口市宣化区将承接福田汽车公司重型机械业务转移，项目总投资50亿元，在宣化北山工业园区形成“福田汽车产业城”。10月20日，福田汽车集团绿色智能制造示范工程张家口基地启动暨福田雷萨重机L9新品上市仪式在张家口市举办。福田雷萨智能工厂产业转移项目开工建设，其泵送设备智能制造中心建筑面积3万平方米，投资15亿元，集成中德技术数字化自动加工、中心式流水线生产，将成为北汽福田公司泵车、车载泵等大型机械产品基地。

（中关村管委会）

【首台乳腺诊断成像系统获准上市】8月18日，中科院高能物理研究所召开新闻发布会，宣布其联合杭州高能医疗设备有限公司研发的国内首台具有完全自主知识产权的乳腺诊断正电子发射断层成像系统，获食品药品监管总局颁发的国家三类医疗器械注册证，获准进入市场销售及临床应用。

（中关村管委会）

【知识产权服务业试验区通过验收】10月23日，在“首批国家知识产权服务业集聚发展试验区验收评审会”上，中关村国家知识产权服务业集聚发展试验区通过国家知识产权局的验收。中关村集聚区建设从支持政策、工作思路、工作机制、工作举措等方面进行探索和实践，形成独具特色的中关村模式，在全国范围内充分发挥了示范引领作用，开创了知识产权服务业态的物理聚集和功能聚集“二维一体”的集聚区建设模式。集聚区将依托中关村知识产权一条街和中关村知识产权服务业联盟建设，培育知识产权服务业新兴业态，通过“走出去”和“请进来”的方式，加快中关村知识产权服务业国际化进程，完善确权、保护、商用化、信息等专业化知识产权服务体系，发挥知识产权服务业在转变经济增长方式和产业结构升级中的重要支撑作用。

（中关村管委会）

【“双创周”中关村主场促成合作项目】10月25日，2015年全国大众创业万众创新活动周闭幕。在活动周期间，“双创周”主会场共举办48场专题活动，投资对接活动28场，签署合作协议38项，2.1万余人次参观了主题展示。中关村示范区创新创业主体举办各类活动300余场，参与人数超过10万人次，发布各类平台和项目686个，达成合作意向项目108项，签订合作协议117项，涉及投资金额超过20亿元。

（中关村管委会）

【国家技术标准创新基地通过验收】10月27日，由国家标准委主办的国家技术标准创新基地（中关村）筹建工作验收会议在京举行。市质监局、中关村管委会、中关村标准创新服务中心等单位的相关负责人参加。基地在筹建期内，形成了75项具有自主技术的团体标准；创新了标准化协同推进机制，包括标准检测认证一体化服务、技术标准与金融机构合作协同、标准化工作绩效评价等机制；提升基地在国际标准化的影响力，研制60项国际标准和国外标准，承担两个国际标准化技术委员秘书处，两人担任技术委员会主席和工作组召集人；建成中关村标准创新公共服务平台，组建1100余人的标准化专家库，培训2200人次。基地成为中国首家国家技术标准创新基地。

（中关村管委会）

【与中国联通北京分公司签约】10 月 29 日，中关村管委会与中国联合通信有限公司北京市分公司战略合作协议签约仪式在京举行。双方相关负责人参加。根据协议，双方将以中关村创业企业云服务平台为基础，围绕“服务”“合作”“支持”“孵化”4 个方面，就中关村示范区的创新创业服务和园区管理服务等方面进行合作，以发挥运营商等央企对中关村中小微企业协同创新发展的带动作用。

（中关村管委会）

【C30 电动车平台获科学技术奖】10 月，由北京新能源汽车股份有限公司等单位、詹文章等研发的“C30 平台纯电动乘用车关键技术集成开发与应用”获汽车工业科技进步奖励基金委员会授予的 2015 年中国汽车工业科学技术奖一等奖。C30 平台纯电动乘用车在电动汽车整车集成与性能优化，电池、电机、电控以及整车安全与可靠性方面具有核心技术知识产权，掌握了电动汽车整车系统集成与匹配、整车控制系统、电驱动系统三大关键核心技术，获授权发明专利 20 余件，累计行驶 2.55 亿千米无重大事故，安全性、可靠性、动力性和经济性等技术指标业内领先。

（中关村管委会）

【随动式偏心轴磨床获工业博览会金奖】11 月 3 日，在第十七届中国国际工业博览会开幕暨颁奖仪式上，北京第二机床厂有限公司研发的随动式（切点跟踪）RV 减速器偏心轴磨床获得金奖。产品是一款针对工业机器人关键零件 RV 减速器偏心轴、压缩机偏心轴等偏心轴类零件制造的超高速精密磨削设备，适用于工业机器人、压缩机、减速机等行业的精密偏心轴零件加工领域。

（中关村管委会）

【664 个项目获专项资金支持】11 月 10 日，中关村管委会发布《2015 年中关村国际化发展专项资金支持名单公示》，小米通讯技术有限公司等 274 家单位获国际化发展专项资金支持，支持项目 664 个。其中，境外展会 584 个，境外设立分支机构 20 个，国际研发合作 29 个，国际技术转移 3 个，集聚国际商务、投资与科技服务机构 7 个，举办国际会议 21 个。在国际研发合作项目中，重点开展的是中国航空工业集团公司北京航空材料研究院与曼彻斯特大学在航空领域高端材料的研发、北京阅联信息技术有限公司与惠普公司基于 OpenStack 技术的社区云合作项目，以及中科创达软件股份有限公司与英特尔公司联合建设的 IHV 联合测试认证实验室项目等。

（中关村管委会）

【50 家企业入选《福布斯》】11 月 11 日，《福布斯》中文版发布“2015 福布斯中国最快成长科技公司”榜单，50 家企业入选。中关村示范区的北京小桔科技有限公司、北京口袋时尚科技有限公司、北京三快有限公司等 20 家企业入选，主要集中于 TMT 领域，包括但不限于硬件制造、互联网金融、电子商务、在线教育、O2O 等。

（中关村管委会）

【82 项成果获中国专利奖】11 月 27 日，国家知识产权局印发《关于第十七届中国专利奖授奖的决定》（国知发管字〔2015〕67 号），公布第十七届中国专利奖获奖名单。其中，中关村示范区内 82 项成果获中国专利奖，其中 3 家单位的成果获中国专利金奖。

（中关村管委会）

【27 家创新型孵化器入选众创空间】12 月 2 日，科技部印发《科技部关于公布首批众创空间的通知》（国科发火〔2015〕412 号），创新工场、车库咖啡等 27 家中关村创新型孵化器入选全国第一批众创空间，被纳入国家级科技企业孵化器的管理服务体系。

（中关村管委会）

【45 家企业成为知识产权示范企业和优势企业】12 月 4 日，国家知识产权局印发《关于确定 2015 年度国家知识产权示范企业和优势企业的通知》（国知发管函字〔2015〕212 号），北京市有京东方科技集团股份有限公司等 5 家企业成为 2015 年度国家知识产权示范企业，其中中关村示范区内中国神华能源股份有限公司（东城园）、京东方科技集团股份有限公司（朝阳园）、博奥生物集团有限公司（昌平园）、飞天诚信科技股份有限公司（海淀园）4 家企业入选；百度在线网络技术（北京）有限公司等 41 家企业成为 2015 年度国家知识产权优势企业，全部为中关村示范区企业。

（中关村管委会）

【百度无人驾驶车路测成功】12 月 10 日，百度无人驾驶车路测成功。该车从百度大厦出发，驶入 G7 京新高速公路，经五环路，抵达奥林匹克森林公园，随后按原路线返回，首次实现城市、环路及高速道路混合路况下的全自动驾驶，并完成多次跟车减速、变道、超车、上下匝道、掉头、不同道路场景切换等复杂驾驶动作，最高时速 100 千米 / 小时，开创中国无人驾驶车研发领域 3 个之“最”：路况最复杂、自动驾驶动作最全面、环境理解精度最高，标志着中国无人驾驶车的发展进入里程碑式的新阶段。其技术核心是“百度汽车大脑”，包括高精度地图、定位、感知、智能决策与控制四大模块，是“百度大脑”在汽车领域的垂直应用。

（中关村管委会）

【京津冀石墨烯产业发展联盟成立】 12月20日，京津冀石墨烯产业发展联盟在京成立。联盟由中关村华清石墨烯产业技术创新战略联盟、清华大学、北京大学、中科院纳米中心、天津大学、河北工业大学、燕山大学、唐山高新区、唐山建华实业集团、东旭集团等100余家从事石墨烯研发、产业化的机构联合成立。联盟将统筹协调京津冀三地资源，打造石墨烯产业的“一个基地，两个平台”：唐山产业基地和北京技术创新平台、天津技术创新与工程平台，并推动形成以河北省唐山市为中心，跨越京津冀等地区，集生产、研发、检验检测、融资服务等为一体的石墨烯产业集群，形成京津冀战略性新兴产业高地。

（中关村管委会）

【中关村军民融合产业园启动】 12月21日，由海淀区政府、市经济信息化委、中关村管委会主办的中关村军民融合协同创新论坛暨军民融合产业园启动仪式在海淀区举行。副市长隋振江等领导以及相关驻京军事单位和企业的代表等80余人参加。北京信威通信技术股份有限公司、北京海兰信数据科技股份有限公司等10余家首批意向入驻企业签署协议，60余家企业开展军地项目对接。海淀区政府发布《中关村军民融合创新示范区规划方案》，将建成以北理工军民融合创新园、中关村军民融合产业园、玉泉慧谷信息安全产业园“一体三园”为核心的融合产业空间布局，吸引高端科技企业聚集。

（中关村管委会）

【北京四板科技创新板启动】 12月22日，由中关村股权交易服务集团有限公司主办的北京四板市场科技创新板企业座谈会暨《创客时代》新书研讨会在京举行。中关村管委会主任郭洪等领导以及市金融局、市科委、海淀区政府等单位有关负责人和相关证券机构、企业代表等参加。会上，北京四板科技创新板启动，将在企业遴选标准、信息披露标准、产品服务体系等方面进行创新，有针对性地促进科技企业规范治理、支持科技企业多元融资，有效帮助北京市科技创新型企业获得多层次资本市场服务。

（中关村管委会）

【企业专利申请量首次突破6万件】 年内，中关村示范区企业年度专利申请量首次突破6万件，共申请专利60603件，同比增长38.4%，占北京市的42.6%。其中，发明专利申请量37843件，同比增长43.3%，在示范区企业专利申请量中占比62.4%。示范区企业年度专利授权量首次突破3万件，共获专利授权34946件，同比增长52.2%，占全市37.2%。其中，发明专利授权量12818件，示范区企业年度发明专利授权量首次突破1万件，同比增长66.1%，在示范区企业专利授权量中占比36.7%。截至年底，中关村示范区企业拥有有效发明专利48396件，占北京市的64.9%。中关村示范区企业全年共申请PCT专利3357件，同比增长40.2%，占北京市的74.7%，PCT申请量占北京市比例首次突破七成（2014年中关村示范区企业PCT申请量占北京市的66.4%）。

（中关村管委会）

北京经济技术开发区

【概况】 2015年，北京经济技术开发区（简称开发区）把握首都功能定位，围绕“引领新常态、打造高精尖、服务京津冀”“发挥首都实体经济主力军作用，建设首都科技创新中心主阵地”的定位，转方式、调结构、惠民生、防风险，深化改革、创新驱动，构建高精尖经济结构，转型发展取得成效。区内企业投资意愿增强，产业投资占比持续上升，企业利润实现高速增长。

开发区完成地区生产总值1081.4亿元，同比增长8.9%，首次突破千亿元大关；工业增加值完成660.4亿元，同比增长8.1%；地方公共财政预算收入实现134.92亿元，同比增长12.42%；政府性基金预算收入实现56.93亿元，同比下降45.94%；公共预算支出累计完成145.4亿元，同比增长29.67%；税收收入完成389.2亿元，同比增长13.7%；规模以上工业总产值完成2555.5亿元，同比增长5.6%；全社会固定资产投资完成397.6亿元，同比增长1.7%，其中工业投资184亿元，同比增长26.4%，占投资总量的46.3%；社会消费品零售额354.5亿元，同比增长8.5%；工业利润为224.6亿元。

开发区围绕“高精尖”产业定位，立足新一代信息技术、生物医药、汽车制造、智能制造四大主导产业基础，着眼“互联网+”，文化创意产业发展方向，发挥中芯国际集成电路制造（北京）有限公司、京东方科技集团股份有限公司等龙头企业的引领作用，带动区内产业链上下游企业集群发展。开发区产业聚集度保持较高水平，接近80%的项目投资投向集成电路、生物医药、智能装备、技术开发等。开发区四大主导产业实现产值2290.9亿元，同比增长6.67%。其中，汽车制造产业完成产值895.7亿元、电子信息产业完成产值601.9亿元、装备制造产业完成产值471.6亿元、生物医药产业完成产值321.7亿元。

（罗向东）

【京东方推出全球最大尺寸显示屏】 1月6日，京东方科技集团股份有限公司推出自主研发的全球首款110英寸8K超高清显示屏，该屏采用京东方独有的ADSDS超硬屏技术，视角达到178度，亮度达600尼特，分辨率为7680×4320，是现在主流高清电视分辨率的16倍。相比2013年下半年推出的获得国际信息显示学会和柏林国际电子消费品展览“双料大奖”的98英寸8K超高清显示屏，该屏尺寸有所增大，亮度有所增强，在彩膜、模组等工艺上均有改良和突破，凭借超大尺寸、超高分辨率、面板分区驱动技术和超大尺寸面板拼接曝光等技术，实现了超大尺寸的8K×4K超高清显示。

（康 蕊）

【北方微电子PVD被指定为Baseline机台】 2月16日，北京北方微电子基地设备工艺研究中心有限责任公司自主研发的Metal Hardmask工艺设备exiTin H430金属物理气相沉积系统，被国内领军集成电路芯片制造企业指定为28纳米制程Baseline机台。28纳米集成电路制造技术是国内最先进的半导体工艺制造技术，中国本土设备商打破了国际半导体设备商的垄断。该台被国内标杆客户认定为Baseline机台的exiTin 430 HM PVD系统，是面向28纳米后段大马士革工艺中硬掩膜层沉积工艺所使用的专用物理气相沉积设备。由北方微电子自主开发的该设备采用单片自动工艺、新型溅射源设计和全新的辅助磁场发生装置等独特设计，具有成膜均匀性好、应力低、操作简单、占地面积小、运行成本低、产能高等特点。仅以工艺腔设计为例，其超高的靶材利用率、极佳的厚度和电阻均匀性均优于同类产品国际竞争对手，同时可将薄膜应力控制在很低的水平。除此之外，还具备高Throughput、低CoO和CoC等特点，给客户工艺集成提供了非常广阔的优化空间。

（张 辰）

【8家单位获得北京市科学技术奖】 2月27日，北京市科学技术奖励大会召开，中芯国际集成电路制造（北京）有限公司、北京京东方光电科技有限公司、北京中交兴路信息科技有限公司、北京航天易联科技发展有限公司、北京北方微电子基地设备工艺研究中心有限责任公司、北京金风科创风电设备有限公司、中冶京诚工程技术有限公司、联通宽带业务应用国家工程实验室8家单位获奖。其中，中芯国际的“超大规模集成电路先进闪存存储器成套工艺与产品技术研发及产业化”项目、京东方的“超精细移动显示关键技术及应用”项目夺得北京市科学技术奖一等奖。金风科创的“基于风峰算法的高风速大容量风电机组的研发及应用”项目获北京市科学技术奖二等奖，是新能源风电整机制造企业中唯一上榜单位。该项目解决“三北”（西北、华北、东北）地区传统风电基地现存的装机容量小、风能利用率不高等技术问题，促进国家从风电大国向风电强国的转变，特别是新型叶片的开发技术、整机载荷控制技术和风峰控制算法等，在国际上均处于先进水平。机组已经广泛应用于包括哈密烟墩风电场、山西新荣二期风电场、北京智能微网等国内大型风电场建设项目中。项目实施促进北京亦庄金风风电产业园的产业带动作用，提升整机和高端核心零部件竞争力和国产化水平，形成风电产业领域工程设计、系统集成、检测认证、运营维护的链条式协同发展，带动风电技术服务行业的整体水平进一步提升。

（李秀芬）

【艾德摩小鼠填补国内空白】 2月，北京艾德摩生物技术有限公司自主研发的首批产品——IDSomatic小鼠模型系统上线。它是一种可实现多基因、体细胞突变疾病模型构建的新系统，具有构建快速、操作简单、基因选择灵活、突变类型多样等特点。相较于常规的动物模型制备方法，利用IDSomatic将使复杂的模型构建过程变得极为简单，极大降低小鼠疾病模型的构建成本和周期。使用者可以迅速在小鼠体细胞中同时进行多基因的改造，以最快的速度来验证基因组测序中发现的基因突变功能。该系统可以实现高通量靶点筛选，填补了国内空白。

（苏雨楠）

【节能减排工作取得新进展】 3月31日，《北京经济技术开发区2015年清洁空气行动计划》印发实施，内容包括压减燃煤、控车减油、治污减排、清洁降尘和综合保障5个方面53条措施，开发区细颗粒物（PM2.5）年均浓度为94.4微克/立方米，空气质量同比下降9.2%，在全市各区县空气质量改善情况排名第五位。3—12月，开展环境保护大检查工作，共排查出812家污染源企业，其中工业源548家、生活源264家（汽修27家、餐饮237家）。对污染源企业建立"一企一档"，完成污染源分级管理工作，划分出重点污染源52家、特殊污染源43家、一般污染源734家。新区环境保护资金支持项目共计34项，支持资金共计3515.15万元，其中开发区1067.65万元、大兴区2447.5万元，共拨付资金3371.5万元。扶持资金共带动企业投资2.03亿元，改造燃煤锅炉481蒸吨，压减燃煤6.88万吨，氮氧化物减排310吨，挥发性有机物减排8.1吨，二氧化硫减排585吨，化学需氧量减排56.82吨，氨氮减排6.58吨。促成开发区内11家企业分别与揖斐电电子（北京）有限公司和京东方显示技术有限公司进行氮氧化物交易，累计交易金额90余万元。

（王新美）

【信息菌素产业化项目入区】3月，畿科联生物技术研究（北京）有限责任公司与北京亦庄国际投资发展有限公司共同成立北京亦科信息菌素研究院有限公司，注册于亦庄生物医药园，作为全球唯一的信息菌素研究院和专利池运营主体，建设信息菌素产业化项目。该项目总投资5亿元，预计2019年销售收入不低于5亿元，年税收不低于5000万元。项目方借助首届信息菌素国际研讨会的契机与国内外多方资源建立联系，寻求广泛合作，将在开发区进行信息菌素类新型兽药的研发和产业化，并建设信息菌素研究院、专利池，完成学科建立、专项基金组建业务，从事信息菌素药物的研发和生产。

（康 蕊）

【太赫兹高频芯片工程研发实验室落户】5月，开发区内巨大树科技有限公司建设的太赫兹高频芯片工程研发实验室项目落户开发区。项目主要依托"千人计划"学者、美国电气和电子工程师协会院士庄晴光技术团队，开展毫米波与太赫兹超微化高频系统芯片技术研发、成果转化暨产业化项目，可应用于安检仪、5G基站芯片、智能汽车（雷达）等领域。实验室选址开发区朝林广场，面积1800平方米，计划投资2亿元，建设量测能力达到1.5THz的实验室和小型封测线。

（李秀芬）

【京津冀开发区创新发展联盟成立】7月16日，京津冀开发区创新发展联盟成立大会在开发区召开。京津冀三省市13家国家级经济技术开发区、天津自由贸易试验区（天津港保税区、东疆保税港区）、中国开发区协会和京津冀三省市开发区协会等18家发起单位共同签署了《京津冀开发区创新发展联盟框架协议》。联盟以先行先试落实《京津冀协同发展规划纲要》为宗旨，以开展常态化产业合作、项目对接和企业服务为核心，打造全方位、可持续、一体化的产业创新发展平台，不断提升区域合作水平。国家发展改革委、商务部外资司、开发区管委会、北京市经济信息化委、天津市商务委、河北省商务厅和36家成员单位、40多家企业的代表及在京主流媒体参加会议。

（苏雨楠）

【开发区4个项目获第十七届中国专利奖优秀奖】11月27日，国家知识产权局《关于第十七届中国专利奖授奖的决定》发布，开发区3家企业、4个项目获第十七届中国专利奖优秀奖，即北京京东方光电科技有限公司完成的"移位寄存器单元、移位寄存器电路、阵列基板及显示器件"项目、参与完成的"TFT-LCD阵列基板、多层图形尺寸检测方法和设备"项目，北京华德液压工业集团有限责任公司完成的"一种先导式电液比例阀"项目，博奥生物集团有限公司等完成的"一种检测遗传性耳聋的试剂盒"项目。

（王新美）

【北京闪胜完成中国集成电路海外并购第一单】12月8日，以北京闪胜投资有限公司为代表的中国资本联合体完成对芯成半导体（ISSI）的收购，ISSI于12月7日（美国时间）从纳斯达克退市。这是中国资本第一次成功地私有化一家总部位于美国的半导体设计领域的上市公司。北京闪胜是武岳峰资本、亦庄国投（屹唐半导体）、华创投资、华清基业专门为该项目在开发区设立的实体公司。

（张 辰）

【冠捷显示一条龙智能制造项目投产】12月，开发区内企业冠捷显示科技公司着力建设的"基于多系统协同整合的一条龙智能制造"项目投入生产。该项目自2014年年初开始实施，总投资6345万元，通过多系统集成方案，优化研发、制造、采购、销售和售后服务等环节，建成后实现从液晶显示模块制造至整机的一条龙智能制造模式。

（王新美）

【新批企业投资总额183.8亿美元】年内，开发区新批内外资企业投资总额（含增资）折合183.8亿美元，同比增长58%。其中，外资项目投资总额38.3亿美元，同比增长192%；内资企业注册资本945亿元（折合145.5亿美元），同比增长46%。完成产业化项目固定资产投资227.9亿元，同比增长34%。合同利用外资9.2亿美元，同比增长84%。实际利用外资3.02亿美元，同比下降52%。内资项目备案金额226.6亿元，同比增长126%。

（李秀芬）

【供给侧改革成效明显】 年内，开发区产业结构进一步优化，关停消费类电子终端组装企业3家，无偿收回工业用地0.28平方千米，解除劳动合同1.54万余人；围绕存储器、图像传感、半导体装备等集成电路关键领域，组织34亿美元实施国际并购，填补国内产业和技术空白。支持企业产品结构调整，代建中芯国际集成电路制造（北京）有限公司二期工厂，确保28纳米芯片快速量产，使企业从只能生产5种产品到具备19种芯片的生产能力；为北京奔驰汽车有限公司提供全面保障，确保企业及时推出GLA、GLK、GLC等多款新车型，发动机工厂顺利达产；支持京东方科技集团股份有限公司研发中心建设，确保企业首发新产品覆盖率居全球第一，达到38%。

（张　辰）

【完成开发区核心区低效企业调研报告】 年内，开发区在2014年完成的《起步区企业基础情况调研报告》的基础上，全面了解核心区低效企业现状和升级转型意愿，对开发区核心区范围低效工业项目进行摸底调查，编写《开发区核心区低效企业调研报告》，为开发区制定产业升级相关政策提供决策参考。核心区低效企业中大部分企业均希望转型升级，其中27家企业产业转型升级的意愿明确，占比40.30%，4家企业已拟订转型升级方案。

（罗向东）

其他开发区

【概况】 2015年，全市开发区完成固定资产投资1026亿元；完成总收入46007亿元；完成利润总额3657.3亿元。自开始至报告期累计招商项目53640个，项目累计总投资18862.4亿元，外商实际投资累计完成242.3亿美元。

【北京天竺综合保税区】 2015年，开发区完成固定资产投资13.4亿元；完成总收入183.5亿元，同比增长29.3%；完成利润总额22亿元，同比增长1.5%。自开始至报告期累计招商项目261个，项目累计总投资325.9亿元，外商实际投资累计完成146866万美元。

【北京天竺空港经济开发区】 2015年，开发区完成固定资产投资85.2亿元；完成总收入2018.5亿元，同比降低14.8%；完成利润总额161.9亿元，同比增长0.6%。自开始至报告期累计招商项目751个，项目累计总投资556.8亿元，外商实际投资累计完成161842万美元。

【北京通州经济开发区】 2015年，开发区完成固定资产投资14.1亿元；完成总收入117.7亿元，同比增长15.1%；完成利润总额31.3亿元，同比增长0.4%。自开始至报告期累计招商项目79个，项目累计总投资282.8亿元，外商实际投资累计完成41208万美元。

【北京兴谷经济开发区】 2015年，开发区完成固定资产投资12.3亿元；完成总收入224.5亿元，同比降低3.1%；完成利润总额9.6亿元，同比降低0.3%。自开始至报告期累计招商项目198个，项目累计总投资80亿元，外商实际投资累计完成58506万美元。

【北京雁栖经济开发区】 2015年，开发区完成固定资产投资11.9亿元；完成总收入368.6亿元，同比增长1.5%；完成利润总额28.4亿元，同比降低0.1%。自开始至报告期累计招商项目1707个，项目累计总投资330.3亿元,外商实际投资累计完成252780万美元。

【北京密云经济开发区】 2015年，开发区完成固定资产投资7.8亿元；完成总收入334.7亿元，同比降低1%；完成利润总额15.4亿元，同比降低0.4%。自开始至报告期累计招商项目251个，项目累计总投资294.6亿元，外商实际投资累计完成53601万美元。

【北京永乐经济开发区】 2015年，开发区完成固定资产投资3.6亿元；完成总收入7.2亿元，同比增长63.2%；完成利润总额0.9亿元，同比增长12.6%。自开始至报告期累计招商项目26个，项目累计总投资19.4亿元，外商实际投资累计完成1487万美元。

【北京大兴经济开发区】 2015年，开发区完成固定资产投资7.4亿元；完成总收入226.7亿元，同比增长16.9%；完成利润总额2.7亿元，同比降低0.5%。自开始至报告期累计招商项目2451个，项目累计总投资47.9亿元，外商实际投资累计完成9491万美元。

【北京八达岭经济开发区】 2015年，开发区完成固定资产投资 2.5 亿元；完成总收入 141.1 亿元，同比增长 15.9%；完成利润总额 21 亿元，同比增长 1.5%。自开始至报告期累计招商项目 1386 个，项目累计总投资 66.5 亿元，外商实际投资累计完成 60 万美元。

【北京延庆经济开发区】 2015 年，开发区完成固定资产投资 0.2 亿元；完成总收入 123.6 亿元，同比增长 1.3%；完成利润总额 2.6 亿元，同比降低 0.8%。自开始至报告期累计招商项目 1184 个，项目累计总投资 966.2 亿元，外商实际投资累计完成 6494 万美元。

【北京房山工业园区】 2015 年，开发区完成固定资产投资 3.7 亿元；完成总收入 20.9 亿元，同比增长 20.2%；亏损总额 3.7 亿元。自开始至报告期累计招商项目 23 个，项目累计总投资 21 亿元。

【北京林河经济开发区】 2015 年，开发区完成固定资产投资 11.7 亿元；完成总收入 183 亿元，同比增长 9.8%；完成利润总额 6.3 亿元，与去年持平。自开始至报告期累计招商项目 292 个，项目累计总投资 90.5 亿元，外商实际投资累计完成 7879 万美元。

【北京石龙经济开发区】 2015 年，开发区完成固定资产投资 3 亿元；完成总收入 791.3 亿元，同比增长 19.4%；亏损总额 29.3 亿元。自开始至报告期累计招商项目 10265 个，项目累计总投资 367.1 亿元，外商实际投资累计完成 6454 万美元。

【北京良乡经济开发区】 2015 年，开发区完成固定资产投资 1.2 亿元；完成总收入 202 亿元，同比降低 27.7%；亏损总额 0.1 亿元。自开始至报告期累计招商项目 83 个，项目累计总投资 32.9 亿元，外商实际投资累计完成 1532 万美元。

【北京采育经济开发区】 2015 年，开发区完成固定资产投资 1.6 亿元；完成总收入 117.6 亿元，同比增长 107.2%；完成利润总额 3.8 亿元，同比降低 5.5%。自开始至报告期累计招商项目 54 个，项目累计总投资 69 亿元，外商实际投资累计完成 780 万美元。

【北京昌平小汤山工业园区】 2015 年，开发区完成总收入 0.4 亿元，同比降低 60.7%；完成利润总额 4 万元。自开始至报告期累计招商项目 78 个，项目累计总投资 5.3 亿元，外商实际投资累计完成 655 万美元。

【北京马坊工业园区】 2015 年，开发区完成固定资产投资 3.2 亿元；完成总收入 29.2 亿元，同比增长 845.6%；亏损总额 0.2 亿元。自开始至报告期累计招商项目 60 个，项目累计总投资 23.9 亿元。

（以上内容均为市经信委规划处提供）

2015年北京市开发区土地开发情况

单位：公顷

名　　称	规划总面积	累计已开发土地面积	累计已供应土地面积	累计已建成城镇建设用地
国家级开发区	45395.9	30324.4	27934.9	24595.5
北京经济技术开发区	4680.0	3700.0	3886.5	3700.0
中关村国家自主创新示范区	42799.5	28779.0	23700.4	23367.4
中关村示范区海淀园	17430.6	13764.1	13624.6	13324.3
中关村示范区丰台园	1763.0	330.7	237.4	181.7
中关村示范区昌平园	5140.0	2209.7	2017.4	1868.6
中关村示范区朝阳园	2610.0	1471.9	1447.1	1036.6
中关村示范区亦庄园	2678.0	2678.0		2678.0
中关村示范区西城园	1000.0	1000.0	1000.0	
中关村示范区东城园	603.0	288.8		288.8
中关村示范区石景山园	1334.0	127.6	58.3	127.6
中关村示范区通州园	3434.6	2387.2	1910.4	1709.8
中关村示范区大兴园	1124.7	710.2	559.0	298.2
中关村示范区平谷园	508.0	329.0	103.4	85.2
中关村示范区门头沟园	189.0	120.0	120.0	
中关村示范区房山园	1573.0	1214.0	1038.4	695.4
中关村示范区顺义园	1208.5	912.4	562.5	402.4
中关村示范区密云园	1000.8	699.3	607.0	462.4
中关村示范区怀柔园	711.0	266.3	165.3	17.9
中关村示范区延庆园	491.2	270.0	249.6	190.6
北京天竺综合保税区	594.4	523.4	348.0	206.2
市级开发区	9252.6	6488.1	5255.1	5151.9
北京石龙经济开发区	189.0	120.0	120.0	
北京良乡经济开发区	240.9	136.1	132.7	110.7
北京大兴经济开发区	414.8	289.9	278.0	257.8
北京通州经济开发区	1947.6	772.6	752.4	637.3
北京雁栖经济开发区	1096.0	942.4	712.9	659.5
北京兴谷经济开发区	503.2	571.7	409.0	586.0
北京密云经济开发区	1249.5	1249.5	1000.4	910.0
北京林河经济开发区	416.0	385.0	260.0	349.0
北京天竺空港经济开发区	660.0	660.0	449.0	402.1
北京八达岭经济开发区	480.8	318.6	209.6	295.1
北京永乐经济开发区	459.8	219.3	137.1	137.1
北京延庆经济开发区	418.6	173.2	143.0	221.0
北京昌平小汤山工业园区	257.3	14.3	23.5	45.3
北京采育经济开发区	355.0	327.1	319.7	306.9
北京房山工业园区	218.5	159.5	159.5	122.8
北京马坊工业园区	345.6	149.0	148.4	111.5

注：1. 本表所指开发区包括北京市级及国家级开发区情况。
2. 中关村国家自主创新示范区亦庄园数据在中关村国家自主创新示范区与北京经济技术开发区中为重叠部分。
3. 自2013年起，平谷园、门头沟园、房山园、顺义园、密云园、怀柔园和延庆园7个园区纳入中关村国家自主创新示范区统计范围，后表同（详见简要说明）。
4. 除中关村国家自主创新示范区海淀园外，中关村国家自主创新示范区各园“规划总面积”指标均填报批复土地面积，范围较2012年有所变化。
5. 表内“累计”指自开始至年末的累计数。

2015年北京市开发区招商、入资情况

名称	自开始至报告期累计					
	招商项目企业个数（个）	项目总投资（万元）	注册资本（万元）	#三资企业	合同外资金额（万美元）	外商实际投资（万美元）
国家级开发区	52574	181940961	161084230	22670778	2910847	2253156
北京经济技术开发区	12722	50330270	42046517	8376568	927701	703016
中关村国家自主创新示范区	40443	145564747	127213537	18214479	2202166	1760695
中关村示范区海淀园	22051	57377660	47897546	9198933	1341962	895909
中关村示范区丰台园	6863	17647845	17647845	227253	26905	33239
中关村示范区昌平园	3246	22552785	22342269	1163864	85912	85912
中关村示范区朝阳园	1463	9906380	9906380	1334112	110633	110633
中关村示范区亦庄园	852	17213168	9480050	4549670	365887	357421
中关村示范区西城园	523	7774996	7774996	30219	97578	97578
中关村示范区东城园	1912	2093000	2093000	101275	3293	3142
中关村示范区石景山园	2487	2919449	2926591	203505	31308	34210
中关村示范区通州园	250	1844603	1099160	304082	16395	16395
中关村示范区大兴园	89	233304	225500	16000	5200	4750
中关村示范区平谷园	37	100987	100987	11500	2129	2129
中关村示范区门头沟园	100	973270	973270	10372	1019	319
中关村示范区房山园	120	32684	976545	222823	75	1451
中关村示范区顺义园	251	3476293	3055458	800190	109749	111489
中关村示范区密云园	120	657000	582808	38055	3759	5732
中关村示范区怀柔园	41	715665	79857			
中关村示范区延庆园	38	45658	51275	2626	363	386
北京天竺综合保税区	261	3259112	1304226	629401	146866	146866
市级开发区	18888	32541041	22651612	3326269	541527	602769
北京石龙经济开发区	10265	3671137	3671137	41465	8028	6454
北京良乡经济开发区	83	328651	138091	12057	1532	1532
北京大兴经济开发区	2451	478512	1176237	151535	10675	9491
北京通州经济开发区	79	2827846	656915	213306	44370	41208
北京雁栖经济开发区	1707	3303258	939172	460489	240471	252780
北京兴谷经济开发区	198	799886	315676	233643	48109	58506
北京密云经济开发区	251	2946471	541267	131210	24807	53601
北京林河经济开发区	292	905300	591402	94562	12612	7879
北京天竺空港经济开发区	751	5567894	3829889	1950961	142283	161842
北京八达岭经济开发区	1386	664745	824896	19991	60	60
北京永乐经济开发区	26	193769	47139	1000		1487
北京延庆经济开发区	1184	9661968	9392479		5857	6494
北京昌平小汤山工业园区	78	52800	34731	6242	989	655
北京采育经济开发区	54	690041	158792	9808	1735	780
北京房山工业园区	23	209822	94848			
北京马坊工业园区	60	238941	238941			

注：中关村国家自主创新示范区亦庄园数据在中关村国家自主创新示范区与北京经济技术开发区中为重叠部分。

2015 年北京市开发区投资、生产情况

单位：万元

名　称	自　年　初　累　计		
	固定资产投资	总收入	利润总额
国家级开发区	9254708	437850730	34928303
北京经济技术开发区	3976205	66707451	3845651
中关村国家自主创新示范区	6721912	408119156	34045288
中关村示范区海淀园	1368417	163573321	11807509
中关村示范区丰台园	831000	40041748	2992449
中关村示范区昌平园	298368	33816229	2590676
中关村示范区朝阳园	300000	42256585	4474515
中关村示范区亦庄园	1577409	38810670	3182688
中关村示范区西城园	32750	25751554	2451345
中关村示范区东城园	269492	16703702	1827994
中关村示范区石景山园	54532	16324566	2437407
中关村示范区通州园	963840	5976446	449299
中关村示范区大兴园	200999	4079480	284148
中关村示范区平谷园	45720	997035	54303
中关村示范区门头沟园	29616	1309775	75658
中关村示范区房山园	409200	2183593	118698
中关村示范区顺义园	164004	10397049	869070
中关村示范区密云园	32356	1901008	156583
中关村示范区怀柔园	119213	2898388	195862
中关村示范区延庆园	24996	1098007	77083
北京天竺综合保税区	134000	1834793	220051
市级开发区	1694612	49070250	2505266
北京石龙经济开发区	29616	7913192	-292861
北京良乡经济开发区	11925	2020028	-697
北京大兴经济开发区	74395	2266631	27183
北京通州经济开发区	141322	1177231	312591
北京雁栖经济开发区	119213	3685540	283542
北京兴谷经济开发区	123490	2245375	96420
北京密云经济开发区	77877	3347449	154222
北京林河经济开发区	116997	1829856	62869
北京天竺空港经济开发区	851628	20184970	1618795
北京八达岭经济开发区	24996	1411368	209749
北京永乐经济开发区	36436	72441	9004
北京延庆经济开发区	2033	1235541	25842
北京昌平小汤山工业园区		4457	4
北京采育经济开发区	15950	1175579	38002
北京房山工业园区	36686	208566	-37451
北京马坊工业园区	32048	292025	-1949

企 业

北京一轻控股有限责任公司

【概况】北京一轻控股有限责任公司（简称北京一轻）是由北京国有资本经营管理中心出资，按照《公司法》建立的集投融资、控股、参股、资本运作、生产经营、科研、进出口贸易、技术咨询服务为一体的具有独立法人资格的大型国有控股公司。北京一轻资产总额242亿元，直属企事业单位14家，中外合资企业10家。北京一轻拥有红星、龙徽、义利、星海4个“中华老字号”及1个国家级非物质文化遗产（红星二锅头酿制技艺），打造形成了13个北京市著名商标（清华阳光、奥琪、宝贝、欧珀莱、熊猫、金鱼、星海、义利、五星、夜光杯、古钟、红星、龙徽）和9个北京知名品牌（红星、龙徽、义利、北冰洋、欧珀莱、金鱼、星海、大豪、三一），知名品牌总数居全市各控股公司品牌产品之首。

2015年，北京一轻完成工业总产值92.48亿元，实现营业收入131.35亿元，实现利润18.87亿元。国有及国有控股在岗职工年人均收入增长10.13%。经济运行具有3个特点：经济效益呈现较大幅度增长。合并口径利润总额超过预算5.9个百分点；汇总口径实现利润超过预算17个百分点。资产质量持续向好，资产的流动性持续改善。资产总额同比增长6%；应收账款周转次数为10.5次，流动资产周转次数为0.84次；应收账款、存货占流动资产比率同比分别下降1%和3%；净资产收益率达3.44%。产品创新、营销模式创新成效明显。面对市场急剧变化等严峻挑战，各企业强化新产品开发和技术创新，开展电子商务和市场拓展活动，加大品牌宣传力度，提高市场快速反应能力，在多维度市场竞争中都有新的收获。

（一轻控股）

【项目建设】年内，北冰洋汽水第二条瓶装生产线投产，义利食品商业连锁店扩展到了81家。一轻日化集团液洗产品OEM生产基地已初步选定。星海工业园区三角琴和总装分厂已迁入综合楼开始生产。大力推进要素市场建设。北酒所老酒交易平台上线试运行，探索出了有效的现货电子交易模式。北酒所成功协办了2015（贵阳）比利时布鲁塞尔国际烈性酒大奖赛，并筹办“2016首届‘一带一路’国际葡萄酒大奖赛”。组织开展了交易中心业务培训与交流活动。开展了“北京国际玻璃陶瓷文化创意产业园”“北京国际酒文化创意产业园”项目方案的研讨论证。一轻资产经营管理公司实施的义利连锁配套加工楼项目进入规划验收阶段；一轻日化集团丽源二期综合楼进入项目结算阶段。龙徽公司怀来庄园二期项目启动了招投标程序。技师学院东坝校区调规已获市规委批准。红星股份怀柔厂区解危改造项目已上报，山西六曲香灌装、调配车间项目已取得属地立项批复，新建酿造车间完成主体结构及设备安装。开展了50宗存量房地产调研，完成了存量房地产资源专项规划的编制。星海工业园东区4.6万平方米出租项目已签约，新建项目将根据合作方设计方案实施。石佛营地块拟建保障房项目获得朝阳区政府同意，控规调整获得市政府签批，承租户清退方案已制订。黄村地块拟建保障房项目通过市政府相关会议，正在编制用地规划调整方案。东坝地块承租户逾期清退工作法院已二次开庭。日化二厂土地变性工作已取得土地权属告知书。违法用地和违法建设清理工作取得新进展。一轻资产经营管理公司、京纸集团、星海钢琴集团、红星股份等企业共拆除违建40877.19平方米，基本做到违建“减存量、零增长”。

（一轻控股）

【京津冀协同发展】 年内，一轻食品集团与河北正定县签署了战略合作框架协议，并完成意向企业尽职调查。在“2015 京津冀产业转移系列对接活动”中，星海钢琴集团与河北肃宁县合作项目作为 51 个对接项目之一签约。

（一轻控股）

【科技管理与科技服务】 年内，北京一轻开展科技工作专项调研，到七大产业集团和一轻研究院就科技项目、科研团队、研发投入、行业动态等情况做了全面了解。开展了企业标准审核备案。召开了一轻信息科技工作会，建立了“一轻科技创新服务平台”，中国知网 CNKI 平台对一轻免费开放 1 个月，访问量超 20 万人次。产品安全质量不断提升，开展了食品企业季度产品抽查以及食品企业现场质量控制情况检查。举办了《食品安全法》、集成产品开发（IPD）培训班。组织科技人员到“北京融创动力文创园”“中关村创业大街”等地参观学习，参加“中国国际食品安全高峰论坛”等活动。3 家企业通过 QS 认证，9 家企业通过 ISO9001 质量体系认证，4 家企业通过 ISO 14001 环境体系认证，4 家企业通过职业健康安全体系认证，红星股份通过食品安全 HACCP 认证和国家实验室复评。一轻产品质量检测中心为客户检验样品 5600 多个，定期出版《乐器》《中外乐器信息》《中国照明电器》等期刊，为行业发展服务。

（一轻控股）

【改革调整】 年内，北京一轻确定了北京一轻单方增资红星股份公司的原则意向，批准红星股份实施六曲香调配、灌装车间新建项目和怀柔生产基地拆危改建项目，批准龙徽公司实施怀来龙徽庄园二期建设项目，批准鸿运置业参股设立首都医疗骨科医院。北京国际浆纸交易中心获得批复并完成组建。北京国际乐器交易中心、北京国际日用化学交易中心、北京国际玻璃陶瓷交易中心、北京国际食品交易中心已取得工商预注名。推进国有资本战略性调整，批准食品研究所收购北京力富生物科技有限公司自然人股权，玻璃集团转让北京清华阳光能源开发公司 29.7% 股权，照明公司转让北京松梦园公司 33.3% 股权。劣势企业退出取得新进展，全年共完成 15 家劣势企业退出工作，其中完成市国资委退出计划 4 户、自行组织退出 11 家，全面完成了市国资委“十二五”24 家劣势企业退出计划。

（一轻控股）

【科技创新】 年内，北京一轻科技投入 1.1 亿元，重点科技、技改项目实施取得新进展。红星股份公司“健康因子功能菌在二锅头酒中的应用”项目、星海钢琴集团“集约化、标准化生产工艺升级及技改项目”完成并投产。一轻研究院“功能饮料原料制备项目”工艺基本定型。在中国轻工业联合会科技进步奖评选中，大豪科技“高效超多头多功能刺绣机控制系统”和一轻研究院“椭圆应力区型保偏光纤制造技术”同获二等奖；红星股份“健康因子功能菌在二锅头酒中的应用”获三等奖；电光源中心“LED 光学性能及应用系统评价技术”获优秀奖。在中国缝制机械协会 CISMA2015 优秀主题展上，大豪科技“智能集成一体化刺绣机电控系统及云服务平台”获得一等奖，两项新产品分获二、三等奖。首量科技公司通过高新技术企业认证，光纤拉丝塔第二条生产线完成安装调试。全年申请专利 26 项，申请著作权 2 项，获授权专利 14 项；主持参与国标、行标制修订 54 项。

（一轻控股）

【新品研发】 年内，北京一轻新产品试制 99 项，累计新产品投产 217 项，统计期内新产品销售收入 13.5 亿元。红星股份全年投产 65 度手酿酒、桶装二锅头等 15 项新产品。大豪科技完成 285L 单头机控制系统、M98 电控系统等 7 类新产品转产。一轻食品集团开发上市了面包、糕点等新产品 22 种，试制汽水、巧克力等新产品 27 种。龙徽公司投产了 43 度“中华”品鉴酒、窖藏干红等新产品；星海钢琴集团推出立式钢琴 T 系列、XUD 系列等新产品 11 种。玻璃集团推出球口管件、化妆品瓶等新产品 71 种。一轻日化集团推出高端加酶洗衣液、衣领净等 4 类新产品。一轻研究院的光纤导入照明系统、掺镧氟化钡等多项新产品受到用户好评。

（一轻控股）

【品牌建设】 年内，北京一轻在“2015（贵阳）比利时布鲁塞尔国际烈性酒大奖赛”上，红星青花瓷二锅头（1949 千尊酒）获得金奖，龙徽“中华牌”如意白酒（清香型）获得银奖。“红星”“北冰洋”获得第七届北京影响力“十大品牌”。“大豪”牌缝制设备电控系统获得第五届“北京知名品牌”，星海钢琴集团获得“北京市实施卓越绩效模式特别奖”，北冰洋商标获得 2014 年度“北京市著名商标”，金鱼科技蝉联“全国实施卓越绩效模式先进企业”，组织 6 家企业申报了第六届“北京知名品牌”。一轻食品集团完成了全国“两会”“9·3 阅兵”、世界田径锦标赛的食品饮料供应保障任务。星海钢琴集团在新疆维吾尔自治区成立六十周年献礼钢琴招标大会上一举中标，并圆满完成了1700台“星海牌”献礼钢琴的生产任务。

（一轻控股）

【环境保护】年内，北京一轻组织开展了新《环境保护法》培训，按照北京市环保大检查要求，对存在问题的企业逐个进行约谈。星海钢琴集团启动了活性炭吸附装置修缮工程。一轻食品集团、百事饮料公司启动了污水站升级改造项目。玻璃集团、一轻研究院、技师学院对危险废弃物进行了规范化处理。利乐包装、红星股份完成了第二轮清洁生产审核验收。红星股份、五星青岛公司完成锅炉煤改气工程，每年分别减少燃煤消耗1500吨和17000吨；五星青岛公司环保举措被昌平区电视台拍成纪录片播放。4家企业启动了建设项目环保验收工作。开展了世界环境日主题宣传活动，京纸集团选送的两份环保作品被市发展改革委评为优秀作品。

（一轻控股）

【人才建设】年内，北京一轻进一步深化首席技师、首席专家工作制，1名首席技师的工作室被评为市首席技师工作室和国家级大师工作室，并获50万元资金支持。举办了管理人员、班组长、市场营销等各类培训班17期，共培训1837人；全系统1023人参加了继续教育培训；组织开展了岗位练兵活动。红星股份公司、星海钢琴集团分别举办了白酒酿造工和钢琴制作工技师研修班，参加研修技师65人。玻璃研究院特种光纤团队被市国资委评为优秀科技创新团队，并获50万元专项支持。“博士后工作站”2名进站博士分别获得经费资助。在北京市第四十三届世界技能大赛暨首届“燕京八绝红星杯”作品展上，技师学院获得2项金奖、4项银奖和6项铜奖以及16个优秀作品奖。

（一轻控股）

【安全管理】年内，北京一轻认真落实安全生产“党政同责、一岗双责”责任制，开展了企业党政主要领导参加的“事故隐患排查治理”培训，举办了《安全生产法》公开课，在月例会上开展专业培训，累计培训430余人次。加强隐患排查和整改，全年隐患整改率达98.9%。3家企业通过了安全生产标准化达标验收。加强排查调处工作，落实领导包案，全年共排查出矛盾纠纷130件(次)48项,化解、缓解和稳控27项，确保了企业稳定和社会稳定。

（一轻控股）

【效能监察】年内，北京一轻效能监察共立项46项，其中生产管理25项、项目投资7项、财务管理5项、基建工程5项、劣势企业退出1项、后勤管理3项。增加经济效益576.22万元，挽回和避免经济损失114.52万元，促进和提高了企业经营管理水平。

（一轻控股）

【“十二五”成果显著】北京一轻在“十二五”期间，各项工作成果：经济规模和效益显著增长，国有资产保值增值。完成投资66项，完成投资总额23.18亿元。其中，新设企业19项、追加投资（增资）15项，基本建设29项，其他投资3项。累计实现营业收入比“十一五”期间增长了34.9%，累计实现利润比“十一五”期间增长了8.2%。国有资产保值增值率129.68%。“7+1+3”集团化发展架构基本建立，生产经营、资产经营、资本经营“三大经营格局”初步形成。大豪科技成功登陆A股市场，北京一轻上市公司实现“零的突破”。组建了一轻资本管理中心，成立了一轻日化公司、一轻食品集团公司和一轻资产经营管理公司，“7+1+3”集团化发展架构搭建完成，生产经营、资产经营、资本经营协调发展。产业高端化有效推进，“一所五中心”交易平台建设全面启动。成立了北京国际酒类交易所有限公司，老酒交易平台上线试运行，成为一轻现代服务业示范基地；北京国际浆纸交易中心已完成组建，北京国际乐器交易中心、北京国际日用化学交易中心、北京国际玻璃陶瓷交易中心、北京国际食品交易中心等要素市场平台正在抓紧筹建。科技创新成效显著，企业内生动力不断增强。累计完成新产品试制661项，新产品累计投产1485项，实现销售收入44.96亿元；完成科研项目281项，获得国家、省市级科技进步奖60余项。申请专利157项，获得发明专利授权19项。有效专利持有量360项，其中发明专利25项、实用新型专利152项、外观专利183项。软件著作权55项。用人机制不断创新,全员素质明显提高。市场化、专业化、职业化选人用人力度不断加大，干部能上能下机制基本形成，一批专业人才、职业经理人、“大师”进入相应岗位。“首席技师制”“首席专家制”“名师带徒”活动不断深化拓展；后备人才队伍不断壮大，经营者队伍形成梯次配备，派出董事监事履职能力明显增强，“博士后工作站”成为一轻人才高地，技师学院特色引领优势突出；绩效考评体系不断完善，职工收入逐年增长。节能减排持续开展，生态文明理念深入人心。累计投资14.62亿元，实施基本建设29项。倡导推进绿色、低碳、循环发展，累计投资5000余万元，实施环保技改项目70余项。2015年与2010年相比，万元产值能耗、水耗分别下降19%和20%，氨氮减排 42.3%，二氧化硫减排 77.05%，烟粉尘减排 86.19%，挥发性有机物减排 29.27%。9 家企业完成了清洁生产审核工作。

（一轻控股）

【启动“十三五”规划编制】 年内，北京一轻“企业定位与主业设定”获得市国资委批复。“十三五”规划初稿已完成并开始征求意见；参与编制了市国资委“十三五”文化创意、食品加工、其他竞争类产业发展方案。企业退出、科技品牌、基建环保、节能等 17 个专项规划已完成初稿。在 2014 年度中国轻工业百强企业综合榜单上，北京一轻位居第 33 位。

（一轻控股）

北京隆达轻工控股有限责任公司

【概况】 北京隆达轻工控股有限责任公司（简称隆达公司）是北京市人民政府授权由原二轻总公司、印刷总公司、有色总公司重组而成的国有独资控股公司，隶属于市国资委。公司主要从事印刷包装、有色新材料、家用电器、塑料加工、塑料建材、皮革制品、环保设备、商贸、宾馆、物业服务等产业。公司下属企业共 66 家，其中国有及国有控股企业 47 家。资产总额（汇总）61.25 亿元，所有者权益（汇总）27.68 亿元，在职职工 7201 人。其中，具有大学本科、硕士研究生、博士研究生 1267 人，中级专业技术人员 327 人、高级专业技术人员 152 人。

2015 年，工业总产值 16.24 亿元，营业收入 38.7 亿元，同比增长 4.9%。其中，主营业务收入 36.8 亿元，同比增长 4.8%；两项利润 4.8 亿元，同比持平；投资收益 0.052 亿元，同比下降 4.2%；三项费用 3.82 亿元，同比下降 1.8%。其中，管理费用 3.35 亿元，同比下降 4.8%；销售费用 0.53 亿元，同比增长 6%；财务费用 −0.05 亿元，同比增长 677 万元；营业利润 0.54 亿元，同比下降 14.3%，如扣除主动提高资产质量、计提资产减值及投资收益下降影响，同比增长 7.2%；营业外收支净额 1.09 亿元，同比增长 5.7%；利润总额 1.62 亿元，同比下降 3.6%，扣除 2014 年及 2015 年一次性收益，同比持平；净资产 23.2 亿元；归属母公司为 12.16 亿元，同比增长 1.1%；净资产收益率 5.39%，归属母公司为 5.19%。

（隆达公司）

【调整企业布局】 年内，隆达公司为适应京津冀协同发展和北京疏解非首都功能形势需要，谋划和推进企业布局调整。对华盾雪花公司固安产业基地预算方案进行调整，压缩低端产品规模，提高设备自动化程度，将原占地面积缩减 2/3，为隆达公司其他企业向北京外围疏解预留出空间。推进天竺及文创产业基地建设项目，已经完成前期土地厂房规划建设手续的审批工作。加快劣势企业和效益低下企业的退出工作，推进富文新特公司调整转型退出印刷生产主业，顺利完成了企业职代会的审议和职工安置分流等各项工作。完成了北泡实创门窗股权转让。

（隆达公司）

【推进企业转型升级】 年内，隆达公司优化固安塑料产业基地产品结构和规模，增加高技术、高附加值产品产量，转移低端产品，形成新产品研发、材料改性和特色产品制造的产业核心。印刷集团获得甲级防伪票证保密印刷资质、绿色印刷资质以及乙级文件资料保密印刷资质；宝岛公司通过清洁生产企业资格评定，为建设主业发展平台创造了条件。印刷二厂加大经营合作力度，体育彩票招标工作进展取得新成绩；英特塑机立足首都高端服务业定位，全力推进老厂区文化创意产业园建设。有色所增资扩产建设项目如期完成，贵金属封装材料产业化项目获得 500 万元国有资金支持。华盾雪花马家楼厂区物业开发一期工程竣工并投入使用，二期工程文化创意服务产业已得到丰台区政府部门的批复。

（隆达公司）

【企业改革】 年内，隆达公司完成诺飞公司的整体改制工作，引入战略投资 4000 万元，结束连续 10 年的经营亏损，实现盈利。金鹰公司完成了增资扩股工作，引入社会资金 1 亿元，为金鹰公司加快转型升级创造了条件。重新启动诺飞公司收购达博长城公司股权工作，为深化联合体建设奠定基础。大兴土地收储地块现已完成上市前的所有程序，华盾雪花固安基地厂房建设工程已全部竣工，即将进入设备安装阶段。印刷集团防伪票证产品设计研发及产业化项目设备购置和升级改造工作年底前全部完成并进入正式生产。完成皮革大兴黄村厂区收储工作，已经正式签约，第一笔补偿资金已到位。白菊汽车零部件公司推进高质高效低成本的创新管理举措，在市场、生产、质量、采购管理系统内推行“三保一提”“品质三不”，使设备利用率提升 24%、用工量减少 8%、品质不良率降低 5.5%、降低采购和物流成本300余万元。北京厨房·东方·有色供销经济联合体克服铝梯国际市场关税上调、成本上升、售价下降等不利因素，面对前5个月无订单停产状态，积极与合作伙伴谈判争取到订单，从6月起陆续恢复生产，全年完成铝梯9.5万把，实现销售收入3314万元，铝材包装节约14万元。开拓有色金属国内贸易市场，投入200万元开展有色金属材料贸易性业务，全年实现贸易收入12亿元，同比增长36 %。北京楠辰皮革有限公司大兴义和庄黄村仓库土地收储工作自2012年启动，历经4年，与大兴区政府委托的拆迁企业完成了厂区范围内的宿舍职工安置和搬迁工作，清退全部承租户和公产清登核对工作，现已基本完成拆迁补偿价格的谈判及《国有土地使用权收回补偿合同》签约，完成土地交接，首笔政府收储资金5000万元到位。北京雪花电器集团公司在物业经营上，挖掘现有物业存量资源，对闲置厂房、家属区房屋、土地等物业存量资源重新进行梳理和再利用，海信（北京）厂区的闲置厂房开发利用提出方案并形成收益；马家楼厂区物业开发一期工程竣工并投入使用，二期工程文化创意服务产业得到丰台区政府的批复，已完成文化园定位、规划和方案的调整。宝岛公司开发批量客户2个，成为丽友食品公司、天士力医药公司的供应商，年销售收入近500万元；利用资金优势进行大宗材料招标采购降低采购成本，全年降低成本约40万元；率先通过了企业清洁生产认证审核，并争取到10万元的补贴资金。

（隆达公司）

【品牌建设】年内，北京诺飞新能源科技有限责任公司取得了中关村高新技术企业证书，其研发的新能源汽车电池箱获得6个实用新型创新专利。印刷二厂是国家民政部福利彩票发行管理中心定点生产彩票的国有独资企业，体彩业务量由历史最高纪录20万箱提高到近30万箱，是国土资源部定点承印全国新版土地证的唯一厂家，在全国不动产权证开放式投标采购中中标2个省份，是国家税务总局、中央国家机关、中共中央直属机关定点印刷税务登记证、政府采购印刷产品的厂家。英特·住宅办·文百经济联合体在产业经营、文化创意园建设取得新业绩，紧跟国家低碳环保经济导向，以产业绿色化为主攻方向，与德国朗适公司合作新风系列产品，完成了“新风”产品生产加工施工改造，年底北京市住建委相关领导参观考察，将新风产品列入“保障房”政府采购序列。“文创园”定位于影视文化创意园区，在“3+1”经营模式的基础上，深化与庄子品牌的合作，协助庄子公司实施基础设施改造，大幅度增加有效使用面积，年末园区全部完成改造工程，进入内部装修阶段。

（隆达公司）

【节能环保】年内，北京雪花电器集团公司在节能环保上，仅用80天就完成了锅炉煤改气工程，改造后年节约标准煤1752.94吨，节电4.81万度，减少烟尘排放9.6吨、二氧化硫排放25.5吨、氮氧化合物排放8.82吨，锅炉运营费用节约300余万元；完成经济信息化委工业节能减排技术改造项目及发展改革委节能技术改造项目，和地区折子工程压减燃煤的任务，取得政府煤改气财政补贴444万元。印刷一厂对部分辅料及原材料用量进行成本管控，仅CTP版、PS版热溶胶耗用2项即节约生产成本8.4万元。

（隆达公司）

【项目建设】年内，北京雪花电器集团公司确立“精准灌溉与水肥一体化”发展定位，进一步整合行业内资源，与冠祥生物有机肥、易润佳自动化灌溉设备、灌溉网、土工膜工程公司等结成战略合作伙伴，并与京林集团建立产品展示基地，在产品研发、产品质量、销售渠道上提升产品的核心竞争力。华盾雪花（固安）基地建设项目辅助厂房完工、中空车间和膜车间封顶（正在内装饰）、库房和绿源公司厂房正在进行主体工程、设备采购手续全部完成（待进场）。项目总投资由2.7亿元调整为3.01亿元，增加3165万元（增加11.72%）。其中固定资产投资由1.7亿元调整为2.31亿元，增加6165万元（增加36.26%）；项目达产后塑料制品生产规模由原来的4.05万吨调整为2万吨，减少2.05万吨。

（隆达公司）

【科技创新】年内，北京市有色金属工业总公司科技创新和技改投入5109万元。北京有色金属与稀土应用研究所按计划完成了增资扩产项目，主要设备全部到位，基本达到预期目标，实现了对原有生产线进行的技术升级改造；同时，在科技创新上完成了新工艺16项，研发新产品40项，年内有5项专利申请获得了受理通知书，有5项专利申请获得授权。北京达博有色金属焊料有限公司完成了检测设备引进，填补了铜产品氧化层厚度的检测手段，自主研发了超声清洗装置，年内获得发明专利1项，实用新型专利4项。北京诺飞新能源科技有限责任公司完成了新能源汽车电池箱第二条生产线的建设和投产，产品品质和生产效率大幅提高。华盾公司获得国资委信息化项目资金200万元，将第四代内添加型多功能膜的开发列入研发计划。胶印物资公司与金鼎恒昌纸业有限公司的纸张加工经营合作项目，采取OEM营销模式，全年完成自主品牌的洗车水、水辊清洗剂、还原剂产品合作开发,实现OEM形式的“北印物资”品牌的产品替代，已销售所开发的防伪油墨12吨，物资产品销售利润同比增长30万元，增幅达20%。北京隆达兴业科技开发有限公司技术投入276万元，其中采购国外先进的气相色谱——质谱联动仪等设备70万元；康居环境检测站在设备填平补齐方面投入资金近30万元；轻工质检云平台项目100万元（该项目国资委资金支持160万元）；技术成果显现，电动自行车蓄电池和充电器项目检测电池种类达30种，检测收入超过20万元，基本收回项目总投资；纺织品检测工作已经进入实施阶段，有300种面料已出具实验报告；信息化工作中的质检云平台项目,已经完成60%的开发工作。轻工质检一站在标准管理工作中与国标委、轻工联合会，会同数百家行业内企业，共同起草和修订标准的数量达18项。 群众性经济技术创新活动坚持处理好3个关系，推进创新工作室与职工的立足岗位微创新相结合，职工素质提升的普遍性与打造高技能人才相结合,坚持弘扬劳模精神与评选基层创新标兵相结合，创新立项38项，其中隆达级37项，评选出经济技术创新标兵21名、经济技术创新优秀成果10个、“六小”创新成果17个、优秀职工创新工作室5个。开展新一轮隆达公司级首席员工的申报评比工作，评出隆达公司级首席员工11名。

（隆达公司）

【获得荣誉】年内，北京有色金属与稀土应用研究所分别获市科委、市发展改革委、市财政局、市经济信息化委、中关村科技园区管委会联合颁发的北京市高新技术成果转化示范企业证书、首都文明单位标兵称号、中华全国总工会颁发的模范职工之家证书。北京诺飞公司技术研发部获得北京市模范集体称号。北京达博有色金属焊料有限责任公司新型封装键合材料研发团队获得北京纳米科技产业创新联盟颁发的纳米之星创业大赛优秀奖。北京达博有色金属焊料有限责任公司的蒸发金产品获得中国有色金属工业协会颁发的中国有色金属工业科学技术三等奖。华盾公司申请冷却风环实用新型专利2项，5月完成ISO9001质量体系复审工作，农膜新品取得S、SK、S型、SK型、中文S、中文SK农膜商标6项。印刷技术研究所·后街联合体在油画作品的高仿复制、唐卡的高仿真复制作品《中华圣景》获亚太金奖,《猩猩》获“田菱杯”金奖。印刷二厂获得秘密载体印制资质防伪票据证书类甲级、绿色印刷商业票据类认证、北京市印刷质量十佳企业。印刷一厂获得秘密载体印制资质文件资料类乙级、绿色印刷平版印刷类的认证。北京市塑料研究所第四次通过了中国质量认证中心ISO9001:2008标准换证监审，其基地取得昌平区小微企业安全生产标准化证书。轻工质检一站与康居环境检测站分别通过了计量认证复审，纺织品检测、苯系物检测、避雷检测也通过计量认证。截至年底，隆达公司规模以上企业、安全生产标准化三级达标的单位11家，二级达标3家。隆达公司获得中国人民抗日战争暨世界反法西斯战争胜利70周年纪念活动北京市服务保障先进集体。塑料三厂获得2015年市属国有企业软件正版化工作先进单位。

（隆达公司）

北京纺织控股有限责任公司

【概况】北京纺织控股有限责任公司（简称纺织控股公司）是由北京市人民政府国有资产监督管理委员会出资的国有独资公司，注册资本16.55亿元，经营主要涉及高端服装纺织业和现代都市服务业等。拥有北京铜牛集团有限公司、北京雪莲集团有限公司、北京光华纺织集团有限公司、北京京棉纺织集团有限责任公司、北京京工服装集团有限公司、北京清河三羊毛纺集团有限公司、北京大华时尚科技发展有限公司及北京方恒置业股份有限公司等104户全资及控股企业，职工总数8342人。

（纺织控股公司）

【产业发展及园区建设】8月，纺织控股公司与新疆和田市政府签订战略合作协议，10月，新疆京和纺织科技有限公司成立，注册资金3000万元，其中纺织控股公司占股20%、光华集团与佳华泰公司分别占股40%。在新疆和田地区投资建设年产2500套柔性节能保温篷房生产基地，项目用地18.4万平方米，以研发、生产和销售保温篷房产品为主营业务。

（徐 岩）

【节能环保】截至年底，万元产值综合能耗为0.054吨标煤/万元，同比下降44.9%；万元产值水耗为1.937吨/万元，同比下降38.4%。7月，五洲燕阳公司通过市发展改革委、市环保局清洁生产审核评估，获得补助资金11万元。年内，申请污染企业退出奖励资金的企业6家。月季红已完成企业退出奖励资金申报工作，获得市级、区级拨付的奖励资金共计310万元（市级250万元、区级60万元）；埃姆毛纺已注销并将申请退出奖励材料报备至区经济信息化委。巨龙公司已将申请退出奖励材料报备至顺义区经信委；毛纺集团所属园区中新清河、地天泰、中美制呢已列入2015年退出计划。铜牛股份3台36总蒸吨燃煤锅炉是于2010年东工厂并入铜牛股份时拆除，但未获得奖励资金。年内，北京市环保局已过会并同意拨付该3台锅炉煤改气奖励资金，已获得奖励金额228万元。

（王 伟）

【经济指标稳中有升】年内，纺织控股公司经济运行平稳可控，指标稳中有升，全面完成市国资委下达的考核指标。主营业务收入完成113.07亿元，同比增长25.9%；主营业务利润完成12.13亿元，同比持平；利润总额完成4.16亿元，同比增长7.5%。

（纺织控股公司）

【产品销售】年内，纺织控股公司工业企业产品销售收入完成21.25亿元，同比增加1.24亿元，增长6.2%。其中，大华天坛公司完成2.18亿元，同比增长29.3%；铜牛集团公司完成1.88亿元，同比增长25%；毛纺集团公司完成2.53亿元，同比增长10.5%；光华集团公司完成10.8亿元，同比增长8.7%；京工集团公司完成7124万元，同比增长2.9%；雪莲集团公司完成2.48亿元，同比下降16.7%；京棉集团公司完成6713万元，同比下降27.8%。销售收入超亿元的企业有9家，其中中纺海天染织技术公司完成40.4亿元，同比增长27.6%；北京五洲佳泰新型涂层材料公司完成2.53亿元，同比增长10%；北京大华天坛公司完成2.18亿元，同比增长29.3%；北京雪莲羊绒有限公司完成1.89亿元，同比增长3.4%；北京启明烽公司完成1.61亿元，同比下降2.3%；北京铜牛服装有限公司完成1.88亿元，同比增长25%；北京天彩纺织服装公司完成1.5亿元，同比下降6.3%；北京新清河毛纺织染公司完成1.12亿元，同比增长10.2%；北京京兰无纺布非织造有限公司完成1亿万元，同比增长10.4%。工业出口销售额完成2.49亿万元，同比下降10%，出口比重为12%；内销收入完成18.7万元，同比增长8.8%，内销比重为88%。按照产业类别划分，纺织服装产业完成收入19.09亿元，同比增长7.5%，比重为89.8%。其中，服装业完成收入7.85亿元，同比增长11.7%，所占比重为41%；面料业完成收入4.02亿元，同比下降5.7%，所占比重为21%；装饰及产业用纺织业完成收入7.23亿元，同比增长11.6%，所占比重为38%。非纺产业完成收入2.17亿元，同比下降3.9%，比重为10.2%。纱总计销售972.9吨，同比下降9%；布总计销售255.6万米，同比下降27.7%；毛线总计销售830.8吨，同比增长48.7%；无纺布总计销售4491吨，同比持平；服装总计销售900.2万件，同比增长27%，其中梭织服装销售822.6万件，同比增长46.2%；针织服装销售67.6万件，同比下降53.7%；羽绒服装销售10万件，同比增长104%。

（于清华）

【出口创汇】年内，纺织控股公司完成出口创汇27536.6万美元，同比增长12.7%。其中，进出口公司完成出口创汇26071.6万美元，同比增长15.9%；进出口企业完成出口创汇1465万美元，同比减少24.3%。在2015年出口创汇中，9家进出口公司中4家同比增长。其中，北京纺织品公司完成3795万美元，同比增长152.3%；北京金三环进出口公司完成4893万美元，同比增长117.3%；北京市溥利进出口公司完成1104.3万美元，同比增长110.8%；北京铜牛进出口公司完成5847万美元，同比增长6.3%。

（于清华）

【业务结构持续优化】年内，纺织控股公司保持了6个业务单元的良好发展态势，高端服装纺织业主营业务收入实现92.8亿元，同比增长20.4%；主营业务利润实现6.2亿元，同比增长49.1%；现代都市服务业主营收入实现28.3亿元，同比增长43.8%；主营业务利润实现7.4亿元，同比增长8.1%。对比“十二五”期初，工业企业户数从40户降至20户，减少50%；工业企业主营业务收入对行业主营业务总收入的贡献从41.7%下降至18.9%。高端服装纺织业主营业务收入占比由67.3%上升至76.6%；主营业务利润占比由28.8%上升至45.5%。

（纺织控股公司）

【运营能力稳步提升】年内，纺织控股公司共退出劣势企业10家（其中列入市国资委2015年退出计划企业3家，收回国有权益1470.32万元），实现北京地区传统纺织一般性制造业的全面退出；发行7亿元短期融资券、8亿元中期票据，发放委托贷款23笔，共计5.8亿元，协调过桥贷款4500万元，投资1.71亿元新设7家公司，对8个项目增资1.08亿元，实施5项股权收购投入5533.8万元，吸引社会资本共计1.39亿元。各企业盘活存量、扩大增量，培育新的增长点，开源节流、挖潜增收，努力提升自身造血能力。铜牛集团盘活张家湾工业园等土地、厂房自有物业，支持铜牛进出口公司坚持技工贸一体化发展，推动上海铜牛贸易公司迅速做大并实现盈利，助力铜牛信息公司直接融资、拓展京外业务；光华集团实施创新驱动，推动佳华泰公司在新疆投资建厂，支持燕阳公司巩固拓展新兴市场，鼓励海天公司加大高新产品研发，助力光华时代公司“走出去”和京冠毛巾公司战略转型，精心打造园区经济；雪莲集团收缩投资战线，以雪莲国际时装公司为核心，打造羊绒全产业链和全品类产品优势，培育检验检测标准服务新业务；京棉集团坚持效益导向，支持京棉进出口公司灵活经营，强化莱锦园区经营管理，打造丰棉园区“创客空间”，实现整体扭亏为盈；京工集团强化开放合作，打造跨界经营平台，引导进出口公司扩大内贸业务；毛纺集团果断退出劣势企业，加紧盘活存量资产，探索马坊园区持续经营模式；方恒公司改变经营策略，去库存化，探索运营新模式，加快转型升级；大华衬衫厂完成公司改制，聚焦品牌运营，自觉从传统产品制造商向时尚品牌运营商转变；京纺国际公司坚持“五个并重”，努力打造综合外贸服务平台，规模、效益齐增长。同时，纺科所布局科技研发、文化创意，培育新亮点；纺织党校用好干部培养、社会培训双平台，取得新成效；新媒体技师学院发挥技工培养、职业训练双优势，发展特色专业，实现新突破。

（纺织控股公司）

【品牌运营明显改善】年内，纺织控股公司持续推进品牌服装业务精细化、专业化发展。将品牌销售收入占比纳入主业为服装纺织企业的考核指标，对新成立品牌公司实行独立考核；成立品牌发展部实现对下属企业和品牌的垂直指导，支持品牌企业参与展览展会、开展宣传推广，实施产品质量监控、加大知识产权保护；推进与首都高校在品牌建设上的务实合作，对各品牌进行“问诊把脉”，推进“品牌时尚化”发展；投资控股时装之都文化传播有限公司，加大跨界融合，谋划新发展。各服装企业努力向品牌运营商转型，谋求产业链、价值链、创新链优势，聚焦时尚方向、对接市场需求、深耕品牌文化。“铜牛”品牌在完成生产基地外迁的同时，巩固提升产品品质和科技含量，拓展设计打样和定制业务，推进市场渠道、营销推广的规范化管理、专业化运营，提升物流基地和电商平台运行能力，努力打造智能物流网和柔性供应链。“雪莲”品牌打造大兴瀛海样品中心，加大工厂店建设力度，举办流行趋势发布会，探索全品类供给，促进线上线下融合，成功研制高品质可机洗羊绒衫，推出“北京礼物”等7个系列产品，稳步拓展市场空间。“雷蒙”品牌推出系列化产品、开设社区店、筹划高级定制业务，“伊里兰”品牌依靠新款式、新面料、新工艺打造品牌竞争优势。“天坛”系列品牌依托年轻专业运营团队，实施多品牌、多品类策略，打造综合品牌渠道，推出时尚化、个性化、高科技新产品，拓展外埠市场。“绿典”品牌开发四季婴幼儿辅助产品和系列内衣产品，丰富了产品品类。年内，重点品牌实现销售收入5.93亿元，同比增长3.9%，品牌利润率22%。

（纺织控股公司）

【京津冀协同发展】年内，纺织控股公司落实京津冀协同发展规划，促进三地资源共享、协同发展。7月，北京铜牛信息科技股份有限公司投资天津铜牛信息科技有限公司，推进“天津空港云数据中心项目”落地，注册资本3000万元，其中北京铜牛信息科技股份有限公司占股51%、纺织控股公司占股5%。9月，纺织控股公司与天津天纺投资控股有限公司联手打造天津自贸通新型外贸综合服务平台，成立天津自贸通外贸服务股份有限公司，利用天津自贸区政策优势，发展做大贸易板块业务，注册资本5000万元，其中纺织控股公司占股10%、天纺投资公司占股51%、天纺进出口公司占股39%。11月26日，天津自贸通外贸服务股份有限公司揭牌上线仪式在天津举行，国资委、天津市商务委、中信保天津分公司、北京纺控、天津纺控等方面领导以及合作企业代表出席仪式，纺织控股公司总经理李学彬出席仪式并致辞。

（于清华 徐岩）

【企业改革改制】年内，纺织控股公司围绕打造“时尚科技服务”新纺织的发展目标，加快企业改革调整，创新机制体制，激发企业活力。北京大华衬衫厂改制为北京大华时尚科技有限公司，专注品牌运营，加快从传统产品制造商向时尚品牌运营商转变。在完成北京纺织品进出口公司改制的同时，成立北京京纺国际贸易有限公司，努力打造综合外贸服务平台，实现规模、效益齐增长。北京衬衫厂整体改制为国有一人有限公司分支机构，改制后新公司名称为北京雪莲集团有限公司北京衬衫厂。北京雪莲羊绒股份有限公司结合企业经营实际，更名为北京雪莲羊绒有限公司。北京科兴源热电有限公司吸收合并北京方泽劳动服务有限公司。北京市京工雷蒙服装服饰有限公司吸收合并北京京工枫叶服装服饰有限公司。为整合资源、盘活资产，京棉集团分别收购北京京澳纺织有限公司、北京巨龙纺织有限公司中其他股东的股权，将两企业变更为国有一人有限公司。

（杨舒 徐岩）

【科技创新与成果】年内，纺织控股公司市属工业企业新产品销售收入实际完成 7.45 亿元，占产品销售收入的 35.05%，科技支出实际完成 1.06 亿元，占产品销售收入的 4.98%。企业申请专利 25 项，其中发明专利 18 项，获得授权 10 项，包括发明专利 8 项。

（张和平）

【品牌建设】年内，铜牛品牌获得 2014 年度同类产品市场综合占有率第五名、2014 年度北京时装之都热销服装品牌营销金奖，铜牛牌针织内衣荣列 2014 年全国市场同类产品销量前三名；铜牛、天坛、雷蒙、伊里兰品牌获得 2014 年度北京时装之都热销服装品牌称号。光华集团旗下“绿典”“京冠”等 4 个品牌集体亮相上海第二十三届 CHIC 展，铜牛针织内衣连续 8 年参加中国国际针织博览会。8 月，成立了品牌发展部，强化顶层设计和工作统筹。雪莲集团联合北京服装学院，成立“北服—雪莲针织创意研发中心”，举办“2015—2016 秋冬羊绒针织服装流行趋势发布会”和“2016—2017 羊绒针织服装流行趋势发布会暨雪莲秋冬新品发布会”。位于西城区广安门南街 48 号北京雪莲科技大厦的雪莲品牌首家 O2O 体验店开张试营业。大华衬衫厂改制成立北京大华时尚科技发展有限公司，自主品牌 PURE TOUCH 专柜入驻通州万达和天津万达商业广场。纺织控股公司旗下品牌全年实现收入 5.93 亿元，品牌利润率 22%，同比增长 3.9%。

（朱婧达）

【功能性纺织品发展】年内，纺织控股公司坚持把发展产业用功能性纺织品作为纺织制造业提升创新水平的重要方向和纺织发展的新增长点，支持企业加大技术创新，城市应急避险和高性能纺织助剂等一批重点项目进展顺利，产品结构更加高端化、应用领域更加广泛化，在国内外市场的竞争力不断增强。佳华泰公司研发的大型篷盖制品节能保温技术处于国内领先水平，2015 年易拆卸可移动节能保温篷房系列产品的研发和产业化进程加速，产品在新疆、甘肃、东北等高寒地区广泛应用。五洲燕阳公司研发的聚氨酯大容量软质储液罐、大口径高压输液管产品处国内行业领先地位，进入美欧市场；公司以柔性路面研发、生产、推广、应用为龙头拓展产品系列，逐步从管线产品供应商向产品系统配套服务商以及用户整体解决方案规划服务商转型。中纺海天公司在高性能新技术纺织助剂、后整理助剂和高性能纤维纺丝油剂等方面处于行业中上水平，碳纤维上浆剂项目实现产业化，逐步替换日本产品，碳纤维油剂研发工作有序推进。泰科斯曼公司研发生产的医用止血材料处于国际先进水平，拥有中国、美国发明专利，产品覆盖国内大部分省市地区并出口欧美、东南亚和韩国市场。

（纺织控股公司）

【重点项目推进】年内，纺织控股公司 15 个重大科技创新项目完成投资 1.05 亿元，实现销售收入 16.24 亿元，实现利润 1.14 亿元。铜牛集团“功能性针织产品的深度研发与产业化”项目，根据面料功能特性，工作重心向款式设计转移，通过市场反馈获取该品种消费信息，不断改进产品款式设计，扩大铜牛功能类针织产品的市场份额，取得了理想的销售业绩；铜牛集团“高效 IT 服务基地建设”项目在整体水冷空调系统中新增了 2 台冬季 Free cooling 自然冷却系统机组，全面减低了天坛数据中心冬季 PUE 值；推出了 DDOS 攻击流量清洗增值服务产品，通过与第三方专业公司合作，大幅降低了因客户网站遭受 DDOS 攻击而对总体带宽质量的影响；完善了客户带宽使用监管手段，确保了带宽使用的利润最大化。光华集团“城市柔性建筑材料的研发与产业化”项目根据市场需求进行涂层材料和保温篷房设计研发与市场推广，争取在“一带一路”上有所建树；光华集团“高性能纤维助剂研发与产业化”项目中碳纤维上浆剂已经形成产品供货，正在逐步替换日本产品。大华时尚公司“RFID 服装智能吊挂生产系统技术研究和产业化应用”项目结合企业物流信息化系统的建设和改善，加大吊挂系统的数据研发和与其他信息流的有效融合，实现全面信息化，发挥对品牌产品和运营管理的支撑，提高品牌附加值。

（葛顺顺）

【获得荣誉】1 月，纺织控股公司获得中国纺织工业联合会中纺圆桌论坛特别贡献奖。3 月，纺织控股公司摘得首都文明单位和首都文明单位标兵双荣誉称号，首都精神文明建设委员会授予北京京工服装集团有限公司、北京铜牛集团有限公司、北京京棉纺织集团有限责任公司、北京市新媒体技师学院、北京雪莲集团有限公司、北京方恒置业股份有限公司 2012—2014 年度首都文明单位称号，授予北京光华纺织集团有限公司首都文明单位标兵称号；中国行业企业信息发布中心认定铜牛牌针织内衣位列 2014 年全国市场同类产品销量前三名，并被授予专项奖牌和证书；中国商业联合会中华全国商业信息中心发布铜牛品牌获得 2014 年度同类产品市场综合占有率第五名；纺织控股公司工会组织 12 名选手，参加市总工会主办的“美丽源于自信 · 风采绽放幸福”服装时尚风采大赛，获得三等奖。4 月，方恒置业公司方恒假日酒店雷锋班获得北京市模范集体称号。5 月，以张津育为领军人物的泰科斯曼创新团队获得中国财贸轻纺烟草工会全国委员会颁发的劳模创新工作室殊荣；铜牛品牌获得 2014 年度北京时装之都热销服装品牌营销金奖，铜牛、天坛、雷蒙、伊里兰品牌均获得 2014 年度北京时装之都热销服装品牌称号。7 月，在 2015 年全国纺织行业质量管理小组代表大会上，光华集团佳泰新材料有限公司篷房制作班组获得全国纺织行业优秀质量管理信得过班组称号；北京中纺海天染织技术有限公司通过高新技术企业认定。8 月，2015 中国纺织十大品牌文化推介大会暨中国纺织品牌文化论坛在陕西榆林成功举办，雪莲集团获得全纺品牌文化创新企业称号，北京市纺织党校政研会获评全纺优秀思想政治研究会，大华衬衫厂衬衫车间整烫班组获得全纺郝建秀小组称号。11 月，北京五洲燕阳特种纺织品有限公司、北京佳泰新材料有限公司、北京光华启明烽科技有限公司、北京泰克斯曼科技发展有限公司 4 家公司通过高新技术企业认定。同年，“天坛 Tiantan”牌衬衫获得 2015 年行业检测优等品；北京市中小学生装设计作品征集活动组委会授予铜牛集团设计的律动青春、水韵年华两款学生装为 2015 年北京市中小学生装设计作品活动入围奖。

（纺织控股公司）

北京工美集团有限责任公司

【概况】 北京工美集团有限责任公司（简称工美集团）自成立以来，始终坚持以工艺美术为主业，以传承与弘扬中华民族工艺美术文化、发展文化创意产业为己任，是集工艺美术品设计开发、商业经营、国际贸易、检测鉴定、职业教育、文化交流等于一体的多元化综合性企业集团，是北京乃至全国工艺美术行业的龙头企业。

现有在册职工 1377 人，拥有企事业单位 27 家，其中合资企业 7 家。具备自营进出口权、黄金批发零售权、珠宝首饰质量检测、市级技术研发中心及大师工作室等特殊资质。注册资本 4.66 亿元。经营性房产总占地面积 6 万平方米，总建筑面积 17.5 万平方米。2015 年，工美集团实现营业收入 101 亿元，完成计划指标的 101%，同比增长 51%；全年实现利润 8729 万元，同比增长 24%。

（李 刚）

【重大项目】 2015 年，是中国人民抗日战争暨世界反法西斯战争胜利 70 周年，也是联合国成立 70 周年。北京工美集团受外交部和北京市政府委托，负责此次中国向联合国赠送国礼的设计制作任务。北京工美集团先后组织 20 余家企业、设计机构和院校，18 名国家级、市级工艺美术大师参与，在 118 天时间内圆满完成了国礼设计制作任务。9 月 27 日，国家主席习近平与联合国秘书长潘基文共同为“和平尊”揭幕，展示了中国传统工艺美术的精湛技艺，彰显了北京工美集团的行业领航风采。北京工美集团高质高效地完成了中国人民抗日战争暨世界反法西斯战争胜利 70 周年阅兵元首礼品、大阅兵请柬和亚投行协定签署仪式及特别财长会议礼品的设计制作任务，得到外交部有关部门的高度赞许。

（李 刚）

【创新商业模式】 年内，工美集团着眼企业长远发展战略，不断探索商业模式创新，为适应当前电子商务发展新趋势，对集团公司电子商务发展进行顶层设计。全年先后组织召开了 10 余次座谈会和研讨会，聘请了专家顾问，形成《工美电商战略升级实施方案》，将电子商务运营中心全面升级为工美电子商务中心，并与专业公司合作，打造具有工美集团特色及市场竞争力的工艺美术生态圈，全面推进工美产业升级。

（李 刚）

【品牌建设】 年内，工美集团贯彻执行《2014—2015 年北京工美集团品牌建设行动计划》，促进集团品牌建设、品牌管理、品牌经营和品牌传播水平的不断完善和提高。为落实京津冀协同发展战略，北京工美集团支持河北省承德市挖掘传统文化资源，开展工艺品和“承德礼物”的开发。与湖北省十堰市政府签署战略合作协议，多方面帮扶十堰市发展工艺美术产业。北京工美集团拓展品牌宣传思路，丰富宣传视角，提升品牌传播影响力：借助央视“大国工匠”平台，主动出击寻找契合点，提升工美集团品牌影响力；与 BTV《这里是北京》栏目进行深度合作，明确品牌宣传重点，梳理宣传主线；组织新媒体营销、运营工作，形成实施方案，依托新媒体开展丰富多彩的线上、线下活动，增加了官微粉丝数量，提高了促销活动关注度及粉丝黏度，扩大了品牌影响力。

（李　刚）

【队伍建设】年内，工美集团共引进各类人员127名，均为文化层次较高、专业技能较强、工作经验丰富且年龄偏低人员。党校、培训中心与各主管部室一起，圆满地完成了全集团的10期培训，共计培训745人次，涵盖领导干部及各类专业人才，培训内容主要有政治理论、管理理论、思想文化和专业知识及技能4个方面，形成了更加专业化、规范化、技术化的培训体系。

（李　刚）

燕山石化

【概况】燕山石化位于北京市房山区燕山岗南路1号，是中国石化集团公司旗下特大型石油化工联合企业，前身为1970年成立的北京石油化工总厂，曾更名为北京燕山石油化学总公司、中国石油化工总公司北京燕山石油化工公司、北京燕山石油化工集团有限公司。2015年，燕山石化包括中国石油化工股份公司北京燕山分公司（简称燕山分公司）和中国石化集团北京燕山石油化工有限公司（简称燕化有限公司）。北京东方石油化工有限公司（简称东方石化公司）为燕化有限公司全资子公司，保定石油化工厂（简称保定石化厂）由中国石化集团公司划归燕化有限公司进行管理。

燕山石化共有在岗职工15596人（含东方石化公司、保定石化厂）。公司本部拥有63套主要生产装置、68套辅助生产装置，原油加工能力1000万吨/年，可生产94个品种、431个牌号的石油化工产品，是国内第一家生产欧Ⅴ标准清洁油品的千万吨级炼油基地；乙烯生产能力80万吨/年，聚乙烯55万吨/年，聚丙烯40万吨/年；合成橡胶生产能力24万吨/年，苯酚丙酮生产能力24万吨/年。合成树脂包括低密度聚乙烯、高密度聚乙烯、EVA、聚丙烯以及改性专用树脂等产品；合成橡胶包括顺丁橡胶、SBS、溶聚丁苯橡胶、丁基橡胶等产品；基本有机化工原料包括乙烯、丙烯、丁二烯、苯酚、丙酮、苯、乙二醇、苯乙烯、间苯二甲酸、间二甲苯、1－己烯等产品，是我国重要的合成橡胶、合成树脂、苯酚丙酮和高品质成品油生产基地之一。东方石化公司可生产醋酸乙烯、丙烯酸及酯、丁辛醇等5个系列37个品种145个牌号产品。保定石化厂可年产20万吨道路沥青。

年内，燕山石化克服原油价格持续下跌、大庆石油断供、环保限产、化工系统进入运行末期等重重困难，紧盯“本质安全、环境友好、持续盈利”发展目标，全年加工原油989.95万吨，生产乙烯78.6万吨，实现营业收入565.39亿元，上缴利税151.75亿元，整体盈利16.39亿元，其中分公司盈利21.27亿元。

（吴明晓）

【推进部分业务板块重组】年内，燕山石化为转换经营机制，盘活优质资产，优化人力资源配置，提升企业的整体竞争力和盈利能力，燕山石化推动一部分发展前景较好的业务板块“走出去”谋发展，先后组建或划转了燕化高科、中燕信息、燕化检维修公司等10家合资合作或自主经营企业开始市场化管理运行，涉及职工2489人，实现分流838人。

（吴明晓）

【推进一体化管理进程】年内，燕山石化为整合资源优势、发挥规模经济、促进企业一体化管理进程，在前期业务流程优化、成立一体化管理领导小组的基础上，按照业务范围和关联程度，对化工一厂和化工七厂、橡胶一厂和橡胶二厂、储运一厂和储运二厂、热力厂和电网管理中心进行重组合并。通过推进一体化管理，二级单位数量进一步压缩，基层力量得到加强，业务连贯性和财务核算准确度明显提升，完成企业精简机构瘦身、加强费用管控、提高工作效率。

（吴明晓）

【完成公司级专家选聘】年内，燕山石化为进一步畅通“三支人才”队伍成长通道，按照“同行评同行、专家选专家、公司聘专家”的原则，先后在公司机关和生产单位全员覆盖选聘专家。通过自主报名、集中答辩、专家评议等程序，共从来自各专业的1268名报名者中选聘出公司各类专家160人。通过专家选聘，燕山石化进一步畅通了技术人才和技能人才的成长通道，激发了干部员工扎根生产一线、提升技能操作、强化科技创新的积极性，有利于企业持续健康稳定发展。

（吴明晓）

【第三套三废联合装置投用】第三套三废联合装置是燕山石化的重点环保项目，设计硫磺回收能力为6.5万吨/年，用以满足炼油系统加工高硫进口原油的环保需要。该项目于5月10日开工建设，11月15日建成试车，11 月 30 日顺利中交。

（吴明晓）

【推进环保治理】年内，燕山石化推进环保治理工作，先后完成两轮 LDAR 检测工作，共对 142.58 万个密封点进行监测，检出泄漏点 6508 个，修复 5023 个，泄漏率低于 0.5%，修复率超过 77%；投资 5 亿元开展第二轮“碧水蓝天”暨环保隐患治理项目，加快推进水煤浆锅炉清洁能源改造、工业炉脱硝改造、废碱液处理等一批重点环保项目，确保 2016 年全部完成，满足北京市最新标准。经北京市政府批准，燕山石化全年共获批环保补助资金 1.4 亿元、环保科技补助资金 300 万元。

（吴明晓）

【配合首都油品质量升级工作】年内，燕山石化按照北京市环保局要求，配合开展首都油品质量升级工作，向天津汽车研究中心提供 92 号和 95 号 2 个牌号、7 个种类的京标Ⅵ车用试验汽油和车用基准汽油共计 360 吨，协助天津汽车研究中心进行行车实验和实验室研究，考察汽油组成对污染物排放的影响，为制定京标Ⅵ车用汽油标准提供数据支持。

（吴明晓）

北京化学工业集团有限责任公司

【概况】2015 年，北京化学工业集团有限责任公司（简称北化集团）营业收入全口径实现 55 亿元；市国资委口径完成 43.38 亿元，净资产收益率超预算 30%，3 项资金同比下降 4%。全年利润总额完成 9518 万元，完成年度预算的 111.8%，同比增长 6.4%，市国资委对北化集团的财务绩效评价首次升至“良”。完成了市国资委考核的 2 项基本指标（利润总额、净资产收益率）和 4 项分类指标（成本费用占营业收入比率、流动资产周转率、应收账款周转率、科技支出占主营业务收入比重），而且优于 2014 年；足额完成国有资本收益收缴指标，已连续 7 年按净利润 20% 的比例上缴国有资本收益。年内，北化集团上缴国有资本收益 926 万元。

年内，企业整体效益状况继续向好，25 家二级单位实现盈利，其中利润总额超千万元的有 3 家；职工收入保持稳定增长，同比增长 8.2%，全员劳产率同比增加 6.3%；全面推进节能减排治理，制造业万元增加值能耗同比下降 18%，水耗同比下降 6%，复用水率达到 96%；加大科研开发工作力度，全年科技支出总额占主营业务收入比重达到 1.42%。较好地完成了安全生产、环保、消防、职业健康、治安、交通等工作。

（刘毓　徐博非）

【制造业“京外布局”】年内，华腾橡塑 7200 万副 / 年高等级乳胶手套（安徽）项目，建成并通过竣工验收。同时，继续推进胶板、鞋类、乳胶等产品的京外合作，京外产品产量今年已达 30%。以北京为总部，以“京外投资项目 + 京外合作生产”为支撑的企业布局新模式基本形成。化研院 2 万吨 / 年工程塑料（浙江）首研一期项目，全面进入工程设计阶段，为开工建设做好准备。为配合通州城市副中心建设，华腾东光年内已对生产丙烯酸乳液的北京工厂进行了停产，同步向京外转移产能，并开展资本合作的前期准备。华腾新材料与意大利 SAPICI 公司合资的（珠海）福瑞聚合物材料有限公司完成工商注册，正在探索高端化、轻资产的公司运行新模式。

（刘毓　徐博非）

【京内产业基地转型发展】年内，北化集团全力配合市政府“东方化工厂转型升级”专项工作。加强大兴化工基地安全环保“一体化管理”，深化“绿色生态化工园区”建设。特别是“8·12”天津港爆炸事故之后，面对各级政府主管部门的日益关注和更加严格的监督检查，北化集团加强了化工基地各项工作的统筹，并开展与地方政府的沟通联络，关注新机场和安定区域发展规划进展情况，为化工基地的转型发展做准备。

（刘毓　徐博非）

【节能减排】年内，北化集团有 5 家企业完成“安全标准化”二级达标，3 家企业“清洁生产审核”取得新进展。实施或完成了化工基地污水改造、甲类库消防隐患整改、易燃彩钢板改造以及华腾橡塑硫化废气治理等一批安全环保项目。制造业万元增加值能耗同比下降 18%、水耗同比下降 6%，复用水率达到 96%，保持较高水平。

（刘毓　徐博非）

【科技创新】年内，北化集团科技支出总额 6129 万元，占主营业务收入比重达到 1.42%，其中市国资委考核的 3 家重点企业科技支出比重超过 3%。以重点骨干单位的科研力量为支撑，“北京化工集团博士后科研工作站”10月获得国家人社部正式批准（市属单位共建有83个工作站），这将成为推进北化集团科研体系高端化建设的重要里程碑。年内，华腾橡塑已完成两个厂内研发中心建设，为企业的高端制造转型创造条件。华腾新材料、华腾橡塑各有一个新项目，华腾新材料、试剂所各有一个科研团队，共获得北京市国有资本预算资金支持500万元。北化集团依托化研院建设的“北京化工信息中心”已取得成效。华腾东光被中石化联合会评为“全国技术创新示范企业”，积累了重要无形资产，提升了企业价值。多家企业“开门”搞科研，大胆开展产学研合作，创新体制机制，实现了优势互补和资源共享。

（刘毓 徐博非）

【新产品研发获突破】年内，北化集团新申请专利15项，获得授权9项。加快科技成果转化，实现新产品收入预计达到1.45亿元。华腾橡塑完成科研开发及技革技措项目25项；试剂所高电压电解液、硼铝混合源、乳胶磷源等系列新品研发取得突破性进展；华腾东光推动丙烯酸乳液新品的高端化发展，碳纤维上浆剂等填补了国内产品空白；华腾新材料成功研发耐苛刻条件的聚氨酯黏合剂产品，保持国内领先水平；化研院强化科研队伍建设，结合市场需求研发多牌号的工程塑料新产品，其中低成本高性能可生物降解塑料小试成功。

（刘毓 徐博非）

【城市运行服务保障产业】年内，北化集团城市气体保障能力稳步提高。医用氧气已覆盖北京及周边地区50家大医院，航空航天试验单位的液氧、液氮产品供应量已达100吨/天，同比增加50%；京津冀地区自来水厂、污水处理厂日均液氧供应量同比增加20%；高校、汽车、食品等领域的用气业务不断拓展。全年为排水集团供应甲醇6100吨，同比翻一番。为自来水集团提供液氯、次氯酸钠等消毒产品以及安全技术服务保障工作取得有效进展，并取得了相应危险化学品经营许可资质。为环卫集团供应化学试剂，全年销量已达1.8万吨。全年回收提纯挥发有机溶剂4500吨，同比增长12%，为北京的环境治理做出新贡献，经济效益和社会效益明显。继续参与“全市危化品集中管理体系”建设，加强沟通协调，深入调研筹备，编制完成北化集团《关于北京市化工产品危险化学品集中管理体系建设方案》，报市政府专项协调小组审查备案。

（刘毓 徐博非）

【社会化服务产业】年内，北化集团技师学院以学制技师培养、技工院校师资研修、社会培训互为支撑的教育培训体系更加完善，在第四十三届世界技能大赛上实现金牌零的突破，并在河北固安开展合作办学，迈出京外布局步伐。职防院继续扩大巩固评价检测业务，新建“国家职业病危害防治专业技术人才培养基地”，并获得军工保密、放射防护评价与检测和全国职业卫生3项甲级资质。华腾通标发挥检测资质优势，融入城市运行服务保障领域，做好政府监管部门的委托任务，开展危险品包装物、危化品、车用化学试剂等监督抽查业务。华腾劳务派遣为系统内外57户企业1600余人次提供劳务服务，并为北化集团退休人员集约化管理做出新贡献。

（刘毓 徐博非）

【企业融资体系建设】年内，北化集团推进华腾新材料上市准备工作，完成增资方案，总股本增至7500万股，企业资本结构进一步优化。完成化研院、华腾旌凯各1000万元增资。继续深化与华夏银行的战略合作，不断加大与兴业银行的“票据池”业务。

（刘毓 徐博非）

【人才队伍建设】年内，北化集团招收本科以上毕业生60人，引进高端人才3人。推进专业技术职务考评和晋级，4人晋升高级职称；加大技能人才培训力度，集团层面组织29个培训班、1028人次的培训课程，其中高级工及以上等级培训88人次。技师学院“王展超数控车首席技师工作室”通过市级初评，系统内将拥有3个市级首席技师工作室（北京市共100个）；试剂所王连旺获得北京市第四批有突出贡献的高技能人才称号；组织4名科技人才申报了市级“青年骨干人才”资助项目。

（刘毓 徐博非）

北京金隅集团有限责任公司

【概况】北京金隅集团有限责任公司（简称金隅集团）隶属北京市国资委，是以“水泥及预拌混凝土—新型建材与商贸物流—房地产开发—地产与物业”为核心产业链，主业于香港H股(02009)和上海A股(601992)上市的大型国有控股产业集团。金隅集团是国家重点支持的12家大型水泥企业之一和京津冀区域最大的水泥生产商及供应商、全国最大建材制造商之一和环渤海经济圈建材行业的引领者、北京地区综合实力最强的房地产开发企业之一和开发最早、项目最多、体系最全的保障性住房开发企业，以及北京最大的投资性物业持有者和管理者之一。

2015年，在市委市政府和市国资委的领导下，公司主动适应新常态，坚持稳中求进总基调，围绕提质增效，创新、扎实工作，使产业发展稳中有进。截至年底，公司资产总额超1400亿元，营业收入超470亿元，利润总额近32亿元，完成年度各项工作任务。水泥及预拌混凝土板块挖潜降耗，创新营销模式，控降应收账款和采购成本，扩大战略资源储备，加快产业链延伸，突出绿色环保，加强科技创新，强化运营管控和对标管理，主要经营指标优于区域同行业水平。新型建材与商贸物流板块不断提升管理水平，加快建设自有营销平台和完善市场布局，创新大宗物资贸易运营模式，商贸物流业务规模稳步扩大。房地产开发板块坚持“好水快流”和“两个结构调整”的方针，准确把握市场机遇，审慎研判，科学论证，广泛参与，理性拿地；规范管控体系，调整销售策略，提升项目运营效率和盈利能力。地产与物业板块优化经营模式，深化资源整合，提升服务品质，规范非经资产管理，保持良好发展态势。

（龚国腾）

【技术创新】年内，金隅集团科技投入6.6亿元，获得专利109项。公司国家级企业技术中心高质量通过国家发展改革委评价，金隅中央研究院超低能耗建筑工程研究中心获北京市科委批复，赞皇金隅公司获河北省级企业技术中心称号，通达公司获北京市高新技术成果转让示范企业称号。全年完成19个公司重点科研项目，并形成一批具有实用性、战略性、前瞻性的科研成果，新产品收入达到18亿元。

（龚国腾）

【资本运作】年内，金隅股份公司完成定向增发A股47亿元，并将有望撬动百亿元以上的增量债务资金。公司加强与金融机构的合作，注册债券额度达250亿元，并成功发行70亿元，争取年利率1.2%的低息项目贷款近3亿元。公司发挥财务公司资金管理平台作用，为企业发展提供内部金融支持，开展票据池业务，提高票据使用效率，盘活资金。公司增资金隅香港公司，成立金隅融资租赁公司，拓宽公司境外融资通道。

（龚国腾）

【非首都功能疏解】年内，金隅集团按照市委市政府和市国资委的要求，强力推进“两违”治理和非首都功能疏解工作，关停大红门鑫海和方仕鞋城，全面清理西三旗岩棉坑、北木南厂区、西马场小区等区域的违章建筑和商户，全年共清空腾退房屋约14万平方米、拆除违建约3.5万平方米，清理疏散近万人。采取强力措施完成久运停车场、京沧汽修公司等拆迁腾退工作，拆除违建面积约2.7万平方米，疏解人口约1200人，彻底解决了多年的历史遗留问题。启动了通达耐火材料、金隅天坛家具、北京太尔化工等在京产能的疏解工作，为北京产业优化发展做出贡献。

（龚国腾）

【企业结构调整】年内，金隅集团完成6户劣势企业退出工作，邯郸市太行水泥完成注销，设立12家子公司和6家分公司。为推动企业加快发展，实现主辅分离，北京金隅加气混凝土有限公司非主营业务及人员彻底剥离，划归集团、股份公司内专业公司进行统一管理。根据公司产业布局和转型升级要求，对岚县金隅水泥有限公司、北京爱乐屋建筑节能制品有限公司等6家企业的投资关系、管理层级和经营方式等进行调整。

（覃 静）

【推进产业发展】年内，金隅集团各板块企业开拓市场，产业链向纵深发展。水泥及预拌混凝土板块——邯郸金隅太行水泥公司先后收购了聊城市永辉混凝土有限公司、聊城市泓均混凝土有限公司、邯郸市永安商砼有限公司资产，在邯郸馆陶县又新建了年产40万吨干混砂浆生产线项目，利用当地资源优势，新建了200万吨矿渣粉项目；天津振兴公司利用水泥窑协同处置污泥项目和熟料帐篷库项目实施；承德金隅水泥公司年产40万吨干混砂浆项目、脱硫石膏和石灰石矿山环境治理等项目完成；张家口金隅水泥公司50万吨粉煤灰仓储项目投产；北京金隅砂浆年产40万吨普通砂浆（平谷）项目建成投产。新型建材和商贸物流板块——大厂工业园内年产80万标件家具生产线项目实施；北京金隅国际物流园二、三期工程推进；窦店园区内国家节水器具产品质量监督检验中心项目实施。地产与物业板块——建金商厦综合维修改造项目完成。

（王 博）

【技术改造】年内，金隅集团各板块企业根据自身发展条件，认真研究当地产业发展形势和环保要求，进行技术升级和环保改造，开展企业对标活动，提升企业技术水平。水泥及预拌混凝土板块——赞皇金隅水泥公司实施了粉尘综合治理工程；曲阳金隅水泥公司扩建了原料堆棚；博爱金隅水泥公司实施了原料粉磨节能技改；保定太行和益水泥公司实施了生料磨节能技改；涿鹿金隅水泥公司利用水泥窑协同处置2万吨/年危险废物项目实施；鼎鑫水泥二分公司二线生料磨节能技改项目和能源管理中心项目完成；北京水泥厂凤山矿下庄矿段技术改造完成；北京金隅混凝土公司对7个站点实施了环保改造；沧州临港金隅公司搅拌站实现“绿色站”建设；地产与物业板块——西三旗热力公司内煤库改造项目完成；金隅地产公司收费与租赁信息系统建设项目投入使用；金海燕物业公司移动互联网服务平台上线。

（王 博）

【建材生产经营】年内，金隅集团新型建材与商贸物流业主营业务收入完成116.2亿元，为上年同期的98.6%；利润完成1.48亿元，为上年同期的64%。其中，国有及控股企业完成96.4亿元，与上年同期持平；合资参股企业完成19.8亿元，为上年同期的94.3%；国有及控股企业经营活动现金流入量全年完成24.4亿元，为上年同期的89.2%。新型建材制造业坚持自我诊断，持续改进，提升企业管控能力和盈利水平。制造业借用诊断方式推动企业生产经营发展，同时将企业诊断、绩效目标及生产经营管理有机结合，促进企业控降成本、改进工艺、减员增效、扩大销售，高质量完成产销目标和重点工作。金隅涂料公司销售收入提前1个月完成全年经济指标，完成年计划的122%，同比增长5%，利润同比增长2%；节能保温公司销售收入完成年计划的106%，同比增长27%，岩棉产销量达到2万吨，同比增长168.7%，库存产品减少3500吨，同口径减亏747万元；星牌USG公司同比减亏2600万元。金隅商贸大宗物资贸易创新商贸物流业务模式，实现快速发展。年内，钢材及能源大宗贸易额达到40亿元，同比增长29%，成为商贸业务的主要增长点。

（刘小敏）

【产业结构调整】年内，金隅集团新型建材制造业加快产业结构调整升级，制造企业由11家整合为9家。园区化集中生产模式基本形成，大厂工业园基本完成入园企业规划，整体运营更加顺畅、集群效应初步显现。窦店科技园面貌变化大、整体形象新，园区管理水平逐步提高。

（刘小敏）

【重点项目建设】年内，金隅集团天坛大厂年产80万件家具项目开始安装设备，该项目采用了地源热泵供暖技术、生物质燃料技术，实现了废物利用和清洁能源生产，提升了能源使用效率；天坛中国泛家居文化创意产业园项目获得股份公司批准，迈出了制造业企业转型升级的步伐；金隅国际物流园按照京津冀协同发展纲要定位为金隅高新产业园，一期12万平方米外装饰已经完成，二期年内局部封顶。运营方案明确了电子商务、健康产业两个方向并积极对接下游客户；金隅商贸西安天丽合资项目实现了陕西TOTO的独家代理，促进了金隅商贸产业向西北市场的辐射能力。

（刘小敏）

【拓展整合优化渠道】年内，金隅集团新型建材板块加大重点工程、形象工程的协同攻关力度，发挥集团的优势资源，与水泥事业部、房地产开发事业部协同，加强与首都新机场、北京市城市副中心、北京老旧小区改造、北京文保区改造等项目的对接，通过产品推广会、集成产品房屋搭建、座谈会等形式进行产品集成营销。同时加大与住总集团、中铁建工集团、中国十四冶等集团战略合作伙伴对接，实现强强联合、优势互补，进入产品集采供应库，集成销售新材板块产品。新型建材板块持续提升上海、天津、沈阳、西安等区域性营销平台的业务拓展能力，对新型建材板块产品进行集成销售；同时着力整合内外部资源，打造新的区域性综合营销平台，依托济南、大理等外埠具有优势资源的业务合作伙伴，完成了济南、大理2个区域营销平台建立，并实现产品销售，其中济南平台东城逸家项目实现金隅涂料销售额700余万元。

（刘小敏）

【水泥及预拌混凝土生产】年内，金隅水泥（含熟料）销量3926万吨，预拌混凝土产销量1134万立方米，水泥及预拌混凝土板块实现营业收入108.29亿元。金隅水泥发挥集团规模优势，强化营销管理，不断丰富统一营销的内涵，创新营销模式，对接“互联网+”，搭建水泥销售电商平台，完善销售网络，实施跨区域的资源配置、产品调配和产业链互动，强化服务措施，打造质量型差异化竞争优势，主要经营指标优于区域同行业水平；深入推进统一供应管理，坚持招标统一采购，不断扩大统一招标的物资数量和品种，开拓新的采购渠道，搭建新的采购平台，引进第三方储备模式，企业采购成本降低，区域市场掌控力持续增强。坚持发展砂浆、骨料产业，产业链不断延伸。承德、邯郸馆陶年产40万吨干混砂浆生产线按期完工投入运行，天津混凝土湿拌砂浆进入销售市场；博爱砂石料项目投入运行并外销，曲阳骨料生产线、涉县180万吨采矿废石综合利用项目在实施推进中，邯郸复配线项目一季度投入生产运行，以水泥为中心的产业链正在形成。金隅砂浆系统开发聚羧酸合成技术产品，砂浆产业继续保持良好发展势头。金隅水泥循环经济和绿色环保产业得到长足发展，走可持续发展道路，企业转型升级步伐加快，年内16家水泥企业水泥窑协同处置项目全面展开。琉璃河、振兴、前景污泥项目投入运行，前景水泥窑替代燃料二期项目进入收尾阶段，琉璃河协同处置飞灰项目和涿鹿协同处置危废项目取得《危险废物经营许可证》，宣化项目完成建设工作，鼎鑫、赞皇、承德、沁阳、博爱、陵川、广灵、岚县项目均在实施过程中。环保产业的社会效益和经济效益日益凸显。建材基地建设稳步推进，战略资源储备工作扎实进行。冀南建材基地馆陶40万吨干混砂浆项目竣工投产，冀中、冀西北建材基地完成建设规划，冀西北建材基地50万吨粉煤灰仓储项目投入运行，基地规模效益初步显现。冀南建材基地实施对区域商混原材料采购及运输的统一招标，降低采购和运输成本，冀北建材基地利用仓储优势取得了原材料价格低于市场价格的优势，冀中建材基地谋划实施区域内优质粉磨站并购整合和“走出去”战略。陵川取得了自备石灰岩矿新的“采矿许可证”，矿石储量增加。强化内部管控，加强科技创新，企业整体运营质量提高。建立了砂浆企业的质量管理体系，完成对水泥质量控制、技术评价等标准的修改，能源、设备管理信息系统开始实施；全面开展综合管理达标工作，能耗持续降低，企业制造成本持续下降。红树林、水泥科技公司、生态岛等多个项目获省部级奖且申请多项专利，赞皇金隅公司获河北省级企业技术中心称号。

管理信息系统完善升级，金隅水泥产业信息管理系统平台新增混凝土管理功能模块，智能物流一卡通系统在多家企业建设安装。落实国家综合利用退税政策，完成产品结构调整，优化物料配比方案，完善综合利用基础管理工作。完成混凝土企业机构和营销战略的优化和混凝土、砂浆的应收账款预警制度模板编制，实施新的营销和采购模式，实现了产业相关产品的联动销售，混凝土产业运营质量显著提升。

（谭福生）

【科技创新】年内，金隅集团科技投入6.6亿元，新产品销售收入18亿元，承担国家级科技项目13项，获得省部级（含行业）科技奖励26项，获得国家专利109项，主参编国家、行业及地方标准44项。建设了公司环保信息监控系统，向智慧环保迈出了坚实的一步。北京水泥厂有限责任公司建设的利用水泥窑无害化处置污染土项目利用工业垃圾燃烧产生的热量处置污染土，实现了“以废治废”的目标，填补水泥窑规模化处置挥发、半挥发污染土的国内空白，达到国际先进水平。在北京市琉璃河水泥有限公司与金隅中央研究院的共同努力下，水泥窑处置垃圾飞灰生产线实现连续运转，通过环保验收，并取得危险废物经营许可证。天津振兴水泥有限公司建设的水泥窑协同处置污泥及除臭项目，可实现远程自动卸泥过程，对环境无任何污染，提升了公司在天津地区废物处置的影响力。广灵金隅水泥有限公司实施了一整套熟料成本降控工艺优化技术改造，窑运转率达到96.30%，同比提高6.78%。通达耐火公司建设的3万吨/年新型不定型耐材生产线在同行业中首家采用机器人自动码垛系统，节省了人工成本。北京金隅水泥经贸有限公司搭建的集团化智能物流系统以统一的资源数据库为基础，实现了采购进厂、厂内物流、生产、能源、质量、销售等全部业务一体化管理，人员配置降低3/4，提高了车辆流动速度，提升了企业管控能力和核心竞争力。金隅嘉业建设的移动智慧网络平台融合了移动办公、企业社交、即时通信、微信应用、企业网盘等主流应用，实现PC、Pad、手机多终端同时在线使用，公司内部用户及外部供方间的社交化交流互动。北京金隅凤山温泉度假村有限公司建设的电子商务及移动互联网络信息化平台实现了产品的有序管理、在线预订及快捷支付等电子商务功能，取得了显著的经济效益。出台了《科研项目管理办法（试行）》，规范了项目立项、进度、验收、经费、资产等各个环节，对项目全过程实施精细化管理，提升了项目管理的水平。公司实施了23个重点科研项目，11个项目实现了产业化，产业化率为47.8%，破解了企业发展中的技术难题。《新型干法烧成系统节能减排智能控制技术开发与应用》针对NOx排放新标准问题开展技术攻关，在控制氨水流量小于21升/分钟的前提下，氮氧化物可以稳定地控制在200毫克每标准立方米以下，窑系统运转正常。《高性能聚羧酸减水剂合成工艺优化技术研究》形成减水型聚羧酸减水剂母液、缓释型聚羧酸减水剂母液和保坍型聚羧酸减水剂母液三大系列合成成套技术，母液合成3213吨。《绿色低碳水泥与混凝土工程应用技术研究》完成了绿色低碳水泥生产的C30、C40、C50混凝土的性能测试，并应用于实际工程。《涂饰线环保水性漆工艺技术开发及应用》完成了双组分水性漆的工艺开发，并生产了150件/套家具，效果良好。《楼宇控制节能设备管理平台开发应用》完成了建筑环境控制设备管理系统的建设，同比节约电量39.8%，具有较高的推广价值。

（田立柱）

【节能环保】年内，北京市琉璃河水泥有限公司、北京水泥厂有限责任公司、北京太行前景水泥有限公司经北京市政府同意保留并列入城市基础设施；涿鹿金隅水泥有限公司协同处置危废项目取得正式危废经营许可证，成为公司率先由水泥企业独自取得正式危废经营许可证的单位；北京市琉璃河水泥有限公司、北京太行前景水泥有限公司、天津振兴水泥有限公司完成了水泥窑协同处置污泥等项目建设并投入运营；陵川金隅水泥有限公司、宣化金隅水泥有限公司等9个企业协同处置取得政府立项批复；河北金隅鼎鑫水泥有限公司、赞皇金隅水泥有限公司、邯郸太行水泥有限责任公司协同处置废物项目列入河北省重点工程。实施环保治理改造项目投资总额2.5亿元。广灵金隅水泥有限公司、博爱金隅水泥有限公司等企业实施水泥窑收尘设施和窑头电收尘改造；天津振兴水泥有限公司、邢台金隅咏宁水泥有限公司等12家京津冀企业实施除尘升级改造项目；曲阳金隅水泥有限公司、天津振兴水泥有限公司实施物料棚化改造。北京水泥厂有限责任公司、赞皇金隅水泥有限公司等企业争取政府各类奖励资金2400多万元。北京市环保局确认金隅集团氮氧化物排放量比2014年下降20.8%，比2010年下降68.22%，超额完成“十二五”时期主要污染物总量控制目标任务。开展企业能效对标达标活动，不断提升能源利用效率。全年实施4项工业窑炉改造、10项电机系统节能改造、16项生产工艺系统节能改造、16家企业清洁生产审核、20项绿色照明等项目，18次北京市电力需求侧管理需求应急响应，实现节约标准煤4.6万吨，节水12.7万立方米，电力需求侧管理需求应急响应实现降低负荷40多万千瓦。北京金隅混凝土有限公司、北京金隅凤山温泉度假村有限公司等重点耗能企业建立能源管理体系并获得认证；北京金隅涂料有限责任公司、宣化金隅水泥有限公司等16家企业通过政府清洁生产审核评估验收；涿鹿金隅水泥有限公司、涉县金隅水泥有限公司等6家企业获得百家节能减排示范企业称号；邯郸金隅水泥有限责任公司、沁阳金隅水泥有限公司获全国水泥玻璃陶瓷产业节能减排先进典型企业称号；河北金隅鼎鑫水泥有限公司获得河北节约之星—能效领跑企业称号。组织企业调整产品配料工艺配方，助推综合利用企业逐步提高利废掺加率，为企业及时享受政府新政的优惠政策提供保障，全年综合利用符合国家规定目录的20种废弃物，共2000多万吨。北京市琉璃河水泥有限公司、北京市加气混凝土有限公司、北京金隅物业管理有限责任公司等10个重点碳排放单位全部按照政府要求完成2014年度碳排放履约。共对外销售盈余碳配额36万余吨。

（田立柱）

【安全生产】年内，金隅集团以安全生产标准化和“平安单位”创建活动为载体，汲取“8·12”天津滨海新区爆炸事故等教训，组织开展隐患排查治理。主动配合非首都功能疏解工作，北京建机资产经营有限公司完成了方仕鞋城、北京金隅程远房地产开发有限公司完成了九运停车场等清退工作。在安全检查考核工作中，公司安全管理部门全年共进行安全检查指导612个单位/次，2889个部位，夜查67次，检查132个单位464个部位的值班值守、巡视等情况。下发隐患整改通知55份，下发隐患考核通知单32份。强化安全队伍的素质建设和培训教育工作。为准备参加注册安全工程师考试人员举办专项备考培训班，公司范围内又有15名同志取得注册安全工程师资格，其中北京生态岛科技有限责任公司共有7名职工通过全部考试科目。北京金隅物业管理有限责任公司金隅环贸分公司消防培训教室项目硬件施工完成并投入使用。北京金隅科技学校完成223名特种作业人员培训和考核工作。以科学手段提升安全管理能力。利用北京建筑材料科学研究总院有限公司国家级消防检测资质平台，对不同板块共计22个企业（项目）开展了消防器材设施专项抽查检测，进而针对检查发现普遍存在的消防硬件设施功能不全、管理人员管控能力不足问题组织开展专项培训。落实北京市百项安全生产等级评定技术规范（地方标准）实施方案的部署要求。组织北京建都设计研究院有限责任公司及北京市琉璃河水泥有限公司、北京金隅天坛家具股份有限公司等单位的专业技术人员和安全管理骨干参与了建材、木材、家具等安全生产等级评定技术规范的编写工作，标准涉及水泥、商品混凝土、加气混凝土、家具等行业。推动安全生产标准化工作的常态化建设，新增承德金隅水泥有限公司、北京金隅涂料有限责任公司等5家达标单位，曲阳金隅水泥有限公司、北京金隅混凝土有限公司、北京金隅加气混凝土有限责任公司、北京生态岛科技有限责任公司、北京金隅红树林环保技术有限责任公司等单位按周期完成复评，在达标中通过对不符合项的整改活动，消除了一批隐患。

（李克杰）

北京能源集团有限责任公司

【概况】北京能源集团有限责任公司（简称京能集团）前身是北京能源投资（集团）有限公司，成立于2004年12月8日，由原北京国际电力开发投资公司和原北京市综合投资公司合并重组，是北京市人民政府出资设立的国有独资公司，注册资本2044340万元。集团自成立以来，根据北京市委市政府和市国资委的决定，先后完成了两次合并重组：2011年年底，按照吸收合并方式，将北京市热力集团有限责任公司划转京能集团；2014年年底，将北京京煤集团有限责任公司的国有资产无偿划转给京能集团，集团更名为“北京能源集团有限责任公司”。集团初步形成了煤、电、热一体化的大能源格局，业务涵盖电力能源、热力供应、煤炭经营、地产置业、节能环保和金融证券等多个板块。截至2015年年底，集团总资产达到2339亿元，净资产达到929亿元，资产负债率为60.26%，实现营业收入598亿元，实现利润总额72.5亿元。集团电力装机控制容量为1840万千瓦，供热面积达到2.61亿平方米，全资及控股企业完成发电量778亿千瓦时，完成供热量3412万吉焦，实现煤炭销量2157万吨。2015年，京能集团（含京煤）继续入围中国企业500强，排名第一百九十七位；入围中国服务企业500强，排名第七十四位；入围中国企业效益200佳，排名第一百〇七位。

（崇为伟）

【能源结构调整】年内，集团15个风光项目共计67万千瓦容量取得核准，14个可再生能源项目共计50万千瓦容量实现并网，清洁能源装机规模达到了799万千瓦，占集团电力控制容量的43%，在电力行业处于领先水平。全年清洁能源企业累计完成发电量265亿千瓦时，占集团发电量的1/3，与同期相比增加了13个百分点。

（崇为伟）

【能源项目拓展】年内，京能集团7个煤电项目实现核准，核准容量共计552万千瓦。加上已经核准的15个可再生能源项目，全年集团实现核准容量达到619万千瓦，占到集团现有装机容量的1/3，创集团成立以来核准容量新高。北京热力积极拓展京津冀供热市场，全年新增供热面积2484万平方米。华源热力中标房山区供热特许权经营项目，新增供热面积1100万平方米，取得通州区4个尖峰热源厂的批复，为向市行政副中心供热奠定了基础。

（崇为伟）

【能源保障】年内，京能集团完成了“两节”“两会”、抗战胜利70周年大阅兵、世界田径锦标赛、十八届五中全会等重大活动期间的安全保电与稳定供热重任。集团总部、北京热力、京煤集团、京桥热电、石景山热电获得了北京市环境保护局、北京市人力资源和社会保障局联合颁发的首都环境保护先进集体奖项。京能集团为“阅兵蓝”做出贡献，被北京市纪念活动领导小组授予了北京市服务保障工作先进集体称号。

（崇为伟）

【节能减排】年内，京能集团大力开展节能技术改造和运行优化工作，火电机组综合供电煤耗每千瓦时同比降低了19.37克，综合厂用电率降低了0.79个百分点，机组故障停机次数同比减少了8次。内蒙古赤峰能源1号机组汽轮机高背压供热改造（供热季综合供电煤耗下降约90克/千瓦时）等重点节能项目成效显著；600兆瓦等级机组综合节能改造技术路线基本确定，10台600兆瓦等级机组即将开展综合节能改造工作，改造后机组综合供电煤耗预计下降17克/千瓦时～27克/千瓦时。集团7台机组实现了超低排放，总体烟尘和污染物排放水平显著低于行业平均水平，连续6年实现了环保无处罚。“十二五”期间，集团完成了四大热电中心建设，平稳有序关停石景山热电厂，完成了3210蒸吨燃煤锅炉清洁化改造工程，提前实现了北京城区供热“无煤化”，为首都大气环境治理做出重要贡献。

（崇为伟）

【科技创新】年内，京能集团取得专利108项，其中取得发明专利16项、实用新型专利92项，同比增加86%；主编行业标准规范8项；科技攻关工作成果获奖42项，其中获得省部级科技进步奖一等奖2项、省部级科技进步奖二等奖8项、省部级科技进步奖三等奖5项，获国家行业协会或地市级创新成果奖27项；在科技论文写作方面共计正式发表科技论文198篇，其中中文核心期刊论文21篇，同比增加75%；出版专著1项：《余热锅炉设备与运行》，科研水平逐年上台阶。集团自主研发的“协调控制优化技术”在集团火电企业得到成功应用，康巴什热电凭借该项技术在蒙西电网“两个细则”考核中名列前茅，每年为企业创效上千万元；集团组织专家开发了区域能源实时监控调节系统，该项技术填补了国内空白；集团自主开发的燃气—蒸汽联合循环机组APS自启停技术，提高了燃气机组运行的可靠性，在集团5套燃气—蒸汽联合循环机组得到实际应用，高安屯热电成功运用数字化电厂技术，能效指标达到国际领先水平，获得亚洲电力奖。集团完成的“电（热）源余热综合利用技术研究与示范”项目，首次提出直接接触式换热与吸收式热泵相结合的深度回收天然气锅炉烟气余热的新工艺，建立了竹木厂、总后锅炉房2个3兆瓦级示范工程，实现总余热回收量5兆瓦以上；提出的适用于大型燃气热电联产机组的烟气余热深度回收高效解决方案，在未来热电建成了首个深度回收燃气—蒸汽联合循环热电厂烟气余热的示范工程，实现余热回收量15兆瓦；集团成功应用先进储能技术辅助流化床机组提供AGC调频，并在京玉发电完成了示范工程建设，为山西电网提供了最优质的AGC调频电源，每年将新增产值（AGC补偿收益）总计约2000万元；北京节能技术监测中心研发组装的“迈夫特”超低氮燃烧器，综合利用先进的全预混表面燃烧技术，实现了燃气锅炉尾气排放CO≤10毫克每标准立方米，NOx≤30毫克每标准立方米，产品获得中国特种设备检测研究院产品认证证书，同时在金泰集团9台燃气锅炉进行了工程示范及测试，经第三方检测机构检测，氮氧化物排放稳定在30毫克以下。

（崇为伟）

【管理创新】年内，京能集团管理创新成效显著，共计24项管理创新成果获得北京市现代化管理创新成果一、二等奖，集团公司第五次获得北京市年度管理现代化创新成果优秀组织奖。特别是“大型发电集团全方位对标管理”课题分别获得国家级管理创新二等奖、中电联和北京市管理创新一等奖，集团连续4次获得国家级管理创新成果奖。

（崇为伟）

【资本运作】年内，京能集团创新融资渠道，强化资本运作，有效降低了综合融资成本。加强信用建设和管理，继续保持了国内3A级最高信用评级和国际A级信用评级，取得银行综合授信超过2200亿元。推动高息负债置换工作，集团总部新增借款全部实现了基准利率下浮10%的优惠；京能电力和清洁能源充分发挥上市公司融资平台优势，为控股企业置换高息负债合计58亿元，节约财务费用1.2亿元。强化资本运作，清洁能源H股增发取得了中国证监会批复，京能电力资产注入工作正式启动，集团参与“中国能建”海外上市工作。年末，集团资产证券化率达到71%，持有可供出售金融资产165亿元，资产流动性增强，抵御风险能力提升。

（崇为伟）

【民生工程】年内，北京热力按照行政区划重新调整了服务架构，充分利用“互联网+”、公众微信号等信息手段，拉近了与用户之间的距离，提高了服务用户的响应速度；上年投入11.45亿元对设备存在的安全隐患进行全面整治，提高了热网运行的可靠性。华源热力完成了通州区、门头沟区近130万平方米建筑的老旧管网改造，解决了10887家低温用户的供热难题，赢得了用户好评。年内，集团完成了重大政治活动和冬季供热保障任务，北京热力获得2015年度北京市能效领跑者称号，华源热力获得北京市2012—2015年度先进供热单位（一级）称号。

（崇为伟）

【京津冀协同发展】年内，京能集团在京津冀地区不断优化能源项目布局，提升服务保障能力。河北涿州2×350兆瓦发电项目于5月获河北省发展改革委核准批复，正有序建设，项目将实现河北与北京产业互动，拉动河北经济，为北京电力、热力供应加强保障。张家口风电为延庆供热项目正在前期论证，建成后将为2022年冬奥会清洁供热创造条件。积极推进京津冀供热管网建设，在冬奥会、新机场、环球影城等京津冀地区多个交会处谋篇布局，加快拓展河北燕郊等多地热力市场。

（崇为伟）

国网北京市电力公司

【概况】国网北京市电力公司（简称北京电力）是国家电网公司的子公司，前身是1905年创建的京师华商电灯股份有限公司。2003年以前作为华北电力集团公司的直属单位，按地市公司实施“收支两条线”管理；2003年成为华北电力集团公司授权经营、独立核算的分公司，由国家电网公司按省公司直接管理；2008年成为独立法人企业。

北京电力作为首都最大的公用事业单位，负责北京地区 1.64 万平方千米范围内的电网规划建设、运行管理、电力销售和供电服务工作。先后完成了第二十九届奥运会、新中国成立 60 周年庆典、APEC 会议、抗战胜利 70 周年纪念等重大活动保电任务。

北京电力下辖二级单位 29 个，包括供电公司 16 个、业务支撑和实施机构 10 个、其他单位 3 个。2015 年，完成售电量 860.5 亿千瓦时，营业收入 580.97 亿元，实现利润总额 11.69 亿元。公司拥有 35 千伏及以上变电站 483 座，变电容量 8650 万千伏安，输电线路 8995 千米、电缆 1921 千米；历史最大负荷 1856.6 万千瓦，负荷密度约 1000 千瓦 / 平方千米；城市供电可靠率达到 99.98%，处于国内领先水平。北京电网已经形成六大分区相互支持的坚固结构，具备较强的资源配置能力和抵御风险能力。同时，北京电网又是一个典型的受端电网，北京地区发电仅占全部用电负荷的 30%，其余 70% 的电力依靠山西、内蒙古等地输入。

年内，北京电力业绩考核进入国家电网公司 A 段行列，获得对标管理标杆，获得安全管理、规划管理等 6 项专业标杆。已连续 8 年获得全国"安康杯"竞赛优胜企业，继续保持全国文明单位和首都文明单位标兵称号。

年内，华北 500 千伏主网八横三纵通道中，西电东送八横中 4 个通道、三纵中一纵为北京电网外受电通道；北京电网 500 千伏层面由 9 座变电站形成扩大双环网结构，西北部和南部分别外扩至张家口和河北地区，通过 500 千伏 10 个通道 20 回线路与外网联络，为北京电网 3/4 的负荷提供外送电源支撑；220 千伏层面由 7 座 500 千伏变电站的 220 千伏母联开关作为分区点，形成昌城、城顺朝、朝顺通、通安兴、兴房门、门海昌 6 个相对独立的供电分区，各分区之间通过联络线互为备用；110 千伏及以下电网除并网线路外，全部开环运行，形成辐射状电网覆盖全市。

截至 2015 年年底，北京地区共有发电厂 27 座，发电机组 204 台，总装机容量 10647 兆瓦。其中，火电厂（含燃气）12 座、发电机组 44 台，总装机容量 9313 兆瓦；水电厂（含抽水蓄能）6 座、发电机组 18 台，总装机容量 1013 兆瓦；风电厂 1 座、发电机组 124 台，总装机容量 186 兆瓦；垃圾、沼气及核电厂 7 座，发电机组 18 台，总装机容量 135 兆瓦。110 千伏及以上变电站 465 座、变压器 1158 台，变电容量 107682.4 兆伏安。110 千伏及以上架空线路 557 条，共 6735.99 千米；110 千伏及以上电缆线路 895 条，共 1795.03 千米。

截至 2015 年年底，公司共有职工 8255 人，其中研究生及以上学历 1263 人、本科学历 3693 人、专科学历 1789 人；高级职称 1217 人、中级职称 1689 人；技师及以上职业资格 3569 人、高级工 2260 人、中级工 378 人。全口径劳动生产率实现 1418286 元 / 人年，在国网公司同业对标中位列 A 段，人才当量密度达到 1.11，在国网系统省公司中排名第五。

（吴国健 居然）

【电网建设与发展】年内，北京电力推进外受电通道规划前期工作，蔚县电厂—门头沟、北京东破口顺太取得国家立项核准批复，房山—南蔡、张南—昌平第三次核准工作有序推进，北京东—通州完成全部北京市支持性文件办理。与通州、顺义、平谷等区政府签署电网建设合作协议，完成 12 座变电站、7.3 万平方米保护性圈地。取得北京市重大工程"绿通"项目 39 项、输变电工程核准批复 50 项、核准变电容量 571 万千伏安。服务新能源和分布式电源发展，新增新能源装机 11.77 万千瓦，新增分布式电源并网 1.03 万千瓦。开工 110 千伏及以上输变电工程 17 项，新建变电容量 662 万千伏安、线路 184 千米；投产 110 千伏及以上输变电工程 27 项，新增变电容量 280 万千伏安、线路 329 千米；完成 35 千伏及以上电力线路迁改工程 15 项、78.7 千米。以团结湖 220 千伏输变电工程投产为标志，四大热电中心配套电力工程历时 4 年建设完成。北京东—顺义、太平特高压下送工程完成全部基础施工。锡盟—山东特高压交流输变电工程出资管理进展有序。完成菜市口变电站附属设施建设。完成城区范围 2.4 万户，累计 31 万户"煤改电"改造，推动首都核心区基本实现无煤化，龙潭湖、报国寺等配套工程均按期投产。累计建成电动汽车充换电站 278 座、充电桩 4610 个，提供充换电服务 225 万次，充电量 6755 万千瓦时，收取预付电费 4788 万元。完成 12 座城际快充站、3260 台城市快充桩的建设选址和物资招标等工作，建设投资约 12 亿元。北京电力启动新一轮农网改造提升行动，以农村"煤改电"为契机，促成市政府出台相关文件，进一步明确了农网改造建设的支持性政策。总投资 11.9 亿元，完成 168 个村约 5 万户农村居民"煤改电"工程建设，新建和改造 10 千伏线路 1184 千米；新装配电变压器 1337 台，容量 405095 千伏安；新建和改造低压线路 2635 千米。

（吴国健 居然）

【科技创新】年内，北京电力推动《10 千伏及以下配电网建设技术规范》地方标准发布实施，《以"强简强"

供电模式为目标的规划管理创新》获得北京市管理创新一等奖，《大型城市电网空间布局规划关键技术研究与应用》《基于大数据的负荷模型及同时率测算方法研究》获得公司科技进步一等奖。完成一体化电量与线损系统试点任务，并获得电力行业信息化成果一等奖。规划专业同业对标进入国家电网公司标杆行列。年内，北京电力持续深化基建安全质量“亮牌”考核机制，全年未发生基建安全质量事故（事件）。开展变电站工程土建专业标准工艺竞赛，推广质量标杆示范工程建设成果。25项输变电工程全部通过国家电网公司优质工程核查，优质工程率实现100%，220千伏永定、110千伏梁庄变电站工程获得国网创优示范优胜项目称号。创新实施基建技经“3+1”巡检，建立工程结算专题调度和月度通报机制，全面完成纳入考核的30项输变电工程全口径结算。完成《室内GIS间隔对接小环境研究》等2项新技术研究。组织参加国家电网公司设计竞赛，取得优胜奖1次、一等奖2次、三等奖2次。《基于“五位一体”的工程项目一体化管理》入选国家电网公司“五位一体”综合类典型案例库。建立“分层管理、动态考核、灵活培训”的基建信息化工作机制。基建专业同业对标连续2年进入国家电网公司标杆行列。北京电力有38项管理创新成果获得省部级以上奖项，其中包括首次获得国家级管理创新成果一等奖，以及连续3年被评为北京市管理创新工作优秀组织单位。35项QC小组活动成果获得省部级以上奖项。4个QC小组获得全国优秀质量管理小组称号，6个班组获得全国质量信得过班组称号。年内，北京电力研究开发费投入1.55亿元。牵头863计划课题“电动汽车充电对电网的影响及有序充电研究”、参与国家支撑计划课题“优质电力园区关键技术研究及示范”通过国家科技部验收。“主动配电网关键技术研究及示范”863计划课题推进顺利；“交直流混合配电网关键技术”课题获国家科技部863计划立项批复。获中国电力科学技术奖1项、北京市科学技术奖5项、国网公司科技进步奖8项。申请专利571项，其中发明申请279项；授权专利444项，其中发明授权56项、申请海外专利6项。

（吴国健 居然）

【经营管理】年内，北京电力完成固定资产投资232.55亿元、售电量860.5亿千瓦时，同比增长2.26%，均创历史新高；线损率累计6.88%。提前完成2016年全口径项目储备5534项423.99亿元，提前安排2016年度夏防汛及配电网专项项目8033项34亿元。完成国家公司下达的28项综合计划指标。编制年度发电量计划，有效化解关停燃煤电厂3年替代发电增加购电成本14.2亿元的风险。争取到3批国家专项建设基金，取得“煤改电”补贴资金批复10.5亿元，取得外部渠道资金23亿元。北京电力新增用电客户20.67万户，新增容量902.22万千伏安，同比增长7.07%。实现电能替代电量19.11亿千瓦时；节约电力15.29万千瓦，节约电量6.51亿千瓦时。电价执行准确率达到99.99%。加强电费回收管控，集团扩展至8户，回收资金13.14亿元，建立电费回收约谈机制，实施月调度、日监控，制订“一户一策”回收方案。联合市发展改革委、公安局开展反窃电行动，全年追补电费和违约使用电费3550.60万元。公司当年电费回收率实现100%。年内，北京电力换装智能表165万具，累计投运728万具、采集台区6.4万台，采集覆盖率达到97%。建成公司计量中心、供电公司两级集中监控体系，发现及处置采集数据异常问题46万起，追补电费5472万元。丰台地区试点完成电、水、气三表集抄。开展“促业扩、压结存”专项行动，精简报装手续，实行“一证受理”，压缩业务环节。北京电力优化调整业扩报装集约模式，将10千伏5000千伏安及以上报装项目调整为公司客服中心全流程办理。实现全部6.86万个低压台区数据、5.97万高压客户、735.82万低压客户营配数据采录贯通。开展数据质量“回头看”和营配系统间数据一致性核查治理工作。北京电力开展经营诊断，科学安排成本支出，强化预算控制的“硬约束”，优先安排安全生产、重大政治保电活动的成本需求，从严从紧控制“三公”费用、非生产性和一般性开支，可控成本同比下降6.16%。在投资持续增长的情况下，实现财务费用同比压降1.85亿元。开展电网基建工程投资预算管理，实行工程总投资预算和项目年度预算“双控”。

（吴国健 居然）

【供应链控制】年内，北京电力共组织开展109个批次的采购工作，集中采购金额103.44亿元；物资集中采购率99.9%，物资类采购电子商务平台应用率100%，物资公开采购率达到98.8%；物资供应完成率99.53%；完成1720项抽检任务。全年公司共制订物资供应计划52.94亿元，物资到货金额50.88亿元，供应计划完成率99.53%，协调处理物资供应问题305项，发布预警176项。共完成132家供应商资质能力核实，组织约谈供应商32次，处理存在不良行为供应商6家。围绕物资供应链各重点环节和关键要素，梳理业务全流程风险点 116 个，对应制定防范措施，建立供应链全流程风险防控常态机制。

（吴国健 居然）

【安全生产】年内，北京电力完善安全规章制度建设，相继出台《安全双准入管理规定》《安全巡检工作规范及安全事件调查管理规定》《变电、线路和配电安全规程补充细则》。全年共开展综合应急演练 80 场次，专项演练 184 场次；共启动应急响应 65 次，并成功应对“11·25”冰灾等多起恶劣天气灾害及突发事件。北京电力在国网公司系统首家实现 PMS2.0 配调配抢模块单轨运行，首家实现小时级台区运行监测。推进机器人巡检和直升机线路航巡，新装 436 套输变电在线监测装置。在平谷区、怀柔区、延庆区公司开展小电流接地系统单相接地故障选线试点建设。开展变电设备、电缆隧道专项评估，落实差异化运维措施。提升输电线路管控能力，500 千伏昌海线等线缆混合线路实现故障点快速定位。147 座变电站、521 座配电站室安装溢水报警系统，提高防汛监测能力。提升配网承载能力，开展配网示范工程建设。完成配电自动化监视评估系统建设。亦庄公司配电自动化自愈功能全面投入运行。北京电力完成政治供电任务 192 项，累计保电天数达 318 天。重点完成全国“两会”、抗战胜利 70 周年“9·3”阅兵、北京田径世锦赛等重大政治供电保障任务，实现“服务零差错、供电零闪动、客户零投诉”的保电目标。

（吴国健 居然）

【优质服务】年内，北京电力创新服务举措，开展高压客户业扩报装现场勘察预约与全程短信导航服务。营业厅开通无线网络、布设自助交费设施，在国网公司系统率先开展信用卡购电服务。开展居民 24 小时应急送电服务 15.5 万次。拓展购电渠道，代收机构增至 16 家，实现城镇“十分钟交费圈”和农村“村村有交费点”。大力推广手机 App、电力微信，注册客户突破 130 万户，居民客户网络渠道交费率达到 33%。拓展电费充值卡代销渠道，电费充值卡发行销售达到 132.53 万张。短信定制客户达到 340 万户，全年发送服务短信 1414 万条。推动市政府相关部门出台全国首个客户用电安全地方标准——《高压电力用户安全用电规范》。全年开展重要客户差异化延伸服务工作 975 项。建立公司、属地两级供电服务分析例会机制，全年召开投诉分析周例会 48 次，分析服务类投诉问题 141 件，全年服务类投诉占比下降 21.97%。加强重点台区监测治理，强化低电压、分换装项目进度管控，供电质量类投诉同比降低 16.4%。编制发布配电网抢修工作规范，提升配网故障处置响应、抢修服务管理水平。推进民生工程建设，完成 16 个老旧小区改造，惠及居民客户 1.45 万户。完成 6 项轨道交通、3290 余万平方米保障房送电任务。规范电力市场秩序，开展季度、年度电力交易与市场秩序评价。加强对发电企业的专业服务和沟通，应用交易大厅做好服务和问询答复等工作。精细月度电量计划和购电结算管理，交易结算准确率 100%。公司企业社会责任工作获评金蜜蜂·生态文明奖。“电力爱心教室”公益项目入选 2014 年度大型国企社会责任实践金牌案例。公司第四次获得首都经济界“奥斯卡”大奖，获评北京最具影响力十大企业称号。

（吴国健 居然）

【抗日战争胜利 70 周年电力保障工作】年内，北京电力根据北京市政府、国网公司工作部署，按照“一丝不苟、滴水不漏、准确无误、万无一失”的工作要求，超前谋划、严密组织、精心部署、狠抓落实、有序推进，开展 105 座变电（开闭）站、413 条主配网线路的状态检测工作，梳理 61 个重要保电客户的内外部电源和用电安全状况，组织针对每一个重要客户编制了供电保障手册，实现“体系完善、设备完好、方式可靠、保障有力”的筹备阶段工作目标。阅兵活动期间，北京电网最大负荷 967.6 万千瓦，按照北京市阅兵活动期间空气质量保障方案要求，北京电网停备燃煤机组 3 台，压减燃气电厂出力 385 万千瓦，全网最大发电出力 490 万千瓦，外受电比例为 49.4%，全网保持“全接线、全保护”运行，电力平衡形势良好，未出现重点设备及线路重载、过载和限负荷情况，未发生造成保电客户供电影响的电网故障。保电期间北京电力日最大投入保障人员 9640 人，车辆 895 辆；日均投入保障人员 5745 人，车辆 533 辆；累计上岗保障人员 2.87 万人次，车辆 2665 车次；每日安排发电车 11 台套 1 万千瓦在指定地点集结待命，同时针对故宫博物院、中山公园、北京市第一六一中学安排发电车 3 台套 3400 千瓦在现场执行任务，实现了“主网运行安全零闪动、配网供电可靠零差错、服务优质高效零投诉”的保电目标。

（吴国健 居然）

【“十二五”回顾】5 年来，北京电力累计投入电网建设资金 611.7 亿元，较“十一五”期间增长 39.48%。北京电网 110 千伏及以上变电容量提升了 28%，线路长度增长了 20%，跳闸率降低了 39%，电网的规模和质量都得到显著提升。海淀 500 千伏工程、新一代智能变电站示范工程以及怀柔 APEC 会议、四大热电中心、“煤改电”配套工程等一大批重点骨干项目相继建成投产，电网互联互通和抵御风险能力有效增强。配电网建设改造全面推进，累计换装智能电表728万具，自动化、信息化、智能化水平显著提升。各级电网的精益化管理水平不断提高，年户均停电时间由1.73小时降低到0.95小时。建成“三集五大”体系，公司管理体制和运行机制更加健全。大力强化依法从严治企，完成主多分开任务，持续规范集体企业管理，稳妥实施业务委托，有效解决了劳务派遣和农电用工问题。主要经营指标持续提升，售电量、营业收入年均分别增长3.75%、2.97%，5年中有3年进入对标综合标杆行列，有2年进入业绩考核A段行列。突出首都政治供电的标杆特点，完成党的十八大、APEC会议、抗战胜利70周年纪念活动等历次重大保电任务。公司未发生人身重伤及以上人身事故，电网、设备安全事件持续下降。电网供电分区由5个增加到6个，电网互联互通和抵御风险能力有效增强，220千伏及以上继电保护正确动作率保持100%。公司输电、变电、配电故障分别下降26%、22.6%和38.2%。坚持“你用电、我用心”服务理念，连续3届获得“北京影响力”十大企业称号。16人被评为省部级以上劳动模范，新增省部级以上专家人才124名。

（吴国健 居然）

【奠定“十三五”电网发展基础】年内，北京电力与北京市政府联合编制《首都电力提升行动计划》，落实《北京电网中长期发展规划》和《北京电网中长期发展空间布局规划》，将特高压规划及北京电网规划成果全面纳入北京市能源电力发展规划，为“十三五”电网发展奠定基础。

（吴国健 居然）

北京电子控股有限责任公司

【概况】北京电子控股有限责任公司（简称北京电控）是北京市国资委授权的国有特大型高科技企业集团，拥有京东方、七星电子、电子城3家上市公司，24家二级企事业单位。主营产业分布在高端电子元器件（含半导体显示器件、集成电路、特种元器件）、高端电子工艺装备、高效储能电池及系统应用和电子信息产业融合服务四大板块。

2015年是“十二五”收官之年，北京电控以“一二三一”战略为指引，坚持“市场导向、高端引领、创新驱动”的发展理念，产业发展、改革调整和集团化建设等各项工作均取得显著成效，圆满完成了“十二五”规划目标。截至年底，北京电控资产总额1734亿元，较2010年提高974亿元，增幅128%；实现营业收入573亿元，再创历史新高，较2010年增长429亿元，“十二五”期间，年均复合增长率达到31.8%；其中主营业务收入546亿元，同比增长26.37%。实现经营性利润37.8亿元，较2010年扭亏增盈55亿元，为首都经济发展做出了贡献。

（黄永波）

【优化资源配置格局】年内，北京电控科技产业发展平台建设取得突破。“十二五”以来，围绕形成产业资源协同发展的企业格局，先后打造了器件、仪表、信息集成应用服务、文化创意等产业发展平台。积极争取国家产业发展基金支持，择机启动了集成电路装备产业的整合重组工作，以七星电子上市公司为载体打造国家级集成电路装备业务研发及产业化平台，为装备产业持续快速发展奠定基础。社保稳定集中管理成果显现。持续完善“一个中心、两个平台”的社保稳定管理体系，完成了易亨和久益2个平台的专业化功能调整，业务分工更加清晰。实现社保资金的集中转移支付，完成东区社保服务大厅建设，东西区2个社保服务大厅正式投入运营，社保对象集中管理取得实质性成果；争取政府政策，探索推进非经营性资产的社会化处置。劣势企业退出和压缩管理层级成效显著。强化对长投企业的管理，加快对战略不匹配、管理不规范、长期亏损企业的调整，全年完成15户劣势企业退出，实现元件十厂和厂办大集体企业动力设备安装公司、友乐旅馆的国有化改制。“十二五”期间，累计退出劣势企业180户，基本实现了除上市公司及稳定保障平台之外没有四级企业的目标。资本运作项目持续深化。推动系统内部资源与上市公司平台的有效对接，激活上市平台融资功能，积极引入国家集成电路产业基金、北京国企改革发展基金等战略投资者，实施七星电子发行股份购买北方微电子股权并同步募集配套资金；启动了电子城非公开发行股票的再融资工作。争取国企改革政策支持，鼓励益泰等企业探索推进多元化混合所有制改革。强化投资项目绩效评估，完成了5个投资项目的后评价报告。加快推动历史遗留问题的解决。启动七星、北电科林、东光微电子等3家企业债转股问题的谈判，初步形成了回购方案；

推进了大华花园别墅案、恒盛案等案件的解决，彻底化解了镇江农行担保债务。

（黄永波）

【集团管控】年内，北京电控战略管理能力持续增强。牢牢把握战略控股型产业集团定位，客观分析内外部经济形势，系统总结“十二五”取得的成绩和经验，紧跟技术发展和政策变化趋势，编制完成北京电控“十三五”战略规划纲要，确立了“一二二一”核心战略，初步形成了职能子规划及所属企业发展规划，逐步建立了面向“十三五”的整体规划体系。法人治理结构更加规范。健全重大决策事项监督管理体系，制定实施了外派专职董监事管理办法，优化外派专职监事会主席队伍，有效发挥了监督服务作用；强化“三重一大”管理办法的有效执行，加大所属单位决策管理力度，提升决策管理的规范化和科学化水平。运行管理能力不断提升。持续加强全面预算和运营监控管理，细化预算编制，预算管理更加科学合理；完善运营监控分析体系，及时发现反馈运营指标异动因素，运营监控分析能力显著增强。风险防控能力不断提升。梳理规范内控管理制度和流程，优化管理制度56项，新增制度76项；持续强化内控体系建设，完成对所属企业的内控评价和专项检查，实现了系统内企业内控管理全覆盖。落实企业总法律顾问制度，健全两级审计监督管理体系，建立纪委与审计、法务、信访等相关部门的沟通机制，形成监督合力；搭建了财务风险预警分析体系，有效控制财务风险。集团财务管理体系不断优化。制定统一的财务管理制度，构建了权责分明的财务管理和运行机制；推进资金集中管理试点工作，修订完善资金集中管理制度，搭建电控资金集中管理平台。总部建设取得阶段性成果。强化总部管理的协同效应，加强对会议和文件的规范管理，提升总部的专业化、精细化管理水平；统筹推进总部信息化建设，制订了信息化建设规划方案，完成全面预算和OA审批系统上线运行，发布OA移动审批系统，管理效率提升。

（黄永波）

【人才队伍建设】年内，北京电控围绕人才强企的发展理念，强化3支人才队伍建设，创新考核评价和激励约束机制，为产业发展提供了坚实的人才保障。拓宽高端人才引进渠道，重点引进产业发展急需的各类高端人才，新入围国家“千人计划”4名、北京市“海聚工程”5名，入选国家级百千万人才工程1人；截至年底，电控有“千人计划”人才8名、北京市“海聚工程”人才22名、外籍专家近300人，高端人才数量位居市国资系统前列。强化高技能人才开发，充分运用政府支持政策，发挥技能人才自主评价体系作用，加大关键工艺和岗位的高技能人才培养；“十二五”以来，新增2个国家级大师工作室、5个市级大师工作室。充分利用系统内教育资源，健全网络学习平台，构建符合产业发展需求的人才培训开发体系，实施“电控年轻干部135培养班”计划，完成“砺剑工程”培训班159个，培训各类人才12.7万余人次，“十二五”累计完成75万人次的培训任务。完善所属单位负责人考核薪酬办法，优化考核评价指标体系，突出企业经济效益作为考核激励的关键指标；探索形成人才中长期激励模式和思路，创新高端技术人才激励政策，初步确定了北京电控中长期激励试点方案；完成了京东方、电子城首批企业年金试点。

（黄永波）

【服务企业能力增强】年内，北京电控信息学院深入推进校企合作，探索开展现代学徒制试点，行业办学特色更加突出，为电控信息化建设做出了贡献。高级技校发挥技能人才培训培养优势，为电控系统输送大量高技能人才；完成了国家中等职业改革发展示范学校建设项目并通过验收。电子党校持续优化网络学习平台，高质量完成“砺剑工程”培训任务。情报所围绕服务电控产业发展开展政策研究工作，完成了多项专题调研并形成研究报告。检测中心完成电控信息系统安全评价工作。电镀中心完成调办电镀协作中心股权转让工作。

（黄永波）

【获得荣誉】2月27日，北京市委市政府召开“北京市科学技术奖励大会暨2015年北京市科技工作会议”。由京东方科技集团股份有限公司完成的“超精细移动显示关键技术及应用”项目，获2014年北京市科学技术奖二等奖；由北京北方微电子基地设备工艺研究中心有限责任公司、北京七星华创电子股份有限公司共同联合清华大学完成的“集成电路制造装备标准化集束式控制与整机检测平台”项目获2014年北京市科学技术奖三等奖。

（黄永波）

北京京城机电控股有限责任公司

【概况】2015年，北京京城机电控股有限责任公司（简称京城机电）实现营业收入123.2亿元，实现利润2652万元，应收账款37.5亿元，存货净额80.9亿元，期间费用22亿元。

按照《中国制造2025》及“北京行动纲要”要求，加快提质增效、加大技术创新和产业升级力度，向高精尖方向发展。全力打造高端智能制造示范基地、亦创机器人创新园区等智能制造的示范项目；加快制造与服务的协同发展，由提供设备向系统集成总承包服务转变；培育数控系统、增材制造等高精尖产业，构建公司高精尖产业体系，落实“北京行动纲要”等要求。

完善公司治理框架。结合京城机电实际和上级要求，先后出台了《北京京城机电控股有限责任公司企业经营者绩效与薪酬管理办法》《北京京城机电控股有限责任公司非经营企业管理平台专项支出管理办法》《北京京城机电控股有限责任公司安全生产党政同责、一岗双责暂行规定》《北京京城机电控股有限责任公司企业领导人员出国（境）及出京请假报告管理办法》《北京京城机电控股有限责任公司投资项目后评价管理办法》《北京京城机电控股有限责任公司企业负责人履职待遇、业务支出管理暂行办法》《北京京城机电控股有限责任公司境外国有资产监督管理办法（试行）》等，同时修订并实施新的《北京京城机电控股有限责任公司党风廉政建设责任制检查考核实施细则》等制度，为防范经营风险、提高依法治企能力、规范高效运行提供了制度保障。

（尹亚昌）

【企业改革】年内，京城机电立足首都功能定位，结合实际，制订“一企一策”改革方案。北京毕捷电机公司以固定资产、无形资产投资换取已在新三板上市公司山东力久的定向增发股份，以股权投资方式参股混合所有制电机制造企业，主业退出电机制造业务。利用腾挪出的空间优势，发展首都现代服务业务。北人集团公司专注于为用户提供印刷自动化整体解决方案业务。快速步入机器人制造领域，致力于发展机器人系统集成整体解决方案，全力打造亦创智能机器人创新园。华德液压集团在实现关主件升级的基础上，打造高端液压智能制造基地。北京天海工业公司与南京毕博合资成立江苏天海特种装备有限公司。北京电线电缆厂引进民营和自然人持股，实施混合所有制。北重汽轮电机公司与北京中能发电力设备有限公司签订战略框架协议，共同出资设立电站辅机制造公司。

（尹亚昌）

【产业疏解】年内，京城机电全面完成市国资委下达的4户企业退出任务。电线电缆研究所、北瀛铸造、北京起重机器厂第五分厂、京城泰昌4家企业按照退出计划完成相关工作。

（尹亚昌）

【产业转型】年内，北京毕捷电机公司打造京城机电产业转型实验园，实现园区租赁面积13万平方米。吸引乐视、蓝汛通信、视觉中国等数十家大型文创企业陆续入驻园区。在园区服务、企业孵化等方面精耕细作，深入推进业务转型。电线电缆产业实现转型，寻求向上游产业链延伸，成立浙江京城再生资源有限公司，发展废旧金属再生和铜产品深加工业务，向环保领域的工业垃圾处理产业转型。印机制造产业正在实现转型。北人集团公司B9文化产业园逐渐成长为具有一定影响力的户外产业园区。北人集团公司在主厂区全力打造亦创智能机器人创新园，全力发展机器人产业，建设世界机器人大会永久会址，年内已开工建设。机器人产业孵化、机器人研究院、机器人产业发展平台等方案正在有序推进。实现企业从传统制造业向人工智能特色新兴产业聚集的组织者转型升级，形成高端引领、创新驱动、绿色低碳的产业发展模式。

（尹亚昌）

【科技专项】年内，京城机电向上级单位申报研发项目累计16项，获得资金支持8220万元。完成5个项目的验收工作，其中工信部04专项2项，分别为“高温合金航发叶片五轴联动加工中心研制与应用”“航空发动机叶片高效精密加工工艺软件系统开发与应用”项目；市科委项目3项，分别为“基于工艺优化的高效五轴联动叶片数控加工中心研制”项目、“国产数控机床组线技术研究与示范”项目、“精密数控磨削智能监控与诊断集成系统项目”。北一机床公司研发的“随动式RV减速器偏心轴磨床”获得第十七届中国国际工业博览会金奖。陕西北人“FR系列高端凹版印刷机研发与产业化”项目通过验收。华德液压集团加快产品结构调整，成功获批工信部2015年强基工程“工程机械与工程车辆用多路阀产业化”项目。

（尹亚昌）

【市场开拓】年内，京城环保公司打造循环产业园模式，取得通州生态处理BOT项目并成立项目公司。先后中标大连庄河BOT项目、中再生临沂危废集中处置项目、扬州东晟项目、哈尔滨排水集团项目、十堰餐厨处理项目等。与瀚蓝环境、中信环保、盛运环保、雪浪环保等实力强大的企业建立了战略合作关系。北京巴威公司与中电（普安）发电有限责任公司签订2×660兆瓦W火焰超临界锅炉项目合同。与京能集团签订内蒙古五间房煤电一体化2×660兆瓦超超临界锅炉设备项目合同。与华润集团签订河北曹妃甸2×1000兆瓦超超临界锅炉合同。与贵州金元黔西发电有限责任公司签订了贵州黔西电厂二期的扩建工程1×660兆瓦锅炉设备合同。北一机床公司与宜昌江峡船用机械有限责任公司签订一台数控动梁龙门框架移动式镗铣床合同；无锡烨隆精密机械有限公司累计购买51台北一大限立式加工中心。开拓军工市场，获得昆明船舶设备集团有限公司产品订单。获得广州日立压缩机有限公司合同。与湖北江山重工成功签约。京城新能源中标华能内蒙古乌兰伊力更风电项目风力发电机组采购。签订华能山东平邑风电项目风力发电机组采购合同。京城华德创新六维度市场开拓见实效。进入石油石化、农机、制药机械等5个全新行业。进入中石化、中海油采购体系。获得农机行业的保定饲料收获机械项目合同100余台套。北重汽轮电机公司与大唐集团签订4×350兆瓦、2×330兆瓦机组合同。在国外市场，与中国电力工程有限公司签署了泰国150兆瓦电厂项目汽轮发电机组采购合同。签订了大唐宝鸡、大唐珲春和浙江台州3个300兆瓦机组改造项目。北京天海工业公司中标中国北方最大的水泥厂冀东水泥LNG加气站项目，向LNG加气站领域进一步迈进。北人集团卷筒纸45A产品成功在河北日报社中标。与北京盛通印刷股份有限公司签订卷筒纸八色书刊机合同。新开发的面向包装用户的1050多功能印刷机获得了用户认可，落户湖北和广东。北开电气公司巩固国网、南网市场，重点突破农网市场。

（尹亚昌）

【队伍建设】年内，京城机电突出“人才强企”战略理念，出台《加强高技能人才队伍建设的实施意见》，全方位激励技能人才。建立完善公司、企业两级培训体系，加大培训力度。倡导企业建立高技能人才内部职业晋升机制，推进薪酬体系改革。建立公司层面首席技师工作室，发挥高技能人才的关键作用。企业制定技能竞赛奖励制度等多种形式的激励措施。

（尹亚昌）

北京京仪集团有限责任公司

【概况】北京京仪集团有限责任公司（简称京仪集团）隶属北京控股集团有限公司。京仪集团是集科研、设计、生产制造、销售服务、工程设计和系统工程成套于一体的集团公司。注册资金12.67亿元，拥有二级控股子公司17家、科研院所3家、科技孵化平台1家、高级技工学校1家，与ABB、艾默生等多家国际公司建立了长期合资合作关系。2015年年末，职工人数4964人，其中大专及以上学历占职工人数的57%。

年内，京仪集团整体经营情况相对平稳，工业总产值25.22亿元，工业增加值7亿元，营业收入30.54亿元，利润总额257.2万元，科技投入1.54亿元，占比营业收入的5.04%。

（宋盈燕）

【转型升级和资源优化配置】年内，京仪集团光伏电站建设全面提速发展，全年新增运营光伏电站112兆瓦，累计规模达212兆瓦。自动化仪表事业部整体运行情况稳定，基本形成了授权清晰的管理体系。现代服务平台初具规模，实现了京仪工贸对敬业有限、北仪物业、工程公司3家公司的托管及领导班子的统一；完成了京仪工贸公司制改造；提高了各类资源利用效率；初步实现了大兴基地物业管理的集中。资源优化配置成效显著，北分瑞利完成了东区至西区的搬迁工作；博飞公司、敬业科技、京仪椿整、京仪海福尔等企业大力压缩低效资源占用；将仪表人才服务中心委托孵化器管理，拓宽了孵化器的业务范围；开展了研究总院、光电所、电影所、自动化院的整合工作，搭建了统一的领导班子，实现了研究总院、光电所、电影所办公场所的集中和管理机构的合并，完成了上海华文等5家企业的退出。

（宋盈燕）

【科研创新】年内，京仪集团研究通过了《技术委员会章程》和《专项科研创新基金管理办法》，并对“以产业化为目标的智能燃气表产品定型研发”等8个项目给予共计1000万元的资金支持；产品技术水平迈向高精尖，北分瑞利车载质谱仪、侦检报警器及红外遥测仪等军品列装部队形成订货近2亿元；京仪绿能500千瓦逆变器通过“新能标”和“中国效率”认证，同时获得电力工程承装（修、试）四级资质；京仪椿整研制的斩波模块应用于高铁车辆；京仪涿鹿铸锭炉全部改造为600千克热场，硅片的转换效率达到18.1%以上，并成功申请张家口市工程技术研究中心；自动化院研制的晶圆倒片机应用于中芯国际28纳米半导体生产线；博电公司研制的双峰滤光片应用于神州11号飞船与天宫二号飞行器交会对接待发射；全系统36项技术成果分别获得中国机械工业科学技术奖三等奖，中国仪器仪表学会科学技术奖，北京市新技术、新产品认定以及京仪集团科技成果奖；4户企业顺利通过高新技术企业的认定或复审；全年国有及国控企业申请专利59项，授权专利82项，其中发明专利8项；计算机软件著作权登记13项。截至年底，京仪集团拥有3个市级工程实验室、9家市级技术中心、28家高新技术企业，授权专利351项、软件著作权141项、新增各类省部级科技奖11项，完成国家部委项目70项。建立了集团博士后科研工作站和6个企业分站，在北京市率先建立了首席技师制度，获得国家技能人才培育突出贡献奖，被评为全国机械工业高技能人才队伍建设先进集体。

（宋盈熹）

【京仪自动化仪表事业部揭牌】年内，京仪集团以北京远东仪表有限公司、北京布莱迪工程技术有限公司、北京京仪海福尔自动化仪表有限公司3家企业为主体组建了京仪自动化仪表事业部。事业部将坚持市场导向，依照“专业化”+“职能化”管理原则，运用轻足迹管理理念，构建精干、敏捷、高效的事业部组织管理体系，利用2～3年时间，逐步建立具有统一的市场营销、产品开发、人力资源、资金财务、生产制造、规划投资等经营管理职能，能够吸纳整合外部业务资源的京仪自动化产业发展平台。

（宋盈熹）

【实现直属企业外派监事全覆盖】年内，京仪集团召开外派监事启动会，对京仪集团直属企业监事会建设现状进行了系统分析并提出资源配置建议，明确了派出监事的目的、范围、责任权利义务、工作方式以及工作范畴等重要内容。京仪集团启动外派监事工作，是符合企业自身发展的需要，通过完善监事会建设，实现企业的决策层、执行层、监督层相互制衡、相互制约，确保企业经营管理依法合规，风险应对措施得力，重大事项的决策与执行遵循集团管控要求；监事会工作要做到全面覆盖、突出重点、注重监督与服务的融合。

（宋盈熹）

【“十三五”规划】年内，京仪集团多维度、多层次、系统性地明确了“十三五”期间的发展愿景、战略和目标。其中，发展愿景：将京仪集团打造成与北控集团高度融合的“高科技、绿色”产业集团。发展战略：在北控集团整体战略布局下，实施“转型升级、高端发展”战略，即京仪集团将肩负北控集团“高端装备制造”的使命与责任，围绕高端装备制造业务（M）、投资运营业务（O）、现代服务业务（S）三大业态，制定了以“一个基础”“两翼发展”“三大策略”“四大保障”为主线的发展战略。发展目标：聚焦“自动化与智能城市运营”“科学仪器”“电力电子与轨道交通”“光伏”“环保”“现代服务”等主要业务单元，“十三五”末，实现营业收入翻一番，达到60亿元；利润总额翻两番，达到5亿元，资产证券化率达到50%。

（宋盈熹）

中国北京同仁堂（集团）有限责任公司

【概况】中国北京同仁堂（集团）有限责任公司（简称同仁堂集团）是市政府授权经营国有资产的国有独资公司，以中药为主业，集科工贸、产供销于一体的大型中药企业集团。拥有6个二级集团、3个院、4个直属单位，其中北京同仁堂股份有限公司（简称同仁堂股份）、北京同仁堂科技发展股份有限公司（简称同仁堂科技）和北京同仁堂国药（香港）集团（简称同仁堂国药）是3家上市公司，北京同仁堂健康药业集团、北京同仁堂商业投资集团、北京同仁堂药材参茸投资集团等8家中外合资及股份制公司，1家研究院、1家中医医院、1家教育学院。业务涉及中药材种植及饮片加工，中成药、普通营养食品、保健食品、传统滋补品、生物制品及化妆品的生产销售、科研开发、出口贸易等方面。同仁堂集团内设综合办公室、经济运行部、财务运行部、证券部、对外经济工作办公室、品牌法律事务部、科技质量部、工装环保部、媒体广告管理部、医疗管理部、审计部、信息中心、文化传承中心、安全保卫部、房产管理部、行政后勤部、组织人事干部部、宣传部、党委办公室、纪委办公室、工会、团委22个部门，有职工2.33万人。

（葛 冰）

【生产经营】年内，同仁堂集团实现合并营业收入145.63亿元，同比增长8.07%；实现利润总额20.75亿元，同比增长10.9%。加快转变发展方式，经济增长稳中有进；充分挖掘内部资源，探索营销新模式；内涵与外延发展相结合，培育新增长点；落实京津冀协同发展，及时进行工业布局调整；着力科研技术开发，提升核心竞争力；开展全面质量管理工作，强化基础管理，实现了集团整体经济运行平稳、经营质量稳中有升、品牌影响力不断提升。职工人均增资5级。全年无重大安全、质量事故。

（葛 冰）

【获得荣誉】年内，同仁堂科技亦庄分厂微丸班被评为全国青年文明号，同仁堂商业同仁堂药店获得北京市模范集体称号。同仁堂股份张冬梅获得全国劳动模范称号，同仁堂科技薛连贵、同仁堂研究院杨光获得北京市劳动模范称号。

（葛 冰）

北京同仁堂股份有限公司

【概况】北京同仁堂股份有限公司（简称同仁堂股份）系经北京市经济体制改革委员会京体改发（1997）11号批复批准，由中国北京同仁堂（集团）有限责任公司独家发起，以募集方式设立的股份有限公司。同仁堂股份于1997年5月29日发行人民币普通股5000万股，1997年6月18日成立，注册资本2亿元，股本2亿股，并于1997年6月25日在上海证券交易所正式挂牌。

同仁堂股份建立了股东大会、董事会、监事会的法人治理结构，设药材采购部、生产制造部、品质保证部、人力资源部、销售部、进出口业务部、投资管理部、财务部、审计部等部门，拥有北京同仁堂科技发展股份有限公司、北京同仁堂商业投资集团有限公司、北京同仁堂天然药物有限公司、北京同仁堂吉林人参有限责任公司、北京同仁堂陵川党参有限责任公司、北京同仁堂内蒙古甘草黄芪种植基地有限公司、北京同仁堂蜂业有限公司、北京同仁堂（安国）中药材加工有限责任公司、北京同仁堂股份集团（安国）中药材物流有限公司、北京同仁堂陕西麝业有限公司等子公司。

同仁堂股份是集生产、销售、科研、配送于一体的产品公司，总占地面积近100万平方米。在大兴、昌平、通州、亦庄分别建有6个现代化的生产基地、2个经营单位、1个研究单位、1个配送单位。拥有经国内外质量认证的20余条生产线，是同仁堂对外展示的重要窗口。共有500余个产品批准文号，常年生产240余种涵盖以原粉制剂为核心的丸剂、散剂、酒剂及胶囊剂、口服液、滴丸剂等29个产品剂型，形成了以安宫牛黄丸、同仁牛黄清心丸、同仁大活络丸为代表的心脑血管系列药剂；以同仁乌鸡白凤丸、坤宝丸为代表的妇科系列药剂，以国公酒、骨刺消痛液为代表的酒剂系列等12个不同系列品种群。此外，中药抗抑郁症新药巴戟天寡糖胶囊也已正式生产并在部分省市陆续上市。

（葛 冰）

【年度经营】年内，同仁堂股份面对经济增速放缓、市场环境低迷的状况，同仁堂股份管理层带领全体员工开拓思路，对经营管理模式不断进行探索，增强各部门工作的联动性与协调性，促进上下游工作有序衔接，确保经营计划的稳妥落实。经营团队深入市场，从贴近终端、完善考核体系、建设品种群等方面开展工作。总结分析下沉终端的经验，减少销售中间环节，降本增效，强化管控；将终端建设列入考核项目，培养品种发展和终端责任意识；以品种运作为核心开展品种梯队的发展性建设，通过贴近市场、了解需求、分析特性，确立了“一品一策”“一区一策”“一品多策”和“分类定策”等更加灵活实用的销售模式，在稳固同仁牛黄清心丸、同仁大活络丸等大品种市场地位的同时，持续加强对二、三线品种的运作，结合区域特点、季节特点、产品剂型，开展宣传推广活动，有力地拉动了该类别品种的销售上量。参与药品学术推广交流会，通过微信、微博等自媒体平台助力产品推广。巴戟天寡糖胶囊销售规模突破千万元。品种运作情况整体良好，大品种成长稳定，继续保持较好的市场竞争力，二、三线品种对公司整体销售的贡献有所提升，仍然保持平均双位数以上的增长，北京社区医疗销售持续平稳。全年，实现销售收入25.58亿元，同比增长8.23%；利润总额4.67亿元，同比增长15%。

（葛 冰）

【技术创新】年内，同仁堂股份科研部门继续围绕新品研发、原有品种的二次科研、生产工艺改进与技术研究、专项产品资料修订、配合经营团队学术推广等方面开展工作。在新药研发方面，研制的6类中药复方新药清脑宣窍滴丸，已经完成Ⅲ期临床试验，并针对其生产转化进行了提取及制剂工艺验证，按照药监部门的规定完善了有关资料，为申请报批做好充分的准备工作。继续推进巴戟天寡糖胶囊的Ⅳ期临床研究，按照计划进展顺利，已经完成超过2000个病例的临床研究，为该产品在市场的重点推广积累了丰富的技术资料和数据支持。对原粉灭菌技术的应用研究取得阶段性成果，成为公司生产环节重要的技术储备。对大品种安宫牛黄丸的古今文献、市场反馈进行整理研究，配合该品种的专销工作提供学术支持，并为其推广方案提供建议，协同促进该品种的销售上量。

（葛 冰）

【节能降耗】年内，同仁堂股份按照北京市对于工业单位的环保要求，加紧实施“煤改气”环保改造，关停了5座燃煤锅炉，并对有关排污设备更新换代，在实现排放达标的同时促进节能降耗。

（葛 冰）

【股权投资与股本规模】截至年底，同仁堂股份长期股权投资余额为2928.10万元，比期初2809.14万元增长4.23%。总股本1371470262股。

（葛 冰）

【利润分配】年内，同仁堂股份按照合并报表实现归属于上市公司股东的净利润875179501.87元，按母公司实现净利润的10%提取法定盈余公积55507377.94元，加年初未分配利润2691857405.97元，减去2014年度，利润分配已向全体股东派发的现金红利301723457.64元，可供股东分配利润为3209806072.26元。

（葛 冰）

首钢集团

【概况】首钢集团（简称首钢）总部位于首都北京。首钢始建于1919年，迄今已有近百年历史。首钢大力传承敢闯、敢坚持、敢于苦干硬干，发扬敢担当、敢创新、敢为天下先的精神，不断推进企业发展。已发展成为以钢铁业为主，兼营矿产资源业、环境产业、装备与汽车零部件制造业、建筑及房地产业、生产性服务业、海外产业等跨行业、跨地区、跨所有制、跨国经营的大型企业集团，全资、控股、参股企业544家，集团员工约10万人。首钢贯彻国家产业结构优化升级要求，率先实施钢铁业搬迁调整。经过史无前例的实践，首钢北京钢铁主流程停产，为圆中华民族“百年奥运”梦想做出贡献；京唐公司、迁钢公司、首秦公司、冷轧公司等新钢厂全面建成，技术装备达到国际一流水平，首钢成为京津冀协同发展的先锋队；跨地区联合重组水钢公司、贵钢公司、长钢公司、通钢公司、伊钢公司，产业布局拓展到沿海和资源富集地区。首钢钢铁业形成3000万吨以上钢铁生产能力；非钢产业通过改革创新，盈利能力大幅提高；首钢集团综合实力明显增强，2010年以来连续进入世界500强。

2015年，首钢完成高端领先产品452万吨，汽车板204万吨，电工钢133万吨，镀锡板31万吨，开展新产品研发155项，实现转产39项，完成754个汽车板零件认证和40项产品认证；围绕“制造+服务”，提升产线制造能力；京唐二期开工建设；推进首钢集团绿色行动计划，完成治理项目29项，节能项目15项。积极推进首钢老工业区与曹妃甸示范区开发建设，首钢老工业区开发建设从明确规划政策、管理体制等转入到基础设施建设和项目落地实施阶段。首钢老工业区列入国家智慧城市试点，绿色生态规划通过北京市绿色生态示范区评审，园区建筑风貌研究课题成果达到国际先进水平。曹妃甸示范区成立京冀曹妃甸协同发展示范区建设投资有限公司；生态城场地平整和主干路网项目进场建设；现代产业发展试验区完成100平方千米地形测绘，制订造地方案；获得国家长贷低息专项建设基金20亿元。首钢股份重大资产重组顺利推进；京西重工在香港上市后，通过资产注入，实现较大规模上市融资；率先成立京冀协同发展产业投资基金，借势整合“北京服务·新首钢”等多支基金，成立首钢基金公司并受托管理北京市的多支基金；财务公司实现当年申请、当年批筹、当年开业，当年资金归集率超过行业平均水平。集团管控体系改革稳步推进，率先实施做实股份公司，将3个管理层级压缩为1个层级，完成烧结、球团整合，实现铁前、迁顺一体化管理；总部机关构建扁平化组织，有序剥离事务性、服务性职能，成立业务支持服务部门；规范损益预算，强化现金预算和投资预算编制，严控投资支出，防范资金风险；“十三五”规划编制基本完成。

首钢通过市场选聘，为新产业引进高端人才 17 人；完成第七批首钢技术专家 77 人、技术带头人选拔表彰 153 人；首钢职工健康管理信息系统上线运行。非钢产业努力向城市综合服务商转型，机电公司完成长安街沿线景观提升护栏项目，自主研发的充电桩已批量生产；首建集团建成北京市单体最大的智能化立体车库，承揽 1300 个车位的建造订单，开始设计建设大公交示范立体车库；环境产业公司累计处理建筑垃圾约 12 万吨，产品得到市场充分认可，鲁家山生物质能源项目安全顺稳达产，提前 15 天完成全年 100 万吨计划任务；实业公司在中关村国家自主创新展示中心的服务受到社会广泛好评，又成功中标中关村软件园物业管理；国际工程公司签订社会市场日处理 5 万吨海水淡化工程设计合同；首自信公司承建的北京市首个最大的“光伏超级充电站”项目开工；首钢男篮蝉联 2014—2015 赛季 CBA 联赛总冠军，首钢女子乒乓球队获得乒超联赛冠军。

（关佳洁）

【人才培养】1 月，在北京召开的国家第十二届高技能人才表彰大会上，中共中央政治局委员、国务院副总理马凯对首钢重视高技能人才培养工作给予充分肯定，称赞“首钢对高技能人才的机制、激励做法特别好”。首钢集团拥有国家工艺大师 3 人、全国技术能手 10 人、全国钢铁行业技术能手 36 人；被评为省部级以上有突出贡献的高技能人才 7 人，享受省部级以上政府技师特殊津贴 17 人；拥有北京市技术能手 354 人、北京市首席技师工作室 8 个。

（关佳洁）

【领导调研】2 月 3 日，国家工信部材料司原司长周长益、副司长骆铁军，市经济信息化委副主任李洪等领导到首钢调研。6 月 24 日，北京市委常委、常务副市长李士祥，副市长隋振江，市政府秘书长李伟；河北省委常委、常务副省长杨崇勇，省委常委、唐山市委书记焦彦龙，副省长张杰辉等领导深入首钢京唐公司生产一线实地考察。7 月 23 日，中央政治局委员、北京市委书记郭金龙等领导到首钢调研。8 月 8 日、9 月 15 日，河北省委书记赵克志等领导先后到首钢京唐公司、首钢股份公司迁钢公司调研。9 月 11 日，北京市委副书记、市长王安顺等领导到首钢调研。10 月 13 日，北京市副市长隋振江、市科委副主任张光连、市经济信息化委副主任王学军、中关村管委会副主任宣鸿及市发展改革委产业处、高技术处有关领导等到首钢调研。 12 月 2 日，北京市副市长张建东、市政府副秘书长侯玉兰，北京冬奥申委常务副秘书长吴京汨、副秘书长徐达、办公室主任郭怀刚、办公室副主任李森、新闻宣传部副部长赵卫，市发展改革委副主任张国洪等领导到首钢调研。

（关佳洁）

【职工转型转岗】2 月 13 日，首钢下发《首钢集团加快转型发展努力提高劳动效率的指导意见》，各单位、各部门按照总公司部署，坚持“加快企业改革和转型发展，努力把为职工提供新的工作岗位放在第一位；组织开展培训工作，为职工转型转岗和竞聘上岗创造条件；全面完善考核分配激励机制，稳妥有序地鼓励富余职工走向新岗位；严格控制新增人员，强化人力资源平衡调剂工作；调整职工解合及内退政策，为富余职工自愿退出企业或工作岗位提供帮助”，保证此项改革在集团范围内稳妥推进。各单位精简机构，全集团累计分流 2.5 万人。

（关佳洁）

【钢铁板块】3 月 3 日，首钢召开股份有限公司干部大会，宣布首钢股份公司 7 个职能部门干部配备；3 月 9 日，股份公司 7 个职能部门干部职工登上开往迁安的通勤班车，奔赴新的工作岗位。通过实施铁前一体化，推进迁顺一贯制管理，开展供应系统深度整合，持续优化职责与业务体系，理顺技术服务组和外派高管服务流程，抓好领导干部职务职级及薪酬制度改革试点等一系列工作，首钢成功完成第一阶段机构整合定员优化和第二阶段优化整合工作，为以股份公司为主体、构建钢铁板块高效管理平台、做优做强钢铁业奠定基础，并取得显著效果：股份公司机构优化 28.3%，基层机构优化 23%，人员精简 17%，界面减少，流程缩短，协同效率提高；炼铁、烧结、球团深度融合，铁成本从年初的 1784.3 元 / 吨降低到 10 月的 1368 元 / 吨，硬碰硬降低 416 元 / 吨，创历史最好水平；实现矿石库存由年初 110 万吨，平均降至 40 万吨以下，累计释放库存资金 5280 万美元，并以此带动提升首钢“一业三地”持续降低矿石的动力；固废回吃，经济配料，追求全流程、全系统效益最优，实现“1+1+1”大于 3 的整个管理链条系统优化。

（关佳洁）

【金融产业园开工】3 月 12 日，首钢二型材互联网 · 金融产业园项目正式开工互联。该项目位于原首钢二型材区域，处于新首钢高端产业综合服务区公共活动休闲带内，工程改造后建筑面积约 13.46 万平方米，2017 年完工。项目拟为互联网金融、相关后台及服务、电子商务高科技、IT产业等企业，以及国家和北京市重点支持的现代服务业企业提供孵化和成长空间。

（关佳洁）

【连续5年跻身世界500强】 7月22日，财富中文网全球同步发布最新的《财富》世界500强排行榜，首钢集团以296.689亿美元（约1828亿元人民币）的营业收入列居第四百〇二位，这是首钢集团自2011年首次跻身世界500强榜单以来，连续第五次上榜。世界500强的入围门槛提高至237.2亿美元，中国上榜公司数量继续增长，达到106家。

（关佳洁）

【获绿色节能证书】 7月，在工程建设标准化创新应用与绿色建筑产品技术专项推广活动中，北京首钢资源综合利用科技开发公司生产研发的建筑垃圾再生骨料、再生路基混合料，因具备质量可靠、标准化生产、节能效益突出、用户满意、市场竞争力强等特点，被授予绿色建筑节能推荐产品证书，并在工程建设领域推荐使用。首钢建筑垃圾资源化项目投产以来，产品已在首钢鲁家山循环经济（静脉产业）园区道路施工、首钢资源公司厂区道路施工、首钢土壤修复项目地坪修筑等工程上广泛使用。在再生无机混合料推广方面，已与北京市市政工程研究院合作开发出满足城市主干路底基层和城市次干路基层用建筑垃圾再生水泥稳定料，产品质量得到北京市公联公司等单位高度认可。

（关佳洁）

【京唐二期工程项目启动】 8月21日，首钢京唐二期工程项目启动，北京（曹妃甸）现代产业发展示范区8个重点项目同时签约。河北省委常委、唐山市委书记焦彦龙，北京市副市长隋振江，河北省副省长张杰辉等领导以及首钢总公司领导靳伟、张功焰等与京唐公司干部职工共同见证首钢京唐二期工程项目启动。首钢京唐二期工程是经国务院批准的《河北省钢铁产业结构调整方案》调整优化产业布局重点项目，是京冀两地落实京津冀协同发展战略重点项目，也是首钢京唐做大做强、建设最具世界影响力钢铁厂的重要举措。京唐二期工程项目分两步建设。二期工程建成投产后，首钢京唐公司年生产能力单体钢铁厂国内最大，产品结构更合理，品种更齐全，市场竞争力更强。11月4日，首钢京唐公司二期炼铁区域开始地基强夯。

（关佳洁）

【获科学技术奖】 9月15日，首钢有6项成果获得2015年中国冶金科学技术奖。北京首钢国际工程技术有限公司、首钢京唐钢铁联合有限责任公司、北京科技大学、郑州安耐克实业有限公司完成的“超大型高炉高风温关键技术研究与应用”获得一等奖；首钢总公司及所属京唐钢铁联合有限责任公司、唐山首钢京唐西山焦化有限责任公司完成的“适应5500立方米高炉生产的7.63米焦炉低成本配煤技术研究与应用”获得二等奖；首钢矿业公司完成的“地面远程遥控井下电机车运输系统研发与应用”、首钢总公司及所属京唐钢铁联合有限责任公司完成的“京唐2号高炉双装大矿批技术研究与应用”、北京北冶功能材料有限公司完成的“4J72锰基合金冷带批量生产研究”、吉林通钢自动化信息技术有限责任公司完成的“移动式管控平台技术的研发与应用”获得三等奖。

（关佳洁）

【金融发展平台】 9月24日，首钢集团财务有限公司开业。党的十八大以来，首钢确立“一根扁担挑两头”，即通过打造全新的资本运营和金融平台这根“扁担”，实现钢铁和城市综合服务商两大主导产业并重和协同发展的战略定位。首钢集团财务有限公司从筹建到运营，历时8个月，比行业要求的18个月筹备建设期提前10个月，实现“当年申请、当年批筹、当年筹建、当年开业”的历史性突破。同时，顺应京津冀协同发展大势，首钢基金作为首钢总公司的全资子公司，从1支母基金发展到管理8支基金，从母基金规模200亿元到管理基金总规模达到340亿元；京西创投公司投资运营的“创业公社”，结合股权投资、创业孵化、产业链增值的已有经验，借鉴国际成功孵化器和新型园区运营模式，打造首钢新产业培育基地，基地直接管理面积超过3万平方米，入驻企业近230家，聚集移动互联及大数据、文化传媒、节能环保、新材料等产业，入驻的中小企业获得超1亿元的贷款支持、5.6亿元的股权投资、1.2亿元的产业并购，入驻企业间实现多维度产业链延展合作。

（关佳洁）

【获北京市安全生产奖项】 11月5日，首钢参加由北京市安全生产监督管理局召开的“2015年北京市安全生产月活动总结表彰大会”，获多个奖项：首钢总公司获2015年“安全第一，生命至上”诗歌评选优秀组织单位奖；首建集团获2015年北京市安全生产月活动优秀组织奖；首钢日报社获2015年北京市安全生产月活动优秀新闻报道奖。按照北京市关于2015年安全生产月活动要求，首钢各单位围绕“强化依法治安意识，确保属地一方平安”主题，开展警示教育周、隐患集中排查治理周、新《安全生产法》集中宣传周、安全生产应急演练周等活动，突出“警示教育”“隐患排查治理”“新《安全生产法》集中宣传”“应急演练”等内容。

（关佳洁）

【海水淡化标准通过审定】 11 月，首钢京唐公司和首钢国际工程公司等单位联合起草编制的《钢铁行业海水淡化技术规范第 1 部分：低温多效蒸馏法》国家标准审定会在北京召开，经过与会专家的仔细审核和编制人员的认真答辩，该国家标准通过审定。该国家标准于 2014 年 11 月 20 日经全国钢标委确认立项编制；2015 年 1 月完成市场调研和资料收集；5 月完成标准验证；9 月向全国钢标委提交标准征求意见稿及编制说明；10 月向全国钢标委提交送审稿。该国家标准以行业标准为基础，对原行业标准中低温多效蒸馏法海水淡化的范围、规范性引用文件、术语和定义、介质要求、系统要求、材料及设备要求、运行、维护与监测、检验方法等进行全面、系统的修订和补充。该国家标准是中国第一个全面、系统地对低温多效蒸馏法海水淡化技术，在钢铁行业及类似行业的建设、应用等进行规范化、标准化的国家级标准，对于推动海水淡化在中国的健康、有序发展具有积极作用。

（关佳洁）

【生物质能源项目高效运行】 12 月 15 日，实现“四炉两机”运行模式的首钢生物质公司累计垃圾进厂量达 100.24 万吨，提前超额完成 100 万吨设计进厂能力，为改善北京城市环境和“为北京市环境实现‘新陈代谢’提供可持续性保障”发挥有效作用。首钢生物质能源项目是鲁家山静脉产业基地重点项目之一，是北京市委市政府确定的北京市重大民生工程，也是首钢实施战略转型、在北京地区大力发展环保产业所承担的第一个环保民生工程。该项目采用“绿色、环保、创新”的先进设计理念，利用最先进的烟气处理工艺，在国内垃圾焚烧发电厂中首次采用 SCR 脱硝；采用抽凝汽轮发电机组，实现热电联产；在国内垃圾焚烧发电中首次使用空冷技术，可节水 80%；采用雨水综合利用、沼气发电、太阳能发电等节能环保技术。

（关佳洁）

【产品工艺研发】 年内，首钢共完成 70 项研发储备产品开发，37 项实现供货共计 6.4 万吨，包括高 CTOD 性能管线钢 X70、高屈强比连退 HC650/980DP 等一批高档次产品；在新工艺开发方面，全年完成工艺技术开发 68 项，新开发的含钛含镁球团矿生产工艺，在世界上首次实现生产和应用；自主开发的迁钢 1580 产线热连轧板形模型与工艺分析测试系统、精轧边降工作辊辊形等技术，使该产线全品种 C40 命中率由 93% 提高到 97.3% 以上；新开发的 800MPa 级水电钢配套焊材攻克焊接接头低温韧性差的难题，成功应用于老挝色边—色那姆水电站项目。

（关佳洁）

【园区开发】 年内，首钢西十筒仓改造项目作为第一批国家老工业区改造调整和建设项目完工。11 月 17 日，在美国华盛顿召开的 2015 年国际绿色建筑大会国际峰会上，首钢总公司与 USGBC（美国绿色建筑委员会）、GBCI（绿色事业认证公司）、IWBI（国际 WELL 建筑研究所）签署战略合作协议。

（关佳洁）

【智慧城市通过审定】 年内，新首钢高端产业综合服务区智慧城市试点建设年终检查会议召开，北京市住房和城乡建设委员会组织相关专家对新首钢高端产业综合服务区 2015 年度智慧城市建设工作进行评审。专家组听取首钢总公司 2015 年度智慧城市建设工作汇报，审阅相关文件，经质询与讨论，一致同意通过 2015 年度评审。智慧城市作为城市发展的新兴模式，以信息技术应用为主线，将信息化与城市化高度融合，使城市生产、生活达到变革、提升和完善，体现出更高层次的城市发展理念和创新精神。4 月，新首钢高端产业综合服务区成功纳入国家智慧城市试点以来，首钢园区以顶层设计为指导方针，开展数据中心、通讯基础设施、城市规划建设平台、BIM 绿色建筑群管控平台、城市网格化管理平台等多项智慧城市项目的前期建设，进一步提升园区规划建设能力。

（关佳洁）

【成立钢铁技术服务团】 年内，首钢根据钢铁板块管理和外埠钢铁企业实际需要，成立了钢铁技术服务团，统一协调、指导现有的 5 个外埠钢铁企业（水钢、长钢、通钢、贵钢、伊钢）技术服务组工作。下发《关于加强外埠钢铁企业技术服务工作的意见》，明确技术服务团领导人员主要职责和有关工作要求。技术服务团由股份公司负责管理，领导人员主要职责包括：根据总公司要求，统筹开展好外埠钢铁企业的技术服务工作，对技术服务组的全局工作提出意见建议，供总公司决策；为各外埠钢铁企业技术服务组提供技术支持和专家指导，特别是针对外埠钢铁企业的技术改造创新项目和重大工程建设项目的可研、技术改造和项目建设提供方案审查等技术支持；根据各技术服务组的需要，采取固定和不固定的工作方式到各个外埠钢铁企业开展技术服务，针对外埠钢铁企业的重点和难点问题开展深度调研，在分析问题的基础上，和各个技术服务组及服务对象单位沟通，提出解决办法和具体措施；督促检查主要技术服务措施是否得到真正落实及其效益效果，听取服务单位措施落实问题的汇报，向总公司反馈。

（关佳洁）

【发布《绿色行动计划》】年内，首钢发布《首钢集团绿色行动计划（2015—2016 年）实施方案》，这项持续 2 年的环境保护绿色行动计划，目标是进一步提升区域的环境质量，各项污染物全面稳定达标排放，同时满足各级政府对污染物排放总量及对环保工作的各项要求。通过强化过程管控、强化环保项目全过程管理、建立健全基础工作、严格执行工作反馈机制等方面的措施，加大环境保护力度，全面提升首钢环保管理水平，大力推进首钢绿色发展、循环发展、低碳发展。

（关佳洁）

【职工队伍建设】年内，首钢共举办党委中心组学习扩大会及理论讲座 29 次；完成第二期领导人员特训班、短训班。通过市场选聘，为新产业引进高端人才 17 人；完成第七批首钢技术专家 77 人、技术带头人选拔表彰 153 人；高端人才培养工程取得新成效，国际工程公司张福明入选国家百千万人才工程，被授予国家有突出贡献中青年专家称号，并当选为“北京学者”（“北京学者”计划是 2012 年底市政府实施的一项高端领军人才培养工程，2 年选拔 1 次，每次不超过 15 人），京唐公司王建斌被评为全国“百姓学习之星”；高技能人才队伍培养工作受到国务院领导肯定，首钢技术研究院焊工刘宏获得第十二届中华技能大奖，成为全国钢铁行业第一个获此殊荣的一线职工，“刘宏工作室”被国家人力资源和社会保障部批准为国家级技能大师工作室。徐凝、闵鹿蕾和胡亮学获全国劳模称号。

（关佳洁）

【战略合作】年内，首钢总公司与世茂集团、富华国际集团、正大集团、新加坡金鹰集团、百度公司签署合作框架协议，共同推进“世界侨商创新中心”建设，该中心发挥聚焦效应，促进更多优质侨务资源聚集“新首钢高端产业综合服务区”，并可以带动石景山范围内的西长安街沿线发展布局，进一步加快西部地区转型发展的进程。首钢总公司与周大福企业有限公司签订《战略合作协议》，双方将在资本运作、园区开发、矿产资源和金融服务等多个领域开展合作。北京首钢自动化信息技术有限公司与北京富电科技有限公司合作的“石景山区首个光伏超级充电站”启动开工，该项目将把超级充电站建设放在城市新能源汽车发展的大局中去谋划、研究和推进，成为北京市率先落实新能源汽车发展战略的实施主体。首钢总公司与中集集团 2015 年战略合作年会在首钢陶楼召开，会议回顾一年来双方战略合作情况，双方参会人员代表分别就“钢铁贸易合作”“京西基地产业规划项目”“物流全面合作项目”等议题进行深入交流讨论。

（关佳洁）

【海外工程】年内，首钢技术研究院水电钢课题组成功中标巴基斯坦塔贝拉水电站项目水电用钢合同，塔贝拉水利枢纽是巴基斯坦国内西水东送的关键工程，集防洪、灌溉、发电等功能于一体，该项目在巴基斯坦已开工建设，本期招标的压力钢管及岔管部分的高强度钢板共计 6000 吨全部由首钢生产。中首公司占股 40% 的马来西亚东钢公司一期一步工程炼出第一炉钢水，第一块钢坯出炉，这是首钢第一个在海外投资建厂的项目，涉及制氧、烧结、炼铁、炼钢到轧材等全流程，也是中首公司承揽开发的首例综合性钢厂项目。一期一步工程设计年产 70 万吨板坯，主要包括：简易料场、100 平方米带冷烧结机、600 立方米高炉、60 吨转炉，1 万立方米制氧厂、大板坯铸机及变电站和其他配套的公辅设施；东钢综合钢厂项目为绿地工程，建设范围包括地勘、打桩、地基处理、场地回填、厂房设备基础施工、钢结构安装、设备安装调试、自动化连锁试车直至交付生产的全部范围。首建集团承建的安哥拉 RED 项目——本格拉卢洪沽地块 2000 套工程中的 3 条大市政道路沥青混凝土摊铺施工结束，实现全线贯通；洛比托地块 3000 套 A 区市政道路沥青摊铺工程完成，比总包方下达的节点工期提前 9.5 天；首建集团承担的本格拉卢洪沽地块 2000 套住房工程，经过 36 个月的工程建设，于年内整体完工，共建设住宅 1047 栋，总建筑面积 20 多万平方米，工程规划占地面积 7 平方千米，相当于国内的一个小城镇。

（关佳洁）

【获国家科学技术进步奖】年内，2015 年度国家科学技术进步奖评选结果揭晓。首钢京唐公司参与完成的“高效化微合金化钢板坯表面无缺陷生产技术开发与工程化推广应用”、首钢矿业公司参与研发的“露天转地下高效型建设大型数字化地下金属矿山的研究与实践”项目获得 2015 年国家科学技术进步二等奖。由首钢京唐公司和钢铁研究总院等单位共同承担完成的“高效化微合金化钢板坯表面无缺陷生产技术开发与工程化推广应用”项目，主要针对微合金化钢板带材生产技术中的铸坯表面质量缺陷（主要是指角部裂纹缺陷）进行攻关。经过多家企业采用此技术的生产实践表明，该项目技术成果已达到国际领先水平，项目成果已向国内鞍钢、武钢、马钢、莱钢等 16 家企业推广。首钢矿业公司和北京科技大学等科研院校联合研发的“露天转地下高效型建设大型数字化地下金属矿山的研究与实践”项目是针对中国一大批接近极限深度开采的金属露天矿可持续开发，露天转地下开采、高效转型进行研究，实现杏山铁矿开发模式高效转型的重大突破，将一个即将闭坑停产的中小型露天矿打造成中国第一座大型现代化的露天转地下金属矿山。据悉，国家科学技术进步奖是国务院设立的国家科学技术奖五大奖项之一。

（关佳洁）

【获市管理创新成果奖】 年内，在第二十九届北京市企业管理现代化创新成果评选中，首钢总公司获得北京市企业管理现代化创新成果优秀组织奖。同时，首钢京唐公司“大型钢铁企业集中一贯管理体系的构建与实施”、迁钢公司“大型钢铁企业现场自主创新管理体系的构建与实施”、冷轧公司“专业技术人才量化评聘体系的构建与实施”、规划发展部“大型国有企业创新发展方式的实践”、发展研究院“首钢发展旅游产业构建与实施”、培训中心“高端引领，校企融合，构建完备系统的高技能人才培训体系”、首自信公司“打造综合延伸性产业链，支撑企业转型升级发展”等 7 项创新成果获一等奖；京唐公司“现代钢铁联合企业可靠性设备维检体系构建与实践”、首秦公司“构筑管理新模式，提升首秦公司发展能力的实践”、办公厅“大型钢铁企业集团履行社会责任的实践”、发展研究院“大型企业文化评价体系建设与应用”、劳动工资部“大型企业人工成本管控体系的构建与实施”、设备部“大型钢铁企业开展工业建筑、设备、设施防腐管理与实践”、实业公司“坚持深化改革，调整发展战略实现企业转型发展目标”、信息部“构建经营管理平台提升集团管控水平”、园区开发部“老工业区整体搬迁改造的探索与实践”等 9 项创新成果获二等奖。

（关佳洁）

【17 项产品获奖】 年内，中国钢铁工业协会发布 2015 年度冶金产品实物质量认定结果，首钢 1 项产品获得“特优质量奖”，16 项产品获得“金杯奖”。首钢京唐公司生产的“集装箱用热连轧钢板和钢带”获得“特优质量奖”，其产品牌号为 SPA−H，产品厚度规格为 1.9 毫米～ 6 毫米、宽度规格为 945 毫米～ 1490 毫米，该产品已实现高成材率、低成本、低能耗、薄规格化生产，产品质量已处于国际领先水平。获得“金杯奖”的产品包括汽车结构用热连轧钢带、集装箱用热连轧钢板和钢带、连续热镀锌钢带、冷轧低碳钢带、冷轧无取向电工钢带、船舶及海洋工程用结构钢钢板、锅炉和压力容器用钢板、桥梁用结构钢热轧中厚钢板等。冶金产品实物质量认定活动由中国钢铁工业协会组织，每年一次，通过认定的产品，授予特优质量奖和金杯奖产品称号，有效期为 3 年，期满后由企业申请重新认定。

（关佳洁）

北京汽车集团有限公司

【概况】 北京汽车集团有限公司（简称北汽集团）成立于 1958 年，是中国主要的汽车集团之一，在国内汽车行业排名第五位。经过 50 多年的发展，北汽集团已拥有“北京”“绅宝”“昌河”“福田”等自主品牌，先后引进“现代”“梅赛德斯—奔驰”“铃木”等国际品牌。成立了包括乘用车、越野车、商用车、新能源汽车和动力总成技术的专业研发机构，建立了涵盖汽车零部件、汽车服务贸易、进出口和汽车金融的完整产业链，实现了产业向通用航空等领域的战略延伸，已发展成为涵盖整车（包括新能源汽车）研发与制造、通用航空产业、汽车零部件制造、汽车服务贸易、投融资等业务的国有大型汽车企业集团。

2015 年，北汽集团实现整车销量 248.9 万辆，同比增长 3.7%；实现营业收入 3452.2 亿元，同比增长 11.7%；实现经营利润 195.5 亿元，同比增长 11.8%，整体保持了良好的发展势头。北汽集团出色的经营业绩和良好的管理水平也得到了社会各界的高度认可。年内，北汽集团连续第三年入围《财富》世界 500 强并进一步跃升 41 个位次至第二百〇七位，先后获得了中国年度最佳雇主全国排名第四位（汽车行业第一位）和 2015 年中国汽车工业科学技术奖一等奖、北京市人民政府质量管理奖第二名等殊荣。

（张　健）

【战略发展】 年内，北汽集团“十三五”战略规划编制完成，转型发展的宏伟蓝图已经绘就。“十三五”规划明晰了集团战略转型的发展方向和具体思路，明确了“总体规模和实力居国内行业第一梯队、自主品牌和新能源汽车国内一流、具有国际影响力的汽车制造及服务型企业集团”的集团“十三五”定位，推进工业化与信息化的深度融合，促进产业结构调整升级，加快产业向网络化、智能化、服务化和国际化转变，延伸产业链，培育新业态，创造新价值，践行“向制造服务型和创新型企业战略转型”的发展战略。在具体业务发展上，全集团稳步推进向“两型”企业转型工作，产业结构不断优化，新能源汽车傲立潮头，汽车金融、产业投资蓬勃发展，二手车、售后市场同质配件稳健推进，通用航空展翅欲飞，零部件、生产性服务业、战略新兴产业的集团收入占比从2014年的15.9%提升至19%。

（张 健）

【自主品牌建设】年内，北汽集团自主品牌乘用车逆市上扬，实现销售65.8万辆，同比增长29%。其中，北京汽车股份有限公司（简称北汽股份）实现销量31.6万辆，同比增长4%，并在产品上由以A0级经济型轿车、交叉型乘用车为主成功转为以中高端轿车、SUV和MPV车型为主。江西昌河汽车有限责任公司（简称昌河汽车）加大主要产品降本力度，全年实现销量10万辆。北汽银翔汽车有限公司（简称北汽银翔）在SUV系列产品良好市场表现的拉动下，实现销量28.8万辆，同比增长44.7%，成功实现扭亏。年内，北汽集团自主品牌乘用车双品牌建设落地见效，北汽股份旗下的绅宝系列初步形成了大气、自信、进取的北欧风格品牌形象，昌河汽车也逐步形成年轻、活力、时尚的幸福快乐家庭车品牌形象，两个品牌差异化定位逐步清晰，绅宝X25和昌河Q25、威旺M20和福瑞达M50等同平台新产品不断推出，后续同平台产品开发亦顺利开展。商用车方面，在宏观经济增速持续下行与国Ⅳ排放法规全面实施的双重影响下，北汽福田汽车股份有限公司（简称北汽福田）仍然保持着国内商用车第一的地位。在商用车行业出口同比下滑前提下，北汽福田整车出口逆势增长11.1%，达到6.04万辆；欧辉、欧马可、图雅诺等高附加值产品的比重得到大幅提升。

（张 健）

【资本运作】年内，北汽集团以无偿划转方式受让山东省滨州市国资委所持山东滨州渤海活塞股份有限公司（简称渤海活塞）国有股份，使集团公司控股上市公司数量增加到4家；渤海活塞重大资产重组启动，北京海纳川汽车部件股份有限公司资产证券化工作进入实质推进阶段；同时，北京新能源汽车股份有限公司IPO正式启动，借力资本市场推动新能源汽车业务快速发展正式提上工作日程。

（张 健）

【合资合作】年内，北汽集团与戴姆勒的合作进一步深化，北京奔驰汽车有限公司（简称北京奔驰）NGCC工厂和MRA二期工厂正式投产，国产奔驰发动机返销德国，北京奔驰已成为戴姆勒在全球最大的海外生产基地。北京现代汽车有限公司四、五工厂已奠基开工。同时，北汽集团围绕“互联网+”主线，先后与乐视控股、滴滴快的等互联网企业正式签订战略合作协议，“互联网+”战略取得了实质性的进展。

（张 健）

【产业集群化】年内，北汽集团零部件业务的核心平台北京海纳川汽车部件股份有限公司的营业收入和利润分别同比增长25.55%和14.55%，所属英纳法、天纳克等企业继续扩大外部市场份额，外部市场开拓初见成效，发展势头良好；鹏龙平台加快经销商网络布局节奏，全年实现33家4S店开业，各业务链条初步打通，服务业态不断丰富，平台优势初显，全年共实现营业收入217亿元，同比增长28.11%，实现利润总额7.8亿元，同比增长4.62%；北京通用航空有限公司全年共实现7架飞机销售，其中P750飞机交付4架、AW直升机签约3架；财务公司完成集团内7家成员单位产业链综合授信工作，授信总额达54亿元，支持集团成员单位力度进一步增强；产业投资公司通过证券投资、新三板投资、产业基金管理和融资租赁等业务，实现利润总额2亿元，互联网金融业务、新技术和新模式的策略投资业务、地方产业基金合作等创新盈利模式拓展项目稳步推进，为集团创新转型发挥了良好示范作用。

（张 健）

【产业国际化】年内，北京汽车国际发展有限公司（简称北汽国际）实现整车出口2万台，同比增长67%，重点开拓南非、伊朗、墨西哥等“一带一路一洲”沿线国家，渠道开发进程不断加快。其中，南非项目实现协议签署，走出了一条“金融先行、产业跟进”的转移之路；伊朗项目谋求多方合作，抓住成长先机，大力开发新兴市场，成为中国汽车品牌的典范；墨西哥项目快速启动，以大客户及代工模式实现产品灵活导入，为北美战略奠定基础；以瑞丽项目为桥头堡，在国家战略引领下，辐射东南亚中南半岛，打造跨区域综合商贸平台。截至年底，北汽国际已累计建设渠道54家、网点110家，网络布局逐步完善。北汽福田全球化战略加速推进，以泰国、印度尼西亚为试点，在东南亚探索新的属地化运营模式，进行属地产品开发、制造、零部件采购和市场拓展，为海外销量提升寻找新的增长动力，并取得沙特阿拉伯、智利、越南、巴基斯坦等国家的多个大订单。

（张 健）

【创新管理】年内，北汽集团总部共形成、修订并正式实施18个业务领域的75项管理制度，管理流程OA在线表单量由27个上升到79个，主要业务领域管理流程实现了信息化管理，有效促进了执行力和执行效率的提升；对标工作覆盖面持续扩大，工作重点从成本管理、质量管理、研发管理和人力资源效能体系建设进一步扩大到运营管理、投资管理等业务范围；降本工程取得良好效果，共计实现降本102.66亿元，超额完成年度目标；质量管理体系不断完善，质量文化和理念逐渐形成，“以质量为魂”的质量文化和理念更加深入人心。

（张 健）

【新能源汽车产业】年内，北京新能源汽车股份有限公司以突破2万辆的销量继续保持国内纯电动汽车销量冠军，其中EV系列单一品牌位于全球纯电动汽车销量第四名（前3名依次为特斯拉Model S、日产聆风、宝马i3），销量和营业收入大幅增长2.7倍和4.8倍，市场占有率超过18.6%，并实现扭亏；在全球成立三大研发中心，构建“新能源汽车生态圈”，推出“绿色智能出行解决方案”，在创新转型升级方面取得多项突破。北汽福田纯电动及混合动力客车实现高速增长，分别实现销售1600辆和1050辆，同比增长36.8%和95.2%。

（张 健）

【金融产业】年内，北汽集团财务有限公司紧紧围绕加快转型、加速发展、质效并重的总基调，实现营业收入4.94亿元，利润总额1.96亿元，完成集团内7家成员单位产业链综合授信工作，授信总额达54亿元，支持集团成员单位力度进一步增强，为助力集团实体经济增长、促进集团战略转型做出了新的贡献。北汽集团产业投资公司克服2015年资本市场多变的困难，抢抓资本市场和汽车产业转型的机遇，通过证券投资、新三板投资、产业基金管理和融资租赁等业务，实现利润总额2亿元。同时，互联网金融业务、新技术和新模式的策略投资业务、地方产业基金合作等创新盈利模式拓展项目稳步推进，为集团创新转型发挥了良好示范作用。

（张 健）

【通用航空产业】年内，北京通用航空有限公司按照年初确定的“实现一个突破、达成两个标志、解决三个关键、严格四个控制、抓住五个落实”工作思路，进一步明晰了公司的发展战略和实现路径；有序推进已经签约项目的落地生根；在进一步谋篇布局的基础上推进新项目开发；进一步理顺、夯实公司的各项基础管理工作；强化市场推广及飞机销售；经营管理工作开始步入健康良性发展轨道。北通航全年共实现7架飞机销售，其中P750飞机交付4架、AW直升机签约3架，完成控亏目标。

（张 健）

【服务贸易产业】年内，北京鹏龙行汽车贸易有限公司和北汽鹏龙汽车服务贸易股份有限公司正式整合为北汽鹏龙服务贸易平台。两家公司紧密围绕“发展导向、改革创新、业绩体现”十二字经营方针，秉承“成为一流汽车经销商集团”的企业愿景，本着“助力整车业务、服务北汽发展、关注客户需求、提供专业服务”的原则，从“供给侧”入手，加快转型创新。一方面通过深挖巩固现有业务，实现内涵式的增长；另一方面通过拓展新兴业务，实现外延式的增长；从业绩增长和管理升级两方面，推动服务贸易的快速发展。鹏龙平台加快经销商网络布局节奏，全年实现33家4S店开业；各业务链条初步打通，服务业态不断丰富，平台优势初显，全年共实现营业收入217亿元，同比增长28.11%；利润总额7.8亿元，同比增长4.62%。

（张 健）

【农业装备板块】年内，北京兴东方实业有限责任公司实现营业收入19.04亿元，利润总额5000万元。农装业务营业收入、利润总额继续保持稳定增长，国际市场业务模式取得关键突破，巩固了“涉农板块”专业优势；涉车业务占其总收入的比例上升4个百分点达到27%，“一体两翼”战略进一步深入。同时，模具公司、蒙城大农机等重点项目平稳推进。

（张 健）

中车北京二七机车有限公司

【概况】中车北京二七机车有限公司（简称二七机车公司）原隶属中国北车股份有限公司（2015年6月1

日南北车合并成立中国中车，现属于中国中车股份有限公司一级子公司）。行政下设19个部室、8个中心、8个事业部、1个辅助生产单位和3个子公司。

二七机车公司主要经营的项目有制造、加工铁路及城市轨道交通运输设备、电子设备、机械电器设备；开发、设计、制造、修理、销售铁路及城市轨道交通运输设备、电子设备、机械电器设备；技术咨询、技术服务、技术进出口、代理进出口、货物出口；供暖服务；仓储服务；施工总承包、专业承包、劳务分包；机械设备租赁等。

二七机车公司拥有机械动力设备2019台（套），占地面积约44.3万平方米，厂房建筑面积约21万平方米。另在房山区窦店镇购得土地约38.6万平方米，正在建设。注册资本13.5亿元，从业人员3014人。其中，博士9人、硕士137人、本科762人；具有高级专业技术职称170人、中级职称427人。

公司已具备新造电力机车100台、新造内燃机车100台、修理内燃机车80台、大型养路机械60标准节的生产能力。

二七机车公司主要产品有HXD3和HXD3C型7200千瓦电力机车、DF7系列内燃机车、GK1E和GK31E型内燃机车、铁路大型养路机械LZC−800型路基处理车、GMC96B型钢轨打磨车、多功能作业车、边坡清筛车等。产品出口20多个国家和地区，遍布全国18个路局、100多家路外工矿企业，矿山车辆领域正在形成从50吨～400吨的产品系列，是世界上唯一同时拥有整车集成和交流传动核心技术的矿车制造商。公司先后通过了IRIS体系认证、ISO 9001：2000质量管理体系认证、ISO 10012测量管理体系认证、ISO 14001环境管理体系认证、OHSAS 18001职业健康安全管理体系认证和EN 15085焊接体系认证，获得中国钢结构协会颁发的中国钢结构制造一级企业资质。DF7G−E型机车通过欧盟标准认证。

（胡跃平）

【生产经营】年内，二七机车公司营业收入21.79亿元，利润总额-9987万元，劳动生产率71万元/人年。新造内燃机车（含出口）59台，修理内燃机车68台，轨道工程机械产品共计49台/列。轨道装备产品配件收入1.06亿元，新产业收入7799万元，其他业务收入3386万元，共实现营业收入21.79亿元。

（胡跃平）

【改革改制】年内，二七机车公司下发《关于公司组织机构及职责调整的通知》，撤销机车分厂，成立机车事业部；撤销大型养路机械分厂，成立铁路工程机械事业部；成立电气研发中心，矿山装备事业部；撤销机车销售部、工程机械销售部、国际贸易部，成立营销中心；将外委管理职责划归法规事务部、标准化管理职责调整至机车研发中心。北京东风有限公司作为存续企业二七机车厂有限责任公司最后一个进行大集体改制的单位，完成改制工作并挂牌成立。按照北车股份公司批准收购天津康库得公司的方案，公司与康库得公司签署了《收购意向书》；聘请中介机构再次对天津康库得公司开展了财务审计、资产评估和法律尽调工作，并报中国北车。中国北车总裁办公会及战略委员会分别通过了二七公司收购天津康库得公司95%股权的议案，并下达了《关于北京二七轨道交通装备有限责任公司收购天津二七康库得曲轴有限公司股权的批复》。公司根据中国北车的批复要求，与天津康库得公司、康库得机电公司等共同签署《收购协议》，陆续完成了资产交割等手续。完成天津康库得公司股权、法人及注册资本等工商变更登记，最终完成1元收购天津康库得公司95%股权工作。因公司在收购天津二七康库得曲轴有限公司时正处于南北车合并关键时期，集团公司尚未统一办理登记手续，未办理产权登记。

（胡跃平）

【节能环保】年内，二七机车公司实施煤改气项目，清退出煤场、烟囱、输煤廊、除尘塔、渣池等近1万平方米土地。完成了机车事业部、机车修理事业部浴池的太阳能改造，传动事业部、柴油机事业部等单位浴池由蒸汽加热改为电加热。停用了耗气量最大的3个煮洗锅以及机车解体冲洗用水蒸气加热工序。下发“能源供应与使用凭证”，将节能指标落实到各用能单位。开展“2015全国节能宣传周”活动。通过对厂区、家属区月度用水量的数据分析，委托专业测漏公司准确定位自来水管网泄漏地点，对3处泄漏点堵漏后节水量大约为每月4890吨，每年5.87万吨，节约水费约29.34万元。全年公司总能耗低于8000吨标煤。产值综合能耗低于每万元0.04吨标煤、增加值综合能耗低于每万元0.4吨标煤。

（胡跃平）

【科技创新】年内，国家发展改革委等五部委联合发出公告，确认二七机车公司技术中心为第二十一批享受优惠政策的国家级技术中心。为阿根廷贝尔格拉诺货运铁路改造项目自主开发设计了交—直流电传动内燃机车；HXN3B型4400马力大功率交流传动内燃调车机车，获得铁路总公司颁发的制造许可证；自主设计开发的3000马力调车机车，补充完善了国内大功率调车机车功率等级，组织研究整车集成技术、混合动力系统集成技术、动力与电空混合制动技术、牵引与网络控制技术。自主研发完成 GCY520 型地铁内燃机车，投入深圳地铁运用。二七机车公司完成了中国第一台完全自主知识产权的钢轨铣磨车——HSM 型钢轨铣磨车的整车生产制造，进入整车调试试验阶段。完成的地铁 16 头钢轨打磨车、地铁综合作业车组样车制造并交付用户投入使用；进行了高原型边坡清筛机、智能化钢轨铣磨车等研发工作。攻克高原环境下工程机械产品功率提升与匹配、改进液压系统的低温工作性能、冷却能力与防辐射能力等技术难点。完成司机室增加弥散式供氧系统，改善作业条件，提高制动系统的总风充风能力，保证长大下坡道的行驶安全以及提高电气系统的高原适应能力等多方面的技术创新工作。二七机车公司完成专利申报共计 49 项，其中发明专利 25 项、实用新型专利 24 项。共获得授权专利 46 项，其中发明专利 16 项、实用新型专利 30 项，均已取得专利证书。科技研究投入资金近 1.1 亿元，其中用于研发投入资金总额 3800 万元。在科研方面，分别与柏林工业大学、西南交大、大连交大、铁科等国内外院校，江苏弗莱因、齐二机床厂等国内企业，SPENO 公司、DHTE 公司、德铁系统技术公司等国外企业积极开展科技合作，共同进行产、学、研攻关。开展 70 吨、100 吨、130 吨、190 吨、220 吨大吨位系列重载自卸车的研发工作。与美国底特律重卡公司联合开发环保 LNG/ 柴油双燃料交流电传动矿用自卸车。研发 LNG/ 柴油双燃料的系列节能发动机，提升产品竞争力。

（胡跃平）

【项目建设】年内，二七机车公司高端装备制造园项目（一期工程）取得中国北车批复立项。制造园项目应招标采购项目 31 项，总金额 7.06 亿元。其中，应招标未招标项目 18 项，总金额 6.75 亿元；招标项目 13 项，总金额 3014.01 万元。制造园项目获得房山区发展改革委缓交城市基础设施建设费用准许，取得建委调试、组装两座厂房的建筑工程施工许可证，获得北京市工业发展基金补贴，初步设计已获北车批复。科技城开发项目现已上升为中车公司整体发展战略。

（胡跃平）

【建立营销中心】年内，二七机车公司建立营销中心，主推行业内钢轨维护领导地位，打造中车高端铁路工程机械制造基地地位，扩大中国制造机车首进欧盟影响，建立标准化、通用化、模块化、系列化规范体系。

（胡跃平）

【产品研发】年内，二七机车公司新造内燃机车 59 台，其中国内其他市场（含代理出口）38 台、铁路总公司 20 台、中车股份公司内部 1 台；厂修机车 68 台；新造工程机械车 49 列，其中 96 头钢轨打磨车 3 列、16 头地铁打磨车 4 列、多功能作业车 33 台、边坡清筛机 8 列、深圳地铁综合作业车组 1 台；曲轴加工 673 根。

（胡跃平）

【产品销售】年内，二七机车公司工程机械产品共形成销售收入 7.12 亿元，完成市场签约额 15.33 亿元；国内机车产品共形成销售收入 4.9 亿元，完成市场签约额 4.8 亿元；出口机车产品共形成销售收入 1.2 亿元，完成市场签约额 350 万元。工程机械板块：交付 3 列 GMC96B 型钢轨打磨列车、25 台 BR711 型快速综合作业车、4 列 GMC16A 型地铁打磨车，4 台 BS−1200 型边坡清筛机；签订 1 列 GMC−96B 型钢轨打磨列车、4 台 BS−1200 型边坡清筛机、4 列 GMC16A 型地铁打磨车、50 台 BR711 型快速综合作业车，签订深圳地铁综合包。国内机车板块：签订新造内燃机车 5 台，交付 10 台，新签并交付 20 台 4400 马力大功率调车机车、65 台大修机车和 5 台中修车。出口机车板块：交付 20 台刚果（金）机车、2 台尼日利亚机车。GMC−96B 型钢轨打磨列车市场份额 50%，累计获取订单 23 列，BR711 型快速综合作业车市场份额 66%，累计获取订单 66 列；GMC16A 型地铁打磨车市场份额 40%，累计获取订单 7 列，BS−1200 型边坡清筛机市场份额 100%，作为中国铁路总公司独家采购产品，累计获得订单 28 台。HXD3 型和 HXD3C 型电力机车累计 275 台，仅占全路电力机车产品的 2%；调车内燃机车累计生产近 2700 台，占路内调车机车市场的 55%，占路外调车机车市场的 20%；大修机车份额约为 3% ～ 4%。截至 2015 年，出口机车累计签约 212 台，出口国家或地区 15 个。2015 年实现主营业务收入 21.79 亿元，其中销售工程机械车实现的收入占主营业务收入的 60.56%；销售新造内燃机车实现的收入占主营业务收入的 23.48%；修理内燃机车实现的收入占主营业务收入的 5.95%；销售配件及其他收入占主营业务收入的 10.01%。累计实现净利润 -9987 万元。

（胡跃平）

【安全生产】年内，二七机车公司发生轻伤事故 2 起，轻伤率为 0.6‰，低于中车股份公司下达的 2‰指标。举办了新安全生产法、中层领导干部及安全管理人员、班组长安全生产、职业健康安全和环境管理体系内审等培训班 406 人次。特种作业人员复审取证班、电焊工复审培训班294人次；对143名新入职的员工进行入厂三级安全教育培训；参加了2015年职工计协杯特种作业电工安全技术竞赛人员比赛；开展了以“安全生产月”和“岗位安全标准化”为主题的“三个一”活动；对公司49处职业病危害作业点进行职业病危害因素检测。

（胡跃平）

【供应商管理】年内，二七机车公司对105家供应商进行了注册和扩展供货范围，其中104家已纳入合格供应商名录进行动态管理，1家现场评定为D级，成为不合格供应商；对22家供应商实施了冻结，并依据供应商提供的整改情况，已对其中的13家进行了解冻，其余9家仍在冻结中；共做了27次外购件首件鉴定，涉及19个供应商的33项产品，其中25次外购件首件鉴定通过或有条件通过，2次外购件首件鉴定不通过；重新编制发布了《合格供应商名录》，共有692家合格供应商，合格供应商名录内通过CRCC产品认证且CRCC证书有效的有36家供应商的50类产品。

（胡跃平）

中车北京二七车辆有限公司

【概况】中车北京二七车辆有限公司（简称二七车辆公司）隶属中国中车股份有限公司，机构设置为行政部室20个、党群部门5个、生产车间4个、分公司1个、一级全资子公司1个、一级控股子公司2个、二级控股子公司1个。二七车辆公司固定资产原值为55540万元，生产用地64万平方米，房屋建筑19.3万平方米。有各类机械动力设备2917台，其中生产设备1499台。二七车辆公司具备年新造铁路货车4000辆、修理铁路货车3000辆的综合能力，同时拥有年产MT、HM−1型缓冲器2.5万套、交叉支撑装置6万件、轴承保持器300万件的配件生产能力。

截至年底，二七车辆公司本部在册人数2521人，其中教授级高级工程师19人，具有高级专业技术职称112人、中级专业技术职称221人、高级技师98人、技师215人。

（刘 浩）

【年度经营】年内，二七车辆公司围绕“开源、节流、瘦身、转型”四大任务，完成新造货车1325辆、检修货车2899辆，配件销售收入1054万元，实现营业收入11.2亿元，全面完成中国中车下达的各项经济指标。

（刘 浩）

【新产业】年内，二七车辆公司依托中车品牌，寻找符合公司发展的新产业项目，调研了碳纤维、智慧物流、机器人等12个新产业项目。与北京建筑大学合作挂牌成立了“机器人产业研究发展中心”。

（刘 浩）

【经营管理】年内，二七车辆公司进一步降低采购成本，全年降幅约为4%。降低委外费用，油漆外包降低2%，热力系统承包项目降低12.4%，车门委外检修降低28.4%，委外加工小时费率下降超过3%。进一步压缩检修车成本，优化流程和方法，全年降低费用约700万元。压缩开支降费用。强化费用预算管理，制造费用、管理费用、销售费用可控部分在中期调整后的年度预算额的基础上再压缩15%。严格执行中央八项规定，控制业务招待费、差旅费等各项费用，年初预算总额压缩40%，下半年在年初的基础上分别压缩50%、10%。严控“两金”占用规模，压降比例为5%。加强资金管理，畅通融资渠道，严控支付计划，保证正常周转，降低资金成本，财务费用在年度预算的基础上压缩15%。

（刘 浩）

【科技创新】年内，二七车辆公司研发的SQ系列运输汽车专用车、NX和X系列集装箱运输车已经或正在成为用户采购的主型货车。年内，汽车运输系列研发了第八代产品三联关节式双层运输车组，完成样车试制；集装箱运输系列研发了具有供电、制冷、保温和运输功能的冷藏集装箱运输车组，通过了铁总审查，投入运用。另外，还完成了铁路运输卡车专用车方案设计和关键部件原理机试制，西气东输工程用大口径钢管运输座架设计试制和相关试验及技术程序，驼背运输车辆总体技术方案设计，160千米/小时快运集装化运输装备冲击试验考核标准研究，铁路货车木地板产品标准、检修标准和防腐阻燃研究，各型平车装运坦克的适应性研究；完成了出口肯尼亚8种平车、沙特石砟漏斗车、阿根廷3种平车研制和出口泰国集装箱平车的设计和转向架试制；成为神华公司复合材料在铁路货车上的应用项目的唯一合作伙伴；研发的新型大容量缓冲器成功中标神华公司科研项目招标。在铁总和中车科技立项11项，获资金支持265万元。完成技术转让合同68个、受让合同7个、服务合同

30个，技术转让和技术服务创收1000余万元。全年申请专利104件，其中发明专利43件。通过了中国合格评定国家认可委员会CNAS实验室认证。

（刘 浩）

【生产运营】年内，二七车辆公司深化领导安全包保工作，实行包保定期轮换制，探索包保专题化。推进精益安全工位持续深入，建立了现场管理提升和精益安全工位动态评价机制。全年公司未发生死亡、重伤和火灾事故，无新增职业病，轻伤事故1件、伤1人，实现了年度安全生产目标。推进精益生产，新造SQ6车单班日产由5辆提升到6辆，生产节拍从预定的90分钟缩短至80分钟，重要工位节拍兑现率为100%。

（刘 浩）

【市场营销】年内，二七车辆公司在国内市场，新造货车夺得铁路总公司订单SQ6型车910辆、NX70A型共用平车450辆，企业自备车合同20个、品种4个、车数52辆；检修货车获国铁订单2500辆、自备车订单568辆。海外市场继2014年年底与阿根廷签订300辆平车后，又签订了出口泰国、肯尼亚、沙特阿拉伯、埃塞俄比亚等国家465辆整车及部分配件合同，全年新增出口订单合同总额1.67亿元。参加了2015年南非国际铁路展览会、澳大利亚国际铁路展，扩大了公司在海外的影响力。长纤维项目部积极开发路内外产品，全年实现非关联收入1000余万元。

（刘 浩）

【基建与技改】年内，二七车辆公司完成了公司雨污管道分离工程，对污水处理站进行了改造，废水排放各项指标完全满足环保新标准要求。在涂装工序开始使用水性涂料，降低了有机废气的排放量。完善公司水、电、压缩空气的能源计量系统，建立公司主要单位的能源独立计量和指标体系，开展了能源计量管理。成功建立了公司能源/碳排放管理体系并通过第三方认证评价，成为中车首家通过碳排放管理体系评价的单位。

（刘 浩）

【质量管理】年内，二七车辆公司IRIS管理体系以72.41%的高分通过了IRIS管理体系换证后的第一次监督审核。测量管理、EN15085焊接体系通过年度监督审核。二七车辆公司申请的交叉杆组成、组合式制动梁、脱轨自动制动阀、HM-1型缓冲器弹性胶泥芯体、缓冲器、货车轮对等产品，通过中铁检验认证中心进行监督审核。通过CNAS-CL01（ISO 17025）《检测和校准实验室能力认可准则》现场考评，取得认可证书。依据《质量损失管理办法》规定和工作计划安排，公司对质量损失统计的范围进行了调整，最终确定将工艺、产品变更造成的质量损失纳入质量损失统计范围。全年质量损失发生67.88万元，质量损失率0.061%，未超过年度质量损失率0.1%的指标。

（刘 浩）

中车北京南口机械有限公司

【概况】中车北京南口机械有限公司（简称南口公司）设置行政部室13个，党群部门1个，生产单位8个，合资公司2个。拥有固定资产原值10.06亿元，净值6.93亿元。厂区占地面积48万平方米。各类设备1204台（套），其中大型精密设备130台、进口设备84台。在岗员工总数1134人，其中具有高级技术职称58人、中级技术职称111人、初级技术职称227人。

2015年，南口公司实现销售收入4.15亿元，其中非轨道交通产品同比增长9.16%，同比减亏7100万元，经营状态得到改善。

（陈宗河）

【改革改制】年内，南口公司根据中国中车《关于立即开展子公司名称变更工作的通知》，于12月29日在北京市工商局办理完成原公司名称变更登记，取得营业执照、组织机构代码、税务登记证三证合一证件，更名为“中车北京南口机械有限公司”。公司撤销营销中心、海外业务部、风电大修项目部，成立企管信息部。压缩机事业部、工矿传动事业部、生产安全部、资产管理部分别更名为营销二部、营销三部、生产管理部、资产和安技环保部，进行职能调整。机电厂更名为机电车间，作为公司二级行政单位，整体划归轨道传动研究所。存续企业中国北车集团北京南口机车车辆机械厂（简称南口厂）根据中国中车集团公司《关于规范及变更中国中车集团公司子公司名称及简称的通知》，于11月30日在北京市昌平区工商行政管理局办理完成原名称变更登记，取得营业执照、组织机构代码、税务登记证三证合一证件，更名为“中车集团北京南口机车车辆机械厂”。南口厂全面清点、核实存续企业资产，推进“三供一业”改造移交。完成存续企业国有资产摸底调查工作。

（陈宗河）

【经营管理】年内，南口公司加强基础管理，优化管理机制，全面服务经营效益提升目标。重新整合营销资源，按照细分市场原则设置专业化营销部门；设立模拟独立运作压缩机公司，推动压缩机整机业务快速发展。推进信息化工作，运用ERP系统基础数据服务生产经营；启动人力资源信息系统项目，年内上线运行。坚持战略导向，完成公司“十三五”发展规划及新产业发展、信息化建设、国际化经营等专项“十三五”发展规划初步方案编制。公司奉行诚信质量文化，加强产品质量过程控制，实现系统集成产品质量全生命周期管控。采取可视化工艺、实名作业制等措施，提升加工质量、生产效率和生产组织能力。公司安全生产管理保持良好状态，未发生重大以上工伤事故，轻伤事故率控制在2.6‰指标以内。

（陈宗河）

【科技创新】年内，南口公司不断优化和提高产品设计验证能力，探索和吸收先进技术手段，加大高速动车齿轮箱、风电齿轮箱、油田齿轮箱、压缩机等系列集成产品研发力度，自主研发创新能力再上台阶。完成海装、华创、济南2兆瓦风电齿轮箱型式试验；完成久和2.5兆瓦风电齿轮箱设计；华创1.5兆瓦高温型风电齿轮箱开发成功；国电2兆瓦、运达2兆瓦风电齿轮箱获得客户技术接口确认；形成1.5兆瓦、2兆瓦、2.5兆瓦功率等级风电齿轮箱13种系列产品，完全满足陆地风机配套需要。时速350千米中国标准动车组齿轮箱一次性通过型式试验；CRH3型动车齿轮箱完成样机试制和型式试验，通过中国铁路总公司科研成果鉴定；自主改进设计德国福伊特动车齿轮箱通过中车技术评审；完成配套唐山250千米动车组齿轮箱、阿根廷宽轨齿轮箱试制；完成配套长客深圳地铁齿轮箱试制。具有完全自主知识产权20立方两级压缩主机产品试制成功，达到国家一级能效标准。完成宝石2200马力泥浆泵减速齿轮箱、上海中曼70DB油田齿轮箱和宏华750千瓦增速齿轮箱试制。全年申报发明专利6项，外观专利1项，实用新型专利3项。

（陈宗河）

【生产运营】年内，南口公司严格生产节点计划考核，提高生产管理水平。完成主要配件53822件（套）。其中，轨道产品完成和谐2型技术引进机车主动齿轮1456个、从动齿轮899个、抱轴箱铸件1549个、齿轮箱上箱铸件982个、齿轮箱下箱铸件1115个；和谐3型技术引进机车从动齿轮396个；东风7G型机车主、从动齿轮共计331个，东风4型机车主、从动齿轮共计608个；各型往复式空压机112台，各型喷油泵1595、喷油器2110套,各型喷油器偶件17500副。风电产品完成各型齿轮箱187台。压缩风源产品完成不同规格螺杆空压机整机162台、主机224台、各型系列转子3135对。

（陈宗河）

【市场营销】年内，南口公司通过多种营销措施提高现有市场份额，奠定风电、轨道交通、工矿传动、压缩机系统四大产品市场格局。风电齿轮箱实现6个风场170台批量销售，其中久和2.1兆瓦、济南1.5兆瓦风电齿轮箱顺利挂机运行；久和2兆瓦、华创1.5兆瓦风电齿轮箱实现批量交付；签订久和2.5兆瓦风电齿轮箱批量订单；公司已经拥有华创风能、久和科技、重庆海装、北车风电4家成熟客户，并与联合动力、浙江运达等市场主流客户建立合作关系；公司风电齿轮箱产品在内蒙古、新疆、宁夏、山西、河北等7个省（自治区）、13个地区实现装机。轨道交通市场保持大同、大连、永济等公司70%以上和谐产品市场份额，同时寻求中车系统内部更多配套机会；德国福伊特改造齿轮箱研发成功，为公司高铁齿轮箱批量进入市场创造有利条件；深圳地铁齿轮箱通过客户评审，实现国内城轨市场突破。压缩机系统产品市场在稳定开利、优耐特斯公司等既有客户基础上，新开发约克公司等新客户市场以及18家压缩机整机代理商。工矿产品市场成功获得宝石2200马力泥浆泵减速齿轮箱、中曼70DB油田齿轮箱和宏华750千瓦增速齿轮箱订单，全面进入宝石、兰石、山东科瑞、上海中曼和广汉宏华公司国内五大石油机械制造企业。

（陈宗河）

【基建与技改】年内，南口公司4.2亿元配套大功率机车及200千米以上动车组齿轮箱专业化生产技术改造项目累计完成投资4.1亿元，购置设备90台（套），新建厂房3100平方米，改造厂房3800平方米。6.8亿交流传动机车及高速动车组传动装置与风源系统产业化能力提升技术改造项目累计完成投资4.15亿元，购置设备100余台（套），土建工程完工，新建厂房2.35万平方米，改造厂房3.45万平方米。实施“南口—中电投光伏发电项目”，实现并网发电。完成机电车间高铁齿轮箱改造项目，采购设备6台（套），改造厂房3000平方米。完成公司及家属区700余米供热管道保温层更新、修复。完成公司“煤改气”和家属区天然气引入改造项目初步设计方案。获得政府供暖补贴 166 万元。

（陈宗河）

【人力资源管理】年内，南口公司修订、编制《中层管理岗位人员公开竞聘管理办法》《中层管理岗位人员因私出国（境）管理规定》等管理制度。完成 44 名高校毕业生招聘和 3 名成熟专业人才引进工作。完成公司 10 名高层领导和百名中层管理人员个人事项报告表上报。首次建立企业师资库，保留培训音像资料；完成培训 76 项，培训 2203 人次。《职业技能鉴定技能操作考核框架》首次实施应用，完成 58 名员工职业技能鉴定工作。完成 19 名专业技术职务、3 名政工专业职务人员职称评审。推进收入分配制度改革，完成全体员工基本工资和部室人员岗位工资调整；规范生产单位管理人员岗位设置，进行岗位工资调整。

（陈宗河）

【质量管理】年内，南口公司完成中国中车下达的 9 项质量指标，未发生特别重大、重大、较大质量事故和一般 A、B、C 类质量事故；铁路产品质量监督抽查合格率 100%。开展“质量安全月”和“质量月”活动。通过质量管理体系和 CRCC 产品认证年度监督审核。压缩风源产品通过北京市质量技术监督局现场审核，再次获得生产许可证书。SLK-110A-8、SLK-132A-8、SLK-160A-7、DRM22D-8 和 DRM37D-8 型喷油螺杆空气压缩机产品通过行业节能认证。锻焊滑轮产品通过美国石油协会 API 认证。完成 IRIS 体系 49 个文件编写、评审工作。编制完成《质量管理考核办法》《探伤工作管理办法》《加强集成产品组装过程实行实名制要求》等管理制度；开展“组装工艺可视化”工作。完成 73 家供应商业绩评价工作，对 17 家供应商进行现场审核；新开辟 8 家供应商，纳入公司“2015 年合格供应商名单”。

（陈宗河）

北汽福田汽车股份有限公司

【概况】北汽福田汽车股份有限公司（简称福田汽车，股票代码：600166）是一家跨地区、跨行业、跨所有制，上交所上市的国有控股上市公司，1998 年 6 月发行 A 股。2015 年 3 月 18 日，公司非公开发行 525394045 股上市，截至 2015 年年底，公司总股本 3335065645 股，年末净资产规模同比增长 21.29%。其中，北京汽车集团有限公司持 902644467 股，持股比例为 27.07%；北京国有资本经营管理中心持 148313200 股，持股比例为 4.45%。福田汽车拥有欧曼、欧辉、欧马可、奥铃、时代、萨瓦纳、拓陆者、萨普、图雅诺、风景、蒙派克、伽途、瑞沃等业务品牌，生产车型涵盖轻型卡车、中型卡车、重型卡车、轻型客车以及大中型客车等全系列商用车及核心零部件发动机。

2015 年，福田汽车克服了宏观经济下行、商用车市场大幅下滑等诸多不利因素，在排放升级、节能降耗等一系列行业法规的严格实施下，通过坚持自主创新，深化结构调整，推进战略转型，全年实现销售收入 339.97 亿元，利润总额 4.01 亿元。同时，福田汽车以 809.36 亿元的品牌价值再创新高，继续以“中国商用车第一”的品牌地位领军中国商用车行业。

年内，福田汽车累计销售汽车 49 万辆（含福田戴姆勒合资公司销量），继续保持中国商用车第一品牌的市场地位。其中，中重型卡车实现销量 81050 辆，较去年同期下滑 32.5%，高于行业降幅，市场占有率 10.8%，较上年同期下滑 1.3%。轻型卡车（含微卡）实现销量 354878 辆，较上年同期下滑 8.9%，受国Ⅳ政策法规升级影响，下滑幅度高于行业降幅，但依然保持轻卡行业全国第一，市场占有率达到 16.9%，较上年同期下滑 0.9 个百分点。大中型客车实现销量 7555 辆，较上年同期上升 30%，市场占有率为 4.6%，较上年同期上升 1.1 个百分点，竞争力大幅提升。轻型客车实现销量 29532 辆，较上年同期下滑 8.7%，行业同比下滑 2.5%，高于行业降幅，市场占有率 6.8%，较上年同期下滑 0.5 个百分点，主要原因是受“燃油限值法规”影响，公司对超标的产品订单进行控制，正在进行结构调整。在国内整体市场出口销量下滑的形势下，福田汽车海外市场通过推进模式创新升级，开展属地 KD 制造、推进人才属地化、推进产品结构升级等措施，整车出口实现逆势增长，销量实现 60376 辆，同比增长 11.1%，跃居中国商用车出口第一。

（张 健）

【公司战略】年内，福田汽车坚持以内涵成长为基础的业务扩张道路，以汽车产业为核心，关联拓展相关业务，持续推行“商用车低端向高端转型、商用类向乘用类转型、国内向海外转型、制造业向服务业转型、黄金价值链延伸”的发展战略，把福田汽车打造成绿色、智能高科技的世界级主流汽车企业；以“世界标准，中端产品”为产品战略目标，打造符合世界标准的高性价比产品。

（张 健）

【产品创新】年内，福田汽车各个产品类型均有新品推出。1月，福田欧辉客车发布“都市和谐号”BJ6180在线充电纯电动城市客车。该车集节能减排、降污治堵、发展公交的“三合一式”解决方案于一体，适用于大型城市旅客大规模迁移的绿色快速通道。2月，福田汽车发布伽途V3，系全国第一款具有“车联网”的大微客。3月，福田欧辉客车围绕校车“安全、经济”两大属性，以“校车中的商务车”产品理念，推出BJ6590系列专用校车，本系列校车主要用于幼儿、小学生的上下线接送，解决城市社区及其他窄道校车上门接送的交通问题。4月，公司在上海国际车展发布高端轻客产品图雅诺和SUV产品萨瓦纳，图雅诺分为商运版、商旅版和商务版，配装福田康明斯2.8ISF发动机，并为全行业提供定制解决方案；萨瓦纳同样搭载了福田康明斯动力及德国斯图加特研发中心开发的TGDI动力等专业配置。5月，福田欧辉客车推出高端城间客车BJ6122都市e客，本款产品借助与戴姆勒、康明斯合作技术优势，是集高科技、智能化、互联网理念与传统制造融合发展于一体的行业革新性高端产品。9月，福田大微客伽途V5正式上市，本款产品搭载福田汽车自主研发的G系列经济高效的小排量发动机，具有技术先进、低排放、低油耗、低噪音、高可靠性等性能特点，并具有舒适宽大、超强承载的产品优势。此外，福田汽车成功研发福田纯电动轻卡通用平台。该平台已在福田轻卡3T、5T、8T系列得到应用，并将拓展至WAN类商务车型，实现福田新能源商务车全系列突破。公司还完成LNG新能源洒水车和压缩式垃圾车的开发，本款产品增加CNG应急供气系统，发动机和变速箱均优选高端配置，保证了产品的可靠性和稳定性。

（张 健）

【新能源业务】年内，福田汽车紧随社会态势，在治理雾霾、开发环保产品等方面应对，在严格遵守排放法规升级规定的同时加大对新能源汽车的研发力度。新能源和清洁能源产品销量8289台，其中纯电动大中客车4008台、纯电动高端轻卡物流车198台、天然气（含LNG+CNG）大中客车3615台、天然气（含LNG+CNG）货车468台。新能源产品销量同比增长141.72%，取得了跨越式发展。

（张 健）

【国际业务】年内，福田汽车出口销量实现6.04万辆，同比增长11.1%，实现逆势增长，继续保持全国商用车出口第一名。与此同时，在国际合作方面，福田汽车以泰国、印度尼西亚为试点，在东南亚探索新的属地化运营模式，进行属地产品开发、制造、零部件采购和市场拓展，为海外销量提升寻找新的增长动力。福田汽车分别取得沙特阿拉伯、智利、越南、巴基斯坦等国家的大订单，显示了福田汽车深入拓展海外市场取得的重大进展，也加速了福田汽车国际化战略的实施进程。

（张 健）

【获得荣誉】年内，福田汽车获得多项荣誉。1月，蒙派克S在“2014影响中国·中国汽车电视总评榜”中获得年度商务汽车大奖；欧曼GTL超能版凭借其卓越品质与突破性技术在“2014商用车界年度盛典”中获得年度重卡称号；福田欧辉客车BJ6123在“第九届影响中国客车业·2014—2015年度客车行业读者调查评选活动”中，被评为2015年度中国市场推荐车型，欧辉BJ6650被评为2015年度新能源客车推荐车型，欧辉BJ6180被评为2015年度海外市场推荐车型，欧辉BJ6127被评为2014年客车行业零排放之星。5月，2015年北京国际道路运输展在北京国际会议中心举办，欧辉BJ6122都市e客获得“中国道路运输杯”2015年度最佳公路客运奖；欧辉BJ6851快充纯电动获得最佳公交客运奖。5月，在世界品牌实验室在京颁布的2015年“中国500最具品牌价值”排行榜中，福田汽车以809.36亿元的品牌价值，名列总排名第三十四位，在汽车行业稳居第四位，商用车行业第一。12月，福田汽车“一种用于车辆的再生制动能量回收系统及其方法”和“保护驾驶员腹部的方向盘及配备该方向盘的商用车”获得第十七届中国发明专利优秀奖。12月，北京市知识产权局、中关村科技园区管理委员会授予福田汽车中关村知识产权领军企业称号。

（张 健）

北京汽车股份有限公司

【概况】北京汽车股份有限公司（简称北汽股份，股票代码：1958.HK）成立于2010年9月，是北京汽车集团有限公司乘用车整车资源聚合和业务发展的平台，是北京市政府重点支持发展的企业。2014 年 12 月 19 日，北汽股份完成首次公开发行 H 股并在香港联交所主板挂牌上市。

北汽股份是中国领先的乘用车制造商，也是香港联交所上市公司中的第二大乘用车制造商。在中国从事广泛且多样的乘用车车型设计、研发、制造及销售，亦提供相关服务，是中国能够契合市场需求且具高速增长潜力的乘用车制造商。北汽股份拥有具有先进技术平台且销售快速增长的北京汽车自主品牌业务；历史悠久的梅赛德斯—奔驰豪华车业务；以及销售稳健增长的北京现代中高端品牌业务。北汽股份提供的乘用车品牌组合高度多元化且互补，覆盖了合资豪华、合资中高端、自主品牌中高端和自主品牌经济型乘用车不同的细分市场。北汽股份提供多种乘用车车型，覆盖了中大型、中型、紧凑型及小型轿车、SUV、MPV 和交叉型乘用车产品，可满足消费者对不同种类车型的需要。

“十二五”期间，北汽股份以科学发展观为统领，以提高企业核心竞争能力为目标，坚持自主创新，规模发展，以建设“实力北汽、规模北汽、世界北汽、和谐北汽”为战略方向，坚持国际合作和自主发展相结合，调整优化产品结构和产业结构，提升全价值链的综合竞争力，建成国内一流、具有国际竞争力的大型汽车企业，成为国内自主品牌中高端乘用车的标杆企业。其中，在产品方面，形成包括 20 余款，从 A0 到 C 级，涵盖交叉型乘用车、轿车、SUV 及越野车等所有主流车型的全方位产品格局。同时，继续加强合资品牌建设，把北京奔驰打造成国际化豪华品牌的标杆，把北京现代打造成为大众化汽车品牌的标杆。

北汽股份在集团各级领导的鼎力支持以及各兄弟企业的同心协力下，各业务模块按照“调结构、促转型、扩内涵、要效益”的经营方针，以“敢于担当、全面思考、有来有回、眼疾手快”的工作作风，在经营指标、技术研发、价值链、资本运作、管理创新等方面较好地完成了 2015 年各项工作任务。

（张 健）

【生产经营】年内，北汽股份面对汽车行业整体低迷的大环境和异常激烈的行业竞争形势，整体销量完成 162.9 万辆，同比增长 3.9%；实现营业收入 2013 亿元，同比增长 9.7%，保持了平稳运行，实现产销量逆势增长。

（张 健）

【自主品牌建设】年内，北汽股份自主品牌实现销量 31.6 万辆（含代销产品），同比增长 4%。随着绅宝 X65、X25、X55 SUV 以及绅宝 CC、D80、威旺 M30 等产品的密集投放，北汽股份自主品牌在产品结构上成功由以经济型轿车、交叉型乘用车为主，转为以 SUV、中高端轿车和 MPV 车型为主，实现了 SUV 市场全面覆盖，标志着北汽集团自主品牌迎来了“SUV 崛起之年”，为“十三五”顺利开局奠定了坚实的基础。A150TD 发动机的量产、A102T 的点火成功，也标志着北汽股份自主核心零部件在小排量发动机领域成功实现产品突破，将为北汽股份自主品牌乘用车的发展提供强大的动力支撑。

（张 健）

【合资合作】年内，北汽股份合资合作全面深入，重点工程建设稳步推进。北京现代四、五工厂已顺利奠基开工，“十三五”时期将成为产能 160 万辆的一流合资企业；北京奔驰 NGCC 工厂和 MRA 二期工厂正式投产，国产奔驰发动机返销德国，已成为戴姆勒在全球最大的海外生产基地；北汽股份与 MBtech 合资成立北汽德奔技术公司，着力提升自主品牌研发能力；与宝钢、华盛荣签署战略合作协议，在轻量化领域共谋发展；与乐视联手打造全新一代互联网智能汽车及汽车生态系统，等等。北汽股份各项合资合作围绕产业链布局持续深化。

（张 健）

北京现代汽车有限公司

【概况】北京现代汽车有限公司（简称北京现代）成立于 2002 年 10 月 18 日，由北京汽车投资有限公司和韩国现代自动车株式会社共同出资设立，注册资本 20.36 亿美元，中韩双方各占 50%，合资期限为 30 年。北京现代坐落于北京市顺义区北京汽车生产基地，拥有 3 座整车生产工厂、3 座发动机生产工厂和 1 座技术中心，整车年生产能力达到 105 万辆。

（张 健）

【生产经营】年内，北京现代克服主要竞争对手，自上年 4 月开始的“官降”冲击和高库存等不利影响，实现整车销量 106.3 万辆，继续稳居行业第四位，D+S 产品比重持续上升，已达到 50%，核心指标表现平稳，品牌形象持续提升。北京现代拥有第九代索纳塔、全新途胜、名图、ix25、朗动、瑞纳等 14 款车型，涵盖了 A0 级、A 级、B 级、SUV 等主流细分市场，累计产销量突破 700 万辆，实现销售收入突破 7262 亿元，累计纳税超过 955 亿元，带动就业约 20 万人，已成为北京市最大的单一制造企业。

（张 健）

【产业布局】 年内，北京现代响应“京津冀协同发展”“长江经济带”的国家战略，在北汽集团、北汽股份的部署下主动作为，在河北沧州和重庆展开了新的产业布局，加快了产业转移和转型升级的步伐。随着沧州和重庆工厂项目的启动和建设，北京现代已实现从地方布局向全国格局的跨越，支撑未来腾飞的产业新布局已经形成。

（张 健）

【产品结构升级】 年内，北京现代针对品牌力提升的问题，提出了极具前瞻性、全局性的 D+S 战略，产品结构不断升级，D+S 占比由 2010 年的 26% 提升至 2015 年的 50%，高附加值产品的热销推动了企业品牌的稳步提升。同时，北京现代坚持用丰富的产品赢得市场份额的策略，引入了涡轮增压和缸内直喷发动机等先进技术，名图、第九代索纳塔、ix25、全新途胜等每一款上市的新车都在各自的细分市场中占据了重要地位，成为北京现代行业竞争力的强有力支撑。

（张 健）

【品质经营】 年内，北京现代在不断扩充企业产品阵营、车型产品升级革新的同时，始终坚守品质经营的理念，将品质理念全面贯彻到设计、采购、生产、销售、售后等各个环节中。在全球知名公司 J.D.Power 公布的《2015 中国新车质量研究（IQS）》报告中，北京现代凭借 75 分（主流市场平均分 108 分）的好成绩，在一般品牌中位列第一名，同时在《2015 年中国车辆可靠性研究（VDS）》中取得了一般合资品牌第一名。

（张 健）

【渠道建设】 年内，北京现代销售及售后服务网络在全国已经建成了 850 家 4S 店和 130 家卫星店。通过持续开展 VOC（客户心声）、CRM（客户关系）、满意度三大工程，不断改善购车环境，提高服务质量，为消费者提供最优质的服务。在 J.D.Power 公布的《2015 中国汽车销售满意度（SSI）》和《中国汽车售后满意度（CSI）》调查报告中，北京现代分别凭借 812 分和 794 分的成绩，位列行业第一位和第二位。

（张 健）

北京奔驰汽车有限公司

【概况】 北京奔驰汽车有限公司（简称北京奔驰）成立于 2005 年 8 月 8 日，是北京汽车股份有限公司与戴姆勒股份公司、戴姆勒大中华区投资有限公司共同投资，集研发、发动机与整车生产、销售和售后服务于一体的中德合资企业。

经过 10 年的发展，北京奔驰已建立起全球面积最大、综合性最强的梅赛德斯—奔驰乘用车生产制造基地，拥有戴姆勒公司首个德国本土以外的梅赛德斯—奔驰汽车发动机制造工厂、戴姆勒合资公司里最大的研发中心，并成为戴姆勒全球唯一同时拥有前驱车平台、后驱车平台和动力系统平台的豪华汽车合资企业。生产的产品主要有梅赛德斯—奔驰品牌的四大主力车型：C 级、E 级轿车与 GLC 、GLA 两款 SUV，全面占据了豪华车主流细分市场。

北京奔驰发动机工厂生产的缸体、缸盖、曲轴三大发动机核心部件已成功返销德国，用于戴姆勒德国发动机工厂的整机装配，标志着北京奔驰已正式被纳入戴姆勒全球采购供应链体系，其发动机产品质量已完全达到戴姆勒全球的统一标准。

为保证每一位用户的最高利益，北京奔驰还建立了戴姆勒海外第一个质量中心，并根据戴姆勒德国的要求，以全球统一的标准和质量管理体系进行奔驰车辆的生产，确保驶出北京奔驰的每一辆新车都完全符合梅赛德斯—奔驰的全球统一标准。

（张 健）

【生产经营】 年内，北京奔驰在汽车行业整体增速放缓的大形势下，异军突起，全年共实现整车销售 25 万辆，同比增长 72%；工业总产值完成 795 亿元，同比增长 54%；缴纳税金 122.7 亿元，同比增长 43%，各项经营指标均创下 10 年之最，实现了“十二五”的完美收官。年内，随着北京奔驰 NGCC、MRA-II、发动机 3 个工厂的全面投产和 GLA、GLC 两款产品的成功上市，在产能和产品上有效支撑了“SUV 年”战略的实施和销量的快速上攻，成为推动集团增长的主要力量。

（张 健）

【体系能力建设】 年内，北京奔驰厂区总面积翻了一番，达到373万平方米，已经形成6个平台的系列化产品阵容[5个整车（GLA，GLC，E，C，NEV）生产平台与1个发动机生产平台]，整车产能达到25万辆以上，发动机产能达到50万台以上。职工人数增长了3倍，拥有1间国家级工作室和1间北京市级工作室，培养了大批复合型、国际化的本地人才。10年间，累计为国家输送了约3600名满怀“工匠精神”的技术型人才，其中技师和高级技师470人，首席技师3人。作为北京高端制造业的标杆，北京奔驰将德国工业4.0的技术与中国制造2025的智慧有机结合，并经由北京奔驰自己培养出的人才创造出高端制造精品，成长速度远超宝马和奥迪，已经成为北汽集团继北京现代、北汽福田之后的又一支柱企业。

（张　健）

【“十三五”规划】 年内，明确了“十三五”战略目标，截至“十三五”末，北京奔驰将力争实现整车产销70万辆、发动机90万台，整车占梅赛德斯—奔驰品牌在华销量的70%，工业总产值突破2000亿元，“领跑国内豪华车市场”的战略目标，全力推动北京汽车2020战略，实现经营发展和战略转型的宏伟目标，并助推北京制造业完成向高精尖的转型。

（张　健）

航天新长征电动汽车技术有限公司

【概况】 航天新长征电动汽车技术有限公司（简称航天新长征）成立于2011年，注册资金1.2亿元，隶属北京航天发射技术研究所。公司秉承航天科技优势，长期致力于包括电视转播车、通信指挥车、特种作业车、农牧收获车等在内的高端专用车、纯电动短途乘用车、新能源汽车控制系统、氢燃料电池等项目与产品的运营。截至2015年年底，公司共有从业人员288人，其中本科及以上学历人员占52%，科技人员占32%。

（航天新长征）

【年度经营】 年内，航天新长征工业总产值7.13亿元，增加值6111万元，销售收入6.84亿元，利润总额1141万元，科技投入2074万元，各项经营指标同比大幅度增长。

（航天新长征）

【科技创新】 年内，航天新长征取得32项专利，其中发明专利2项。为适应市场需求，加快新产品的开发，公司成立了研发中心，并开展了新能源物流车、新能源环卫车、冷链物流车、电动防爆车、移动宾馆、医疗车等支撑公司未来发展的新产品的研发工作。年内，航天新长征以“蓝速”品牌为基础，建立自身的VI体系，取得6项注册商标。电视转播车产品市场占有率继续稳居行业第一，指挥通信车、高空作业车、农牧收获车占有率居细分市场前列，新能源系统及核心零部件持续为国内各大主流整车厂供应产品，纯电动短途乘用车在中原、东北、西南等地区建立了营销体系，形成省级、市级、县级等自上而下的经销模式。到2015年年底，公司已经完成246个销售网点建设。

（航天新长征）

【项目建设】 年内，航天新长征加快了大兴区长子营产业化基地的建设，基本完成了电装车间、机加综合车间的土建、装修施工，以及水、电、暖、通风、消防、安防等配套工程；总装车间土建、装修及相关配套项目施工已全部完成，基本具备验收条件。截至年底，项目完成建设总投资18124万元。

（航天新长征）

【科技管理与科技服务】 年内，航天新长征响应国家新能源汽车发展规划以及节能减排政策要求，大力开展新能源专用车、新能源零部件产品的开发与生产，推出纯电动短途乘用车、新能源汽车控制系统、高压配电箱以及基站备用电源等主流节能减排产品。年内，航天新长征取得TS 16949认证证书，这标志着作为汽车行业内企业的质量管理又上升到更高的层级，公司通过高新企业的复审，将继续享受高新企业税收优惠政策。“蓝速”品牌纯电动短途乘用车获得了2015年十大最具发展潜力小型电动车企业称号，这些资质和荣誉的获得对公司的快速发展起到推动作用。

（航天新长征）

北京北分瑞利分析仪器（集团）有限责任公司

【概况】北京北分瑞利分析仪器（集团）有限责任公司（简称北分瑞利）隶属北京京仪集团有限责任公司，是中国规模最大的分析仪器专业制造商，前身是北京分析仪器厂和北京瑞利分析仪器有限公司。北分瑞利汇集专业技术人员，研发制造八大系列 50 多种产品。

（宋盈燕）

【生产经营】年内，北分瑞利按国有及控股公司合并口径主营业务收入 3.71 亿元，同比增长 23.6%；合并口径利润总额 1268 万元，同比增长 51.9%。工业总产值 3.6 亿元，工业增加值 1.37 亿元，营业总收入 3.87 亿元，科技投入 2056 万元。

（宋盈燕）

【盘活企业存量资产】年内，北分瑞利完成东区整体搬迁到西区的工作，与京仪科技孵化器合作，利用资源整合腾出约 1.5 万平方米房产资源，共同打造国际高端科技企业孵化器，提高了资源的利用效率。

（宋盈燕）

【环境监测】年内，北分瑞利大力发展环境监测业务，努力推动企业转型升级向高端发展，确定开发在线分析仪器，进入环境、污染源检测市场领域的技术开发和市场开发方案。

（宋盈燕）

北京北仪创新真空技术有限责任公司

【概况】北京北仪创新真空技术有限责任公司（简称北仪创新公司）隶属北京京仪集团有限责任公司。北仪创新公司拥有真空获得、真空测量、真空应用三大类产品，从低真空到超高真空 30 多个系列 160 多个品种，产品广泛地应用于航天航空、电子信息、光学产业、冶金、建筑装饰、食品、纺织、电力环保及新能源等行业。北仪创新公司拥有 197 名员工，其中国家科技部专家库成员 2 人、教授级高级工程师 2 人、高级工程师 4 人、硕士学历及以上 13 人。

（宋盈燕）

【生产经营】年内，北仪创新公司工业总产值 2236 万元，工业增加值 -1641 万元，营业收入 4085 万元，销售收入 3216 万元，利润总额 -949 万元，科技投入 246 万元，占营业收入的 6%。

（宋盈燕）

【推进所有制改革】年内，北仪创新公司推进增长型混合所有制改革，为优成公司实现上市，与优成公司股东（世博顺天）探讨股权比例变更等相关问题，并形成初步意向，进行财务预评估工作。

（宋盈燕）

【探索新的经营模式】年内，北仪创新公司探索分子泵混合所有制共存的经营模式，加速改革步伐，寻找新的合作伙伴，引入资本投资。

（宋盈燕）

【推动收缩型改革】年内，北仪创新公司推动收缩型改革，制定《仪表分公司独立运营意见说明》，完成了改革的初期准备工作，为通过混合所有制改革、主要经营者持股、国有资本逐步退出打下基础。

（宋盈燕）

【科技创新】年内，北仪创新公司研制出国际首创 MDP 系列抗大气冲击分子泵及国内首台 400 口径复合分子泵。MDP 系列抗大气冲击分子泵取得北京市新产品新技术（服务）证书。

（宋盈燕）

北京布莱迪工程技术有限公司

【概况】北京布莱迪工程技术有限公司（简称布莱迪工程）隶属北京京仪集团有限责任公司，其旗下有 3 个子公司：北京布莱迪仪器仪表有限公司、重庆布莱迪仪器仪表有限公司、浙江布莱迪仪器仪表有限公司。主要经营范围为生产仪器、仪表、电子元器件、仪表制造设备和仪表工程成套服务；技术推广服务；货物进出口、代理进出口；销售仪器仪表。年实现销售收入 1.5 亿元，员工 480 人，占地面积 1 万平方米。

（宋盈熹）

【生产经营】年内，布莱迪工程按合并口径，实现工业总产值 1.34 亿元，工业增加值 4293 万元，营业收入 1.47 亿元，销售收入 1.44 亿元，利润 61 万元，完成科技投入 494 万元，占营业收入的 3.4%。

（宋盈熹）

【开拓市场】年内，布莱迪工程以京津冀协同发展为契机，成为北京北排建设有限公司合格供应商，并参与了北京市高碑店污水处理厂污泥高级消化工程、北京市清河第二再生水厂泥区工程、北京市小红门污水处理厂泥区改造工程、北京市郑王坟再生水厂工程污泥高级消化工程等项目，为上述工程项目提供了 BLD 压力表、温度计、球阀等产品。与北京燃气绿源达清洁燃料有限公司签订了定向服务协议，服务该公司 10 个 LNG 加气站，主要服务项目为在线仪表现场信息采集、建立专项服务数据库、仪表维修、检验、巡检等。

（宋盈熹）

【获得荣誉】年内，布莱迪工程拥有注册商标 5 个，取得国家专利 21 项，其中发明专利 1 项；旗下的职工创新工作室获 2015 年北京市模范集体称号。

（宋盈熹）

北京京仪北方仪器仪表有限公司

【概况】北京京仪北方仪器仪表有限公司（简称京仪北方公司）是国家最早定点生产电能表的企业，隶属北京京仪集团有限责任公司。京仪北方公司秉承了 30 余年电能表产品计量技术积累和专业制造经验，具备智能电表、水表、燃气表、热力计量、充电桩、故障指示器等多种产品的生产研发能力。已实现 DDZY47—M 型单相费控智能电能表的研发及产业化。四表集抄项目突破水、电、气、暖各自独立管理的壁垒，在相关技术的支持下，实现资源共享，完成水表、电表、暖表和气表的自动抄表控制工作，解决多个管理系统的融合问题。京仪北方公司具有年生产量 100 万只的制造能力，现共有职工 142 人，其中大专以上学历 50 人、管理人员 15 人。

（宋盈熹）

【生产经营】年内，京仪北方公司工业总产值 5448 万元，工业增加值 -429 万元，营业收入 5025 万元，销售收入 4730 万元，利润 -685.6 万元，科技投入 384 万元，占营业收入的 7.6% 。

（宋盈熹）

【深化 6S 现场管理理念】年内，京仪北方公司不断深化 6S 现场管理理念，促进生产效率不断提高，实施定置定位管理，车间工作场所建立清扫责任区域制度，开展触电演习，组织安全教育培训。

（宋盈熹）

【加快构建科技创新体系】年内，京仪北方公司加快构建“企业主体、市场导向”的科技创新体系，研发了故障检测仪、充电桩等产品，高度重视科技创新与改造。

（宋盈熹）

【获得荣誉】年内，京仪北方公司取得北京市新技术新产品（服务）证书；“DDZY47—M 型单相费控智能电能表”项目获得中国仪器仪表学会 2015 年度优秀产品奖。

（宋盈熹）

北京京仪椿树整流器有限责任公司

【概况】北京京仪椿树整流器有限责任公司（简称京仪椿整公司）隶属北京京仪集团有限责任公司，注册资金 7284 万元，资产总额超过 2.2 亿元，是中国最早生产电力电子器件和电力电子变流装置的高新技术企业。京仪椿整公司致力于开关电源、风电逆变器、磁浮控制器、APF、PWM 整流器、直流斩波器电源等产品领域的研究与开发，为客户提供集设计、研发、制造、服务于一体的最佳解决方案。京仪椿整公司拥有 1 个市级技术中心、1 个博士后科研工作站以及 1 个北京市优秀创新工作室。截至年底，拥有员工 178 人，其中中级职称及以上人员占比 16.3%、大专以上学历人员达到 72.9%。

（宋盈熹）

【生产经营】年内，京仪椿整公司工业总产值 6797.1

万元，工业增加值820.4万元，营业收入7260.7万元，销售收入5557.3万元，利润总额-3721万元，科技投入823.5万元，占营业收入的11.3%。

（宋盈熹）

【统筹内部资源】年内，京仪椿整公司提升技术管理水平，实现内部资源的统筹安排。成立技术工程部，主要负责当期合同项目的正常运行；成立研发中心，精简编制，主要负责新品研发和预研项目；成立工艺标准化组，重点推进“三化”工作以及技术系统内部流程管控。加强技术设计流程的梳理与考核体系建设工作。

（宋盈熹）

【国企改革和体制机制创新】年内，京仪椿整公司深化国企改革和体制机制创新，探索以“项目管理”为核心的激励考核机制，为企业创造更大的效益。完善经营成果考核机制。加强人才队伍建设，合理调整人员结构，组织和开展“优才”培养计划，推进企业的人才队伍建设。

（宋盈熹）

【获得荣誉】年内，京仪椿整公司获得中国机械工业科学技术奖三等奖，获奖项目为“IGBS系列蓝宝石晶体制备用低压大电流电源系统研究”。

（宋盈熹）

北京京仪敬业电工科技有限公司

【概况】北京京仪敬业电工科技有限公司（简称敬业科技公司）隶属北京京仪集团有限责任公司。敬业科技公司致力于提供节能、环保、智能化的电气自动化领域综合解决方案。分别从德国、法国、瑞典、日本等国引进先进技术，与ABB公司建立了合作关系，生产低压电器、低压无功功率补偿装置、谐波滤波设备、配电设备自动化集中监控、智能型变频节电设备、节能高效电机等机电一体化节能、智能产品。产品应用于智能配电、节能、环保、军工等领域。敬业科技公司注册资本6327万元，总资产3.48亿元，现有员工近300人，其中研发、工程技术人员占40%。

（宋盈熹）

【生产经营】年内，敬业科技公司工业总产值1.02亿元，工业增加值2940.2万元，营业收入1.74亿元，销售收入1.65亿元，利润总额1116.6万元，科技投入879.9万元，占营业收入的5.1%。

（宋盈熹）

【资源整合】年内，敬业科技公司资源整合工作全面启动，完成电机业务的调整，通过生产场地的搬迁，减少生产设备占用、空间资源占用与人力资源占用，降低成本，提高产品盈利能力。

（宋盈熹）

【制订改革方案】年内，敬业科技公司结合京津冀一体化战略，制订业务调整、资源整合改革方案，通过人力资源、空间资源、设备占用、业务构成、生产模式、考核方式等方面的优化，逐步完成业务整合。敬业科技公司与北京京仪椿树整流器有限责任公司实施了管理整合，完成了组织机构整合，稳步推进资源整合方案，提高资源使用效率，发挥企业协同优势，提高企业核心竞争能力。

（宋盈熹）

【校企合作】年内，敬业科技公司与北京交通大学开展校企合作，敬业科技公司跟踪轨道交通风机专用电机业务，已成功进入轨道交通领域，为客户提供的样机经实车测试，运行效果良好。

（宋盈熹）

【获得荣誉】年内，敬业科技公司“GGL–Z职能固定式低压成套开关设备”项目获得中国机械工业科学技术奖二等奖，成为第一届中国节能环保金融联盟理事单位。

（宋盈熹）

北京京仪科技孵化器有限公司

【概况】北京京仪科技孵化器有限公司（简称京仪科技孵化器）隶属北京京仪集团有限责任公司，是以京仪集团雄厚实力和资源为背景建立的大型专业孵化器，总孵化面积9万平方米。京仪科技孵化器秉承“支持创新创业，培育高新企业，整合产业资源，加速成果转化，促进产业发展”的宗旨，围绕仪器仪表、智能制造、电子信息技术等三大重点产业方向，为入驻企业提供科技条件、专业咨询、技术转移、市场推广、专业投融资等方面的专业孵化服务。通过将京仪集团产业化资源、科技型小微企业的研发成果和社会资源进行结合，实现产、学、研、用联合，促进专业化协作，培育更多的战略性新兴企业，逐步将京仪科技孵化器打造成为京仪集团新兴产业的培育平台以及展示“双创”科技成果的窗口。截至年底，京仪科技孵化器共有员工 53 人，专科以上学历占人数总数的 70%，45 周岁以下员工占 51%。

（宋盈焘）

【生产经营】年内，京仪科技孵化器工业总产值 1006 万元，全年实现主营业务收入 7497 万元，实现利润总额 155 万元，净利润 116 万元，净资产收益率为 4.33%，总资产报酬率为 1.94%。

（宋盈焘）

【启动众创空间建设】年内，京仪科技孵化器启动“京仪创新港”众创空间的建设，打造低成本、便利化、开放性、全要素的创业环境，搭建综合服务多功能厅，建立实验测试加工平台和创业导师咨询服务平台，努力将自身打造成为京仪集团技术创新体系与孵化器所在区域的创新体系之间协同发展的重要枢纽。初步形成创新带动创业、创业引领创新的良性互动，有力地推动创新创业的协同发展。

（宋盈焘）

【探索新业务模式】年内，京仪科技孵化器探索“投资＋孵化”的业务模式，延展科技创新服务链，逐渐由租赁收入主导型向服务收入和投资收入主导型转变，努力打造成为支撑京仪集团现代服务业板块的核心产业。

（宋盈焘）

北京京仪绿能电力系统工程有限公司

【概况】北京京仪绿能电力系统工程有限公司（简称京仪绿能公司）是由北京京仪集团有限责任公司、北京能源投资集团、保定英利能源（中国）有限公司于 2010 年 2 月 10 日合资组建的国有控股有限责任公司，是高科技新能源企业，注册资金 11875 万元。京仪绿能公司主要拥有光伏发电核心设备的生产和研发、智能运维业务及光伏电站系统集成业务等三大业务板块。其中，光伏并网逆变器、智能汇流箱及直流配电柜等设备产能为 250 兆瓦 / 年。京仪绿能公司拥有员工 132 人，技术研发人员占 40% 以上，形成了一支年轻化、高知识层次占主导的优秀员工队伍。其光伏系统生产基地位于北京市延庆区八达岭经济开发区。

（宋盈焘 高建敏）

【生产经营】年内，京仪绿能公司工业总产值 5.1 亿元，其中工业增加值 4747 万元、科技投入 1573 万元。京仪绿能公司资产总额为 7.76 亿元，其中固定资产 1.44 亿元，包括房产 3735 万元、机器设备和 11.8 兆瓦光伏电站 8832 万元、无形资产土地 462 万元。年内，公司完成 EPC 总承包工程 70 兆瓦，实现营业收入 5.12 亿元，利润总额 1575 万元，上缴税金 747 万元。

（宋盈焘）

【重大项目】年内，京仪绿能公司具备出众的光伏发电系统集成能力，具有建筑机电安装工程专业承包三级资质和承装（修、试）电力设施四级资质，主要完成的项目有：青海格尔木 120MWp 光伏发电 EPC 项目、唐山市玉田县 32MWp 光伏发电项目、承德平泉黄土梁子 30 兆瓦设施农业光伏发电项目、平山康庄 20MWp 分布式光伏电站总承包项目、山东黄店千亩中草药园高效农业 20MWp 全开放式光伏大棚项目、辽宁朝阳边杖子 10MWp 项目、北京延庆 10MWp 分布式屋顶并网光伏电站项目、聊城安杰新能源发电有限公司 4.8MWp 太阳能风能综合发电项目、山东省滕州市大宗集团金太阳示范工程 3.5 兆瓦光伏电站及德青源光伏屋顶 1MWp 发电项目等，并积极开拓海外市场，承建了北控古巴 1 兆瓦并网光伏电站等项目，累计实施光伏发电项目工程总承包 260MWp。可为用户提供光伏电站、光伏建筑一体化、光伏农业综合利用等项目咨询、设计、产品、工程、售后全程解决方案。

（高建敏）

【科技创新】年内，京仪绿能公司共拥有 29 项专利，其中 1 项发明专利，另外还拥有 6 项软件著作权，参与制定 7 项行业标准。

（高建敏）

【推进技术成果转化】年内，京仪绿能公司加快新产品研发，推进技术成果转化，完成基于 DSP28335 的控制系统升级，提高了控制器运算速度，保证精度的一致性，降低了故障率；V4 版逆变器、V2 版兆瓦房稳定性提升；新版 16 路汇流箱升级，通过金太阳认证；

MIS 系统开发与应用，“光伏电站大数据远程专家运维系统项目”列入工信部“2015 年互联网与工业融合创新试点”，并获得“支撑全业务流程互联网转型”的集成创新子项第一名的成绩。已应用到公司自有电站。

（宋盈熹）

【产品认证】年内，京仪绿能公司全系列产品获得“金太阳”、TUV、CE、ENEL、零电压穿越等测试认证，500 千瓦逆变器通过“NB/T 32004”和“中国效率”认证，最高效率达到 99.02%，中国效率达到 98.3%，在行业内处于绝对领先水平。

（高建敏）

【企业发展】年内，京仪绿能公司始终以创新为理念，以质量为先导，先后获得“北京市新技术新产品”“北京市产品质量创新奖”“中国仪器仪表优秀产品奖”“北京市科学技术二等奖”等；并先后通过“北京市高新技术企业”“北京市企业技术中心”“北京市科技新星计划”“十百千企业”等认定。京仪绿能公司也是北京市太阳能光伏核心装备技术工程实验室主要承建单位，重点主持光伏逆变器与系统集成设备分实验室建设工作。2014 年，公司获得北京市“中古光伏发电核心装备研发及项目应用示范北京市国际科技合作基地”授权认定。

（高建敏）

【提高项目建设水平】年内，京仪绿能公司规范工程施工管理，提高项目建设水平，保证所建项目安全、高效、稳定运行，制定《项目成本目标落实考核制度》，提高成本控制意识，加强合同和签证管理；成功申请取得电力设施（承装承修承试）许可证四级资质，扩大了承接工程项目容量；在青海格尔木、河北唐山、河北平山、北京市区等地承建了多个大型地面光伏电站项目及分布式发电项目，其中由京仪绿能公司在河北地区总承包的“平山康庄 20 兆瓦分布式光伏电站项目”对优化能源结构、推动节能减排、实现经济可持续发展具有重要意义。

（宋盈熹）

【获得荣誉】年内，京仪绿能公司获得国家互联网与工业融合创新试点企业、中国仪器仪表学会优秀产品奖、承装（修、试）电力设施许可证四级资质、领跑者计划认证证书、企业清洁生产等多项荣誉、证书及称号。

（宋盈熹）

北京京仪仪器仪表研究总院有限公司

【概况】北京京仪仪器仪表研究总院有限公司（简称研究总院）隶属北京京仪集团有限责任公司，主要经营仪器仪表的技术开发、技术服务、技术转让，销售机械设备、仪器仪表、软件及辅助设备，主办《仪器仪表与分析监测》《数字与缩微影像》杂志等。研究总院拥有发明专利 16 项、实用新型专利 22 项、软件著作权 22 项，多次承接科技部、国家重大科学仪器设备开发专项，参与仪表产品国家标准编制，多个项目获得军队、部委的各类科技奖项。研究总院拥有精通光、机、电等专业的研发队伍及工程队伍，在职工作人员共计 194 人，其中博士后 1 人、博士 7 人、硕士 43 人、本科 76 人；取得高级工程师职称 24 人、工程师职称 16 人、高级技工 19 人；拥有国家级技能大师 1 人。

（宋盈熹）

【生产经营】年内，研究总院工业总产值达到 2 亿元，工业增加值达到 1 亿元，营业收入 2.76 亿元，销售收入 2.75 亿元，利润 490 万元，科技投入 3283 万元。

（宋盈熹）

【经营模式】年内，研究总院形成技术平台统一，经营模式多元化的结构，整合了原京仪集团下属北京自动化技术研究院、北京光电技术研究所、北京电影机械研究所 3 院所的技术资源及经营资源。

（宋盈熹）

【健全研发系统】年内，研究总院成立了 2 部 5 室架构的企业技术中心，致力于以市场需求为导向，以关键及共性技术研究和应用技术开发为核心，以统一开放的技术创新管理平台为支撑，搭建集团、企业两级相辅相成的技术创新体系。

（宋盈熹）

【推进专项工作】年内，研究总院推进“提质、增效、控风险”专项工作，以全面预算管理为主线，建立完善的运营效果、效率的评价体系，促进多元化业务高端发展。

（宋盈熹）

北京市阀门总厂股份有限公司

【概况】 北京市阀门总厂股份有限公司（简称北阀股份）成立于1952年，前身是北京市阀门总厂，是新中国成立之初始建的第一批国家机械工业部下属制造高中压阀门及蒸汽疏水阀的重点骨干企业。2015年10月8日公司完成改制，更名为北京市阀门总厂股份有限公司，注册资金25888.63万元，是国家级高新技术企业，北京市技术创新企业。2010年，“京”字牌商标获得北京市著名商标。现有职工365人，包括工程技术人员34人（其中高级技术人员5人）、中高级管理人员42人、生产工人289人。

（北阀股份）

【年度经营】 年内，北阀股份工业总产值7.01亿元，营业收入5.3亿元，利润总额2039.1万元，科技投入1430万元。

（北阀股份）

【项目建设】 年内，北阀股份生产中心设有球阀事业部、通用阀事业部、蝶阀事业部、疏水阀事业部、锻钢阀事业部、特种阀事业部、阀门维检修事业部，公司有精良的制造、检测设备，现有通用设备203台、数控机床20台；数控加工中心8台，检测设备30余台；有完备的性能测试手段，集团公司生产部设有5个车间，年生产能力约3.6万吨，产品品种包括各种型号的蒸汽疏水阀、液化石油气紧急切断阀、氧气阀、闸阀、截止阀、球阀、止回阀、蝶阀、高温高压调节阀、低温阀，以及电厂用超超临界高温高压阀门。

（北阀股份）

北京太空板业股份有限公司

【概况】 北京太空板业股份有限公司（简称太空板业，股票代码300344），于2000年12月改制设立，2012年8月1日在深圳交易所挂牌上市，注册资金24124.8万元，公司位于北京市丰台区科学城中核路1号3号楼12层。太空板业资产总额8.06亿元，2015年，太空板业完成工业总产值8482.98万元，实现营业收入1.13亿元。

（杨　婷）

【发明专利】 年内，太空板业拥有国内发明专利23项，美国发明专利3项，国内实用新型专利3项，国内外观设计专利4项。

（杨　婷）

【获得荣誉】 年内，太空板业获评“国家级高新技术企业”“北京市循环经济试点企业”“中关村国家自主创新示范区创新型试点企业”“中关村国家自主创新示范区‘十百千工程’企业”。2011年12月31日获批“绿色建筑北京市工程研究中心”。2014年再次通过“质量管理体系”“环境管理体系”认证，同年还通过“职业健康安全管理体系”的初次认证。公司是全国工商联直属会员、中国循环经济协会会员、中国节能协会会员、装配式钢结构建筑联盟常务理事单位、北京市节能和资源综合利用协会副理事长单位、北京市建设工程物资协会建筑节能专业委员会会员、北京节能环保促进会会员、北京中关村企业信用促进会会员、北京进出口企业协会会员、中关村上市公司协会会员、北京市高校大学生就业促进会会员。

（杨　婷）

北京远东仪表有限公司

【概况】 北京远东仪表有限公司（简称远东有限公司）是一家中外合资的高新技术企业，拥有北京市市级企业技术中心，是京仪集团旗下自动化仪表事业部的骨干企业，主要生产和销售工业过程测量仪表、自动化控制系统、系统集成及仪表成套业务、承担工程服务、电工仪表和零部件精密加工与组装，注册资金2.12亿元，拥有员工600余人，其中工程技术和技术管理人员占比33%、大专以上学历员工达到70%。

（宋盈熹）

【生产经营】 年内，远东有限公司经营业绩稳中有进，本部及控股子公司实现营业收入7.62亿元，实现利润总额1538万元；研发投入2615万元，占营业收入的3.4%。

（宋盈熹）

【推进企业改革】年内，远东有限公司以京仪自动化事业部成立为契机，加强战略导向，全面推进企业改革。搭建管理平台，推广京仪自动化品牌建设；搭建市场营销管理平台，推动团队融合；搭建事业部技术管理平台，积极构建开放型技术研发体系；搭建人力资源管理平台，健全事业部组织机构，初步建立了事业部人岗匹配库。

（宋盈熹）

【实施战略区位布局规划】年内，远东有限公司推进场地资源优化配置，实施战略区位布局规划，截至年底，已初步形成“本部管理职能中心，大兴、延庆两大生产基地”的空间布局。

（宋盈熹）

【提升技术创新能力】年内，远东有限公司完善技术体系，提升技术创新能力。专注特色解决方案研究设计和产品的研发及完善。保持企业市级技术中心称号，专注于行业解决方案的研究和设计，流量业务在技术储备和实施方面取得实质性进展。

（宋盈熹）

【制定规范和标准】年内，远东有限公司参与行业规范、国家标准的编写，主持起草《物联网压力变送器规范》《物联网差压变送器规范》2项国家标准并通过审定。参编《过程工业领域安全仪表系统的功能安全》和《城镇智能燃气网工程技术规范》。

（宋盈熹）

北京贝尔生物工程有限公司

【概况】北京贝尔生物工程有限公司（简称贝尔生物）成立于1995年，注册资本3000万元，占地面积7691.94平方米，总建筑面积9000平方米。生产范围：Ⅲ－6840体外诊断试剂，是一家集体外诊断试剂研发、生产和销售于一体的高新技术企业。企业年末人数167人，其中，具有大专及以上文化程度的人数为126人；中级及以上技术职称的人数为5人，本地员工68人。

（贝尔生物）

【年度经营】年内，贝尔生物工业总产值1.06亿元。工业增加值5523万元，营业收入1.06亿元，销售收入10605万元，利润总额3619万元，科技投入1078万元，上缴税金898万元。

（贝尔生物）

【项目建设】年内，贝尔生物继续与国内多家科研院所合作研发，同时承担着国家“973”计划和“十二五”规划重大项目，其中肠道病毒71型抗体（IgM）检验试剂盒（酶联免疫法）、肠道病毒71型抗体（IgG）检验试剂盒（酶联免疫法）与中国疾病预防控制中心病毒病预防控制所等单位合作，获得了北京市科学技术奖三等奖和中华预防医学会二等奖。

（贝尔生物）

北京鹤延龄药业发展有限公司

【概况】北京鹤延龄药业发展有限公司（简称鹤延龄药业）创建于1995年，原为北京市朝阳区医药药材公司所属国营饮片厂，1999年10月改制为民营股份制企业。鹤延龄药业主营中药饮片，现有净制、切制、蒸制、煅制、炙制、烘干等专业饮片生产车间，有原料、成品及低温库房，全部达到中药饮片GMP生产要求，于2015年12月通过北京市中药饮片GMP新版认证。

（鹤延龄药业）

【年度经营】年内，鹤延龄药业工业总产值2.15亿元，工业增加值153万元，销售收入2.13亿元。现生产中药饮片753种，年生产能力2000吨，库房及生产车间总面积1万平方米，职工人数120人，其中30人具有本科以上学历及中药师以上职称。

（鹤延龄药业）

【项目建设】年内，鹤延龄药业有净制、切制、蒸制、煅制、炙制、烘干、煨制、焯制、制炭、煮制10个专业饮片生产车间，有近4000平方米的原料、成品及低温库房，全部可以达到中药饮片GMP生产要求。公司质量部设有生物实验室、理化实验室、仪器分析室，拥有高效液相、高效气相、原子吸收光谱、紫外分析仪、电子分析天平等精密分析仪器，可以针对所生产经营的753个饮片品种，对照《中国药典》2015年版及《北京市中药饮片炮制规范》2008年版标准，进行包括成分含量、农残、重金属、黄曲霉毒素、灰分、水分、二氧化硫、醇提取物、性状、显微粉末等全面检验。

（鹤延龄药业）

北京华邈中药工程技术开发中心

【概况】 北京华邈中药工程技术开发中心（简称华邈中药）成立于1995年5月，隶属中国医药集团，为中国中药公司的全资子公司。华邈中药是一家专业从事中药饮片和健康食品研发、生产和销售的国家高新技术企业。2014年，凭借精细化的管理水平和优秀的科研创新能力，被市经济信息化委认定为北京市企业技术中心。华邈图形商标被北京市工商局认定为2015年度著名商标。2015年5月，获得诚信长城杯企业证书。2015年6月28日，在钓鱼台国宾馆举行的“亚洲品牌盛典庆祝十周年系列活动”中，华邈中药及其总经理商国懋获得2015北京品牌100强及北京品牌（行业）十大创新人物称号。

华邈中药设有顺义和大兴两个厂区，建设面积达4万平方米，具有炒、炙、煅、烫、蒸、煮、复制、发酵、发芽等生产工艺技术和相应生产线。华邈中药具有生产加工半夏、附子、川乌、草乌、马钱子等毒性中药饮片资格，具备合法生产羚羊角粉、山甲珠等国家濒危野生保护动物的炮制加工品资质，是北京市小包装中药饮片试点生产单位。华邈中药原料主要选自道地产区，公司已全面实施中药饮片GMP管理规范，实现饮片生产加工的产业化和现代化，质量控制的数字化和标准化，年处理中药材6083.7吨，生产中药饮片6000吨、健康食品83.7吨，为北京地区本土中药饮片厂生产和销量第一名。

华邈中药拥有国内专利9项，其中发明专利6项，涉及中药饮片加工方法、质量检测方法、原料栽培方法、设备改进方法等各个细节。2005年开始，参与《北京市中药饮片炮制规范》2008年版的修订工作，对400多种药材的炮制方法重新验证。该书于2010年正式出版，成为北京市的地方标准。2012年，华邈中药参与《未经硫磺熏蒸中药材中药饮片性状修订》的研究工作，此课题为药典委员会编撰2015年版《中国药典》而设立的子课题，通过和广东省药检所、南京中医药大学的通力合作，完成20余种硫磺熏蒸中药材和中药饮片的修订工作，为纠正市场乱象做出贡献。2015年，华邈中药作为牵头单位申报国家发展改革委、国家中医药管理局的国家中药饮片标准化项目，开展中药饮片从原料种植、采收加工、贮藏、生产加工、商品规格及溯源系统等的全产业链建设，最终有14个品种通过立项，获得国拨经费3600万元。年内，华邈中药总资产3.71亿元，增长8%；销售收入500亿元，增长18%；利润1886万元，缴税1372万元，增长22%。

（华邈中药）

【项目建设】 年内，华邈中药在北京市大兴区生物医药基地建设新的标准化生产基地，新厂总建筑面积2.83万平方米，其中生产车间（含太阳房、仓库等）1.98万平方米，其他配套设施8450平方米。包装、仓储采用智能机器手与AGV小车系统相结合，进行包装、运输、码垛等工作。新建4条中药饮片加工生产线，包括普通生产线、发酵生产线、毒性饮片加工生产线、毒性发酵生产线。

（华邈中药）

【科技管理与科技服务】 年内，华邈中药开展了科技工作专项调研，对各部门的技术需求、科技项目和科技团队等进行全面了解。重点开展工作如下：申报和参与国家中药标准化项目3项，申报顺义区科学技术奖和顺义知名商标，申报中关村高新技术企业，均通过立项。根据质量管理部门要求，开展分子鉴定平台建设、显微鉴定图库建设项目，开展中药材商品规格等级标准研究项目。

（华邈中药）

【科技创新】 年内，华邈中药投入1800万元，重点科技项目取得新进展。“一种胖大海的抗炎活性部位及其制备方法”“一种黄芩的播种方法”“一种利用化学成分指纹图谱技术鉴定化石的方法”“胖大海药材指纹图谱的构建方法”4个专利项目得到验证和企业内部推广；“互联网＋中药代煎”便民服务项目获得顺义区经济信息化委中小企业发展专项立项，“中药饮片干燥技术转化”项目获得顺义区科学技术奖三等奖。参与北京市地方标准清查工作，完成33个中药品种的标准整理。

（华邈中药）

【新品研发】 年内，华邈中药与母公司中国中药公司合作研发“华邈”牌半夏系列饮片（清半夏、法半夏和姜半夏），原料药材来自规范化基地，从源头控制产品质量；承担国家科技项目，创新生产工艺；生产信息化、智能化管理，全过程质量控制；建立生产全过程质量溯源体系，切实做到“药材来源可追溯、饮片生产可监控、质量责任可追究”的全程可追溯。产品质量稳定，临床安全有效。“华邈”牌半夏系列产品知名度逐年提高，产销量逐年成倍增长，产品用户满意度在同行业中处于领先地位。全年产量为245吨，年产值5000万元，占北京市场80%份额。

（华邈中药）

【品牌建设】年内，华邈中药图形商标被认定为“顺义区知名商标”。《首都医药》杂志对华邈中药进行专题介绍。华邈中药参与“中国药材金源新燕莎MALL旗舰店”等中药展会。6月28日，在钓鱼台国宾馆举行的“亚洲品牌盛典庆祝十周年系列活动”中，华邈中药及商国懋获得“2015北京品牌100强”及“北京品牌（行业）十大创新人物”荣誉称号。

（华邈中药）

【环境保护】年内，华邈中药坚持每月统计减排共性指标和个性指标数据，并及时分析，针对排污指标升降情况，调整减排工作重点内容，保证企业绿色发展。华邈中药同上级公司签订节能减排责任书，将减能减排任务细化至各部门。为减少排放，华邈中药在2014年投入大量资金改造中心污水站。采用序批式活性污泥法（简称SBR）处理污水。同时，委托北京中联金源环境工程技术有限公司对污水站进行实时监管、实时检测。生产高峰期配合生产部加强污水处理工作，保证污水达标排放。历次污水检测结果显示，华邈中药污水排放远远低于《CJ 343-2010污水排入城市下水道水质标准》。4月，中心向顺义区水务局进行排污申报登记并于5月份取得其颁发的“排水许可证书”。加强合规整治是减少污染物排放的重要举措。对此，华邈中药坚持每月进行环保合规进行检查，保证生产过程中的原辅材料、产品和副产品不含国家法律法规禁用物质，使用的工艺、设备设施不存在国家明令取缔或淘汰的工艺或装置；坚持建设、新增项目“三同时”管理。

（华邈中药）

【人才建设】年内，华邈中药聘请北京中医药大学教授和中国中药公司等8名研究人员为企业技术中心顾问及专家，指导华邈中药的研发、生产和质量控制工作。年内，企业技术中心被认定为“北京市企业技术中心”。

（华邈中药）

【安全管理】年内，华邈中药遵照相关规章制度调整企业内部安全生产委员会组织人员架构及办公机构，并以安全生产工作层层落实、人人负责的原则，在内部每年与全体员工签订《安全生产目标责任书》，确实将安全生产工作做到“一级对一级负责，一级让一级放心”。为进一步细化安全工作管理，企业配备日常安全检查监督员，班组安全员负责中心重点部位的安全巡查工作。年内，华邈中药取得由北京华测北方检测技术有限公司出具的纸质报告书，评价指出，华邈中药内的职业卫生现状评价基本符合国家法律法规要求。

（华邈中药）

【“十二五”成果显著】“十二五”期间，北京华邈中药工程技术开发中心销售收入翻一番，利润大幅度提高。公司治理成效显现，对组织机构进行了完善，率先推行了6S精细化管理，是增收节支工作开展的先行者和典范。华邈中药生产的中药饮片和保健食品多次受到顺义区各政府部门的奖励和支持，推动企业科技成果转化。2013年12月，北京市科学技术委员会认定华邈中药工程技术开发中心为国家级“高新技术企业”；2014年12月，市经济信息化委认定北京华邈中药技术中心为北京市级“企业技术中心”；2015年6月，中关村管委会授予华邈中药“中关村高新技术企业”证书；2015年7月，华邈中药获得“顺义知名品牌”称号，获得政府奖励3万元；2015年10月，华邈中药专利项目获得顺义区科学技术奖三等奖，并为项目主要负责人商国懋、崔秀梅和吴建民颁发了证书。

（华邈中药）

北京市非凡制药厂

【概况】北京市非凡制药厂（简称非凡制药厂）是隶属北京市民政工业总公司的唯一一家专业从事制药生产的福利企业。1987年，企业前身“天伦健肤制品厂”创立，1991年，更名为“非凡天然保健品厂”，其间以经营化妆品为主。1994年，经北京市医药管理部门和卫生行政部门批准立项建药厂，定名为“北京市非凡医药保健品厂”，并于同年取得了《药品生产企业许可证》《药品生产企业合格证》，从此开始了药品生产。于1997年更名为“北京市非凡制药厂”。2002年取得胶囊剂药品GMP认证证书，2004年取得酊剂、溶液剂药品GMP认证证书。生产品种主要有：复方白芷酊、复方氟轻松酊、醋酸氯己定溶液、开塞露、苯扎溴铵溶液、甲酚皂溶液。多年来，由于狠抓药品质量，生产的所有产品没有出现过质量问题，历年送检或药监部门抽检合格率均为100%。企业产品于2006年度、2008年度入选“北京市社区卫生服务药品”（零差率）集中采购中标品种。其中开塞露以其独特的临床疗效，成为2007年、2009年标期“全军统筹药材”网上集中采购中标品种。非凡制药厂的产品历年均进入《北京市药品集中采购中标产品目录》。新开发研制的“抗真菌溶液剂”及“骨伤科搽剂”均为临床疗效明确的独家药品，具有良好的市场应用前景。

企业现有职工116人，在职职工52人，残疾职工46人；各类专业技术人员7名，其中2人具有高级职称、5人具有中级职称。

（王　志）

【年度经营】年内，非凡制药厂完成工业总产值765.38万元，实现销售收入605.51万元，同比增长10.09%，利润总额69.98万元。

（王　志）

【预申领新版GMP认证】上半年，非凡制药厂在全体员工的努力下，顺利通过了延续现有药品GMP有效期的认证，实现了企业正常生产，销售市场延续，主营业务收入增长明显，职工队伍稳定。下半年，非凡制药厂的中心工作是新版GMP认证。由于企业底子薄弱，与现有的新版GMP文件要求相差较远，前期总公司投入大量资金，并在系统内抽调精干专业技术及管理人员，支持非凡制药厂发展，适应国家行业技术管理要求。经过专业机构的辅导和培训，企业从硬件到软件，以及职工的专业技术技能，都有较大的提升，企业已初步具备通过国家食品药品监督管理局2010版GMP认证的条件。

（王　志）

北京市红叶齿科医用器材厂

【概况】北京市红叶齿科医用器材厂（简称红叶齿科厂）成立于1989年，隶属北京市民政工业总公司。主要产品为齿科藻酸盐，使用方法简便，取模清晰，深受口腔医师的青睐。红叶齿科厂自创建以来，一直致力于开发和研制适合市场需求的口腔医疗材料，产品畅销全国，得到了广大口腔医师的认可和好评，在国内和国际市场上都具有相当高的知名度，产品在国内市场的占有率达40%左右。为了企业长远发展，扩大产品市场份额，增加残疾人就业率，2012年，企业与世界500强企业的三井化工下属的贺利氏古莎齿科有限公司合作，成为贺利氏古莎齿科有限公司“贺利氏古莎”品牌藻酸盐系列产品的中国唯一生产商。2007年，红叶齿科厂成为国内齿科藻酸盐产品行业中首家通过ISO13485-2003医疗器械质量体系认证的企业，同时还采用欧盟关于产品CE认证的MDD 93/42/EEC医疗器械指令进行质量管理。

企业现有职工73人，其中在职职工60人；残疾职工27人。作为福利企业，红叶齿科厂积极吸纳残疾人就业，并提供一系列技能培训，已经为26名残疾人创造了就业岗位，残疾职工占在职员工总人数的近一半。

（王　志）

【年度经营】年内，红叶齿科厂总收入2237万元，其中生产经营收入2142万元、其他业务收入为81万元、营业外收入为14万元；退税收入91万元。完成利税总额158万元。

（王　志）

【工厂GMP改造】年内，红叶齿科厂受现有厂房布局所限，不能满足GMP生产的基本要求，因此尽快物色新的场地并进行GMP的规划设计是一项重要工作。为满足不断增长和变化的国内外市场对产品质量和特性的需求，不断提高企业竞争力，红叶齿科厂正在积极筹划工厂GMP改造相关事宜。同时，为配合上级总体规划要求，约一半厂区（南院及库房部分）划归平房福企园区，红叶齿科厂做了大量工作，包括翻新库房设计规划、旧库房设备拆除转移、翻新库房装修、新设备物资采购、库存转移等，及时把相应区域清空，使福企园区可以顺利进驻施工。

（王　志）

乐普（北京）医疗器械股份有限公司

【概况】 乐普（北京）医疗器械股份有限公司（简称乐普医疗，股票代码：300003）是从事冠状动脉药物支架等心血管疾病植介入诊疗器械设备及心血管药品研发、生产与销售的中外合资高新技术企业，2009年10月30日在深交所创业板上市。公司位于北京市中关村科技园区昌平园，占地面积5.67万平方米，截至2015年12月，员工共计1200余人。

（万 玮）

【生产经营】 年内，乐普医疗总资产达到60.03亿元，主营业务收入8.93亿元，净利润3.49亿元，科技投入1722.46万元。

（万 玮）

【企业发展】 年内，乐普医疗完成了多项投资并购工作，全资收购北京护生堂大药房及其11家连锁药房及2家门诊部，投资深圳源动创新科技有限公司，收购烟台艾德康生物科技有限公司股权等。在科技创新、项目建设方面，乐普医疗完全可降解聚合物基体药物（雷帕霉素）洗脱支架系统进入临床试验阶段，这项植介入治疗领域的又一次革命离成功又近了一步。

（万 玮）

【获得荣誉】 年内，乐普医疗获得国家知识产权局国家知识产权优势企业称号；公司商标被北京市工商行政管理局认定为2014年度北京市著名商标；同时，公司申报的“心血管药物支架及输送系统技术改造项目”被昌平区科学技术委员会批准列入2015年昌平区科技发展计划。

（万 玮）

中牧实业股份有限公司

【概况】 中牧实业股份有限公司（简称中牧股份）是中国最大的动物保健品生产企业和中国饲料添加剂骨干生产企业，是国务院国资委直接管理的唯一一家中央农业企业——中国农业发展集团有限公司的重要成员企业，也是农业部等国家九部委认定的农业产业化国家重点龙头企业和北京市高新技术企业。中牧股份于1998年12月25日创立，1999年1月7日在上海证券交易所上市（股票名称：中牧股份，股票代码：600195）。主营业务领域涉及兽用生物制品、饲料及饲料添加剂、兽药和饲料原料贸易四大板块。秉承“保护动物安全，关爱人类健康”的企业宗旨，中牧股份全力构建畜牧产业科学发展体系，已成为中国动物保健品和动物营养品领域品种最全、规模最大、技术装备和工艺最先进的产业集群，近500个品种的产品涵盖养殖业服务的全过程。截至2015年年底，公司总股本42980万股，总资产43.9亿元，净资产25.02亿元。中牧股份是中国高致病性禽流感、口蹄疫、高致病性猪蓝耳病、猪瘟等重大动物疫病防控疫苗的定点生产企业，产品质量稳定，品牌优势明显，市场占有率多年居于行业企业首位，部分疫苗产品出口东南亚、中亚、非洲等多个国家。中牧股份在国内最早从事复合维生素饲料添加剂的生产，旗下北京华罗饲料添加剂厂工艺设备先进，“华罗”牌饲料添加剂、预混剂产品深受客户信赖，市场占有率一直居于国内领先。公司还是国内进口鱼粉、氨基酸等饲料原料的最大分销商之一。中牧股份始终致力于打造“中国畜牧业第一安全品牌”，为国家、社会、股东和客户做出最大价值贡献。公司是北京市纳税信用A级企业并通过了“AAA”级企业信用评价；“中牧”品牌获得“纪念改革开放30年中国畜牧业最具影响力品牌”称号，并被评为北京市著名商标；“华罗”品牌被认定为中国驰名商标；公司还获得“中国动物保健品影响力品牌”、“北京市饲料行业影响力品牌”、市值管理百佳、最佳公众形象、中国证券金紫荆奖—最具社会责任感上市公司、最佳持续投资价值奖等荣誉，备受行业关注和大众投资者青睐。

2015年，中牧股份实现主营业务收入42.12亿元，主营业务利润10.9亿元，实现归属于上市公司股东的净利润2.76亿元。公司制订合理的利润分配政策和分红方案，在保持持续发展、经济效益稳步增长的同时，结合实际情况，回报股东。年内，公司实施了2014年度利润分配方案，向全体股东共计派发红利8810.9万元，分配红利占当年实现的归属上市公司股东净利润的30.34%。公司上市以来，截至2015年年末，已累计分配现金 10.97 亿元。

（杨　婷）

【自主研发】 年内，中牧股份致力于开发安全、无毒、高效的动物专用原料药，投资建设国家一类新兽药喹烯酮、国家二类新兽药氟苯尼考、国家三类新药 AIV（酒石酸泰万菌素）和黄霉素、泰妙菌素、海南霉素、莫能菌素等产品的生产基地，兽药产品出口全球 30 多个国家和地区，构成了国内较具规模、具有自主知识产权的兽药原料和预混剂生产体系。中牧股份加大科研投入，提高创新能力。中牧股份拥有国家级“企业技术中心”、北京市工程技术研究中心、农业部重点实验室和博士后流动站各 1 个，组建成立研究院和畜禽疫病诊断中心，先后完成 30 余项国家和省部级重大研究项目，3 次获得国家科技进步奖二等奖和多项省市级科技进步奖，获得 74 项专利和 5 个国家一类新兽药证书，在部分产品研发领域居于领先水平。

（杨　婷）

【节能环保】 年内，中牧股份继续坚守安全底线和节能环保红线，以强化监督检查为抓手，以三级检查结合交互检查为途径，围绕“质量为本，安全第一”的方针，努力提高安全生产、节能环保管理水平，全年公司未发生责任死亡、重伤事故；未发生新增职业病病例；未发生控制指标限定的重大财产损失事故；公司不断完善节能环保三大体系（即组织机构管理体系、统计监测体系和考核体系），完善管理制度，深挖企业节能潜力，严控污染物排放量，全面完成了上级单位和北京市政府下达的年度节能环保目标和任务，努力把公司打造成“资源节约、环境友好”型企业。根据北京市发展改革委的要求，公司在北京华罗厂率先实行能源管理体系认证，制订节能措施，监控其有效运行并持续改进，从而达到有效的 PDCA 循环效果。体系有效实施带动的是节能降耗效果的明显提升，经济效益和社会效益显著提高。

（杨　婷）

【“走出去”发展战略】 年内，中牧股份实现出口业务收入 1.77 亿元，同比增长 55.27%。发掘新兴市场和高端市场机会，加强重点区域市场维护，通过有国际影响力的展会、贸易洽谈会等平台寻找前沿信息和国际用户，继续在东欧、南美、中东、印度、东南亚等国家和地区实现疫苗和化药产品出口。

（杨　婷）

北冰洋（北京）饮料食品有限公司

【概况】 北冰洋（北京）饮料食品有限公司（简称北冰洋公司）隶属北京一轻食品集团有限公司，主要经营范围是生产销售碳酸饮料、批发预包装食品和食品科技开发，年生产碳酸饮料能力为 18 万吨。公司现有员工 124 人，其中管理人员 3 人、生产员工 88 人、研发和技术人员 19 人、销售人员 14 人。

（北冰洋公司）

【年度经营】 年内，北冰洋公司工业总产值 1.12 亿元，工业增加值 1.46 亿元，营业收入 3.05 亿元，利润 1.02 亿元，科技投入 95 万元。

（北冰洋公司）

【项目建设】 年内，北冰洋公司全部采用国内最先进、部分采用国际先进水平生产设备，生产设备自动化程度高、人员劳动强度低，并根据北冰洋饮料产品特点和节能降耗要求进行设计，洗瓶机、预洗机采用超声波技术，大大降低了清洗用水和碱的消耗。

（北冰洋公司）

北京华腾化工有限公司

【概况】 北京华腾化工有限公司（简称华腾化工）成立于 2004 年 8 月 12 日，隶属北京化学工业集团有限责任公司，主营业务是大兴化工园区工业物业管理和经营贸易。华腾化工为园区提供动力能源及生活后勤配套服务，拥有 50 吨 / 小时蒸汽供应、1000 千瓦 · 时电力供应能力、720 吨 / 天工业废水处理能力，生活配套设施齐备。从 2014 年开始，华腾化工除工业物业管理外，逐步拓展经营贸易业务，到 2015 年年底基本形成了一套内、外贸经营贸易管理流程和业务规范，业务也从基本化学品向油品、钢材、建材等领域逐步扩展。

（徐博非）

【生产运行】年内，华腾化工内抓风险管理，外抓业务拓展、经营结构调整，实现工业总产值15.07亿元，工业增加值1600万元，营业收入14.69亿元。华腾化工获得北京市安全生产月“最佳实践活动奖”。

（徐博非）

【绿色生态化工园区建设】年内，华腾化工将化工基地打造为“绿色生态化工园区”，推进园区一体化管理体系建设，现已基本形成安全保卫、动力能源调度管理、安全环保、职业卫生管理、生活保障服务等5个一体化管理平台。

（徐博非）

北京华腾通标检测与校准技术研究中心有限责任公司

【概况】北京华腾通标检测与校准技术研究中心有限责任公司（简称华腾通标公司）成立于2006年8月，隶属北京化学工业集团有限责任公司。华腾通标公司包括北京市化工产品质量监督检验站[国家化学试剂质量监督检验中心、石油和化学工业橡塑与化学品质量监督检验中心（北京）]、北京市化工计量站、北京市化工避雷器检测站、北京化工安全阀检测中心等专业检验与校准机构，业务范围涵盖化工产品质量监督检验和化工类仪器仪表计量校准两大体系。

（徐博非）

【经济运行】华腾通标公司现有固定资产1000万元，各类检测设备400余台（套），固定的办公及试验工作场所总面积3000多平方米，可对外开展检验校准业务活动。共有员工43人，其中工程技术人员40人，具有中、高级技术职称27人，国家注册的生产许可证高级审核员5人。华腾通标公司全年实现收入1000余万元，实现利润总额240万元，工业增加值800余万元。

（徐博非）

【化工产品质检站】华腾通标公司下属北京市化工产品质量监督检验站，是由北京市编办批准、北京市质量技术监督局认可依法授权的第三方产品质量监督检验机构，具有独立法人地位，是北京市安全生产监督管理局认定的北京市生产安全事故调查技术支撑推荐单位，国家工信部认定的工业（化学试剂和橡塑）产品质量控制和技术评价实验室，中国农药工业协会认定的农药质量检验机构。

（徐博非）

【承担政府监督抽查任务情况】年内，华腾通标公司完成北京市质量技术监督局监督抽查中5类专业产品的遴选和实施细则、抽查方案的上报工作。分别完成北京市44家企业危险品包装物、危化品、农药产品的监督抽查任务；北京市车用尿素溶液产品生产市场风险检测；北京市通州区农药植保站组织的农药市场和生产企业的监督检验工作；天津市滨海新区15家企业化学试剂、农药、压缩液化气体产品的监督抽查任务；天津市压缩液化气体生产企业的监督抽查任务；工信部下达的农药专业批准证书监督抽查任务。以行业中心资质承担国家质量监督检验检疫总局2015年全国车用尿素水溶液产品质量专项监督抽查工作。

（徐博非）

北京化学试剂研究所

【概况】北京化学试剂研究所（简称试剂所）创建于1958年，隶属北京化学工业集团有限责任公司，试剂所专业从事锂电池电解液研发、生产，电子化学品、化学试剂及精细化学品的研究开发和生产。2007年，按照北京市城市规划的部署，搬迁落户于北京市大兴区精细化工基地。现已发展为一家集科研试制、应用开发、规模生产和销售服务于一体的高新技术企业。试剂所技术实力雄厚，具有很强的运用有机合成、无机制备、高纯物质制备、分析检测研究、应用研究的综合能力。多年以来试剂所承担并出色完成了众多国家重点科技攻关任务，先后取得重大科技成果上百项。年内，试剂所主要产品为锂离子电池电解液。

（徐博非）

【生产运行】年内，试剂所调整客户和产品结构，降低采购和运输成本，紧盯市场变化，调整经营思路，实现主营业务收入1.28亿元。

（徐博非）

【新产品研发】年内，试剂所硼铝混合源和乳胶磷源已通过天津天物金佰微电子的确认，并开始正式使用；解决了高纯氧化硼玻璃体剪切和白金锅易损坏的问题，11 月，样品已送美国进行第三方检测；开发了电解液新产品 8 个，均已形成批量生产和销售，4.35 伏特高电压电解液、三元圆柱、方块电解液的小试进展顺利。

（徐博非）

北京合锐清合电气有限公司

【概况】北京合锐清合电气有限公司（简称合锐清合）是一家专注于智能配电设备、配电网故障监测与定位系统以及配电网自动化集成系统的研发、生产和销售的高科技企业。公司总部位于中关村科技园区上地信息产业基地，生产基地位于北京新能源产业基地——延庆八达岭经济开发区，占地面积 2.67 万平方米，拥有现代化生产车间 1.8 万平方米、办公楼 3000 平方米，拥有国内最先进的自动化生产线以及完整的产品研发、试验检验设备。2015 年主营业务收入 2.2 亿元，利润 1362 万元。

（高建敏）

【产品研发】年内，合锐清合产品包括单元式智能环网柜、共箱式智能环网柜、固体绝缘环网柜、电缆分支箱、智能箱式（预装式）变电站、智能柱上开关、配电网故障监测与定位系统等，公司可提供完整的配电网自动化系统解决方案。公司自主研发的智能环网柜产品具有三工位可视端口、一体化气体浇铸、全绝缘和全密封等开关本体技术优势，并且实现了馈线保护、测控、故障监测及自愈控制等功能的优化整合。公司研发的电力电缆在线监测系统采用先进的传感器技术、现代微电子技术和通信技术，通过超高速实时采集、记录和分析电缆屏蔽层和金属护层接地线电流信号，提前发现、预报电缆绝缘故障隐患，并可进行精准故障定位。

（高建敏）

【企业认证】年内，合锐清合先后通过 ISO9001 质量管理体系认证、ISO14001 环境管理体系认证、GB/T28001—2001 职业健康安全管理体系认证、中国国家强制性产品“CCC”认证、AAA 级资信等级认证，获得国家专利几十项，拥有专有技术多项，公司还获得了多项部级和北京市、延庆区及中关村科技园区的荣誉证书和奖励，成为北京市高新技术企业、海淀区创新企业、中关村高新技术企业、北京中关村科技园区“瞪羚企业”、北京市中关村创业联盟理事单位、延庆县重点企业、北京中关村企业信用促进会会员单位、北京中关村企业信用促进会优秀会员、中关村企业信用培育双百工程最具发展潜力企业。

（高建敏）

北京利尔高温材料股份有限公司

【概况】北京利尔高温材料股份有限公司（简称北京利尔）下属单位有上海利尔耐火材料有限公司、洛阳利尔耐火材料有限公司、辽宁利尔高温材料有限公司、内蒙古包钢利尔高温材料有限公司、洛阳利尔中晶光伏材料有限公司、马鞍山利尔开元新材料有限公司、上海利尔新材料有限公司、辽宁金宏矿业有限公司、辽宁中兴矿业有限公司、青岛斯迪尔新材料有限公司、上海新泰山高温工程材料有限公司、西峡东山矿业有限公司和宁波众利汇鑫投资合伙企业（有限合伙）13 家子公司。公司主营业务为建材、钢铁、有色、石化等高温工业用材料的开发、生产、销售等，并承担集高温热工装备用材料的研究开发、配置设计、生产制造、安装施工、使用维护与技术服务于一体的整体承包业务。主导产品有不定型耐火材料、机压定型耐火制品、耐火预制件、功能耐火材料、陶瓷纤维制品和特种材料等六大系列 200 多个品种。公司职工总数 980 人，其中具有大学专科及以上学历 537 人，占员工总数的 54.80%；其中科技人员 342 人，占员工总数的 34.89%。公司现有专业技术人员中，享受国务院政府津贴的高级专家 2 人、教授级高工 5 人、高级工程师 18 人，取得博士学位研究生 2 人、硕士学位研究生 20 人，具有本科学历 175 人、大专学历 340 人。技术人员专业覆盖了无机非金属材料、机械设计、热工、冶金、检测等多个专业领域，各学科相互交叉补充，使公司具备了新产品开发、工程设计、热工与模具设计、理化检验与测试、现场技术支持等综合研发设计能力。

（万 玮）

【生产经营】 年内，北京利尔总资产40.82亿元，营业收入11.23亿元，利润总额1.022亿元，上缴税金6886万元，研究开发费用总额6714万元。

（万 玮）

【产业调整】 年内，北京利尔加大环保投入，实现经济效益和环保效益同步增长。促进区域钢铁产业节能减排与转型升级，实现钢铁行业产品升级、资源综合利用以及污染排放达标治理，打造一条京津冀钢铁行业的生态价值链。

（万 玮）

【企业管理】 年内，北京利尔面对严峻的市场形势，避免盲目扩张，保存实力，加快调整结构，重点培育和发展优质客户，逐步淘汰不诚信等劣质客户，把企业做优、做强；加强管理创新、商业模式创新和技术创新，让创新成为员工的自觉行为，以集体创新、立体创新、全员创新驱动企业发展；加强精细化管理，并进行量化考核，让财务、审计部门参与企业量化管理，强化财务、审计的有效监管作用；在安全环保方面，尤其重视人身安全和质量安全，当安全与生产、效益发生冲突时，把安全放在第一位。

（万 玮）

【获得荣誉】 年内，北京利尔被中国建筑材料企业管理协会评为“2015中国建材服务业100强”；公司研发中心被昌平区科委认定为“昌平科技研发中心”。科技创新方面，公司核心产品“环保无碳中间包干式料”获得国家火炬计划立项，公司8项产品被北京市科委、经济信息化委、发展改革委等5部门认定为“北京市新技术新产品”；2015年公司获得授权专利13项，其中发明专利1项。

（万 玮）

北京晟德瑞环境技术有限公司

【概况】 北京晟德瑞环境技术有限公司（简称晟德瑞公司）隶属北京京仪集团有限责任公司，业务涉及环境监测、数字环保、综合节能和医疗废弃物处理、废水处理等领域。晟德瑞公司现有员工74人，其中本科学历占45%，研究生学历占8%。

（宋盈焘）

【生产经营】 年内，晟德瑞公司实现工业总产值1320.63万元，工业增加值62.09万元，营业收入5086.75万元，科技投入达到325.61万元，占营业收入的6.4%。

（宋盈焘）

【主营业务】 晟德瑞公司作为最早将环境自动监测引入中国的企业，为国家自动环境监测事业的发展树立了众多标杆，建立了一系列标准、规范，对监测数据的有效采集、传输、管理与应用提供了丰富的技术手段，对国控水质自动监测站的有效运行提供了可靠保障，为国家培养了大批技术人才。随着国家对环保事业的重视，结合公司自身的发展，公司业务也由单一的环境监测拓展到节能、减排领域。

（宋盈焘）

【培养新收入增长点】 年内，晟德瑞公司确定业务拓展方向，培养新的收入增长点——晟德瑞公司开展以合同能源管理为模式的节能改造业务和以医疗废物无害化处置、污水处理工艺改造为突破口的减排业务。

（宋盈焘）

北京北达燕园科技孵化器有限公司

【概况】 北京北达燕园科技孵化器有限公司（简称北大孵化器）依托北京大学国家大学科技园而建，是科技部认定的国家级科技企业孵化器、产学研合作示范基地，也是北京市科委认定的北京市高新技术产业专业孵化基地。北大孵化器已累计孵化企业520家，其中毕业企业295家。企业门类涵盖电子信息、新一代移动互联网、文化创意、智能硬件、节能环保、生物医药等。开展的主要孵化服务包括科技咨询服务、项目申报服务、投融资服务、创业辅导、基础服务等。

截至年底，北大孵化器孵化科技企业实现销售收入约5.68亿元，研发投入约3667.59万元，企业当年获得融资额约1.00亿元，累计获得融资额约2.15亿元，拥有有效知识产权数116件。北大孵化器孵化创业项目和团队60家，52家获得风投融资，总融资额约1.5

亿元。全年开展创业培训、企业交流参访、创业沙龙、路演等活动超过 200 次。

（陈　畅）

【平台建设】 年内，北大孵化器已建成投入使用的共性技术支撑平台 2 个、公共服务平台 1 个。其中，北大研发实验基地理化分析测试实验平台服务地区企业达 280 余家，实现技术服务收入 900 万元。服务范围涵盖了园区企业需要的软件功能检测、工业有害物质成分分析、原料药晶型检测等多个门类。年内，北大孵化器重点打造创新创业服务体系，为初创企业和创业人才提供早期孵化服务，促进企业和市场、投资人、政策的对接。TMT 创新孵化平台是联合北京大学信息科学技术学院，依托院校科研实力及行业影响力，携手未名天使、英诺投资等投资机构，共同打造 TMT 创新孵化平台。平台旨在搭建 TMT 创业孵化交流基地，形成对接投资、孵化、培训、联盟、媒体等多面资源的全方位孵化产业链条。

（陈　畅）

【科技创新】 年内，北大孵化器推动和协同大学校区、科技园区、地方社区融合联动发展，按照“孵化器＋加速器＋产业园”模式规划新建园区，成为大学服务地方社会、成果转化、技术转移、企业孵化的创新创业载体，有效推动区域实现产业集群式发展。年内，北大科技园创新技术平台初步建成包括磁性材料研究所、湿地工程技术研究所在内的先进技术研究及转化机构 13 个。该平台科技服务业务发展方向主要包括：学院成熟科技成果或项目转移；研究机构为企业进行研发服务。支撑机构包括北大工学院工程技术研究院、公共技术平台等。在园企业转化、转移科技成果 38 个，其中依托北京大学转化转移科技成果 18 个。园区内通过组织和提供信息和技术交流，搭建各类行业技术服务平台，实现园区内企业资源共享，有效地推动了园区内企业间的科技合作和技术创新。

（陈　畅）

【产业布局】 年内，北大孵化器着力提升园区孵化服务能力和水平，搭建行业垂直服务平台。景观设计协同创新与孵化服务平台建设，立足景观设计服务现代制造业，从景观设计关键共性信息技术以及产业链管理策略两个宏观面入手，发挥自身在创意设计技术服务与管理服务的线下孵化优势，促进景观设计企业孵化成长，实现景观设计产业的集约化、规模化发展，并通过示范产品推动景观设计服务质量提升与区域产业升级发展。孵化器联合闪联产业联盟，打造智能互联产业科技服务平台。依托创业孵化营、创业大赛等渠道深度挖掘新生力量；通过联盟跨界协同、合作创新，打造产业集群；提供资本与人才支持，促进创新项目落地；重点培育优质创新项目，拉动产业链创新竞争与内部投资；为项目或初创企业提供孵化投资、创业辅导、办公环境等服务。

（陈　畅）

【重点项目】 年内，北大孵化器建设创新型重点项目，搭建基于创新源的以企业为核心的技术创新服务体系：专业的企业服务是孵化器的真正核心价值所在，北大孵化器专注于孵化器服务体系研究，开展真正对企业有效的服务，落地务实，让服务真正为企业创造价值，让企业体会到服务所在，建立孵化器创新服务体系。孵化器围绕企业服务，重点打造四大服务，即人才服务、技术服务、知识产权服务、创新营销。这四大服务相辅相成，构成了技术关联性强、附加值高的孵化器创新服务体系。搭建基于创新源的以人为本的创新创业服务体系；紧密围绕技术创新链、企业成长链而形成的服务，围绕着技术创新和创业企业发展，服务体系建设是一个开放发展、持续创新的过程。孵化器将为创业团队和初创企业提供基础服务、创业辅导、创业文化交流、创业投融资、技术创新服务和政务服务。

（陈　畅）

【获得荣誉】 年内，北大孵化器获中关村首批智能硬件孵化器授牌；北大孵化营获北京市首批众创空间授牌；获中关村创新型孵化器认定。其他荣誉还包括科学技术部颁发的国家高新技术创业服务中心、教育部和科学技术部颁发的高校学生科技创业实习基地；科学技术部颁发的国家 863 计划成果产业化基地；北京市科学技术委员会颁发的首都科技条件平台开放实验室等。

（陈　畅）

北京北大科技园有限公司

【概况】 北京北大科技园有限公司（简称北大科技园），成立于 2003 年，注册资本 1 亿元，位于北京市海淀区中关村北大街 127−1 号，是北京大学下属控股公司。北大科技园始创于 1992 年，是北京大学为响应国家

"科教兴国"战略、"985 工程"战略，促进北京大学科研成果产业化而建立的大学科技园，是国家教育部、科技部首批认定的国家级大学科技园之一。北大科技园作为北京大学从事高新技术转化、企业孵化和产业投资的科技产业公司，在新的历史背景下，践行北京大学服务"创新型国家战略"、落实国家级大学科技园服务"大众创业、万众创新"的历史使命，逐渐构建起网络化、特色化、专业化的创新创业服务体系，建立了科技资源开放共享模式。

截至年底，北大科技园注册资本 1 亿元，资产总计约 18 亿元，累计投资设立企业 14 家，注册资本金合计约 27.5 亿元，以货币或知识产权方式投资累计合计约 28.2 亿元，入园入孵企业及项目合计 540 家，主要行业分布在"互联网 +"、高端装备制造、生物医药、节能环保、新能源、文化传媒、高分子材料、大数据等领域。

截至年底，国内外已建和在建的园区 10 个，运营园区面积超过 30 万平方米，包括北京本部北大成府园区、北大科技园南区、北京上地创业园、包头园区、江西园区、金华园区、天津宝坻园区、石家庄园区、西安园区、美国硅谷园区，另外还有天津武清园区项目、深圳园区项目等。

（孙 怡）

【科技创新】年内，北大科技园创新技术平台初步建成，包括磁性材料研究所、湿地工程技术研究所在内的先进技术研究及转化机构 13 个。该平台科技服务业务发展方向主要包括学院成熟科技成果或项目转移、研究机构为企业进行研发服务。支撑机构包括北大工学院工程技术研究院、公共技术平台等。在园企业转化、转移科技成果 38 个，其中依托北京大学转化、转移科技成果 18 个。园区内通过组织、提供信息和技术交流，搭建各类行业技术服务平台，实现园区内企业资源共享，有效地推动园区内企业间的科技合作和技术创新。

（孙 怡）

【管理创新】年内，北大科技园为适应新时期国家对大学科技园的定位，寻求转型发展，建立了"以人为本的创业服务体系"和"以创新要素为基础的技术服务体系"，着力打造创新创业服务与现代科技智能服务产业平台，并以"校地合作、协同创新"为方向，逐步探索"轻资产运营"发展模式。

（孙 怡）

【重点项目】年内，北大科技园承担的重点项目有科技部国家科技支撑计划课题"众包服务的创意设计园区服务系统开发"；科技部火炬计划项目"互联网 + 科技创新及创业服务智能化支撑平台"；北京市科委设计之都建设专项"景观设计企业孵化服务系统开发"。

（孙 怡）

【获得荣誉】年内，北大科技园获得的荣誉包括中关村首批智能硬件孵化器认定、北京市首批众创空间认定、获批"科技创新券"推荐单位资格、"海淀区综合政务园区服务站"工作站授牌、入选北京众创空间联盟副理事长单位、获 2015 年度中国科技创新先进单位、获 2015 年度中国最值得关注的创业孵化器、国家级众创空间认定。其他荣誉还包括国家级科技企业孵化器、首家大学科技园"国家 863 计划成果产业化基地"、国家高新技术创业服务中心、北京市首批留学人员创业园、首都科技条件平台、大学科技园产学研合作示范基地、中国产学研合作促进奖、大学科技园经济贡献奖、首批"高校学生科技创业实习基地"、北京大学学生创业计划大赛实践基地、中关村海淀园首批"创新驿站"、海淀 · 创业期科技型企业集中办公区等。

（孙 怡）

北京动力源科技股份有限公司

【概况】北京动力源科技股份有限公司（简称动力源，股票代码：600405）成立于 1995 年，2004 年在上交所主板上市，是国内电源行业首家高科技上市公司，注册资本 4.3 亿元。公司现有生产场地占地面积 9308.65 平方米，建筑面积 1.47 万平方米，其中科研用房面积约为 4000 平方米。公司拥有 3 处生产基地和多条生产流水线，装备有国内领先的印制板贴装设备、波峰焊设备、测试设备及产品试验设备，严格的产品质量控制和精湛的工艺设计打造出令广大用户满意的动力源系列产品。公司在全国 30 个省市设有办事处，形成了遍布全国的营销和服务网络。拥有 200 余人的专业服务保障团队，通过现代化信息手段（视频系统的应用）及时、全面地为客户提供技术支持和培训、远程技术诊断、物流配送、现场技术服务和工程建设等，公司在全国建立了 1 个一级备件储备库和 30 余个二级备件储备库，24 小时服务热线保障了公司与客户的信息沟通。从2003年开始，动力源产品成功进入欧美及东南亚市场。出口业务占公司年营业收入的10%以上，公司建立起了海外营销网络，国际业务已经走上快速发展的轨道。动力源资产总额20.18亿元，2015年，动力源完成工业总产值4507.12万元，实现营业收入9.23亿元，实现利润3117.58万元。

（杨 婷）

【产品及市场竞争力】年内，动力源已经形成直流电源、交流电源、高效模块电源、低压配电产品、逆变电源、应急电源、动力环境监控系统、机房新风及热交换系统、高压变频器、空气净化机、新能源储能设备、农村饮用水处理及粮储设备、太阳能光伏逆变系统等近百种产品，所有产品均享有自主知识产权，其中在直流技术的理解和使用上已经处于世界领先地位；在品牌上从名不见经传发展成为在国家级重点工程上多次中标的知名企业。动力源在已有电力电子技术积累的基础上，将产品开发、市场拓展触角伸及新能源汽车及其核心部件领域，开展动力电池和充电设备的研制与市场拓展。公司是国家发展改革委/工信部认定的首批节能服务公司，综合了变频技术、产品制造和节能服务三大资源，能够提供整套的节能服务；2007年国家发展改革委/联合国开发计划署/全球环境基金——“中国终端能效项目（EUEEP）项目”指定的4家节能执行机构之一；先后被北京市科委认定为“北京市高能耗电机变频节能工程技术研究中心”、中关村管委会认定为十百千重点培育企业、国家重点新产品240伏特直流电源系统等。专注电力电子行业21年，有雄厚的技术实力；专注变频行业多年，了解高能耗行业的负载特性，熟悉其控制方法及工艺特性，同时有相当丰富的现场改造和工程施工经验。

（杨 婷）

【获得荣誉】年内，动力源通过了中国电源工业协会和中国电源产业技术创新联盟的审核，获得2014—2015年中国电源行业诚信企业称号。同时获得2014—2017年高新技术企业称号；公司240伏特直流电源系统获得科技部、环保部、商务部、质量监督总局联合颁发的国家重点新产品证书。此外，动力源是中国电源产业技术创新联盟会员单位；中国电源学会会员单位；北京电源行业协会常务理事单位；全国高科技健康产业空气净化专业委员会会员；中国电子学会洁净技术分会、中国制冷空调工业协会洁净技术委员会会员；中国节能协会节能服务产业委员会会员。动力源获得科技部、中科院、北京市政府联合颁发的百强创新企业称号；国家五部委联合颁发的国家重点新产品称号；北京市诚信纳税企业、守信企业称号；中关村企业信用促进会优秀会员称号；中国技术监督情报协会通信电源类全国用户产品质量满意、售后服务满意十佳企业；中国电源行业诚信企业、中国电信行业通信工程优秀服务商等称号。

（杨 婷）

同方威视技术股份有限公司

【概况】同方威视技术股份有限公司（简称同方威视）成立于1997年，位于北京市海淀区双清路同方大厦，是清华控股成员企业。同方威视是全球领先的安检产品和安全检查解决方案供应商，立足于自主创新，紧贴客户需求，为全球140多个国家和地区的客户提供安检领域最先进的创新技术、品质卓越的产品以及综合的安检解决方案和服务。2015年，同方威视实现销售收入34.66亿元，同比增长9%。

（程伟 周丽英）

【基地建设】年内，同方威视生产基地配备了先进的生产、安装、检测和调试设备，采用同方威视自主创新的MRC生产模式，实现了模块化、快速化、定制化的高效产品生产制造。同方威视持续改进制造工艺技术，按照国际认证标准对产品的各个环节进行质量控制，为客户提供品质卓越的安检产品。

（程伟 周丽英）

【科技创新】年内，同方威视与清华大学建立了优势互补的长期战略合作关系。双方建立了安全检测技术联合研究院，共同投入资源、共同面向需求、共同研究开发、共享知识产权、共担风险、共享收益。联合研究院与同方威视的研发中心在前瞻性技术研究与产品开发方面各有侧重又联系紧密，形成了具有同方威视特色的以企业为主体、以市场为导向、产学研相结合的创新机制。同方威视充分发挥技术创新的核心竞争优势，在计算机断层扫描成像、X射线辐射成像、痕量爆炸物与毒品分析检测、放射性物质监测识别等领域，拥有全部核心技术的自主知识产权。同方威视通过持续的技术创新以及与清华大学产学研战略合作机制的有效运行，研制出一系列填补国际空白、核心技术居国际领先水平的技术和新产品。

（程伟 周丽英）

【产业布局】年内，同方威视紧跟国际先进技术发展前沿，利用信息通信技术以及互联网平台将云计算、大数据、物联网与安检技术和产品深度融合，为客户提供智能查验、互联互通的新一代高科技安全检查解决方案。

（程伟 周丽英）

【重点产品】年内，同方威视关注行业发展，紧贴市场需求，丰富产品系列，拓展新业务领域，陆续研发出了货物及车辆安全检查、行李及包裹安全检查、人体安全检查、爆炸物及毒品探测、液体安全检查、放射性物质监测等170多个品种的具有市场竞争力和技术领先的安全检查产品和系统解决方案，可根据客户不同需求，对走私货物、枪支武器、放射性物质、爆炸物和毒品等各类违禁品、危险品进行查验。

（程伟 周丽英）

【应用领域】年内，同方威视安检产品及服务已进入民航、海关、铁路、公路、城市轨道交通、邮政物流、公安司法、环保、核电、辐照质检、冶金、金融、大型活动赛事等众多领域，在打击恐怖行为和非法贸易、保护人民生命和财产安全、提高查验能力、加快通关速度、增加税收等各方面发挥了重要作用，得到世界各国用户的广泛认可。“同方威视”已成为国际业界的知名品牌。作为安检解决方案和产品的主要供应商，参与了美洲首脑峰会、意大利世博会等多项大型活动的安保工作，为重要场馆、新闻中心和物流仓储等场所提供了3000余套多种型号的安检产品和技术服务。

（程伟 周丽英）

【获得荣誉】年内，同方威视获得国家科技进步一等奖1项，中国专利金奖3项，北京市发明专利奖特等奖1项以及其他技术创新奖项数十项。同方威视的商标和品牌的影响力持续提升，深受海内外客户的关注和好评。同方威视拥有安检领域最先进的创新技术，起草制定相关行业技术标准，抢占业内技术制高点，以进一步固化同方威视产品的国际竞争优势。由同方威视主责起草的国际标准1项、国家标准3项及行业标准2项已正式发布并实施。

（程伟 周丽英）

阳光凯讯（北京）科技有限公司

【概况】阳光凯讯（北京）科技有限公司（简称阳光凯讯）成立于2003年，是民营高新技术企业，主要从事通信系统设备的研发、生产和技术服务。通过多年的发展，公司在无线通信、卫星通信、数据通信、指挥调度和安全保密等领域取得了显著的成就。公司拥有一支由博士、硕士等高技术人才组成的研发队伍，公司有员工100余人，本科及以上学历员工占公司员工总数的90%以上。阳光凯讯资产总额1.80亿元，2015年，阳光凯讯完成工业总产值7012.88万元，实现营业收入7425.72万元，实现利润101.70万元。

（杨 婷）

【科技创新】阳光凯讯是北京市高新技术企业、纳税A级企业、丰台区文明单位、北京市博士后（青年英才）创新实践基地，具备军工产品科研、生产及服务的资质与能力。拥有专利、软件著作权、北京市自主创新产品、北京市科技进步奖等80余项。其中，公司的核心产品“CDMA机动式移动通信系统”获得“国家重点新产品”证书、“新技术新产品（服务）”证书。公司还是《全军物资供应商采购名录》企业和工信部《军民两用产品与技术信息备案采购名录》企业。

（杨 婷）

【自主研发】年内，阳光凯讯自主研发成功了一系列产品，主要有CDMA机动式移动通信系统、TETRA数字集群通信系统、轻型宽带移动通信系统，多模移动交换机、区域交换中心、业务管理服务器、自适应综合接入网关、智能用户身份卡等。

（杨 婷）

北京雪迪龙科技股份有限公司

【概况】北京雪迪龙科技股份有限公司（Beijing SDL Technology Co., Ltd.，简称雪迪龙股份，股票代码002658）创立于2001年9月，坐落于北京市昌平区国际信息产业基地。注册资金6亿元，是专业从事环境监测、工业过程分析、智慧环保及相关服务业务的国家级高新技术企业。公司现有员工1000余人，研发人员近200人，服务工程师近600人。作为国内环境监测和分析仪器市场的先入者与领航者，公司业务始终以环境监测业务为核心，着力拓展环境监测、环境信息化、环境大数据、环境治理四大业务领域；以“环境与工业分析检测专家”为战略定位，通过“自主研发＋兼容并购”巩固核心优势，吸纳优势资源，紧扣创新发展，以专业的监测感知技术及强大的服务网络为政府及企业提供环境咨询、规划设计、环境监测、环境信息化、环境治理、项目投资、设施运营等一站式的综合服务。

（万 玮）

【企业重组】 6月，雪迪龙股份收购英国KORE公司，获取高端质谱仪技术，并在环境领域大力推广；7月，收购青岛吉美来44%股权，空气质量监测业务得到补充与加强；8月，公司收购科迪威公司剩余60%股权，全面接管科迪威的经营管理，快速扩大雪迪龙股份在水质监测及生物毒性监测领域的市场；9月，与清新环境、中电远达等四方投资人合资成立重庆智慧思特环保大数据有限公司，该合资公司主要开展环保数据咨询与分析、数据交互与交易、环境公众信息服务等业务。

（万 玮）

【产品研发】 12月，雪迪龙股份获批设立了中关村科技园昌平园博士后科研工作站分站，该工作站的建立为公司吸引和培养高层次人才、提升科技创新与转化能力提供了新的平台。同时继续加大研发投入，一方面鼓励支持研发部门通过自主研发完善公司产品体系，另一方面重点寻求和引进海外高端的产品和技术应用于中国市场。

（万 玮）

【生产经营】 年内，雪迪龙股份营业收入10.02亿元，净利润2.63亿元，总资产18.13亿元。在经济形势严峻与政策持续驱动的大背景下，公司深入研究分析市场形势，快速决断明确公司战略布局。精耕传统业务：深入挖潜，切实以客户利益为基础，针对不同的客户制订不同的解决方案；抢占新兴市场：VOCs监测市场已初步启动，噪声扬尘监测、汞监测系列产品已全面推向市场，并深入推进智慧环境投资业务，通过投资收购、业务合作等模式引进国外的先进技术及产品，包括飞行时间质谱仪、XRF荧光光谱仪及气溶胶单颗粒飞行时间质谱仪等。

（万 玮）

【获得荣誉】 年内，雪迪龙股份入选国家鼓励发展的重大环保技术装备依托单位、第八届中国环境产业大会“环境监测竞争力标杆企业——绿英奖”，且被《福布斯》中文版评选入围“2015福布斯中国上市潜力企业100强”。

（万 玮）

8 月 19—22 日，市经济信息化委贯彻落实《中国制造 2025》专题研讨班举办

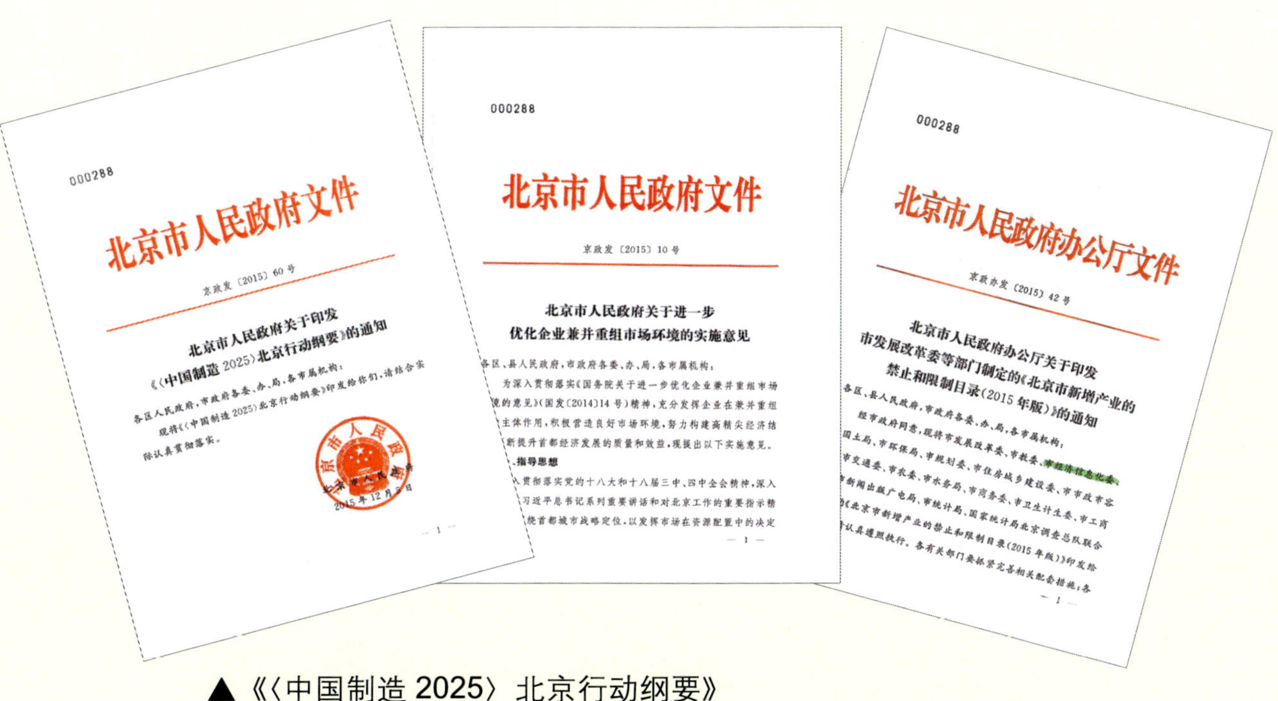

000288

北京市人民政府文件

京政发〔2015〕60 号

北京市人民政府关于印发
《〈中国制造 2025〉北京行动纲要》的通知

各区人民政府，市政府各委、办、局，各市属机构：

现将《〈中国制造 2025〉北京行动纲要》印发给你们，请结合实际认真贯彻落实。

北京市人民政府
2015 年 12 月 9 日

— 1 —

000288

北京市人民政府文件

京政发〔2015〕10 号

北京市人民政府关于进一步
优化企业兼并重组市场环境的实施意见

各区、县人民政府，市政府各委、办、局，各市属机构：

为深入贯彻落实《国务院关于进一步优化企业兼并重组市场
境的意见》（国发〔2014〕14 号）精神，充分发挥企业在兼并重组
主体作用，积极营造良好市场环境，努力构建高精尖经济结
断提升首都经济发展的质量和效益，现提出以下实施意见。

、指导思想

入贯彻落实党的十八大和十八届三中、四中全会精神，深入
习近平总书记系列重要讲话和对北京工作的重要指示精
绕首都城市战略定位，以发挥市场在资源配置中的决定

— 1 —

000288

北京市人民政府办公厅文件

京政办发〔2015〕42 号

北京市人民政府办公厅关于印发
市发展改革委等部门制定的《北京市新增产业的
禁止和限制目录（2015 年版）》的通知

各区、县人民政府，市政府各委、办、局，各市属机构：

经市政府同意，现将市发展改革委、市教委、市经济信息化委、
国土局、市环保局、市规划委、市住房城乡建设委、市市政市容
市交通委、市农委、市水务局、市商务委、市卫生计生委、市工商
新闻出版广电局、市统计局、国家统计局北京调查总队联合
《北京市新增产业的禁止和限制目录（2015 年版）》印发给
认真遵照执行。各有关部门要抓紧完善相关配套措施；各

— 1 —

▲《〈中国制造 2025〉北京行动纲要》

▲《北京市人民政府关于进一步优化企业兼并重组市场环境的实施意见》

▲《北京市新增产业的禁止和限制目录（2015 年版）》

调整疏解

严格执行禁限目录，严把产业入口关。修订完善污染扰民企业搬迁政策，326家一般制造和污染企业就地关停，2013—2015年已累计关停1006家。组织实施环保技改项目144项，拆除停用992.8蒸吨工业企业燃煤锅炉。

兴发、强联、立马三家水泥厂停产，压减水泥产能150万吨

6 月 26 日，副市长隋振江带队检查工业和民爆企业安全生产

10 月 28 日，第四届减轻企业负担政策宣传周现场咨询活动举行

10 月 28 日，第十六届北京市工业和信息化职业技能竞赛总结表彰大会召开

昌平区经济和

1月26日，昌平区举办“十三五”时期工业转型升级课题研讨会

3月23日，2015中国能源互联网高峰论坛暨中国能源互联网联盟成立仪式在昌平举行

4月10日，昌平区召开工业污染企业退出工作会

5月28日，昌平区召开企业联合会一届八次理事会

6月3日，昌平区开展工业污染企业联合执法活动

6月9日，昌平区举办2015年企业互联网思维培训会

信息化委员会

9 月 17 日，昌平区举办中关村生命科学园发展论坛

9 月 29 日，昌平区举办“国家促进中小微企业发展政策解读”公益宣讲活动

10 月 15 日，昌平区举行中韩合作投资设立技术服务公司签约仪式

11 月 8 日，昌平区举行回龙观创新创业社区启动仪式

11 月 24 日，创客 100 基金在昌平举行成立仪式

12 月 18 日，中关村生命科学联合创新服务中心启动运行

北京汽车集团有限公司

3月12日，北京汽车股份有限公司和MBtech合资成立北京北汽德奔汽车技术中心有限公司

3月21日，北京汽车首款高性能休旅SUV——北汽绅宝X65隆重上市

3月20日，北京现代第九代索纳塔上市

3月22日，北京汽车入股梅赛德斯—奔驰租赁有限公司签约仪式举行

4月3日，北京现代沧州工厂开工仪式举行

4月8日，首辆国产奔驰GLA级高端紧凑型SUV下线，北京奔驰NGCC工厂投产

4 月 20 日，昌河汽车品牌战略在上海车展全新发布

6 月 23 日，北京现代重庆工厂开工建设

7 月，北汽、宝钢、华盛荣签署合作协议，山东轻质材料生产制造及研发基地启动建设

7 月 30 日，北京现代全新 SUV 车型——全新途胜在北京现代第二工厂下线

7 月 30 日，北京汽车株洲分公司首台新能源汽车 EV200 下线

8 月 24 日，北京奔驰汽车有限公司在成立 10 周年纪念活动上发布新愿景和新使命

北京汽车集团有限公司

9月4日，北京汽车携6款主力车型重装登场成都车展，旗下首款A0级SUV——北汽绅宝X25亮相

9月5日，北京现代新款SUV——全新途胜上市

9月28日，在北京汽车股份有限公司成立5周年庆典上发布2020战略“π计划”

10月16日，北京现代第700万辆整车下线

10月28日，北京通用航空常州飞机工业有限公司开工建设

10月29日，北京奔驰MRAⅡ工厂投产，首辆国产GLC SUV下线

行有道·达天下
Your Wish · Our Ways

11 月 10 日，北京汽车株洲分公司第 50 万辆整车下线

11 月 22 日，北汽集团黄骅分公司成立并投产

12 月 12 日，绅宝品牌全新小型 SUV X25 上市

12 月 27 日，北汽昌河汽车九江产业园奠基

12 月 27 日，昌河 Q25 下线，开启昌河汽车 SUV 新纪元

12 月 28 日，北汽集团镇江工厂竣工投产，首款新车 BJ20 下线

首钢集团

1月30日，中共首钢总公司第十七届委员会第九次全体（扩大）会议在文馆召开

9月24日，首钢召开“创新创优创业”交流会，意在深化管控体系改革、激发转型发展活力

2015年，首钢以股份公司为主体，构建钢铁板块高效管理平台，一批管理人员奔赴迁安

2015年，京唐公司两座5500立方米高炉生产稳定运行

迁钢公司2160生产线用超快冷工艺生产管线钢

首钢家电板产品实现自2012年以来连续3年市场占有率第一，重点家电企业的供货比例达到22%

5 月 25 日，首钢厂东门异地迁建项目启动

老工业区炼铁料场变身创意广场，首钢迈出全面调整转型新步伐

9 月 24 日，首钢集团财务有限公司开业

3 月 22 日，首钢男篮夺得 2014—2015 赛季中国男子篮球职业联赛（CBA）总冠军

7 月 11 日，首钢制造的护栏亮相长安街

6 月，首钢首座平面移动式立体车库——首钢办公厅机械式立体停车库投入使用

6月12日，北京同仁堂投资发展有限责任公司在中海地产广场举行揭牌仪式

同仁堂集团

11月30日，第二届“中国商标金奖颁奖大会”在上海举行。同仁堂集团荣获“中国商标金奖——商标运用奖”和“马德里商标国际注册特别奖”

9月28日，“中国防治中风宣传月”活动在北京启动，同仁堂集团全程参与并支持宣传月活动

9月29日，“爱国　敬业　诚信”北京同仁堂主题文艺汇演在中国少年儿童活动中心剧场举行

协会组织

综 述

2015年，按照市委市政府的要求，坚持和强化首都核心功能，促进京津冀产业转移升级，各行业协会做了大量工作。在此基础上协会主动推进其他业务，工作又上一个新台阶。

北京工业经济联合会为进一步贯彻京津冀一体化协同发展战略，参与疏解非首都核心功能及产业转移升级，促进京津冀协同发展，与河北多个市、县接触，组织行业协会考察、对接。4月，组织京东方和北汽福田申报第四届中国工业大奖工作，按要求进行初审并写出了推荐意见。10月16日，召开了第六届会员大会，进行换届选举，北汽集团董事长徐和谊当选北京工业经济联合会第六届会长。

北京包装技术协会着力推进京津冀包装产业协同发展，创新、转变、提升协会服务能力，定期召开京津冀三地包装协会会长、秘书长季度会议，分别就京津冀包装产业科学定位、合理分布与产业链接进行研讨，形成三地合力发展。利用智库资源开展研究，为包装产业发展建言献策。充分利用在京高校、院所以及行业专家、团队资源，针对包装产业发展重点问题开展研究并组织编制《北京包装行业“十三五”发展规划》。

北京医药行业协会以落实京津冀一体化发展战略，推进医药产业转型升级。3月，首批21家企业与沧州生物医药产业园签约入驻。4月，医药协会成立沧州分会。年底，携手津冀协会与当地政府相关部门赴沧州调研，代表企业向政府有关部门提出保留北京品牌和异地监管等意见和建议，做好全程跟踪服务。截至年底，已有30余家京企签约入驻沧州。受政府相关部门委托，分别承接了食药监、医药工商业统计工作，由于数据准确、报送及时，年年得到上级嘉奖。年内，再次获得全国药品流通行业信息统计先进单位。北京医药行业协会经复评，再次被评定为“5A”级社会组织。

北京表面工程协会受国家有关部委委托，参与了一系列行业文件的编写和修订工作，主要成果有：受工信部委托，起草了《电镀行业规范条件》，该文件已于10月14日公告，自11月15日起施行；编制了《电镀行业规范公告管理办法》，为申报流程网络工作平台和规范审核提供技术支持服务；受国家发展改革委环资司和环保部环科院委托，对电镀行业清洁生产标准和指标体系进行整合，整合后的《电镀行业清洁生产评价指标体系》在内容中增加了阳极氧化工艺的评价指标体系，对电镀行业清洁生产提出更高的要求，该指标体系文件已于10月28日颁布实施。

北京电源行业协会在发展规划、行业准入、行业标准、完善行业管理、促进行业发展等方面做了大量工作，组织修订起草了《抗干扰型交流稳压电源技术条件和测量方法》行业标准。搭建电源行业融资平台，扶持电源企业快速增长，电源行业中小企业小额贷款服务中心揭牌启动以来，为加快新兴产业创投计划实施，根据《中华人民共和国促进科技成果转化法》等各项有关政策，“两会一盟”联合成立了“中电源企业小额贷款服务中心”，打造了电源行业第一个投融资服务平台。截至10月，平台创建了专项服务网站，已向中小企业融资贷款近1亿元。

北京服装纺织协会开展行业培训与质量推优工作。从3月开始，在服装学院举办为期3个月的培训班，为新疆和田地区服装企业开设服装工艺设计、企业营销2个专业课程。

北京工美行业协会圆满完成国礼设计制作，向世界展示了中国文化瑰宝。北京工艺美术行业协会、北京工美联合企业集团参与组织了习近平主席访问联合国赠礼的设计制作任务，先后有20余家企业、设计机构和院校，18名国家级、北京市级工艺美术大师参与其中，征集设计方案62套，最终确定了7套入围，如期完成国礼设计制作任务。外交部、北京市主要领导实地考察了备选礼品，给予了充分肯定和高度赞扬。9月27日，以景泰蓝工艺制作的“和平尊”由习近平主席赠送给联合国，不仅充分展示了中国传统工艺美术的精髓，更加彰显了北京工艺美术行业的精神与实力。由北京工美联合企业集团选送、北京铭客诚工艺品有限公司设计制作的景泰蓝作品《花开富贵》入选亚投行协定签署仪式和特别财长会议礼品；由居仁堂京瓷文化有限公司选送的京彩瓷赏盘《逐梦》《筑梦》入选2015年北京世界田径锦标赛礼品；北京市珐琅厂承接中央政府赠送新疆维吾尔自治区成立60周年礼品——铜胎掐丝珐琅《国泰“榴”芳》。

北京建材联合会发挥“二级枢纽型”协会组织作用，全面提升为行业服务的能力。认真贯彻市委市政府相关政策要求，建言献策、反映诉求，发挥桥梁纽带作用，取得显著效果，全面提升了为行业服务的水平。承接政府购买服务项目和调研课题，扩大协会在行业中的影响力。参与相关标准的修订或制定，推动政策、标准的宣贯。

北京汽车行业协会开展针对京津冀一体化产业转移工作中的汽车产业调查工作，为汽车产业疏解方案的制订提供支持。组织会员企业与相关产业转移地区对接交流。为市经济信息化委开展汽车企业及产品的准入管理工作提供技术支持。开展新型渣土车地方标准的实施推进，会同市政市容委研究确定了2015年重点工作任务，协助制定《北京市建筑垃圾运输车辆标识、监控和密闭技术性能审验办法（征求意见稿）》。

北京机电行业协会在北京市著名商标的评审推荐工作中发挥专业优势，对2014年申请认定北京市著名商标的20项机电类项目进行审核。同意推荐提请复审的11个机电类项目和初次申请的9个机电类项目为北京市著名商标。

1月14日，北京市饲料工业协会换届改选，在新一任领导的带领下适应并不断引领新常态，坚持“科技兴饲”的基本理念，围绕“打造品牌协会，打造适应新常态的服务体系，打造有竞争力的首都饲料企业”，以加强服务为主线，汇聚会员的知识和力量，开创了工作新局面，有效地完成了各项工作。协会利用现代化信息技术创办一网（北京饲料行业信息网）一线二刊（《饲料与畜牧》杂志与电子期刊《京饲之窗》）一公众号这4类宣传载体，加强对企业的宣传和引导。9月25日，组织了42位北京饲料企业代表赴联想集团参加“首届跨界企业文化交流座谈会”，这是协会第七届理事会组织的首次跨界交流活动。

（吴　彧）

【北京工业经济联合会】2015年，北京工业经济联合会（简称工经联）贯彻京津冀一体化协同发展战略，参与疏解非首都核心功能及产业转移升级，多次与河北工业经济联合会、秦皇岛市、迁西县、任丘市、平泉县等市、县接触，组织座谈。组织北京排水集团、京煤集团、首农集团等5家大型企业和北京机电行业协会等5家协会20多人在秦皇岛驻北京办事处召开对接会，介绍了各自优势项目。组织建材联合会、水泥协会与平泉县领导座谈，组织水泥协会、矿业协会以及4家企业的负责人，到平泉县实地考察，参观了3家企业及两个开发区。召开了“一带一路”座谈会，邀请首钢、京东方等4家企业负责人和北京汽车协会等5个协会负责人参加。组织工业领域38个行业协会撰写年鉴稿，编纂《北京志·工业志》中的协会章节，收集并绘制工业行业协会基本情况图表。组织京东方和北汽福田申报2015年第四届中国工业大奖工作，并写出推荐意见。组织会员单位、区县及开发区的近300多人参加中国工联组织的经贸形势报告会。组织30家行业协会负责人参加市社会办与北京大学合办的第三届社会组织高级人才培训班。有15家行业协会享受市委社会工委、市社会办购买管理岗位计20个。工经联党建工作委员会授予北京电子商会、北京机电行业协会、北京服装纺织协会、北京汽车行业协会、北京表面工程协会为第二批二级“枢纽组织”。

（吴　彧）

【北京质量协会】2015年，北京质量协会召开北京质量奖、北京知名品牌等质量奖项表彰大会，协会会员单位代表和获得第六届质量先进奖项的企业代表200人参加会议。开展质量管理小组活动，全年有278个QC小组获北京市优秀质量管理小组称号，21家企业获北京市质量管理小组优秀企业称号，45个班组获北京市质量信得过班组称号，35人获北京市质量管理小组活动卓越领导者称号，50人获北京市质量管理小组活动优秀推进者称号。31家企业的34个品牌产品获第六届北京知名品牌称号。北京首都机场商贸有限公司、朗姿服装有限公司获得第六届北京质量奖，北京金隅物业管理有限责任公司获得北京质量奖入围奖荣誉。国核电力规划设计研究院、中铁建工集团有限公司、普天国际贸易有限公司等3家企业获得第六届北京市实施卓越绩效模式先进企业称号；普天国际贸易有限公司总经理苏文宇、北京金隅物业管理有限责任公司品质总监吴洁获得北京杰出质量人称号，13家企业获得北京市用户满意企业称号，5家企业获得全国用户满意企业称号。协会指导会员单位参与交流研讨活动，为会员单位提供多样化服务。组织北京铁路局等会员单位参加企业品牌沙龙活动，为企业品牌建设搭建交流平台。组织会员单位参加北京市2015年品牌培育试点企业工作会，推进品牌培育。组织会员单位参加质量培训活动，参加企业现场管理准则师资培训班，参加北京市人民政府质量管理奖暨卓越绩效评价准则标准培训班，参加经贸形势报告会，观摩北京市第六十六、六十七次质量管理小组成果发表会。组织会员单位北京新世纪检验认证有限公司与宁夏石化公司进行质量管理交流。到会员单位北京章光101科技股份有限公司开展品牌调研活动，到国核电力规划设计研究院开展实施卓越绩效模式情况调研。利用协会杂志和网站对会员单位的事迹进行宣传。利用《质量·安全》杂志和北京质量网，为会员单位提供免费宣传。赠送会员单位质量专业书籍，以及北京质量协会编辑出版的《2015版质量管理体系审核员实用教程》。全年免费为会员寄送协会内刊《质量·安全》杂志11期。新发展北京现代汽车有限公司、国核电力规划设计研究院、北京大豪科技股份有限公司等12家质量优秀企业入会。进行协会规范化建设，完成社团办数字电子年检。利用QQ群、微信圈、公众号等新媒体形式扩大宣传影响力，传播质量知识。协会内刊《质量·安全》累计编辑出版58期，编写《"十三五"期间推进北京市质量管理小组、质量信得过班组活动实施方案》。

（北京质量协会）

【北京建材行业联合会】2015年，北京建材工业取得较好成效。全市共生产纤维增强塑料制品3.5万吨，同比增长12.2%；平板玻璃57.7万重量箱，同比增长41%；卫生陶瓷164.1万件，同比下降4.5%；沥青和改性沥青防水卷材5064万平方米，同比下降26%；石膏板3591平方米，同比下降20.6%；玻璃纤维纱3.5万吨，同比下降16%；水泥538万吨，同比下降23.3%；天然大理石2万平方米，同比下降33%。联合会及各专业协会承接市政府购买服务项目和调研课题18项，基中建材行业联合会直接承担6项。联合会参与中国建筑材料联合会开展的"评选建材行业转型升级向纵深转折百家优秀企业"活动，推荐北京特普丽装饰装帧材料有限公司和北京兰天大诚新型建材有限责任公司为中国建材联合会转型升级优秀企业。为保障首都空气清洁和节能减排，市经济信息化委、市环保局共同制定了《北京市工业污染行业、生产工艺调整退出及设备淘汰目录（2015年版）》，该目录对全市建材行业中的29类建材传统产业进行淘汰和限制，联合会通过专题会议、刊物转载等形式多次宣贯文件。联合会与各专业协会、分会及专业委员会共同编写了《北京建材行业"十三五"规划》初稿，助推北京建材行业转型升级。建材行业联合会利用"环渤海六省市建材行业协会联动"机制，与各专业协会一起开展北京地区建材先进企业的推荐评价工作，经企业自愿申报，北京地区评审委员会初审，北京、天津、河北、山东、辽宁、山西6省市评审委员会终审，全年北京地区共评出环渤海地区最具影响力企业2家、AAA级诚信企业17家。共有诚信企业55家、知名品牌6家6个品牌。科技奖评奖工作共收到18家企业的46个项目申请，涉及水泥、墙材、防水、家具、科研、环保等行业。其中，申报科研成果奖24项、申报技术革新奖19项、申报技艺工法奖3项。经过联合会科技部初审、专家会审、科技委员会专家终审，有23个项目获奖，占申报项目的50%。其中，科研成果类一等奖1个、二等奖3个、三等奖4个；技术革新类一等奖1个、二等奖3个、三等奖6个；技艺工法奖5个。联合会发挥"国建联信认证中心北京地区认证工作站"的作用，安排实施对48家企业183项次的年度体系监查审核；举办了质量、环境、职业健康安全三体系认证内审员培训班，有17家企业40人获"三体系内审员"证书；向中国建材联合会第二十九次质量工作会推荐优秀企业、个人和管理项目，有11家企业被评为优秀企业；36个项目被评为优秀项目；3家企业参加QC论文评选，获得二等奖1个、三等奖2个。有3个项目获得全国第三十七次质量管理大会表彰。继续开展工程系列（建材）中级职称的评审。按照北京市人力资源和社会保障局《关于做好2015年北京市职称评审委员会换届及选聘评审专家工作的通知》安排，及时换届调整了职称评审委员会专家库，实现专家库网络化管理。调整后的专家库由85名专家组成，所聘专家均为高级职称，平均年龄47岁。有121人申报建材中级职称，117人通过申报、论文答辩，85人通过专家评审，占参评人数的72.6%。完成社会组织评估工作，经专家评审、社会公示、市社团办批准，建材行业联合会晋升为5A级。联合会在协会系统中开展建材行业先进集体、先进个人评选表彰工作。评出先进协会4个，分别为室内装饰协会、家具协会、水泥协会、矿业协会；先进个人21名。

（严鼓昇）

【北京机电行业协会】 2015年，协会贯彻《中国制造2025》精神，推动智能制造。组织会员单位参加“高端装备制造业协会合作联盟发展论坛”和“2015智能制造国际会议”。举办“坚持创新驱动,加快转型发展”专题报告会，聘请专家解读国家“十三五”时期科技革命和产业变革。参加“高端装备制造业协会合作联盟”工作，促进高端装备制造业的地区合作和交流，北京、上海、沈阳、大连、鞍山、广州、泉州、成都、德阳、启东10个城市的装备制造行业协会参与其中，覆盖上千家装备制造企业。组织会员企业参观北京现代汽车发动机工厂和京城机电中央研究院CAE仿真分析中心3D打印中心展示区。落实“京津冀一体化”工作，协会领导参加市经济信息化委、市工经联组织的到河北迁西开发区和曹妃甸开发区考察，接待河北卢龙、固安、承德、青县、香河、唐山，辽宁营口、盘锦、丹东，河南龙安，江苏徐州等地开发区和天津北辰、西青、滨海等经济技术开发区的来访，组织企业赴河南龙安、河北青县、天津滨海、辽宁丹东等开发区考察，参加河北唐山市、河南安阳市的招商引资推进对接会议。以“京津冀协同发展”，落实首都功能定位和产业疏解为课题，开展调研活动。组织专家深入6家会员企业调研，召开专题研讨会，交流企业产业调整、转型升级的思路和做法，撰写了“京津冀一体化”产业疏解情况及面临问题的分析报告。与北京企业评价协会联合开展“诚信长城杯”创建工作，北京捷通机房设备工程有限公司通过“诚信长城杯”创建评审，绿友机械集团股份有限公司、北京第二机床厂有限公司、北京京城环保股份有限公司、北京机电院机床有限公司、北京京城新能源有限公司、北京朝阳隆华电线电缆有限公司和北京第一机床电器厂有限公司7家企业通过复审。受市工商管理局商标和中国技术交易所有限公司的委托，开展“北京市著名商标”的评审推荐工作，对2014年申请认定“北京市著名商标”项目进行审核，推荐提请复审的11个机电类项目和初次申请的9个机电类项目为“北京市著名商标”。受北京市人力社保局委托，继续承担北京（市）地区机电专业工程技术人员中、高级专业技术资格评审工作。通过社会征集评审专家的方式，充实了专家队伍，专家人数达到254人，其中电气专家126人、机械专家128人。制定了答辩专家考核办法，举办2期60余人参加的专家培训班。为申报人举办了3次论文写作辅导及政策咨询讲座。全年334人获得高级工程师资格，714人获得工程师资格。继续承担北京地区机电专业相关工种技师和高级技师考评工作，完成对技师高级技师考评成绩的汇总、申报工作，全年获得社会化职业资格的高级技师156人、技师463人。经市人社局批准，协会成立北京市职业技能鉴定机电行业专业委员会，下设电工类、冷加工类、数控类、焊工类4个专业组。受机械工业职业技能鉴定指导中心委托，依据2015年版《中华人民共和国职业分类大典》，承担车工、铣工、电工3个工种的国家职业技能标准编制任务。协会向各位理事发送内部期刊《机电行业市场信息发展动态报告》12期。

（魏人英）

【北京汽车行业协会】 2015年，协助市经济信息化委开展京津冀协同发展工作，开展针对京津冀一体化产业转移工作的汽车产业调查工作，为汽车产业疏解方案的制订提供支持。组织会员企业与相关产业转移地区对接交流。协助市经济信息化委进行专用车资质管理，为市经济信息化委开展汽车企业及产品的准入管理工作提供技术支持。协助市政市容委开展市政市容环境治理工作，继续开展新型渣土车地方标准的实施推进，会同市政市容委研究确定了2015年重点工作任务，协助制定《北京市建筑垃圾运输车辆标识、监控和密闭技术性能审验办法（征求意见稿）》。受市经济信息化委的委托，组织召开“北京汽车行业汽车产业政策学习宣贯会”，指导北京市车辆生产企业及时领会和贯彻国家和北京市汽车产业管理的有关精神，促进北京汽车产业的健康发展。配合市台办组织京台汽车电子论坛活动。由协会联合北京新能源汽车产业协会、北京电子商会会同台湾区电机电子工业同业公会共同主办的第十届京台汽车电子论坛在台湾新北市举行。为两岸汽车行业发展交流搭建平台，配合市质监局产品监督检查处，对北京市车辆生产企业进行产品质量专项现场检查工作。组织完成中国房车产业发展研究课题和《房车产业发展战略研究（2016—2020）》课题，通过对房车行业骨干企业及露营地的调研，完成行业第一份针对房车产业发展现状及趋势预测分析的专项课题报告。宣传出口汽车产品质量安全示范区工作，推进北京市外贸转型升级示范基地建设。自5月起，在《北京汽车信息》开辟“出口示范区动态”专栏，宣传相关政策，发布出口示范区相关信息。开展行业标准化活动，发挥北京市汽车标准化委员会的作用，参与标准的制定和修订以及行业标准化交流活动。持续开展统计工作，按时完成月度统计快报及季度经济运行分析报告，总结年度北京汽车发展情况。

据北京汽车行业协会统计，年内，北京汽车产销分别为269.6万辆和268.4万辆，同比分别增长6.6%和7.1%，与上年相比，增速分别减缓4.9个百分点和3.8个百分点；完成工业总产值3799.34亿元，同比增长6.6%，增速比上年减少4.9个百分点。

引领会员单位关注行业热点。组织企业参加中国工经联组织的“经贸形势报告会”、中汽协会“车内环境质量控制”主题论坛、《中国制造2025》专题研讨班、专用车产业发展国际论坛等活动；关注北京市重型车国Ⅴ排放标准实施工作等。

服务会员企业，促进企业发展。协助北汽集团自主品牌产品资质的扩充，完成安龙特种车公司与北汽集团旗下北京交通客车厂交叉重组的技术服务工作，使北京交通客车厂符合升级为整车资质企业的条件，为北汽集团自主品牌产品资质的扩充奠定了基础。协助企业解决新产品开发试验车牌照事宜。针对企业临时牌照数量不足、期限较短的实际问题，对车管所酝酿的《试验用机动车及其临时行驶车号牌管理工作规范（征求意见稿）》提出意见和建议。于1月22日主办了“乘用车燃料消耗量第四阶段标准宣贯会”，协助各有关企业及时做好乘用车燃料消耗量第四阶段标准的贯彻落实工作。开展行业统计工作交流，邀请中汽协会主管部门负责人出席会议，就如何做好行业在新常态下的统计工作进行了交流和探讨，总结了全年行业运行情况，交流统计工作经验。协助会员企业新业务拓展，提供业务咨询等。协助企业申报质量奖，先后协助北汽集团申报北京市政府质量管理奖及中国质量奖相关工作，代表行业提出审核推荐意见。北汽集团获得“北京市人民政府质量管理奖”，徐和谊董事长获得“中国杰出质量人”称号。

搞好协会自身建设，努力创建优秀协会。履行章程规定，按时完成换届，于7月22日召开第五次会员代表大会，选举产生了新一届领导集体，组建了新一届秘书处，并按规定完成了登记管理机关的审核以及登记证书有关内容的变更。结合年度计划，开展对标管理。协会确定以中国汽车工业协会等优秀社团作为对标对象，在开展活动、网站建设、发挥作用等方面对标学习；选派协会秘书处工作人员学习、提高专业知识素养和社团工作能力水平，不断提高协会的社会形象。6月，北京汽车行业协会被北京工业经济联合会社会组织党建工作委员会授予“北京工业经济行业二级枢纽型”协会组织。

（北京汽车行业协会）

【北京医药行业协会】2015年，医药协会落实京津冀一体化发展战略，推进医药产业转型升级。成立沧州分会，带领入会沧州企业赴江、浙地区考察调研治污、治废经验。举办“制药节能环保工程技术研讨会”，确立将绿色理念融入规划设计、设备选型、工程实施等各建设环节的基本思路，主持撰写《“三废”治理技术指导原则（讨论稿）》。举办工程建设推介会，搭建面对面选择工程设计、环保、机器设备安装等服务商合作平台。携手津冀协会与当地政府相关部门赴沧州调研，代表企业向政府部门提出保留北京品牌和异地监管等意见和建议，做全程跟踪服务。全年有30个企业签约入驻沧州生物医药产业园，朗依药业新厂已竣工，北陆、万生、恩泽嘉事等企业正在建设。用科技进步引领产业转型升级，协会每两年举办一届“北京医药科技创新大会”，运用国家产业政策和科技政策引领产业、企业创新发展。在第四届科技创新大会上，重点以医药“十三五”规划确立的目标，指导产业和企业的转型升级。协会注重运用国内外先进科学技术、先进经验作为推动产业升级的动力，与国外、境外建立起交流合作机制。北京与华盛顿医药协会每年定期交流。组团出席美国西北生命科学大会，收集到涉及防辐射产品、移动医疗、蛋白重组、多肽4个技术项目，作为京药创新发展重点。北京与台湾地区医药界每年举行一次“京台医药论坛”，在“第十八届京台医药论坛峰会”上，北京泰德制药与台湾友霖签约，联合开发透皮贴剂产品。北京嘉林药业与台湾友合生化公司就友合“速愈乐”在大陆合作经营签署合作备忘录。协会组织制药、医疗器械等多种多类型科技论坛。其中，受国际卫生组织委托举办的“北京儿童用药高峰论坛”“国际新型高端药物论坛”等活动，开拓了企业的国际视野，启迪了科研开发思路，引导京药企业向新型高端药物制剂拓展。协会用提高人员素质的手段支撑企业转型升级，全年开办各类培训38班次、培训6400人次。北京第26（医药）职业技能鉴定所共鉴定62个批次4458人次，其中初级1479人、中级2512人、高级467人。组织药师、中药师职业技能大赛，500余药品零售企业的2000余人参赛，各决出前10名，分获市商委优秀药师、优秀中药师称号。协会用“放心药店”建设带动医药零售企业升级，承担了朝阳、丰台、大兴、房山4区共2200余个零售药店规范化建设任务，约占全市零售药店的40%。协会组织80名专家做一对一现场指导，把药店“规范化”

及“分级分类管理”建设与新版 GMP 认证有机结合。履行服务政府、服务社会职能，协会分别承接了食药监、医药工商业统计工作，再次获得全国药品流通行业信息统计先进单位。承办市食药监局药品、医疗器械广告初审工作，分别完成药品、医疗器械广告初审 2433 卷和 621 件。完成市食药监局档案资料 1.23 万卷、文书档案 5800 件等的整理和管理工作。协会开展企业诚信建设活动，有 110 家北京医药企业被评为北京市诚信企业，在 2015 北京市企业诚信建设活动总结大会上，一些企业做了诚信创建经验介绍。协会承办商务部药品流通企业评级北京试点工作，评出第一批 AAA 企业 12 家。协会以同仁堂、医保全新、金象、嘉事堂四大连锁药店执业药师为主体，组建北京医药行业药学服务志愿团，秉承“让人人享有药学服务”的理念，持续开展社区安全用药科普宣传、咨询、指导，为社会公众健康服务。全年共开展药学服务活动 150 余次，覆盖全市 12 个区的 82 个社区，直接服务社会公众 6 万余人次，推动了药品流通企业的社会功能从单纯卖药向全面服务社会公众健康转变。协会组团参加第七十三、七十四届全国药品交易会，组织中药企业参加北京市第七届中医药文化节，利用药交会平台，打造“用北京药放心”品牌。协会与中关村生物医药投资发展公司合作，对北京医药中小企业平台进行改版重组。针对中小企业融资难问题，与 5 家投融资企业建立合作关系，第一笔融资 640 万元。年内，北京医药行业协会再次被评定为 5A 级社会组织。

（北京医药行业协会）

【北京服装纺织行业协会】2015 年，协会开展了京津冀产业协同发展促进工作。组织 40 家服装企业负责人分 2 批赴河北省衡水市参加全国纺织产业转移工作座谈会暨百家纺织服装企业进衡水推介会、2015 衡水工业新区承接京津产业转移项目推介交流会，并参观威克多制衣中心投资建设的“河北格雷服装服饰创意园”；组织 9 家品牌企业赴河北辛集市、新乐市、高阳县开展京津冀产业对接活动；王文生副会长带领大华天坛、罗马世家、派克兰帝、威克多、顺美等企业赴石家庄市出席工信部和北京市、天津市、河北省政府共同主办的 2015 京津冀产业转移系列对接活动。京津冀设计产业联盟 9 月 24 日在京成立，协会为首批团体会员单位（共 60 家）。协会走访了北京市经济信息化委、市科委、市工业设计促进中心等部门，到 20 多家会员单位调研和了解企业发展情况，组织 10 家企业参加北京市减轻企业负担政策宣传周现场咨询活动和专题座谈会。开展“走出去”考察交流活动，与时尚北京杂志社组织京工服装集团、五木、蓝地、奔彪服装、东尚服装、三利国际 6 家企业及北京服装学院中关村时尚产业创新园负责人一行 19 人赴意大利米兰市，参加北京市政府和米兰市市政府主办的米兰工商会“北京—米兰合作商机推介洽谈会”，编印中、英、意 3 种文字的宣传册 270 余册，在米兰推介洽谈会和米兰世博会现场宣传发放，开展行业培训与产品质量推优工作。协会接受委托在京举办为期 3 个月的培训班，为新疆和田地区服装企业开设服装工艺设计、市场营销 2 个专业课程，有 43 名和田地区服装企业设计、营销、管理人员参训，并组织和田学员到滕氏、威克多、格格、爱慕、木真了等企业及宋庄文化创意产业园参观学习。举办 2015 北京服装质量标准宣贯培训班，组织开展北京地区女装、童装、羽绒服装系列产品质量推优活动，“新思路”女风衣、“宗洋”女上衣、“水孩儿”连衣裙童装、“派克兰帝”男童衬衫、“杰奥”羽绒服、“米尚”女装羽绒服获 2015“北京优质产品”称号。启动 2015 北京市中小学学生装设计作品征集活动，推荐 5 名服装设计师参加在江西服装学院举行的“第三届全国十佳服装制版师大赛决赛”，奥菲欧（北京）制衣公司尚祖会和北京服装学院常卫民获“全国十佳服装制版师”称号，北京金典今服装中心王永林获“全国十佳服装制版师大赛优秀奖”。与市人社局联合组织开展了 2015 全国纺织工业劳动模范、先进集体评选活动，推荐 9 人申报全国纺织工业劳动模范，推荐 1 个企业班组申报全纺先进集体。完成 11 家全国重点培育跟踪的行业品牌企业信息统计收集工作，并将征集的 20 个企业品牌故事报送市经济信息化委。出版了《时裳纪》一书，回顾北京“时装之都”建设 10 年历程；组织撰写《北京服装产业发展研究报告 2005—2014》，对典型品牌案例及 10 年发展成果进行展示宣传。据国家统计局和中国海关数据，年内，北京服装纺织行业规上企业 174 家，资产总额 345.4 亿元，主营业务收入 193 亿元，利润总额 12.3 亿元；北京纺织品、服装进出口总额 46.62 亿美元，其中纺织品、服装出口额 32.96 亿美元；全行业实际完成固定资产投资额 5.3 亿元，同比增长 39%。据市统计局数据，全年全市衣着类消费品零售额 742.78 亿元，同比增长 0.9%。爱慕内衣、朗姿股份、雪莲集团、卓文时尚纺织、威克多制衣、依文公司 6 家服装企业获得 2015 年全国服装行业“产品销售收入”“利润总额”“销售利润率”百强企业称号。4 月，协会九届二次理事会议选举吴立为协会会长。同月申请开通了协会微信公众号，每日推送行业信息。努力做好协会网站宣传与管理，编撰工作简报报送工经联等部门，全年报送行业信息近600条，发放《时尚北京》杂志3000册。6月25日，会长吴立、副会长王文生在京纺大厦与中纺企业管理协会副会长杨峻、上海市纺织协会会长席时平等领导座谈交流。服装纺织行业协会2人担任北京知识产权法院人民陪审员，参与相关案件审理。年内，协会参加全市社团评估（复评）工作，再次被评为4A级社团组织。

（阮唯实）

【北京工艺美术行业协会】 2015年，北京工艺美术行业协会发挥专业职能，组织开展项目研究与管理，为产业创新提供支撑。组织开展北京工艺美术产业高精尖发展思路课题研究，提出推动北京工艺美术产业高精尖发展的主要任务及措施建议。北京市财政局和北京市经济信息化委共同成立北京工艺美术发展基金，投资重点应用于传承与创新、服务体系、跨界融合、产业提升四大领域。深化京津冀协同发展，开展跨区域合作。在中国工艺美术学会指导下，北京工艺美术学会、天津工艺美术学会、河北工艺美术学会就推动区域工艺美术行业一体化发展召开座谈会，签署《京津冀工艺美术行业一体化发展合作意向书》。北京工美联合企业集团组团参加了“第八届河北省民俗文化节（承德）”，现场展示了APEC国礼和北京传统工艺美术四大名旦代表作品以及“大国工匠”的高超技艺。协会应邀出席华北、西北、东北13个省市工艺美术行业协会合作组织联谊座谈会，就“三北”地区工艺美术行业的发展、合作、交流进行研讨，签署了合作意向书。北京工美集团与湖北省十堰市人民政府举行“战略合作签约仪式”，双方本着“开放合作、互利共赢”的原则，开展全方位多领域合作。完成国礼设计制作，向世界展示中国文化瑰宝。北京工艺美术行业协会、北京工美联合企业集团参与组织了习近平主席访问联合国赠礼的设计制作任务，有20余家企业、设计机构和院校，18名国家级、北京市级工艺美术大师参与，征集设计方案62套，最终确定7套入围方案，如期完成国礼设计制作任务。以景泰蓝工艺制作的“和平尊”由习近平主席赠送给联合国，北京工美联合企业集团选送、北京铭客诚工艺品有限公司设计制作的景泰蓝作品《花开富贵》入选亚投行协定签署仪式和特别财长会议礼品，居仁堂京瓷文化有限公司选送的京彩瓷赏盘《逐梦》《筑梦》入选2015年北京世界田径锦标赛礼品，北京市珐琅厂承接中央政府赠送新疆维吾尔自治区成立60周年礼品——铜胎掐丝珐琅《国泰“榴”芳》。组织工艺美术展赛活动，与行业发展促进中心共同承办“2015年‘工美杯’北京工艺美术创新设计大赛”，参赛作品253件（套），101件（套）入围获奖。由市经济信息化委主办、行业发展促进中心与行业协会承办的“第九届北京工艺美术展”在第十届北京文博会上亮相，60余家北京工艺美术骨干企业参展。北京工艺美术行业发展促进中心联合工信部工业文化发展中心共同举办“2015北京（国际）工艺美术博览会”，20多个省市地区的500余家企业、百余名工艺美术大师展示工艺美术精品与文创新品2万余件。工艺美术学会主办“第七届中日艺术与手工艺作品交流展暨学术研讨会”，来自中日双方的百余位艺术家的150余件作品参展。组织企业和大师参加青岛“第50届全国工艺品交易会”、“2015(台北）北京文化创意产业展”、扬州“第十六届中国工艺美术大师作品暨国际艺术精品博览会”和深圳、贵州、大连、湖北等省市文博会等，累计参与企业100余家、工艺大师70余名、参展作品2000余件。在“金凤凰”“百花杯”等全国性的工艺美术大赛中获得奖项76项。加强人才培养和管理，强化人才队伍建设。举办高管研修班、技艺骨干培训班和“七宝烧”培训班，共计培训104课时，190余人次。开展大师带徒津贴发放工作，全年共有142位工艺美术大师正式带徒400名，涉及40多个门类，发放津贴共计71.28万元。协会会同北京市档案局，开展北京市工艺美术大师口述档案采集工作，采访9位工美大师。完成第四届北京传统工艺美术评审委员会换届工作。编辑出版《工艺美术家》杂志4期、《北京工艺美术报》6期。行业协会编辑部主编的《中国工艺美术全集·北京卷》完成6卷初稿，近200万字。《京华工美概览》编纂完成，全书30余万字。第二轮《北京工美地方志》（1999—2010）的编纂工作基本完成，全书近17万字。

（北京工艺美术行业协会）

【北京电子商会】 2015年，电子商会在香河园街道光熙家园社区举办了“回收废旧电池，换取绿植”的公益活动，倡导绿色环保低碳生活，传播环保理念。电子商会与中关村社会组织联合会、天津市高新技术企业协会、河北省冀商联合会、中关村智汇产业技术研究所共同主办了“首届京津冀协同发展滨海恳谈会”。组织北京易亨电子集团有限责任公司、同方股份有限公司、清华紫光股份有限公司等30余家企业领导参加了“2015中国经济形势与企业发展报告会”。召开2015年北京市电子行业企业诚信创建活动培训动员会，20余家企业代表参加。组织企业参加知识产权保护问题问卷调查，30余家企业参与。参加12330（全国知识产权维权援助与举报投诉公益服务电话）组织的培训及相关工作。电子商会2人担任人民陪审员，作为不穿法袍的“法官”参与审判工作。组织“2015北京微电子国际研讨会”。组织会员企业参加了工信部、北京市政府、天津市政府、河北省政府共同举办的2015京津冀产业转移系列对接活动、“中国制造2025技术交流会”。北京电子商会主办的双月刊《信息科技与文化》改版，版面增大、页数增加，全刊铜版纸彩页。

（隋春英）

【北京表面工程协会】2015年，协会依据工信部出台的《电镀行业清洁生产技术推行方案》，继续深化清洁生产审核咨询服务工作，完成9家企业的清洁生产审核咨询服务。组织会员单位开展环境风险应急预案培训和咨询工作，完成北京中钞钞券设计制版有限公司等7家企事业单位的应急预案编制和评审工作。受工信部委托，起草了《电镀行业规范条件》，于11月15日起施行。编制了《电镀行业规范公告管理办法》，为申报流程网络工作平台和规范审核提供技术支持服务。受国家发展改革委环资司和环保部环科院委托，对电镀行业清洁生产标准和指标体系进行整合，整合后的《电镀行业清洁生产评价指标体系》在内容中增加了阳极氧化工艺的评价指标体系，10月28日颁布实施。受环保部环科院委托，组织编制的《清洁生产审核指南 电镀行业》结题并上报国家发展改革委。派员参加环保部召开的“部分重点行业‘十三五’重金属污染防治工作思路座谈会”，提出了相关建议和意见。为环保部提供电镀行业“十三五”期间绿色发展、产业结构调整和布局调整方向的意见建议、电镀行业发展情况预测、行业发展速度与规模预测、技术提升和产业结构调整潜力分析、产业布局调控方向等材料。受环保部履约办委托，开展全氟辛基磺酸类物质（简称PFOS）调研工作，组成专题调研组分别到北京、上海、广东等13个省市的40余家电镀生产企业、电镀园区，以及生产、销售铬雾抑制剂的企业进行现场调研，编写了《中国电镀行业PFOS应用情况调查报告》，为响应履行《斯德哥尔摩公约》中要求的2019年淘汰PFOS型铬雾抑制剂提供基础资料和参考意见。开展考察交流，参与技术咨询和项目评审。派出专家前往浙江永康，对表面精饰整合区污水集中处理站扩建提升工程进行评标，参加吉林中航航空发动机维修有限责任公司电镀污水处理技改项目评审工作，参加江苏丹阳市电镀园区废水处理整改的总体思路论证会，参与对河南新乡航空工业公司电镀生产线方案的评审工作。派出专家参加清华大学的PFOS应用研讨会，介绍镀铬应用PFOS情况。参加中华锌业发展联合会主办的研讨会，介绍电镀行业氧化锌应用情况。参加第十九届厦门工业博览会、中表镀七届七次常务理事扩大会议和第十一届（广州）表面处理展览会。参加“镍应用交流峰会”，并在会上做了题为“中国电镀行业现状及发展趋势”的报告。参加欧洲表面精饰大会·纳米与扩散涂层研讨会，理事长马捷当选国际表面精饰联盟主席。协会组团参加2015美国表面处理年会，介绍了中国表面处理行业概况与展望。组织清洁生产审核与电镀职业培训，与环保部清洁生产中心联合在北京举办总第592期“清洁生产审核培训班”，全国有38人参加培训，其中36人取得清洁生产审核培训合格证书。举办电镀技术工人培训班，27人参加，其中24人取得“职业资格证书”。协助组织邀请北京地区高校参加中国表面工程协会电镀分会组织的第二届“中表镀—安美特”奖学金申报和评审工作，北京地区共有1名博士生、2名本科生获得奖学金。协会下发了《北京市表面处理企业调查表》，了解表面处理行业的发展现状及经营情况。调研走访广东、浙江、山东、江苏等地的电镀企业及园区，了解电镀行业经营情况及园区运营情况。成立《北京电镀史》编委会，组织开展《北京电镀史》编撰工作。抓行业信息平台建设，截至年底，《中国电镀》刊物发行至第二十一期；北京电镀网（bj-plating.com）实时报道行业政策、前沿技术等。

（刘 娥）

【北京玩具协会】2015年，协会围绕保护传承北京特色文化，开展创新灯彩艺术活动，召开保护传承传统文化、发展创新灯彩艺术座谈会，“北京灯彩”业界专业人士20余人参加。在怀柔区九渡河镇黄花城水长城举办北京民间工艺北京灯彩展览展示和非遗民间手工艺展示活动，展出大型灯彩作品30件、装饰性灯笼600件。推进“一村一品”工作，开展北京民间工艺人才培训。组织怀柔区九渡河镇、大兴区青云店镇乡镇居民、村民和在校中小学生进行面人、太平燕、编结、脸谱、风筝、灯笼、内画、空竹8个门类的民间技艺学习和培训，办班30个，600人次参加培训。端午节期间，会同北京恒安中医院、北京市空竹运动协会联合举办2015全国空竹精英达人秀暨全民健身淘乐行活动，来自北京本地、河北保定、河南洛阳、南京鼓楼、河南漯河、安徽淮北、四川成都等8个省市的400人在通州区潞城中心公园进行表演。在黄胄艺术实验小学举办“多彩艺术进校园实践体验助成长”主题活动，20多位民间工艺大师现场献艺，学生们参与制作、观摩。新街口街道民间手工艺培训基地“布艺连天下，巧手汇夕阳”作品展在西城区文化馆举办，展出作品100余幅。受国务院侨办委托、协会承办的第五次“外国人领养中国儿童家庭夏令营”在华声天桥民俗文化园举办，来自美国、加拿大、澳大利亚、荷兰和西班牙5个国家的54个领养家庭的79名家长，带着领养的69名中国儿童到北京寻根，学习老北京民间工艺。举办北京国际蒙特梭利中文夏令营，来自香港特别行政区的4名家长、3名儿童参加了传统手工艺制作，向民间工艺大师求师问艺。协会一行3人到鲁班故乡山东滕州市采风，考察当地开发的多种鲁班锁。协会组织民间艺人参加第六届中国（北京）国际玩具动漫教育文化博览会和第十届中国（北京）国际文化创意产业博览会。北京民间工艺还献艺第二届北京国际儿童教育及产品展览会。协会为北京民间玩具空竹技艺·收藏大师刘振钰收张文良、王安安为徒举办拜师仪式。协会办公地点迁至朝阳区柳芳西坝河南路甲一号新天第家园A座902室。经市社团办组织评估，协会再次被评为4A级协会。

（赵亚曼）

【北京日化协会】2015年，协会为会员服务，为政府搭桥，建立网站及“民族化妆品企业之家”微信群，邀请相关领导和联谊会骨干企业加入，就行业相关话题进行探讨、交流和研究。协会受北京市食品药品监督管理局委托，组织化妆品生产许可公告宣贯解读会，34家会员单位参加。就《已使用化妆品原料名称目录》《化妆品监督管理条例》修订草案公开征求意见。协助企业招聘人才，组织6家会员单位赴河北师范大学参观招聘。开展化妆品政策法规培训，就“中国化妆品政策法规”“化妆品注册申报流程”等7个内容组织化妆品政策法规培训班。承接市科委科技政策法规的宣讲项目，组织宣讲2次，到会240余人，发放资料240余本。组织专家对北京章光101科技股份有限公司、资生堂丽源化妆品有限公司等4家知名品牌企业进行复审。举办“2015年北京市日化行业企业诚信创建活动”宣贯培训会，13家会员单位通过评价，被评定为“2015年北京市诚信创建企业”；3家会员单位经年检复评被晋升为“一星级诚信长城杯企业”，5家会员单位获得诚信长城杯创建企业称号。17家会员单位建立诚信档案。组织前往河北省唐山市曹妃甸区实地考察，与当地开发中心进行交流；接待天津西青开发区合作事宜，为京津冀一体化做好工作。举办“第六届中国化妆品科技大讲堂”，北京、上海、天津、湖北、广州等地200余人参加。会议围绕“新法规环境下，如何合理添加功效原料及功效性化妆品的研发趋势”主题进行讨论及演讲。开展学术研讨及对外交流，在韩国首尔科技大学召开的“2015化妆品产学协议会韩—中研讨会”上，北京日化协会董银卯教授做“美白的科学思考”（中医处方的“六味臻白”的研究）演讲；韩国科技大学朴秀男教授做“韩国功能性化妆品制度与材料研究动向”演讲，并获中国产学研合作促进会颁发的中国个人护理用品化妆品产业技术创新战略联盟、亚太专家合作组织特聘专家证书。与韩国化妆品协会在首尔举办了“韩—中化妆品产业会议”，爱茉莉太平洋、LG生活健康、韩国科玛和20多家中国企业参加会议，探讨化妆品法规及化妆品生产技术等问题。举办台北学术交流活动4场次，台湾地区科技医学、化妆品界专家近180人次参加，参访了台湾地区的化妆品专业高校、化妆品科技学会、化妆品企业、标准检验局和医疗美容机构。在上海召开民族化妆品企业发展联谊会，主题为“立足世界化妆品前沿，振兴民族化妆品品牌”。在北京同仁堂麦尔海生物技术有限公司召开2015年中医体质养颜学术研讨会，参会50余人，6位专家就“中国化妆品发展及民族化妆品企业变革”“兼容并蓄，自成一体”“新法规环境下，挑战与机遇并存”“中医组方与美白新思路”等题目演讲。开展科普及社会公益活动，协会组织参加2015北京科技周暨海淀科协“科技惠民”主题颐和园主会场活动，专家30余人参加，制作展板6块，发放宣传资料、产品试用装各600余份，进行皮肤黑色素和皮肤水分检测及咨询1000余人次。在全国科普日期间，到北京市朝阳区奥运村大洋坊社区，进行“中医体质与皮肤养生”科普知识讲座及仪器体验互动检测及赠书活动。赴朝阳区的6个社区，以“科学使用洗涤用品”“中医体质与皮肤养生中医养生”“化妆品使用与安全”为主题，开展科教进社区活动，举办讲座6场，参加活动专家29人次、技术人员49人次，受益群众近千人次，发放试用装及宣传册近千份。利用协会会刊为企业服务，编辑美白专刊、防腐专刊、原料专刊，印刷5000册。发展新会员6家。举办会员日活动。协会慰问科技人员，并赠送慰问品。

（北京日化协会）

【北京市矿业协会】2015年，协会落实市政府提出的“京津冀一体化”大格局战略，与天津、河北矿业协会和山西矿业联合会开展研讨交流会议4次，对共同携手开创“一体化”工作的新格局达成共识。组织首钢矿业、密云放马峪铁矿、建昌铁矿 3 家会员单位领导到河北平泉县参加由北京工业经济联合会召集的项目信息对接交流会进行学习、考察活动，洽谈项目。协会走访企业，了解到对矿山执行能源考核指标中有不合理问题后，立即书写材料将情况反映到执行考核的密云县发改委能源监察科，并抄报市发展改革委和经济信息化委的环资部门及市国土局矿产开发处，直到县发展改革委对提出的问题进行修订。协会参加了市国土局的矿山企业年检。组织绿色矿山试点单位去甘南地区参观考察。协会实施绿色矿山建设，到第二批国家级绿色矿山试点单位密云建昌矿业，落实矿山规划，写出推荐意见上报到中矿联，2 个单位均被批准为国家级绿色矿山。在北京市 2015 年市级建设专项资金购买社会组织服务项目申报材料工作中，协会上报了“为让市民饮用安全矿泉水，实施水店人员培训，履行社会责任”项目材料和社团办组织的福彩公益金资助社会组织开展公益服务项目“担当社会责任创建和谐矿村”的项目材料。协会矿泉会委员为消除假水事件给正规矿泉水企业带来的不良影响，指导消费者对桶装饮用水进行真假识别。与北京电视台共同录制了怎样识别真假大桶水的节目，现场演示桶装水封盖上的电子监管码的识别和使用。北京市矿业协会矿泉水委员会召开年会，对获得 2015 年度“好水北京”的 6 家企业和 132 家“放心水店”及桶装水市场维护先进单位、个人和品牌水企进行授牌。到北京燕京、乐百氏矿泉水厂水源地等会员单位实地考察，为让市民喝上“放心水”把关。与兄弟协会开展工作交流，参加水泥协会组织的到河北曲阳水泥有限公司参观调研，组织到北京首钢鲁家山新建成并已投入使用的中国垃圾焚烧发电厂参观。协会完成 2014 年年鉴材料的编写上报和年检申报工作；参加“关于 2015 年最具有影响力企业、诚信企业、知名品牌等工作启动会议”；完成《北京矿业》3 期杂志期刊的编辑、印刷、发放工作；在社团组织评估中，协会由 3A 级晋升到 4A 级。

（张爱武）

【北京水泥行业协会】1986 年成立，多年来形成了跨地区跨行业的综合性协会，在行业发展中一直起着行业协调引领作用。开展制订行业中长期发展规划，确立行业发展方向。协会连续制定了 3 个行业 5 年发展规划纲要；充分发挥了协会对行业发展的前瞻性和预见性，使多个部门听取和采用了协会的规划建议，在“十三五”北京水泥行业规划中，又明确指出：以研发多功能水泥窑为创新驱动，以科技创新成果、无形资产为行业新的经济增长点，是北京水泥行业“十三五”规划的指导思想。与中国水泥协会共同创办中国水泥企业文化研究会，搭建企业文化交流平台，引领企业文化发展方向。此项工作被评为中国水泥十大事件之一。与中国水泥杂志进行战略合作，搭建信息交流平台。集中采访会员企业，出专辑进行宣传。与金隅水泥经贸合作搭建水泥市场营销平台，直接参与行业竞争，尝试向商会转型。“走出去”“请进来”是协会的必修课，组织会员单位参加中国水泥国际峰会、京交会、形势报告会；组织赴欧考察等国内国际顶级交流活动。协会对外转型升级，开展创新服务。为政府服务：行使行业监督检查权，从 2009 年至今开展化验室验收；从 2012 年至今，2 次水泥准入、年年开展污泥处置、节能减排、行业调研活动，近年来开展水泥冬季错峰生产已进入常态。协会发挥行业协调、监督职能等为政府服务的作用。为企业服务：走访会员企业上百家，行程上万公里，足迹遍及北京、天津、河北、河南、山西、吉林，直接将协会关怀送到会员单位职工的家中；在参与诚信企业、知名品牌、环渤海最具影响、全国水泥企业优秀总工活动中为企业推荐，使优秀企业得到应有的荣誉。在 2 个服务的基础上转型升级面向社会，形成了以 3 个服务为基础的服务体系，购买服务，服务社区职工健身活动；关心会员企业职工，开展对优秀职工人文关怀活动。

（北京水泥行业协会）

【北京家具行业协会】2015 年，协会对所属在京会员进行调查，北京家具行业销售额达到 2000 万元以上的企业 132 家，完成销售额约 210.76 亿元。按照首都城市功能定位疏解非首都核心功能的要求，协会通过会议、专家研讨等形式，发挥微信、网站平台的作用，并撰写有关文章，引导行业生产环节外迁。协会与河北青县政府、北京锦尚高德投资有限公司签订协议，共同建设“青县沿海产业转移示范园区”，承接北京家具产业外迁，总规划面积 533.33 万平方米，其中一期规划面积 233.33 万平方米。居然之家白沟产业园、企业自发组织的汉沽产业园，也为北京企业外迁做了准备。跟进市清洁空气行动，构建绿色环保模式，协会谋划行业转型升级“油改水”项目，联系水性涂料的生产企业、水性涂料涂饰工艺生产商以及产业外迁的产业园参与其中。北京地区首部《家具经营服务规范》正式发布，家具行业逐步形成标准化市场。

（何法涧）

【北京照明电器协会】2015 年，经过第三方专业评估机构及北京市社会组织评估委员会评审确定，北京照明电器协会为3A级社会组织。协会召开“2015年北京市照明电器行业企业诚信创建活动培训动员会”。协会对第三方征信机构出具受理征信报告的企业，依据“一票否决”原则进行初审，确定初审通过的企业在协会网站和“信用北京网”进行为期7天的社会公示，19家企业获得“2015年北京市诚信创建企业”认定，纳入全市公告信用信息系统。走访花乡国际家居广场和玉泉营建材装饰广场，对2家灯具灯饰市场调研。到北京五彩石广告有限公司，现场审核公司的企业资质和信用等级认证。疏解非首都功能定位的相关企业，协会分别约河北东旭集团、怀来、固安来协会谈双方合作事宜，并组团参观东旭集团北京总部，实地考察河北怀来工业园区。协会与红星美凯龙北五环店携手，开展“进社区，送爱心，温暖千家万户”公益活动，进望京小区开展环保、节能公益活动，新奥林电子有限公司、北方锐特科技（北京）有限公司、北京中才佳业电器有限公司一同参加。协会智能专业委员会与中国建筑与室内设计师网、《世界照明时报》召开智能照明应用主题研讨会。协会与北京市消费者权益保护法学会签订法律合作协议，北京市消法学会承诺，免费作为协会常年法律顾问。协会与香港雅式展览公司合作，协办“2015中国（北京）国际照明展览会暨LED照明技术与应用展览会”，组建了北京照明电器协会参观团。协会新发展会员40家，其中照明工程1家、智能专业委员会1家、灯具灯饰市场专业委员会1家及品牌会员37家。天津银泰家居装饰广场加入协会，为协会的第一个外埠会员企业。

（胡秀英）

【北京电源行业协会】2015年，在发展规划、行业准入、行业标准、完善行业管理、促进行业发展方面，按章程的职能范围开展了以下工作：电源行业标准的制定和宣贯标准培训工作，并设立专项网站（官方网站www.bpsa.org.cn/2010training/index.htm），重点宣贯“锂离子蓄电池储能电源系统7项行业基础标准”对锂离子蓄电池成组、蓄电池储能电源系统（包括充电系统、电池系统、用电系统和维护管理系统）的组成、关键零部件和系统集成、接口和通信协议等内容。协会还依托中国电子标准技术研究所，联合行业内相关企业修订起草“抗干扰型交流稳压电源技术条件和测量方法”电子行业标准（官方网站http://www.bpsa.org.cn/qcgzz/），参与企业及行业专家代表30多家并列入“工业和信息化部2010年第二批行业标准制修订计划”。与南京理工大学合作开展“2015全国节能与新能源汽车专业培训”，参加企业学员300余人。

7月，协会发挥生产、使用、科研、教学和监督检验、经销等方面专家的作用，开展微型电动车技术领域的标准化工作，根据国务院关于标准化改革方案通知的精神，由中国电源工业协会、北京电源行业协会、中国电源产业技术创新联盟、中国微型电动车产业技术创新联盟联合发起成立了“中国微型电动车标准化技术委员会”，并设立专项网站，做好标准宣传和服务，使标准工作成为行业工作的窗口。为了支持工业和信息化部行业主管部门对电源产品市场行业管理，扩大协会、联盟的行业主导作用，协会开展行业调查研究，为会员、生产企业经营决策提供信息咨询服务，为政府有关部门制定政策提供信息和建议。召开中国微型电动车产业技术创新联盟理事会，明确以行业为主导，依托产业联盟开展推动新能源与储能电源系统产业发展工作，努力探索行业发展新思路。配合司法机关开展社会矛盾化解、社会管理创新、公正廉洁执法3项重点工作，成立北京电源行业协会版权工作站、北京电源行业协会知识产权纠纷人民调解委员会，成为北京首批知识产权司法委托调解组织。参加12330组织的培训及相关工作，并参与人民陪审员工作。开展行业产品展示及国际电源科技产业论坛，已连续举办14届，促进了国内外电源企业及相关产业间的交流与合作，增强了行业的凝聚力。响应财政部和发展改革委文件精神，“两会一盟”联合成立了“中电源企业小额贷款服务中心”，打造电源行业第一个投融资服务平台。10月，平台创建了专项服务网站，已向中小企业融资贷款近1亿元；协会参加“北京市企业诚信创建活动”并搭建“中国（北京）电源行业信用体系企业综合信息公示平台”，推进行业协会诚信自律建设（官方网站www.bpsa.org.cn/chengxin/），企业代表、部分金融机构和信用服务机构的代表400余人参加会议。北京电源行业协会联合中国电源工业协会作为诚信企业创建办公室成员单位，建立中国（北京）电源行业信用体系企业综合信息公示平台和行业诚信与信用体系建设推进办公室，通过评定50余家企业成为“2015年诚信创建企业”。建立和完善联合官方网站，实现网上社会公示、网上办公，特指定《电源工业》杂志（www.powermagazine.cn）为协会宣传窗口。为电源企业及相关产品市场服务，成为行业媒体中颇具影响力的专业刊物。

（张凤婷）

【北京光机电一体化协会】2015年，协会携手北京市科学技术协会、北京光学学会、中国光学光电子行业协会、中国科学院光电研究院，在中国科技会堂举办

“首都光学界纪念王大珩先生百年诞辰、传承大珩精神报告会暨 2015 国际光年系列活动启动仪式”，近百家会员单位参加会议。协会组织会员单位参观“2015 北京国际工业智能及自动化展览会”，组织参加“2015（第三届）工业机器人、自动化应用大会和 2015 传感技术趋势分析交流会”。组织参加北京第六届首都先进制造应用技术研讨会，专家们与参会单位互动研讨，并组织参会单位参观北京工业大学激光工程院和交通学院。协会与中国光学光电子行业学会等单位联合举办了第十二届北京激光技术前沿论坛。组织参加市经济信息化委关于赴德国“云制造技术专题”的培训，学习发达国家云制造技术及新兴云计算、物联网等技术方面的先进经验。参与组织北京市对外投资战略宣传贯彻活动。

（北京光机电一体化协会）

【北京模具行业协会】2015 年，协会围绕落实市政府京津冀协同发展战略，抓好产业调整疏解、结构升级、布局优化等中心任务。协会参加了首届京津冀模具产业技术发展论坛，中国模具工业协会秘书长武兵书、天津模具工业协会、河北省模具工业协会、国家发展改革委土地资源研究所所长肖金城及北京、天津、河北 74 家模具企业领导参会。模具行业是装备制造业中高技术产业，它的提升发展与各行业的联系十分密切。为了体现协会的桥梁作用，协会举办了增材制造（3D 打印技术）研讨会，会议邀请增材制造（3D 打印技术）知名企业，结合企业自身实践做了介绍，很多模具企业产生了浓厚的兴趣，并表示有意愿尝试。3D 打印企业也表示，这种实实在在的沟通也使他们有了新的市场定位，对技术的发展起到促进作用。

（北京模具行业协会）

【北京铸锻行业协会】2015 年，根据《北京市工业污染行业、生产工艺调整退出及设备淘汰目录（2014）的通知》精神，通州区西集镇 50 余家铸、锻造企业和张家湾镇 13 家铸造企业整体退出，截至 12 月，全市 70% 铸、锻造企业（不含军工和生产工序）退出；还在生产的企业也制订了退出方案。组织铸锻造企业代表赴欧洲，考察学习德国工业 4.0 和企业管理经验，提升行业企业的素质和水平。配合市政府的疏解工作和企业搬迁转移的需求，为企业搬迁转移牵线搭桥，先后到河北的玉田、迁安、迁西、青县、武安、任县，河南林州，山东临邑，辽宁喀左等地对接。组织锻造企业代表赴山西省定襄县锻造法兰产业集聚区学习交流，组织铸造企业赴河北省沧州地区铸造行业集中的泊头市、献县考察交流。协会与北京海闻展览公司在北京顺义国际展览中心联合主办第十一届中国（北京）国际铸造工业展览会；承接北京市总工会“关注铸锻造职工心理健康、组织心理咨询、提供人文关怀活动”项目，服务铸锻造产业工人；承接北京市社会工委“走进太阳村，大手牵小手”关爱陪伴服刑人员子女公益项目。

（宋瑞新）

【北京针织行业协会】2015 年，协会再次被评为民政局 3A 协会。协会支持配合北京市委市政府疏解非首都功能工作，利用多种机会向会员单位进行宣传。帮助位于通州工业区的大型国企铜牛股份公司转方式、调结构，实现创新发展，铜牛生产基地成功转型。辰泽制衣有限公司、富佳利制衣有限公司、北京石龙丸信服装有限公司、朝外一针等企业主动压缩生产或直接退出生产领域。凯婴琪婴幼儿服装有限公司原有厂房被拆迁，企业整合资源，扩大外加工合作规模，重新选址建设，在调整中发展。帮助企业贯彻执行新的产品标准，引导企业加强管理和经营。与市场接洽沟通，帮助会员设立固定展卖场所。协会举办北京针织品展销会，搭建企业展销和市民购物平台，企业减少库存积压，提高资金周转速度。经过多年培育，铜牛针织内衣、京生针织厂的纯棉内衣、曙光针织厂的保暖衫裤、凯婴琪的童装、世王束身内衣、棉绵袜厂的环保袜子、床上用品、手套丝巾等质优价廉有特色的品牌产品，获得顾客青睐。

（北京针织行业协会）

【北京酿酒协会】2015 年，协助白酒企业落实安全生产规范，参加北京市安监局对行业生产安全情况调研，多次向政府有关部门和专家反映企业情况。针对全国白酒行业现状，对白酒企业整改工作提出建议，向市政府、市安监局、市经济信息化委提交了“关于落实《酒厂设计防火规范》的书面意见”。协会根据行业防火特点向全市酿酒企业发出书面通知，提醒企业在硬件整改的同时要加强防火安全制度的完善和落实，加强员工的防火安全教育，加强电器、线路检查，做到整改期间安全无事故。协会召开 3 次有关会员单位的生产安全工作会，通报安监检查情况、交流企业整改措施、讲解安全标准。走访整改困难企业，帮助落实整改措施。对可能迁址企业，协会向市经济信息化委、市食药监局、市工经联反映，要求解决白酒生产许可证跨省转移问题得到落实。协会组织企业领会京津冀协同发展战略精神，在疏解非首都功能中寻找行业发展机会，参加河北秦皇岛、东戴河、曹妃甸，河南安阳等地的项目对接座谈会，并进行实地考察。和其他行业协会进行信息交流、提供项目与资源对接活动机会，白酒企业决定将生产厂区迁往河北省玉田县工业开发区。组织会员单位赴湖北劲牌酒业集团公司、白云边酒业有限公司、稻花香酒业股份有限公司以及北京洪福金正食品有限公司进行学习交流。举办二级和三级白酒品酒师培训班，参加培训的有来自16个单位的94位学员、其中有42名学员获得二级白酒品酒师资质证书，52名学员获得三级白酒评酒师资质证书。组织北京二锅头酒标准制定研讨会，成立标准制定专家组，共召开3次“北京二锅头”酒标准制定研讨会，形成标准初稿。协助酿酒行业专家及有关组织成立“中清酒业酿造技艺发展中心”，协助该中心组织了以“创新、开拓、未来”为主题的“第六届清香类型白酒高峰论坛”，来自全国17个省市自治区的86家白酒企业、行业协会代表以及白酒行业专家、媒体记者200人参会。完成食品安全国家标准跟踪评价调查活动，组织技术人员参加北京市卫生和计划生育委员会举办的3次食品安全大课堂活动，组织参加了食品卫生通用规范、食品安全企业标准备案、理化检验方法相关食品安全国家标准等培训。针对个别地区政府技监人员和市场监管人员认为取得液态许可证的企业不能生产固态白酒、查封企业产品情况，协会专门向北京市食药监局和政府有关部门上报材料，引用2006年生产许可证实施办法中对液态许可证的说明，讲解固态法白酒酿造工艺、液态法白酒酿造工艺以及固态酒标准、液态酒标准、固液结合标准，使问题得到解决，维护了企业的合法权益。协会组织参加中国酒业协会举办的第三届全国白酒品评技能大赛，北京酿酒行业有5人获得2015届国家白酒品酒委员资格。在1985—2015年中国白酒历史标志性产品和历史杰出贡献人物等称号的评比活动中，北京红星牌二锅头和牛栏山牌经典二锅头获中国白酒历史标志性产品称号；红星股份的六曲香酒获中国白酒（区域性）历史标志性产品称号；高景炎、张德春、宋克伟获中国白酒历史杰出贡献人物称号。在第二十一届比利时布鲁塞尔国际烈性酒大赛上，北京红星股份公司、北京二锅头酒业有限公司、北京仁和酒业有限公司产品各获1枚金牌，北京龙徽酒业有限公司和北京糖业烟酒集团京酒销售有限公司各获1枚银牌，北京八达岭酒业公司获2枚银牌。

（北京酿酒协会）

【北京市饲料工业协会】2015年1月，北京市饲料工业协会选举成立了第七届理事会，该届理事会以打造品牌协会、打造适应新常态的服务体系、打造企业的核心竞争力为目标，本着服务企业、服务政府、服务行业的宗旨，开展了一系列具有影响力的活动。利用现代化信息技术创办一网（北京饲料行业信息网）一线（010-63512799）二刊（《饲料与畜牧》杂志与电子期刊《京饲之窗》）一公众号（微信公众号feedclub）4类宣传载体，加强对企业的宣传和引导。搭建学习交流平台，开展丰富多彩的会员服务活动。协会受邀参加巴基斯坦驻华大使馆举办的“中国—巴基斯坦国际投资贸易合作北京洽谈会”，和巴方代表团洽谈贸易。组织北京会员企业参加在南京国际博览中心举办的中国饲料工业展览会暨畜牧业科技成果推介会。组织考察团到成都实地考察，参观吉隆达、铁骑力士、特驱、旺江、通威和新希望等优秀的饲料公司，学习外省市饲料企业经验。组织“农业部饲料办产业发展调研座谈会”，就实施京津冀一体化发展战略提出意见与建议。召开“无抗饲料交流研讨会”，围绕“保障人类食品安全，共商无抗发展未来”主题研讨。召开“技术品控培训交流会”，来自北京的13家企业的总经理、技术总监、品控经理参加。召开2次技术沙龙活动，第一次邀请25家企业和50余位技术人员；第二次技术沙龙为北京饲料企业互联网应用技术沙龙。组织召开天然植物饲料开发进展情况汇报会，对天然植物饲料企业发展过程中的困难提出解决方法。会后协会整理了相关材料上报农业部得到答复，助推了天然植物饲料产业发展。组织42位北京饲料企业代表到联想集团参加“首届跨界企业文化交流座谈会”。协会申报的福彩金项目获批，召开了152人规模的“《饲料质量安全管理规范》示范企业考察交流座谈会”、159人规模的“《饲料质量安全管理规范》培训论坛”、59人规模的“饲料质量安全管理座谈会”，参会的都是企业总经理、生产总监、采购经理、品控经理、质量经理等企业骨干。举办第十二期饲料加工设备维修工（初级）鉴定、第九期饲料厂中央控制室操作工（中级）鉴定、第十五期饲料检验化验员鉴定，及格率分别是89.36%、80%和80.3%，参加鉴定企业超过50家，从业人员近150人。举办近红外与液相色谱应用技术高级培训班，学员和培训专家就近红外与液相色谱应用技术进行了交流。

（韦兴茹）

【北京食品协会】2015年，配合政府部门工作，推进产业优化升级。多方联系，多渠道搜集行业信息，做好行业数据的收集工作，为政府主管部门决策提供服务。协会还主动出击，配合市经济信息化委，搞好专项调查统计工作。一是开展应急产业调查；二是完成 7 家企业疏解情况调查。推荐 5 家会员企业申报中国食品产业化龙头企业；推荐北京荣涛食品有限公司的“卡超那”商标申报北京市著名商标。在第七届北京影响力评选活动中，古船、红星、汇源被评为北京最具影响力十大品牌。配合市经济信息化委对工业发展资金支持项目进行验收，参加了北京丘比食品有限公司、北京味多美食品科技有限责任公司、北京红星股份有限公司、北京统一饮品有限公司、北京伟农生物科技有限公司 5 个项目的验收。配合北京节能环保中心参与了联合利华食品（中国）有限公司北京第二分公司、和路雪（中国）有限公司、北京京日东大有限公司、吉百利（中国）食品有限公司、北京麦瑞森食品有限公司和北京金麦田国际食品有限公司等 6 家企业的清洁生产项目审核工作。完成了市经济信息化委委托的课题项目“北京食品产业高精尖发展思路研究”，并通过项目验收。与北京食品学会共同举办“京津冀食品行业协同发展沙龙”活动。5 月，在北京营养源研究所召开沙龙筹备会；8 月，在河北省石家庄市举办“京津冀食品行业协同发展沙龙”。先后接待了河北省工业和信息化厅、邯郸市政府、承德市工信局，新乐市、广平县、玉田县、石家庄市鹿泉区的相关招商组；与邢台市、辛集市、隆尧县、邱县等地方政府领导就产业转移对接进行了交流沟通。组织会员企业参加“曹妃甸协同发展示范区招商推介暨北京（曹妃甸）现代产业发展试验区产业发展规划发布会”，组织二商集团、京粮集团、一轻食品集团、红螺食品集团、三元食品、马大姐、老布特等 10 余家企业的领导团，赴河北（衡水）考察，组织一轻、三元、绿得和康贝尔 4 家会员企业的主要领导赴河北省石家庄市参加 2015 京津冀产业转移对接活动。在市经济信息化委的支持下，协助河北省邯郸市政府举办了“京冀（邯郸）食品行业对接洽谈会”，组织 50 家北京食品企业（集团）和 30 余家邯郸食品企业进行了会议对接和面对面洽谈，寻求合作商机。首农集团、二商集团、一轻食品集团、康贝尔等集团和企业均在推进产业转移对接中有实质性成果。配合市卫计委做好《北京市食品安全企业标准》贯彻落实工作，推荐监督员 2 名；组织 50 家会员企业的 80 名相关专业人员参加食品安全标准大讲堂活动；组织 20 家会员企业的 30 名相关专业人员参加市卫生计生委举办的北京市食品安全检验方法标准培训班。深入开展诚信体系建设工作，全年完成了 8 家食品企业的诚信管理体系评价工作，完成了 13 家企业的诚信管理体系运行年度监督检查工作。与北京食品学会联合主办了“2015 第八届中国北京国际食品安全高峰论坛”，协会组织 80 家会员企业的 156 名相关负责人参加论坛活动。

开展展览展示和论坛活动，加强行业交流合作。组织 3 家企业赴黔参加了“中国贵州国际食品工业博览会”；组织 4 家企业参加了海峡两岸经贸交流协会与台北市进出口商业同业公会合作主办的“第二届昆山国际老字号精品展暨 2015 年海峡两岸 O2O 商贸交易会”；组织 11 家北京食品企业的 22 人赴台湾地区参加由海峡两岸经贸交流协会主办的“2015 年海峡两岸高雄食品展”。组团参加“2015 中国上海国际食品博览会”，京粮集团、王致和、六必居、大红门、稻香村、康贝尔、美丹、御食园和中硕伟业等企业参展，产品涵盖了具有北京知名品牌、中国驰名商标、北京市著名商标、中华老字号、中国龙头食品企业和中国质量效益型企业等称号的产品共计 50 余个大类，近 1000 种产品。组织会员企业检疫检验人员参加 2015 中国食品实验室技术论坛，有近 50 家会员企业的 110 名企业专业技术人员参加了论坛活动，并参观了北京三元食品股份有限公司。组织赴黑龙江省哈尔滨市参加“第二届中国现代食品产业发展战略峰会暨 2015 黑龙江绿色有机食品国际论坛”。协会会长孙杰率领 20 余家会员企业的主要领导组团参加了会议。组织会员企业相关领导赴山东参加由中国食品工业协会主办的“中国食品工业软实力建设——泗水论坛”，二商集团、京粮集团、汇源集团、红螺集团等会员企业主要领导参加了论坛活动，会上，北京二商集团与泗水县政府签订了战略合作协议。与北京食品学会共同主办“中国食品科技北京论坛”，50 家会员企业的近百名有关技术、管理人员参加了论坛。

（北京食品协会）

【北京塑料工业协会】 2015 年，协会组织翻译出版国际塑料管业技术创新技术资料，了解国际技术创新的最新成果。其中，翻译出版了《油气产业用塑料管道技术汇编 2015》，内容有油气产业管道市场调研 4 篇、国内调查报告和论文 8 篇、国际塑料管会议论文 15 篇，第十二届（2004 年）到第十七届（2014 年）国际塑料管会议有关油气产业用塑料管道的所有技术论文等。依托北京燕山石化高科技术有限责任公司进行情报调研，主要进行了“国内外软包装市场情况介绍”调研，从国内外软包装材质、分类、行业趋势等方面调研软包装发展情况。进行“3D 打印国内外发展概况”情况调研，主要调研 3D 打印技术和材料的发展现状。更新塑协网站，进行改版，每周增加新信息，为会员提供国内期刊文摘摘要。采用网上通知和公示方式，向理事单位发送通知和信息。

（北京塑料工业协会）

【北京电力行业协会】2015 年，北京电力行业协会设置综合管理部、协会业务部、协会管理部、财务部 4 个部门，正式员工 8 人，其中高级职称 3 人、北京市电力公司党委管理的干部 1 人。对北京市电力公司各部门、各单位成立、参加、挂靠的社团组织进行了现状调查和统计，提交了调查报告。对公司各部门参加的社团组织的会费缴纳实现了统一预算、统一上缴管理。对原有会员单位重新审核，确定会员单位 120 家。北京电力行业协会是唯一有资格在会员单位中负责和参与专业技术资格申报与评审工作的省级电力行业协会。国网人才评价中心北京电力行业协会工作站完成 2015 年度专业技术资格认定、评定工作，评定中级、高级职称复审上报 20 人，涉及 11 家单位；认定中级职称 21 人，涉及 9 家单位；认定初级职称 1961 人。举办 2015 年度北京电力行业 QC 成果评审，有 18 家会员单位的 28 项 QC 成果参加，涉及发电、供电、修造三大类，其中 6 项优秀成果上报至中电联水电质量协会。改版恢复《电力行业信息》双月刊，完善了协会信息网。

（李曼莉）

【北京化学工业协会】2015 年，完成北京市地方标准《危险化学品经营企业分装作业安全管理规范》(DB11/T 1250-2015）的编写工作，于 12 月 30 日发布。完成北京市安全生产科学技术促进会委托的培训教材的编写工作，内容包括危险化学品生产、经营单位的主要负责人、安全管理人员及其他从业人员培训教材及大纲，共 10 本培训大纲及考核标准和 6 本培训教材，均通过专家审查验收。作为市安全监管局监管的技术支持单位，多次组织专家完成危险化学品生产企业的许可证现场审查及危险化学品建设项目安全审查工作。完成北京经济技术开发区安全生产监督管理局委托的多项工作，为开发区工业园区危险化学品统一配送提供专家资源。完成开发区化工医药行业危险化学品使用现状及对策研究工作，宣贯《实验室危险化学品安全管理规范》（DB11/T 1191-2015），进行现场指导。完成市经济信息化委委托的农药和监控化学品监管技术支持工作，《北京东方化工厂及关联企业调整转型研究报告》和《北京东方化工厂调整转型专项工作推进》课题报告的撰写工作。完成市环保局委托的《北京市企业 VOC 排放地方标准调研报告》初稿、标准制定的编制说明等有关材料。完成化工与纺织专业职称评审工作，组织 39 名专家，对申报高级职称的 133 人、申报中级职称的 244 人进行评审。组织企业危化品培训 4 次，112 人次参训。

（北京化学工业协会）

【北京印刷协会】2015 年，开展了北京印刷业的现状与发展趋势调研。2014 年，北京地区有各类印刷企业 1664 家，比上年减少 5 家；主营业务收入 301.8 亿元，比上年增加 0.43%；利润总额 30.5 亿元，同比增加 5.9%；企业资产总额 474.3 亿元，同比增加 7.7%；从业人员 65022 人，比上年减少 3214 人。北京印刷业目前面临的下行压力较大，已经从 2011 年的两位数高速增长滑落到近 3 年不足 5 个百分点的增速。特别是 2014 年，虽然统计数据表明，主营业务收入和利润总额分别有 0.43% 和 5.9% 的增长，但剔除其中的不可比因素，实际上都是负增长。北京印刷业的分领域情况表明，除少数服务于国家和经济社会特定领域的企业外，多数印刷企业的经营状况非常艰难，北京印刷业是一个产能过剩、利润微薄的行业。做好环保法规政策的宣贯工作。举办了北京市地方标准《清洁生产评价指标体系——印刷业》宣贯会、环保法规培训、印刷业环保技术应用研讨会、《印刷业挥发性有机物排放标准》宣贯会，启动了 10 家企业 VOC 治理的试点工作，继续推进绿色印刷资质认证和清洁生产审核。年内，北京地区取得绿色印刷资质认证的企业已达 113 家，居全国首位。绿色印刷覆盖面继续扩大。北京市绿色印刷工程实施 4 年来，在中小学教科书绿色印刷全覆盖的基础上，进一步扩大到高中阶段。4 年累计向广大读者推出 3000 余种、7000 余万册绿色印刷优秀示范读物。加强了绿色印刷品的环保质量检测，正式开通了绿色印刷图书网上销售渠道。截至 12 月 11 日，北京地区通过清洁生产审核的印刷企业累计 29 家，正在清洁生产审核过程中的企业 10 家，提出申请开展清洁生产审核的企业 14 家。举办了 2015 年北京绿色印刷产业促进商务交流会暨京津冀协同发展绿色印刷产业促进商务交流会。交流会与国家新闻出版广电总局印刷发行司和环境保护部科技标准司联合召开的绿色印刷推进会同期举行，有 60 余家参展商和近 2500 人次现场观众，均创造了 4 届之最，在全国产生了积极影响，并引起了国际印刷业界的关注。线下线上相结合开展职业技能培训。共培训人员 683 名，其中初级工培训 220 名、中级工培训 229 名、高级工培训 74 名；技师培训 71 人（含 2012、2014 年大赛技师培训 44 人）；质检员证书培训 89 人。北京印刷协会与精密达公司联合组建的北京精密达印后技能培训中心启动运行。开展了数码印刷与按需出版印刷调研。年内，数码印刷的整体情况是，企业数量与产能增速高，亏损面大。2014 年数码印刷企业 62 家，比上年增加了 44.2%；主营业务收入 41453 万元，与上年持平；利润总额负 58 万元，2013 年负 891.16 万元。62 家企业中有 33 家盈利，9 家持平，20 家亏损。举办“我眼中的印刷业”系列主题沙龙活动。北京印刷协会、必胜印刷网、顶佳文化创业园联合举办了“我眼中的印刷业”系列主题沙龙论坛。以小规模、不定期聚会的形式，围绕印刷业面临的形势和热点话题，进行探讨与交流。采用现场与网络同步直播的方式与网友互动。华北东北八省市区印刷协会工作交流会在吉林省延边州召开，八省市区印刷协会和印刷企业的代表参加了会议。会议分两个阶段进行。第一阶段八省市区交流印刷业的相关情况。通过大会交流，坚定了八省市区业内同人依托高端引领、创新驱动，共同构建北方印刷业升级版的信心，坚定了有压力更要有作为的进取态度。第二阶段举行第五届“精密达杯”印后装订明星企业、优秀领机表彰颁奖仪式，助力民族品牌印刷设备在国内的应用。完成了北京印刷协会“中国社会组织评估等级”重新审核认定现场查验。北京市民政局委托第三方评估机构对北京印刷协会“中国社会组织评估等级”重新审核认定进行了现场查验。协会秘书处配合评估小组查验了评估资料，并进行了现场交流。评估组向协会秘书处反馈的评估意见认为，北京印刷协会在业内有代表性和影响力。

（张华明）

【北京包装技术协会】2015 年，北京包装技术协会着力推进京津冀包装产业协同发展，建立协同机制，定期召开京津冀三地包装协会会长、秘书长季度会议，分别就京津冀包装产业科学定位、合理分布与产业链接如何达到整体协同发展、可持续发展、绿色环保发展等方面展开研讨并达成合作意向。促进产业对接，举办论坛、组织考察等，促进三地包装企业对接、合作。组织纸制品包装、金属包装、塑料包装、印刷包装等多家企业参加京津冀三地政府共同举办的“2015 京津冀产业转移对接活动”。带领包装企业参加中国河北东光国际包装机械展览会及系列活动。联合津冀包装协会共同主办“2015 年塑料包装新材料、新工艺、新装备行业峰会暨京津冀协同发展论坛”，接待津冀企业家考察团到房山京津冀包装创新产业园区考察。利用在京高校、院所以及行业专家、团队资源，针对包装产业发展重点问题开展研究并组织编制《北京包装行业“十三五”发展规划》。承担市经济信息化委《北京包装印刷行业企业调整退出专题调研》《塑料印刷行业实施差别电价专项调研》，通过市经济信息化委组织对《北京食品包装提升工程项目》的专家验收。承担北京市社团办《扶持贫困山区农民建立纸箱厂项目》和市新闻出版广电局《北京市包装装潢印刷业重点污染治理的研究》等研究课题，以购买服务方式承担市工业经济联合会“食品级生活包装物科学认识、正确使用科普宣传进社区示范”研究课题。联合中国印刷技术协会，提前开展面向未来的智能印刷工厂解决方案研究，拟通过智能化，推动包装印刷行业进行价值“重塑”，实现绿色、环保、转型升级的“再创造”。联合市旅游委共同召开“旅游景区和城市形象主题”设计提升研讨和景区文化符号宣讲会，市公园管理中心和 A 级景区、高校、设计研发生产机构、包装企业的 150 多人参加会议，部分外地企业也专程来京参会。承办第十二届“北京礼物”旅游商品包装设计创意大赛推介会暨 2015 创意设计与印刷工艺交流会。针对景区、老字号、工业、农副特产企业等旅游商品企业包装设计创新难等问题，为旅游商品企业量体裁衣，为包装产品上下游企业提供合作机会。通过北京市 16 个区旅游委，联合征集、评选，共推荐参赛商品 750 个系列 2149 件作品，评审出“旅游商品大赛参赛作品转化主题”最佳转化奖 3 项、优秀转化奖 11 项，评审出“旅游景区和城市形象主题”“旅游商品包装设计创意主题”金奖 2 项、银奖 10 项、铜奖 20 项和优秀奖 107 项。其中，旅游商品包装设计创意主题共征集 370 套共 715 件作品。赴杭州参加中国包装联合会（CPF）、世包中心（GPC）联合主办的“无设计 不包装——2015 中国包装创意设计大会暨世包 · 云设计平台上线仪式”。参加中国包装创意设计大赛第五届颁奖典礼、世包 · 云设计平台上线仪式以及中国包装创意设计中心授牌仪式等，并与全球包装行业组织、全国高校及设计院所专家学者、重点企业代表、有关机构负责人交流座谈。为企业解读《北京市工业污染行业、生产工艺调整退出及设备淘汰目录(2014 年版)》、清洁生产评价指标体系范围、方法及企业搬迁等政策。组织企业参加中国包装联合会军民融合包装发展建设工作委员会年会和军民融合论坛及培训，以及中国工业经济联合会主办的 2015 经贸形势报告会。搭建企业与政府交流平台，向市经济信息化委都市产业处汇报北京包协工作及工作计划，组织北京北大方正电子有限公司、奥瑞金包装股份有限公司、中包精力托盘共用系统有限公司、北京北人印刷设备有限公司等副会长单位介绍各自企业工作内容及长远规划。参与市新闻出版广电局主办、北京印刷协会承办、北京包装技术协会等单位协办的2015年北京绿色印刷产业促进商务交流会暨京津冀协同发展绿色印刷产业促进商务交流会。组织50余家企业演示在绿色环保、技术创新、产业链融合、IT技术与信息化、文化创意等领域的解决方案。组织主题论坛及多个沙龙与讲座，分绿色印刷耗材、印刷智能软件体验、环保治理设备及小型印刷智能机器人设备、“互联网+”4个展区，为企业交流洽谈提供平台，促进上下游企业对接。推动北京北大方正电子有限公司与奥瑞金包装股份有限公司对接，中包精力托盘共用系统有限公司现代物流与奥瑞金包装股份有限公司和中化对接，石家庄天龙环保科技有限公司与奥瑞金包装股份有限公司对接，北京华盟印务有限责任公司与医药、保健品企业对接。每月组织一次北京包协会员日、专家咨询日活动。

（北京包装技术协会）

【北京市手工业生产合作社联合总社】2015年，北京市手工业生产合作社联合总社（简称北京联社）实现集体资产保值增值，投资收益1233万元，同比增长70%，净资产达到3.75亿元。北京联社出资企业轻工集团主营业务收入8.4亿元，同比增长17%；实现利润总额3775万元，同比增长47%。联社按照集体企业条例，按利益共享、风险共担的原则，对联社系统在职会员（职工）继续进行效益“分红”，分红数额在去年基础上有所提高，实现连续8年对联社在职会员（职工）奖励分红。联社加强监管、规范投资企业经济活动。对参股企业和改制企业的董事、监事进行调整，对投资企业调整委派董事3人、监事1人。联社出资15万元，聘请会计师事务所，对所属11家企业进行2014年决算审计，规范投资企业财务运作流程，提高所属企业对出资人负责的意识。帮助企业解决经营资金周转困难，为持有股权的北京华盾雪花塑料集团有限责任公司办理了综合授信贷款3500万元。联社投资企业北京厨房设备集团和东方电气公司通过3年改制运行，2家企业税后分红120万元；改制企业白菊公司，税后分红81万元，联社在该企业投资的405万元全部收回，实现联社集体资产的保值增值。集团下属供销公司在联社领导牵线和帮助下，首次尝试“融资型贸易”经营铜材项目，三下江南进行实地考察，全年实现营业收入7.31亿元，比同期增长72.8%，利润571万元，同比增长42.7%。签订内贸经营合同78份、外贸进出口合同308份，实现进出口总额1578万美元。轻工集团为供销公司提供信用担保综合授信贷款7000万元。联社进行市场调研，商业项目考察，筹集资金6000万元，购置了长安街西延线上石景山区古城地标性超5A级写字楼1500平方米项目，增加了集团物业总量。联社在实现高收益率、风险可控的基本目标前提下，对闲置资金和闲散资金实行集中管理、统一打包运作，开展适度理财经营业务，实现理财收益2110万元，比2014年的理财收益提高283万元。与二轻党校合作，筛选出系统36名核心中青年干部，全年共组织9次集中授课学习和2天外部拓展训练活动，3名年轻人按组织考察程序被提职进入企业领导班子。

（北京市手工业生产合作社联合总社）

【北京软件和信息服务业协会】2015年，协会加强产业研究，支撑政府决策，研究分析了2014年度的产业人才、知识产权、税收优惠政策数据、事件等。开展北京软件和信息服务业知识产权保护工作，成立了知识产权人民调解委员会，接受咨询550件、举办2场知识产权保护培训、处理知识产权相关调解案件18件、结案14件，其中法院委托移送案件12件、北京12330委托案件2件、协会接到当事人申请案件4件、调解成功5件。建立一站式服务平台，发展成为“资质”和“人才”两大服务体系，全年服务1000余人次。建立投融资平台，向银行推荐7家企业，缓解企业融资难。组织4场专场招聘会，为即将毕业的大学生、研究生提供软件开发工程师、移动软件研发工程师、服务器软件研发和数据挖掘工程师、产品经理等岗位。组织搭建2015年中国国际软件博览会北京馆，展示了“互联网+”新成果。北京馆在北京展览馆9号馆，展示面积530平方米，35家企业参展，太极、同方股份、航天信息、东华软件4家国家安全可靠计算机信息系统集成重点企业以及用友、华胜天成、数字冰雹、WMware等8家企业以特装展的形式参展。邀请2000家会员企业代表、产业名人参观软博会“北京馆”，发出门票1万余张。推广宣传ITSS，使更多检测机构明确软件检测机构的测试范围及测试标准。协会制订2015会员服务计划，梳理出信息服务、资质服务、沙龙活动、客户推荐、项目申报等8大类53小类服务项目，并印制了服务计划彩页，通过网站、微信、微博、邮件、电子快讯等方式推广。举办系统集成及服务资质认定新政解读、职业能力生涯规划、CEO俱乐部活动、HR俱乐部活动、法务讲堂、卡内基研习会等活动50场。参加北京市企业诚信创建活动，有85家企业参加，50家企业获诚信创建称号。开展北京市系统集成行业自律信用评估活动，利用自身平台优势，联合第三方征信机构，建立北京地区系统集成行业信用评估体系，统一行业信用评估标准，有200余家企业参与网上申报，124家企业完成采集信用信息、网上申报和纸质材料提交。贯彻落实京津冀协同发展战略，与河北省廊坊市联合在京举办了廊坊市（北京）电子信息产业投资合作对接会，廊坊市安次区、固安县、永清县政府主要负责人和太极股份、东华软件、同方股份、263网络通信等56家企业会员百余人参会。协会推动实施“引进来”与“走出去”相结合的战略，组织了2015美国商务考察团，10余位会员企业单位负责人参加。考察期间，协会与硅谷Hanhai Investment Inc签署共同建设硅谷—北京企业交流平台的战略合作协议。协会宣传自有平台包括协会会刊、协会官网、微博、微信、电子快讯、北京软协App。

（北京软件和信息服务业协会）

【北京市中小企业国际合作协会】2015年，协会组织企业参加国际经济和技术交流、经贸合作洽谈的活动。协会参加了由中国贸促会与印度尼西亚工商会联合主办的中国—印度尼西亚经济合作论坛，以及“第二届中国—东盟（海上丝绸之路）商务论坛”“走进缅甸投资说明会”“中国—越南经贸合作论坛”。协会为拓宽服务领域，探索合作途径和方式，实现资源整合与共享，召开2015年迎新春开拓国际国内市场座谈会。协会开展人才培训活动，为企业转型升级提供智力支撑。组织玉器二厂、北京燕京八绝文化发展有限公司等会员单位，参加由用友惠商云主办的“互联网＋驱动传统行业创新发展”沙龙活动。经北京市社会组织评估委员会审核，北京市中小企业国际合作协会被评为2014年度3A级社会组织单位。

（王建生）

【北京市企业发展促进会】2015年，依据国家关于社会团体任职年龄的有关规定，促进会秘书处在广泛征求各方意见、反复酝酿的基础上，经北京市企业发展促进会第三次理事会审议，全票通过，北京宏福集团董事长黄福水任北京市企业发展促进会会长。完善机构设置，组建北京市企业发展促进会执行委员会，15名副会长出任执行委员会执委，负责研究制定促进会工作目标与任务，以更好地担当，切实发挥好桥梁和纽带作用。组织经贸对接活动，增强促进会凝聚力。成功举办第三届“蟹岛杯”赛歌会，为会员单位展示才艺、丰富企业文化搭建互动大舞台，实现以文化促友谊、促交流、促和谐、促发展。举办第二届百家会员企业亲情联谊产品团购会，参会企业现场共签“百家企业产销合作同盟”，为企业可持续健康发展提升了实力。组织区会员单位互访交流，切实提高促进会的向心力和凝聚力。组织顺义、房山、昌平、延庆区百名企业家分批次交流互访，通过相互学习、借鉴，使企业和协会在同一平台上实现了互惠共赢。举办第三届百家会员企业亲情联谊产品团购会。在激烈的市场竞争中，为了帮助更多企业转型升级，步入良性运营的轨道，促进会组织参展企业签订“协会产销战略联盟”，为会员之间开辟合作交流的广阔渠道，促进产销衔接，提升企业效益。31家会员单位（45人）参加“企业首席信息员培训会”。工信部、市经济信息化委、中国现代企业网相关人员到会授课，为会员单位发展提供智力支撑。组织26家会员企业，参加日本（北京）第十一届食材展览订货交易会，日本400余家食材、酒类、酿制品、海产品商参与推介，促进中日民间经贸交流与合作；组织会员企业参加“台湾安全农业健康品鉴会”。促进会通过搭建的信息交流平台，为两岸、中日企业合作创造了更多的商机，促进外贸企业发展。加强与兄弟单位的交流合作，为会员企业提供最新的经济形势解读和合作平台。通过广泛的交流，相互为企业介绍服务路径，探讨如何发挥各自优势，为会员单位传递政策与经贸信息；组织会员单位横向交流、广交朋友、促进合作等事项，并努力通过开展各类活动促进项目签约合作。先后与北京市建筑装饰协会、北京市信用协会、平谷区工商联、北京经济技术开发区等多家社团组织及单位对接交流，发挥各自优势，增强为会员企业服务功能。植入“互联网＋”模式，为会员提供新的经济服务形式。推动移动互联网、云计算、大数据、物联网等与现代制造业结合，促进电子商务、工业互联网和互联网金融健康发展。中国现代企业网与促进会网站双网并用模式，以促进传统企业向现代企业迈进为服务目标，注重网络信息的及时性、指导性、实用性、互动性。网站设有“京津冀之窗”“企业天下”“人物访谈”等多个与企业息息相关的栏目。根据企业的需求，为企业提供个性化的宣传服务，采用图文并茂、视频等多种宣传方式，从多方面展示企业风采，扩大企业的影响力。参与“诚信长城杯创建办公室”的企业诚信评价，促进企业诚信社会信用体系建设，帮助会员企业诚信设计、诚信文化理念。推荐一批与民生密切相关的会员企业参加北京市企业信用诚信建设项目，经第三方信用评级，获得企业诚信等级，提高企业公信力与消费者认知度。7月29日，促进会应邀出席第七届北京企业诚信论坛。促进会参与动员会员企业通过创建过程，积累诚信价值、建立诚信档案、加强社会公众监督，不断提升诚信守法的规范化与制度化，促进社会诚信体系建设。组织30余名会员企业，参加京津冀协同发展报告会，帮助京津冀外向型企业、经贸类商协会、贸促机构深刻领会并落实中央《京津冀协同发展规划纲要》精神，准确把握对外经贸工作发展面临的新动向、新趋势。会员企业与北京各行业企业家赴河北曹妃甸工业区考察北京（曹妃甸）现代产业发展试验区和钢铁电力、港口物流等各产业功能区。举办“推进京津冀协同发展·企业在行动”论坛活动，计划联合相关协会，在京津冀三地相关政府部门的支持下，邀请京津冀规划、设计等相关部门专家，邀请北京重点园区企业及河北各地市招商部门参加论坛对接推进活动。

（北京市企业发展促进会）

【北京企业评价协会】2015年，协会组织“北京市企业诚信创建活动”，在原有8家参与创建协会、商会基础上，吸纳建材、通信、餐饮、洗染、日化等10个行业参加创建，相继举办了创建活动启动仪式、专家座谈研讨会、宣贯动员培训、专家评审会（论证会）、诚信示范单位现场交流等20余期活动，经过企业自愿申报、行业初审、第三方征信、社会公示、专家审定等创建程序，确定508家企业为“2015年北京市诚信创建企业”。举办“诚信创造价值”为主题的第七届北京企业诚信论坛，各发起协会及各领域优秀企业代表200余人参会。完成市社工委对2014年“诚信长城杯”创建项目的收尾和验收工作，累计培训企业人员1000余人次，组建了诚信建设专家人才库。又有15家商协会成为创建办公室成员单位，创建办公室成员单位达到34家，共审议通过734家企业为“2015年诚信长城杯企业”，创建结果被纳入市政府《北京市企业信用信息网》，作为良好信用信息供社会公众查询。成立诚信长城杯创建办公室法律专业委员会，加强会员企业的法律意识，定期组织开展法律知识普及宣传、培训、交流活动，帮助企业解决经营管理和诉讼中的问题，并向有关部门反映会员诉求，维护其合法权益。协会作为北京市中小企业公共服务平台的合作服务机构，每周五进驻平台服务大厅为企业提供诚信长城杯创建、科技创新奖评选等工作的现场咨询。继续开展“北京企业评价协会科技创新奖”和“中国质量评价协会科技创新奖”的评选工作，共评选出410项，其中成果奖140项、企业奖58项、产品奖143项、人物奖69项。组织召开2015年度科技创新工程推进大会。与会员单位公交驾校联合举办了“安全驾驶技巧分享活动”，帮助参会代表学习交通安全知识、解答交通法规疑惑、了解汽车驾驶技能等。协会加强官网和微信公众号的更新维护，开通了“12915诚信长城杯”微信平台，通过制作网络专题、期刊专栏等多种方式进行“真实、迅速、客观”的报道。提升协会社会影响力，新闻媒介对协会工作进行宣传报道80余次，吸纳在诚信、党建、科技等多个领域的36位专家进入协会专家人才库，发展19家新会员企业，壮大协会队伍。承担北京市社会工委服务项目“北京市企业党建诊断交流推广项目”，组织专家对企业党建工作梳理分析，提出改进建议，促进企业党建工作发展、提高。起草了《北京市企业党建诊断指标体系（草案)》，通过党建领域专家论证。组织对首批参加现场诊断的专家进行指标体系培训和现场诊断流程与技巧培训，组建了诊断专家团队，统一诊断工作方法，制订了现场诊断工作方案，还组织开展了企业党组织负责人培训班。协会党支部获得海淀区委党建领导工作小组认定的2014年度“五个好”社会组织党组织称号。

（北京企业评价协会）

【北京嵌入式系统技术行业协会】2015年，协会与乐易考公司合作，制订解决大学生就业难的策略计划，开展嵌入式系统技术专业技能培训。协会与北京京科评测技术有限公司签订合作协议，为协会中研制软件的企业提供软件测试认证服务。协会结合行业发展需要，制订和完善了“分会和工作部管理制度”。协会学习民政部《社会组织评估管理办法》文件，多次召开有协会领导、专业技术人员、监察审计人员、会员代表、专职工作人员参加的专题会议。配合审查机构进行了评审的自评、初评、公示、复核、结果确认与公告的全过程。经评估委员会审核，认定协会符合3A级行业协会标准，对外进行了公告。5月8日，协会与北京高文律师事务所联合举办企业知识产权讲座，主要内容是嵌入式软件的专利权保护，来自企业的30余位代表参加。

（孙 阳）

【北京信息产业协会】2015年，北京信息产业协会为会员单位提供服务体系，编制协会会员名录，名录由单位简介、主要产品、联系方式以及能为其他会员单位提供哪些优质和优惠服务等部分组成，按会员单位工作性质分门别类印制。组织会员单位参与政府购买社会组织服务项目，从会员单位上报项目中筛选校企人才对接合作平台、基于物联网社区的家庭健康监护服务2项，上报北京市委社会工委。组织会员单位申报北京市委社会工委首届“北京社会公益汇”活动项目，其中微诺智能新风系统、北京市逢时律师事务所

“践行公益、服务社会”2个项目参加了公益活动。协会将中国计算机事业的史料搜寻、研究、保护作为长期工作重点，编写《溯源中国计算机》，由“生活·读书·新知三联书店”出版发行。协会发挥专业委员会作用，信息安全专业委员会走访聘请担任顾问的院士、专家、学者和会员企业单位，听取大家对协会及信息安全专业委员工作的建议。信息安全专业委员会在北京德宝饭店举办“2015 网络空间安全战略高峰论坛”，主题为构建基于防御的全新的网络空间安全体系，300 人参会。信息资源专业委员会联合大数据厂商联盟、首席信息官网、中关村大数据产业联盟，在北京新世纪日航饭店举办了“大数据平台与分析应用方案论坛”，300 人参会。组织大数据厂商联盟、北京金支点、逢时律师事务所、华胜天成、中石油信息中心、渤海银行等单位，就有关大数据、云计算发展趋势进行探讨。数字企业专业委员会在北京国际饭店会议中心参与“vForum 2015 大会”，了解全新 IT 模式以及 VMware“一云承万象”技术，展示微诺时代自主产品 WNSSD 、SNPM、WNjobs、WNcloud 等，3000 余人参会。在北京静之湖度假酒店举行高校云研讨会，向参会代表介绍云管理平台 WNcloud。

（北京信息产业协会）

【50 片太阳能硅片花篮】 由北京市塑料研究所生产。花篮采用进口聚偏氟乙烯（PVDF）或聚四氟乙烯（PTFE）组装而成，可以在腐蚀性的环境中使用。花篮为 50 片装，容量比过去整体注塑有所提高。花篮的结构是两块端板，中间由 6 根支撑杆与端板连接而成，从而减少了花篮与硅片之间的接触，以保证清洗效果。获得发明专利 1 项。实现年销售收入 173 万元。

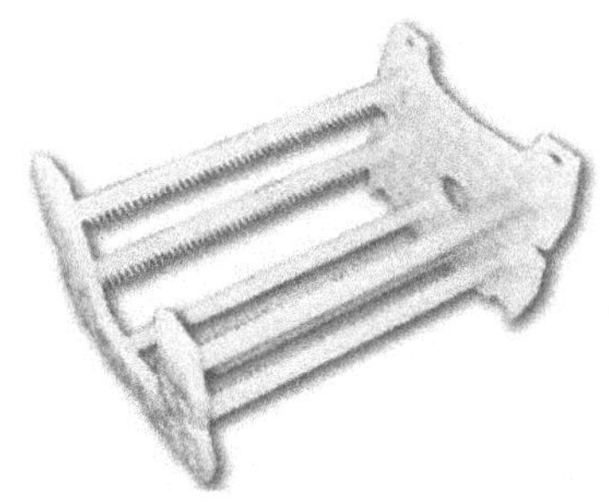

50 片太阳能硅片花篮

地址：西城区旧鼓楼大街 47 号
邮编：100009
电话：64007437、64034448、64034802
传真：64057549
网址：www.slyjs.com.cn
电子邮箱：sys64007437@163.com
法定代表人：庄甦

（塑研所）

【156 毫米 –V 型太阳能硅片花篮】 由北京市塑料研究所生产。花篮是在 156 毫米 –I 型和 156 毫米 –II 型花篮使用基础上研制开发的新型号，花篮采用聚偏氟乙烯（PVDF）进行注塑成型，能够满足太阳能硅电池的生产工艺要求，在 150℃以下的 NaOH、HCl 等溶液中对硅片进行清洗、转换，长期使用不变形、不污染硅片。实现年销售收入 335 万元。

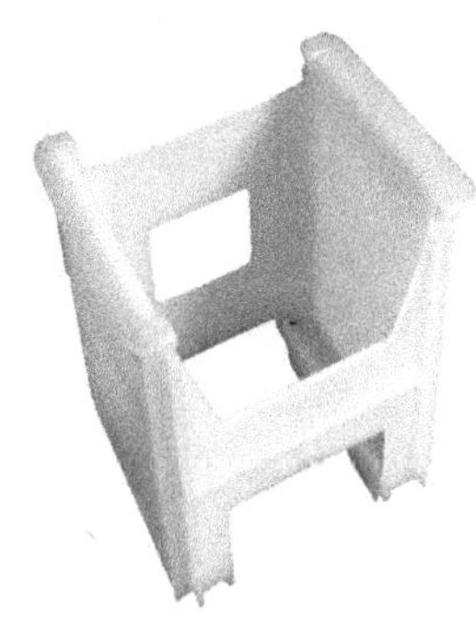

156 毫米 -V 型太阳能硅片花篮

地址：西城区旧鼓楼大街 47 号
邮编：100009
电话：64007437、64034448、64034802
传真：64057549
网址：www.slyjs.com.cn
电子邮箱：sys64007437@163.com
法定代表人：庄甦

（塑研所）

【聚偏氟乙烯（PVDF）板材及其织物复合板】 是北京市塑料研究所研制的产品。具有优良的抗腐蚀性能，优异的热性能、电性能、机械性能，极为优异的耐老化性能，可广泛应用于石油化工、机械制造、冶金、食品、造纸、纺织、半导体、制药、核工业等诸多领域。PVDF 板材有玻纤布背衬和聚酯布背衬两种，通过普通黏合剂可以与玻璃钢、金属等材质黏合。已广

聚偏氟乙烯织物复合板

泛应用于化工储罐、反应釜及管道衬里，制作防腐衬里效果极佳。申请专利 3 项。PVDF 板材系列产品年产量 5641 千克，年销售额 139 万元。

地址：西城区旧鼓楼大街 47 号

邮编：100009

电话：64007437、64034448、64034802

传真：64057549

网址：www.slyjs.com.cn

电子邮箱：sys64007437@163.com

法定代表人：庄甦

（塑研所）

【面向 FPD 行业的全自动点灯检查设备】由北京兆维电子（集团）有限责任公司研发，是应用于液晶显示产品制造过程中的自动化检测设备。包括拨片上料（含断面检查）、读码、清洗、外观检验、AOI 画质检验、自动下料等单元，能够实现对被检测产品的点缺、线缺、异物、Mura、影像类等电测不良的光学检测。该设备实现了 FPD 制造中 CELL/ 模组段的全自动检测，用来取代现有 TFT−LCD 制造领域的人工检测。该设备在 FPD 行业产业化应用替代进口设备，有利于降低企业成本，同时有助于提高 FPD 行业产品检测能力，助力国产智能装备水平的提升。TFT−LCD 模组段自动点灯检查机获得 2015 年北京市新技术新产品认定。产品产业化应用及市场前景广阔，预计未来 3 ～ 5 年内累计可实现收入约 5 亿元，利润 2 亿元。

FPD 全自动点灯检查设备

地址：朝阳区酒仙桥路 14 号

邮编：100015

电话：84563013

传真：64376211

网址：www.bjcw.cn

电子邮箱：cwie@bjcw.cn

法定代表人：赵炳弟

（黄永波）

【齿科藻酸盐印模材料】北京市红叶齿科医用器材厂自 1989 年开始致力齿科藻酸盐印模材料产品的研发和生产，经过持续的科研开发，形成了独特的工艺技术体系，目前已经形成了完善的产品系列，覆盖高中低端市场。产品具有调和细腻、取模清晰的共同特点，同时根据不同客户的需要，各规格产品在弹性、强度、保质期等指标上各具特色，得到了口腔医生的广泛好评，在国内具有极高的知名度。凭借出色的质量和在行业内的良好口碑，2012 年北京市红叶齿科医用器材厂与德国贺利氏古莎齿科有限公司合作，成为其在全球的齿科藻酸盐产品供应商，目前产品除了畅销国内，还出口到荷兰、德国、土耳其、印度、菲律宾等数十个国家，并得到广泛认可。

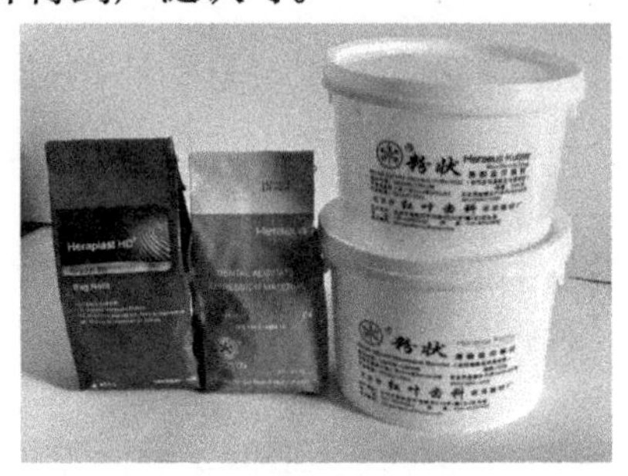

齿科藻酸盐印模材料

产品主要分为三大类：一是罐装产品，主要供应国内市场，为主打产品，占产品销售总量的 80% 左右；二是蓝袋 Hong Ye Alginate，主要出口东南亚市场。这是根据客户需求专门定制的一款产品，采用特殊配方，使临床医生有充足的口外操作时间，即使在炎热环境也可完成精细印模；其特点是低尘配方，溶胶和凝胶颗粒细腻，细节复制能力强，易从患者口内及石膏内取出。三是绿袋 Heraplast HD，主要出口印度、土耳其市场；采用低粉尘配方，安全可靠，行销 20 多年广受欢迎，在临床上被广泛使用。2015 年该产品产值 2000 万元，销售收入 2142 万元，利润 158 万元。

地址：朝阳区平房路甲 240 号

邮编：100123

电话：85520688

传真：85515028

电子邮箱：hongyedental@sina.com

法定代表人：高德喜

（王 志）

【高强度铝合金光亮焊丝（BJ380 系列产品）】北京有色金属与稀土应用研究所自主创新的宇航焊接材料，具有高可靠、高稳定、高质量等性能特点，主要用于运载火箭贮箱、卫星贮箱、战术导弹壳体的焊接，为“嫦娥”系列、“神舟”系列、“天宫一号”及其他卫星等所采用。研究所是国内唯一生产单位，已申请两项发明专利，形成合作联盟，实现年销售收入 350 万元。

高强度铝合金光亮焊丝

地址：朝阳区北苑路 40 号
邮编：100012
电话：84932112
传真：84922575
网址：www.ysxts.com
电子邮箱：yssbgs@sina.com
法定代表人：张升

（有 色）

【高铁列车专用焊料】北京有色金属与稀土应用研究所自主研究创新的高铁列车专用焊料，具有触变性强，易于附着在焊接件表面，在钎焊时钎剂产生的气体较少，使钎缝的气孔率降低，适用于钢、不锈钢、铜及铜合金的银钎焊的性能特点。主要用于高铁列车等行业，该产品替代进口，降低了成本，实现年销售收入约 1500 万元。

高铁列车专用焊料

地址：朝阳区北苑路 40 号
邮编：100012
电话：84932112
传真：84922575
网址：www.ysxts.com
电子邮箱：yssbgs@sina.com
法定代表人：张升

（有 色）

【高性能金锡合金钎料】北京有色金属与稀土应用研究所开发生产的高性能合金焊料，具有钎焊温度适中、高强度、无须助焊剂、良好的浸润性、对镀金层无侵蚀现象、低黏滞性、易焊接、耐热冲击性、高耐腐蚀性、高抗蠕变性及良好的导热和导电性等优点，被广泛应用于集成电路气密封装中芯片和基板的黏接、封盖、引线绝缘子的焊接，光电器件封装中的穿通粘接，激光二极管芯片和铜热衬之间的焊接，倒装芯片焊接，微波系统组装等方面。研究所攻克了金锡合金钎料加工难问题，实现该产品的国产化，获得发明专利 1 项。实现年销售收入 960 万元。

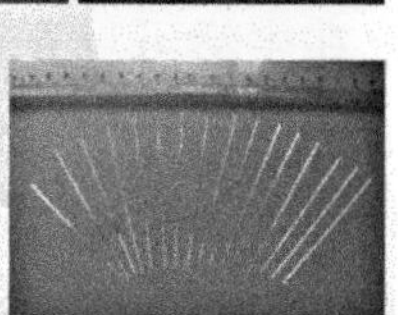

高性能金锡合金钎料

地址：朝阳区北苑路 40 号
邮编：100012
电话：84932112
传真：84922575
网址：www.ysxts.com
电子邮箱：yssbgs@sina.com
法定代表人：张升

（有 色）

【锌铝合金棒材】由北京有色金属与稀土应用研究所生产。该产品具有电导率高、机械加工性能优异等优点。研究所针对应用需求，研发出满足要求的产品，成功应用于导弹 XXX 系统核心零件，实现关键材料和关键零部件国产化。实现年销售收入 30 万元。

锌铝合金棒材

地址：朝阳区北苑路 40 号
邮编：100012
电话：84932112
传真：84922575
网址：www.ysxts.com
电子邮箱：yssbgs@sina.com
法定代表人：张升

（有 色）

【纳米光催化功能性产品】是利用纳米光催化面料生

产制作的产品，由北京大华时尚科技发展有限公司自主研发，已获得发明专利。纳米光催化面料具有防霉、抗菌、抗病毒和消除各种异味的功能，抗菌除汗味效果显著，具有抗紫外线、保护皮肤的作用。该产品广泛应用于企业自主品牌（天坛牌）的衬衫、西服、领带等产品中，丰富了企业的产品品种，提高了产品附加值，有利于扩大高科技功能性产品的产业化，提升企业和品牌价值，促进企业转型和产业升级，推动自主品牌的创新发展。该技术利用太阳能转换为化学能，仅在生活可见光照射下，便能对服装表面起到防污自洁作用，利于环保，可广泛用于其他领域和产品，具有较高的推广价值。2015 年，公司纳米光催化功能产品销售额 1310 万元，产量 16100 件。

纳米光催化功能性产品

地址：海淀区中关村大街人民大学南路三义庙
邮编：100086
电话：82631160
传真：82631180
网址：www.dahuatiantan.com
电子邮箱：bg@dahua-shirt.com
法定代表人：赵焱

（葛顺顺）

【BTE200—4 电池测试系统】由北京大华无线电仪器厂于 2015 年研发生产。该设备具备恒阻、脉冲电流、阶梯电流、斜坡电流、路谱模拟模式，适用于各种动力电池（铅酸、镍氢、锂离子）的充放电测试，支持恒电流、恒电压、恒功率等充放电测试模式。采用先进的 IGBT 作为开关器件，主电路拓扑为三相 PWM 整流器和双向 DC—DC，保证了放电能量可回馈电网且网侧功率因数大于 0.99，交流电流谐波总含量小于 3%。本产品可双通道同时测试，最高电压和最高电流分别达到 1000 伏特、500 安培，可满足目前各规格动力电池功能测试需求。该产品自研发定型推向市场以来，已有多个用户完成验收交付，并在产线连续无故障运行，为电池包批量生产测试提供可靠保障，深得用户好评。未来产品年销售收入预计过亿元，可为企业带来良好经济效益。同时，对于替代进口，提高动力电池测试设备国产化率具有较好社会效益。

BTE200-4 电池测试系统

地址：海淀区学院路 5 号
邮编：100083
电话：62937169
网址：www.dhelec.com.cn
电子邮箱：marketing@dhtech.com.cn
法定代表人：叶枫

（黄永波）

【血脂康胶囊】是北大维信生物科技有限公司的主导产品。是现代生物技术与祖国传统医药相结合的产物，是北京大学的优秀高科技成果。血脂康胶囊是将特制红曲接入粳米，运用现代工艺发酵而成。整个过程未添加任何其他化学成分，保证了其纯天然的品质。血脂康胶囊通过了一系列临床大型研究的考验，拥有“循证医学”的证据，证明了它的疗效。血脂康胶囊不但能够安全全面地调节血脂，并且能够显著降低冠心病事件再发率、死亡率，降低总死亡率。同时，在美国的 II 期临床研究取得了超出预期的效果，结果表明血脂康胶囊对中美高脂血症人群均具有显著的调脂疗效和良好的安全性。自 1996 年上市以来，血脂康胶囊已经进入国内数千家大医院和药店，1000 多万的高脂血症患者以及冠心病、糖尿病和脂肪肝患者使用过或正在使用血脂康。同时，血脂康还进入了全国 20 多个省、市、自治区的公费药物或医疗保险用药目录。血脂康胶囊销售额逐年上升，市场份额名列前茅，已成为国产降血脂药物第一品牌。2009 年 8 月，血脂康作为唯一的调脂中药入选国家 2009 版《基本药物目录》。血脂康胶囊由一个北京大学的实验室成果，变成今天销售额近 4 亿元的中国著名降血脂药物品牌，为业界树立了一个科研成果产业化的典范。2015 年，北大维信实现销售收入近 3 亿元，实现利税超过 6900 万元。年内，经过改扩建的北大维信血脂康生产线产能达到 7 亿粒。年内，公司获得国家知识产权局授予的“知识产权优势企业”称号。

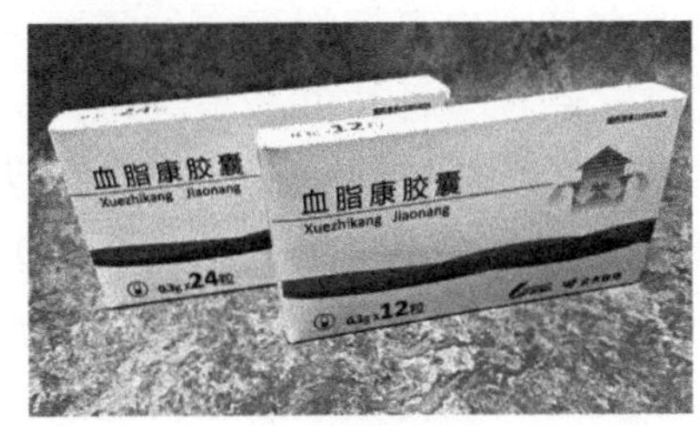

血脂康胶囊

地址：海淀区海淀南路 30 号 A 座 701–705 室
邮编：100080
电话：52819298
传真：52819299
网址：www.wpu.com.cn
电子邮箱：wpuinfo@wpu.com.cn
法定代表人：刘殿波

（刘 隽）

【CT 型行李 / 物品检查系统】是同方威视技术股份有限公司研发的产品，完成时间是 2014 年。该产品从技术研发到机械制造，拥有全部自主知识产权。作为在民航、海关、检验检疫、重要基础设施、政府机构及大型活动现场等领域保卫国家及人民生命财产安全的安检设备，该系统融合了双能材料识别和螺旋 CT 扫描技术等尖端科技，可获取被测物品密度和有效原子序数等多维信息，自动探测爆炸物 / 毒品等多种违禁品，降低了恐怖袭击和其他各种危及社会治安与公共安全等事件发生的概率。系统生成的彩色高清三维图像、CT 切片图像和 DR 图像可以细致、全面、真实地展现包裹中藏匿的物品，有效提升判图员的工作效率，同时提高设备使用现场的安全等级。2015 年，该系统成功销往多个国家和地区，完成近 160 台的销量。超强的查验能力帮助首都机场快件监管中心、深圳驻邮办等各地执法部门查验出了多起食品干燥剂藏毒、铜制辊轴中空藏毒、钱包夹层藏毒等违禁品藏匿事件。

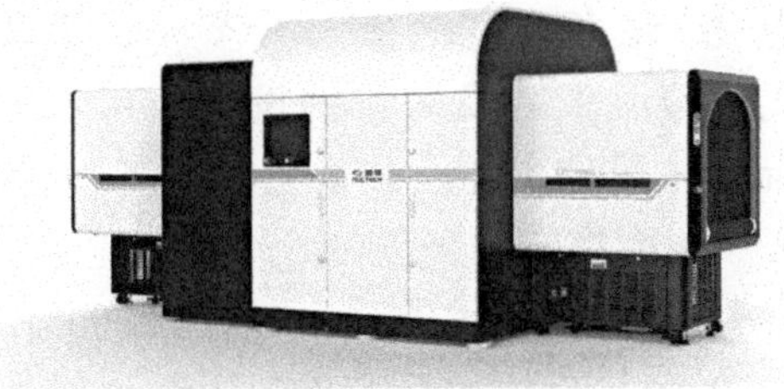

CT 型行李 / 物品检查系统

地址：海淀区双清路同方大厦 A 座 2 层
邮编：100084
电话：62780909
传真：62788896
网址：www.nuctech.com
电子邮箱：zcb@nuctech.com
法定代表人：陈志强

（程伟 周丽英）

【具有综合性能的镁合金成形性与断裂韧性改进产品】是北京科技大学与美国波音公司第二期国际合作的项目。该项目以国家“十二五”科技支撑计划“镁合金板带高效低成本轧制技术开发”项目为起源，在与美国波音公司第一期国际合作项目——“具有综合性能的镁合金室温成形性研究”的基础上，通过进一步成分优化以及交叉轧制、升温轧制、等温锻造、挤压＋轧制等工艺，制备出了具有良好力学性能、抗断裂韧性、优异的成形性能和耐热耐腐蚀性能的含钙稀土镁合金板材。从微观组织、织构演化、第二相析出尺寸、形貌、分布等研究方面出发，揭示了含钙稀土镁合金断裂韧性、成形性改进及增强、增韧机理；并通过高温热塑性试验以及绘制热加工图来研究其热加工性，指导该镁合金的实际生产及应用。通过成分优化、真空熔炼、均匀化处理、轧制和退火得到表面质量良好的镁合金板卷并能冲压成质量良好的手机外壳。该镁合金的力学性能、成形性（IE 值）、断裂韧性等能和 6061 铝合金相媲美，在重量上仅为其 2/3，可应用于电子产品的外壳，汽车座椅、轮毂及覆盖件，尤其是飞机座椅、蒙皮等部件，并将在 3C 产品外壳、汽车、高铁以及航空航天领域得到广泛的应用。该项目的有关技术以单项或多项技术形式在进口镁合金薄板带轧机、国产镁合金轧机和其他箔、带轧机上推广应用，为国家、企业带来了巨大的收益。

轧制退火的镁合金板卷及手机壳冲压件

地址：海淀区学院路 30 号北京科技大学冶金工程研究院
邮编：100083
电话：62332598
传真：62332947
网址：www.nercar.ustb.edu.cn
法定代表人：唐荻

（江海涛）

【马钢 CSP 生产线二级系统】 马钢 CSP 生产线需要对二级控制系统进行升级改造，项目实施过程采用“网关切换、双机并行”的在线改造方案，在不占用生产时间的情况下对系统成功进行了“心脏移植”，大幅度提高了模型控制精度和产品板形质量，尤其是在精准的硅钢模型、双流交叉轧制策略、高精度板形控制技术和薄规格产品轧制等方面的突破，实现了 1.2 毫米薄规格带钢的稳定轧制以及硅钢边部板形的多目标控制，拓展了品种规格。改造项目已经实施并投入运行，系统功能完全满足生产控制要求，模型系统覆盖原系统所有钢种和规格，并新开发出 SPA-H、MYS700、硅钢等新钢种。该项目标志着中国具有了国际最先进 CSP 过程控制系统的自主完成能力，不仅为其他 CSP 生产线改造提供了一套完备的解决方案，同时在类似的自动化升级改造项目中，“网关服务器 + 双机并行”方案也是减少投资和降低风险的最佳方案选择。项目所需成本 670 万元，为企业节省投资 2000 余万元。

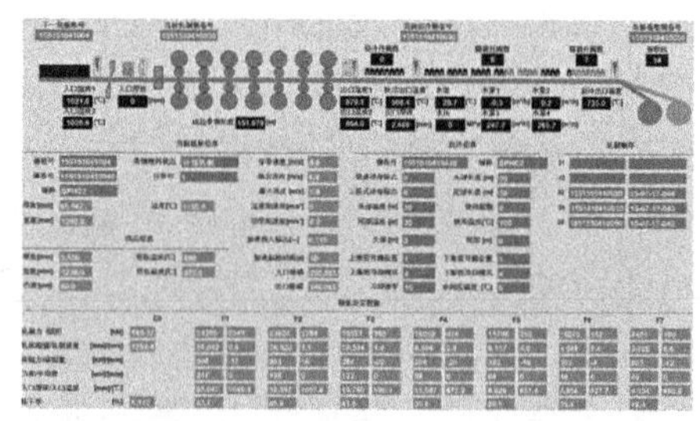
马钢 CSP 生产线二级控制系统跟踪画面

地址：海淀区学院路 30 号北京科技大学冶金工程研究院
邮编：100083
电话：62332598
传真：62332947
网址：www.nercar.ustb.edu.cn
法定代表人：唐荻

（荆丰伟）

【印度尼西亚 1780 自动化控制系统】 是北京科技大学冶金工程研究院自主开发的带钢热连轧计算机控制系统，在响应国家“一带一路”号召下，该自动化系统第一次走出国门。系统完整全面，设计标准规范，控制性能达到或超过国际先进水平，在国内工程应用业绩众多。其主要特色在于：传动控制级（L0）、基础自动化级（L1）、过程控制级（L2）、生产管理级（L3）全部使用自主开发的管理模型、数学模型、软件平台及控制程序，所形成的技术均拥有自主知识产权，能够完成从系统设计、软件设计、系统集成制造、编程、培训、现场调试、服务到开工投产的全过程。选用并提供性能价格比最高的进口硬件产品，也可根据用户的需要灵活选择硬件品牌。支持软件是一种软件开发环境，一组软件工具的集合。控制系统能够提供用于热轧自动化控制的全套独立开发的应用软件。截至 2015 年年底，印度尼西亚 1780 自动化控制系统已经完成系统集成与软件开发，在完成离线联合调试后进行包装，具备港口发货的基本条件，预期在 2016 年年底进行系统在线测试。

带钢热连轧自动化生产线

地址：海淀区学院路 30 号北京科技大学冶金工程研究院
邮编：100083
电话：62332598
传真：62332947
网址：www.nercar.ustb.edu.cn
法定代表人：唐荻

（荆丰伟）

【南阳汉冶辊式淬火机】 是中厚钢板现代化热处理线的核心设备，是高附加值、高强度板材产品开发的关键热处理工艺手段。北京科技大学设计研究院有限公司于 2008 年自主开发了淬火机成套技术，该装置可提高中厚钢板连续热处理线的装备水平及制造能力，有助于实现中国民用及军用高品质、高强度、高韧性、高耐蚀性钢板自主生产的战略目标。该工艺与装备及热处理炉配合，可实现 3 毫米～ 150 毫米厚度钢板的淬火，用于奥氏体不锈钢板的固溶处理；薄、中厚钢板的淬火—碳分配处理，生产更高塑性和韧性的高强度 / 超高强度钢板，不含水处理系统新建多功能辊式淬火工艺及装备的投资费用在 600 万～ 1500 万元。采用该工艺及装备生产的高性能调质（淬火—回火）薄钢板的增加值为 700 元 / 吨～ 1000 元 / 吨，厚钢板的增加值为 100 元 / 吨～ 300 元 / 吨。截至 2015 年年底，该技术已经推广 1 套生产线，为企业创造上千万元的经济效益。

南阳汉冶特钢3800毫米热处理生产线辊式淬火机

地址：海淀区学院路30号北京科技大学冶金工程研究院
邮编：100083
电话：62332598
传真：62332947
网址：www.nercar.ustb.edu.cn
法定代表人：唐荻

（何春雨）

【光缆机械性能试验机】是北京邮电大学所属企业北京布来得科技有限公司的主导产品。光缆机械性能试验机是测量光缆机械性能的完备系列机。光缆机械性能试验采用了微机闭环伺服控制、光电检测、多路光纤传输光功率和光纤应变监测及光缆应变监测等最新技术。光缆机械性能试验机由7台机器组成，可以进行光缆的拉伸、压扁、冲击、反复弯曲、扭转、曲挠、卷绕和振动等8项光缆机械性能试验。光缆机械性能试验设备的功能、运动参数和检测精度符合国家标准要求，同时也适用于采用国际电工委员会IEC和国际电信联盟电信标准部门标准ITU–T的光缆机械性能试验要求。整套试验设备可以对中心管式、层放式或骨架式通信光缆及全介质（ADSS）光缆、OPGW光缆、水缆和浅海光缆等特种光缆进行例行试验。2015年，光缆机械性能试验机成功进入电力系统的省级质检中心，为北京市电力科学研究院质检中心配备了一套光缆机械性能试验机，向巴基斯坦Premier Cables公司出口一套光缆机械性能试验机。

光缆机械性能试验机的拉伸机

地址：海淀区西土城路10号
邮编：100876
电话：62282528
传真：62282519
网址：www.blade.com.cn
电子邮箱：linzhong@blade.com.cn
法定代表人：林中

（海倩云）

【室外型光纤周界防护系统】是北京北邮国安技术股份有限公司自主研发的室外光纤周界防护系统，是基于光纤传感技术的警戒网络和安全报警系统，利用激光、光纤传感和光通信等高科技技术构建而成，对影响通信基站安全的突发事件进行监控和警报，构成现代化的防御体系。产品集成度很高，其特点为：采用普通光缆作为分布式传感器，无电磁辐射；光缆破坏即时报警，简单维护后可重新使用；坚固、可靠，具有防拆报警功能；内置嵌入式主机，能排除自然界干扰，误报率低；工程施工相对简便，使用寿命长，维护费用低；全天候运行，实时监控和报警；当有入侵报警和链路报警时，可向指定人员发送报警短信；可以通过手机短信进行防区的布防和撤防。应用范围广泛，如通信基站、铁路交通、智能停车、国防等领域。

室外型光纤周界防护系统

地址：海淀区文慧园北路8号庆亚大厦A座2层
邮编：100082
电话：62255588
传真：62251996
网址：www.crystalnet.com.cn
电子邮箱：mahao@crystalnet.com.cn
法定代表人：王庆海

（海倩云）

【“慧视”电视自助App系统】是北京北邮国安技术股份有限公司基于移动互联网架构推出的“慧视”电视自助App系统，可以根据运营商的需要，灵活地构成不同形式的掌上移动工具，实现营业厅、多屏互动、遥控器、游戏、推送等各种实用功能。使用“慧视”，便于用户主动收视，用户可以查看节目信息并选择收看、预定收视提醒、多屏间收视转换、与朋友互动交流、参与收视互动游戏、自主完成业务开通和缴费充值、自主选择兴趣广告收视、查看个人账户信息等等。所有操作都在智能终端的“慧视”平台上操作，无须轮换使用其他终端，简捷方便。使用“慧视”，可以帮助广电运营商更加方便地进行业务推广并提供贴近用户的服务，可以增进用户和广电运营商的黏合度，为客户和广电运营商建立起一个双向沟通的桥梁。通过“慧视”，广电运营商可以高效、精确地为用户提供服务，用户可以安全、快捷、方便地享受专属的客户服务。北邮国安利用自身在软件方面优势以及系统集成的能力，打造了一套完整的基于“DVB+OTT”的数据采集平台，为从看电视到用电视提供了一套大数据采集平台。目前该系统已在北京、长沙、浏阳上线运行，并完成了对多家机顶盒、BOSS、游戏商店等多种系统的数据采集工作。

“慧视”电视自助 App 系统案例

地址：海淀区文慧园北路 8 号庆亚大厦 A 座 2 层
邮编：100082
电话：62255588
传真：62251996
网址：www.crystalnet.com.cn
电子邮箱：mahao@crystalnet.com.cn
法定代表人：王庆海

（海倩云）

【三联关节式双层集装箱车】由中车北京二七车辆有限公司于 2009 年研制。该车能够大幅度提高集装箱运输能力，在相同站线长度内，与既有 X2K 型双层集装箱车相比，一列车多运输 19 个 TEU，提高 12.2%；增加重量 513 吨，提高 16.9%；集装箱装载更加便捷，每节车可装载 2 个满载达 30.48 吨的标准集装箱；车辆轴重为 25 吨，每延米重 6.3 吨，适应在现有线路上运行；采用关节连接器技术，能显著减少列车纵向冲动；采用非金属、可拆卸式磨耗件，实现换件检修。该产品参加了铁道部 2009 年在北京举行的新一代大轴重铁路货车观摩展览会，取得良好效果。截至 2015 年，该车已先后完成在中国铁道科学研究院环形道的线路动力学性能试验以及适应 5316.15 米等长集装箱装载的优化设计。

三联关节式双层集装箱车

地址：丰台区张郭庄甲一号
邮编：100072
电话：83804071
传真：83876184
网址：www.crrcjc.cc
电子邮箱：cb@csreq.com.cn
法定代表人：史硕致

（刘 浩）

【太空板装配式绿色建筑体系】由北京太空板业股份有限公司生产。太空板又称发泡水泥复合板，是以周边钢围框、内置桁架与发泡水泥芯材及面层复合而成的轻质构件产品，具有承重保温一体化、节能环保、循环利用、一级防火、安全健康等品质特征。太空板产品包括太空网架板、太空轻质大型屋面板、太空大型轻质墙板、太空民用墙板等。太空板装配式住宅，以工厂化生产的太空板，通过板间连接完成住宅装配式建造。2008 年 5 月，太空板装配式住宅产品及建造技术通过由北京市建委组织的科技成果鉴定。至今公司已实施 300 余个太空板项目，涉及航空、航天、汽车、烟草、国家储备库、大型机械重型厂房等行业，客户满意度良好，并已由中国建筑标准设计研究院出版了国家标准专用图集。2009 年，太空板产品获得“北京市自主创新产品证书”；2014 年，产品纳入《北京市绿色建筑适用技术推广目录（2014）》。2015 年，太空板销售收入 8666.26 万元。

太空板装配式住宅

地址：丰台区科学城中核路 1 号 3 号楼 12 层
邮编：100070

电话：63789321—8288
传真：63789321—8008
网址：www.taikong.cn
电子邮箱：13911462591@163.com
法定代表人：樊立

（杨 婷）

【智能融合通信指挥系统】 由阳光凯讯（北京）科技有限公司生产。该系统依托IP软交换技术，将集群、电台、2G/3G/4G、卫星通信等无线网络融合贯通，可迅速构建有线/无线一体化通信网络，提供丰富的多媒体指挥业务，满足客户在复杂环境下实现宽带无线多媒体应急指挥调度的需求。系统可在既无设通信网络的地区或既设通信网络遭受损毁地区，迅速构建有线/无线一体化的通信网络，为覆盖区域内用户提供应急通信保障，还可通过卫星等多种中继链路实现跨地域协同指挥。该系统颠覆了传统指挥通信手段“各司其职”的模式，具有多制式接入、多网络融合、多业务互通、安全保密等特点，弥补了不同通信制式终端互通性差的缺陷，解决了异构网络的融合通信难题，配合综合业务指挥调度软件实现“无线融合全汇通，无限联络零距离”。系统由无线接入设备、交换设备、指挥调度设备及终端组成，提供车载、机载、舰载、背负等组建运用模式，适用于平时办公及战时现场的多样化通信需求。2015年，该产品销售收入1109万元。

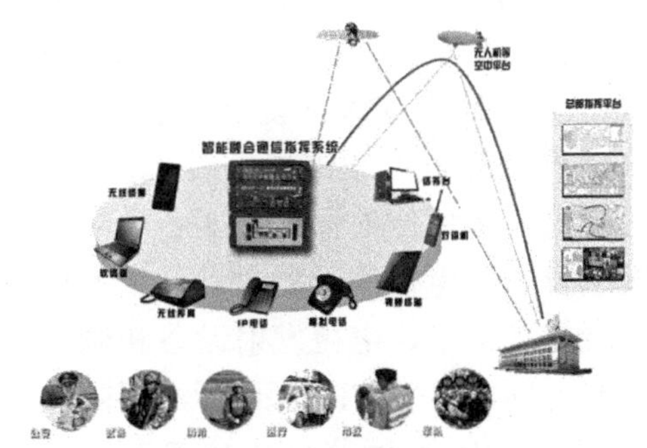

智能融合通信指挥系统

地址：丰台区科学城航丰路9号6层
邮编：100071
电话：59795061
传真：63715809
网址：www.sunkaisens.com
电子邮箱：jiawenli@sunkaisens.com
法定代表人：齐士清

（杨 婷）

【数据中心直流供电系统】 由北京动力源科技股份有限公司生产。直流供电系统包括以下产品类型：组合式直流供电系统，组合柜形式，可配置10台整流模块，最大输出容量400安培。分立式直流供电系统，包括交流配电柜、整流柜、直流配电柜，单整流柜可配置20台整流模块，系统可通过并柜的方式达到最大输出容量1600安培。MDC微模块分立式直流供电系统，包括综合配电柜、整流柜、电池柜，最大输出容量800安培。嵌入式直流供电系统，19英寸标准插箱系统，可配置4台整流模块，最大输出容量40安培。各产品额定电压均为240伏特，分路数可根据客户需求定制。2015年该产品销售收入为2836万元。

数据中心直流供电系统

地址：丰台区科技园区星火路8号
邮编：100070
电话：83682266
传真：83682266—871
网址：www.dpc.com.cn
电子邮箱：liubing@dpc.com.cn
法定代表人：何振亚

（杨 婷）

【复方白芷酊】 是北京市非凡制药厂目前生产的唯一中药制剂，属国内药品独家产品。适应证为祛风、活络、消斑，适用于气血失和引起的白癜风。销售方向主要集中在各省市地区的皮肤病专科医院。2015年，该产品销售量为45405盒。

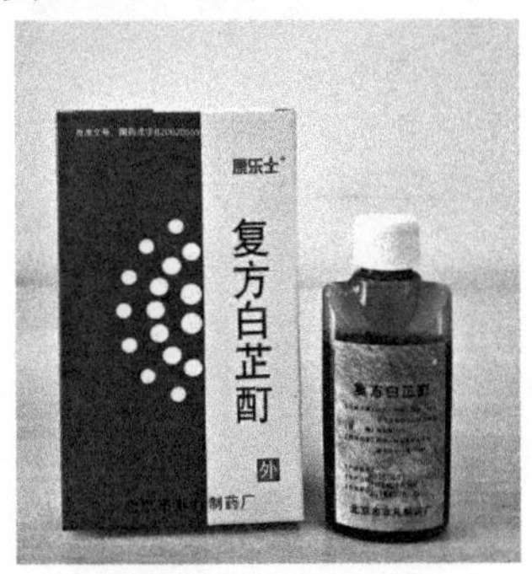

复方白芷酊

地址：丰台区岳各庄路甲371号
邮编：100166
电话：63804516

传真：63815951
电子邮箱：feifanzhiyao@aliyun.com
法定代表人：蒋文臣

（王 志）

【醋酸氯己定溶液（0.05%）】 由北京市非凡制药厂生产。该产品有两种包装规格，分别为 50 毫升 / 瓶和 720 毫升 / 瓶。适用于皮肤及黏膜的消毒，创面感染、阴道感染和子宫颈糜烂的冲洗。主要销售区域为北京、山东、浙江、安徽等省市。2015 年，销售量为醋酸氯己定溶液（0.05%，50 毫升 / 瓶）19.8 万盒；醋酸氯己定溶液（0.05%，720 毫升 / 瓶）18.54 万瓶。

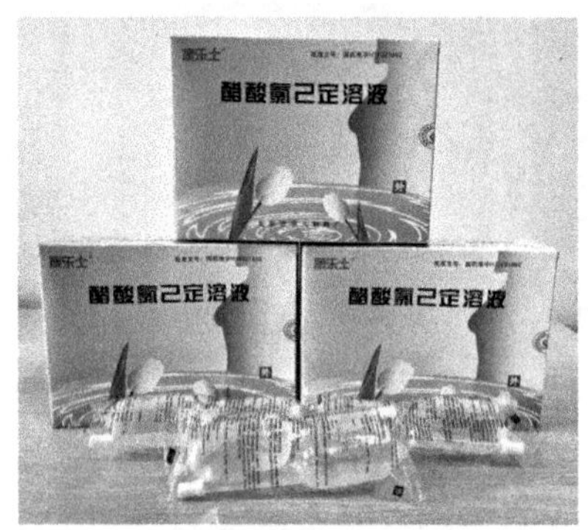

醋酸氯己定溶液

地址：丰台区岳各庄路甲 371 号
邮编：100166
电话：63804516
传真：63815951
电子邮箱：feifanzhiyao@aliyun.com
法定代表人：蒋文臣

（王 志）

【醋酸氯己定溶液（0.02%）】 由北京市非凡制药厂生产。适用于口腔感染的消毒。主要销售区域为北京、山东等省市。2015 年，销售量为 93540 瓶。

醋酸氯己定溶液

地址：丰台区岳各庄路甲 371 号
邮编：100166
电话：63804516
传真：63815951
电子邮箱：feifanzhiyao@aliyun.com
法定代表人：蒋文臣

（王 志）

【开塞露（含甘油）】 由北京市非凡制药厂研制生产。用于小儿及年老体弱者便秘的治疗。开塞露以其独特的临床疗效，成为 2007 年、2009 年标期“全军统筹药材”网上集中采购中标品种。主要销售区域为北京、山西等省市。2015 年，销售量为 2295720 支。

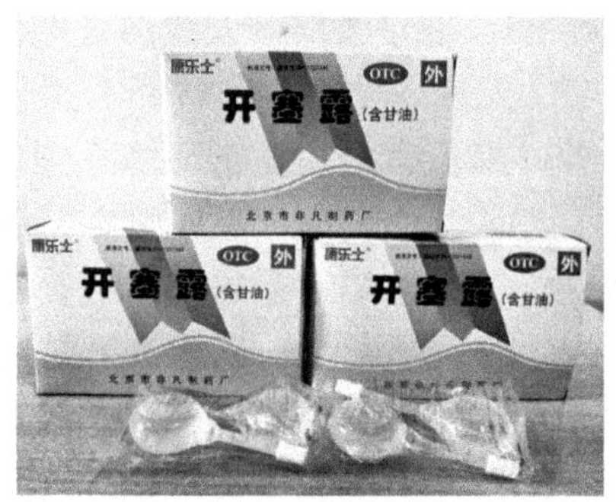

开塞露

地址：丰台区岳各庄路甲 371 号
邮编：100166
电话：63804516
传真：63815951
电子邮箱：feifanzhiyao@aliyun.com
法定代表人：蒋文臣

（王 志）

【广播电视发射设备】 由北京北广科技股份有限公司研发生产各类发射设备整机，涵盖功率等级从毫瓦级至兆瓦级、工作波段从超长波至微波的数百个品种，并拥有多项自主知识产权的核心技术。本公司设计、生产多种制式、多种传输标准、能够适应国内外复杂环境的模拟及数字电视信号发射设备。大功率短波发射处于国际先进水平，电视发射设备和调频广播发射设备处于国内领先水平。DTMB 标准国际化关键技术及应用化获得 2014 年度北京科技进步三等奖；多频道数字电视发射机获得 2014 年度中国广播电视设备工业协会科技创新优秀奖。公司产品不仅行销全国各省、自治区、直辖市的各级广播电台、电视台和军事单位、科研机构，而且远销非洲、亚洲、欧美等多个国家和地区，在埃塞俄比亚、古巴等多个国家广播电视发射设备市场上居于领先地位。2015 年，各类发射设备销售收入 1.5 亿元。

广播电视发射设备

地址：顺义区天竺空港工业区A区天柱路26号
邮编：101312
电话：80489988
传真：64315255
网址：www.bbef-tech.com
法定代表人：赵宝山

（黄永波）

【"全成分"中药配方颗粒】由北京康仁堂药业有限公司研发和生产。是采用现代科学技术，以传统汤剂为标准，将中药饮片经提取、浓缩、干燥等工艺精制而成的单味中药产品。产品保持了中药饮片的性味与功效，质量稳定可靠，应用于中医临床处方的调配，适应辨证施治、处方变化的需要，且有不需煎煮、服用方便、吸收快捷、剂量准确、安全清洁、携带便利等优点。该产品2008年上市，目前全国500余家医院超过1.3万名各级临床医生在医疗诊治中使用；据不完全统计，2015年有2000万患者使用过康仁堂中药配方颗粒。康仁堂配方颗粒在全国专业中医院占有率为12.5%，北京专业中医院占有率为98%。2015年，公司营业收入达到11.5亿元，利润3.9亿元，获得高新技术企业认证证书和北京知名品牌称号。

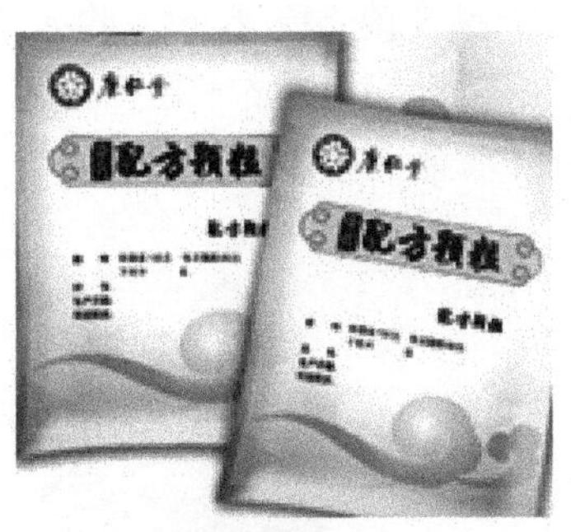

中药配方颗粒

地址：顺义区牛栏山镇牛汇街5号
邮编：101301
电话：6941858
传真：60439409
网址：www.tcmages.com
电子邮箱：jinhaiyan@tcmages.com
法定代表人：杨忠兵

（顺义区）

【半夏系列产品】由北京华邈中药工程技术开发中心与母公司中国中药公司于2013年合作研发。原料药材来自规范化基地，从源头控制产品质量；承担国家科技项目，创新生产工艺；生产信息化、智能化管理，全过程质量控制；建立生产全过程质量溯源体系，切实做到"药材来源可追溯、饮片生产可监控、质量责任可追究"的全程可追溯。产品质量稳定、临床安全有效。"华邈"牌半夏系列产品知名度逐年提高，产销量逐年成倍增长，用户满意度在同行业中处于领先地位。2015年，产量为245吨、年产值5000万元，占北京市场份额的80%，全国市场占有率3.5%，为全国前2名。

法半夏

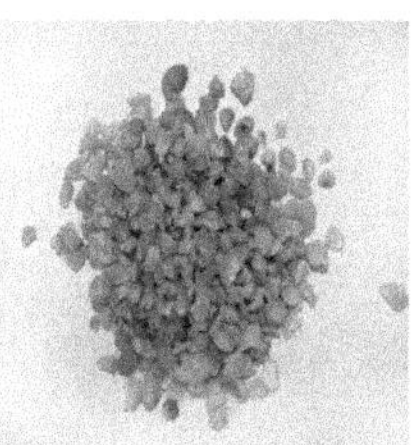

姜半夏

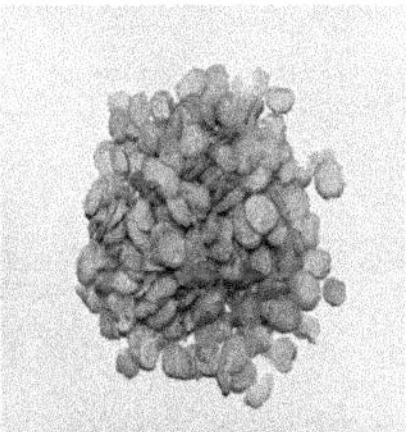

清半夏

地址：顺义区顺通路西侧
邮编：101300
电话：89496936
传真：89496929
网址：www.huamiao.com.cn
电子邮箱：cwx20012005@sina.com
法定代表人：兰青山

（顺义区）

【枯芩饮片】由北京华邈中药工程技术开发中心与母公司中国中药公司于2015年合作研发。原料药材来源为自有规范化基地，从源头控制产品质量；承担国家科技项目，创新生产工艺；生产信息化、智能化管理，全过程质量控制；建立生产全过程质量溯源体系，切实做到"药材来源可追溯、饮片生产可监控、质量责任可追究"的全程可追溯。质量稳定、临床安全有效。"华邈"牌黄芩饮片知名度逐年提高，用户满意度在同行业中处于领先地位。2015年，产量为288千克，年产值110万元。

地址：顺义区顺通路西侧
邮编：101300
电话：89496936
传真：89496929

桔苓饮片

网址：www.huamiao.com.cn
电子邮箱：cwx20012005@sina.com
法定代表人：兰青山

（顺义区）

【五味子饮片】由北京华邈中药工程技术开发中心与母公司中国中药公司于2015年合作研发。原料药材来源为规范化基地，从源头控制产品质量；承担国家科技项目，创新生产工艺；生产信息化、智能化管理，全过程质量控制；建立生产全过程质量溯源体系，切实做到“药材来源可追溯、饮片生产可监控、质量责任可追究”的全程可追溯。质量稳定、临床安全有效。“华邈”牌五味子（醋五味子、五味子）饮片知名度逐年提高，用户满意度在同行业中处于领先地位。2015年，产量为10吨，年产值311万元。

五味子饮片

地址：顺义区顺通路西侧
邮编：101300
电话：89496936
传真：89496929
网址：www.huamiao.com.cn
电子邮箱：cwx20012005@sina.com
法定代表人：兰青山

（顺义区）

【系列羊绒／丝光毛／巴素兰毛混纺羊绒衫】是北京雪莲羊绒有限公司根据外商客户的需求研发生产的羊绒产品。该产品具有可与100%山羊绒媲美的饱满外观，又不失羊绒的身骨，且手感柔软滑润，起毛起球达到3.5级以上，并具备机可洗、洗可穿的特性，得到客户的认可和好评。由于加入了羊毛混纺，降低了原料成本，形成独特风格的产品，给企业带来较好的经济效益。截至2015年年底，共实现销售收入1.50亿元。

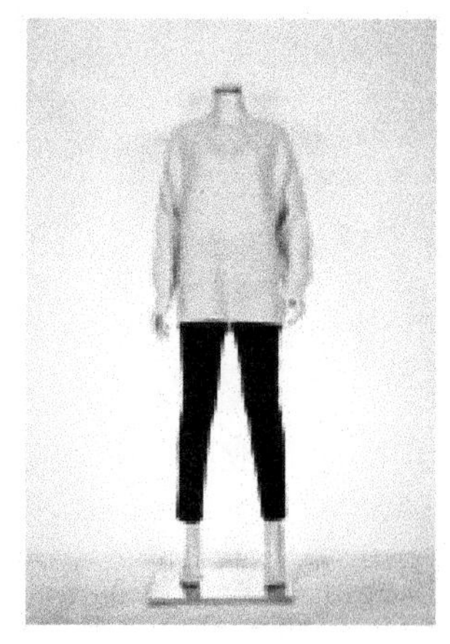
混纺羊绒衫

地址：大兴区瀛海镇瀛海工业园中路一号
邮编：100076
电话：13701139207
网址：www.snowlotusgroup.com/
电子邮箱：miaoxg@sina.com
法定代表人：孟泽

（葛顺顺）

【智能化在线硅酸根监测仪】由北京华科仪科技股份有限公司于2014年研制完成。产品全铝框箱体、美观坚固、抗干扰能力强，隔膜式精密计量泵、免维护；820纳米的单色光源，寿命长、稳定可靠；空白、本底补偿等专利技术，有效地解决了本底、漂移问题；可编程多通道设计，最多可测量6路样品；具有历史数据存储、历史曲线查询功能。产品应用遍及4000余家电厂、化工厂，并远销美国、印度、印度尼西亚等国。

2015年，产品产值212万元、收入337万元、利润126万元，获得北京市新技术新产品（服务）认证，是国家科技项目基金支持项目。

智能化在线硅酸根监测仪

地址：大兴区西红门镇金业大街10号
邮编：100076
电话：80705660

传真：80703092
网址：www.huakeyi.com
电子邮箱：lidan@huakeyi.com
法定代表人：边宝丽

（李 丹）

【连花清瘟颗粒】 连花清瘟以络病理论为指导，探讨流行性感冒中医发病规律与治疗，将汉代《伤寒论》、麻杏石甘汤，明代《瘟疫论》治疫病用大黄，清代《温病条辨》银翘散三朝名方荟萃为一方，用于感冒、流感早期症状，效果突出，具有广谱抗病毒、抑菌、抗炎退热、化痰止咳作用。在"非典"期间，通过绿色通道审批治疗流行性感冒、抵抗SARS病毒的创新中药。进入《2012年国家基本药物目录》，国家医保品种，2013年被批准为国家中药保护品种，现正在进行美国FDA及欧盟注册。上市以来，每当出现重大呼吸道病毒传染性公共卫生事件时，连花清瘟均被政府、军队、学校等单位作为战略储备用药，对流感等疾病防治发挥了重要作用。2015年，销售额达1.63亿元。

连花清瘟颗粒

地址：大兴区生物医药产业基地天富街17号
邮编：102600
电话：59705142
传真：59705129
网址：www.yiling.cn
电子邮箱：songjianfang@yiling.cn
法定代表人：吴相君

（宋建芳）

【UPT-3A上转发光免疫分析仪】 由北京热景生物技术有限公司于2011年成功研制，是国内首个将稀土纳米UPT颗粒应用于体外诊断的仪器，具有完全自主知识产权，目前只有中美两国掌握此技术。

仪器具有高灵敏度、高特异性、高稳定性、快速全定量的优势。配套的20种试剂覆盖了心血管疾病、急性感染、肾损伤等各项指标，应用范围广。成果获得2015年国家技术发明二等奖，并成为中国医学装备协会认可的适宜装备技术得到大力推广。

截至2015年年底，该产品已经完成肿瘤系列、急诊系列、传染病系列、反恐系列的多个产品的研究开发。研制完成生物反恐6种、食品安全11种、临床检验10种。此项目全部成果在北京落地转化，建立了日产UCP-NP1000g、试剂20000份、生物传感器10台的三条生产线，21项产品经国家药监部门审批获得医疗器械注册证书，相关产品被纳入北京市科委新材料战略新兴产业库、中关村战略新兴产业库，被评为中关村国家自主创新示范区新技术新产品和北京市新技术新产品。受中关村产业促进处积极推荐，2013年获得北京市重大科技成果转化和产业项目资金股权投资800万元。UPT产品已成为北京热景生物技术有限公司的核心产品，在临床检测领域、生物反恐和食品安全行业得到了广泛应用，全国超过1000家医院及体检中心，超过200家疾控中心、消防支队、出入境检验检疫局，我国首台航空母舰均装备并使用上述产品。2012年公司策划成立了中关村生物应急与临床POCT产业技术创新战略联盟，推动了我市在POCT领域示范、辐射、引领全国。2015年，该产品新增销售收入5000多万元。

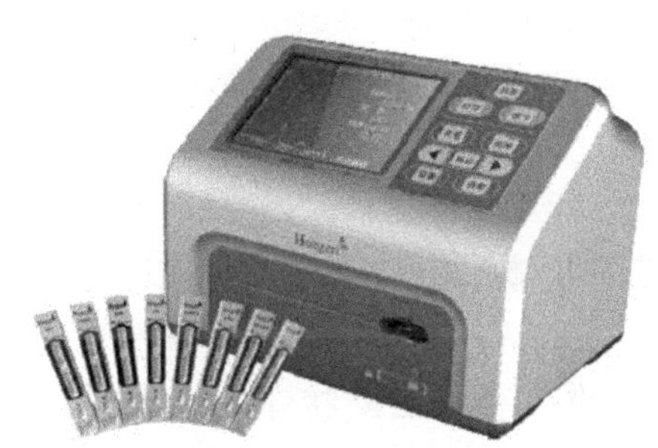

POCT免疫分析仪

地址：大兴区中关村生物医药产业基地天富街9号9幢
邮编：102600
电话：56528860
传真：56525561
网址：www.hotgen.com.cn
电子邮箱：hotgen@hotgen.com.cn
法定代表人：林长青

（韩 丽）

【结构性心脏病封堵器】 是北京华医圣杰科技有限公司自主开发、生产、研制的先天性心脏病介入治疗器械。其作用机理是将含有填充物的金属网架结构置于病变处，机械性地阻挡异常血流，并通过填充物诱发血栓形成或刺激周围组织生长，达到封闭缺损、根治疾病的目的。其特点是住院时间短、患者痛苦小、损伤少、不遗留任何瘢痕等，因此受到越来越多患者的接受。

公司有多年销售心脏介入治疗产品的经验，与全国数十家省、市级大医院建立了良好的合作关系，且已销往全国近百家大中型医院。

产品经济效益和社会效益较为可观，占有市场份额 30% 以上。

结构性心脏病封堵器

地址：大兴区中关村科技园大兴生物医药产业基地天和西路 30 号院 1 号楼 1-4 层
邮编：102629
电话：50927088
传真：50927038
网址：www.starwaymedical.com
电子邮箱：sunlingling@ starwaymedical.cn
法定代表人：刘刚

（詹世钊　孙玲玲）

【Toric 人工晶状体】 由爱博诺德北京医疗科技有限公司研发生产。产品采用具有高生物相容性的、适用于复杂设计的高端人工晶状体的疏水性丙烯酸酯材料，可减少高能量光线对患者眼内组织造成的伤害；同时在材料表面利用带有大量负电荷的肝素进行改性处理，使晶体表面具有一定亲水性，提高材料的生物相容性，避免术后并发症的发生。光学部同时采用了环曲面和高次非球面两种复杂面形，复合曲面用于达成矫正患者散光的主要功能。此外，复合曲面上带有 Toric 主镜方向的标记在前表面上，方便医生植入时对方向标记位置判断的准确性。边缘采用自适应翻边设计，晶体在边缘位置保证 360° 方向上等厚，从而使晶体在各个方向上对囊袋产生均衡的支撑力，防止晶体受力不均而发生旋转，提高人工晶体在囊袋内的位置稳定性和长期散光矫正效果。此前，国内的人工晶状体生产厂家都停留在低端人工晶状体的生产阶段，没有 Toric 等人工晶状体的开发，也缺乏相应的核心技术，与国外相比有很大差距。Toric 人工晶状体的出现为白内障合并术前散光提供了一种合理、稳定、预测性强的矫正方式。本项目的主要工作原理与作用机理在国内属于首创，产品性能与技术处于国际领先水平。进口的 Toric 人工晶状体价格相对昂贵，这项成果有效地改善我国这类高端晶状体依赖进口的现状。产品在多家知名医院进行了多例平行对照临床试验，一年的随访表明该产品的疗效与安全性不劣于同类国际品牌。产品在临床过程中采用本项目开发的散光度计算软件，效果理想。2015 年，公司具备年产 10 万片的生产能力，实现销售收入 1841 万元。年内，公司先后获得国家火炬计划立项、北京新技术金产品（服务）证书、绿色通道项目立项。

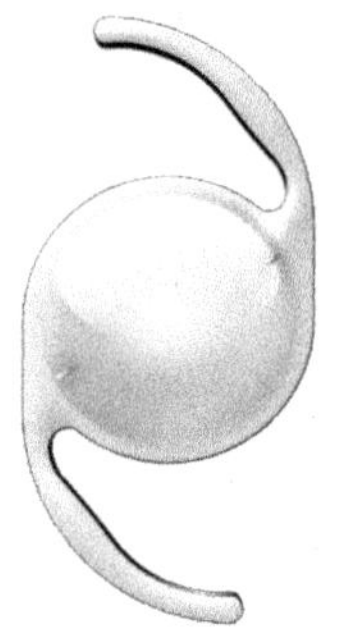

Toric 人工晶状体

地址：昌平区超前路 37 号 6 号楼一层北区
邮编：102200
电话：60745730
传真：58043652
网址：www.ebmedicail.com
电子邮箱：yulei@ebmedical.com
法定代表人：解江冰

（万　玮）

【中药自动煎药机】 是北京东华原医疗设备有限责任公司的主导产品。已推出九大系列 30 多个型号的中药煎药包装设备，在煎药机行业全国领先，同时也远销到东南亚、欧洲以及北美等地。公司拥有常温常压煎药机、密闭煎药机、循环煎药机、双循环煎药机、密闭常温组合机、密闭连体机、变量包装机以及十功能两煎煎药机、密闭两煎煎药机、均分包装机、浓缩收膏机等国内最全的煎药机产品线系列。东华原生产的新型煎药机，使中药煎药更经济、安全、有效，在国内得到广泛应用，反映良好。2012 年，东华原推出现代化煎药中心，开创了中药开方、调剂、浸泡、煎煮、包装、配送一体化的煎药服务理念，同时实现数字化、信息化的中药服务管理，现已在 10 余家知名医药企业以及数十家省、市级中医院得到应用和一致好评。公司于 2005 年通过了国家 ISO9001 质量体系认证和 ISO13485 医疗器械质量管理体系认证，2007 年通过德国莱茵检测认证、CE 产品安全质量认证，产品质量、安全和服务已达到欧盟标准。公司自主研制的十功能自动两煎煎药机被国家科技部认定为国家重点新产品。同时，东华原是煎药机行业标准、国家标准的制定单位。由东华原主导起草的国际标准《草药煎煮设备》已于2015年11月正式发布，这是中医诊疗设备领域的第二个国际标准，也是国际标准化组织/中医药技术委员会（ISO/TC249）发布的第四个中医药国际标准。2015年，公司销售收入突破2亿元。

十功能自动两煎煎药机

地址：昌平区科技园区振超路1号
邮编：102200
电话：13520601898
传真：89718021
网址：www.donghuayuan.com
法定代表人：南龙

（万 玮）

【98英寸8K超高清显示屏】 2013年11月，BOE（京东方科技集团股份有限公司）推出全球首款98英寸8K×4K（QUHD）显示屏，分辨率高达7680×4320，显示效果是4K×2K（UHD）显示屏的4倍，更是目前主流高清电视分辨率（FHD）的16倍，且搭载了京东方独有的ADSDS超硬屏技术。在显示效果上，8K×4K显示屏画质极为细腻，能最大程度还原真实色彩，而且可以覆盖人眼的整个视域，使观看者产生临场感。京东方8K超高清显示产品已开始向NHK本部及多家日本设备厂商供货。京东方98英寸8K×4K显示屏可广泛应用于商业领域，如医疗、大型体育赛事、音乐会、会议转播中心、艺术展厅、安防监控等；随着软硬件配置的升级，也有望逐步应用于家庭。其中竖屏便于商用、专业客户使用，尤其适用于标牌、公共显示或专业显示领域。该产品曾获得CEATEC 2015“生活方式创新产品大奖”“2014 IFA产品技术创新大奖”和SID 2014“Best in Show”奖。

98英寸8K超高清显示屏

地址：北京经济技术开发区西环中路12号
邮编：100176
电话：64318888
网址：www.boe.com
电子邮箱：pr@boe.com.cn
法定代表人：王东升

（黄永波）

【110英寸4K超高清显示屏】 2012年11月，BOE（京东方科技集团股份有限公司）推出全球首款110英寸4K×2K超高清显示屏。该显示屏采用了京东方独有的ADSDS超硬屏技术，拥有178度超宽视角、3840×2160的分辨率，4倍于FHD的超高清级别。亮度高达1000nits，产品在室外公共场所能够实现高品质显示，而10bit色彩技术可呈现10.7亿种颜色，使得色彩更加丰富艳丽，画质更为清晰。同时，该产品集众多大尺寸面板的高端技术于一体，如超大尺寸面板拼接曝光、超大尺寸先进工艺制程、高帧速面板设计、超大尺寸拼接镜像同步扫描、120赫兹高频驱动、局域动态背光等先进技术。京东方110英寸4K超高清显示屏可应用于办公场所、数字显示牌、影院等领域。

110英寸4K超高清显示屏

地址：北京经济技术开发区西环中路12号
邮编：100176
电话：64318888
网址：www.boe.com
电子邮箱：pr@boe.com.cn
法定代表人：王东升

（黄永波）

【exiTin H430 TiN金属硬掩膜物理气相沉积系统】 由

北京北方微电子基地设备工艺研究中心有限责任公司于2012年研发成功并进入客户端验证。该设备可满足集成电路12英寸生产线28纳米硬掩膜工艺的物理气相沉积需求，具有成膜均匀性好、应力低、操作简单、占地面积小、运行成本低及产能高等特点，给客户工艺集成提供了优化空间。该设备不仅获得大陆客户的好评，也得到台湾客户的青睐，现已应用于多条集成电路生产线上，填补了国内此类装备的空白，实现了国产化替代。截至2015年年底，exiTin H430 TiN金属硬掩膜物理气相沉积系统已获得销售收入近1亿元。

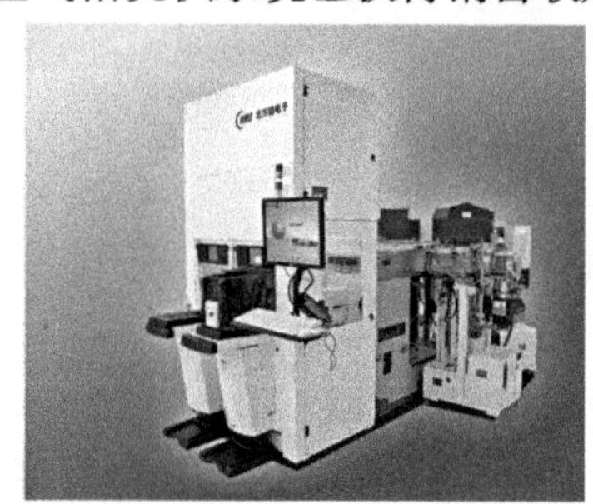

exiTin H430 TiN 金属硬掩膜物理气相沉积系统

地址：北京经济技术开发区文昌大道8号
邮编：100176
电话：57846959
传真：57846777
网址：www.bj–nmc.cn
电子邮箱：niuh@bj–nmc.cn
法定代表人：王岩

（黄永波）

【纯电动汽车电池包】 北京电控爱思开科技有限公司（BESK）是由北汽集团、北京电控、SKI三方共同投资设立的中国第一家中外合资的电池包企业。公司产能分两期建设，2014年6月底建成年产12000台电池包的产能（40台/天）。产品主要特点是能量密度高（电池单体大于180千瓦/千克，电池包约110千瓦/千克），低温性能好（零下20摄氏度可正常工作），可靠性高。公司重视技术创新工作，已申请相关专利8项。该产品目前主要配套北京汽车新能源汽车有限公司C70GB、C33DB车型，2015年主要业务收入达6亿多元。

纯电动汽车电池包

地址：北京经济技术开发区经海四路9号
邮编：100176
电话：59290852
电子邮箱：xiezhengzheng@besk.cn
法定代表人：徐和谊

（黄永波）

人 物

2015年北京市工业主要领导干部

本名单中，区县和相关部门只列主管工业的领导，市属控股（集团）公司（包括部分中央在京工业企业）只列党、政副职领导。领导任职、离任时间以上级组织部门批文为准。

市级、委办局级领导

北京市人民政府副市长（主管工业）

张　工　隋振江

北京市经济和信息化委员会

（北京市国防科学技术工业办公室）

党组书记　李　平

主　　任　张伯旭

副 主 任　李　洪　王学军　童腾飞　樊　健　毛东军

纪检组组长　张国栋

委　　员　刘京辉（女）　任世强

副巡视员　邹　彤（女）　张兰青（女）

副 局 级　陈志峰　王颖光

北京市无线电管理局

局　　长　陆恭超

16区及其他单位领导

东城区

主管副区长　许　汇

产业和投资促进局局长　陈　平

西城区

主管副区长　苏　东（11月离任）　郭怀刚（11月任职）

发展改革委主任　吴向阳（7月离任）　许晓红（女，7月任职）

朝阳区

副 区 长　张维刚

发展改革委主任　常树奇（2014年12月离任）　刘　野（4月任职）

海淀区

副 区 长　孟景伟

经信办主任　何建吾

丰台区

常务副区长　刘树苹（女，6月离任）　张　婕（女，7月任职）

经济信息化委主任　吴神赋

石景山区

副 区 长　司马红（女，9月离任）　田利跃（9月任职）

经济信息化委主任　李元涛

门头沟区

副　区　长　陈国才

经济信息化委主任　李国庆

房山区

副　区　长　吕守军

经济信息化委主任　赵永祥

通州区

副　区　长　洪　波

经济信息化委主任　陈国庆

顺义区

副　区　长　盛德利（2014 年 3 月离任）
朱家亮（2014 年 3 月任职）

经济信息化委主任　郭振江（6 月离任）
宋　鹏（6 月任职）

大兴区

副　区　长　喻华锋

经济信息化委主任　刘士忠

昌平区

副　区　长　苏贵光

经济信息化委主任　王志刚

平谷区

主管副区长　底志欣（12 月离任）
李永生（12 月任职）

经济信息化委主任　崔东辉（8 月离任）
胡东升（8 月任职）

怀柔区

副　区　长　张　勇（3 月离任）
王　彧（5 月任职）

经济信息化委主任　周怀明

密云区

副　区　长　郭　鹏

经济信息化委主任　姜　博（2014 年 11 月离任）
王建国（3 月任职）

延庆区

副　区　长　刘　兵

经济信息化委主任　祁增华

北京市工商业联合会

主　　席　程　红（女）

常务副主席　郑默杰（女）

副　主　席　张卫江（11 月离任）　佘运高
郑勇男　王爱民
王报换　王　蓓（女）
王子华　王长田
王幼君　尹卫东
刘振东　齐向东
安　庭　李玉立
李璟瑜　吴　双（女）
张宝全　陈东升
陈进忠　郃武淳
周一晨　周明德
赵　勇　赵瑞海
秦升益　秦剑锋
夏　敏　徐生恒
郭　为

中关村科技园区管理委员会

主　　任　郭　洪

副　主　任　马胜杰（正局级，2 月离任）
杨建华（保留正局级）
宣　鸿　廖国华
王汝芳
白智勇（挂职，11 月离任）
周国林（挂职）
贾　堤（挂职，10 月离任）
张　涛（挂职，7 月任职）

北京经济技术开发区管理委员会

主　　任　梁　胜

副　主　任　高言杰（11 月离任）
王合生　绳立成
袁立洪　陈小男
沈永刚（12 月任职）

北京一轻控股有限责任公司

董　事　长　苏志民

总　经　理　阮忠奎

副总经理　彭　林（1 月离任）
王旭东（1 月离任）
杜罗坤　张学清
李俊杰　袁新民
于吉广　马建秋

党委书记　苏志民

党委副书记　阮忠奎　洪艳华（女）

北京隆达轻工控股有限责任公司

董　事　长　李　玎（女）

总　经　理　张德华

副总经理　粟国锦　董　淳

李文宽
党委书记　李　玎（女）
党委副书记　张德华　战　英（女）

北京纺织控股有限责任公司
董事长　吴　立
总经理　李学彬
副总经理　顾伟达　赵宏晔
吴鹤立　贠天祥
党委书记　吴　立
党委副书记　李学彬　徐经力

北京工美集团有限责任公司
董事长　李　节
总经理　魏连伟
常务副总经理　王　健
副总经理　孟繁民
党委书记　李　节
党委副书记　魏连伟　杨中俊

中国石化集团北京燕山石油化工有限公司
董事长　罗　强
总经理　罗　强
副总经理　王　哲　李　刚
党委书记　王　哲
党委副书记　罗　强　许　光

中国石油化工股份有限公司北京燕山分公司
总经理　罗　强
副总经理　王　哲　李清河
焦　阳　从　煜

北京化学工业集团有限责任公司
董事长　项大北（1月离任）
刘文超（1月任职）
总经理　刘文超（11月离职）
苏建军（11月任职）
副总经理　吕德明　张　建
孙绍刚　苏建军（11月离职）
何燕卿　陈　宇
党委书记　项大北（1月离任）
刘文超（1月任职）
党委副书记　刘文超（11月离职）
苏建军（11月任职）
张荣立

北京金隅集团有限责任公司
董事长　蒋卫平（7月离任）
姜德义（7月任职）
副董事长　王建国
党委书记　蒋卫平（7月离任）
姜德义（7月任职）
党委副书记　吴　东　石喜军

国网北京市电力公司
总经理　尹昌新（11月离任）
李同智（11月任职）
副总经理　杨新法　刘润生
安建强　杜小波
唐屹峰
王西胜（2014年12月任职）
党委书记　杨新法
党委副书记　尹昌新（11月离任）
李同智（11月任职）

北京电子控股有限责任公司
董事长　王　岩
副董事长　王东升
总经理　赵炳弟
副总经理　袁汉元（10月离任）
谢小明　张劲松
陈勇利
党委书记　王　岩
党委副书记　赵炳弟　张岳明
宋士军（2月任职）

北京京城机电控股有限责任公司
董事长　任亚光
总经理　仇　明
副总经理　王国华　蒋自力
王　军
党委书记　任亚光
党委副书记　仇　明　赵　莹

北京京仪集团有限责任公司
董事长　史红民
副董事长　张　华
李　晓（2014年7月任职，2015年6月离任）
总经理　高玉清
副总经理　李英龙（8月离任）
刘世华　杨睦民
秦海波　卢继伟（12月任职）
李　晓（6月离任）
党委书记　史红民
党委副书记　高玉清　李英龙
李学江（1月离任）
张　华（1月离任）

中国北京同仁堂（集团）有限责任公司

董 事 长 梅 群
总 经 理 高振坤
副总经理 丁永玲（女）
张庆增（回族，3月离任）
马保健（女）
顾海鸥 饶祖海（1月任职）
张荣寰（12月任职）
李 缤（12月任职）
党委书记 梅 群
党委副书记 王 泉（2014年9月离任）
高振坤 陆建国

北京同仁堂股份有限公司

董 事 长 梅 群（4月离任）
高振坤（4月任职）
副董事长 丁永铃（女）
总 经 理 高振坤（2014年12月离任）
刘向光（2月任职）
副总经理 刘向光（2月离任）
朱共培 宋卫清（女）
张建勋 李兴毅（4月离任）
韩春举
党委书记 侯德英（女）

首钢总公司

董 事 长 靳 伟
副董事长 徐 凝（3月离任）
总 经 理 张功焰（3月任职）
徐 凝（3月离任）
副总经理 张功焰（3月离任）
赵民革 白 新
孙永刚
孙伟伟（女，7月离任）
强 伟（5月离任）
胡雄光 韩 庆
党委书记 靳 伟
党委副书记 张功焰（3月任职）
徐 凝（3月离任）
许建国 何 巍

北京汽车集团有限公司

董 事 长 徐和谊
副董事长 吕振清 卫华诚
总 经 理 张夕勇
副总经理 韩永贵 马童立
张 健 蔡速平
叶正茂 陈 江
张 欣 孔 磊
张建勇（6月任职）
党委书记 徐和谊
党委副书记 张夕勇 李志立

中车北京二七机车有限公司

董 事 长 杨永林
副董事长 马建勋
总 经 理 杨永林
副总经理 高维寅 荣海峰
张志宏 曹宏晏
王洪义 乔红波
郭凤江
党委书记 马建勋
党委副书记 王玉麟

中车北京二七车辆有限公司

董 事 长 史硕致（12月任职）
总 经 理 兰 叶
副总经理 贾春亮（10月离任）
安 卫 张志山
戴志勇 孙 斌
王武建 赵咏梅（11月任职）
党委书记 史硕致（12月任职）
党委副书记 兰 叶 杜向东

中车北京南口机械有限公司

董 事 长 孙 凯
副董事长 张秀臣
总 经 理 孙 凯
副总经理 耿 刚 樊学军
武德全 王 珩
王文颖 魏亦南（12月任职）
穆乃利（12月任职）
党委书记 张秀臣
党委副书记 孙 凯 宋焕其

北京市民政工业总公司

总 经 理 姜 武
副总经理 张怀麟（1月离任）
王 瑾 王怀宇
席培利 黑昱晨
郭进生
党委书记 姜 武
党委副书记 王 瑾

第十六届北京市工业和信息化职业技能竞赛获奖名单

为贯彻落实《北京工业和信息化“十二五”发展规划》及《关于促进北京市工业和信息化人才队伍建设的意见》精神，发挥职业技能竞赛在高技能人才培养、选拔和激励等方面的作用，进一步推动北京市高技能人才队伍建设，由北京市经济和信息化委员会、北京市人力资源和社会保障局、北京市人民政府国有资产监督管理委员会、北京市教育委员会、北京市总工会、共青团北京市委员会、北京工业经济联合会共同举办的“第十六届北京市工业和信息化职业技能竞赛”历时一年结束。

本届大赛共设立电焊工等64个职业工种，涉及竞赛组委会68个，约4万余人参与初赛，5172人进入复赛，1533人进入决赛。通过竞赛，涌现出一大批技能人才，在全市营造出了学技术、练技能、争当岗位能手的浓厚氛围，有效提高了职工技能水平。

根据京经信委发〔2014〕35号文件精神，决定授予苟晓飞等428人“北京市工业和信息化高级技术能手”称号；授予张郑鑫等20人“北京市工业和信息化行业技术能手”称号；授予王薇等40人“北京市工业和信息化最佳操作能手”称号；授予孙超等60人“优秀工作人员”称号；授予高志鹏等60人“优秀教练员”称号；授予北京市地铁运营有限公司等27个单位“优秀组织奖”。

北京市工业和信息化高级技术能手

信息安全员

苟晓飞 北京市燃气集团有限责任公司
翟楠希 北京市燃气集团有限责任公司高压管网分公司
万 峻 北京市红十字血液中心
黄新明 北京燃气用户服务有限公司
许德刚 北京市燃气集团有限责任公司第二分公司
孙鹏宇 北京市燃气集团有限责任公司

计算机网络管理员

苟晓飞 北京市燃气集团有限责任公司
杨大为 北京市燃气集团有限责任公司
马时伟 迁安首信自动化信息技术有限公司
郭 丽 北京信息职业技术学院
陶 然 中国移动北京公司
刘 易 北京信息职业技术学院
马龙军 迁安首信自动化信息技术有限公司
房 潇 迁安首信自动化信息技术有限公司
黄新明 北京燃气用户服务有限公司
李建亮 迁安首信自动化信息技术有限公司

食品检验工

王 薇 北京一轻高级技术学校
王伏超 北京一轻高级技术学校
王 舒 北京一轻高级技术学校
梁 佳 北京商贸学校
敖海英 北京商贸学校
韩秀丽 北京一轻高级技术学校
董 靖 北京稻香村食品有限责任公司食品厂
于海波 北京一轻高级技术学校
王振淼 北京一轻高级技术学校
顾 爽 北京一轻高级技术学校

化学检验工

崔 杰 北京市工业技师学院
王连旺 北京化学试剂研究所
李 刚 北京航空材料研究院
刘 博 北京市工业技师学院
孟祥娟 北京化学试剂研究所
孟宪冬 北京化学试剂研究所
梁 萌 北京市工业技师学院
金美娜 北京化工厂
韩 笑 北京化学试剂研究所

数控机床装调维修工

陈建坤 北京市工业技师学院
耿海锋 北京工研精机股份有限公司
齐春阳 北京工研精机股份有限公司
任凤彤 北京工研精机股份有限公司
郭志刚 北京工研精机股份有限公司
王 磊 北京工研精机股份有限公司
刘建国 首都航天机械公司
于 洋 北京工研精机股份有限公司
周 浩 北京市工业技师学院

李晓彬　首都航天机械公司

机电一体化

张建祥　北京市工业技师学院
刘　磊　北京市工业技师学院
马向东　北京市工业技师学院
孙　虎　北京市工业技师学院
丁利佳　北京市工业技师学院

送电线路工

姚　磊　国网北京市电力公司检修分公司
章恕彬　北京京电电网维护集团有限公司输电工程公司
郭子峰　北京京电电网维护集团有限公司输电工程公司
蔡星全　北京京电电网维护集团有限公司输电工程公司
迟兴江　国网北京检修公司一输电运检中心
秦志勇　国网北京检修公司一输电运检中心
李　超　北京京电电网维护集团有限公司输电工程公司
刘少君　北京京电电网维护集团有限公司输电工程公司

中药调剂员

张雪梅　北京同仁堂北苑双营药店有限责任公司
史　亮　北京同仁堂连锁药店有限责任公司
曹建荣　北京同仁堂商业投资集团有限公司同仁堂药店
周　健　北京同仁堂连锁药店有限责任公司通朝大街药店
吴　威　北京同仁堂商业投资集团有限公司同仁堂药店
白蛟魁　北京同仁堂健康药业股份有限公司

医药商品购销员

陈春梅　华润医药商业集团有限公司
李　斌　北京金象大药房医药连锁有限责任公司
傅亚荣　北京金象复星医药股份有限公司白塔寺药店
鲁　娟　华润医药商业集团有限公司
李世全　北京金象大药房医药连锁有限责任公司
郝金强　北京金象大药房医药连锁有限责任公司

无线电调试工

张永刚　北京大华无线电仪器厂
宛建平　北京电子信息高级技工学校
贾利坤　北京自动化控制设备研究所
杨俊生　北京自动化控制设备研究所
郑华金　北京自动化控制设备研究所
谢仲成　北京新立机械有限责任公司
王建志　北京新立机械有限责任公司
王洪林　北京航天光华电子技术有限公司
颜增辉　北京大华无线电仪器厂
董宏旺　北京电子信息高级技工学校

无线电装接工

张　程　航天长征火箭技术有限公司
信力华　北京航天光华电子技术有限公司
贺佳伟　航天长征火箭技术有限公司
孙立群　北京特种机械研究所
杨　志　北京空间机电研究所
陶瑞兴　同方威视技术股份有限公司
王　燕　北京新立机械有限责任公司
李文杰　中国航天科技集团公司第一研究院第十八研究所
毛光荣　北京电子信息高级技工学校
赵亚娜　北京华航无线电测量研究所

智能楼宇管理师

刘志全　北京电子信息高级技工学校
单树明　北京电子信息高级技工学校
江素颖　北京电子信息高级技工学校
郭亚迪　北京电子信息高级技工学校
谢　斌　北京信息职业技术学院
许志辉　北京信息职业技术学院
姚　琦　北京信息职业技术学院
张恩忍　北京电子信息高级技工学校

计算机操作员

张银萍　北京电子信息高级技工学校
张　虹　北京电子信息高级技工学校
秦宏斌　北京信息职业技术学院
赵　玮　北京益泰电子集团有限责任公司
马宇宏　北京北广电子集团有限责任公司
周士贤　北京电子信息高级技工学校
王　嵩　北京无线电厂

薄膜晶体管阵列制造工

章全胜　合肥京东方光电科技有限公司
刘　宁　合肥鑫晟光电科技有限公司
闻庆亮　合肥京东方光电科技有限公司
刘　欢　合肥京东方光电科技有限公司
孙婉莹　合肥京东方光电科技有限公司
李　继　合肥京东方光电科技有限公司
方　娟　合肥鑫晟光电科技有限公司
王　颖　北京京东方光电科技有限公司

王召波 合肥京东方光电科技有限公司
车 璐 合肥鑫晟光电科技有限公司

液晶显示器件成盒制造工

杜 涛 合肥京东方光电科技有限公司
刘会莉 合肥京东方光电科技有限公司
毛佳荟 合肥京东方光电科技有限公司
张 梅 合肥京东方光电科技有限公司
张小芳 合肥京东方光电科技有限公司
张天驰 合肥京东方光电科技有限公司
郁志忠 合肥鑫晟光电科技有限公司
李将红 合肥京东方光电科技有限公司
李思豪 北京京东方光电科技有限公司
孙雪梅 北京京东方显示技术有限公司

液晶显示器件彩膜制造工

周飞计 合肥鑫晟光电科技有限公司
李 鹏 合肥京东方光电科技有限公司
王光伟 合肥京东方光电科技有限公司
朱 凯 合肥鑫晟光电科技有限公司
程 璐 合肥鑫晟光电科技有限公司
冯立山 合肥京东方光电科技有限公司
杜红梅 合肥京东方光电科技有限公司
钱文海 合肥京东方光电科技有限公司
方 圆 合肥鑫晟光电科技有限公司
夏 楠 合肥鑫晟光电科技有限公司

液晶显示器件模组制造工

李京京 北京京东方显示技术有限公司
康腊梅 北京京东方光电科技有限公司
汪 云 合肥鑫晟光电科技有限公司
米华林 合肥京东方光电科技有限公司
屈配配 北京京东方显示技术有限公司
赵永会 北京京东方显示技术有限公司
刘海彬 北京京东方显示技术有限公司
刘玉浩 北京京东方显示技术有限公司
孙文秀 合肥京东方光电科技有限公司
杨连勇 北京京东方显示技术有限公司

传声器装调工

黎桥珍 北京第七九七音响股份有限公司

扬声器装调工

任利民 北京七九七华音电子有限责任公司
崔飞飞 北京七九七华音电子有限责任公司

表面安装技术操作员

贺佳伟 航天长征火箭技术有限公司
杨 志 北京空间机电研究所
赵亚娜 北京华航无线电测量研究所
熊 艳 北京华航无线电测量研究所
马方超 北京华航无线电测量研究所
周晓娜 北京华航无线电测量研究所
张明义 北京电子信息高级技工学校
常春兰 北京空间机电研究所
胡万军 北京华航无线电测量研究所
刘 啸 电信科学技术仪表研究所

汽车装调工

巩 森 北京奔驰汽车有限公司
李德青 北京汽车股份有限公司北京分公司
史文跃 北京汽车股份有限公司北京分公司
姚炳楠 北京现代汽车有限公司
杨学峰 北京汽车有限公司北京分公司
赵慧斌 北京汽车集团有限公司
王 哲 北京汽车股份有限公司北京分公司
许金龙 北京现代汽车有限公司
路 鑫 北京奔驰汽车有限公司
程建杰 北京现代汽车有限公司

涂装工

王义伟 北汽福田汽车股份有限公司诸城汽车厂
王海明 北汽福田汽车股份有限公司诸城汽车厂
王 伟 北汽福田汽车股份有限公司诸城汽车厂
丁卫杰 北汽福田汽车股份有限公司诸城汽车厂
王守坤 北汽福田戴姆勒汽车有限公司欧曼一厂涂装部
刘德刚 北京汽车股份有限公司北京分公司
李士楠 北京现代汽车有限公司
郭国明 北汽福田戴姆勒汽车有限公司欧曼一厂涂装部
穆 利 北京汽车股份有限公司北京分公司
庞子辰 北京现代汽车有限公司

平版印刷工

魏学军 中国人民解放军第一二〇六工厂
张志明 北京金辰西维科安全印务有限公司
赵建刚 中国人民解放军第一二〇六工厂
宋丰然 北京科信印刷有限公司
郝吉祥 北京华联印刷有限公司
黄昌荣 北京地大天成印务有限公司
贾俊亭 北京华联印刷有限公司
李大勇 北京盛通印刷股份有限公司
顾宗虎 北京强华印刷厂
曹 兵 北京顶佳世纪印刷有限公司

平版制版工

车树志 中国人民解放军第一二〇六工厂

陈丽红　北京燕泰美术制版印刷有限责任公司
季　超　北京强华印刷厂
张　吟　北京人教聚珍图文技术有限责任公司
李海涛　北京利丰雅高长城印刷有限公司
曾思平　北京中科印刷有限公司
周德保　北京美通印刷有限公司
贾　艳　北京市房山区第二职业高中
周　锐　中国人民解放军第一二〇六工厂
陈　维　北京奇良海德印刷有限公司

印品整饰工

王水荣　澳科投资有限公司
刘鹏飞　澳科投资有限公司
谭林骏　澳科投资有限公司
王　飞　澳科投资有限公司
张兴光　澳科投资有限公司
欧阳仁建　澳科投资有限公司
来建红　澳科投资有限公司
李海霞　澳科投资有限公司

平版印刷（报轮）

付　勇　新华社印刷厂
王宇佳　人民日报社印刷厂
黄海锋　人民日报社印刷厂
肖　伟　人民日报社印刷厂
赵兴旺　新华社印刷厂
赵玉祥　中国青年报社印刷厂
张伟男　中国青年报社印刷厂
李　涛　北京日报社印务有限责任公司
辛德根　解放军报社印刷厂
窦军杨　解放军报社印刷厂

钢琴及键盘乐器制作工

吕　娟　北京星海钢琴集团有限公司
刘光胜　北京星海钢琴集团有限公司
盛银锁　北京星海钢琴集团有限公司
张国才　北京星海钢琴集团有限公司
陈汝丽　北京星海钢琴集团有限公司
季永全　北京星海钢琴集团有限公司
张　玲　北京星海钢琴集团有限公司
赵治宇　北京星海钢琴集团有限公司

炉前工

刘淑伟　秦皇岛首秦金属材料有限公司
刘亚辉　秦皇岛首秦金属材料有限公司
李少特　首钢股份公司迁安钢铁公司
张伟光　首钢京唐公司
李亚松　首钢京唐公司

转炉炼钢工

苏立恒　首钢京唐公司
李光辉　首钢京唐公司
郭佳宁　首钢京唐公司
付景慧　首钢京唐公司
郝　宁　首钢京唐公司

连铸工

赵海青　秦皇岛首秦金属材料有限公司
李胜英　首钢京唐公司
赵　洲　首钢京唐公司
齐士伟　首钢京唐公司
杨　勇　首钢京唐公司

轧钢工

荣彦明　首钢京唐公司
张月林　首钢股份公司迁安钢铁公司
周新行　首钢京唐公司
王世杰　首钢京唐公司
焦彦龙　首钢股份公司迁安钢铁公司

矿用重型卡车司机

吴大宽　首钢矿业公司
郭海旺　首钢矿业公司
高永财　首钢矿业公司
孙　锐　首钢矿业公司
刘晓峰　首钢矿业公司

天车工

陈　彬　首钢京唐公司
路　璐　首钢股份公司迁安钢铁公司
刘旭磊　首钢京唐公司
赵　永　首钢京唐公司
孙　杰　首钢股份公司迁安钢铁公司

车站值班员

马小明　北京市地铁运营有限公司运营四分公司
商　亮　北京市地铁运营有限公司运营二分公司
韩　双　北京市地铁运营有限公司运营四分公司
王培曦　北京市地铁运营有限公司运营四分公司
牛子辰　北京市地铁运营有限公司运营四分公司
刘　双　北京市地铁运营有限公司运营一分公司
于　猛　北京市地铁运营有限公司运营四分公司
李月红　北京市地铁运营有限公司运营四分公司

电梯维修工

隗合远　北京市地铁运营有限公司机电分公司
徐铁柱　北京市地铁运营有限公司机电分公司
刘卫东　北京市地铁运营有限公司机电分公司
张　跃　北京市地铁运营有限公司机电分公司

燕朝庭 北京市地铁运营有限公司机电分公司
姜 山 北京市地铁运营有限公司机电分公司
张 勇 北京市地铁运营有限公司机电分公司
初泉成 北京市地铁运营有限公司机电分公司

线路工

祁登宇 北京市地铁运营有限公司线路分公司
王鹏扬 北京市地铁运营有限公司线路分公司
吴建钢 北京市地铁运营有限公司线路分公司
刘 岩 北京市地铁运营有限公司线路分公司
朱 建 北京市地铁运营有限公司线路分公司
张 硕 北京市地铁运营有限公司线路分公司
贾晓宇 北京市地铁运营有限公司线路分公司
范 晨 北京市地铁运营有限公司线路分公司

变电设备检修工

马致中 北京市地铁运营有限公司供电分公司
范 辰 北京市地铁运营有限公司供电分公司
刘德江 北京市地铁运营有限公司供电分公司
张 明 北京市地铁运营有限公司供电分公司
赵 玮 北京市地铁运营有限公司供电分公司
王 志 北京市地铁运营有限公司供电分公司
王 凯 北京市地铁运营有限公司供电分公司
刘 月 北京市地铁运营有限公司供电分公司

电动列车司机

张 浩 北京市地铁运营有限公司运营四分公司
赵 冉 北京市地铁运营有限公司运营四分公司
齐学海 北京市地铁运营有限公司运营三分公司
朱 博 北京市地铁运营有限公司运营四分公司
董文伯 北京市地铁运营有限公司运营一分公司
赵 健 北京市地铁运营有限公司运营三分公司
张 岚 北京市地铁运营有限公司运营四分公司
张 南 北京市地铁运营有限公司运营一分公司

城轨信号工

潘 璠 北京市地铁运营有限公司通信信号分公司
商学文 北京市地铁运营有限公司通信信号分公司
宋振雷 北京市地铁运营有限公司通信信号分公司
于 晶 北京市地铁运营有限公司通信信号分公司
殷 园 北京市地铁运营有限公司通信信号分公司
张 怡 北京市地铁运营有限公司通信信号分公司
赵 楠 北京市地铁运营有限公司通信信号分公司
苏子龙 北京市地铁运营有限公司通信信号分公司

桥隧维修工

黄 博 北京市地铁建筑安装工程公司
刘 苗 北京市地铁建筑安装工程公司
于 博 北京市地铁建筑安装工程公司
戈 旭 北京市地铁建筑安装工程公司
王 玮 北京市地铁建筑安装工程公司
季成忠 北京市地铁建筑安装工程公司
周春吉 北京市地铁建筑安装工程公司
高 强 北京市地铁建筑安装工程公司

电动列车电气钳工

张克林 北京市地铁运营有限公司运营四分公司
杨 鑫 北京市地铁运营有限公司运营四分公司
聂博涛 北京市地铁运营有限公司运营二分公司
杜 峰 北京市地铁运营有限公司运营一分公司
张业浩 北京市地铁运营有限公司运营一分公司
贺 晶 北京市地铁运营有限公司运营二分公司
陈 辉 北京市地铁运营有限公司运营四分公司
张 辰 北京市地铁运营有限公司运营二分公司

电动列车机械钳工

张 章 北京市地铁运营有限公司运营三分公司
黄 蕾 北京市地铁运营有限公司运营二分公司
邵林波 北京市地铁运营有限公司运营四分公司
孙迎新 北京市地铁运营有限公司运营二分公司
穆日葆 北京市地铁运营有限公司运营三分公司
胡 然 北京市地铁运营有限公司运营四分公司
李 伟 北京市地铁运营有限公司运营四分公司
王 宇 北京市地铁运营有限公司运营三分公司

城轨通信工

王 钦 北京市地铁运营有限公司通信信号分公司
徐 祥 北京市地铁运营有限公司通信信号分公司
朱松洁 北京市地铁运营有限公司通信信号分公司
高志成 北京市地铁运营有限公司通信信号分公司
李春明 北京市地铁运营有限公司通信信号分公司
张照光 北京市地铁运营有限公司通信信号分公司
周子叶 北京市地铁运营有限公司通信信号分公司
孙 冉 北京市地铁运营有限公司通信信号分公司

行车调度

陈 科 北京市地铁运营有限公司调度指挥中心
杨 杰 北京市地铁运营有限公司调度指挥中心
张 斌 北京市地铁运营有限公司调度指挥中心
李 涛 北京市地铁运营有限公司调度指挥中心
牛志斌 北京市地铁运营有限公司调度指挥中心
周 斌 北京市地铁运营有限公司调度指挥中心
胡存华 北京市地铁运营有限公司调度指挥中心
辛 涛 北京市地铁运营有限公司调度指挥中心

地铁屏蔽门工

高军城 北京市地铁运营有限公司机电分公司
彭 李 北京市地铁运营有限公司机电分公司

杜立军　北京市地铁运营有限公司机电分公司
穆怀刚　北京市地铁运营有限公司机电分公司
徐宏利　北京市地铁运营有限公司机电分公司
张　强　北京市地铁运营有限公司机电分公司
宗　浩　北京市地铁运营有限公司机电分公司
董建康　北京市地铁运营有限公司机电分公司

城轨自动售检票工（AFC）

房　亮　北京市地铁运营有限公司通信信号分公司
赵萌萌　北京市地铁运营有限公司通信信号分公司
刘　洋　北京市地铁运营有限公司通信信号分公司
邢　进　北京市地铁运营有限公司通信信号分公司
郑　玮　北京市地铁运营有限公司通信信号分公司
胡晓晴　北京市地铁运营有限公司通信信号分公司
周闻蓬　北京市地铁运营有限公司通信信号分公司
何雄飞　北京市地铁运营有限公司通信信号分公司

高铁线路工

巩旭波　北京铁路局北京高铁工务段
刘　剑　北京铁路局北京高铁工务段
张晓安　北京铁路局北京高铁工务段
孙文刚　北京铁路局北京高铁工务段
曲宏旭　北京铁路局北京高铁工务段
谢　征　北京铁路局北京高铁工务段
柳长喜　北京铁路局北京高铁工务段
张连鑫　北京铁路局北京高铁工务段
万承宏　北京铁路局北京高铁工务段
师文帅　北京铁路局北京高铁工务段

维修电工

田　赫　北京奔驰汽车有限公司
李剑昭　北京现代汽车有限公司
管　波　北汽福田诸城奥铃汽车厂
张作升　北汽福田诸城奥铃汽车厂
刘　捷　北京奔驰汽车有限公司
殷力争　北京奔驰汽车有限公司
王建华　北京奔驰汽车有限公司
焦　振　北京奔驰汽车有限公司
杨　利　北京汽车股份有限公司北京分公司
王加伟　北汽福田诸城奥铃汽车厂

电焊工

董谢天　北京航天新风机械设备有限责任公司
刘　鑫　秦皇岛首秦钢材加工配送有限公司
刘瑞献　北京航天新风机械设备有限责任公司
果志伟　秦皇岛首秦钢材加工配送有限公司
吴　炅　北京航天新风机械设备有限责任公司
王海龙　首钢京唐钢铁联合有限责任公司
丁文静　北京航天新风机械设备有限责任公司
张　钊　首钢矿业公司
李晓荣　北京燕华工程建设有限公司
刘自重　北京燕华工程建设有限公司
赵衍军　北京燕华工程建设有限公司
高明军　北京燕华工程建设有限公司
尹天航　北京燕华工程建设有限公司
崔亚群　北京地铁车辆装备有限公司

工具钳工

李道胜　北京市工贸技师学院
姜丛帅　北京航天新风机械设备有限责任公司
孟庆营　北京航天新风机械设备有限责任公司
李志宏　北京航天新风机械设备有限责任公司
于长泉　北京星航机电装备有限公司
翟洪涛　北京星航机电装备有限公司
尹立志　北京新立机械有限责任公司

数控车工

刘朝辉　北京新立机械有限责任公司
李文中　北京新立机械有限责任公司
李超杰　北一大隈（北京）机床有限公司
王东征　航天长征火箭技术有限公司
惠赛谋　北京航天新风机械设备有限责任公司
周　涛　北京动力机械研究所
陈　月　北京星航机电装备有限公司
宋玉升　北京航天新风机械设备有限责任公司
刘　阳　北京北方车辆集团有限公司

数控铣工

常晓飞　北京航天新风机械设备有限责任公司
杨国强　北京航天新风机械设备有限责任公司
马子军　北京空间机电研究所
马利冉　北京新立机械有限责任公司
刘利利　北京航天新风机械设备有限责任公司
尚松林　北京星航机电装备有限公司
王懿海　北京新立机械有限责任公司
郭成达　北京空间机电研究所
吴垂禄　北京航天新风机械设备有限责任公司
赵　宇　北京新立机械有限责任公司

加工中心操作工

陈　臣　北京星航机电装备有限公司
贺潇强　北京星航机电装备有限公司
郝帅帅　北京航天光华电子技术有限公司
陈　莹　北京航科发动机控制系统科技有限公司
孙长胜　北京动力机械研究所
赵海宾　中国航天空气动力技术研究院

赵金松 北京北方车辆集团有限公司
李 歆 航天科工集团第三研究院第8358研究所
郭思东 北京星航机电装备有限公司
赵伟昌 中国航天科技集团公司第一研究院第十八研究所

北京市工业和信息化行业技术能手

车工

张郑鑫 航天长征火箭技术有限公司
郭江勇 中国航天科技集团公司第一研究院第十八研究所
何立新 首都航天机械公司
庄黎明 首都航天机械公司
焦精华 SMC(北京)制造有限公司

服装设计定制工

刘俊莲 北京大华天坛服装有限公司
李梦迎 北京大华天坛服装有限公司
冯 慧 北京大华天坛服装有限公司
金燕霞 北京大华天坛服装有限公司
马立新 北京大华天坛服装有限公司

装订工

林宗剑 北京盛通印刷股份有限公司
梁军法 中国农业出版社印刷厂
孙加亮 北京盛通印刷股份有限公司
张磊磊 北京鸿博昊天科技有限公司
齐光军 北京一二零一印刷厂

半导体分立器件、集成电路装调工

马继红 北京燕东微电子有限公司
鲍学影 北京燕东微电子有限公司
李 娜 北京燕东微电子有限公司
王文秀 北京燕东微电子有限公司
高 威 北京燕东微电子有限公司

北京市工业和信息化最佳操作能手

信息安全员

苟晓飞 北京市燃气集团有限责任公司

计算机网络管理员

苟晓飞 北京市燃气集团有限责任公司

食品检验工

王 薇 北京一轻高级技术学校

化学检验工

崔 杰 北京市工业技师学院

数控机床装调维修工

陈建坤 北京市工业技师学院

机电一体化

张建祥 北京市工业技师学院

送电线路工

姚 磊 国网北京市电力公司检修分公司

中药调剂员

张雪梅 北京同仁堂公司北苑双营药店有限责任公司

医药商品购员

陈春梅 华润医药商业集团有限公司

无线电调试工

张永刚 北京大华无线电仪器厂

无线电装接工

张 程 航天长征火箭技术有限公司

智能楼宇管理师

单树明 北京电子信息高级技工学校

计算机操作员

张银萍 北京电子信息高级技工学校

薄膜晶体管阵列制造工

孙婉莹 合肥京东方光电科技有限公司

液晶显示器件成盒制造工

郁志忠 合肥鑫晟光电科技有限公司

液晶显示器件彩膜制造工

周飞计 合肥鑫晟光电科技有限公司

液晶显示器件模组制造工

李京京 北京京东方显示技术有限公司

传声器装调工

黎桥珍 北京第七九七音响股份有限公司

扬声器装调工

任利民 北京七九七华音电子有限责任公司

表面安装技术操作员

杨 志 北京空间机电研究所

汽车装调工

巩 森 北京奔驰汽车有限公司

涂装工

王义伟 北汽福田汽车股份有限公司诸城汽车厂

平版印刷工

魏学军 中国人民解放军第一二O六工厂

平版制版工

车树志 中国人民解放军第一二O六工厂

印品整饰工

王水荣 澳科投资有限公司

平版印刷（报轮）

王宇佳 人民日报社印刷厂

钢琴及键盘乐器制作工

吕 娟 北京星海钢琴集团有限公司

炉前工

刘淑伟 秦皇岛首秦金属材料有限公司

转炉炼钢工

郭佳宁 首钢京唐公司

连铸工

赵海青 秦皇岛首秦金属材料有限公司

轧钢工（热轧）

荣彦明 首钢京唐公司

矿用重型卡车司机

吴大宽 首钢矿业公司

天车工

陈 彬 首钢京唐公司

高铁线路工

刘 剑 北京铁路局北京高铁工务段

维修电工

田 赫 北京奔驰汽车有限公司

电焊工

刘瑞献 北京航天新风机械设备有限责任公司

工具钳工

李道胜 北京市工贸技师学院

数控车工

刘朝辉 北京新立机械有限责任公司

数控铣工

马利冉 北京新立机械有限责任公司

加工中心操作工

陈 臣 北京星航机电装备有限公司

优秀组织单位（排名不分先后）

北京市地铁运营有限公司
北京市地铁运营有限公司机电分公司
北京市地铁运营有限公司运营二分公司
北京市地铁运营有限公司运营三分公司
北京汽车集团有限公司
北京奔驰汽车有限公司
北京现代汽车有限公司
北京电子控股有限责任公司
京东方科技集团股份有限公司
北京电子信息高级技工学校
国网北京市电力公司
北京市工贸技师学院
北京市工业技师学院
北京一轻控股有限责任公司
北京一轻高级技术学校
北京星海钢琴集团有限公司
首钢总公司
首钢京唐公司
首钢技师学院
北京铁路局工会
北京新立机械有限责任公司
北京航天新风机械设备有限责任公司
北京燕华工程建设有限公司
北京医药行业协会
北京同仁堂商业投资集团有限公司
北京印刷协会
澳科投资有限公司

优秀工作人员

孙 超 王 勇 邵春红 王 萍 牛 刚 李久强
高 健 罗洪军 章 帆 王 伟 荣 军 刘 宁
张 健 张 丰 陈 捷 宋 雯 崔建凯 闫永利
杜 淼 刘瑞谞 刘海龙 李 平 张树营 肖艳红
沈桂兰 方 颖 陈利伟 廖振勇 王 犀 方国明
刘莉杰 仝瑞锋 王旭晨 洪 鑫 朱海燕 蔺 瑞
袁仪廷 段德新 刘惠玲 韩 昌 邢国忠 金婧怡
李建彬 刘李明 王玉英 王金娥 佟 爽 卞丽亚
何震涛 王保廷 方 凝 支 玮 邹 艳 张秀芳
刘玉温 冯庆龙 别 璐 单德芳 韩 燕 许玉萍

优秀教练员

高志鹏　骆尚伟　郑卫国　刘宇然　沈　超　桂　平　曾　影　杨朝辉　张玥红　邢向荣　赵　郁　陈　猛
赵子雄　陈　强　安立军　吕　可　魏　东　张树乐　梁亚东　王学强　赵　晶　刘海民　赵三元　邢艳平
李　兵　李永湧　轩书堂　李　炳　潘京石　肖群安　张国春　张凤翼　汤　洁　张　磊　王　芳　杨中元
赵志杰　梁利辉　桑　伟　阎　萍　叶　真　王雄飞　胡伟松　杨雨晨　马成龙　沈培红　任鹏举　吴海燕
丁立翔　朱　政　董桂桥　孙路平　宋俊贤　李为民　路永平　史宝会　肖红军　乔向东　刘玉萍　吴　辉

京工人物

【王秋红——市工业信息化高级技术能手】王秋红，女，1983年6月出生，汉族，群众，初中学历，现就职于北京第七九七音响股份有限公司密云生产基地传声器制造部检验班班长。

2002年3月，离开校园的王秋红成为七九七音响公司的一名员工。十多年来，王秋红从流水线的工人到检验员，再到选分班班长、检验班班长。她工作兢兢业业，保质、保量完成每一项任务，为企业做出了自己的贡献。2012年10月，北京市第三届职业技能大赛传声器装配竞赛在密云生产基地举行。王秋红利用休息时间查阅了大量传声器装配的有关资料，结合自己10年来的实践经验，在初赛、复赛的环节中，理论与实际操作成绩都名列前茅。在最后的决赛中，她用最短的时间将传声器各个零部件组装起来，各项测试全部通过，同时解决了鹅颈式会议话筒噪声难题，并且在此后的生产中得到推广，王秋红以第一名的成绩获得大赛传声器装配工种冠军。检验员工作必须要加倍细心，以确保每一批产品的合格率。在参与生产"十八大"特供产品CR9118G音响制品的过程中，她负责产品质量控制。面对新产品，她努力研究技术性能，掌握质量标准，并虚心向开发负责人请教，终于以优异的质量递交了一份完美的答卷。作为质量保障的执行者，王秋红不断完善自己，利用业余时间学习所需知识，提高自己的业务能力和职业素质，在生产第一线帮助工人分析和解决质量问题，向新员工传授自己的经验，充分发挥检验职能的作用，并在保证产品质量的前提下降低制造成本。2013年6月，王秋红被评为北京市工业和信息化高级技术能手；2013年12月，被评为北京市技术能手；2013年5月，获得北京市"三八"红旗奖章；2015年，获得北京市劳动模范称号和先进工作者称号。

（黄永波）

【刘毅——技术创新标兵】刘毅，男，1975年9月出生，汉族，中共党员，工程师，毕业于武汉纺织工学院，在北京铜牛信息科技股份公司历任网络技术部部长、IDC中心主任等职务，现任公司总经理助理、董事会秘书、技术总监。

刘毅进入铜牛集团后在设备动力部工作，因其技术能力突出，后被调至公司经营发展部、信息中心负责企业信息化工作。刘毅在公司内建立了企业局域网络，部署应用了邮件系统、OA系统等企业应用软件，先后参与完成3个北京市科委主持的企业信息化项目的实施。刘毅在工作中注重创新，通过不断摸索和研究，引入使用的whatsup成为公司数据中心主要监控软件之一。刘毅通过广泛比较，选取开源软件CACTI作为流量监控软件。凭借自身累积的软件开发知识，深入研究CACTI软件的程序代码，创新性地进行编码修改、功能增加，为保障公司数据中心网络设备、网络信息安全，完成一套路由器安全认证系统。在刘毅主持下，采用非法入侵检测系统，创造一套多系统联合处置体系，提高了数据中心故障处理能力。他将学习心得及技能知识传授给公司技术团队的其他成员，定期组织技术培训及经验交流。2011年，公司将业务拓展至IT技术外包服务领域，将重心放在整合配置中心业务（IC）方面，他责无旁贷地肩负起这项工作。2012年初，他带领技术人员赴美学习，并考取BISCI的美国综合布线安装师一级认证。回国后，带领IC技术团队完成了澳大利亚布里斯班、北京王府井、香港IFC、四川成都等多家Apple Store的弱电系

统工程建设任务，公司技术实力得到美国Apple公司的高度认可。公司承担了Apple公司在亚太地区绝大多数门店的新建和维护工作。2012年，根据公司安排，他承担了董事会秘书的职责。针对全新的业务领域，他努力学习金融、财务、法务、法人治理、内部

控制等相关知识，迅速成长为一名合格的上市公司董事会秘书。刘毅2002年、2003年获北京铜牛集团有限公司优秀青年科技人员称号；2004年获北京铜牛集团有限公司经济技术创新标兵称号；2009年获北京铜牛集团有限公司优秀共产党员称号；2012年获北京纺织控股有限责任公司劳动竞赛标兵、突出贡献奖称号；2012年获北京纺织控股有限责任公司优秀共产党员称号；2013年获首都劳动奖章荣誉；2015年获北京市劳动模范和北京纺织第三届十佳青年称号。

（李 颖）

【牟昌华——总线技术的带队人】牟昌华，男，1976年8月出生，汉族，群众，毕业于清华大学，高级工程师，现任北京七星华创电子股份有限公司MFC研发中心技术总监。

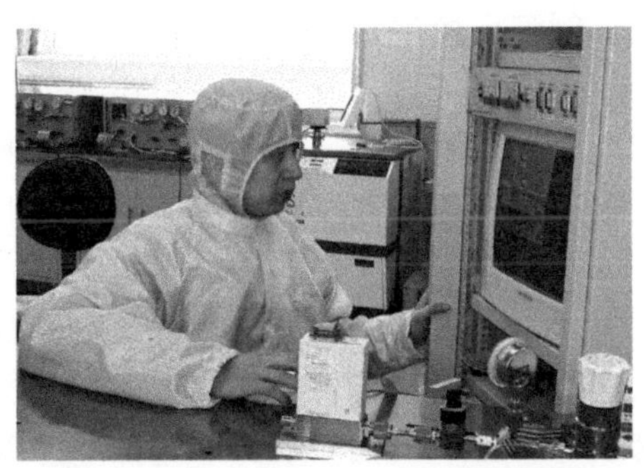

牟昌华2005年毕业后，来到北京七星华创电子股份有限公司（简称七星电子）从事气体质量流量控制器产品的研发工作。曾担任8英寸半导体高端数字气体质量流量控制器、国家科技重大专项02号专项“14nm立体栅刻蚀机研发及产业化”子课题“气体输送集成控制系统（IGS）研发和示范应用”等多个项目的技术负责人，担任国家科技重大专项02号专项“300mm 90/65nm立式氧化炉/质量流量控制器”项目子课题三“300mm金属密封数字气体质量流量控制器研发及产业化”首席专家。牟昌华带领技术团队，在气体质量流量控制器领域提出了多项创新技术，包括恒功率传感器技术、数字传感器平衡技术、VCP的阀控制技术、压力补偿技术同时完成了DeviceNet、Profibus等多种总线技术产品的研发工作。在质量流量控制器领域共申请获得专利20余项，在国际国内重要会议上发表论文5篇。2009年，完成在七星电子博士后工作站、清华大学自动化系博士后流动站的博士后工作，以优秀的成绩通过考核，所著的博士后出站论文为中国第一部关于热式气体质量流量控制器专著。牟昌华在自己的岗位上兢兢业业，刻苦努力，带领团队完成一项又一项科研任务，创造了众多新产品和新技术。

2012年，“牟昌华创新工作室”被北京市总工会认定为2012年度市级职工创新工作室。牟昌华因为突出的成绩获得2013年全国五一劳动奖章，2010年北京市劳动模范，北京市优秀青年工程师，爱企业、献良策、做贡献先进个人，北京市经济技术创新标兵等多项荣誉。带领的675项目团队获得了全国总工会“工人先锋号”称号。2015年，获得全国劳动模范和先进工作者称号。

（黄永波）

【李子柏——攻坚克难的生产带头人】李子柏，男，1956年7月出生，汉族，中共党员，毕业于中国人民解放军防化指挥学院，大学专科学历，助理经济师，现任北京印刷二厂彩印车间主任兼党支部书记。

李子柏1976年参加工作，在印刷二厂工作近40年，担任彩印车间主任32年。在彩票印制初期，没有经验，生产任务量大，他每天工作12小时，晒版、裁纸、印刷、检验，每道工序亲力亲为，没有休息日，在他的带领下，车间职工工作热情高涨，3个月完成全年产量指标；年底产值、产量翻三番，达到历史最好水平。彩印车间另一个主打印品是土地证，该印品对墨色有严格技术要求，他亲自参与配墨，一批活4种墨色，每种墨几十千克重，他一直工作在生产一线，为2013—2014年土地证产量、产值翻番立下功劳。李子柏带领车间职工攻克难关，从软片制作、裁纸、印刷到产品检验，各个环节都严把质量关，在28年的彩票印刷工作及10余年的土地证印刷工作中没有出现过任何质量事故。在他的帮助指导下，全体印刷机操作人员都参加了上级工会组织的技术培训，车间的领机助手全部取得技术等级证书，数名青年员工在职业技能竞赛中取得优异成绩。李子柏身为车间主任，不仅时刻关注机器设备运行情况，更将人员管理看作保证高效高质生产的关键因素。为此，他在完善企业管理制度与提高管理艺术上下功夫，严格执行并完善各项考核制度，坚持公开、公正地做好考勤和计件工资分配工作，增强了企业的凝聚力。

2015年，李子柏被评为北京市劳动模范。

（印刷二厂）

【李东三——半导体设备领域的专家】李东三，男，

1968 年 11 月出生，汉族，中共党员，毕业于哈尔滨科学技术大学，教授级高级工程师，现任北京北方微电子基地设备工艺研究中心有限责任公司刻蚀项目负责人。

李东三自参加工作以来一直从事半导体装备领域的研发工作，主导或参与设计过扩散 / 氧化炉、PECVD、LPCVD、清洗机、刻蚀机等设备，参加多个国家科技攻关或军用电子科技攻关项目，在研发工作中积累了丰富的实践经验。李东三参加了“八五”总装备部军用电子科技攻关“9011”工程的“砷化镓等离子化学气相沉积设备”设计和制造，完成控制和电气设计，以及设备在电子十三所的工艺开发工作，获电子工业部科技进步二等奖。参加总装备部“九五”军用电子科技攻关“9711”工程的“ME-RIE 反应离子刻蚀机”项目研制，作为电气主管参与项目的论证、系统设计和详细设计，项目获得总装备部的嘉奖。“十五”期间，李东三作为主要技术人员参与国家“863”集成电路制造装备重大专项“100nm 高密度等离子刻蚀机”的研发，用 3 年多的时间进行四代具有自主知识产权的刻蚀研制，使中国刻蚀设备研制水平跨越 5 个技术代，达到国际主流机型水平。产品实现产业化，集成电路生产线首次用上国产关键装备。“十一五”期间，李东三参与国家科技重大专项“90/65nm 刻蚀机研发与产业化”项目，在 8 英寸刻蚀机基础上进行 12 英寸 90/65nm 刻蚀工艺设备的关键技术研发，该项目的成功，提高了中国集成电路关键设备的技术水平。2010 年，李东三利用集成电路刻蚀机技术，完成针对 LED 领域的图形化衬底（PSS）和 GaN 刻蚀工艺需求的刻蚀机 ELEDE330，实现批量销售。“十二五”期间，李东三负责国家科技重大专项“32-22nm 栅刻蚀机产品研发及产业化”的研发工作，提高了集成电路关键设备的技术水平，使中国刻蚀机水平与国外差距由大于 5 个技术代缩短到 2 个技术代。2015 年，李东三获得北京市劳动模范和先进工作者称号。

（黄永波）

【李向秀——技术改造能手】李向秀，女，1970 年 3 月出生，大学本科学历，高级工程师，现任北京二七机车有限公司技术主审，负责技术改造工艺规划和工艺设计。

2001 年李向秀进入北京二七轨道公司技术中心，2006 年、2008 年两次担任公司大规模技术改造的主设计师。2009 年公司开始与国外公司合作生产，因为不同国家技术标准体系存在较大差异，李向秀研究图纸、寻找结合点，快速建立技术转化的最佳办法，完成 12 批近 6000 张图纸的转化工作，并针对特定产品编写《产品技术转化工作办法》，顺应公司的物料管理、生产组织、文件管理方式，有效指导生产。在国产化二次设计中，李向秀先后负责两种转向架构架的研发工作，克服专业技术上的障碍，进入结构件产品设计和生产技术研发领域。她搜集产品结构的改造方案和建议，制订出模块化机车构架设计方案，为模块机车构架的生产提供技术支持。在公司大规模技术改造中，李向秀从了解新产品结构入手，深入到具体工艺设计。拟定了总体工艺路线、工序流程，形成新增生产设施的技术方案。李向秀通过外出调研、技术咨询和类比等多种办法，完成了组装调试生产线的工艺设计，又主持了技术改造的具体技术实施过程。针对工艺布局设计、生产设施采购、厂房基本配置和功能实现等环节提出技术规范，进行技术把关。2013 年，

针对边坡清筛机运用过程中暴露的问题，李向秀带领项目组用最短时间完成了设计整改。面对缺乏原始设计数据、项目组人员缺乏经验的困难，李向秀通过分解任务，因人而异发挥各自技术特长，做到设计结果的技术风险最小。为保证设计进度，除完成总体方案外，同步进行技术难题攻关，推进各个子系统的设计方案。同时，李向秀还主持了高效率全断面道砟清筛机的研发工作。针对产品设计必需的背景知识，李向秀从头了解铁路线路的具体组成与构造细节、现行的线路状态检查与质量评定方法，规定了线路维修与大中修的修程标准与质量标准。她抓住各种机会加强与用户的信息沟通，从需求中总结产品应有的技术特点，为产品设计打下市场基础。在产品研发技术推进过程

中，李向秀确立了先行研究核心作业机具的工作思路。在消化吸收公司引进技术的基础上，组织项目组从最基本的作业或工作机理入手展开课题研究。项目组搜集支持性的分析方法或作业理论，建立了挖掘链、挖掘轮、带式输送机的工作阻力与功率的计算方法。结构方案成形后又通过动态仿真等手段初步校验，为日后的产品设计打下良好基础，使产品开发的工作模式由简单借鉴组合迈向更高层次的自主研发。针对生产线暴露出的问题，李向秀对组调工序的生产设施进行补充和完善，完成了翻转装置、称重台等大型装备的技术方案论证。她提出了养路机械试验线、存车线和调试厂房的技术方案，为养路机械后列工序提供必要的硬件基础。为顺应公司扩大养路机械生产规模的需要，她提出大养分厂工艺布局的调整方案。在生产过程中，为了提高工艺技术水平和稳定产品质量，她经常深入到生产一线，和操作人员一同工作，发现技术问题现场处理。李向秀2005年被评为北京市优秀青年工程师，2010年获得北京市劳动模范，2014年获得中国铁道学会铁道科技三等奖，2015年获得全国劳动模范称号。

（胡跃平）

【李孟东——带电作业的技术骨干】 李孟东，男，1967年出生，汉族，中共党员，大学本科学历，高级技师，地市级优秀专家人才。1982年参加工作，现任国家电网北京顺义供电公司运维检修部带电作业班班长。

作为带电作业方面的技术骨干，李孟东带领班组大搞技术革新，先后攻克一系列技术难题。参与编写了《配电线路带电作业操作规程》《配电线路带电作业标准化作业指导书》《配电线路带电作业操作规程培训教程》《配电线路带电作业工具质量卡》等教材，撰写了由中国电力出版社出版的《10kV配电线路带电作业实操技术》一书。由李孟东牵头研制的“10kV配电线路带电电动清扫工具”“绝缘斗臂车安全提示器”等创新成果，在工作中取得良好的应用效果，为公司带电作业安全生产奠定了基础、提供了保障。李孟东2011年获得“首都学习之星”称号，2013年获得国家电网公司劳动模范称号，2015年被北京市人民政府授予北京市劳动模范称号。

（吴国健 居然）

【张文新——电缆专业人才】 张文新，男，汉族，1966年7月出生，中共党员，硕士研究生学历，高级工程师，国家电网公司优秀工程技术专家。1988年参加工作，现任北京电力工程公司副总工程师。

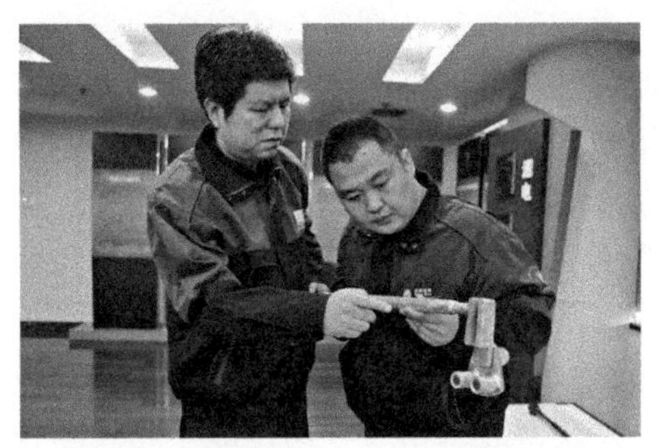

张文新作为电缆专业人才，坚持所学知识和生产实践相结合，先后编制《电缆施工技术问答》《电缆工技能培训》；组织编写了《电缆施工作业指导书》等教材，并在国内知名杂志以及国内学术刊物上发表多篇论文。2010年，工程公司成立了以他名字命名的劳模创新工作室，工作室在他的带领下不断开展技术创新活动，完成创新项目29个，取得专利16项。2012年工作室获得“市级职工创新工作室”称号，2013年被评为“国家电网公司劳模创新示范点”，2014年被评为“全国示范性劳模创新工作室”。张文新2007年获得首都劳动奖章，2008年获得国家电网公司劳动模范称号，2012被全国总工会授予全国五一劳动奖章，2015年被评为全国劳动模范。

（吴国健 居然）

【张永刚——无线电调试大赛状元】 张永刚，男，1987年11月出生，汉族，中共党员，毕业于北方机电工业学院，高级技师，现任北京大华无线电仪器厂无线电装接工。

张永刚在校学习期间便获得第五届河北省职业学校学生技能比赛维修电工工种（专业）一等奖。2007年7月毕业后进入大华厂，先后经历了装配工段、总装调试、生产协议等工种，一直工作在生产一线。一线生产任务重，产品的技术含量高，时常需要加班加点，节假日有时也不能休息。张永刚从不叫苦，刻苦钻研，用心积累经验，努力完成装配调试工作，还从中悟出了一套通过“望、闻、问、切”修理机器的理念。2013年，张永刚成长为一名技术带头人，在自身快速成长的同时，带领团队不断改进原有老产品，为企业赢得效益。他响应国家节能减排的号召和市场需求，带领团队成功改进了新型复合式电源项目，实现了体积小、重量轻、效率高的目标。该产品得到客户的认可，当年创造产值90余万元，协议产值约300万元，在为国家节能减排做出贡献的同时，推动了大华科技产品的传承和发展。张永刚先后取得北京市职业技能大赛无线电装配工第二名、无线电调试工第一名的成绩，获得维修电工技师、无线电装接工高级技师的技术等级，并获得北京市青年岗位能手和青年技术能手等称号。2015年，张永刚获得北京市劳动模范和先进工作者称号。

（黄永波）

【张冬梅——安牛班班长】张冬梅，女，1965年4月出生，汉族，中共党员，技师、享受政府特殊津贴技师，现任北京同仁堂股份有限公司同仁堂制药厂亦庄分厂综合车间传统工艺展示线（简称安牛班）班长。

多年来，张冬梅立足岗位，始终以高标准严格要求自己，发挥创新思维，通过实施“轮岗制”工作方法，有效提高了班组职工的生产技能和生产效率，不仅确保了安宫牛黄丸的产量逐年递增，而且勇于探索、开拓创新、引领示范，培养了多名技术工人，为班组高质量地完成车间和厂部下达的生产任务奠定了基础；同时，她以精湛的技法，向来自世界各地七八十个国家和地区的上万名中外宾客，展示了同仁堂的传统手工加工绝活。2009年，她所在的安牛班获得北京市总工会“工人先锋号”称号。她本人连续多次被同仁堂集团评聘为“首席职工”“首席技师”；2010年被北京市政府授予北京市劳动模范称号；2014年，入围中共北京市委宣传部、首都精神文明建设委员会办公室、北京市人力资源和社会保障局主办的“首都精神文明建设奖”——“北京榜样”十强。2015年，被中华全国总工会授予全国劳动模范称号。

（葛　冰）

【杨光——中药科研能手】杨光，男，1976年6月10日出生，汉族，群众，主管药师，现任北京同仁堂研究院药学研发中心副主任。

杨光一直从事中药科研工作。止渴养阴胶囊是同仁堂研制用于治疗Ⅱ型糖尿病的6类中药新药，采用了渗漉提取、低温干燥等先进的新技术、新工艺。杨光作为止渴养阴胶囊品种生产转化研究课题的负责人，坚守在生产第一线，刻苦钻研，关注每一批产品、每一个环节，对实验数据认真记录，反复优化，带领研发团队进行了多次试产，为该品种最终实现从科研成果到工业化大生产的转化做出了突出贡献。杨光应用色谱技术，多点取样监控并充分掌握指标化学成分在工艺各个环节的转移情况，经过多次小试、中试以及车间试产，最终完成复方丹参片工艺的参数优化，其提取、浓缩、干燥过程的转移率均优于药典现阶段规定的水平，质量优异，为建立同仁堂特征图谱奠定了扎实的技术基础。杨光积极开发新产品，完成了疏风止咳颗粒的临床前研究工作，新药注册申请已经获得药品注册受理。杨光不断提升自身素质，带好科研团队，在工作中发挥骨干带头作用，以实际行动为年轻人做表率，耐心细致，无保留地将自己的经验和技术传授给新人。2015年，杨光获得北京市劳动模范称号。

（葛　冰）

【杨京花——踏实肯干的一线技术员】杨京花，女，1968年7月出生，汉族，中共党员，大专学历，工程师，现任北京燕东微电子有限公司研发部产品研发工艺技术员。

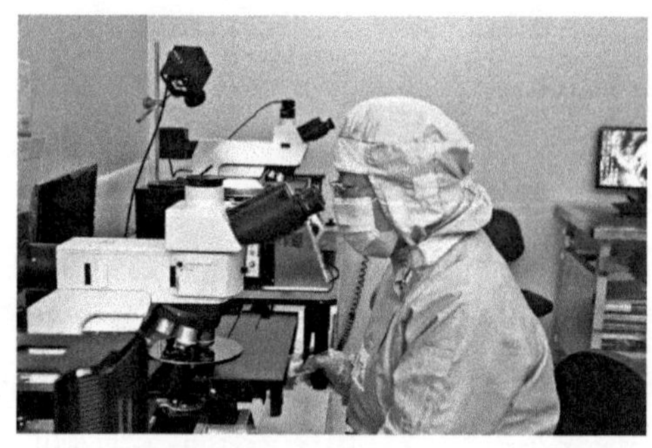

杨京花自参加工作以来，一直在半导体产业的一线工作，在每一个岗位，她都兢兢业业地刻苦钻研专业知识，努力提升自己的专业技能。为了提高614JA产品的合格率，提高生产效率，杨京花不断优化关键

工艺，将扩散炉的加工效率提高30%以上，提升了产品参数的一致性，成品率提高到96%以上，产品的交片率达到93%以上，为公司每月节省生产成本20余万元。杨京花通过优化产品双面光刻工艺，将产品良率提升到80%以上，产品交片率也达到90%以上，提高了产品的市场交付能力，使产品的经济效益每月增加20余万元。她开展产品的材料设计、结构和工艺设计，对产品流水过程中的每个重要环节跟踪确认，最终完成了3DJ6等产品项目的芯片研发工作，生产出合格样品，满足了航空航天用户的需求。通过不断改进和优化产品设计，陆续开发出318FC、G170DM、9110N、9110P、516F、527F、528F等系列产品，形成完整的保护器件门类，每月产销量在3000片以上，销售收入在200万元以上。杨京花还参与了公司提高抗静电能力和电磁兼容性的J–FET管产品开发项目，已生产出合格样品，各项参数指标与国外同类产品相当，并通过用户确认，为提高产品市场占有率做出了重要贡献。杨京花作为一名一线产品工艺技术人员，在工作中处处严格要求自己，在完成所负责的各项工作之外，还热心帮助他人解决工作中的难题，深受同事们的好评。杨京花发挥自己的模范带头作用，以对工作认真负责、严谨求实的态度影响着同事们，带动大家形成良好的工作作风。杨京花2014年获得北京电控公司“三八”红旗奖章，2015年获得北京市劳动模范称号和先进工作者称号。

（黄永波）

【贺明智——北京市高层次创业人才】贺明智，男，1979年9月出生，中共党员，高级工程师，毕业于西南交通大学电气学院，获电力电子与电力传动专业博士学位。历任京仪椿树整流器有限责任公司技术中心副主任、总工程师、总经理、党委书记。现任北京京仪仪器仪表研究总院有限公司院长（总经理）、北京京仪集团有限责任公司副总工程师。

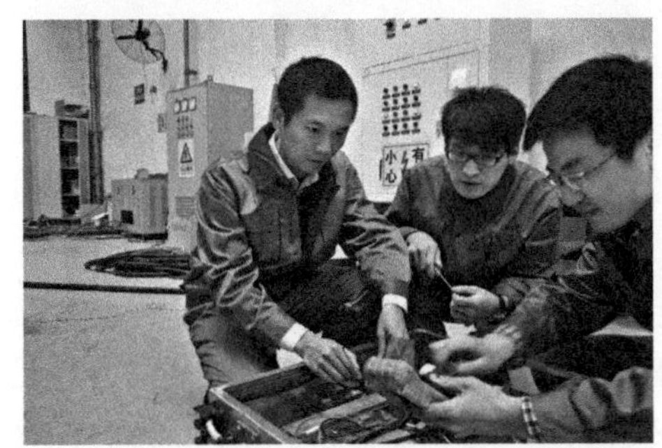

多年来，贺明智致力于高端装备制造领域大功率电力电子变流装备方面的科研、教育及高端市场推广；在特种工业、军工航天、核电及节能环保应用等方面展开重要项目研发；多次作为项目负责人主持研究国家自然基金等研究性课题，并研发生产国内首套或重要领域的大功率电力电子变流装置；建立了大功率电力电子变流器的应用技术开发、产学研合作、专业技术人才培育平台，成为国内在电力电子领域的知名青年科研工作者、行业的技术领先者。贺明智2012年及2013年获得北京市科委科学技术奖；2011年获得北京市科技新星称号；2014年获得国务院政府特殊津贴、入选北京市“百千万工程”市级人选；2015年获得北京市劳动模范、北京市高层次创业人才称号；多次获得中国机械工业联合会、中国仪器仪表学会的各类科技类奖项。

（宋盈熹）

【徐江伟——北京电控优秀技术带头人】徐江伟，男，1979年1月出生，汉族，中共党员，毕业于河北工业大学，高级工程师，现任北京兆维电子（集团）有限责任公司技术中心项目负责人。

徐江伟自2008年6月进入兆维集团工作以来，作为技术中心项目负责人，主持多项省部级基金项目的研发，完成多个新产品开发项目。2011年4月从零起步进入机器视觉及自动化装备领域，徐江伟作为项目负责人和技术带头人，带领团队完成了国内首套完全自主知识产权的智能胶印版材表面质量检测及分版系统，打破国外产品的垄断，累计实现销售额近600万元，并获得电控公司科技成果三等奖。2012年，徐江伟带领团队研发TFT–LCD屏智能检测装备，并列入北京市科技计划项目。经过近3年的技术攻关和大量现场测试，在武汉天马微电子有限公司模组点灯检查机招标中，以技术第一、商务第一、总分第一的成绩击败美国、中国台湾等地的3家竞争对手，独家中标，取得在机器视觉检测领域的重大突破，为实现兆维集团乃至北京市高端智能装备的国产化、产业化和规模化发展奠定了基础。基于机器视觉核心技术，徐江伟和项目团队不断拓展新的应用领域，快速推出的智能物流包裹条码识别系统，具备工业4.0的产品特点，市场前景广阔。徐江伟重视团队成员的培养，将个人的上百本技术类图书资料捐出，摆放在机器视觉实验室的书柜中，供团队成员参考学习，书柜被项目组称为“江伟图书馆”。他还将多年积累的各种开发板悉数捐出，帮助硬件开发人员提升能力。他善于发掘团队成员的潜能，给予充分的施展空间，并进行指导，使多人成为公司的业务骨干。2012年年底，徐江伟项目团队获得兆维集团“优秀研发团队”称号。3年多的时间里，项目团队累计申请核心技术专利60项，已获得授权31项，其中包括3项发明、26项实用新型和2项外观；同时取得软件著作权8项，发表论文2篇。2015年，徐江伟带领项目团队开始向集成电路检测方向进行探索，推动兆维集团高端智能装备业务更上一层楼。徐江伟多次获得电控公司经济技术创新标兵、电控公司优秀技术带头人、电控公司优秀党员、兆维集团科技创新奖等称号，2015年获得北京市劳动模范和先进工作者称号。

（黄永波）

【徐景新——技术创新能手】徐景新，男，1970年4月出生，汉族，中共党员，高级技师，现任燕山石化生产运行保障中心仪表二部二高压班班长。

1989年8月，徐景新从技校毕业，分配到燕山石化化工一厂仪表车间从事仪表自动化维护工作。工作之余，他自修计算机应用专科全部课程，获得大专学历；2009年参加仪表工技能鉴定，取得了高级技师资格。在工作中，徐景新注意利用巡回检查、故障处理、“五定期”等机会，把仪表理论知识与装置实际情况相结合，积累了丰富的操作经验。通过摸索与钻研，徐景新创新地提出“了解仪表设备正常时的现象，记住少数的原则”“带着问题、有侧重地巡检”“全系统巡检”等巡检方法，带领大家认真实施，收到良好效果，实现了装置的长周期安全稳定运行。由于装置规模大，历次检修二高压压缩机监控系统的安装调试和仪表附件，拆装工作占时较长。徐景新认真分析研究工艺的开停车顺序以及检修的施工过程，在改进探头安装方法的基础上优化施工方案，将仪表专业的施工嵌入相关专业的施工间隙，形成了与设备检修人员、工艺人员的交叉作业，将占用的检修时间降到了最低限度。按每月检修一次计算，一年能为企业增加近500万元的效益。在装置管控一体化和SIS升级改造项目实施中，徐景新认真编写施工方案，仔细分解每个步骤，以节约时间为主线，绝大部分工作在施工前进行“预处理”，将原计划10天的施工时间压缩到18小时以内。2011年，为了杜绝二高压着火事故的发生，徐景新带领班组成立技术攻关小组，认真分析相关工艺流程和操作过程，查阅外文资料，经过多次试验总结，对操作流程进行优化，避免了事故发生。经过一年的长周期试运行，装置安全稳定，维修量显著降低，产品质量合格率达到预期效果。2013年12月，运行保障中心成立了以徐景新名字命名的工作室。两年来，他带领工作室成员不断优化工作流程及方法，先后攻克了高压EVA装置料斗排料阀故障、二高压吹灰阀故障多发、二高压装置机组振动值无法监测等8项技术难题，先后完成压缩机探头优化安装法、定位器3分钟快速安装、中间接线箱防腐改造、现场压接法接线改造等创新项目，弥补了二高压装置多项设计缺陷，创造出同行业高压聚合装置连续运转145天的骄人纪录，并于2015年年底实现二高压装置连续2年未因仪表专业原因造成生产波动和非计划停工，刷新设备安稳运行的纪录。徐景新曾多次获得北京市工业和信息化高级技术能手、北京市经济技术创新标兵、中央企业劳动模范、中国石油化工集团公司技术能手等省部级、公司级荣誉。2015年，徐景新被评为全国劳动模范。

（燕山石化）

【黄学军——北京市劳动模范】黄学军，男，1976年1月出生，汉族，中共党员，毕业于北京市纺织党校经济管理专业，现任北京佳泰新型材料有限公司车间主任。

1992年，黄学军进入北京五洲佳泰新型涂层材料有限公司的前身北京帆布厂工作，从缝纫工、裁剪工、打包工干起，逐渐成长为工段长、质量检验负责人直至车间主任。在负责生产调度期间，他把生产订单从原材料调配、工时安排、工序安排、出库和入库都安排得井井有条，劳动生产率不断提高，产量逐年递增，2013和2014年，连续2年为企业实现2亿元以上的经营指标，与2003年4000万元的指标相比提

高了4倍。他所率领的团队先后获得全国五一劳动奖、全国工人先锋号、首都五一劳动奖、北京市先进班组集体等荣誉，他带领的新产品研发小组获得“郝建秀小组式全国纺织先进班组”光荣称号。2007年，结合企业产品结构调整的部署，黄学军带领职工远赴广东学习充气玩具产品的设计和制造。充气玩具规模生产之后，黄学军又主持了充气玩具生产流程改革，通过生产流程重新分配组合，月产量提高了1.3万平方米，劳动生产率提高25.8%，工人计件工资每月增长300元，保证了每月出口订单的完成。 2012年，黄学军承担了大型保温篷房的实施和安装工作，他向设计人员认真学习，领会设计意图，研究安装技术，制定安全措施。为了取得第一手技术数据，黄学军冬季驻守在现场，不分昼夜地测量各类数据，为企业提供了第一手技术参数。在他的带领下，公司制定了一整套大型保温篷房生产、安装、维护和安全标准。2014年，黄学军带领篷房小组完成了新疆高寒地区26栋8.1万平方米大型保温篷房、甘肃保温种植大棚等产品的安装和施工任务，带出了一支技术精、业务熟、能吃苦的安装队伍，为佳泰公司节能保温篷房系列产品的研发和产业化做出了突出贡献。黄学军2011—2012年获得北京纺织系统劳动竞赛突出贡献奖；2013—2014年被授予北京纺织系统劳动竞赛标兵称号；2015年获得北京市劳动模范称号。

（李 颖）

【薛连贵——特殊技能传承师】薛连贵，男，1956年6月出生，回族，中共党员，高级技师、享受政府特殊津贴技师，同仁堂集团专家委员会专家、北京同仁堂特技传承师，现任北京同仁堂科技发展集团刘家窑分厂平谷车间副主任。

33年来，薛连贵始终工作在生产一线，立足岗位，刻苦钻研。2004年，在与日方企业合作生产全浓缩知柏地黄丸、牛车肾气丸的过程中，薛连贵带领工作团队夜以继日地开展实验，反复测算参数，找寻技术关键点。白天监控生产，晚上钻研难点，硬是在短时间内摸索出了一套细致完整的改良生产工艺，保证了生产任务的完成，为企业添加了一个全新的剂型——全浓缩丸剂。在他的指导下，平谷车间销售到澳大利亚、新加坡、日本、泰国、中国香港等国家和地区的产品，质量上乘、疗效可靠，一举打开海内外市场。2007年，面对市场需求的不断增长，冠心苏合丸扩大生产迫在眉睫。薛连贵与各方沟通，以最短的时间促成了新生产线的建成和投产。新线投产试运行期间，作为技术指导，他全程跟产，进行多项设备改进攻关项目，在不增加人工投入的前提下，冠心苏合丸实现月均8批次的高产量，实现了企业的增产增效。2013年，薛连贵获得北京市总工会颁发的首都劳动奖章和首都精神文明建设委员会颁发的第四届首都道德模范提名奖。2015年，获得北京市劳动模范称号。

（蒿 冰）

法规政策文件

北京市人民政府关于进一步优化企业兼并重组市场环境的实施意见

京政发〔2015〕10 号

各区、县人民政府，市政府各委、办、局，各市属机构：

为深入贯彻落实《国务院关于进一步优化企业兼并重组市场环境的意见》（国发〔2014〕14 号）精神，充分发挥企业在兼并重组中的主体作用，积极营造良好市场环境，努力构建高精尖经济结构，不断提升首都经济发展的质量和效益，现提出以下实施意见。

一、指导思想

深入贯彻落实党的十八大和十八届三中、四中全会精神，深入学习贯彻习近平总书记系列重要讲话和对北京工作的重要指示精神，紧紧围绕首都城市战略定位，以发挥市场在资源配置中的决定性作用为基础，以尊重企业主体地位为前提，以改善政府管理和服务为重点，以强化公共服务体系建设为支撑，进一步完善企业兼并重组服务体系，切实解决企业兼并重组面临的审批多、融资难、负担重等问题，积极培育具有国际竞争力的大企业集团，持续优化产业结构，为调整疏解非首都功能，推进京津冀协同发展，加快建设国际一流的和谐宜居之都提供有力支撑。

二、加快推进行政审批制度改革

（一）系统梳理企业兼并重组涉及的行政审批和服务事项，面向社会公开行政审批事项清单，进一步规范审批内容、依据、标准、流程和时限。推动兼并重组相关审批和服务事项在市政务服务大厅集中办理，推行并联式审批。取消能够通过市场机制有效调节的相关审批事项。研究本市地方国有股东所持上市公司股份转让审批权限下放的具体方案。（市编办、市发展改革委、市国土局、市规划委、市住房城乡建设委、市商务委、市国资委、市工商局、市质监局、市文资办、市政务服务管理办公室按职责分工负责）

（二）从简、限时办理企业兼并重组涉及的项目投资、土地利用、规划、生产许可、工商登记、资产权属证明等手续。落实工商登记制度改革要求，实行注册资本认缴登记制，研究制定企业改制重组登记实施细则。鼓励非上市股份有限公司依托北京股权交易中心等代办股份转让平台办理股权登记和托管业务。落实鼓励企业对外投资有关政策，简化本市企业对外投资审批程序。（市编办、市发展改革委、市国土局、市规划委、市住房城乡建设委、市商务委、市国资委、市工商局、市质监局、市文资办按职责分工负责）

三、持续优化金融服务

（一）鼓励金融机构在风险可控的前提下，积极稳妥开展并购贷款业务，支持对兼并重组企业实行综合授信，提供信贷、信托、资产管理等多元化融资服务。鼓励金融机构及中介服务单位为企业兼并重组提供多元化融资、全球资金调拨、外汇交易、杠杆收购、顾问咨询等金融服务，支持本市企业通过兼并重组获得国外优质股权和技术。

（市金融局负责）

（二）构建多层次资本市场，支持企业借助全国股份转让系统、北京股权交易中心等场外交易市场拓宽并购融资渠道，鼓励企业通过发行股票、企业债券、非金融企业债务融资工具、可转换债券等方式融资，鼓励上市公司利用资本市场融资功能开展资源整合，鼓励证券公司开展兼并重组融资业务，鼓励各类财务投资主体通过设立股权投资基金、创业投资基金、产业投资基金、并购基金等形式参与兼并重组。（市金融局、市发展改革委、中关村管委会按职责分工负责）

（三）推动要素市场创新发展，在国有产权、资源性产品、科技产品、金融产品、农村产权等领域，完善市场定价机制，促进要素资源自由流动，建设具有行业影响力和市场定价权的战略性要素市场。推进文化资本市场体系建设，探索建立北京文化产权交易平台。（市金融局、市发展改革委、市商务委、市文资办、中关村管委会按职责分工负责）

四、全面落实各项财税政策

（一）落实国家兼并重组企业所得税特殊性税务处理、非货币性资产投资交易的企业所得税、企业改制重组涉及的土地增值税等相关支持企业兼并重组的财税政策；降低收购股权（资产）占被收购企业全部股权（资产）的比例限制；对通过合并、分立、出售、置换等方式，转让全部或者部分实物资产以及与其相关联的债权、债务和劳动力的企业，不征收增值税和营业税。（市财政局、市地税局、市国税局按职责分工负责）

（二）创新财政资金使用办法，采取设立基金等市场化方式，引导社会资本参与兼并重组，重点支持符合首都城市战略定位的高精尖产业兼并重组项目、并购贷款风险补偿和公共服务体系建设，以及兼并重组企业职工安置、转型转产等。加大对外经济技术合作专项资金支持力度，引导企业开展跨国并购。落实发展总部经济的有关政策，鼓励总部企业实施兼并重组。根据企业兼并重组的方向、重点、目标和动态进程，合理安排国有资本经营预算资金，提高资金使用效益，支持市属国有企业通过兼并重组做优做强。（市财政局、市发展改革委、市经济信息化委、市商务委、市国资委、市文资办、中关村管委会、各区县政府按职责分工负责）

五、继续完善土地利用和职工安置办法

（一）落实国家有关兼并重组企业的土地管理政策，本市土地储备机构有偿收回企业因兼并重组而退出的土地，按国家相关规定支付给企业的土地补偿费可用于职工安置、偿还债务等支出。企业兼并重组中涉及因实施城市规划需要搬迁并收回原国有土地使用权的工业项目，在符合城乡规划及产业政策条件下，经市政府批准，可采取协议出让或租赁方式，为原土地使用权人在符合产业定位的开发区或产业基地重新安排工业用地。建立市属国有企业兼并重组土地利用协调机制，研究制定土地和房屋权属管理、盘活存量工业用地、国有建设用地使用权作价入股等政策。（市国土局、市规划委、市经济信息化委、市人力社保局、市国资委、市住房城乡建设委、市财政局、市文资办、各区县政府按职责分工负责）

（二）落实国家有关企业兼并重组职工分流安置政策。研究制定本市稳定就业岗位补贴政策，对实施兼并重组、化解产能过剩、淘汰落后产能并采取有效措施稳定职工队伍的企业，给予稳定岗位补贴，所需资金从失业保险基金中列支。因企业兼并重组终止或解除劳动关系的失业登记人员，纳入就业政策扶持范围，享受各项促进就业支持政策。兼并重组企业失业人员自主创业的，享受税收减免、小额担保贷款等政策。各区县政府要进一步落实促进职工再就业政策，做好职工社会保险转移接续工作，妥善处理兼并重组企业分流安置职工的劳动关系，保障职工合法权益。（市人力社保局、市财政局、市发展改革委、市经济信息化委、市国资委、各区县政府按职责分工负责）

六、注重实施产业政策引导

（一）完善节能、节水、环保、质量、安全等标准，规范行业准入，对不符合首都城市战略定位的功能和产业，实施水、电、气等差别定价，形成倒逼机制，引导产业资源整合，稳妥有序调整疏解非首都功能。统筹全市产业发展要素资源，加强污染物总量控制管理，研究制定兼并重组企业能源消耗、水资源消耗等指标转移和减量替代政策。（市发展改革委、市经济信息化委、市环保局、市水务局、市商务委、市工商局、市质监局、市安全监管局按职责分工负责）

（二）研究制定支持高精尖产业发展的政策，设立高精尖产业发展基金，引导企业通过兼并重组，优化配置科技创新资源，推动传统产业转型升级。立足实施京津冀协同发展战略进行顶层设计，理顺产业发展链条，鼓励企业通过兼并重组在京津冀区域进行产业规划布局，优化资金、技术、人才等要素资源配置，实施生产流程再造和技术升级改造，形成区域间产业合理分布和上下游联动机制。（市经济信息化委、市发展改革委、市财政局按职责分工负责）

（三）支持符合首都城市战略定位的总部企业通过兼并重组，整合创新资源，在京设立研发创新中心，带动产业链上下游的中小企业走“专精特新”发展之路，形成总部企业主导、大中小企业协同发展的产业格局，提升总部经济对本市经济发展的影响力和贡献率。（市商务委、市发展改革委、市国资委、市文资办、市经济信息化委、各区县政府按职责分工负责）

七、健全完善企业兼并重组的制度机制

（一）推进本市价格等要素配置市场化改革，进一步加强反垄断和反不正当竞争执法，规范市场竞争秩序，加强市场监管，促进公平竞争和优胜劣汰。各相关部门要严格遵守反垄断法，不得滥用行政权力排除和限制竞争。（市发展改革委、市财政局、市商务委、市国资委、市工商局、市质监局按职责分工负责）

（二）建立本市消除市场封锁、打破行业垄断的工作机制，集中清理在市场经济活动中实行地区封锁的政策和规定，消除跨地区兼并重组障碍，重点支持企业在京津冀区域实施兼并重组。落实国家有关跨地区企业兼并重组的财税分配和统计归属政策。（市商务委、市发展改革委、市财政局、市地税局、市统计局、市文资办、市经济信息化委、各区县政府按职责分工负责）

（三）研究制定本市重点领域引进民营资本的实施意见，落实社会资本参与基础设施领域建设的有关政策，向民营资本开放垄断行业的竞争性业务领域。研究制定市属国有企业发展混合所有制经济的实施意见，引导市属国有企业与民营资本合作，通过出资入股、收购股权和相互换股等形式实施兼并重组。（市发展改革委、市国资委、市文资办按职责分工负责）

（四）落实全面深化市属国资国企改革有关意见，深入推进市属国有企业产权多元化改革，完善现代企业制度，加快形成市场化的经营机制，支持国有资本配置到符合首都城市战略定位的行业和领域。改革国有企业负责人任免、评价、激励和约束机制，完善国有企业兼并重组考核评价体系。（市国资委、市发展改革委、市财政局、市文资办、中关村管委会、北京经济技术开发区管委会按职责分工负责）

八、努力提高公共服务能力

（一）健全本市兼并重组服务体系，着力建设公共服务平台和公共资源交易平台，畅通兼并重组信息交流渠道，支持北京股权交易中心、北京产权交易所等场外交易市场发展，引导证券公司、中介服务机构、相关行业协会等向专业化、规范化方向发展，不断强化本市兼并重组公共服务能力，面向全国提供战略咨询、财务顾问、资产评估、融资中介、企业管理等综合服务。（市政务服务管理办公室、市经济信息化委、市发展改革委、市商务委、市国资委、市金融局、市文资办、相关行业协会按职责分工负责）

（二）落实国家有关兼并重组统计制度要求，建立本市兼并重组统计调查、监测分析和信息发布制度。整合行业协会、中介组织等信息资源，畅通统计信息渠道，为企业提供及时有效的信息服务。按照对外直接投资统计制度有关规定，做好企业跨国并购的统计监测工作。（市统计局、市商务委、市经济信息化委按职责分工负责）

（三）严格执行兼并重组有关法律法规和政策，配合国家有关部门完善专业监管制度，通过扶持引导、购买服务、制定标准等方式，支持行业协会和专业服务机构参与兼并重组市场监督。落实国有产权转让有关要求，规范国有资产处置，防止国有资产流失。加强税收管理，防止欠税企业利用兼并重组逃避缴纳税款、滞纳金和罚款。采取有效措施防止企业通过兼并重组逃废银行债务，依法维护金融债权，保障金融机构合法权益。配合国家有关部门加强对外国投资者并购本市企业的安全审查。（市发展改革委、市国资委、市商务委、市国税局、市地税局、市工商局、市金融局、市文资办按职责分工负责）

（四）加强对本市企业开展境外兼并重组的服务工作，建立市属国有企业风险评估和内控评价体系，指导企业制定境外并购风险应对预案，防范债务风险。落实国家关于企业跨国并购的相关政策，鼓励具备条件的企业“走出去”。（市商务委、市发展改革委、市国资委、市金融局、市文资办、市经济信息化委按职责分工负责）

九、切实加强组织领导

（一）建立企业兼并重组市级协调推进机制，由市经济信息化委牵头，会同市编办、市发展改革委、市财政局、市人力社保局、市国土局、市规划委、市住房城乡建设委、市商务委、市国资委、市水务局、市地税局、市国税局、市工商局、市质监局、市安全监管局、市统计局、市金融局、市文资办、市政务服务管理办公室、中关村管委会、北京经济技术开发区管委会等部门和单位，统筹解决跨区域、跨行业、跨所有制企业兼并重组和跨国并购中的重点、难点问题，持续优化本市企业兼并重组的市场环境。（市政府各有关部门和单位按职责分工负责）

（二）积极落实国家有关政策，结合本市实际，抓紧制定出台相关配套措施；加大宣传工作力度，调动企业积极性，吸引社会资本自主、自愿参与，努力营造良好的市场环境和舆论氛围，确保本市企业兼并重组工作取得实效。（市政府有关部门、各区县政府按职责分工负责）

二〇一五年三月十日

北京市人民政府关于印发《北京市推进文化创意和设计服务与相关产业融合发展行动计划（2015—2020年）》的通知

京政发〔2015〕20号

各区、县人民政府，市政府各委、办、局，各市属机构：

现将《北京市推进文化创意和设计服务与相关产业融合发展行动计划（2015—2020年）》印发给你们，请结合实际认真贯彻落实。

二〇一五年四月七日

北京市推进文化创意和设计服务与相关产业融合发展行动计划

（2015—2020年）

为深入贯彻落实《国务院关于推进文化创意和设计服务与相关产业融合发展的若干意见》（国发〔2014〕10号）精神，进一步加强全国文化中心、科技创新中心建设，更好适应文化创意和设计服务在经济社会各领域各行业呈现出的多向交互融合发展态势，加快构建高精尖经济结构，结合本市实际，特制订以下行动计划。

一、总体要求

（一）指导思想

深入贯彻落实党的十八大和十八届三中、四中全会精神，深入学习贯彻习近平总书记系列重要讲话和对北京工作的重要指示精神，坚持和强化首都城市战略定位，以“创意北京”为统领，以文化创意为核心，以市场需求为导向，以改革创新为动力，积极营造大众创业、万众创新的浓厚氛围，着力推动文化创意和设计服务与高端制造业、建筑业、商务服务业、信息业、旅游业、农业和体育产业等重点领域融合发展，促进相关产业转型升级，加快发展新型业态，更好满足人民群众日益增长的物质文化需求，为建设国际一流的和谐宜居之都贡献力量。

（二）基本原则

——市场主导，政府推动。充分发挥市场在资源配置中的决定性作用，更好地发挥政府的促进推动作用，强化以企业为主体的协同创新，推进文化创意和设计服务与相关产业深度融合。

——文化传承，科技支撑。传承历史文脉，丰富创意设计内涵，拓展文化遗产传承保护利用途径。强化科技创新，增强创意设计转化应用能力，创造具有北京特色的现代新产品，实现文化价值和实用价值的有机统一。

——创意引领，创新驱动。把创意创新摆在更加突出的位置，通过文化植入、创意融入和设计提升，推动内容创新、业态创新和制度创新，促进文化创意和设计服务产业化、专业化、品牌化发展。

（三）发展目标

到 2020 年，基本形成文化创意和设计服务与相关产业高水平、深层次、宽领域的融合发展格局，培养一批高素质领军人才，培育一批具有核心竞争力、辐射力、带动力的重点企业，打造一批具有北京特色和国际影响力的品牌，建设一批运营有序、差异发展、协作支撑的产业融合发展示范区。文化创意和设计服务的先导产业作用更加突出，对全市经济发展的贡献率显著提升，为实施创新驱动发展战略，促进经济提质增效升级发挥重要作用。

二、重点任务

（一）文化创意产业提质行动。把提升文化创意和设计服务水平作为推动融合发展的基础，通过结构优化、内容创新和培育需求，增强渗透力、辐射力和带动力。

1. 推动产业结构优化升级。认真落实《北京市人民政府关于印发〈北京市文化创意产业功能区建设发展规划（2014—2020 年）〉和〈北京市文化创意产业提升规划（2014—2020 年）〉的通知》（京政发〔2014〕13 号），加强特色文化产业发展，构建现代文化创意产业体系。以中关村国家自主创新示范区为重点，加快推动 20 个文化创意产业功能区建设，进一步集聚文化人才、技术、资本等创新要素资源，促进产业紧密协作、共同发展。以 CBD—定福庄国际传媒产业走廊为核心承载空间，建设国家文化产业创新实验区。加大对广告业发展的指导力度，加快北京国家广告产业园区建设步伐，大力发展广告设计，提升广告业与影视、动漫、会展等产业融合发展水平。推动传统文化产业优化升级，加强舞美设计创意和舞台技术装备创新，促进工艺美术品与现代科技、时尚元素融合，提升附加值。

2. 激发创意设计活力。鼓励文化创意产业功能区管理机构、协（商、学）会、企业等单位搭建创意设计公共服务平台，积极促进创意设计多元化、多渠道发展。提升中国设计红星奖评选等品牌活动影响力。推广中国北京出版创意产业园区改革创新经验，促进图书策划、内容创作和出版服务分工协作，实现业态升级。支持广告、传媒等企业建立文化研究中心、创意实验室等机构，提升创意设计水平。鼓励利用众筹方式，推广“联合创作、联合出版”，激发大众创作活力。

3. 扩大文化消费规模。深入实施文化消费品牌引领战略，打造一批主题鲜明的文化消费品牌活动。以办好北京惠民文化消费季为契机，不断完善北京文化惠民卡的文化消费市场引导、商户联合营销、综合信息服务、行业监测分析等功能，培育文化消费理念，引领文化消费方向。按照产业融合发展新趋势，完善文化设施布局和功能，拓展文化消费新空间，大力促进文化消费。规范互联网文化消费新业态，培育新的文化消费增长点。

（二）数字内容产业提速行动。坚持科技创新与文化创新相结合，加强文化创意与信息服务的互动支撑，加快培育双向深度融合的新型业态。

1. 推动文化产品与服务的数字化进程。深入推动文化消费与信息消费融合，加快推进文化产品和服务生产、传播、消费的数字化进程，拓展新媒体文化消费。围绕数字游戏、数字音乐、数字影视等重点领域，创新新兴网络文化服务模式，促进动漫游戏、广播影视等产业优化升级。持续推进北京国家数字出版基地等重点项目建设，集聚优势资源，推动数字技术、网络运营与传统出版业融合发展。加强博物馆、图书馆、文化馆等公共文化设施数字化建设，提高科技化服务水平。

2. 培育数字内容产业新业态。加大数字内容全产业链整合力度，加强设计、制造、营销、消费等各环节的衔接，加快新技术的研发，创新商业模式，培育文化与科技双向深度融合的新型业态。全面推进三网融合，加强通信设备制造、网络运营、内容服务单位间的互动合作，推广交互式网络电视、视频点播、手机电视等创新型业务，推动智慧社区、智慧家庭建设。

（三）旅游文化内涵开发行动。赋予旅游产业更多文化内涵，促进文化与旅游资源整合、业态融合，积极推动参与式、体验式特色旅游发展，提升旅游内涵质量。

1. 丰富文化旅游业态。加强对长城、颐和园等文化遗产的保护利用，推进衍生产品和旅游项目综合开发。深入挖掘传统文化旅游资源，提供特色鲜明的京味文化主题旅游产品和服务。依托工业遗产、高校院所、生态农业等资源，加强创意开发设计，发展工业体验游、学术科教游、养生保健游等特色主题旅游。

2. 建设文化旅游景区。融合现代科技文化，加快推进北京环球主题公园、密云古北水镇等特色文化旅游项目建设；依托历史文化资源，加大“三山五园”、大运河、卢沟桥等经典历史文化资源的保护利用，开辟旅游新空间。支持旅游景区拓展体验性、互动性的特色文化增值服务，完善配套基础设施，提升旅游休闲消费水平。

3. 完善文化旅游服务。依托北京旅游商品设计大赛，大力开发推广"北京礼物"。支持文化旅游企业跨行业、跨领域兼并重组，打造文化旅游品牌企业。整合旅游信息服务资源，加快建设智慧旅游服务体系，积极发展个性化、定制化旅游服务。提升北京国际旅游节、北京国际旅游博览会等品牌活动影响力，办好文化旅游精品活动。

（四）教育服务业态培育行动。积极提供文化艺术教育服务，加强文教产品创意开发和应用，积极培育开放式、社会化教育服务业态。

1. 扩大文化艺术教育服务范围。优化学校文化教育课程设置，促进艺术类高等院校与中小学、社区和企业合作，推动传统艺术、高雅艺术进校园、进社区、进企业。统筹社会教育资源，加强科普基地、公共文化机构和市民学校、老年大学等教育机构建设。通过加强文化艺术教育，提高市民人文素养，培育文化消费观念，激发对创意和设计服务产品的消费热情。

2. 培育教育服务新产品、新业态。强化信息技术应用，开发推广智能化教学软件、多媒体教学工具等新型教辅设备，丰富文教产品种类。开发运用互联网多媒体教学资源，加强远程教育公共服务体系建设，培育线上线下相融合的教育新模式。引导教育培训围绕家政服务、考试辅导、职业培训等市场需求，发展专业化、细分化的教育培训产业体系。加强创意设计职业教育，引导社会力量投入文化创意教育领域。

（五）体育产业空间拓展行动。深入挖掘体育运动文化内涵，发挥体育产业和体育事业良性互动作用，以创办精品赛事为核心，促进体育产业体系更加完善。

1. 办好精品体育赛事。鼓励社会力量参与举办中国网球公开赛、北京马拉松等重大赛事活动，积极引进国际精品赛事，提高赛事运营市场化水平，推动与体育赛事相关版权的开发利用。以足球、篮球、排球三大球为切入点，加快发展普及性广、关注度高、市场空间大的集体运动项目，支持发展健身跑、健步走、自行车赛等群众喜闻乐见的健身休闲项目，引导大众体育消费。

2. 培育体育产业新业态。鼓励开发和推广创意型体育器材、体育用品和衍生产品，运用新工艺、新材料、新技术，提高体育产品科技含量。丰富体育产业内容，促进体育旅游、体育传媒、体育会展等相关业态发展，支持制造、信息、食品药品等企业开发体育领域产品和服务。

（六）城市文化品位提升行动。坚持以人为本，注重传承创新，加强首都城市规划建设的文化元素融入，营造充满活力与创意的和谐宜居环境。

1. 加强规划设计创意引导。及时修订相关规范和标准，增加文化内涵、环境保护等要素比重，提高城乡规划、景观风貌规划和建筑装饰设计水平。加强对新建公共建筑的技术审查，引导规划设计绿色建筑。支持规划、设计、施工和研发等领域企业组建产业联盟，提高行业资质管理标准。

2. 提升城乡规划建设创意水平。深入挖掘北京文化内涵，注重在城市建筑设计中体现文化元素。推动城市园林绿化和养护服务市场化改革，发展创意园艺。突出节能环保的建筑设计理念，以集成设计带动建筑装饰材料等相关产业创新升级。加快建设一批绿色生态示范城区和镇村，营造和谐宜居的城乡生态环境。

3. 拓展城乡公共文化空间。传承历史文脉，创新保护利用模式和政策，鼓励社会力量参与对胡同、四合院、古村落等历史文化资源的修缮与利用。加大对博物馆、图书馆、文化馆等公共文化设施投入，推动基本公共文化服务标准化建设。积极引领城乡群众文化活动，促进文化演艺活动社区化、生活化，弘扬主旋律，激发正能量。

（七）文化金融服务创新行动。创新文化金融产品，完善服务体系，通过优化配置金融资源促进产业融合，争创国家文化金融示范区。

1. 创新文化金融服务产品。鼓励金融机构创新提供文化金融综合服务，通过信用担保、融资租赁等多种方式支持文化创意和设计服务企业发展，积极开展无形资产抵（质）押贷款业务，拓宽贷款抵（质）押物范围。加快推进北京保险产业园建设，鼓励保险公司开发更多文化类保险产品。支持金融机构开展文化资产证券化试点，规范引导互联网融资平台投资文化创意和设计服务领域。

2. 完善文化金融服务组织。鼓励金融机构建立文化金融专业部门、专营机构。搭建文化金融中介服务平台，提供项目对接、信息资讯、业务培训等服务。加快建设北京文化产权交易中心，构建面向全国的文化资源要素市场和交易平台。

3. 优化文化金融服务环境。加快构建文化创意产业信贷担保、投融资等金融服务平台。引导金融机构健全文化企业融资信用评级制度，完善贷款利率定价机制和业务风险管理机制。依托全国中小企业股份转让系统和北京股权交易中心等服务平台，支持文化创意企业上市融资，培育资本市场的北京文化板块。

（八）商务服务业态优化行动。以文化创意和设计服务丰富商品种类和商业业态，以商务繁荣带动创意转化，积极促进大众消费。

1. 提升传统商业业态。鼓励商场、餐饮、酒店等企业强化创意设计，提供具有文化特色的体验式消费项目。引导传统书店、电影院、演艺场所等引入特色文化资源，打造商务服务与休闲文化高度融合的综合消费场所。深入挖掘老字号企业的传统文化内涵，鼓励其利用互联网拓展营销渠道，增强老字号品牌的文化传承力和影响力。鼓励商贸企业利用现代流通方式，发展定制服务、无实体店铺销售等新业态，推行标准化、连锁化经营。

2. 培育创意商务服务。鼓励发展“创客空间”“创新工场”等新型孵化服务业态，组建创意设计服务联盟，建设一批创意孵化楼宇和特色商务街区。鼓励在各类知识产权和版权交易平台、技术交易平台、电子商务平台设立创意设计服务板块，促进创意成果转化。

3. 拓展融合消费空间。支持文化创意产业功能区设立文化消费体验区，引导提供个性化、细分化的文化产品和服务，促进文化市场供需衔接。鼓励文化类电子商务平台发挥技术、信息优势，积极开发移动支付结算系统，提升文化消费便利水平。

（九）制造业产业链升级行动。着眼于京津冀协同发展、调整疏解非首都功能，加强工业设计的研究和应用，提升产品设计创新能力，推动“北京制造”向“北京设计”“北京创造”转变。

1. 加强设计服务应用。鼓励和推动在京企业、科研院所建设设计创新中心，争创一批国家级工业设计中心，吸引国际一流设计机构来京发展。深入实施首都设计提升计划，办好北京国际设计周等特色品牌活动，加快推进中关村科技园区西城园和中国设计交易市场建设，培育战略性新兴产业发展新优势。

2. 培育制造业新业态。推动制造业企业优化在京业务布局，调整疏解低端业态，强化研发、设计等功能，壮大总部经济。支持服装服饰等传统都市工业构建“创意设计—生产外包—内容服务”商业模式，推动向智能型、服务型转变。围绕绿色建筑、节能环保、新能源等领域，鼓励实施以设计为龙头的总承包服务，提升产业竞争力。

3. 推广新型制造模式。把握“互联网 +”发展新趋势，推动移动互联网、云计算、大数据、物联网等与现代制造业相结合，加快催生新技术、新产品、新模式、新业态。顺应市场需求和现代生活方式，融入传统文化和现代时尚元素，强化创意设计在产品创新、品牌建设、营销策划等方面的作用，激发个性消费和定制服务需求，提高产品附加值。

（十）现代农业创意增效行动。围绕首都特色农业资源，提高农业领域的创意和设计水平，促进农业与相关产业深度融合，实现农业生产、生态效益显著提升。

1. 培育农业休闲新业态。围绕农业生产、农民劳动和农村风貌，推进农业与文化创意、科技发展、生态建设等融合，培育集农业观光、体验、科教及文化传承于一体的农业经济新业态。支持建设多功能主题农业园，培育农业休闲旅游新品牌。加强创意科普和科技惠农，办好北京农业嘉年华等活动，推动都市农业、会展农业融合发展。

2. 提升农产品附加值。加强大兴西瓜、平谷大桃等特色农产品品牌建设，加大农产品商标和地理标志保护力度，促进特色化、品牌化发展。鼓励利用现代信息技术，建立健全相关技术标准、质量追溯体系，创新农产品营销模式，促进产销对接和产业升级。

3. 提高农村创新创意能力。加强新农村“一村一景”规划指导，大力发展景观农业，建设美丽乡村。围绕“土地流转起来、资产经营起来、农民组织起来”，加快促进一、二、三产业融合发展，进一步开发农业新功能、挖掘农业新价值。组建乡村服务联盟，引导社会资本投资发展创意农业。提升农民文化创意技能，建设一批专业文化村、技能村，促进农民增收致富。

三、保障措施

（一）建立健全组织领导机制。建立市文化创意和设计服务与相关产业融合发展联席会议制度，负责研究相关配套政策措施，统筹推进有关工作。联席会议成员单位包括市文资办、市发展改革委、市科委、市经济信息化委、市财政局、市统计局、市金融局等部门，办公室设在市文资办。各区县政府、市政府各有关部门和单位要高度重视此项工作，将其列入本地区、本部门和本领域工作重要议事日程，按照职责分工，抓紧推进重点工作，及时做好分析总结和情况报告，确保取得实效。

（二）强化财税政策引导机制。严格落实国家关于推进文化创意和设计服务与相关产业融合发展的税收政策。建立文化创意和设计服务与相关产业融合发展的园区（基地）、企业、产品评定标准，通过财政补贴、贷款贴息、政府购买服务等方式给予支持。鼓励引导社会资本设立产业融合发展基金。

（三）健全知识产权经营机制。深入实施首都知识产权战略，搭建知识产权和版权服务平台，加强知识产权和版权交易登记备案。建立健全无形资产评估办法，完善有利于创意和设计发展的产权制度。鼓励有条件的区县设立知识产权和版权快速维权机构，健全知识产权和版权的创新、运营和保护体系。参照中关村国家自主创新示范区股权激励政策，探索文化创意和设计服务资产化路径。开展知识产权运营基金试点工作。

（四）优化创意人才培养机制。制订文化创意和设计服务人才发展规划，确立人才评定标准和激励政策。建设文化创意职业技能人才培训基地，通过与国际知名培训机构共建合作，培养一批高层次、复合型、国际化的文化创意和设计服务人才。举办创意设计竞赛活动，促进创新成果展示交易。对于文化创意和设计服务企业发生的职工教育经费支出，不超过工资薪金总额 8% 的部分，准予在计算应纳税所得额时扣除。

（五）落实项目建设保障机制。支持以划拨方式取得土地的单位利用存量房产、原有土地兴办文化创意和设计服务，在符合城乡规划前提下土地用途和使用权人可暂不变更，连续经营一年以上，符合划拨用地目录的，可按划拨土地办理用地手续；不符合划拨用地目录的，可采取协议出让方式办理用地手续。完善农村土地管理制度，在符合规划和用途的前提下，研究探索农村集体经营性建设用地通过出让、租赁、入股等方式，发展文化创意和设计服务与农业融合项目。鼓励利用老旧厂房、腾退仓库、废弃矿山以及闲置商业设施等资源，发展文化创意和设计服务。

（六）构建企业成长培育机制。发挥中小企业发展专项资金作用，进一步支持文化创意和设计服务企业发展壮大，促进产业融合发展，重点培育一批创意内涵多、增长潜力大、带动效果好的企业，打造跨界融合型领军企业。加快文化创意和设计服务领域的国有企业股份制改造和事业单位分类改革，支持引进社会资本，以参股、控股、收购、兼并等形式实现跨地区、跨行业战略重组。

（七）完善对外合作开放机制。加快国家对外文化贸易基地建设，搭建跨境电子商务云服务平台，不断扩大对外文化贸易。实施“走出去”战略，鼓励企业积极开拓国际市场，参加国际知名创意和设计评选活动，参与制定国际标准。积极推进京津冀文化创意和设计服务与相关产业融合发展的区域协作。

（八）完善统计评估服务机制。加强文化创意和设计服务类产业的统计监测与分析工作，完善相关统计指标体系。建立融合发展项目、企业、园区（基地）数据库，强化融合发展绩效分析。研究发布产业融合发展评价指数和融合发展报告。

北京市人民政府关于印发《〈中国制造 2025〉北京行动纲要》的通知

京政发〔2015〕60 号

各区人民政府，市政府各委、办、局，各市属机构：

现将《〈中国制造 2025〉北京行动纲要》印发给你们，请结合实际认真贯彻落实。

二○一五年十二月五日

《中国制造 2025》北京行动纲要

为深入贯彻《中国制造 2025》，全面落实《京津冀协同发展规划纲要》，持续推动本市制造业转型升级，加快构建高精尖经济结构，努力建设全国科技创新中心，特制定本行动纲要。

一、总体要求

（一）指导思想。深入贯彻落实党的十八大和十八届三中、四中、五中全会精神，深入学习贯彻习近平总书记的系列重要讲话和对北京工作的重要指示精神，坚持和强化首都城市战略定位，紧紧抓住国家实施制造强国战略的重大机遇，牢固树立创新、协调、绿色、开放、共享的发展理念，始终坚持高端化、服务化、集聚化、融合化、低碳化的发展方向，瞄准全球制造业创新制高点，以构建产业生态为基础，以提高发展质量和效益为中心，以推动“在北京制造”向“由北京创造”转型为主线，全面实施“三四五八”行动计划，努力促进制造业创新发展，使本市真正成为京津冀协同发展的增长引擎、引领中国制造由大变强的先行区域和制造业创新发展的战略高地。

（二）发展目标。到2020年，制造业创新发展能力大幅提升，高端发展态势逐步显现，集约发展程度持续增强，绿色发展水平迈上新台阶，形成一批具有较强竞争力的优势产业，保持制造业占地区生产总值比重和对地方财政贡献“双稳定”，实现创新能力和质量效益“双提升”，带动京津冀地区数字化、网络化和智能化制造取得明显进展。

到2025年，形成创新驱动、高端发展、集约高效、环境友好的产业发展新格局，国际竞争力和影响力显著提升，部分制造业领域处于世界领先地位，综合资源消耗率达到世界先进水平，真正成为服务全国、辐射全球的优势产业集聚区。

二、持续推动“三转”调整，着力释放产业发展活力

（一）就地淘汰落后产能，转换产业发展领域。系统梳理制造业发展现状，定期修订完善《北京市工业污染行业、生产工艺调整退出及设备淘汰目录》，尽快淘汰污染较大、能耗较高的生产企业和制造环节。加快“腾笼换鸟”步伐，利用腾退的空间集聚高端创新要素和资源，建设产业协同创新平台，吸引和配置高精尖产业项目。着力推动二、三产业融合，大力发展生产性服务业，构建以创新为引领和支撑的高精尖产业体系。

（二）有序转移存量企业，转换产业发展空间。在严格落实《北京市新增产业的禁止和限制目录》的基础上，加快推动城六区现有工业企业转移升级，逐步将高端制造企业转移到产业园区。以中关村国家自主创新示范区“一区十六园”和国家级、市级产业园区为主体，整合低效工业用地，形成产业集聚和创新发展新格局。加强产业合作，搭建对接平台，完善共建共享机制，引导不具备比较优势的制造企业转移到津冀地区，并与津冀两地政府合作共建一批产业转移示范园区，特别是加快北京（曹妃甸）现代产业发展试验区建设。

（三）改造升级优势企业，转换产业发展动力。积极对接国家“绿色制造工程”，实施绿色制造技术改造行动，制订重点产业技术改造投资指南，组织一批能效提升、清洁生产、资源循环利用等技术改造项目，推动企业向智能化、绿色化、高端化方向发展。按照新型工业化产业示范基地建设要求，改造提升现有产业集聚区，改变以生产为中心、以产能扩张为导向的产业集聚方式，构建创新生态系统，建设一批微制造基地。

三、大力推进“四维”创新，全面提升产业发展能力

（一）加强新技术研发和应用。以新一代信息技术、先进材料、生命科学等领域为重点，支持企业强化技术创新能力建设，以新技术促进产品升级换代。制订产业技术创新路线图，以企业为主体，统筹布局一批新技术研发应用项目，增强企业知识产权创造能力和新产品开发能力。实施新一代创新载体建设行动，支持企业加大研发投入，建立一批技术创新示范企业；完善企业技术中心功能，将面向生产的技术开发中心升级为新产品创造中心，建设一批“北京创造”标杆企业。针对产业关键共性技术需求，整合产学研创新资源，改造提升工程实验室、工程研究中心等创新平台，在优势领域建设一批国家级和市级制造业创新中心；组建产业创新联盟，建设新型产业技术研究院，为新技术开发应用提供支撑和服务。

（二）加大新工艺开发和推广。以智能制造、绿色制造、增材制造为主攻方向，构建基础工艺创新体系。支持电子信息、航空航天、汽车、机械、钢铁、冶金、石化、食品等领域的科研机构和领军企业优化资源布局，联合建设一批关键共性基础工艺研究机构，加强关键制造工艺联合攻关。支持企业开展工艺创新，全面推广应用先进设计技术和新工艺。面向传统制造业绿色化、智能化升级改造需求，开展工艺技术转移和对外辐射服务。强化设计对创新的支撑作用，整合工业、文化、科技等领域的优势设计资源，打造“北京设计”品牌。

（三）采用新模式配置资源。优化整合概念创意、产品设计、研发测试、关键零部件生产、产品组装、供应链管理、系统集成、品牌经营、互联网营销等业务环节，重构企业之间、企业与用户之间的关系，创新价值创造模式，推动传统制造业企业实施组织变革。对接国家“智能制造工程”，实施京津冀联网智能制造示范行动，建设一批智能化、生态化的示范工艺线和示范工厂。大力推动自动化、数字化制造技术以及物联网、大数据、云计算等新一代信息技术在制造业的深度应用，推动制造业企业向云制造、分布式制造、生产外包等方向转型。支持有条件的企业建设众创、众包设计平台，推行模块化设计，开发一批拥有自主知识产权的关键设计工具软件，完善创新设计生态系统。支持企业融入全球制造网络，开展海外投资并购，建立研发中心、实验基地和营销渠道，利用代工（OEM）模式与代工企业加强合作，在全球配置制造资源。

（四）利用新业态优化企业组织形式。鼓励制造业企业“裂变”专业优势、延伸产业链条、开展跨界合作，加快向服务化制造、平台化经营和个性化服务方向转型，建立服务型制造体系。支持互联网企业与传统制造企业开展跨界合作，推动制造企业发展在线定制、创意设计、远程技术支持、设备生命周期管理等服务。实施生产性服务业公共平台建设行动，积极培育面向制造业的信息技术服务，大力发展技术研发、检验检测、技术评价、技术交易、质量认证等社会化、专业化服务。在相关产业园区引进新业态，使之由产品生产、对外销售的制造重地转型升级为高精尖产品研发、创新设计、对外授权的“北京创造”高地。

四、聚焦发展五类产品，全力打造“北京创造”品牌

（一）创新前沿产品。聚焦新一代信息技术、新材料技术、智能制造、生命科学等创新前沿领域，率先布局，加快突破，取得一批拥有自主知识产权的原始创新成果。重点布局领域包括：超导材料、纳米材料、石墨烯、生物基材料等新材料产品；高端软件、智能硬件、高性能集成电路等信息技术产品；干细胞、靶向药物、医学影像精密仪器等生物医药产品；北斗导航、无人智能航空器等尖端航空航天产品。

（二）关键核心产品。聚焦经济社会发展关键领域，突破一批制约产业发展的“短板”技术和产品，落实国家“工业强基工程”，重点发展关键基础材料和核心基础零部件产品。电子信息领域发展高端芯片、大功率电力电子器件、信息安全及设计工具软件等；装备制造领域发展模拟仿真系统、高性能伺服控制系统、精密仪器仪表等；节能环保领域发展可再生能源和资源综合利用等；汽车领域发展汽车电子、发动机控制系统、新型动力电池等；航空航天领域发展航电系统、地面保障装备等方面的关键核心产品。

（三）集成服务产品。以智慧城市、航空航天、轨道交通、医疗健康等领域为重点，提升整机产品系统设计能力，发展智能化、网络化的终端应用服务。支持有条件的企业由提供设备向提供系统集成总承包服务、由提供产品向提供整体解决方案转变，发展设计、测试和运营维护、数据信息等增值服务业态；开展物联网技术的集成应用，提供物联网专业服务和增值服务。

（四）设计创意产品。推动文化、科技与制造融合，发展高附加值创意设计产品，重点发展工业设计、工程设计、集成电路设计、软件设计、数字内容等产品，将文化资源优势和工业遗产资源有机结合，发展工艺美术、个性化消费品等都市产品。

（五）名优民生产品。围绕城市应急、社会公共品提供、环境治理服务以及居民服务等领域，适度发展贴近市场需要、符合首都资源环境要求的优质名牌民生产品。积极发展品牌体验消费经济，做强北京“老字号”产品，开发新一代消费产品。通过实施高精尖产品培育及品牌建设行动，加快实现由“北京制造”向“北京创造”转型。

五、组织实施八个专项，带动实现重点领域突破

（一）新能源智能汽车专项。坚持纯电驱动技术路线，依托龙头企业和产业技术创新联盟，转变传统汽车设计、研发、制造理念，创新产业发展和商业运营模式，培育全球领先的新能源汽车领军企业。以开发符合市场需求的智能网联新能源汽车产品为重点，集合电子科技、先进材料、传感器、车联网、智慧出行、辅助驾驶等技术，建立开放式协同创新平台，集中建设涵盖新能源汽车设计、试验试制及体验、示范等功能的科技创新资源聚集高地，打造全新产业生态。利用 10 年左右时间，将北京打造成为国内领先、世界一流的新能源汽车科技创新中心。

（二）集成电路专项。以满足移动、泛在的智能终端产品对芯片小型化、微型化的需求为方向，聚焦存储器、中央处理器、移动通信、图像处理、驱动电路等芯片，以加快推进 14 纳米先进工艺技术研发及生产线建设为切入点，带动装备资源整合以及电子设计自动化、知识产权（IP）库和专利池建设。通过实施本专项，优化集成电路制造基地布局，带动京津冀集成电路产业协同发展，在新一代集成电路关键核心技术上取得突破性进展，实现集成电路制造由代工向创造转型。

（三）智能制造系统和服务专项。以巩固提升智能装备系统、推广应用智能制造模式为切入点，重点发展传感器、智能仪控系统等核心装置和智能机器人、高档数控机床、三维打印设备等高端智能装备，推动数字化车间、智能工厂和工业互联网的广泛应用。通过实施本专项，提高重点行业智能制造系统的集成服务能力，使本市成为全国智能制造创新总部、示范应用中心和系统解决方案的策源地。

（四）自主可控信息系统专项。以金融、电信、工业等行业的自主可控信息系统和安全云服务为切入点，加强集成适配和联合攻关，构建包括应用软件、基础软硬件、网络和安全设备、信息安全服务等的一体化自主可控产品体系。通过实施本专项，建立包括行业应用开发、开源软件再创新、自主核心技术研发等体系在内的自主可控信息产业生态，建成完善的可信计算产业价值链，为保障国家重大信息系统安全提供有力支撑。

（五）云计算与大数据专项。以完善云计算平台建设和加强大数据智能应用为切入点，着力建设战略性公有云平台，构建大数据智能应用生态。通过公有云平台建设，带动云服务器、云平台软件以及云服务企业发展，成为全国云计算解决方案研制中心和云服务汇聚中心；围绕大数据智能应用，带动物联网产业发展，突破人工智能关键技术；深入挖掘数据价值，大力推动智能制造、教育、交通、医疗、城市运行管理等重点领域的大数据应用。通过实施本专项，建成具有国际竞争力的公有云平台，培育一批国内领先的大数据技术和应用服务企业，带动新一代互联网产业蓬勃发展。

（六）新一代移动互联网专项。以打造自主移动互联网平台和实现关键元器件进口替代为切入点，加强开源操作系统、自主操作系统与本地芯片的协同设计，强化自主移动通信核心技术研发及标准制定，建设世界领先的商业化移动互联网平台以及行业自主安全移动互联网平台，开发可穿戴设备、智能家居等新兴移动终端产品，培育基于移动平台应用的智能硬件产业生态。通过实施本专项，突破关键元器件发展短板，形成产业优势，培育一批对供应链和价值链具有掌控能力的平台型企业，带动京津冀地区形成全国领先的移动互联网产业集群。

（七）新一代健康诊疗与服务专项。围绕大健康产业的新需求，以重点疾病的预防、诊断、治疗和康复为切入点，大力推动新型药物、生物医学工程及基因检测技术等创新成果的产业化，开发基于“互联网+”的智能健康产品，建设自我健康管理、早期预防、远程医疗和医药电子商务相结合的大健康服务体系。通过实施本专项，基本形成以诊断试剂、创新药物、高端医疗器械及智能健康服务为主的新型产业体系，推动健康服务业态快速发展，形成新一代健康诊疗与服务产业的发展优势。

（八）通用航空与卫星应用专项。以通用航空运营体系建设、卫星技术转化应用为切入点，在航空航天领域主要围绕关键技术与产品、城市及区域服务保障、通用航空消费等重点，聚焦发展研发试制、运营服务、商务金融等高端环节，开发通用航空安全运行监管系统、自主安全可信的无人机飞控系统等产品，完善应急救援、商务飞行等运营服务体系。在卫星应用领域主要围绕低轨卫星宽带通信、卫星遥感、卫星导航技术的产业化，提高军民两用技术研发转化能力，大力发展卫星地面设备和卫星应用服务，开发空天地一体化信息网络、多源融合高精度遥感应用等技术。通过实施本专项，建立覆盖高端研发、系统集成、关键子系统制造、技术示范应用和服务保障的产业技术和价值链，建成特色鲜明、体系健全、重点突出、融合发展、国际领先的航空航天研发应用中心。

六、加大改革创新力度，切实保障制造业转型发展

（一）建立统筹推进机制。建立市级层面的统筹机制，充分发挥好顶层设计、政策整合、统筹协调的作用。建立由国内外技术、产业专家和企业家组成的专家顾问组，围绕8个建设专项选聘首席专家，指导各专项的实施。建立全市高精尖产业项目布局引导机制，以产业园区为载体，加快推进重大项目落地。市经济信息化委要会同相关部门出台配套政策文件，加强跟踪分析和督促指导。各区政府、各有关部门要健全工作机制，制订具体方案，细化政策措施，确保各项任务落到实处。

（二）改革行业指导制度。制定高精尖产业统计划分标准，统筹考虑产业发展的经济、社会和资源环境效益，综合土地、水、能源资源以及就业、税收等因素，建立规模、速度、效益相适应的产业发展综合评价体系。确定转型升级指导线，发布产业转移疏解和技术改造指导目录，引导企业有序推进产能转移、加强技术改造升级。建立高精尖产业发展“优选线”制度，按照高于国家标准的原则提出新实施高精尖产品项目的技术水平要求、环境保护和土地利用限制条件，并开展综合评估，达到“优选线”标准的项目给予优先支持。

（三）增强产业资本运作能力。发挥财政资金的引导作用，按照政府引导、市场运作、科学决策、防范风险的原则，设立高精尖产业发展基金，以股权投资为主要方式，引导社会资本参与相关建设专项和重点项目。加大对企业技术改造的支持力度，将企业技术改造投资作为工业固定资产投资的主要方向，并充分发挥境内外多层次资本市场作用，支持大型企业通过资本市场优化配置创新资源。围绕制造业转型升级，与国家政策性银行开展战略合作，引导风险投资、私募股权投资等支持制造业企业创新发展，鼓励符合条件的制造业贷款和租赁资产开展证券化试点。选择骨干企业开展“产融结合”试点，推广面向制造业企业的融资租赁服务。

（四）搭建产业升级服务平台。围绕信息化与工业化融合、品牌质量建设、工业设计水平提升等方面，搭建专业服务平台，推动关键环节实现突破。加强知识产权创造与管理，建设专利信息利用等知识产权公共服务平台，加强重点领域的专利组合布局及专利池建设，推动专利与标准有效融合。围绕项目发现、孵化和推广，搭建多种形式的高精尖产业投资互动与对接服务平台。支持行业联盟、技术服务组织、国际标准化组织等服务机构发展，以智能制造为重点，开展技术标准、信息化与工业化融合管理标准的创制服务活动。争创国家高端装备制造业标准化工作试点。

（五）支持企业国际化发展。紧紧抓住国家实施“一带一路”发展战略的历史机遇，以提升“北京创造”品牌世界影响力为核心，建立多层次、多渠道、多方式的国际合作与交流机制。鼓励企业通过收购兼并、联合经营、设立分支机构和研发中心等方式积极拓展国际市场，构建国际化的资源配置体系。鼓励和引导外资投向高精尖产业，引入国际创新成果。围绕关键技术和重点发展领域，加快引进海外高层次人才。鼓励政府机构、产业联盟、行业协会及相关中介机构为企业“走出去”提供信息咨询、法律援助、技术转让和知识产权海外布局与风险预警等服务。

（六）完善各项支持政策。充分发挥中关村国家自主创新示范区先行先试优势，推动相关先行先试政策向高精尖产业倾斜。支持在京中央企业、高等学校、科研院所加快创新转型，推动中央及市属国有企业与民营、外资企业开展协同创新。研究制订优化产业布局方案，探索加快工业用地循环利用机制，推广先出租后出让、出租出让相结合、弹性出让等供地方式，加强对高精尖产业的用地保障。统筹考虑全市人口调控、制造业转型发展和高精尖产业培育需要等因素，加强人才发展的综合规划和分类指导，选择若干产业园区开展高精尖人才置换发展试点。组织开展多种形式的宣传引导，营造加快发展高精尖产业的良好氛围。

注释：

专栏一：“三四五八”行动计划

推动“三转”调整，强化“四维”创新，聚焦发展五类高精尖产品，组织实施八个新产业生态建设专项。

“三转”调整，是指有序推动传统制造业关停淘汰、疏解转移和改造升级，实现转领域、转空间、转动力的转型发展。

“四维”创新，是指全面强化以新技术、新工艺、新模式、新业态为主要内容的产业创新，不断提升制造业的创新能力。

五类产品，是指聚焦发展创新前沿、关键核心、集成服务、设计创意和名优民生等五类高精尖产品，打造“北京创造”品牌。

八个专项，是指组织实施新能源智能汽车、集成电路、智能制造系统和服务、自主可控信息系统、云计算与大数据、新一代移动互联网、新一代健康诊疗与服务、通用航空与卫星应用八个新产业生态建设专项，培育新的竞争优势。

专栏二：表格（略）

专栏三：绿色制造技术改造行动

着眼制造业发展的新趋势和产业发展的新要求，积极对接国家“绿色制造工程”，以装备制造、航空航天、汽车、食品饮料、生物医药、电子信息等行业为重点，加大先进节能环保技术、工艺和装备的应用，推行清洁生产。

2015—2017 年，围绕绿色制造实施 200 项重点技术改造项目，重点企业和产业园区率先达到国家绿色示范工厂和绿色示范园区建设标准。

专栏四：新一代创新载体建设行动

围绕制造业创新发展的关键共性需求，采取政府与社会合作、产学研用互动、企业协同创新等新机制、新模式，建设一批制造业创新中心，攻克一批对产业竞争力整体提升具有全局性影响、带动性强的关键共性技术。支持企业依托现有技术中心、工程中心和重点实验室，对接中关村科学城的科教资源，建设跨学科、集成式的产业技术研究院。鼓励围绕新技术、新产品的产业化应用示范，组建一批产业创新战略联盟。

到 2020 年，建成 10 个市级制造业创新中心，争取建成 1 ～ 2 个国家级制造业创新中心；到 2025 年，建成 20 个左右市级制造业创新中心，争取建成 5 个左右国家级制造业创新中心。

专栏五：京津冀联网智能制造示范行动

落实京津冀协同发展相关部署，积极参与国家“智能制造工程”，围绕以智能工厂为代表的流程制造、以数字化车间为代表的离散制造以及智能产品、智能服务、供应链管理、工业电子商务等开展试点示范。选择京津冀产业链衔接较好的重点领域，以行业龙头企业为依托，与产业链上的津冀企业合作，推进企业生产设备的智能化改造，构建跨区域联网智能制造系统；推广基于工业互联网的网络制造、协同制造、服务制造模式，建设一批智能化车间和智能化企业。积极推进网络基础设施建设，建设京津冀统一标准的工业互联网和工业云平台。

到 2020 年，在装备制造、汽车、电子信息等领域，实施京津冀联网智能制造重大示范项目 10 个；到 2025 年，实施京津冀联网智能制造重大示范项目 20 个。

专栏六：生产性服务业公共平台建设行动

围绕《中国制造 2025》确定的重点领域，大力发展生产性服务业，以工业设计、产品检测认证、标准创制和垂直领域电子商务为重点，建设一批生产性服务业公共平台。利用腾退出的工业厂房，建设生产性服务业示范功能区，形成生产性服务业集聚发展态势。

到 2020 年，形成服务全国的生产性服务业公共平台 50 个左右，生产性服务业收入占比大幅提高；到 2025 年，力争形成服务全国的生产性服务业公共平台 100 个左右。

专栏七：高精尖产品培育及品牌建设行动

针对国家重大工程和重点装备的关键技术，整合中央企业、高等学校、科研院所、优势科技型企业的创新资源，组织产学研用联合攻关，开发一批国家急需的关键产品，并实现产业化。扩大对外开放合作，支持骨干企业采取合资、并购等方式，消化吸收再创新国际先进产品技术。落实推进大众创业万众创新的实施意见，推动智能化产品创新发展，支持新创产品快速做大做强，形成规模，构建以智能产品为核心的开放生态体系。推广先进质量管理方法，引导企业积极引进卓越绩效等先进质量管理模式，不断提高高精尖产品质量。引导企业增强品牌意识，建立品牌管理体系，形成具有自主知识产权的名牌产品。以电子信息、都市产业为重点，开展产业集群品牌建设试点，大力发展具有自主知识产权的名牌产品集群。

到 2020 年，通过实施一批高科技项目，打造 40 个左右高精尖新产品，其中 5 个～ 10 个为年收入超过百亿元的“大产品”，培育具有国际竞争力的知名品牌；到 2025 年，力争打造 20 个左右年收入超过百亿元的“大产品”。

北京市人民政府关于调整《北京市碳排放权交易管理办法（试行）》重点排放单位范围的通知

京政发〔2015〕65 号

各区人民政府，市政府各委、办、局，各市属机构：

为进一步加强二氧化碳排放总量和强度控制，有效发挥碳排放权交易机制对二氧化碳减排的促进作用，根据市人大常委会《关于北京市在严格控制碳排放总量前提下开展碳排放权交易试点工作的决定》，现对《北京市人民政府关于印发〈北京市碳排放权交易管理办法（试行）〉的通知》（京政发〔2014〕14 号）中重点排放单位范围予以调整，并就有关事项通知如下：

一、将重点排放单位范围调整为：本市行政区域内的固定设施和移动设施年二氧化碳直接排放与间接排放总量 5000 吨（含）以上，且在中国境内注册的企业、事业单位、国家机关及其他单位。

二、市发展改革委会同市有关部门要及时对有关规范性文件进行相应调整，进一步健全碳排放权交易试点工作机制和管理措施。

三、市发展改革委要加强对碳排放权交易市场运行的监测预警和监督管理，重大事项要及时向市政府请示报告。

四、本通知自印发之日起施行。

二〇一五年十二月十六日

北京市碳排放权交易管理办法（试行）

第一章　总　则

第一条　为控制本市温室气体排放，协同治理大气污染，根据国家发展改革委开展碳排放权交易试点的相关部署要求和市人大常委会《关于北京市在严格控制碳排放总量前提下开展碳排放权交易试点工作的决定》（以下简称《决定》），特制定本办法。

第二条　本办法适用于本市行政区域内碳排放权交易及其监督管理活动。

本办法所称碳排放权交易，是指由市人民政府设定年度碳排放总量及碳排放单位的减排义务，碳排放单位通过市场机制履行义务的碳排放控制机制，主要工作包括碳排放报告报送、核查，配额核发、交易以及履约等。

第三条　本市严格碳排放管理，实现碳排放强度逐年下降，确保完成全市碳排放总量控制目标。

碳排放权交易坚持政府引导与市场运作相结合，遵循诚信、公开、公平、公正的原则。

第四条　市发展改革委负责本市碳排放权交易相关工作的组织实施、综合协调与监督管理。市统计、金融、财政、园林绿化等行业主管部门按照职责分别负责相关监督管理工作。

第二章　碳排放管控和配额管理

第五条　根据国家和本市国民经济和社会发展计划确定的碳排放强度控制目标，科学设立年度碳排放总量控制目标，核算年度配额总量，对本市行政区域内重点排放单位的二氧化碳排放实行配额管理。

对新建及改扩建固定资产投资项目逐步实施碳排放评价和管理。

第六条　市发展改革委确定不超过年度配额总量的5%作为调整量，用于重点排放单位配额调整及市场调节。

第七条　重点排放单位应当在配额许可范围内排放二氧化碳。报告单位中自愿参与碳排放权交易的非重点排放单位，参照重点排放单位进行管理。

第八条　市发展改革委设立碳排放权注册登记簿系统（以下简称“登记簿”），用于配额的发放及履约管理等。重点排放单位及自愿参与交易的单位应进行注册登记，并通过登记簿管理本单位的碳排放权，包括碳排放权的持有、转移、变更、上缴、转存、抵消、注销等。

第九条　市发展改革委会同市统计局定期确定年度重点排放单位名单和报告单位名单，并向社会公布。

第十条　报告单位应当在规定的时间内按照要求向市发展改革委提交上年度碳排放报告。重点排放单位应当同时报送本年度碳排放监测计划，并按计划组织实施。

第十一条　市发展改革委应当对符合本市规定条件的第三方核查机构予以备案，建立第三方核查机构目录库，并加强动态管理。

重点排放单位应当委托目录库中的第三方核查机构对碳排放报告进行核查，并按照规定向市发展改革委报送核查报告。

第三方核查机构应当按照相关规定开展核查工作。

第十二条　市发展改革委结合本市碳排放控制目标，根据配额核定方法及核查报告，核定并发放重点排放单位的年度配额；并根据谨慎、从严的原则对重点排放单位配额调整申请情况进行核实，确有必要的，可对配额进行调整。

第十三条　重点排放单位应当按照规定上缴与其上年度碳排放量等量的配额，履行年度碳排放控制责任。

第十四条　重点排放单位可以用经过审定的碳减排量抵消其部分碳排放量，使用比例不得高于当年排放配额数量的5%。

来源于本市行政区域内重点排放单位固定设施化石燃料燃烧、工业生产过程和制造业协同废弃物处理以及电力消耗所产生的核证自愿减排量不得用于抵消。

1吨当量经审定的碳减排量可抵消1吨二氧化碳排放量。

第三章 碳排放权交易

第十五条 本市实行碳排放权交易制度，交易主体是重点排放单位及其他自愿参与交易的单位。

交易产品包括碳排放配额、经审定的碳减排量等，本市探索创新碳排放交易相关产品。

第十六条 市人民政府确定承担碳排放权交易的场所（以下简称“交易场所”），交易场所应当制定碳排放权交易规则，明确交易参与方的权利义务和交易程序，披露交易信息，处理异常情况。

交易场所应当加强对交易活动的风险控制和内部监督管理，组织并监督交易、结算和交割等交易活动，定期向市发展改革委和市金融局报告交易情况。

第十七条 交易应当采用公开竞价、协议转让以及符合国家和本市规定的其他方式进行。

本市适时开展跨区域交易。

第四章 监督管理与激励措施

第十八条 市发展改革委应当加强对报告单位的碳排放报告、第三方核查机构的核查报告以及重点排放单位碳排放控制情况的监督检查。

第十九条 市发展改革委会同相关部门对违反碳排放权交易管理的报告单位和第三方核查机构依规处理，将违规行为予以通报，并向企业信用信息系统主管部门提供相关信息。

第二十条 市发展改革委应当加强对碳排放权交易市场价格监管，可以根据需要在配额调整量范围内通过拍卖、回购等市场手段调节市场价格，维护市场秩序。

第二十一条 市财政局安排专项资金，支持配额回购、交易管理等。具体管理办法由市发展改革委会同市财政局另行制定。

第五章 法律责任

第二十二条 报告单位违反本办法第十条、第十一条和第十三条规定的，由市发展改革委根据《决定》进行处罚，并按照相关规定进行处理。

第二十三条 交易场所及其工作人员违反法律法规规章及本办法规定的，责令限期改正；对交易主体造成经济损失的，依法承担赔偿责任；构成犯罪的，依法承担刑事责任。

第二十四条 承担碳排放权交易监管职责的行政部门及其工作人员，不履行本办法规定的职责，滥用职权、玩忽职守，利用职务便利牟取不正当利益的，依法追究法律责任。

第六章 附 则

第二十五条 碳排放权，是指碳排放单位在生产经营活动中直接和间接排放二氧化碳等温室气体的权益。包括二氧化碳排放配额和经审定的碳减排量。

二氧化碳排放配额，由市发展改革委核定的，允许重点排放单位在本市行政区域一定时期内排放二氧化碳的数量，单位以“吨二氧化碳（tCO_2）”计。

经审定的碳减排量，由国家发展改革委或市发展改革委审定的核证自愿减排量、节能项目和林业碳汇项目的碳减排量等，单位以“吨二氧化碳当量（tCO_2e）”计。

重点排放单位，是指本市行政区域内的固定设施年二氧化碳直接排放与间接排放总量1万吨（含）以上，且在中国境内注册的企业、事业单位、国家机关及其他单位。

报告单位，是指本市行政区域内年综合能源消费总量2000吨标准煤（含）以上，且在中国境内注册的企业、事业单位、国家机关及其他单位。

第二十六条 本办法自印发之日起施行，在碳排放权交易试点期间有效。

北京市人民政府关于印发《北京市水污染防治工作方案》的通知

京政发〔2015〕66号

各区人民政府，市政府各委、办、局，各市属机构：

现将《北京市水污染防治工作方案》印发给你们，请结合实际，认真贯彻落实。

二〇一五年十二月二十二日

北京市水污染防治工作方案

为深入贯彻落实《国务院关于印发水污染防治行动计划的通知》（国发〔2015〕17号）精神，切实加大水污染防治力度，努力修复水生态环境，不断改善水环境质量，全力保障首都水环境安全，特制定本工作方案。

一、总体要求

（一）指导思想

深入贯彻落实党的十八大和十八届三中、四中、五中全会精神，深入学习贯彻习近平总书记系列重要讲话和对北京工作的重要指示精神，坚持和强化首都城市战略定位，牢固树立创新、协调、绿色、开放、共享的发展理念，始终坚持安全、清洁、健康的防治方针和节水优先、空间均衡、系统治理、两手发力的施治原则，以推进生态文明建设为统领，以改善水环境质量为核心，政府市场协同，全面依法推进，严格落实责任，鼓励全民参与，不断强化源头控制、过程监管、末端治理，统筹推进水污染防治、水生态保护、水资源管理，努力实现环境、经济和社会效益多赢，为建设国际一流的和谐宜居之都提供良好的水环境保障。

（二）防治目标

到2017年，中心城、新城的建成区基本消除黑臭水体。到2020年，饮用水安全保障水平持续提升，水环境质量得到阶段性改善，水生态环境状况有所好转。其中，集中式饮用水水源水质持续保持稳定达标；地表水水体水质优良（达到或优于Ⅲ类）比例保持稳定，丧失使用功能（劣Ⅴ类）的水体断面比例比2014年下降24个百分点，其中，东城区、西城区水质力争全部达到Ⅳ类以上，门头沟区、平谷区、怀柔区、密云区、延庆区基本消除劣Ⅴ类水体，其余各区劣Ⅴ类水体断面数量比2014年下降60%以上；地下水质量保持稳定。

到2030年，地表水全面消除劣Ⅴ类水体，水生态系统功能得到恢复。

到21世纪中叶，生态环境质量全面改善，生态系统实现良性循环。

二、防治任务

（一）全面提升水污染防治水平

1. 强化城镇生活污染治理。全面完成《北京市加快污水处理和再生水利用设施建设三年行动方案（2013—2015年）》确定的污水处理和再生水厂建设任务，制定实施新一轮三年行动方案。到2019年，全市污水处理率达到94%，其中，中心城和市行政副中心建成区基本实现污水处理设施全覆盖、污水全收集全处理，新城污水处理率达到93%，乡镇污水处理率达到75%。

牵头单位：市水务局

责任单位：市发展改革委、市规划委、市住房城乡建设委、市环保局、市国土局等，各区政府

对现有雨污合流排水系统进行雨污分流改造，城镇新区建设实行雨污分流。新建污水处理设施的配套管网应与污水处理设施同步设计、同步建设、同步投入使用。中心城建成区2017年年底前、新城建成区2020年年底前要基本实现污水全收集、全处理。到2020年，全市新建和改造污水收集管线1081公里。

牵头单位：市水务局

责任单位：市发展改革委、市规划委等，各区政府

严格开发建设项目配套水污染防治设施建设和验收管理，全市在建、新建住宅项目和其他排放污水的建设项目必须配套建设污水处理设施，并实现达标排放。配套建设的水污染防治设施应与主体工程同步竣工验收。对水污染防治设施未建成、未经工程验收或未达到工程验收标准的住宅项目和其他排放污水的建设项目，不得投入使用。

牵头单位：市住房城乡建设委、市规划委

责任单位：市水务局、市发展改革委、市环保局等，各区政府

推进污泥无害化处理处置，取缔非法污泥堆放点。新建高碑店、小红门、槐房污泥无害化处理处置工程。到 2020 年，全市城镇污泥无害化处理处置率达到 100%。

牵头单位：市水务局

责任单位：市发展改革委、市规划委、市国土局、市环保局、市农委、市农业局、市园林绿化局等，各区政府

2. 控制城市面源污染。及时清运城市垃圾，禁止违法倾倒，严控污染物进入城市排水系统。

牵头单位：市市政市容委

责任单位：市水务局、市城管执法局等，各区政府

因地制宜采用点（调蓄池）、线（沿河收集管线）、面（下凹绿地、湿地、蓄滞洪区）等方式，实现雨水收集系统贯通，推进初期雨水收集处理。建设调蓄廊道和管线，开展通惠河沿线初期雨水收集处理试点，推进市行政副中心初期雨水收集处理系统建设。

牵头单位：市水务局

责任单位：市发展改革委等，各区政府

3. 推进农业农村污染防治。全市禁止新建、扩建规模化畜禽养殖场（育种、科研用途除外）。划定畜禽养殖禁养区，2016 年年底前，依法关闭或搬迁禁养区内的畜禽养殖场（小区）；禁养区外保留的畜禽养殖场（小区）要实施雨污分流，并配备粪便污水贮存、处理、利用设施。2020 年年底前，完成全市规模化猪场、牛场粪便污水治理，并实现资源化利用。研究制定畜禽养殖污染治理的财政支持政策。

牵头单位：市农委、市农业局

责任单位：市环保局、市水务局、市财政局、市规划委等

各区政府制定实施农业面源污染综合防治方案，积极开展农作物病虫害绿色防控，大力推广使用低毒、低残留农药，全面推广科学施肥技术，引导农民施用配方肥、缓释肥，加快实现水肥一体化利用。到 2019 年，全市农作物病虫统防统治覆盖率达到 40% 以上，生态涵养发展区全部施用环境友好型农药，全市化肥利用率提高到 40% 以上；到 2020 年，全市农药利用率提高到 45% 以上，化学农药施用量减少 15% 以上，全市测土配方施肥技术物化落地率提高到 98% 以上，全市化肥施用量降低 20% 以上。

牵头单位：市农委、市农业局

责任单位：市发展改革委、市水务局等，各区政府

重要水源保护区、地下水严重超采区、地下水防护性能较差区等重点区域逐步有序退出小麦等高耗水农作物种植。积极推广雨养农业。到 2020 年，全市粮田调减到 80 万亩左右。

牵头单位：市农委、市农业局、市水务局

责任单位：市发展改革委、市国土局、市园林绿化局等，各区政府

全市禁止在水源保护区、自然保护区及其他环境敏感区域新建水产养殖场。限制使用抗生素等化学药品，推广生态健康养殖新模式。充分发挥养殖水面的湿地生态作用。

牵头单位：市农委、市农业局

责任单位：市水务局等，各区政府

实施农村清洁工程，全面推进农村环境连片整治。区、乡镇、村三级生态文明示范创建工作要将水环境综合治理作为重要指标，实行“一票否决”。通过以城带村、以镇带村、联村合建、单村处理、单村收集储存等方式，因地制宜解决远郊区村庄污水收集处理问题。到 2020 年，新增完成环境综合整治的建制村 700 个。

牵头单位：市农委

责任单位：市环保局、市农业局、市发展改革委、市水务局、市财政局、市城乡结合部建设领导小组办公室等，各区政府

以区为单元，实行农村污水处理设施统一规划、统一建设、统一管理，有条件的区积极推进城镇污水处理设施和服务向农村延伸。研究制定农村污水处理设施建设运营管理的财政支持政策。到 2019 年，城乡结合部村庄、水源地所在村、民俗旅游村实现村村有污水处理设施，基本消除污水直排。

牵头单位：市水务局、市农委

责任单位：市环保局、市财政局、市农业局、市发展改革委、市规划委、市城乡结合部建设领导小组办公室等，各区政府

4. 深化工业污染防治。2016 年年底前，依法取缔不符合国家和本市产业政策的小型造纸、制革、印染、电镀、农药原药等严重污染水环境的生产项目。

牵头单位：市环保局、市经济信息化委责任单位：市国资委、市国土局等，各区政府

制定重点行业专项治理方案，实施清洁化改造。

牵头单位：市环保局

责任单位：市经济信息化委、市国资委等，各区政府

全市工业园区及工业园区以外的污水排放企业，应建设污水处理设施或对污水进行委托处理，实现达标排放，严禁污水直排。自 2015 年 12 月 31 日起，全市工业企业、工业园区污水集中处理设施执行《北京市水污染物综合排放标准》排放限值要求，企业排放工业废水经预处理达到规定要求后方可进入园区污水集中处理设施。推进工业园区企业污水排放在线监测设施建设，2016 年年底前，工业园区污水集中处理设施安装自动在线监控装置；2017 年年底前，实现与市环保部门联网。工业园区未建设污水集中处理设施或污水集中处理设施废水排放不达标的，一律暂停审批和核准其新增水污染物排放总量建设项目的环境影响评价文件，并依法处罚。

牵头单位：市环保局

责任单位：市经济信息化委、市国资委、市商务委等，各区政府

大力推行清洁生产，引导企业采用先进的生产工艺和治理技术，切实降低污染物排放水平。继续开展化工、制药、食品加工等重点行业强制性清洁生产审核，鼓励企业开展自愿性清洁生产审核。

牵头单位：市发展改革委、市环保局

责任单位：市经济信息化委、市国资委等，各区政府

5. 强化垃圾渗滤液处理。2017 年年底前，实现垃圾填埋场、垃圾中转站、餐厨垃圾处置厂等的渗滤液处理全面达标，逐步建设完善渗滤液处理设施在线监测系统，实时监控其排水量和排水水质。

牵头单位：市市政市容委

责任单位：市环保局、市水务局等，各区政府

6. 加强船舶污染控制。进一步完善工作船、游船码头区固体废物分类收集、接收设施，以及码头船舶停泊区事故溢油、溢液的拦截、回收和清除设施，提高含油污水的接收处置及污染事故的应急处理能力。

牵头单位：市交通委、市水务局

责任单位：各区政府

（二）全力节约保护水资源

7. 建设节水型社会。全面落实最严格的水资源管理制度，充分发挥水资源的约束引导作用，不断提高重点领域的节水水平。到 2017 年，全市城市公共供水管网漏损率控制在 12% 以内，到 2020 年控制在 10% 以内。到 2019 年，全市各区完成节水型区创建。到 2020 年，全市万元地区生产总值用水量降到 15 立方米以下，万元工业增加值用水量降到 10 立方米以下；电力、石油石化、化工、食品发酵等高耗水行业达到先进用水定额标准；农田灌溉用水有效利用系数达到 0.75 以上。

牵头单位：市水务局

责任单位：市发展改革委、市财政局、市经济信息化委、市住房城乡建设委、市农委、市农业局等，各区政府

8. 多渠道增加可用水源。积极争取国家有关部门支持，进一步增加南水北调进京水量。研究推动海水淡化进京，多渠道保障水资源供给。

牵头单位：市水务局

责任单位：市南水北调办、市发展改革委、市财政局等，各区政府

推进再生水利用，再生水输配水管线覆盖范围内的工业生产、城市绿化、道路清扫、车辆冲洗、建筑施工、住宅小区及单位内部景观等用水应当使用雨水或再生水；具备环卫用再生水供水能力的区域，环卫用水优先使用再生水。自 2018 年起，再生水输配水管线覆盖范围外的区域，集中建设建筑面积超过 2 万平方米的新建公共建筑及保障性住房项目，全部安装中水处理和利用设施；再生水输配水管线覆盖范围内的区域，全部安装再生水利用设施。积极推动其他新建住房安装再生水利用设施。推进高速公路服务区污水处理和利用设施建设。到 2020 年，城六区公共绿地使用雨水或再生水等灌溉比例达到 50%，全市再生水利用量达到 12 亿立方米以上，再生水利用率达到 70% 以上。

牵头单位：市水务局、市园林绿化局、市市政市容委、市住房城乡建设委

责任单位：市发展改革委、市经济信息化委、市交通委等，各区政府

新建、改建建筑严格执行《雨水控制与利用工程设计规范》。因地制宜建设雨水收集利用设施，并通过回用系统用于道路喷洒、园林绿化和景观河湖补水。

牵头单位：市水务局

责任单位：市发展改革委、市规划委、市住房城乡建设委、市市政市容委、市园林绿化局、市财政局、市农委、市农业局等，各区政府

9. 严控地下水超采。开展地下水状况调查评价。在地面沉降、地裂缝、岩溶塌陷等地质灾害易发区开发利用地下水，应进行地质灾害危险性评估。严格控制开采深层承压水，严格实行地热水、矿泉水等开采许可制度。2016 年年底前，完成地下水超采范围核定和地下水禁采区、限采区、地面沉降控制区划定工作。地下水超采区内禁止工农业生产及服务业新增取用地下水。实施土地整治、农业开发等农业基础设施项目，不得以配套打井为条件。自 2016 年起，全市范围内原则上不再新增机井；2017 年年底前，完成机井排查登记；2020 年年底前，封填全市未经批准的机井，按规划置换公共供水管网覆盖范围内的机井。

牵头单位：市水务局、市国土局、市地勘局

责任单位：市发展改革委、市经济信息化委、市财政局、市农委、市农业局等，各区政府

（三）严格保护饮用水水源和地下水

10. 保障饮用水水源安全。各级政府及供水单位定期监测、检测和评估辖区内饮用水水源、供水厂出水和用户水龙头水质等安全状况，全过程监管饮用水安全。自 2016 年起，每季度向社会公开城市集中式饮用水安全状况信息。自 2018 年起，向社会公开各区城镇饮用水安全状况信息。

牵头单位：市水务局、市卫生计生委、市环保局

责任单位：市发展改革委、市财政局等，各区政府

强化饮用水水源环境保护，2015 年年底前，完成全市集中式饮用水水源保护区划定和调整工作；2017 年年底前，完成饮用水水源保护区标志设置工作。完善饮用水水源评估制度，开展市、区两级饮用水水源地环境状况年度评估，2017 年年底前完成乡镇级集中式饮用水水源地环境状况评估，以后每 3 年评估一次；2018 年年底前完成分散式农村饮用水水源地环境状况评估，以后每 5 年评估一次。根据评估结果建立主要污染源和污染物排放清单，并依法清理违法建筑和排污口。

牵头单位：市水务局、市环保局

责任单位：市卫生计生委、市地勘局等，各区政府

加强农村饮用水水源保护和水质检测，由乡镇政府负责饮用水水源地的日常管理，统筹抓好工程建设和水源保护工作。2016 年年底前，健全完善农村饮用水水质定期检测制度。

牵头单位：市水务局、市卫生计生委

责任单位：市发展改革委、市财政局、市环保局等，各区政府

11. 防治地下水污染。2016 年年底前，完成平原区地下饮用水水源环境状况调查评估和分区污染防治方案编制。2017 年年底前，完成非正规废品回收点整治，清除非正规垃圾填埋场 76 处，封填废弃机井 1143 眼。全市范围内禁止新增非正规垃圾填埋场。2017 年年底前，按照《埋地油罐防渗漏技术规范》要求完成加油站防渗

漏改造工作。全市石油化工生产存贮销售企业和工业园区、危险废物堆存场、垃圾填埋场、矿山开采区等区域应进行防渗处理。开展地下水污染专项调查和污染溯源，进行地下水污染风险评估，自2019年起，公布环境风险大、严重影响公众健康的地下水污染场地清单，并开展修复试点。

牵头单位：市环保局、市水务局、市市政市容委

责任单位：市经济信息化委、市国土局、市地勘局、市财政局、市工商局、市城管执法局、市商务委等，各区政府

（四）积极保护和治理流域水生态环境

12.保障生态环境用水。修订完善本市地表水功能区划方案，进一步明确水功能区定位和保护标准。开展河湖环境生态需求分析，确定生态流量，不断增加河湖生态用水规模。

牵头单位：市水务局

责任单位：市环保局等，各区政府

加大外流域调水和水系连通工程建设力度，采取闸坝联合调度、生态补水等措施，增强河湖水体流动性，提高水体自净和纳污能力。积极落实《关于加快推进河湖水系连通及水资源循环利用工作的意见》，2018年年底前，基本形成本市“三环水系”及区水系连通格局。

牵头单位：市水务局、市南水北调办

责任单位：市发展改革委、市国土局等，各区政府

13.保护水生态健康。对现状水质达到或优于Ⅲ类的河流、湖库开展生态环境安全评估。加大水生野生动植物类自然保护区和水产种质资源保护区保护力度，提高水生生物多样性。强化水源涵养区林地管护，加强滨河（湖）带生态建设，在河道两侧建设植被缓冲带和隔离带。2016年年底前，完成城市水体流域水生态健康调查与评估，划定河湖水生态保护红线；2017年年底前，制定实施水生态环境保护方案和水生生物多样性保护方案。到2020年，建设生态清洁小流域213条，治理面积2587平方公里；完成水源涵养林建设20万亩。

牵头单位：市环保局、市水务局、市园林绿化局

责任单位：市财政局、市国土局、市规划委、市农委、市农业局等，各区政府

14.加强湿地建设。完成房山区长沟泉水、琉璃河，大兴区长子营，通州区台湖，延庆区曹官营等湿地公园和湿地保护小区建设。因地制宜建设人工湿地，发挥其在河流水质改善中的重要作用，有效降低河流含氮磷的浓度。

牵头单位：市园林绿化局、市水务局

责任单位：市发展改革委、市财政局、市国土局、市农委、市农业局等，各区政府

15.整治城市黑臭水体。2015年年底前，完成城市水体排查，公布黑臭水体名单、责任人及消除期限。以街道（乡镇）为单位，开展排污口调查，设置排污口标识。建立街道（乡镇）巡查员队伍，定期巡查排污口和河道两侧垃圾。以城乡结合部截污纳管及配套管网建设为重点，扩大既有污水处理设施服务范围。以村镇污水治理为突破口，以水源地所在村、民俗旅游村、规划保留村为重点，试行以专业化建设、专业化运行、专业化管理和市、区两级财政补贴为原则的体制机制改革。开展河道两侧垃圾专项整治行动，解决垃圾乱堆乱放问题。开展河道清淤疏浚，辅以生态补水及河道曝气复氧、植物修复、生物修复等措施，强化黑臭水体治理。自2016年起，每半年向社会公布黑臭水体治理情况。2017年年底前，实现河面无大面积漂浮物，河岸无垃圾，无违法排污口，基本消除中心城和新城建成区的黑臭水体。

牵头单位：市水务局、市环保局

责任单位：市市政市容委、市规划委、市农委、市农业局、市城管执法局等，各区政府

16.改善水体水环境质量。严格落实属地责任，以街道（乡镇）为单元，建立污染源台账，开展截污控源和河道精细化管理。2020年年底前，推进永定河、潮白河、北运河绿色生态河流廊道工程建设，完成清河、凉水河、坝河、通惠河等河道综合整治。在通州区开展城北水网、城南水网、两河水网建设，对潮白河、北运河、运潮减河、凉水河等河道实施生态治理。

牵头单位：市水务局

责任单位：市发展改革委、市财政局、市园林绿化局、市国土局、市农委、市农业局等，各区政府

（五）深入推进经济结构转型升级

17. 调整产业结构。严控新增不符合首都功能的产业。全市区域内不再发展一般性制造业和高端制造业中比较优势不突出的生产加工环节，加快构建科技含量高、资源消耗低、环境污染小的高精尖产业结构。

牵头单位：市发展改革委、市经济信息化委

责任单位：市环保局等，各区政府

依法淘汰落后产能，修订《北京市工业污染行业、生产工艺调整退出及设备淘汰目录》。自2016年起，各区依据相关行业污染物排放标准及部分工业行业淘汰落后生产工艺装备和产品指导目录、产业结构调整指导目录，结合水质改善要求及产业发展情况，制定并实施分年度的落后产能淘汰方案，报送市经济信息化委、市发展改革委和市环保局备案。未完成淘汰任务的区，暂停审批和核准其相关行业新建项目。

牵头单位：市经济信息化委

责任单位：市发展改革委、市环保局等，各区政府

严格环境准入，认真落实《建设项目主要污染物排放总量指标审核及管理暂行办法》《北京市新增产业的禁止和限制目录》以及各类保护区关于禁批、限批的规定。根据流域水质目标和主体功能区规划要求，明确区域环境准入条件，细化功能分区，制定差别化环境准入政策并自2017年起实施。2018年年底前，建立水资源、水环境承载能力监测评价体系，完成市、区两级水资源和水环境承载能力现状评价。实行承载能力监测预警，已超过承载能力的区要实施水污染物削减方案，加快调整发展规划和产业结构。

牵头单位：市环保局、市水务局

责任单位：市发展改革委等，各区政府

18. 优化空间布局。合理确定发展布局、结构和规模，划定各区增长边界，明确空间管制要求。城六区严格控制开发强度与建设规模，有序疏解人口和功能，逐步退出低端产业。严格限制新建和扩建医疗、行政办公、商业等大型服务设施。2016年年底前，研究建立郊区集中建设区以外的存量工业用地退出及发展适合首都功能定位项目的配套政策。合理规划工业布局，建设项目应符合城乡规划和土地利用总体规划要求，原则上布局在工业园区和重点产业基地。推动工业企业向工业园区集聚，引导新增工业项目落户工业园区。

牵头单位：市规划委、市发展改革委、市国土局

责任单位：市环保局、市经济信息化委、市住房城乡建设委、市市政市容委、市水务局、市农委、市农业局等，各区政府

推动污染企业退出。各区调查辖区建成区现有原料药制造、化工等行业水污染较重的企业（从事研发活动、位于工业园区的企业除外），制定实施分年度的搬迁改造或调整退出方案，报送市经济信息化委和市环保局备案，并推动企业有序搬迁改造或依法关闭。

牵头单位：市经济信息化委、市环保局

责任单位：各区政府

严格城市规划蓝线管理，城市规划区范围内应保留一定比例的水域面积，新建项目一律不得违规占用水域。2018年年底前，完成河道保护及管理范围划定，明确河湖利用和保护要求。开展水域岸线登记和确权划界。严格水域空间用途管制，规范涉河建设项目和活动审批，留足河道、湖泊的管理和保护范围，依法查处非法挤占河湖、采砂等行为。

牵头单位：市规划委、市水务局、市国土局

责任单位：市发展改革委、市环保局等，各区政府

（六）切实加快重点流域治理

19. 潮白河流域。通过生态清洁小流域建设、面源污染治理、农村环境综合整治等措施，确保密云水库、怀柔水库、潮河、白河等Ⅱ、Ⅲ类水体水质保持稳定。建立健全重点区域内水质和水生态环境安全动态监控系统，定期开展监测评估与面源污染控制绩效评估，建立分级预警和警情发布机制。

牵头单位：市水务局、市农委、市农业局、市环保局

责任单位：密云区政府、怀柔区政府、延庆区政府

通过乡镇（村）污水处理设施建设、污水处理设施升级改造、面源污染治理等措施，消除潮白河下段（苏庄、吴村断面）等劣Ⅴ类水体。

牵头单位：市水务局、市农委、市农业局、市环保局

责任单位：密云区政府、怀柔区政府、顺义区政府、通州区政府

20. 北运河流域。通过生态补水、初期雨水收集处理、雨污分流改造、城乡结合部污水支户线完善等措施，确保长河、北护城河、土城沟、清河上段等水体水质稳定，改善永引下段、凉水河上段、通惠河下段、坝河下段等水体水质，消除清河下段（沙子营断面）等劣Ⅴ类水体。

牵头单位：市水务局、市环保局

责任单位：东城区政府、西城区政府、朝阳区政府、海淀区政府、丰台区政府、石景山区政府

开展西排干、萧太后河、观音堂明沟、大柳树明沟、丰草河、半壁店明沟、小龙河等黑臭水体污染溯源和专项治理，消除城六区段的黑臭水体。

牵头单位：市水务局、市环保局

责任单位：朝阳区政府、海淀区政府、丰台区政府、石景山区政府

通过乡镇(村)污水处理设施建设、污水处理设施升级改造、面源污染治理等措施，整体改善北运河、凤港减河、港沟河等水体水质。

牵头单位：市水务局、市农委、市农业局、市环保局

责任单位：通州区政府、顺义区政府、大兴区政府、昌平区政府

开展北沙河、新凤河、玉带河、小场沟等黑臭水体污染溯源和专项治理，消除郊区段的黑臭水体。

牵头单位：市水务局、市环保局

责任单位：昌平区政府、大兴区政府、通州区政府

21. 永定河流域。通过生态补水、面源污染治理、农村环境综合整治等措施，确保永定河山峡段等Ⅱ、Ⅲ类水体水质稳定，改善妫水河下段、永定河平原段等水体水质。通过乡镇（村）污水处理设施建设、污水处理设施升级改造、面源污染治理等措施，消除大龙河（皋营桥断面）等劣Ⅴ类水体。

牵头单位：市水务局、市农委、市农业局、市环保局

责任单位：延庆区政府、门头沟区政府、丰台区政府、大兴区政府

22. 大清河流域。通过生态清洁小流域建设、面源污染治理、乡镇（村）污水处理设施建设、农村环境综合整治等措施，确保拒马河等Ⅱ、Ⅲ类水体水质保持稳定。通过乡镇（村）污水处理设施建设、污水处理设施升级改造、面源污染治理、工业企业强化监管等措施，消除大石河（祖村断面）等劣Ⅴ类水体。

牵头单位：市水务局、市农委、市农业局、市环保局

责任单位：房山区政府、丰台区政府

开展大石河等黑臭水体污染溯源和专项治理，消除黑臭水体。

牵头单位：市水务局、市环保局

责任单位：丰台区政府、房山区政府

23. 蓟运河流域。通过乡镇（村）污水处理设施建设、污水处理设施升级改造、面源污染治理等措施，消除洵河下段（东店断面）等劣Ⅴ类水体。

牵头单位：市水务局、市农委、市农业局、市环保局

责任单位：平谷区政府、顺义区政府

三、保障措施

（一）加强水环境管理

24. 强化环境质量目标管理。制定各区水环境质量目标。各区对未达到水质目标要求的水体制定整治方案，将治污任务逐一落实到汇水范围内的排污单位，明确防治措施及达标时限，报市政府备案，并自 2016 年起定期向社会公布。市政府对水质不达标的区域实施挂牌督办，必要时采取区域限批等措施。

牵头单位：市环保局、市水务局

责任单位：各区政府

25. 深化污染物排放总量控制。完善主要污染物排放总量指标分配和统计监测考核体系，根据国家统一要求，选择对水环境质量有突出影响的总氮、总磷等污染物，研究纳入污染物排放总量控制约束性指标体系。对汇入

富营养化湖库的河流实施总氮排放控制。严格控制水污染物新增排放量，对超过重点污染物排放总量控制指标的区、流域，暂停审批新增水污染物排放总量的建设项目。

牵头单位：市环保局

责任单位：市发展改革委、市经济信息化委、市水务局、市农委、市农业局等，各区政府

26. 严格环境风险控制。定期评估沿河流、湖库的工业企业、工业园区的环境和健康风险，落实防控措施。根据国家公布的优先控制化学品名录，对高风险化学品生产、使用进行严格限制，并逐步淘汰替代。

牵头单位：市环保局

责任单位：市经济信息化委、市卫生计生委、市安全监管局等，各区政府

严格控制环境激素类化学品污染。2017 年年底前，完成环境激素类化学品生产使用情况调查。监控评估水源地、农产品种植区、水产品集中养殖区和畜禽养殖区风险，实施环境激素类化学品淘汰、限制、替代等措施。

牵头单位：市环保局

责任单位：市农委、市农业局、市经济信息化委、市水务局、市卫生计生委、市安全监管局等，各区政府

稳妥处置突发水环境污染事件。2016 年年底前，市、区政府要制定和完善水污染事故处置应急预案，落实责任主体，明确预警预报与响应程序、应急处置及保障措施等内容，依法及时公布预警信息。

牵头单位：市环保局

责任单位：市水务局、市发展改革委、市经济信息化委、市农委、市农业局、市卫生计生委等，各区政府

27. 全面推行排污许可。2015 年年底前，完成 20 家企业排污许可试点，开展国家重点监控企业排污许可量核算核定。自 2016 年起，依法启动排污许可证核发工作，制定并发布分阶段实施目录。探索通过政府购买服务方式强化排污许可证管理技术支持，建设排污许可证管理信息平台，严格排污许可证后续监管。定期向社会公布排污许可实施情况，接受公众监督。

牵头单位：市环保局

责任单位：各区政府

28. 深化京津冀及周边地区流域协作。配合国家有关部门建立京津冀及周边地区水污染防治联动协作机制，重点完善监测预警、信息共享、应急响应等工作机制。协同张（家口）承（德）地区共同开展饮用水水源地保护，合作建设生态清洁小流域，推进永定河、北运河、潮白河、大清河等跨界河流的绿色生态河流廊道治理，加大官厅、密云等水库生态修复和污染治理力度。

牵头单位：市发展改革委、市水务局、市环保局、市园林绿化局

责任单位：市经济信息化委、市农委、市农业局等，各区政府

（二）严格执法监管

29. 完善法规标准。修订《北京市水污染防治条例》《北京市排水和再生水管理办法》，制定排污许可证管理办法。研究制定环境质量目标管理、节水及循环利用、饮用水水源保护、污染责任保险、水功能区监督管理、地下水管理、环境监测、生态流量保障、雨洪利用等方面的管理制度。完善水污染物排放标准体系。

牵头单位：市政府法制办、市环保局、市水务局

责任单位：市发展改革委、市经济信息化委、市国土局、市住房城乡建设委、市质监局、市地勘局等，各区政府

30. 加大执法力度。建立水污染源排放清单和动态更新机制。排查各类水污染源排污情况，对超标和超排污总量的企业予以"黄牌"警示，一律限制生产或停产整治；对整治仍不能达到要求且情节严重的企业予以"红牌"处罚，一律停业或关闭。自 2016 年起，定期公布环保"黄牌""红牌"企业名单。定期抽查并公布排污单位达标排放情况。

牵头单位：市环保局

责任单位：市经济信息化委等，各区政府

完善上级督查、属地监管的环境监督执法机制。健全行政执法与刑事司法衔接配合机制，建立联动执法联席会议、常设联络员和重大案件会商督办等制度，完善案件移送、联合调查、信息共享等机制。2015 年年底前，公安部门要明确机构和人员负责查处环境犯罪，对涉嫌构成环境犯罪的，及时依法立案侦查。

牵头单位：市公安局、市环保局

责任单位：市经济信息化委等，各区政府

严厉查处违规排污行为，重点打击私设暗管或利用渗井、渗坑等设施排放、倾倒含有毒有害污染物废水、含病原体污水，监测数据弄虚作假，不正常使用水污染物处理设施，或者未经批准拆除、闲置水污染物处理设施等环境违法行为。强化对重点工业企业、城镇污水处理设施、垃圾处理设施、粪便消纳设施的监管。对造成生态损害的责任者严格落实赔偿制度。严肃查处建设项目环境影响评价领域越权审批、未批先建、边批边建、久试不验等违法违规行为。对构成犯罪的，依法追究刑事责任。

牵头单位：市环保局

责任单位：市公安局、市城管执法局、市水务局、市农委、市农业局、市经济信息化委、市市政市容委等，各区政府

依法查处城镇排水与污水处理设施覆盖范围内未按照国家有关规定将污水排入城镇排水设施的单位或个人；依法查处未取得污水排入排水管网许可证向城镇排水设施排放污水，以及不按照污水排入排水管网许可证要求向城镇排水设施排放污水的单位或个人。

牵头单位：市水务局

责任单位：市环保局、市公安局等，各区政府

31. 提升监管水平。建立本市跨部门、区域、流域的水环境保护议事协调机制。流域上下游各级政府、各部门要加强协调配合、定期会商，实施联合监测、联合执法、应急联动、信息共享。2020 年年底前，建立严格监管所有污染物排放的水环境保护管理制度。

牵头单位：市环保局、市水务局

责任单位：市财政局、市发展改革委、市农委、市农业局等，各区政府

提高市、区两级水环境监测能力，增加仪器设备，建设水质自动监测站，完善手工监测与自动监测相结合的监测体系。进一步完善地表水评价方法体系，提升饮用水水源水质全指标监测、自动监测、水生生物监测、地下水环境监测、生态环境质量监测、化学物质监测及环境风险防控技术支撑能力。建立用于监控污染源变化、实施区域考核和水环境补偿的跨界断面，以及反映省界断面水质变化的省界出（入）境断面等监测网络系统。建立市、区、乡镇三级集中式饮用水水源地水质监测、红线管控区例行遥感监测以及地面生态环境监测与评价体系。优化地下水环境监测网络，加强山区和深层地下水监测网络建设，并建立深层地下水监测及管理制度。2017 年年底前，配合建成统一的京津冀水环境监测网。

牵头单位：市环保局、市水务局、市国土局、市地勘局

责任单位：市发展改革委、市财政局等，各区政府

加强环境监测、监察、应急等专业技术培训，严格落实执法、监测等人员持证上岗制度。推进各级环境监测、监察、应急能力标准化建设，开展污染源自动监控设施第三方运营，推进环境卫星、大数据等在环境监管中的运用。加强基层环保执法力量，具备条件的区可依法将适宜由街道（乡镇）承担的制止环境违法行为的权力赋予街道（乡镇），并配备必要的人员。各工业园区管理机构要于 2016 年年底前明确环保主管部门，设立环保岗位，报送市和区环保、水务、经济信息化部门备案。自 2016 年起，各区应实行环境监管网格化管理，将环保工作纳入现有网格化城市管理平台，将环保职责具体落实到各街道（乡镇）和社区（村），并逐一明确监管责任人。建立以基层网格为单元的污染源动态更新与管理机制，健全分级分类处理和上报反馈制度。各区监管网格方案报市政府备案，并向社会公开。

牵头单位：市环保局

责任单位：市编办等，各区政府

（三）充分发挥市场机制作用

32. 落实和完善税费政策。依法落实环境保护、节水、资源综合利用等方面税收优惠政策。

牵头单位：市财政局、市国税局、市地税局

责任单位：市发展改革委、市经济信息化委、市商务委、北京海关等，各区政府

研究建立排污收费标准动态调整机制，逐步实现收费标准高于治污成本，并做到应收尽收。研究建立中水

全成本价格机制。研究制定城市面源污染控制的相关收费政策。完善水资源费、城镇污水处理费应收尽收的相关政策。

牵头单位：市发展改革委、市财政局

责任单位：市环保局、市水务局等，各区政府

33. 促进多元投融资。建立社会资本投资回报机制，健全公平竞争投资环境，促进政府和社会资本合作模式发展，鼓励和引导社会资本投入。积极推动设立融资担保基金，推进环保设备融资租赁业务发展。开展排污权有偿使用和交易试点工作。研究制定推进质押权交易的相关扶持政策，探索排污权抵押融资模式，推广股权、项目收益权、特许经营权等质押融资担保。积极采取环境绩效合同服务、授予开发经营权益、投资补助、政府购买服务等多种方式，灵活运用基金投资、债券发行、资产证券化等各类金融工具，鼓励社会资本加大对水环境保护的投入。鼓励企业以独资、合资、合作或股份制方式建设、经营污水处理设施。

牵头单位：市金融局、市发展改革委、市财政局

责任单位：市水务局、市环保局、人民银行营业管理部、北京银监局、北京证监局、北京保监局等，各区政府

研究制定鼓励市属国有企业和民营资本参与污水处理设施建设运营的投资政策、支持污水处理设施及管网建设的规划和用地政策，以及污水处理设施厂网分开建设运行的管理政策。将污水处理设施建设项目纳入绿色审批通道，实行并联审批，缩短审批周期。

牵头单位：市发展改革委、市规划委、市国土局、市水务局

责任单位：市财政局、市环保局等，各区政府

加大财政资金投入，并积极争取中央财政资金支持，以奖励、补贴、贴息等形式，重点支持饮用水水源保护、污水处理、污泥处理处置、河湖生态补水、河道整治、畜禽养殖污染防治、水生态修复、应急清污、水环境监测网络建设等项目。对环境监管、环境风险防范能力建设及运行费用予以必要保障。加大对节水设备产品、有机肥、污泥衍生产品和低毒低残留农药使用的资金支持力度。凡征收的城镇污水处理费不能满足污水处理厂正常运行需要的，应及时调整收费标准，不足部分可由公共财政予以补贴。政府资金使用方向要逐步从“补建设”向“补运营”转变。

牵头单位：市财政局

责任单位：市发展改革委、市环保局、市水务局等，各区政府

34. 建立激励机制。研究制定环保“领跑者”激励政策，倡导绿色生产和绿色消费，鼓励节能减排先进企业、工业园区的用水效率和排污强度达到更高标准，支持开展清洁生产、节约用水和污染治理示范。

牵头单位：市发展改革委、市财政局、市环保局

责任单位：市经济信息化委、市水务局等，各区政府

推行绿色信贷，支持银行业金融机构发展绿色信贷业务，通过信贷政策导向效果评估，鼓励和引导银行业金融机构加大对循环经济、污水处理、水资源节约、水生态环境保护、清洁及可再生能源利用等领域企业的信贷支持力度。定期公布应予限制贷款的环境违法企业名单，引导金融机构将其列入限制贷款类企业。完善企业环境行为数据库，2017 年年底前，在各金融机构的法人层面建立企业环境信用评级体系，由分支机构应用评级体系对企业进行授信，构建守信激励与失信惩戒机制。鼓励涉重金属、石油化工、危险化学品运输等高环境风险行业投保环境污染责任保险。

牵头单位：市金融局、人民银行营业管理部、市环保局

责任单位：市工商局、市经济信息化委、市水务局、北京银监局、北京保监局等，各区政府

深化水环境区域补偿制度，落实并完善《北京市水环境区域补偿办法（试行）》，根据水质目标要求，适时提高跨界断面水质考核标准，调整水环境区域补偿资金标准；制定水环境区域补偿资金结算使用管理实施细则。各区要探索建立辖区内各乡镇间的水环境区域补偿机制。每年根据水环境质量评估状况，对完成年度水环境质量目标任务的区，给予财政专项资金支持；对未完成年度目标任务的，不予或减少资金支持。

牵头单位：市环保局、市水务局、市财政局

责任单位：市发展改革委等，各区政府

（四）强化科技支撑

35. 推广运用先进适用技术。加大自主创新产品在水处理工程中的应用，提高关键技术设备的国产化率。重点推广饮用水净化、节水、水污染治理及循环利用、城市雨水收集利用、再生水安全回用、水生态修复、畜禽养殖污染防治、污泥处理处置、重点行业废水深度处理等技术。开展京津冀合作，推进先进适用成果在区域共享与推广应用。

牵头单位：市科委、市水务局

责任单位：市发展改革委、市财政局、市经济信息化委、市环保局、市农委、市农业局等，各区政府

36. 支持开展水污染防治技术研究和交流。支持开展水环境领域科学研究，不断加大对水污染防治科技基础设施建设的支持力度。围绕水资源保护与水污染防治，加快研发重点行业废水深度处理、生活污水低成本高标准处理、工业高盐废水脱盐、饮用水微量有毒污染物处理、地下水污染修复等技术。加强水生态保护、农业面源污染防治、水环境监控预警、水处理工艺技术装备等领域的国际交流合作。

牵头单位：市科委

责任单位：市发展改革委、市财政局、市经济信息化委、市环保局、市水务局、市农委、市农业局、市卫生计生委等，各区政府

37. 大力发展环保产业。制定统一的技术装备行业标准，打破行业发展中的区域壁垒，规范发展环保产业市场。健全环保工程设计、建设、运营等领域招投标管理办法。加强对供水水质净化、污水处理、污泥处理处置等领域产业发展的引导和规范。推进先进适用的节水、治污、修复技术和装备产业化发展。

牵头单位：市发展改革委、市科委

责任单位：市经济信息化委、市财政局、市环保局、市水务局等，各区政府

加快发展环保服务业，推进水污染治理领域科技服务业发展。以河道治理、污水处理、垃圾处理为重点，深入推行环境污染第三方治理。推进小型污水处理设施、垃圾渗滤液等污染治理设施专业化运营模式发展。

牵头单位：市发展改革委、市财政局、市水务局

责任单位：市科委、市经济信息化委、市环保局、市市政市容委等，各区政府

（五）广泛动员公众参与

38. 依法公开环境信息。综合考虑水环境质量及达标情况，每年公布各区水环境状况。对水环境状况差的区，经整改后仍达不到要求的，取消其参加评选环境保护模范城市、生态文明建设示范区、节水型区、园林城市、卫生城市等资格。自2016年起，重点排污单位应依法向社会主动公开其产生的主要污染物名称、排放方式、排放浓度和总量，以及污染防治设施的建设与运行、是否超标排放等情况，自觉接受监督。

牵头单位：市环保局、市水务局

责任单位：市发展改革委、市园林绿化局、市卫生计生委等，各区政府

39. 鼓励社会监督。支持公众依法、有序监督各项水污染防治措施落实情况。科学客观解读水环境质量，强化水污染防治的科普和法制宣传。充分利用各类媒体，加强对水污染防治工作的宣传报道，公开曝光环境违法案件。

牵头单位：市委宣传部、市水务局、市环保局

责任单位：各区政府

健全举报制度，支持公众监督、举报污染水环境行为。限期办理群众举报投诉的环境问题。通过电话、信函、网络等多种渠道，充分听取公众对加强水污染防治工作的意见建议。积极推动环境公益诉讼。

牵头单位：市环保局

责任单位：市市政市容委、市城管执法局、市水务局、市非紧急救助服务中心等，各区政府

40. 构建全民行动格局。倡导节约用水，树立“节水洁水，人人有责”的行为准则。组织系列环保公益活动，支持民间环保机构、志愿者开展工作，培育和壮大环保志愿者队伍。

牵头单位：市委宣传部、市水务局、市环保局

责任单位：市教委、首都精神文明办、团市委等，各区政府

四、组织实施

（一）加强组织领导。成立北京市水污染综合治理领导小组，负责组织研究水污染防治政策措施，推进落实区域联防联控，协调解决重大问题。领导小组下设综合协调和工程建设办公室，适当增加相关部门内设机构和

人员编制，负责领导小组日常工作。各区政府要结合实际成立相应的领导机构。

牵头单位：市环保局、市编办、市水务局

责任单位：市农委、市发展改革委、市财政局等，各区政府

（二）分解落实责任。各区政府对辖区水环境质量负责，是实施本工作方案的责任主体。各区政府要制定本区水污染防治工作方案，细化年度目标、工作任务、工程项目，逐一落实到有关部门、各街道（乡镇）和排污单位。各区水污染防治工作方案于 2016 年 3 月底前报市政府备案，并向社会公布。

牵头单位：各区政府

责任单位：市环保局、市水务局、市政府督查室

市有关部门对本行业、本领域的水污染防治工作负责。各有关部门要制定本部门水污染防治实施方案，并于 2016 年 3 月底前报市政府备案，以后每年制定年度目标任务措施。要按照职责分工，加强行业管理，切实做好水污染防治相关工作。要加强协作、互相配合、齐抓共管、形成合力，共同推进全市水污染防治工作。

牵头单位：市环保局、市水务局

责任单位：市农委、市农业局、市发展改革委、市市政市容委、市经济信息化委、市园林绿化局、市国土局等

市政府与各区政府和市有关部门签订目标责任书。各区政府和市有关部门要按年度任务分解，抓好落实。

牵头单位：市环保局、市水务局、市政府督查室

责任单位：市农委、市农业局、市发展改革委、市市政市容委、市经济信息化委、市园林绿化局、市国土局等，各区政府

（三）实施“河长制”。各区政府和街道办事处、乡镇政府主要负责人担任“河长”，负责研究部署、监督实施河湖生态环境治理与保护，协调河湖生态环境管理的重大问题，确保机构、资金、人员全面落实，责任到位，相关信息向社会公开。

牵头单位：市水务局

责任单位：市财政局、市人力社保局、市环保局等，各区政府

（四）强化主体责任。各类排污单位要严格执行环保法律法规和制度，建立完善环境保护责任制度，切实加强污染治理设施建设和运行管理，确保污染防治设施正常运行和污染物排放稳定达标。企业要自行监测或委托监测污染物排放情况，积极落实治污减排、环境风险防范等责任。重点排污企业必须取得排污许可，规范安装污水排放在线监测设施。

牵头单位：市环保局、市水务局

责任单位：市国资委等，各区政府

指导督促企业主动、如实公开污染物排放、治污设施运行情况等环境信息。鼓励企业编制和公开年度环境行为报告，自觉接受社会监督。将企业环境行为纳入社会信用体系，对于违法企业，列入“黑名单”并向社会公开，在政府采购、工程招投标、用地审批、投融资、财政奖补等方面依法予以限制或禁止。

牵头单位：市环保局

责任单位：市发展改革委、市财政局、市水务局、人民银行营业管理部、市国土局、市经济信息化委、市工商局、北京银监局、北京证监局、北京保监局等，各区政府

（五）严格督查考核。市政府制定考核办法，每年对各区政府、市有关部门年度任务完成情况进行考核，考核结果作为对领导班子和领导干部综合考核评价的重要依据。

牵头单位：市环保局、市政府督查室

责任单位：市委组织部、市水务局等，各区政府

对未通过年度考核的，要约谈区政府和市有关部门相关负责人，并对有关区和企业实施建设项目环评限批。对因工作不力、履职缺位等导致未能有效应对水环境污染事件的，以及干预、伪造数据和没有完成年度目标任务的，要依法依纪追究有关单位和人员责任。对不顾生态环境盲目决策，导致水环境质量恶化，造成严重后果的领导干部，要记录在案，视情节轻重，给予组织处理或党纪政纪处分，已经离任的也要追究责任。

牵头单位：市环保局

责任单位：市监察局等，各区政府

北京市人民政府办公厅关于印发《北京市进一步促进老旧机动车淘汰更新方案（2015—2016 年）》的通知

京政办发〔2015〕5 号

各区、县人民政府，市政府各委、办、局，各市属机构：

《北京市进一步促进老旧机动车淘汰更新方案（2015—2016 年）》已经市政府同意，现印发给你们，请认真贯彻实施。

二〇一五年二月三日

北京市进一步促进老旧机动车淘汰更新方案（2015—2016 年）

为贯彻落实《国务院关于印发大气污染防治行动计划的通知》（国发〔2013〕37 号）和《北京市人民政府关于印发北京市 2013—2017 年清洁空气行动计划的通知》（京政发〔2013〕27 号）要求，进一步加快老旧机动车淘汰更新步伐，降低机动车污染物排放，改善首都空气环境质量，特制定本方案。

本方案所称老旧机动车是指登记注册使用 6 年及以上的载客汽车、载货汽车和专项作业车（不含出租汽车、摩托车、低速载货汽车、黄标车）。

一、总体思路

以削减机动车污染物排放总量、改善首都空气环境质量为目标，采取经济鼓励和区域限行相结合等方式，重点淘汰国家第三阶段及以下机动车排放标准的车辆；依托市场交易平台，对报废老旧机动车的车主给予政府补助，引导汽车生产企业对报废老旧机动车并更换新车的车主给予企业奖励，促进老旧机动车加快淘汰更新，优化机动车存量结构，为完成 2013—2017 年累计淘汰老旧机动车 100 万辆的任务奠定坚实基础。

二、对淘汰更新老旧机动车给予政府补助、企业奖励

（一）政府补助的范围和标准

1. 补助范围。2015 年 1 月 1 日至 2016 年 12 月 31 日期间，经解体厂报废解体的老旧机动车可享受政府补助。有强制报废期限的车辆需提前一年及以上进行报废方可享受政府补助。

在京中央国家机关、本市各级党政机关和其他各级财政供养单位车辆的报废，不享受政府补助。出租汽车淘汰更新政府补助政策另行制定。

老旧机动车报废时间以公安交通管理部门提供的车辆档案注销时间为准。

2. 补助标准。报废老旧机动车政府补助标准详见附件 1。

符合政府补助条件的报废老旧机动车车主可同时享受国家汽车以旧换新相关补助政策。

（二）企业奖励的范围和标准

1. 奖励范围。报废老旧机动车的车主在更换新车时，其新车车型属于第三方交易办理平台公示车型的，以企业奖励凭证冲抵车款方式获得奖励。

2. 奖励标准。鼓励汽车生产企业加大对报废车辆后购置新车的车主奖励力度，建议奖励额度不低于政府补助标准。各汽车生产企业在第三方交易办理平台内公布的新车销售价格应为市场指导价格。

三、申领政府补助、企业奖励的具体办法

（一）由第三方交易办理平台提供相关服务

政府委托第三方搭建交易办理平台，设立网络信息管理系统和若干实地业务办理网点。根据授权，由第三方负责审核老旧机动车报废更新信息，通过第三方交易办理平台为符合条件的车主办理政府补助和企业奖励相关手续。

交易办理平台具体功能和第三方工作职责详见附件 2。

（二）报废车辆政府补助、更新车辆企业奖励申领程序

车主完成老旧机动车报废程序后，通过网络信息管理系统或业务办理网点申请获得企业奖励凭证，更换新车时使用企业奖励凭证在汽车销售单位兑现企业奖励，新车注册登记后再到第三方交易办理平台办理政府补助。如车主承诺只报废老旧机动车，不购置在第三方交易办理平台上公示的新车，则通过第三方交易办理平台审核后办理政府补助。

政府补助、企业奖励申领办理工作流程详见附件 3。

（三）政府补助和企业奖励的申请期限

对 2015 年 1 月 1 日至 2016 年 12 月 31 日期间报废的老旧机动车，车主申请政府补助和企业奖励的截止日期为 2017 年 1 月 31 日，逾期不予办理。

对 2013 年 1 月 1 日至 2014 年 12 月 31 日期间转出本市或报废的老旧机动车，政府补助按照《北京市人民政府办公厅印发关于进一步促进本市老旧机动车淘汰更新方案（2013—2014 年）的通知》（京政办发〔2012〕59 号）规定的标准执行，车主申请政府补助和企业奖励的截止日期为 2015 年 2 月 28 日，逾期不予办理。

（四）第三方交易办理平台服务费用

政府购买第三方交易办理平台提供的服务。第三方交易办理平台向汽车生产企业提供服务并收取交易费用，交易费用建议为 100 元 / 车。

四、职责分工

市老旧机动车更新淘汰工作协调小组负责部署推动和统筹协调全市的老旧机动车淘汰更新工作。各成员单位的具体职责是：

市发展改革委负责监督老旧机动车交易费用收费执行情况；

市经济信息化委负责推进本市汽车工业产业结构调整，监测、分析汽车产业经济运行态势；

市财政局负责监督审核老旧机动车是否属于财政供养，拨付政府补助资金，监管第三方交易办理平台政府补助手续办理情况；

市环保局负责市老旧机动车更新淘汰工作协调小组办公室工作，全程监督管理第三方交易办理平台工作，监督审核车辆环保标志和新车环保目录，严格车辆排放检测，统计分析老旧机动车淘汰更新等相关数据；

市交通委负责督促营运企业加快淘汰更新老旧机动车；

市商务委负责监督报废车辆解体回收有关信息审核，规范机动车报废解体企业回收车辆行为，指导报废解体企业完善服务功能，方便车主交车和办理相关手续；

市国资委负责监管第三方交易办理平台的国有资产和企业运行情况，会同市金融局共同监管第三方交易办理平台资金；

市工商局负责规范二手机动车交易行为，加强对二手机动车交易市场交易秩序的监管，指导二手机动车交易市场提供优质高效的老旧机动车过户服务；

市金融局负责引导和规范第三方交易办理平台相关交易行为，协调相关金融机构加强对第三方交易办理平台资金的监管；

市公安局公安交通管理局负责监督审核老旧机动车淘汰更新和车辆定期检验情况，及时提供老旧机动车淘汰更新详细信息，协助市环保局统计分析老旧机动车数据。

五、工作要求

（一）市老旧机动车更新淘汰工作协调小组各成员单位要按照职责分工，密切配合，通力协作，及时解决工作中遇到的各种问题，监督指导第三方交易办理平台稳定运行；充分利用各种媒体，广泛开展政策宣传，让公众充分了解本市老旧机动车淘汰更新政策；继续加强对机动车安全和尾气排放的执法检查，提高车辆维护保养水平。

（二）各区县政府要制订本行政区域老旧机动车淘汰更新任务目标和工作方案，宣传动员车主及时淘汰更新老旧机动车，并强化日常执法检查，督促车主加快淘汰更新。

（三）第三方交易办理平台要本着公开、公平、公正原则，不断优化交易办理平台工作程序，及时总结经验，

提高服务质量，为建立完全市场化交易模式创造条件。

（四）各汽车生产企业要不断提高产品质量，认真履行奖励承诺，监督汽车销售单位及时兑现企业奖励，坚决防止欺诈行为发生。

附件 1：报废老旧机动车政府补助标准（略）

附件 2：交易办理平台具体功能和第三方工作职责（略）

附件 3：政府补助、企业奖励申领办理工作流程（略）

北京市人民政府办公厅关于加快推进中关村生物医药医疗器械及相关产业发展的若干意见

京政办发〔2015〕9 号

各区、县人民政府，市政府各委、办、局，各市属机构：

生物医药产业是国家战略性新兴产业之一。加快发展生物医药、医疗器械及相关产业，有利于满足人民群众不断增长的健康服务需求，提升全民健康水平；有利于本市产业结构调整，加快构建高精尖的经济结构；有利于深入实施创新驱动发展战略，坚持和强化全国科技创新中心地位。为全面贯彻落实《国务院关于促进健康服务业发展的若干意见》（国发〔2013〕40 号），充分发挥中关村国家自主创新示范区（以下简称中关村）科技创新体制改革试验田和战略性新兴产业策源地的作用，加快推进中关村生物医药、医疗器械及相关产业发展，经市政府同意，现提出以下意见。

一、总体发展思路

（一）指导思想。深入贯彻落实党的十八大和十八届三中、四中全会精神，深入学习贯彻习近平总书记系列重要讲话和对北京工作的重要指示精神，立足首都城市战略定位，紧紧围绕全面建成小康社会和建设国际一流和谐宜居之都，充分发挥中关村科技创新和体制机制创新优势，以改革创新为突破口，以构建产业化新机制为抓手，以优化创新创业环境为核心，进一步深化审评审批、应用推广制度改革试点，通过技术创新、产品创新、组织创新、商业模式创新、市场创新，推动中关村生物医药、医疗器械及相关产业向高端化发展，不断满足人民群众个性化、多样化的健康消费需求，为首都经济社会持续健康发展提供重要支撑。

（二）发展目标。到 2020 年，中关村的生物医药、医疗器械及相关产业体系功能完备、结构合理，产业总收入突破 1 万亿元；探索形成一批可复制、可推广的产业政策和经验成果，突破一批前沿关键技术，掌握一批核心技术，面向全球吸引一批高端人才和高层次团队，集聚一批具有国际影响力的研发中心和总部基地，培育一批行业领军企业和知名品牌，形成全国领先的生物医药、医疗器械及相关产业集群。

二、重点发展方向

（一）关于生物制药。针对恶性肿瘤、心脑血管病、突发传染病等重大疾病，探索高通量基因测序、分子免疫、组织工程等前沿技术创新及应用，支持蛋白质复性制造、基因修饰和表达、疫苗应急制备、人源化单克隆抗体规模化生产等关键技术研发，加快基因药物、蛋白抗体及偶联药物、多价联合疫苗的研制。

（二）关于新型药物制剂。推进缓释、控释、纳米、透皮吸收、黏膜给药、肺部给药等制剂技术的应用研究，重点研发速效、长效、靶向等各类创新药物制剂。

（三）关于中医药现代化。支持疗效确切、安全性高、有效组分明确、作用机理清晰、制备工艺先进的中药新药研发和中成药大品种二次开发；提升中医药诊疗服务和康复护理水平；研发基于中医药理论的功能保健食品，促进中医药产业向更广领域发展。

（四）关于高端医疗器械。支持新一代高通量基因测序仪、分子影像、医疗机器人、核磁共振超导磁体、医用直线加速器等高端医疗设备及核心部件研发；支持植入、介入类新材料和尖端产品研发，重点发展各类新型血管支架、骨科材料、微创手术器材、神经及软组织功能修复材料等。

（五）关于新型临床诊断。鼓励诊断试剂向方便、快捷、精确方向发展；研发新型临床诊断试剂，支持新一代基因测序、分子免疫等前沿技术在肿瘤早期筛查、重大传染病诊断等领域的临床应用。

（六）关于检验检测技术及精密仪器。支持研发生物芯片检测、病原微生物快速检测等检验检测关键技术、高端精密检测仪器；支持药品研发和医疗器械研制、生产所需要的高端设施设备。

（七）关于高端保健食品及化妆品。加快推进保健食品标准化建设；鼓励生物、纳米等新技术的应用，推动高端化妆品的研发及产业化；大力培育保健食品、化妆品国际品牌。

（八）关于互联网医疗服务。推动移动互联网、云计算、大数据等新一代信息技术与医疗健康服务融合创新，支持开展远程医疗、第三方影像诊断、在线医疗及转诊、医药电子商务等新型互联网医疗服务试点，培育新业态和新商业模式。

三、创新措施

（一）争取先行先试政策。积极争取食品药品监管总局在中关村设立技术审评分中心和行政许可办事处，推进药品、医疗器械、保健食品、化妆品技术审评和行政许可工作；探索中关村企业在京津冀地区试点实施研产分离监管政策。积极争取卫生计生委等国家部委在中关村开展医疗前沿技术、医学检验等创新政策试点。

（二）推进生物材料快速通关。积极争取海关总署的支持，共同推进高新技术企业保税仓库建设，支持中关村生命科学园等特殊功能区域或符合条件的企业设立公用型保税仓库。全面落实海关总署和质检总局"一次申报、一次查验、一次放行"通关模式试点。进一步完善中关村生物材料进出口监管服务平台建设，为企业和科研机构提供进口报关、免税申报、检验检疫等"一站式"服务。

（三）加快推进科技成果转化。实施科技成果收益分配管理改革试点，鼓励高等学校、科研机构、检验检测机构、医疗卫生机构向中关村企业许可或转让科技成果，所获收入可按不少于 70% 的比例用于奖励科技成果完成人和为科技成果转化做出重要贡献的人员。对取得重大突破性成果的人员允许破格推荐申报高一级职称。支持以企业为主体推进科技成果转化，对取得国际或国内领先水平、产业带动性强的重大创新成果，可纳入全市重大科技成果转化和产业化项目给予支持。

（四）集聚全球创新资源。支持全球顶尖的研发机构、总部、产业组织落户中关村，积极争取国家食品药品行业协会在中关村设立研发中心。推动中关村企业整合国际创新资源，在全球范围内加快开展创新链和价值链产业布局，与国际一流的科研机构、跨国企业联合建立国际开放实验室和创新中心，开展前沿技术攻关和产业化。支持企业申请全球专利许可，开展国际通用质量及技术标准体系建设，构建核心技术专利池。

（五）搭建促进产业发展的公共服务平台。发挥首都科研和医疗卫生创新资源优势，支持行业领军企业、医疗卫生机构共建转化医学中心，打造一批促进生物医药、医疗器械及相关产业发展的公共服务平台。加快生物医药创新型孵化器、第三方独立检验检测机构建设，支持其面向中关村企业提供合作研发、检验测试、成果转化、创业孵化、应用推广等服务。支持建设全球创新药物和医疗器械研发、使用的动态监测和分析服务平台，为企业创新成果申报提供信息检索、查询、分析等服务。

（六）支持企业积极开拓市场。鼓励医疗卫生、检验检测等机构，通过首购、订购、首台（套）重大技术装备试验和示范项目、推广应用等方式采购中关村新技术新产品，通过融资租赁等方式购买配置中关村大型医用设备和研发设备。放开乙类大型医用设备的配置限额。支持中关村企业举办具有国际影响力的行业论坛、展览展示等活动，拓展市场影响力。

（七）支持企业做强做大。深入实施"十百千工程""北京生物医药产业跨越发展工程（G20 工程）"，根据企业需求给予"一企一策"协调服务。支持企业开展融资、并购、改制上市；积极争取监管部门试点放宽生物医药、医疗器械及相关产业领域的企业在"创业板"上市的标准。支持企业面向全球吸引高端领军人才和高层次团队，优先推荐参加"千人计划""海聚工程""高聚工程"评选，并在人才引进、居留出入境、职称评审、子女入学、公租房配租等方面给予支持。

（八）推进产业集聚区建设。不断优化产业布局，实现土地集约高效综合利用，促进产业与人口资源环境相适应。重点推进中关村生命园、大兴生物医药基地、亦庄生物医药园、北京国际医疗服务区、中关村高端医疗器械产业园等专业园区建设。对落户中关村的重大研发和产业化项目，经市政府批准可采取协议出让等方式供地，符合《划拨用地目录》（国土资源部令第 9 号）规定的可按划拨方式供地。

四、保障机制

（一）建立协调推进机制。进一步加强本市与食品药品监管总局等国家部委的合作，商请签署战略合作协议，依托中关村创新平台部市会商机制，协调推进中关村生物医药、医疗器械及相关产业的体制机制创新和创新政策的先行先试。

（二）建立市场化多元投入机制。综合运用股权投资、基金、贴息、担保等方式，以财政资金为引导，吸引社会资本投入，形成覆盖研发创新、转化孵化、市场应用等各环节的资金支持体系。支持行业领军企业、产业技术联盟、投资机构等共同发起组建生物医药、医疗器械及相关产业投资基金，引导社会资本加大对前沿技术、重大科技成果转化和产业化的投入力度。

（三）建立分工落实机制。各区县政府、市政府有关部门和单位要统一思想认识，密切协作配合，按照各自职责，研究制订重点任务实施方案和配套政策措施，狠抓各项工作落实，推动中关村生物医药、医疗器械及相关产业持续健康发展。

二〇一五年二月十六日

北京市人民政府办公厅关于对出租汽车提前报废或更新实施相关鼓励措施的通知

京政办发〔2015〕17 号

各区、县人民政府，市政府各委、办、局，各市属机构：

为落实《北京市人民政府关于印发北京市 2013—2017 年清洁空气行动计划的通知》（京政发〔2013〕27 号）精神，深入实施机动车结构调整减排工程，加快出租汽车淘汰更新步伐，有效治理大气污染，经市政府同意，现就鼓励出租汽车提前报废或更新为纯电动汽车有关事项通知如下：

一、鼓励出租汽车提前报废

自 2015 年 1 月 1 日至 2017 年 12 月 31 日，对提前报废的出租汽车给予政策支持。具体措施为：凡 2015 年 5 月 1 日前注册登记且使用年限不高于 7 年的出租汽车提前报废的，每车给予 1 万元一次性补贴。车辆报废时间以公安交通管理部门《机动车注销决定书》开具时间为准，补贴审核拨付按照市环保局老旧机动车提前报废补贴审核拨付程序执行。

二、鼓励出租汽车更新为纯电动汽车

自 2015 年 5 月 1 日至 2017 年 12 月 31 日，对出租汽车更新为列入国家新能源汽车推广应用相关车型目录，且符合本市出租汽车车型标准的纯电动汽车给予政策支持。具体措施为：凡 2015 年 5 月 1 日前注册登记的出租汽车，更新为符合上述要求的纯电动汽车，在国家、地方财政按照 1 ：1 比例予以购车补贴及免征车购税的基础上，对纯电动出租汽车新车购车价格与市交通运输管理部门确定的普通汽油出租汽车各车型新车平均价格的差价予以补贴，差价不高于 5 万元的，予以全额补贴；差价高于 5 万元的，每车予以 5 万元补贴。

出租汽车企业和出租汽车个体工商户凭购车发票和车辆运营证件，每年 1 月向交通运输管理部门申请上一年购置纯电动出租汽车补贴。

三、工作职责

市交通委负责统筹推进出租汽车提前报废或更新各项鼓励措施的落实工作，会同市有关部门、各区县政府共同做好维护出租汽车行业稳定和宣传引导等相关工作。

市财政局负责设立纯电动出租汽车补贴专项。

市商务委负责做好报废车辆回收解体工作。

市公安局公安交通管理局负责调整出租汽车车辆档案管理系统，会同市商务委负责严格监管车辆报废更新流程。

市发展改革委负责加快充电桩建设，重点选择在出租汽车扬招站、交通枢纽等区域建设分散式快速充电桩，并充分利用出租汽车企业现有停车资源推进充电设施建设；市发展改革委、市电力公司负责研究制定纯电动汽车充电电价和服务费标准。

市科委和市经济信息化委负责鼓励、引导纯电动汽车生产企业加快突破重大关键技术，不断提高电池使用寿命和车辆技术性能，进一步降低纯电动汽车生产成本和售价。

市公安局和市工商局负责严厉打击非法买卖、安装、维修出租汽车配套营运设施等行为，并加大对克隆出租汽车的打击力度，防止提前淘汰的出租汽车回流。

市人力社保局负责指导出租汽车企业依法妥善处理因出租汽车缩短使用期限可能引发的劳动关系问题。

二〇一五年三月三十一日

北京市人民政府办公厅关于印发《北京市推进节能低碳和循环经济标准化工作实施方案（2015—2022年）》的通知

京政办发〔2015〕47号

各区、县人民政府，市政府各委、办、局，各市属机构：

《北京市推进节能低碳和循环经济标准化工作实施方案（2015—2022年）》已经市政府同意，现印发给你们，请结合实际认真贯彻实施。

二〇一五年十月十九日

北京市推进节能低碳和循环经济标准化工作实施方案

（2015—2022年）

大力推进节能低碳和循环经济标准化是节约资源能源、促进资源循环利用、应对气候变化的重要手段，是生态文明建设的重要内容。为深入贯彻落实《国务院办公厅关于加强节能标准化工作的意见》（国办发〔2015〕16号）和《北京市人民政府关于进一步加强城市管理与服务标准化建设的意见》（京政发〔2015〕41号）精神，加快推进节能低碳和循环经济发展，有力保障2022年冬奥会生态环境质量，特制定本实施方案。

一、总体要求

（一）指导思想。全面贯彻落实《中共中央国务院关于加快推进生态文明建设的意见》和《京津冀协同发展规划纲要》，牢牢把握首都城市战略定位，严格按照有利于调整疏解北京非首都功能、有利于促进产业转型升级、有利于提升资源能源利用效率、有利于改善生态环境质量和惠及民生的要求，坚持创新驱动、准入倒逼、系统谋划、统筹推进的原则，不断强化标准在促进技术进步、提高工程质量、推动科学管理、改进生产方式、引导绿色消费等方面的基础性、战略性作用，加快推动节能低碳和循环经济标准化工作，为建设国际一流的和谐宜居之都提供有力支撑。

（二）工作目标。到2022年，健全完善方法科学、实施有效、更新及时的标准制定修订工作机制，基本建成体现北京特色、指标水平先进、系统构成完善的节能低碳和循环经济标准体系，逐步形成政府引导、市场驱动、社会参与的标准化共治格局，实现政府主导制定的节能低碳和循环经济标准全公开、监督执法全覆盖、强制性标准全执行、推荐性标准全部鼓励采用，努力打造全国节能低碳和循环经济标准创新中心、示范基地和辐射之源，有效支撑本市节能低碳工作持续走在全国前列，区域能源消耗和碳排放强度保持国内领先。

二、主要任务

（一）完善标准体系。统筹考虑控制能源消费和碳排放总量、提高资源利用效率、改善空气质量等综合发展目标，全面构建相互协同、互为支撑的节能低碳和循环经济标准体系框架。系统梳理国家、行业、地方以及本市相关团体和企业的现有标准，调研分析地方标准需求，合理确定地方标准制定修订范围、内容、类型和属性，并以3年为周期提出标准制定修订清单，分批开展制定修订工作。在项目建设、产业准入环节，突出总量控制，重点提高用能、用水、用地和碳排放准入要求；在资源能源利用环节，突出利用效率，重点提高建筑系统能效指标和环境设施的环保指标要求；在末端排放环节，突出强度控制，合理确定全市、功能分区、产业园区、社区等不同层面的资源能源限额和排放减量值。

（二）支持标准创制。积极推进中关村国家级技术标准创新基地建设，支持科研机构、企业和产业技术联盟积极开发、创制具有自主知识产权的新标准。围绕建筑能效管理、绿色照明、再生资源回收、节能低碳与循环化改造等领域，支持企业开展先进技术和产品标准制定。支持节能环保低碳领域的产业联盟，加强标准协同创新合作，并将企业专利融入团体标准。支持本市节能低碳地方标准转化为京津冀通用的地方标准，加快推进京津冀标准一体化进程。支持本市企业、科研机构、行业协会、产业技术联盟主导或参与国家相关节能低碳和循环经济标准创制，支持地方标准升级为行业、国家标准。支持本市科研机构、企业等参与和主导制定一批节能低碳国际标准，促进具有市场竞争力的节能低碳技术、产品和服务走向国际市场。推动本市节能环保低碳企业和标准化组织与国内外先进标准化专业机构开展战略合作，吸引国内外标准化组织及其技术机构围绕本市建设发展需求开展标准化专业服务。

（三）加强标准评价。建立地方节能低碳和循环经济标准后评价机制，标准发布实施1年后应开展后评价，客观评估标准实施的节能低碳和循环经济效益。建立便捷通畅的评价反馈渠道，及时收集标准使用过程中发现的问题和改进建议。开展标准复审和维护更新，标准复审周期控制在3年以内，对主要技术内容有较大变更的，应及时修订；对不适应当前需要或已被其他标准代替，无存在必要的，应予废止。鼓励标准化专业机构对公开实施 的节能低碳和循环经济标准开展比对、评价和咨询，确保标准的先进性、科学性和有效性。

（四）强化标准运用。选择发展基础较好、能效水平较高的园区、社区、企业、公共机构，组织开展节能低碳和循环经济标准化试点，建成100个市级节能低碳和循环经济标准化示范项目（单位）。在发电、供热、交通、大型公共建筑、教育、医疗、商场超市、宾馆饭店等重点行业（领域），建立能效和碳排放“领跑者”制度，并指导其他社会单位开展达标改进行动，进行节能低碳和资源循环利用综合改造，加快淘汰落后用能工艺设备，系统提升绿色发展水平。建立重点行业能效和碳排放标杆数据库并及时更新，适时将“领跑者”单位的能耗、碳排放水平指标作为相关行业的准入指标。

（五）狠抓标准落实。落实《北京市新增产业的禁止和限制目录》，强化节能低碳标准准入管理。严格实施固定资产投资项目节能评估和审查制度，严格执行建筑和交通节能相关标准。提高建筑节能标准，新建民用建筑项目全面执行绿色建筑标准，至少达到一星级标准要求；推动政府投资的公益性建筑和大型公共建筑项目执行绿色建筑二星级及以上标准。将强制性能耗限额标准执行情况纳入节能监察计划，开展终端用能产品能效标准执行情况和产品能效标识使用监督抽查、专项检查和集中整治。畅通举报渠道，鼓励社会公众参与对节能低碳和循环经济标准实施情况的监督。组织开展节能低碳和循环经济标准宣传推介活动，编写知识读本、宣传手册，利用网络、报刊等媒体，采取多种方式，加大宣传力度，增强全社会的标准化意识。

三、实施步骤

从2015年开始，分两批发布本市节能低碳和循环经济标准制定修订清单，分3个阶段滚动推进标准化工作。

（一）第一阶段（2015—2017年）。完善节能低碳和循环经济标准工作机制，推进节能低碳和循环经济标准化试点示范，制定一批团体标准、企业标准。全面梳理节能低碳领域现行的国家、行业和地方标准，厘清各类标准之间的关系，建立标准制定修订全过程信息公开和共享平台。开展标准制定修订清单（2015—2017年）编制工作，并对现行标准实施效果进行评价和复审，清理废止不符合实际需求的地方标准。

（二）第二阶段（2018—2020年）。完成各领域、各行业标准化试点示范工作，取得一批可推广、可复制的经验做法。以试点示范为基础，大力推动发展市场自主制定的团体标准、企业标准，形成协调配套、简化高效的推荐性标准管理体制，更好地满足市场竞争、创新发展需求。

（三）第三阶段（2021—2022 年）。基本建成结构合理、衔接配套、覆盖全面、适应首都经济社会发展需求的新型节能低碳和循环经济标准体系，使本市进入国际节能低碳和循环经济标准创制先进地区行列，为成功举办 2022 年冬奥会提供标准化工作支撑。开展“十三五”标准化工作成效总体评价，启动新一轮标准动态调整更新工作。

四、保障措施

（一）加强组织领导。在首都标准化委员会领导下，建立市发展改革委、市质监局联合调度推进节能低碳和循环经济标准化工作机制，及时协调解决遇到的困难和问题，督促各项工作落实。将节能低碳和循环经济强制性标准实施情况纳入区县节能目标责任考核、行业节能目标责任考评和重点用能单位节能目标责任考核，并按年度公布结果。在市能源标准化技术委员会组织下，建立分技术委员会和工作组，优化完善标准技术审查和咨询评议机制，为标准化工作提供专业支撑。

（二）明确责任分工。市发展改革委负责全市节能低碳和循环经济标准化工作的总体协调，牵头制定标准体系框架和制定修订清单，并会同市质监局组织标准制定部门对标准实施情况进行后评价。市质监局负责完善节能低碳和循环经济标准化工作机制，对地方标准立项、研制、征求意见、审查、批准、发布、备案、复审、修订、废止等进行统筹管理。市教委、市经济信息化委、市规划委、市住房城乡建设委、市市政市容委、市交通委、市农委、市商务委、市旅游委、市卫生计生委、市体育局、市园林绿化局、市农业局等行业主管部门负责研究提出本行业（本领域）节能低碳和循环经济地方标准需求，组织制定地方标准，依法在本部门、本行业（本领域）对国家、行业和地方标准的实施情况进行监督检查。市科委、市统计局等相关部门负责对节能低碳和循环经济标准化工作提供科技服务、统计数据等支撑。各区县政府负责在本行政区域内推动节能低碳和循环经济标准的实施，并对实施情况进行监督和评估。

（三）加大资金投入。加大财政支持力度，将标准制定修订经费纳入财政预算管理。通过政府购买服务、综合奖励等多种方式，引导专业机构、企业加大资金投入力度；鼓励金融机构加强对标准创制工作的融资服务，逐步建立多方投入的标准化建设经费保障机制。

（四）夯实基础工作。积极推进资源能源消耗及碳排放统计、计量体系建设，加强能效能耗和资源利用数据采集与统计分析，为标准创制提供科学有效的信息保障。建设节能低碳和循环经济标准信息服务平台，建立信息翔实的数据库，及时发布和更新标准信息 。

北京市经济和信息化委员会转发《关于工业和信息化部办公厅关于开展 2015 年工业企业品牌培育工作的通知》

京经信委发〔2015〕27 号

各区县工业和信息化主管部门、北京经济技术开发区：

根据《工业和信息化部办公厅关于开展 2015 年工业企业品牌培育工作的通知》（工信厅科函〔2015〕316 号）的要求，请各单位组织推荐本地区工业品牌培育试点企业。请申请试点的企业于 2015 年 6 月 19 日前将登记表电子版发送至市经济信息化委联络人邮箱（linze@bjeit.gov.cn），纸质材料（1 式 2 份）报送至市经济信息化委科技处。具体通知详见工信部科技司网站。

二〇一五年五月十五日

附件：

工业和信息化部办公厅关于开展2015年工业企业品牌培育工作的通知

工信厅科函〔2015〕316号

各省、自治区、直辖市及计划单列市、新疆生产建设兵团工业和信息化主管部门，中国质量协会，有关行业协会，有关单位：

为落实《工业和信息化部关于做好2015年工业质量品牌建设工作的通知》（工信部科函〔2015〕115号）要求，提升工业企业品牌竞争力，现将2015年工业企业品牌培育工作通知如下：

一、开展工业企业品牌培育试点

（一）确定试点企业名单

在企业自愿基础上，各省、自治区、直辖市及计划单列市、新疆生产建设兵团工业和信息化主管部门、有关行业协会（以下简称组织单位）应积极组织本地区、本行业工业企业品牌培育试点工作，指导申报企业填写"2015年工业品牌培育试点企业登记表"，按照《工业品牌培育试点企业要求》确定本地区、本行业2015年品牌培育试点企业名单，并于5月22日前将名单及试点企业登记表（纸质版和电子版）报工业和信息化部科技司（材料由工业品牌培育专家组办公室代收）。

（二）开展品牌培育活动

组织单位应鼓励企业积极参与全国性工业品牌培育活动，并结合自身特点开展地区性或行业性培训交流活动。工业和信息化部（科技司）通过工业品牌培育专家组、中国工业产品质量网（www.quality.org.cn）和微信公众号（gxbpppy）等多种渠道提供专业指导信息，支持地方和行业开展品牌诊断活动，交流推广品牌培育典型经验。

（三）评价品牌管理体系有效运行情况

组织单位应根据《工业企业品牌培育能力评价细则》、《品牌培育管理体系评价指南》及《工业品牌培育试点企业要求》，组织专家对企业提交的品牌管理体系文件、自我评价报告等资料开展规范性和有效性评价，确定本地区、本行业品牌管理体系有效运行企业名单。

二、工业品牌培育示范企业评审

组织单位应从本地区、本行业品牌管理体系有效运行企业名单中择优推荐"全国工业品牌培育示范企业"，并于11月10日前将有效运行企业名单、示范企业推荐名单及典型经验案例等相关资料邮寄至工业和信息化部科技司（材料由工业品牌培育专家组办公室代收）。

工业和信息化部科技司将于11月底组织专家进行品牌培育示范企业评审，根据专家评审结果并征求有关部门和行业协会意见后，确定全国工业品牌培育示范企业名单，公告发布并宣传推广典型经验。

三、工作要求

（一）建立长效机制。工业和信息化部科技司将组织编制品牌管理体系国家标准，制定示范企业、区域品牌评定管理办法，建立品牌培育工作长效机制。

（二）加强工作策划。组织单位要结合地区或行业特点，制订工作计划、完善工作机制，以试点企业为骨干，带动广大企业开展品牌培育工作，持续提升品牌管理能力。

（三）做好宣传推广。组织单位要利用报刊、网络等多种形式，积极宣传扩大品牌培育工作的社会影响，营造关注、重视品牌的良好社会氛围。

（四）加强合作和扶持。组织单位要加强交流沟通，相互学习借鉴工作经验。各地方工业和信息化主管部门要将品牌培育工作与地区经济发展有机结合，积极争取地方人民政府支持。

北京市经济和信息化委员会 北京市发展和改革委员会 北京市财政局等关于落实清洁空气行动计划进一步规范污染扰民企业搬迁政策有关事项的通知

京经信委发〔2015〕28号

各有关单位：

为深入贯彻落实国务院《大气污染防治行动计划》、环保部等六部委《京津冀及周边地区落实大气污染防治行动计划实施细则》、《北京市2013—2017年清洁空气行动计划》等文件精神，进一步做好污染扰民企业搬迁工作，现就有关事项通知如下：

一、《关于下发〈北京市推进污染扰民企业搬迁加快产业结构调整实施办法〉的通知》(〔99〕京经规划字第200号）自实施以来，对推动全市产业布局调整、工业结构优化、改善城市环境质量发挥了重要作用。进入新时期，面对严峻的大气污染防治形势，市政府各有关部门应密切配合，继续推动污染扰民企业搬迁工作。

二、为适应新时期北京工业调整疏解不符合首都城市功能定位的产业和大气污染治理工作需要，加快污染扰民企业搬迁，凡地处北京市行政辖区内，在我市工商部门登记注册，存在大气、水、噪声、固体废物、放射性污染或辐射环境安全隐患的工业企业，经市主管部门批准享受污染扰民搬迁优惠政策的，税务部门应积极落实相关税收政策。中央在京企业申请享受污染扰民搬迁政策的，需先报请市政府批准。土地使用用途为仓储类的企业，可参照工业企业申请享受政策。

三、企业申请享受污染扰民搬迁政策的，按照以下程序执行：

（一）土地处置

企业向国土部门提出依法收回土地使用权的申请，国土部门按收回土地的规划用途重新组织供地，具体操作按有关规定办理。

（二）政策申请

完成土地处置后，市属国有企业、中央在京企业报上级控股公司（集团公司、总公司），其他企业报所属区县行业主管部门审核同意后，向市经济信息化委、市发展改革委提出申请，并提交以下材料：

1. 企业上级控股公司（集团公司、总公司）或区县行业主管部门关于企业享受污染扰民搬迁政策的请示

2.《企业享受污染扰民搬迁政策申请表》

3. 土地处置证明文件

4. 搬迁补偿资金使用方案

5. 企业工商营业执照副本复印件（加盖公章）

6. 土地使用证、房屋所有权证复印件（加盖公章）

7. 企业污染扰民的相关证明材料

市经济信息化委、市发展改革委对符合条件的企业出具同意享受政策的批复。

（三）免税手续办理

按照《中华人民共和国土地增值税暂行条例》及其实施细则等有关文件的相关规定，搬迁企业凭享受污染扰民搬迁政策的批复、《国家征用、收回及搬迁企业转让房地产免征土地增值税审核表》及税务部门要求提供的其他资料，到区县地方税务局办理免征土地增值税等相关手续。

企业取得的搬迁补偿收入按照现行企业会计制度核算。搬迁补偿收入涉及的营业税及所得税等严格按照现行税收管理政策办理。

四、企业获得的搬迁补偿资金应主要用于在京津冀为主地区开展现代制造业、高技术产业、现代服务业等项目建设及解决历史遗留问题。

五、企业上级控股公司（集团公司、总公司）、区县行业主管部门应切实落实对污染扰民企业搬迁资金使用的监督管理责任。对利用搬迁资金新建设的项目，在项目竣工后应要求企业及时验收，并提交验收报告，同时抄报市经济信息化委、市发展改革委。

六、《关于下发〈北京市推进污染扰民企业搬迁加快产业结构调整实施办法〉的通知》（〔99〕京经规划字第200号）、《关于规范污染扰民企业搬迁工作有关事宜的通知》（京发改〔2007〕2014号）自本通知发布之日起停止执行。

特此通知。

二〇一五年六月十五日

北京市经济和信息化委员会 北京市发展和改革委员会 北京市科学技术委员会 北京市质量技术监督局 关于印发《北京市示范应用新能源小客车生产企业及产品备案管理细则（2015年修订)》的通知

京经信委发〔2015〕47号

各相关单位：

为贯彻落实《关于加快新能源汽车推广应用的指导意见》（国办发〔2014〕35号）、《北京市2013—2017年清洁空气行动计划》（京政发〔2013〕27号）、《北京市示范应用新能源小客车管理办法（2015年修订)》（京科发〔2015〕458号）的有关要求，结合本市新能源小客车推广实际情况，经报市政府同意，现将《北京市示范应用新能源小客车生产企业及产品备案管理细则（2015年修订)》予以发布，自发布之日起实施，请遵照执行。

特此通知。

二〇一五年九月二十九日

北京市示范应用新能源小客车生产企业及产品备案管理细则

（2015年修订）

第一章 总 则

第一条 为贯彻落实《国务院关于印发节能与新能源汽车产业发展规划（2012—2020年）的通知》（国发〔2012〕22号），根据《国务院办公厅关于加快新能源汽车推广应用的指导意见》（国办发〔2014〕35号）要求，为保障本市示范应用新能源小客车推广应用工作安全、有序开展，依据《新能源汽车生产企业及产品准入管理规则》（工产业〔2009〕第44号）等政策及法规，特制定本管理细则。

第二条 本细则适用于在本市销售的新能源小客车生产企业及产品备案工作。

第二章 企业条件

第三条 生产企业是示范应用新能源小客车产品、服务质量和安全的第一责任人。参与本市推广应用的新能源小客车生产企业须符合以下条件：

（一）依法获得许可在中国境内销售的生产企业。

（二）具备完善的销售和售后服务体系，具体包括：

1. 履行《家用汽车产品修理、更换、退货责任规定》规定的法定义务并承担相应责任；

2. 非在京注册的新能源小客车生产企业需通过本市辖区工商注册登记或委托在京具有独立法人资格的汽车销售机构进行车辆销售；

3. 在本市设有 5 家（含）以上经合法授权且符合要求的售后服务机构，分布在合理的区域；销售和售后服务机构须配备一定数量的专业技术人员、专用维修工位及专用维修工具；每家机构配备不少于 5 个社会公用充电桩，满足国家相关标准，承诺对社会开放，并接入全市统一的充电设施公共服务管理平台；服务机构设置醒目的充电方位指示牌和电动汽车专用停车位标识；充电电费、充电服务费收取标准按照国家及北京市有关规定，并明码标价；售后服务流程、服务承诺等公示；提供 24 小时不间断救援服务；须具备消防安全、紧急救援等应急处置解决方案，在接到车辆故障或事故后，并及时给予解决，同时应组织做好相关应急处置宣传培训工作（售后服务标准详见附件 4）；

4. 承担或委托相关机构组织单位和个人的充电条件确认、建设自用充电设施，并纳入其售后服务体系；承诺提供安全使用指导和培训等服务；

5. 对车辆提供不低于 3 年或 12 万千米（以先到者为准）的质保，对动力电池、电机、整车控制器等关键零部件提供不低于 8 年或 12 万千米（以先到者为准）的质保。

（三）具备远程监测能力。具备对整车、动力电池、驱动电机等进行实时监测的设施和能力，企业数据保存时间不少于 3 年；车辆发生紧急情况时，企业应按要求将相关信息传送至北京市小客车质量安全风险预警平台。

（四）履行《缺陷汽车产品召回管理条例》等规定。具备缺陷汽车产品召回管理制度和缺陷调查能力，对可能存在缺陷的产品依法组织调查分析，履行召回义务；企业作为主体责任者，提供动力电池系统的回收方案，并承诺按照要求进行回收。

（五）生产企业的各项承诺须在其销售、维修和服务等机构和场所向社会进行明示。

第三章　产品条件

第四条　示范应用新能源小客车产品须符合以下条件：

（一）新能源小客车产品需获得中国强制性产品认证证书，纳入国家《免征车辆购置税的新能源汽车车型目录》或满足国家关于免征新能源汽车车辆购置税的公告中新能源汽车专项检测和标准要求；

（二）符合国家现行有关新能源汽车标准和规定；

（三）具备满足远程监测所需的车载终端并能够实现数据交换；

（四）具备必要的安全及应急救援手册和工具。

第四章　备案管理

第五条　北京市经济和信息化委员会对参与本市推广应用的新能源小客车生产企业及产品实施备案管理。

（一）北京市经济和信息化委员会委托北京新能源汽车产业协会承担本市示范应用新能源小客车生产企业及产品备案工作；

（二）首次申报的生产企业需向北京新能源汽车产业协会提交本办法第三条、第四条规定的各项证明材料，新增产品申报仅需要提供第四条规定的证明材料；

（三）北京市经济和信息化委员会将生产企业及产品备案情况报北京市新能源汽车联席会议审议，通过后在北京新能源汽车协会官方网站（http://abnea.org.cn/）实时发布已备案生产企业及产品信息；

（四）完成备案的生产企业每月 5 日前向北京新能源汽车产业协会提交上月《月度销售情况表》。

第五章　监督管理

第六条　北京市经济和信息化委员会委托第三方检验机构对在京销售的产品一致性进行抽检和评估，同时委托北京新能源汽车产业协会对市场、售后服务体系进行监督，并建立企业及产品的退出机制。

（一）建立产品退出机制。推广应用的新能源小客车产品如发现有以下情形之一的，将如实上报上级主管部门，同时取消产品在京销售资格，造成严重后果的将依照相关法律法规追究其责任：

1. 产品已停产；

2. 实际产品与备案材料不一致；

3. 产品一致性连续两次抽检不合格；

4. 存在重大安全隐患或质量问题（爆炸、起火、漏电等）；

5. 单一车型累计总销量 1000 辆以下在正常运行过程中累计发生 2 起非人为安全事故（爆炸、起火、漏电等）或单一车型累计总销量 1000 辆（含）以上有超过 1‰（含）产品发生非人为安全事故（爆炸、起火、漏电等）等；

6. 其他违反法律、法规、政策性规定和管理要求的。

（二）建立企业退出机制。生产企业诚信守法，对申报材料的真实性、产品的一致性及安全性、售后保障服务等负责，有以下情形之一的，将视情节轻重给予通报批评，并责令限期整改。若拒不整改或整改不合格，将取消其在京销售资格。造成严重后果的，将依照相关法律法规追究其责任。

1. 企业的上报材料或申请中存在虚假信息的；

2. 销售或售后服务不规范、未履行相关承诺的；

3. 发生过重大安全或质量事故（爆炸、起火、漏电等），并造成人员伤亡或恶劣社会影响的；

4. 生产企业单一年度(自公布之日起一个日历年度)在京示范应用的新能源小客车销售量低于一定规模 [2015 年：1000 辆（含）、2017 年：2000 辆（含）]，下一年度取消企业在京销售资格；

5. 其他违反相关法律、法规和管理要求的。

（三）取消在京销售资格的生产企业和产品整改合格后，须按照本细则第三条、第四条要求重新进行备案。

第六章　附　则

第七条　本细则所称新能源小客车的定义与《北京市示范应用新能源小客车管理办法》一致。

第八条　本细则引用的标准或规定发生变更或调整，按新要求执行，国家相关标准颁布后，按照国家相关标准实施。

第九条　本细则自发布之日起执行，《北京市推广应用新能源小客车生产企业及产品审核备案管理细则》（京经信委发〔2014〕12 号）同时废止。

第十条　本细则由北京市经济和信息化委员会负责解释，并适时根据国家和本市相关规定进行修订。

北京市经济和信息化委员会 北京市环境保护局 关于确定首批北京市生态工业园区名单及有关事项的通知

京经信委发〔2015〕61 号

各区政府、北京经济技术开发区管委会：

依据《北京市 2013—2017 年清洁空气行动计划》、《北京市市级以上工业开发区生态化建设推进工作方案》

和《关于组织开展2015年度“北京市生态工业园区”评定工作的通知》，经评审和公示，首批“北京市生态工业园区”名单已经确定，现予以公布。有关事项通知如下：

一、同意北京经济技术开发区、中关村生命科学园、北京密云经济开发区等10家为第一批基本建成“北京市生态工业园区”的市级开发区（具体名单见附件）。

二、各生态工业园区要严格按照生态化建设标准以及上报的生态化建设推进方案，以打造高精尖经济结构为动力，以环境污染防治和资源能源集约利用为重点，不断加强园区生态化基础设施建设与改造，积极推进能源、水资源梯级利用和固废收集处理，进一步做好新能源与可再生能源推广、生态化管理水平提升等方面工作，为我市开发区持续健康发展起到示范引领作用。

三、各区要在总结经验的基础上，进一步扎实推进生态工业园区建设各项工作，逐步完善环境管理制度与能力建设，逐步加强污染监测管理与防控能力，加强能源、水资源、大气、固体废弃物等方面的数据统计和分析能力，充分发挥政策、资金、项目的引导和拉动作用，在园区生态化项目落地及有关资金安排等方面予以重点支持，加快推动我市开发区转型升级。

四、按照《北京市市级以上工业开发区生态化建设推进工作方案》，市经信委、市环保局对生态工业园区实行动态管理，定期进行考核。

附件：首批“北京市生态工业园区”名单

二〇一五年十二月二十一日

附件：

首批“北京市生态工业园区”名单

序号	所在区	开发区名称
1	—	北京经济技术开发区
2	昌平区	中关村生命科学园
3	密云区	北京密云经济开发区
4	顺义区	北京天竺空港经济开发区
5	通州区	中关村通州园光机电一体化产业基地
6	海淀区	中关村海淀园永丰高新技术产业基地
7	大兴区	大兴采育经济开发区
8		中关村大兴园生物工程与医药产业基地
9		北京大兴经济开发区
10	延庆区	北京延庆经济开发区

北京（曹妃甸）现代产业发展试验区产业发展规划

一、发展基础

（一）区位选址状况

曹妃甸位于河北省唐山市南部沿海，渤海湾的中心地带，总面积1943平方千米，由曹妃甸工业区、曹妃甸城区、唐山湾生态城、南堡开发区等区域组成，常住人口26万人。曹妃甸工业区位于曹妃甸区的临海前沿，规划面积380平方千米（其中陆域310平方千米、水域70平方千米），具有港口、天然气、电力、土地等综合优势。

北京（曹妃甸）现代产业发展试验区位于曹妃甸工业区北侧，规划用地面积100平方千米。试验区规划用地现状为盐池，土地平均标高3.039米，土地平整标高要求4.5米，需通过填土方式进行造地。

结合曹妃甸实际情况，以推进“5.5+3.5+N”产城融合先行区开发建设为重点，统筹规划周边区域，集中开发建设，配套建设商业、学校、医院等公共服务设施，满足城市运营基本需要。其中，“5.5”为产业先行区，位于曹妃甸工业区的中日生态工业园区，规划土地面积 5.5 平方千米；“3.5”为生态城先行区，位于唐山湾生态城，规划土地面积 3.5 平方千米；“N”为重大项目相应地块，包括：首钢京唐钢铁厂二期、千万吨级炼油、大型海水淡化等重大项目。

（二）基础设施条件

曹妃甸工业区通过吹沙造地建成陆域面积 210 平方千米，水、电、路、讯等基础设施完善，工业区基本达到了“七通一平”条件；已建成矿石、煤炭、原油、集装箱、LNG 等码头泊位 68 个，码头通过能力达到 3.5 亿吨，在建码头泊位 30 个，实现了与韩国、巴西等 70 多个国家和地区的通航。工业区内已建成住宅、办公和商业设施 285 万平方米，医院、学校、幼儿园已投入使用，已入驻了 12 家金融机构，实现了商住、餐饮、娱乐等服务业态集聚，交通、供水、供电、排水、供热、燃气、通讯等基础设施与产业配套服务功能日益完善。

（三）产业基础优势

一是建港条件得天独厚。曹妃甸是渤海沿岸唯一不需开挖航道和港池，设计吞吐能力 2017 年达 5 亿吨以上。二是区位优越、交通便捷。曹妃甸毗邻京津两大城市，距北京 190 千米、天津 80 千米，处在京津冀一小时经济圈内，高速公路、铁路纵横贯通，海运方面已实现与 70 多个国家和地区通航。三是土地存量资源丰富。曹妃甸拥有浅滩、荒滩 1000 多平方千米，现有存量土地 200 多平方千米，为工业和城市的发展提供了充足的建设用地。四是腹地广阔、基础雄厚。曹妃甸为京津冀及华北、西北、东北区域经济腹地，资源丰富，尤其是京津冀地区产业布局集中，经济基础雄厚。五是产业发展基础良好。曹妃甸工业区已有首钢集团、中石油集团、中石化集团等 22 家世界 500 强企业入区投资，并初步形成了以精品钢铁、海水淡化、火力发电和大型炼化一体化为龙头的循环经济产业链条。

二、总体方案

（一）指导思想

按照“合作共建、先行先试、产业互动、协同发展”的原则，建设北京（曹妃甸）现代产业发展试验区。以疏解非首都功能，推进北京产业转移对接协作，承担国家重大专项为切入点，探索跨地区产业合作发展新模式，引导北京科技创新技术成果在试验区产业化，吸引国内外重大产业项目落地，逐步形成在京冀两地布局合理、良性互动的高端制造业和现代服务业集群。

（二）功能定位

京津冀协同发展先行先试试验区。加强顶层设计，强化区域合作，建设产业协同、机制灵活、政策创新、利益共享、具有示范效应的京津冀产业协同发展试验区。

先进制造业和创新成果转化基地。延伸现有优势产业链条，承接北京科技成果转化，将试验区打造成为彰显国家制造业发展水平、承载国家重大生产力布局、聚集高端产业的先进制造业和创新成果转化基地。

现代化自由贸易国际枢纽港。充分发挥港口优势，参与国际交往和全球竞争，打造特色鲜明、优势显著的国际自由港。

环渤海经济圈发展的重要增长极。加大基础设施建设投入力度，优化产业发展和物流贸易环境，增强对环渤海地区的辐射带动作用，成为支撑环渤海区域经济发展的外向型增长极。

（三）发展目标

近期目标（2015 年至 2017 年）：初步建成适合现代产业发展的园区基础设施，打造高品质综合配套保障环境；有序推进北京装备、汽车、节能环保、新能源等产业转移，分步骤实施一批重大项目落地建设，形成高端制造产业和生产性服务业相互促进发展的雏形。

中期目标（2017 年至 2020 年）：初步形成与北京互动的一体化立体交通信息网络；产业发展政策日趋完备；高端制造和生产性服务业聚集发展态势初现，重点项目引领产业发展作用显著，在重点发展领域基本形成完整产业链，实现北京科技创新与曹妃甸产业互动发展。

远期目标（2020 年至 2030 年）：建设成为交通便利、信息通畅、生态宜居、人才汇集、产业集聚、社会公共服务能力显著的京冀产业协同发展示范区，实现与北京的同城化发展。

（四）发展路径

以机制创新奠定发展基础，发挥市场在资源配置中的决定性作用和更好发挥政府作用，依托京冀共同成立的曹妃甸协同发展示范区建设投资有限公司，创新开发建设模式，将产业布局与基础设施建设、土地开发紧密结合；以金融创新支撑开发建设，创新金融支撑模式，发挥财政资金的引导作用，积极吸引社会资本参与建设；以科技创新引领产业发展，培育和发展战略性新兴产业；以智力集聚促进转型升级，争创新经营管理模式，实现试验区可持续发展，将试验区建设成为北京创新驱动的承载平台及产业对接合作的重要区域；以国际贸易提升社会影响力，强化曹妃甸港口区位的辐射带动作用，以物流带动人流、资金流、信息流，提升试验区产业发展地位和影响力。

三、产业发展方向

（一）提升基础产业发展质量

钢铁产业。重点建设千万吨钢铁项目，发展高强钢、管线钢、薄规格集装箱板、汽车结构用钢、高强汽车板、镀锌汽车板等特色产品，以及涂镀基板、焊丝钢、焊管钢、链条钢等专用品种，为高端装备、新能源、海水淡化、汽车及零部件等行业发展提供材料支撑。

石油化工。重点建设千万吨级炼油项目，吸引石化下游产业项目集聚，搭建化工新材料、特种化学品和精细化工品等深加工产业链，以及氧气、氮气等气体配套项目。

新型建材。充分利用曹妃甸工业区粉煤灰、高炉矿渣、脱硫石膏等工业废渣、废料，发展循环经济产业，实现废弃物资源化利用，重点发展高性能混凝土制品、新型墙体材料等新型保温节能防火建材产品。

（二）推动高端制造业规模发展

汽车及零部件制造。引导汽车及零部件、专用车项目在试验区落地，吸引相关汽车零部件企业聚集，增强零部件自主研发制造与配套能力，构建京津冀区域新的汽车生产基地和面向全球的高端零部件产业体系。

海工装备。延伸钢铁产业链，拓展钢材应用领域，积极发展钻井平台、浮式生产储卸油装置等关键设备和系统。引导行业领军企业在试验区内发展海工装备制造业和服务业。

高端装备。发挥临港优势，集中力量发展工程机械、智能装备、轨道交通等领域的重点产品。重点针对战略性新兴产业发展所需的智能化、自动化装备，提升自动化成套能力，推动仪控系统和新能源装备、节能环保装备、高端制造装备等领域深度融合。

（三）布局发展战略性新兴产业

新能源。推动风电装备企业将大型风电机组部件制造、叶片生产转移至试验区，建立风电装备出口基地；引导北京具备成套设备研发与生产能力的企业，将制造环节在试验区布局，形成能源装备企业研发创新总部在北京、生产基地在曹妃甸的合理布局。

节能环保。依托海水淡化项目经验，重点发展污水资源化技术研发、膜材料及设备制造、海水淡化装备等环保及资源循环利用装备产业，构建资源循环利用服务体系。

通用航空。坚持高端引领、创新驱动、区域协调的发展格局，打造北京研发和曹妃甸产业化的空间链条。在试验区内发展整机组装、配套零部件制造、无人机生产、产业工人培训等。

（四）培育发展生产性服务业

信息服务业。引导高新技术企业参与建设，引入云计算、移动互联网、物联网技术等信息技术服务公司，提升信息化服务能力和基础设施现代化水平，促进试验区信息服务业平台化、服务化发展。

现代物流产业。发展物流商贸服务业，支持以加工配送为特色的第三方物流企业，同时吸引物流集散市场等生产性要素向试验区集聚，构建一体化物流产业链。

商务服务产业。发展信息、咨询、评估等咨询类服务业以及代理、经纪、担保等市场中介机构，发挥专业优势，逐步形成种类齐全、分布广泛、功能完善的现代商务服务体系。

专业配套服务产业。推动设计、建筑、路桥、市政等公司参与曹妃甸建设，并结合业务的扩展在试验区布局，提高试验区基础设施专业配套服务能力。

四、重点项目

（一）首钢京唐二期项目及深加工配套项目

首钢京唐二期项目：规划建设千万吨钢铁装置，发展绿色、低碳、精品钢铁。项目分两步建设，一步建成后将年产生铁 460 万吨、钢 530 万吨、钢材 500 万吨；二步建成后将年产生铁 431 万吨、钢 410 万吨、热轧板卷 400 万吨、冷轧板 110 万吨。

深加工配套项目：利用京唐、迁钢、首秦公司的钢材产品发展钢铁下游产业，延伸钢铁产业链条。一是积极发展汽车、冶金及其他机械行业的零部件、备品备件、钢材制品、现代物流等钢铁延伸产业。二是引导与钢材产品应用密切相关的北京汽车制造、汽车零部件制造、高端装备制造、新能源、节能环保等产业转移，打造特色产业园区。三是以钢铁厂能源资源综合循环利用为导向，大力发展为工业及城市生活提供服务的产业。

（二）燕化公司千万吨炼油项目

依托曹妃甸深水港址、便利的进口原油输转基础，采用渣油加氢—重油催化裂化—加氢裂化技术，以最大量提供优质清洁燃料为目标，提高原油加工深度，生产乙烯、丙烯、丙烷、苯、PX、硫黄等化工原料，同时生产 LPG、汽油、航空煤油、柴油等车用燃料产品。

（三）通用航空产业园

重点发展飞机整机及配套备件生产、轻型公务机总装、飞机交付改装等，配套建设通用飞机零备件制造园区，重点推进机舱座椅、内饰、支撑件、紧固件、舷窗玻璃、起落架加工和生产，逐步开展发动机、航电大修业务。充分利用曹妃甸良好的空间优势，配套建设通用机场。加强机务维修高级技术人才培养。

（四）汽车及零部件产业园

建设北京（曹妃甸）汽车及零部件产业园，规划建设新能源整车制造、专用车制造、整车物流（出口）基地项目，推进电动汽车及配套电池、电芯等项目落地。

（五）海水淡化项目

以首钢和北控海水淡化项目为龙头，吸引海水淡化设备制造、原材料生产、工程技术服务等企业入驻试验区，建设海水淡化产业基地。

（六）循环经济产业项目

引导企业参与试验区开发和曹妃甸城市建设，利用工业区粉煤灰、高炉矿渣等工业废渣、废料，大力发展循环经济，支持住宅产业化，生产新型建材等产品，实现资源综合利用。

五、空间布局

京冀两地通过产业协同发展实现共建、共管、共赢，以试验区和曹妃甸工业区为产业基础，发展高端装备等先进制造业；以综合保税区和港区为对外窗口，发展商贸物流、贸易服务等临港服务业；以唐山湾生态城为功能核心，发展金融、商务等生产性服务业。

空间布局以曹妃甸工业区为基础，采取分阶段有序推进的方式开展产业规划布局。近期，重点推进“5.5+3.5+N”产城融合先行区开发建设，产业先行布局在产业先行区“5.5”，以及布局在曹妃甸地区的重大项目“N”，着重发展重化工业及先进制造业；生活配套先行布局在唐山湾生态城先行区“3.5”，协同推进产业与生活配套建设，实现产城融合、多点支撑的发展格局。中期，以试验区 100 平方千米建设为核心，适时启动起步区 30 平方千米土地开发，重点承载高新技术成果转化落地，发展生产性服务业。远期，推进曹妃甸协同发展示范区建设，为进一步承接产业转移项目和国家重大专项，将试验区西侧的南堡盐场、嘴东经济开发区，唐山湾生态城东侧的大清河盐场，作为产业发展和生活服务配套的发展拓展区，扩大产业发展空间。

（一）产业布局

在试验区及曹妃甸工业区内统筹产业布局，主要包括：产业先行区、试验区、钢铁产业园、石化和新材料产业园。

1. 产业先行区（“5.5”）

依托曹妃甸工业区的中日生态工业园区可用土地 5.57 平方千米，作为北京产业转移项目先行建设区。重点布局智能装备、通用航空等产业，逐步集聚产业要素，构建产业链条，并与曹妃甸工业区、港口、综合保税区、临港商务区及唐山湾生态城实现联动发展，发挥辐射带动作用。重点规划布局新能源汽车、智能装备、通用航空、改装汽车、化工等 6 个产业园区。

2. 试验区

试验区规划面积 100 平方千米，其中起步区 30 平方千米，重点布局高端装备制造、汽车及零部件、通用航空、生产性服务业及高新技术成果转化产业。

3. 钢铁产业园

依托首钢京唐钢铁公司，规划面积 30 平方千米，重点布局钢铁及深加工、海水淡化等产业，其中首钢京唐公司已造地 20 平方千米，已建成京唐一期项目占地 12.5 平方千米，计划建设京唐二期项目规划占地 7.5 平方千米。

4. 石化和新材料产业园

石化和新材料产业园规划面积 20 平方千米，发展石油、化工和新材料产业。重点依托千万吨级炼油、东华能源页岩气新材料产业基地项目，规划布局石油、化工和新材料产业。

（二）生活配套布局（“3.5”）

生活配套布局主要依托唐山湾生态城建设，规划土地面积 3.5 平方千米，重点将北京医疗、教育、养老服务、旅游开发、食品加工等生产生活要素向曹妃甸示范区集聚，作为试验区产业发展的重要支撑，适度发展都市型产业和生产性服务业。

六、政策措施

（一）设立北京（曹妃甸）先进制造中心功能区（CMD）

建立京津冀高精尖产业领军者和高技能人才特区，区域内高精尖人才、技术骨干子女享受在北京入托、上学、参加高考等权利，企事业单位员工享有北京地区的最低工资标准和基本社会福利待遇。实行 GDP 分计和税收分成政策，争取国家核定曹妃甸上缴中央税收基数，10 年内，实行超基数增量部分 50% 返还。允许试验区制定《鼓励类产业目录》，对鼓励类企业减按 15% 的税率征收企业所得税。给予基础设施建设专项资金补助，向国家争取 10 年内，每年给予曹妃甸 20 亿元资金补助，用于基础设施建设。统筹解决节能减排指标。争取国家从京津冀协同发展层面，统筹考虑解决重大项目产能置换、能耗替代指标、排放指标等问题。对重大基础设施项目给予贴息支持，争取国家给予曹妃甸更大的贴息额度。给予企业资产加速折旧优惠政策，解决重点企业跨区域资质转移或快速变更。

（二）争取国家重大生产力布局项目落地

争取重大产业项目、国际合作项目、央企项目，优先在试验区布局。争取国家重大科技成果落地转化。在海洋工程装备、轨道交通、通用航空、海水淡化等领域，争取国家支持，建设国家高端科技成果转化北京（曹妃甸）示范基地。

（三）设立北京（曹妃甸）中韩自由贸易区

对注册在曹妃甸综合保税区内的仓储、物流等服务企业从事货物运输、仓储、装卸搬运业务取得的收入，免征增值税，对注册在曹妃甸的保险企业从事国际航运保险业务取得的收入，免征营业税。给予个人消费离岸免税政策优惠，设立离岸免税区和特许经营免税店，针对来自韩国等东北亚国家的特定商品，免征关税、进口环节增值税和消费税。全额返还上缴国家海域使用金和中央分成的港口建设费，争取国家全额或部分返还中央分成的海域使用金和港口建设费。

（四）支持试验区投资公司运营

由北京市和河北省指定代表企业按比例出资成立的建设投资公司，负责试验区建设、基础设施维护、项目招商及运营管理事务，以市场化运作模式为主，赋予管理机构自主发展权、自主改革权和自主创新权。

（五）设立试验区建设投资基金和产业转移补助资金

共同设立试验区开发建设、产业发展子基金，主要用于重点项目投资引导和公共服务体系建设。由国家、北京市、河北省共同出资设立产业转移补助资金，对迁往试验区且符合条件的北京工业企业，从支持搬迁调整的角度给予一定额度的资金补助。

（六）筹建北京（曹妃甸）银行

北京市、河北省以及有实力的投资机构共同出资设立地区性的股份制银行或民营银行，采取封闭化运行，针对试验区范围的企业单位提供服务。

工业数据

综　述

本栏目资料反映了年度内北京工业经济方面的基本情况，主要包括规模以上工业企业的主要经济指标数据，还包括国有控股工业企业、股份制工业企业、港澳台及外商投资工业企业、大中型工业企业的主要经济指标数据，以及高技术制造业主要经济指标、能源消费总量和主要能源品种消费量，区规模以上工业企业产值、主要财务情况，镇村工业企业主要经济指标。具体指标包括单位数、工业总产值、工业增加值、资产总计、负债合计、主营业务收入、主营业务成本、主营业务税金及附加、利润总额、应交增值税、总资产贡献率、资产负债率、成本费用利润率、主要工业产品产量、生产能力等。

本栏目工业企业统计数据主要来源于北京市统计局、国家统计局北京调查总队。其中，规模以上数据为全面调查，规模以下数据为抽样调查。

2015 年北京市规模以上

项目	企业单位个数（个）	# 亏损企业	工业总产值（当年价格）	工业增加值	工业销售产值（当年价格）	# 出口交货值
合　计	3548	757	174496269	36766396	172792712	10783871
按隶属关系分组						
中央企业	239	45	59074616	12713407	58964367	381516
地方企业	3309	712	115421653	24052989	113828345	10402355
按登记注册类型分组						
内资企业	2745	546	103904167	21974112	102750804	3307703
国有企业	72	9	34301682	6062255	34311957	19739
集体企业	40	13	246729	67921	252956	5569
股份合作企业	58	10	718110	115324	713728	15628
有限责任公司	1236	292	37915629	8191700	37471166	1821015
股份有限公司	245	50	21229171	5267639	20833319	892054
私营企业	1093	172	9490314	2268777	9165334	553698
其他企业	***	***	***	***	***	***
港澳台商投资企业	195	52	18669714	2187609	18147896	1802905
港澳台合资经营	96	22	4445251	1188288	4498589	902669
港澳台合作经营	***	***	***	***	***	***
港澳台商独资企业	85	28	13597360	1012356	13054808	835631
港澳台商投资股份有限公司	11	2	604316	-26175	574525	64605
外商投资企业	608	159	51922388	12604675	51894012	5673263
中外合资经营	230	54	32871811	8723426	32780280	3239531
中外合作经营	10	4	207889	92652	196387	29583
外资（独资）企业	356	99	18195584	3642722	18254769	2349780
外商投资股份有限公司	12	2	647104	145875	662575	54370
按城乡分组						
# 农村企业	24	9	170871	25617	171498	1408
按控股类型分组						
# 国有控股	745	177	100613752	22282119	100264121	2663959
集体控股	112	23	3604958	744226	3477034	177009
私人控股	1984	365	24464063	5833947	23700735	1185332
港澳台控股	145	40	15990208	1436067	15497902	1253171
外商控股	528	144	29209094	6303291	29242346	5486984
按轻重工业分组						
轻工业	1231	252	26108405	7741606	25607631	1498985
重工业	2317	505	148387864	29024789	147185081	9284886
按规模分组						
# 大中型企业	694	144	142502541	29864755	141230251	9072499

注：1. 工业增加值按生产法计算（下表同）。

2. 应交税金合计包括应交增值税、所得税费用、营业税金及附加和管理费用中的税金，计算应交增值税时企业应交增值税为负数的按实际计算（下表同）。

工业企业主要经济指标

单位：万元

平均用工人数（人）	资产负债						
	资产总计	流动资产合计	#存货	#产成品	#应收账款	固定资产合计	固定资产原价
1104384	386097637	152214302	22771594	7779401	38304001	66601836	122654798
184961	182462044	40286277	4548156	1025069	7735996	29938666	62839509
919423	203635593	111928025	18223438	6754332	30568005	36663170	59815289
734778	309652392	105697307	14852815	4919861	26249963	52757858	97341610
46801	147562244	24311328	1188252	138610	2624961	19178332	40942715
6477	377506	267620	67225	32602	50336	78124	155350
8079	635521	467747	118436	60730	139076	94850	160314
364460	97233635	45434068	7134383	2403071	13440185	26045224	43136189
163128	49399081	24962109	3789923	1244256	6523715	5410463	9948935
145803	14441412	10252059	2553384	1040498	3471518	1950261	2997435
30	***	***	***	***	***	***	***
91971	22232519	14145824	2496148	987309	3698830	3486514	6652194
39693	5646850	3575255	632392	195953	1097657	1244515	3407128
366	***	***	***	***	***	***	***
46475	13102413	8224693	1344211	740012	1772252	2157586	3057326
5437	3449060	2316247	514964	48081	816034	81356	180635
277635	54212726	32371171	5422632	1872232	8355207	10357464	18660994
133870	31237912	18289195	2739946	824339	3551840	6346265	9883964
6252	318945	251165	-18123	5712	59431	48780	129785
128083	17639922	12327561	2637697	1016800	4594865	3637375	7882663
9430	5015946	1503251	63112	25382	149072	325045	764582
4040	243995	195441	69709	30093	70190	40615	82784
469045	283001704	85234274	9850665	2893950	16483014	53244124	98957267
26467	4450877	3417146	721493	180874	1476372	431415	709318
324745	51684737	32107586	6406992	2396531	10326080	5036877	7795095
68549	17826582	11353659	1881785	850407	2901043	2660769	4032930
206738	27870375	19150134	3779106	1401071	6905862	5140318	10994536
346919	41164814	24329026	5651661	2500062	5150276	7322890	13470453
757465	344932823	127885276	17119933	5279339	33153725	59278946	109184345
758731	324419998	113959365	14208259	4960472	26137946	57468112	107856174

2015 年北京市规模以上

项　　目	资产负债					
	负债合计	#流动负债合计	#应付账款	所有者权益合计	#实收资本	营业收入
合　计	181024377	122281820	40062346	204801933	108089475	192561382
按隶属关系分组						
中央企业	74535633	37042446	9214986	107912844	65707343	61274462
地方企业	106488743	85239374	30847360	96889089	42382132	131286920
按登记注册类型分组						
内资企业	139722845	85537160	24217117	169742554	91717472	112876506
国有企业	54873733	20673764	3412037	92688511	56397540	34578558
集体企业	233285	198208	51485	144221	34896	267103
股份合作企业	373179	356371	173452	262343	128848	789367
有限责任公司	55624245	40773315	12581664	41554309	24261430	42974608
股份有限公司	20678215	16128826	5080242	28639122	7967195	23918114
私营企业	7937936	7404946	2917936	6453309	2927271	10346412
其他企业	***	***	***	***	***	***
港澳台商投资企业	13008282	12034611	5104197	9209305	4141290	23334763
港澳台合资经营	2549023	2397004	822897	3084731	1715920	4853448
港澳台合作经营	***	***	***	***	***	***
港澳台商独资企业	8456041	7941061	3680228	4644536	1481993	17619173
港澳台商投资股份有限公司	1998050	1691377	598981	1451010	936709	833601
外商投资企业	28293249	24710049	10741032	25850074	12230713	56350113
中外合资经营	16729500	14957142	6339991	14461433	6085686	34038929
中外合作经营	169749	137554	57435	153221	166564	380216
外资（独资）企业	9538214	8457160	4230376	8075260	4563465	21137566
外商投资股份有限公司	1855787	1158193	113230	3160159	1414997	793402
按城乡分组						
#农村企业	151397	117519	38373	92597	48834	181077
按控股类型分组						
#国有控股	127433648	74185273	20012764	155533518	87998470	106890324
集体控股	2521334	2349681	935870	1929543	656184	3674520
私人控股	24257783	21308574	7822813	27278441	9645144	26866127
港澳台控股	11164469	10414688	4642594	6647181	2812795	20510076
外商控股	14916082	13316561	6407798	12880949	6763445	33923570
按轻重工业分组						
轻工业	19391117	16586242	4709045	21730085	9139482	30714503
重工业	161633260	105695578	35353301	183071848	98949992	161846879
按规模分组						
#大中型企业	149082379	94269495	29361555	175297341	94109525	155709992

工业企业主要经济指标（续表）

单位：万元

损益										
#主营业务收入	营业成本	#主营业务成本	销售费用	管理费用	财务费用	利润总额	应交税金合计	#营业税金及附加	#主营业务税金及附加	#应交增值税
188648954	159984640	157109677	9252530	9566087	2116560	15977122	11791045	3337157	3318066	5693787
60498421	54362698	53738244	423870	1622549	809302	6388664	4029629	1533464	1527098	1791308
128150533	105621943	103371433	8828660	7943538	1307258	9588458	7761416	1803693	1790968	3902478
110910248	96212198	94743143	3455258	5997096	1608615	10124452	6622223	1959319	1941298	3265021
34474366	31598990	31540314	140325	348801	575892	4960527	1817638	429674	427115	979728
257178	227966	223940	13951	26344	-328	9745	20724	3042	2789	14600
784666	699337	696418	35473	37521	3250	27274	23900	2114	2109	16688
42089595	37459975	36809636	1301316	2902043	619347	2403724	1798581	190442	179998	1035305
23132565	18325117	17683859	1254534	1676142	324035	2019621	2477913	1285220	1281239	911055
10169534	7898792	7786956	709618	1006093	86390	703465	483460	48821	48042	307644
***	***	***	***	***	***	***	***	***	***	***
22770940	20185565	19829491	1413691	965342	151101	828417	627356	65490	64805	354160
4712211	3751724	3632257	280393	286296	34590	519856	307643	33674	33490	149278
***	***	***	***	***	***	***	***	***	***	***
17340153	15728157	15632991	998423	593664	86080	415613	282260	24828	24327	183979
690496	686544	545426	133351	80831	30463	-110021	34783	6759	6759	18970
54967765	43586878	42537043	4383581	2603649	356844	5024253	4541466	1312348	1311963	2074605
33420122	26277006	25839274	2050239	1423824	117784	3655432	3390205	1211809	1211773	1370485
373596	305125	298979	47314	19222	-3404	9441	17394	1412	1412	12532
20456542	16454835	15886452	2200948	1070711	177092	1166570	1082554	93892	93744	657437
717506	549912	512338	85081	89891	65372	192810	51313	5234	5034	34151
176702	165085	162187	3414	16416	2434	-3876	7135	655	633	5260
105076838	91732041	90392792	2642276	4144589	1402191	10790099	7797308	2966140	2951366	3208512
3631179	3035018	3014336	224522	247185	14633	195536	188538	21733	20229	134663
26342289	19948582	19586540	2076915	2588281	370156	2286028	1423250	147388	145380	900260
20044891	18103634	17834390	1240722	769894	121752	296979	425125	42965	42458	254862
32894814	26630090	25779441	3019409	1752860	201287	2360917	1918289	155443	155276	1169773
29854348	20671591	20057506	4669948	2431183	274169	2638987	2603073	590685	587428	1455392
158794606	139313049	137052171	4582583	7134904	1842391	13338135	9187972	2746472	2730638	4238395
152709160	130025958	127770795	7551113	6439044	1787383	13542466	10117314	3163661	3149262	4701650

2015年北京市规模以上

项目	企业单位个数（个）	#亏损企业	工业总产值（当年价格）	工业增加值	工业销售产值（当年价格）	#出口交货值	平均用工人数（人）
合计	3548	757	174496269	36766396	172792712	10783871	1104384
煤炭开采和洗选业	***	***	***	***	***	***	10523
石油和天然气开采业	***	***	***	***	***	***	1999
黑色金属矿采选业	7	5	809254	18155	803083		23602
非金属矿采选业	***	***	***	***	***	***	342
开采辅助活动	6	3	1708288	965972	1708288	125601	19926
农副食品加工业	138	37	3569659	500501	3541484	78622	33072
食品制造业	130	25	2832664	359054	2817705	140185	51457
酒、饮料和精制茶制造业	43	15	1746545	546465	1833987	14832	27114
烟草制品业	***	***	***	***	***	***	916
纺织业	23	8	122962	21749	130139	19405	3528
纺织服装、服饰业	128	32	1198539	480420	1154095	193797	40452
皮革、毛皮、羽毛及其制品和制鞋业	12	1	101321	17191	101101	13513	1862
木材加工和木、竹、藤、棕、草制品业	16	3	161671	29402	161434	13538	3021
家具制造业	65	9	850216	189985	845591	55727	14274
造纸和纸制品业	40	11	614707	214529	619619	47949	5320
印刷和记录媒介复制业	113	29	1118314	438891	1130762	13911	24438
文教、工美、体育和娱乐用品制造业	34	7	1194121	75009	1219881	50868	6313
石油加工、炼焦和核燃料加工业	20		5911246	1814962	5921386		11686
化学原料和化学制品制造业	204	41	3192888	706438	3082059	127834	34001
医药制造业	201	31	7330183	3022914	6894001	119177	73562
化学纤维制造业	***	***	***	***	***	***	128
橡胶和塑料制品业	112	23	920551	205086	919995	94401	18505
非金属矿物制品业	237	80	3921585	673490	3919902	94574	48894
黑色金属冶炼和压延加工业	23	4	1022759	23229	1016352	74172	5571
有色金属冶炼和压延加工业	36	7	637682	84447	642091	101610	5555
金属制品业	203	47	2934154	747192	2959594	238997	37714
通用设备制造业	238	58	4879508	1296132	4802417	852540	54921
专用设备制造业	319	58	5437411	1472561	5408563	692214	66800
汽车制造业	232	48	38828644	7999090	38753657	622825	141680
铁路、船舶、航空航天和其他运输设备制造业	74	8	3844651	974773	3739397	44635	36773
电气机械和器材制造业	261	54	7861668	1496527	7678286	486177	55308
计算机、通信和其他电子设备制造业	293	69	21102026	2843549	20422464	6052959	116198
仪器仪表制造业	163	17	2576995	766685	2561099	144256	31738
其他制造业	31	4	786317	264750	750665	113875	8173
废弃资源综合利用业	10	3	57638	10222	57140	1093	960
金属制品、机械和设备修理业	15	1	662359	250132	658433	49592	10615
电力、热力生产和供应业	68	13	40855582	6621453	40846775		53820
燃气生产和供应业	21	1	4077637	550170	4077637		12116
水的生产和供应业	23	3	654867	330061	654405		11507

工业企业主要经济指标（按行业分）

单位：万元

资产负债						
资产总计	流动资产合计	#存货	#产成品	#应收账款	固定资产合计	固定资产原价
386097637	152214302	22771594	7779401	38304001	66601836	122654798
***	***	***	***	***	***	***
***	***	***			***	***
23625156	8277938	248665	38467	1619393	3959845	5734462
***	***	***	***	***	***	***
5446628	2755494	245696	14946	1097496	1160040	2621768
4281103	2875030	478503	262266	427326	508719	822432
4087473	2437512	446986	213678	530343	779626	1393846
4162432	1546938	251344	70972	115890	620633	1379763
***	***	***	***	***	***	***
474360	288752	39666	21954	60538	79480	135642
1735478	1329319	601647	361139	206003	227201	373930
101135	83155	44221	21546	24067	8348	16382
168882	105989	26534	6771	32749	45411	93531
1031772	697917	199157	83790	175504	169088	263080
553339	347390	96795	31372	92762	150295	348427
2165324	1211908	256833	91039	240935	608036	1507376
817503	651557	325541	189505	122072	79843	148438
2742770	1136616	680843	109754	204163	1166420	3166156
4559508	2857338	569730	255676	703599	992517	2490055
11514980	6925587	1850442	800118	1713071	1890757	2772290
***	***	***	***	***	***	***
1165345	756869	164323	75758	261217	269675	504233
9564887	6965828	902499	222630	3346511	963715	1944812
1105620	449917	189783	67084	153760	482848	816987
796670	489993	136538	44684	147727	99672	176410
5895571	3641036	822946	344668	840367	827793	1429124
10040202	7283470	1899172	587563	1750166	1104318	2029029
16672118	10764108	1799397	553378	3159403	1135535	1911737
37160912	19836298	2508304	1015396	5475450	8071430	11427077
6504453	4701178	1518665	214171	1645193	856539	1363507
12215581	9278512	1612088	431318	4127202	751552	1369147
30657310	18833366	3317379	1338001	4541281	4258216	9064299
5024413	3811126	886056	185641	1276050	400921	653878
1442170	858052	188492	51909	275833	308377	542174
207233	48407	3309	2003	3542	90674	113053
717844	445929	158797	4029	174864	207809	383063
161836943	24677707	127164	9551	2801115	28688304	57068354
4913252	1380682	14719	7061	344959	1677124	2338183
9321727	3411553	15903	426	527907	3379359	5316593

2015 年北京市规模以上

项目	资产负债						
	负债合计	#流动负债合计	#应付账款	所有者权益合计	#实收资本	营业收入	#主营业务收入
合计	181024377	122281820	40062346	204801933	108089475	192561382	188648954
煤炭开采和洗选业	***	***	***	***	***	***	***
石油和天然气开采业	***	***	***	***	***	***	***
黑色金属矿采选业	13239660	7705348	848036	10385496	2902434	2284506	2177087
非金属矿采选业	***	***	***	***	***	***	***
开采辅助活动	2177926	2064430	661531	3268703	2835903	1643593	1639009
农副食品加工业	2417275	1955781	336530	1859497	757160	4166191	4132307
食品制造业	2243668	2133628	675943	1840296	1190203	5126585	5008278
酒、饮料和精制茶制造业	1640717	1473637	350827	2521716	837020	2063262	1948075
烟草制品业	***	***	***	***	***	***	***
纺织业	242145	146776	27678	226694	191707	262692	255154
纺织服装、服饰业	1034845	930528	280005	697515	296760	1328218	1290206
皮革、毛皮、羽毛及其制品和制鞋业	61136	59837	14747	39999	12092	126453	123141
木材加工和木、竹、藤、棕、草制品业	103645	100840	24742	65238	70097	165925	164903
家具制造业	556970	526057	129324	474802	248964	834925	818542
造纸和纸制品业	294179	266815	86191	259796	173291	649720	634497
印刷和记录媒介复制业	872783	754174	269208	1292541	712838	1351611	1292699
文教、工美、体育和娱乐用品制造业	490567	458860	195729	326936	227885	1347260	1325709
石油加工、炼焦和核燃料加工业	1531982	1491158	380294	1210787	51127	6487665	6261057
化学原料和化学制品制造业	2446661	2188282	629854	2079237	1742945	3625013	3536944
医药制造业	4768626	4080514	1280683	6745119	2048724	7417223	7156774
化学纤维制造业	***	***	***	***	***	***	***
橡胶和塑料制品业	622206	549423	193862	580770	329528	1134104	1089417
非金属矿物制品业	5866508	5383944	2464604	3639811	1754714	4632706	4511276
黑色金属冶炼和压延加工业	1028147	471670	291331	73521	341252	1078096	1067566
有色金属冶炼和压延加工业	347573	298557	143936	449098	151115	874864	706299
金属制品业	3196369	2723860	914422	2699532	1270743	3535912	3366224
通用设备制造业	4525385	4085782	1189595	5491898	2099811	5465491	5376044
专用设备制造业	8643623	7079573	2252679	8010971	2942750	6420871	6206021
汽车制造业	21484166	18836725	9321140	15663424	6483248	40418573	39540177
铁路、船舶、航空航天和其他运输设备制造业	4032725	3644758	1271429	2471728	1034425	4074530	4038416
电气机械和器材制造业	7224096	6762558	2687561	4964780	3011762	8630331	8383325
计算机、通信和其他电子设备制造业	16022092	13967423	6098348	14526240	6983705	25676915	25197910
仪器仪表制造业	2344775	2200550	914910	2679638	884335	3128786	3073819
其他制造业	574148	451538	192958	868022	357938	794899	787869
废弃资源综合利用业	135059	91113	43444	72175	55881	60540	59794
金属制品、机械和设备修理业	392616	362807	98303	325227	255571	728560	675117
电力、热力生产和供应业	63230539	25961823	5219864	98599775	60415347	41166038	41026529
燃气生产和供应业	1494605	1140395	195597	3418647	826363	4125649	4082592
水的生产和供应业	4226408	1261160	232444	5095319	4139835	817432	801823

工业企业主要经济指标（按行业分）（续表）

单位：万元

损益						应交税金合计	#营业税金及附加	#主营业务税金及附加	#应交增值税
营业成本	#主营业务成本	销售费用	管理费用	财务费用	利润总额				
159984640	157109677	9252530	9566087	2116560	15977122	11791045	3337157	3318066	5693787
***	***	***	***	***	***	***	***	***	***
***	***	***	***	***	***	***	***	***	***
2273607	2136715	8915	141721	157584	164593	67546	9633	8916	49473
***	***	***	***	***	***	***	***	***	***
1459822	1456891	5931	75237	8933	102947	59458	14942	14856	21051
3442539	3424815	289163	201464	43624	141882	193201	102724	102669	54859
3364551	3253233	1242087	267732	14506	242635	356014	30713	30613	264280
1476246	1382117	315604	140488	2584	68443	215247	69746	69359	110041
***	***	***	***	***	***	***	***	***	***
217120	214471	5605	28660	5656	237	10504	1869	1669	5393
876576	847828	231269	135603	9566	82182	99552	9430	9285	73451
106141	103544	4967	6789	707	7607	5578	461	460	3058
139719	139042	12668	12453	723	-1352	6542	527	526	5286
648143	637362	75454	70989	6522	44563	39365	3668	3545	25843
506727	496038	24021	33761	524	83782	51691	3071	2931	22971
1063818	1033258	44204	164510	128	78873	105130	10101	9519	69855
1262777	1256544	24282	46871	4944	8236	15987	2846	1934	9490
4982675	4758944	57255	162236	23732	291885	1321114	961585	960630	282064
2848186	2780628	305735	289047	54721	124078	198457	21988	21727	130758
3524727	3305706	1914759	714292	133930	1318805	827126	65448	65344	541881
***	***	***	***	***	***	***	***	***	***
974432	940968	39778	95174	5911	22013	41269	4676	4567	26880
3981063	3877602	198904	361296	60550	148218	171086	27100	26332	107218
1066212	1058155	40392	31451	17684	-80252	20197	1692	1610	9318
794416	633561	11222	45776	2685	19417	16231	3274	3220	9147
2931418	2807206	106839	272333	36547	256056	135487	20461	19787	75183
4152068	4108805	328679	494727	38465	580920	304887	29509	29222	172895
4640524	4531915	394089	746854	146775	537460	412238	45437	44594	267968
33439419	32813664	1541905	1482282	169620	3497269	3195539	1291704	1290960	1162406
3281051	3254220	67199	342595	35592	384189	181928	13917	13418	101879
6882431	6659689	540803	588774	50950	331992	405646	34472	33800	239472
22410803	22159030	1089976	1487077	197534	637603	625286	77930	75822	368217
2200428	2174080	225907	352745	11241	391925	220616	20717	19878	136655
578507	575396	27046	82998	224	114056	39436	3842	3836	18509
54495	53829	442	8621	1436	3070	3060	263	240	2211
594413	545409	6678	104637	9571	33592	44456	3666	3645	29931
38945339	38870548	10535	246583	801329	5582442	1748319	166229	162617	1081367
3763132	3736362	33890	147482	17226	391703	127441	12372	11463	84800
644535	636972	3817	67981	20519	277052	129443	5095	3531	16739

2015 年北京市规模以上

项　　目	工　业 经济效益 综合指数	企　业 亏损面	总资产 贡献率	资产保值 增值率	资　产 负债率	流动资产 周转率 (次)
合　计	302.38	21.34	6.79	124.95	46.89	1.27
按隶属关系分组						
中央企业	528.57	18.83	5.49	142.95	40.85	1.52
地方企业	254.17	21.52	7.95	109.60	52.29	1.17
按登记注册类型分组						
内资企业	279.93	19.89	5.28	129.30	45.12	1.07
国有企业	910.72	12.50	4.37	154.73	37.19	1.42
集体企业	138.48	32.50	7.13	90.87	61.80	1.00
股份合作企业	173.06	17.24	7.78	124.42	58.72	1.69
有限责任公司	215.16	23.62	4.29	110.50	57.21	0.95
股份有限公司	296.61	20.41	9.12	103.33	41.86	0.96
私营企业	186.61	15.74	7.89	113.67	54.97	1.01
其他企业	172.88		4.45	103.59	75.30	0.99
港澳台商投资企业	224.16	26.67	5.82	104.32	58.51	1.65
港澳台合资经营	305.30	22.92	12.92	116.50	45.14	1.36
港澳台合作经营	325.83		14.88	19.44	15.11	0.96
港澳台商独资企业	210.23	32.94	4.68	107.48	64.54	2.14
港澳台商投资股份有限公司	-37.01	18.18	-1.59	84.90	57.93	0.36
外商投资企业	399.16	26.15	15.84	108.66	52.19	1.74
中外合资经营	535.74	23.48	20.25	96.85	53.56	1.86
中外合作经营	165.95	40.00	6.10	115.33	53.22	1.51
外资（独资）企业	271.87	27.81	11.03	107.37	54.07	1.71
外商投资股份有限公司	262.93	16.67	5.91	262.22	37.00	0.53
按城乡分组						
#农村企业	79.46	37.50	1.80	80.33	62.05	0.93
按控股类型分组						
#国有控股	395.54	23.76	6.29	129.64	45.03	1.25
集体控股	257.57	20.54	8.25	113.01	56.65	1.08
私人控股	205.75	18.40	7.02	118.62	46.93	0.84
港澳台控股	196.88	27.59	3.42	112.38	62.63	1.81
外商控股	294.27	27.27	13.35	99.94	53.52	1.77
按轻重工业分组						
轻工业	245.57	20.47	11.73	113.78	47.11	1.26
重工业	331.55	21.80	6.20	126.44	46.86	1.27
按规模分组						
#大中型企业	342.13	20.75	6.89	125.26	45.95	1.37

工业企业主要经济效益指标

单位：%

成本费用利润率	全员劳动生产率（元／人）	产品销售率	增加值率	人均销售收入（元）	流动比率（倍）	速动比率（倍）
8.83	332913	99.02	21.07	1708183	1.24	1.06
11.17	687356	99.81	21.52	3270874	1.09	0.96
7.75	261610	98.62	20.84	1393815	1.31	1.10
9.44	299058	98.89	21.15	1509439	1.24	1.06
15.19	1295326	100.03	17.67	7366160	1.18	1.12
3.64	104865	102.52	27.53	397063	1.35	1.01
3.52	142746	99.39	16.06	971241	1.31	0.98
5.68	224763	98.83	21.61	1154848	1.11	0.94
9.36	322914	98.14	24.81	1418062	1.55	1.31
7.25	155606	96.58	23.91	697485	1.38	1.04
4.31	165286	92.61	19.59	781500	1.37	0.67
3.65	237859	97.21	11.72	2475883	1.18	0.97
11.94	299370	101.20	26.73	1187164	1.49	1.23
11.79	359026	87.65	57.66	767208	5.73	4.85
2.39	217828	96.01	7.45	3731071	1.04	0.87
-11.82	-48143	95.07	-4.33	1269995	1.37	1.06
9.86	454002	99.95	24.28	1979857	1.31	1.09
12.24	651634	99.72	26.54	2496461	1.22	1.04
2.56	148196	94.47	44.57	597563	1.83	1.96
5.86	284403	100.33	20.02	1597132	1.46	1.15
24.40	154692	102.39	22.54	760875	1.30	1.24
-2.07	63409	100.37	14.99	437382	1.66	1.07
10.80	475053	99.65	22.15	2240229	1.15	1.02
5.55	281190	96.45	20.64	1371965	1.45	1.15
9.15	179647	96.88	23.85	811168	1.51	1.21
1.47	209495	96.92	8.98	2924170	1.09	0.91
7.47	304893	100.11	21.58	1591135	1.44	1.15
9.41	223153	98.08	29.65	860557	1.47	1.13
8.72	383183	99.19	19.56	2096395	1.21	1.05
9.29	393615	99.11	20.96	2012692	1.21	1.06

2015 年北京市规模以上国有

项目	企业单位个数(个)	#亏损企业	工业总产值(当年价格)	工业增加值	工业销售产值(当年价格)	#出口交货值
合计	745	177	100613752	22282119	100264121	2663959
按隶属关系分组						
中央企业	233	44	58914274	12695626	58795704	370301
地方企业	512	133	41699479	9586493	41468417	2293658
按轻重工业分组						
轻工业	185	47	6811904	2438082	6692482	90189
重工业	560	130	93801849	19844037	93571639	2573769
按规模分组						
#大中型企业	240	59	90399281	20201574	90164146	2512317

2015 年北京市规模以上国有

项目	资产负债						
	负债合计	#流动负债合计	#应付账款	所有者权益合计	#实收资本	营业收入	#主营业务收入
合计	127433648	74185273	20012764	155533518	87998470	106890324	105076838
按隶属关系分组							
中央企业	73929765	36583034	9113142	107517395	65615410	60957992	60225479
地方企业	53503882	37602238	10899621	48016123	22383060	45932332	44851359
按轻重工业分组							
轻工业	6465930	4623153	946148	9422465	3329449	7833273	7653852
重工业	120967717	69562120	19066616	146111054	84669021	99057051	97422986
按规模分组							
#大中型企业	114395378	63807500	16617003	145961953	82527785	95007943	93528088

控股工业企业主要经济指标

单位：万元

平均用工人数（人）	资产负债						
	资产总计	流动资产合计	#存货	#产成品	#应收账款	固定资产合计	固定资产原价
469045	283001704	85234274	9850665	2893950	16483014	53244124	98957267
181792	181460727	39771593	4508364	1006120	7642592	29897393	62751920
287253	101540977	45462682	5342301	1887830	8840422	23346732	36205347
88983	15898238	8195644	1757366	705227	1265264	3125777	6199762
380062	267103466	77038631	8093299	2188723	15217749	50118347	92757505
374686	260357331	72532054	6936103	2203481	12797995	48567859	91945390

控股工业企业主要经济指标（续表）

单位：万元

损益									
营业成本	#主营业务成本	销售费用	管理费用	财务费用	利润总额	应交税金合计	#营业税金及附加	#主营业务税金及附加	#应交增值税
91732041	90392792	2642276	4144589	1402191	10790099	7797308	2966140	2951366	3208512
54091129	53505671	410652	1592384	795377	6369621	4014967	1532226	1525860	1781916
37640913	36887121	2231624	2552205	606814	4420478	3782342	1433915	1425506	1426596
5554520	5450837	676952	668108	48497	690848	962000	442891	441234	374871
86177522	84941955	1965324	3476481	1353695	10099252	6835308	2523249	2510132	2833641
81582939	80438326	2367553	3204628	1246791	9846032	7376912	2918301	2906453	3010556

2015 年北京市规模以上国有控股

项　　目	企业单位个数(个)	#亏损企业	工业总产值(当年价格)	工业增加值	工业销售产值(当年价格)
合　计	745	177	100613752	22282119	100264121
煤炭开采和洗选业	***	***	***	***	***
石油和天然气开采业	***	***	***	***	***
黑色金属矿采选业	4	2	767749	4278	762783
非金属矿采选业	***	***	***	***	***
开采辅助活动	***	***	***	***	***
农副食品加工业	24	9	1750266	276626	1737478
食品制造业	16	4	553743	116657	575788
酒、饮料和精制茶制造业	8	4	542869	229664	539320
烟草制品业	***	***	***	***	***
纺织业	10	4	33880	4835	40212
纺织服装、服饰业	6		48387	8948	48392
皮革、毛皮、羽毛及其制品和制鞋业	***	***	***	***	***
木材加工和木、竹、藤、棕、草制品业					
家具制造业	***	***	***	***	***
造纸和纸制品业	***	***	***	***	***
印刷和记录媒介复制业	33	11	532369	230559	546778
文教、工美、体育和娱乐用品制造业	7	2	122459	18039	157158
石油加工、炼焦和核燃料加工业	8		5315235	1722655	5325872
化学原料和化学制品制造业	38	13	1268168	121467	1189782
医药制造业	31	5	1586684	721777	1425025
化学纤维制造业	***	***	***	***	***
橡胶和塑料制品业	9	1	97893	38853	104092
非金属矿物制品业	56	28	1175826	177087	1172169
黑色金属冶炼和压延加工业	4	3	561490	-49250	559254
有色金属冶炼和压延加工业	8	2	283924	26873	292319
金属制品业	33	10	1167584	297190	1190728
通用设备制造业	43	15	905475	222740	927018
专用设备制造业	59	11	1470136	358780	1481811
汽车制造业	40	6	26743916	6316481	26694146
铁路、船舶、航空航天和其他运输设备制造业	35	6	3236400	763336	3135209
电气机械和器材制造业	31	6	1479578	183871	1477907
计算机、通信和其他电子设备制造业	74	15	4384781	1102549	4313499
仪器仪表制造业	49	5	821578	191707	838355
其他制造业	12		595588	241003	569176
废弃资源综合利用业	***	***	***	***	***
金属制品、机械和设备修理业	4		598346	218374	594689
电力、热力生产和供应业	53	8	40673347	6627587	40672664
燃气生产和供应业	13	1	586990	81684	586990
水的生产和供应业	19	1	615316	312749	614926

工业企业主要经济指标（按行业分）

单位：万元

#出口交货值	平均用工人数（人）	资产负债						
		资产总计	流动资产合计	#存货	#产成品	#应收账款	固定资产合计	固定资产原价
2663959	469045	283001704	85234274	9850665	2893950	16483014	53244124	98957267
***	10523	***	***	***	***	***	***	***
***	1999	***	***	***	***	***	***	***
	22445	23552310	8242833	240342	36217	1614657	3925944	5677980
***	81	***	***	***	***	***	***	***
***	18849	***	***	***	***	***	***	***
6501	11977	2160134	1602952	247941	176198	142813	214361	325703
6149	9262	1080680	551956	59048	22481	111058	143216	239064
4437	11566	2565219	890705	115880	20010	40114	205372	542989
***	916	***	***	***	***	***	***	***
2052	1726	343216	193737	18967	13008	20411	55209	75222
19245	1318	73045	49771	26975	12115	11443	16041	26851
***	436	***	***	***	***	***	***	***
***	1505	***	***	***	***	***	***	***
***	288	***	***	***	***	***	***	***
239	11750	1190166	629008	113168	50240	122046	313990	880028
4421	1877	397614	314753	180791	111776	84116	35571	60765
	10231	2574958	1005697	640976	100329	166357	1147660	3126072
17645	10806	1919425	1122814	244956	134191	218447	472365	1533688
4621	19098	3620264	1920262	651223	225555	409472	631095	995629
***	86	***	***	***	***	***	***	***
31469	3599	211682	134995	23256	11233	29980	45830	76765
21778	18598	3734387	2628858	194515	74679	1093354	485890	945547
40143	1855	719859	144040	77310	37596	39649	437922	686095
65785	2325	434992	277335	78093	18173	61284	59130	102753
96671	13342	2519234	1264601	224777	63842	250847	467080	737881
52017	14723	2551651	1858916	670014	144424	400603	228487	499305
22423	21628	4024701	2946183	770677	275957	1017358	474441	804632
337347	82820	27919683	13806542	1605293	669265	2078173	6246804	8460001
38524	30965	5294999	3888926	1361758	170613	1306104	787642	1241622
16784	8490	2623777	1845303	254306	28928	936272	154941	290187
1563142	32917	10811377	6242571	952191	303430	1286395	2218553	4482726
8422	9572	1251476	997870	294028	68687	287045	101399	182564
16445	6339	1181920	672870	149151	37393	214553	268580	480253
***	254	***	***	***	***	***	***	***
47455	9809	581465	341156	142465	253	143785	189360	350287
	50490	161493011	24489292	101320	8801	2765357	28587572	56931409
	3762	601291	341765	12367	6749	33085	226652	349409
	10818	9204080	3356120	9527		519760	3359358	5284224

2015 年北京市规模以上国有控股

项目	资产负债						
	负债合计	#流动负债合计	#应付账款	所有者权益合计	#实收资本	营业收入	#主营业务收入
合计	127433648	74185273	20012764	155533518	87998470	106890324	105076838
煤炭开采和洗选业	***	***	***	***	***	***	***
石油和天然气开采业	***	***	***	***	***	***	***
黑色金属矿采选业	13198323	7666589	843329	10353987	2900369	2243856	2147435
非金属矿采选业	***	***	***	***	***	***	***
开采辅助活动	***	***	***	***	***	***	***
农副食品加工业	1350968	988943	95174	809166	208097	2161351	2153069
食品制造业	400945	342361	119860	676097	281487	684755	660777
酒、饮料和精制茶制造业	695462	583011	31240	1869757	146635	640268	608237
烟草制品业	***	***	***	***	***	***	***
纺织业	173896	79910	4491	163799	145559	133488	128906
纺织服装、服饰业	54830	40091	17644	18215	49305	73148	71877
皮革、毛皮、羽毛及其制品和制鞋业	1524	1524	706	827	1019	10314	10033
木材加工和木、竹、藤、棕、草制品业							
家具制造业	***	***	***	***	***	***	***
造纸和纸制品业	***	***	***	***	***	***	***
印刷和记录媒介复制业	393195	334010	99791	796971	458595	705742	665922
文教、工美、体育和娱乐用品制造业	256532	229440	139283	141082	137839	176759	170103
石油加工、炼焦和核燃料加工业	1467066	1426346	345490	1107892	29586	5805240	5581359
化学原料和化学制品制造业	1305219	1129117	327820	597561	1066094	1309213	1263734
医药制造业	1079761	764172	198691	2539268	694308	1513437	1491909
化学纤维制造业	***	***	***	***	***	***	***
橡胶和塑料制品业	113207	67881	17871	136106	56422	179993	164462
非金属矿物制品业	2155292	2035419	749132	1546833	812354	1627940	1566788
黑色金属冶炼和压延加工业	811113	268527	189570	-91254	264086	586772	578064
有色金属冶炼和压延加工业	123485	84098	42360	311507	74044	472345	309920
金属制品业	1301740	1088400	395960	1217494	596666	1399615	1327959
通用设备制造业	1552293	1459277	325781	999359	573369	1128095	1104223
专用设备制造业	2613803	2150420	766882	1410898	843247	1823411	1777844
汽车制造业	15962449	13804488	6016635	11950360	4998182	27280221	26797832
铁路、船舶、航空航天和其他运输设备制造业	3514476	3166527	1045138	1780523	827875	3388869	3355847
电气机械和器材制造业	1875091	1736209	629091	748686	695691	1555116	1541264
计算机、通信和其他电子设备制造业	4776248	3886610	1030400	6035129	3567287	4893069	4783448
仪器仪表制造业	713998	619041	212454	537478	230461	959734	943445
其他制造业	426497	307699	134804	755423	273285	593225	588930
废弃资源综合利用业	***	***	***	***	***	***	***
金属制品、机械和设备修理业	346291	316782	81432	235174	226742	653850	601734
电力、热力生产和供应业	62954687	25749432	5152119	98531696	60377117	40958927	40822017
燃气生产和供应业	301567	263511	46555	299724	195807	616266	587014
水的生产和供应业	4176214	1222240	211856	5027866	4099012	777547	762462

工业企业主要经济指标（按行业分）（续表）

单位：万元

损益									
营业成本	#主营业务成本	销售费用	管理费用	财务费用	利润总额	应交税金合计	#营业税金及附加	#主营业务税金及附加	#应交增值税
91732041	90392792	2642276	4144589	1402191	10790099	7797308	2966140	2951366	3208512
***	***	***	***	***	***	***	***	***	***
***	***	***	***	***	***	***	***	***	***
2238172	2109659	7654	135725	156812	168519	63305	8230	7512	46732
***	***	***	***	***	***	***	***	***	***
***	***	***	***	***	***	***	***	***	***
1749207	1746562	171213	74757	16139	69075	167252	100920	100881	46483
502155	476052	114978	38373	934	27385	37621	3000	3000	29215
450866	429055	69017	39228	-6027	41066	104167	54010	53805	38745
***	***	***	***	***	***	***	***	***	***
107915	106801	1758	20829	4110	-6094	4921	1330	1133	1968
65335	64671	1859	6958	1176	13967	1735	280	256	1034
9168	8905	331	638	-73	184	211	76	76	66
***	***	***	***	***	***	***	***	***	***
***	***	***	***	***	***	***	***	***	***
541393	524574	13889	107843	-3161	49325	59975	6221	5640	36724
147046	144845	9257	14045	5127	2090	5923	798	652	3902
4380128	4157565	36216	144039	23003	257683	1292430	956233	955277	267568
1167686	1130954	31458	125394	35878	-47576	31801	3303	3154	24711
814060	804664	237757	176701	16023	314278	180319	15138	15065	114509
***	***	***	***	***	***	***	***	***	***
152287	142326	5831	22875	-244	1058	10506	1182	1134	6621
1434163	1384583	65083	144902	23233	80607	63240	8526	7767	40943
637265	629890	26512	13068	13376	-105019	3302	360	303	113
437582	281828	4874	22408	-145	3990	5546	2263	2230	2379
1221186	1177242	22532	98229	8604	82508	33259	6571	6421	15869
933060	917195	34679	121719	10453	22397	68426	8096	7855	52811
1415092	1396020	73086	209708	19468	86508	81626	12355	11602	47470
21712010	21432114	1337716	1007651	89286	2853952	2746669	1263547	1262956	903187
2825199	2798963	33720	266650	24385	254152	124098	10349	9850	71507
1323782	1318102	71211	96654	26127	27790	38199	5724	5646	23429
3893946	3806647	167978	487311	86810	358648	200297	32971	31185	111705
766292	756759	36191	105545	2767	50726	44676	4996	4729	31397
408769	406780	13690	67966	-1033	113183	37151	3221	3216	17980
***	***	***	***	***	***	***	***	***	***
549057	500469	3269	91259	8956	10167	31113	2711	2690	22400
38739195	38666262	6044	228522	798601	5570443	1745337	165847	162234	1081228
582304	567571	5842	36141	-4614	33777	29916	2719	2129	16921
619228	611735	1922	60460	19970	272292	126249	4553	2989	14705

2015 年北京市规模以上股份制

项目	企业单位个数（个）	#亏损企业	工业总产值（当年价格）	工业增加值	工业销售产值（当年价格）	#出口交货值
合计	1481	342	59144800	13459338	58304485	2713069
按隶属关系分组						
中央企业	188	38	24553027	6334741	24475096	308238
地方企业	1293	304	34591774	7124598	33829389	2404831
按轻重工业分组						
轻工业	447	90	10088651	3126991	9722129	170307
重工业	1034	252	49056150	10332347	48582356	2542762
按规模分组						
#大中型企业	321	76	43963104	10293515	43449074	2296571

2015 年北京市规模以上股份制

项目	资产负债						
	固定资产原价	负债合计	#流动负债合计	#应付账款	所有者权益合计	#实收资本	营业收入
合计	53085123	76302460	56902140	17661905	70193431	32228625	66892722
按隶属关系分组							
中央企业	21285929	19863650	16432939	5766537	16046711	8616759	26375678
地方企业	31799194	56438809	40469202	11895369	54146720	23611866	40517044
按轻重工业分组							
轻工业	6761066	9050428	7202768	1647868	10652644	4428972	11161963
重工业	46324057	67252031	49699373	16014038	59540787	27799653	55730759
按规模分组							
#大中型企业	45150910	59156719	41907854	11937228	53314418	24621746	49311656

工业企业主要经济指标

单位：万元

平均用工人数（人）	资产负债					
	资产总计	流动资产合计	#存货	#产成品	#应收账款	固定资产合计
527588	146632716	70396177	10924306	3647327	19963900	31455687
141938	35923928	16548255	3328714	886806	4954248	10752797
385650	110708788	53847922	7595592	2760521	15009652	20702889
131556	19712832	11264721	2477496	1138160	2123005	3778890
396032	126919884	59131456	8446810	2509167	17840895	27676797
369894	112489514	50418480	6647516	2255190	13403797	26251384

工业企业主要经济指标（续表）

单位：万元

损益							应交税金合计	#营业税金及附加	#主营业务税金及附加	#应交增值税
#主营业务收入	营业成本	#主营业务成本	销售费用	管理费用	财务费用	利润总额				
65222160	55785092	54493494	2555851	4578185	943381	4423345	4276494	1475662	1461236	1946360
25778531	22628310	22132188	345222	1227841	206839	1277949	2171512	1129166	1125023	789653
39443629	33156782	32361307	2210629	3350344	736542	3145395	2104983	346496	336213	1156707
10949739	7898216	7783457	1124325	988513	96942	1320943	872200	180996	178429	477523
54272421	47886876	46710037	1431526	3589673	846439	3102402	3404295	1294666	1282807	1468837
48075904	41263373	40251938	1933316	3036720	787341	3200227	3590339	1398825	1387683	1575377

2015年北京市规模以上股份制

项目	企业单位个数(个)	#亏损企业	工业总产值(当年价格)	工业增加值	工业销售产值(当年价格)	#出口交货值
合计	1481	342	59144800	13459338	58304485	2713069
煤炭开采和洗选业	***	***	***	***	***	***
石油和天然气开采业	***	***	***	***	***	***
黑色金属矿采选业	5	3	788193	10371	781315	
非金属矿采选业	***	***	***	***	***	***
开采辅助活动	***	***	***	***	***	***
农副食品加工业	62	19	2101043	373716	2047377	4709
食品制造业	37	9	538420	141111	529782	38533
酒、饮料和精制茶制造业	12	6	134867	59732	129211	1987
纺织业	13	4	50039	7255	55328	2411
纺织服装、服饰业	33	8	442932	201281	435751	33788
皮革、毛皮、羽毛及其制品和制鞋业	***	***	***	***	***	***
木材加工和木、竹、藤、棕、草制品业	5	2	32967	8750	32655	
家具制造业	17	3	131636	33462	135728	3525
造纸和纸制品业	16	4	84523	15909	81676	1821
印刷和记录媒介复制业	39	8	580872	244075	588820	5648
文教、工美、体育和娱乐用品制造业	15	2	1093064	52734	1109333	7582
石油加工、炼焦和核燃料加工业	11		5265835	1715439	5277253	
化学原料和化学制品制造业	82	21	1425156	219532	1338959	26187
医药制造业	94	12	2981875	1368618	2758688	17955
化学纤维制造业	***	***	***	***	***	***
橡胶和塑料制品业	30	10	209161	43801	212758	30726
非金属矿物制品业	120	49	2568396	349065	2588996	50830
黑色金属冶炼和压延加工业	12	4	637118	-24524	636015	45681
有色金属冶炼和压延加工业	16	3	470326	65249	475397	79322
金属制品业	75	19	1603275	416416	1618862	100407
通用设备制造业	84	27	1039169	252024	1007622	90834
专用设备制造业	136	25	3297719	889148	3221934	218887
汽车制造业	67	18	6815771	782218	6778992	322829
铁路、船舶、航空航天和其他运输设备制造业	43	6	2063056	513133	2003513	40278
电气机械和器材制造业	114	21	4489451	786727	4357928	41398
计算机、通信和其他电子设备制造业	146	33	5681322	1059252	5561852	1268704
仪器仪表制造业	83	9	1444549	478020	1422029	35370
其他制造业	17	1	645636	244835	613380	18663
废弃资源综合利用业	4	1	38978	6803	39575	1093
金属制品、机械和设备修理业	7		56008	15088	60317	
电力、热力生产和供应业	45	8	9273810	1475500	9264993	
燃气生产和供应业	12	1	441102	64917	441102	
水的生产和供应业	17	2	590464	292635	590538	

工业企业主要经济指标（按行业分）

单位：万元

平均用工人数（人）	资产负债					
	资产总计	流动资产合计	#存货	#产成品	#应收账款	固定资产合计
527588	146632716	70396177	10924306	3647327	19963900	31455687
10523	***	***	***	***	***	***
10523	***	***	***	***	***	***
22711	23580943	8256766	243327	37182	1615212	3937176
214	***	***	***	***	***	***
18849	***	***	***	***	***	***
15998	3341257	2259427	286381	187302	256009	285033
11322	863447	517383	115154	43078	122083	138401
3132	394302	192557	75778	36937	40981	106874
2058	376578	225021	25069	14601	32797	56799
13996	772373	537233	241443	166126	91325	119021
226	***	***	***	***	***	***
694	48203	35077	9454	3016	12180	8717
3215	254481	159438	59496	33044	26244	48294
1695	101794	48199	17284	9164	18082	30407
11516	1123347	656108	137391	43075	126455	326008
3690	635450	497563	268210	155765	93745	65185
10269	2542651	998368	625219	91602	169318	1127035
15751	2279947	1492494	341696	166576	322279	427233
35492	6417385	3573894	823819	307542	759037	1079879
86	***	***	***	***	***	***
5476	433819	260390	54742	28966	63823	106625
32167	7001559	5129012	512192	147561	2482012	680327
3824	832245	212500	114556	53325	55809	471195
3823	648667	376065	106808	34213	106049	79443
18999	3304068	1825894	426233	117038	425311	537979
18999	3942969	2570941	547034	194171	639956	364383
37111	11507552	7190733	1207662	411185	1989608	732385
51290	9770194	4361479	662664	317967	1427755	1918923
23706	4161471	3079249	700135	131330	1363082	438183
27819	7022160	5137188	761612	173928	2743484	460748
44554	16713351	8214350	1472307	524956	1992891	2323970
17695	2815878	2114314	539685	118324	587455	217902
6689	1299614	754759	170591	45505	241645	274682
566	191221	41064	1949	1097	2408	82799
1114	144346	72022	31158	644	22686	24741
37865	16772720	2885219	58734	1547	524229	9990177
2235	358656	210392	4419	275	33115	118210
10220	9132411	3315502	9037		519676	3318931

2015年北京市规模以上股份制

项目	资产负债						
	固定资产原价	负债合计	#流动负债合计	#应付账款	所有者权益合计	#实收资本	营业收入
合计	53085123	76302460	56902140	17661905	70193431	32228625	66892722
煤炭开采和洗选业	***	***	***	***	***	***	***
石油和天然气开采业	***	***	***	***	***	***	***
黑色金属矿采选业	5694177	13210659	7678922	843635	10370284	2901824	2262737
非金属矿采选业	***	***	***	***	***	***	***
开采辅助活动	***	***	***	***	***	***	***
农副食品加工业	432583	1791534	1368777	169284	1549722	534384	2496998
食品制造业	212635	611268	581960	104278	248541	173629	628470
酒、饮料和精制茶制造业	163497	220194	210001	18023	174108	118767	204448
纺织业	79775	188434	94449	16097	182622	161239	154926
纺织服装、服饰业							
皮革、毛皮、羽毛及其制品和制鞋业	***	***	***	***	***	***	***
木材加工和木、竹、藤、棕、草制品业	18555	26767	26762	7057	21436	16000	32346
家具制造业	76442	141190	117933	31684	113291	59312	154424
造纸和纸制品业	39739	73306	58507	21263	29124	24516	98705
印刷和记录媒介复制业	812441	425209	383225	134416	698137	406592	691291
文教、工美、体育和娱乐用品制造业	121397	392389	361938	163735	243061	200041	1233694
石油加工、炼焦和核燃料加工业	3105198	1457294	1416470	342854	1085357	8426	5746989
化学原料和化学制品制造业	1452847	1397045	1250625	278797	860558	1123277	1634270
医药制造业	1636057	2196815	1871490	498732	4219336	1181766	2869720
化学纤维制造业	***	***	***	***	***	***	***
橡胶和塑料制品业	171980	249366	193442	42093	222084	128804	334613
非金属矿物制品业	1292298	4290332	3949336	1726590	2660274	1225876	3240151
黑色金属冶炼和压延加工业	761712	884415	341116	206929	-52170	276675	669560
有色金属冶炼和压延加工业	138366	261385	214256	103202	387282	108028	678602
金属制品业	858480	1677937	1450667	524784	1626131	736544	1772733
通用设备制造业	656904	1742944	1528526	373673	2199007	990639	1258604
专用设备制造业	1157426	5866699	4590568	1491785	5637240	2121713	3659373
汽车制造业	2467888	6047053	4993655	2313334	3716267	1755585	7929112
铁路、船舶、航空航天和其他运输设备制造业	787717	2520194	2389307	973724	1641277	865912	2265212
电气机械和器材制造业	735890	4510133	4225449	1653068	2512027	1456212	4741547
计算机、通信和其他电子设备制造业	3936585	6662541	5426445	1781092	9977544	4078141	6529376
仪器仪表制造业	352407	1142084	1076432	402798	1673794	516607	1604362
其他制造业	489510	491471	372415	158329	808143	306914	646727
废弃资源综合利用业	101903	125455	81530	39616	65766	51976	42361
金属制品、机械和设备修理业	36636	53294	52835	27884	91052	55504	73071
电力、热力生产和供应业	16535601	9685050	6534906	2105438	7081043	3246825	9537965
燃气生产和供应业	155336	223496	213560	51528	135160	117253	463811
水的生产和供应业	5202146	4178724	1233558	226544	4953688	4062506	753445

工业企业主要经济指标（按行业分）（续表）

单位：万元

损益										
#主营业务收入	营业成本	#主营业务成本	销售费用	管理费用	财务费用	利润总额	应交税金合计	#营业税金及附加	#主营业务税金及附加	#应交增值税
65222160	55785092	54493494	2555851	4578185	943381	4423345	4276494	1475662	1461236	1946360
***	***	***	***	***	***	***	***	***	***	***
***	***	***	***	***	***	***	***	***	***	***
2158563	2253980	2119402	8138	138324	157278	167511	64751	8939	8222	47430
***	***	***	***	***	***	***	***	***	***	***
***	***	***	***	***	***	***	***	***	***	***
2476159	1983514	1974452	184953	125503	29886	124410	172279	101029	101010	46485
611662	441781	422801	84566	44097	8301	49212	51430	3904	3804	33125
198975	158284	155272	11926	15682	2150	-3518	33642	21621	21523	8388
149938	125937	124456	2424	23093	4108	-5552	5777	1406	1205	2621
***	***	***	***	***	***	***	***	***	***	***
31777	25276	24968	1129	3558	282	555	1703	139	139	1262
151424	117733	116918	19258	12008	1266	5660	10484	1043	920	7056
94912	87953	84364	2686	7774	873	-308	2409	203	203	1741
658550	530782	516383	18210	90117	-2173	48770	56601	5177	4674	37157
1212818	1172016	1166105	15518	35844	3942	6059	12750	2203	1292	7786
5522194	4328966	4106059	34728	142532	22267	255870	1287383	954568	953613	264995
1592849	1373474	1341068	79946	156965	35093	-8754	45710	5671	5482	30689
2816577	1375660	1344064	530945	337221	14877	816073	347090	26784	26696	217658
***	***	***	***	***	***	***	***	***	***	***
314268	299613	285836	10142	33391	1601	-4384	12017	1347	1242	7872
3136882	2853540	2762194	124904	255362	44336	78319	96982	19516	18756	58491
659572	701916	694002	28205	21786	15407	-100147	8389	883	801	3811
513567	614749	455422	8756	35010	2218	16402	13187	2771	2716	7436
1705061	1497944	1461801	33365	132514	16953	129321	57017	9966	9816	29557
1222932	977261	954929	69621	159448	24743	47251	57956	7584	7327	38117
3583190	2702162	2651683	192399	374990	111539	283883	238233	28076	27287	164832
7655782	7078545	6912412	184909	467585	30216	353563	311965	123936	123358	132105
2237400	1874629	1854594	43365	194794	18568	171126	100871	7788	7289	64860
4679506	3839538	3792793	275204	318622	41340	264829	186692	19329	18657	128088
6409295	5235082	5140634	333668	700311	127507	269061	256839	38533	36727	143485
1573535	1104818	1086699	94566	206469	2082	231049	121001	11137	10433	76226
642338	448451	446443	18402	73489	-241	114881	37289	3455	3449	17604
42057	36989	36501	374	7090	1138	1434	1696	138	138	1185
70800	48972	48518	4866	12159	643	9366	7074	513	492	5416
9461557	9493786	9440140	7195	183231	177643	605201	355936	30353	28899	227961
440480	422285	410127	4608	19635	-2506	20308	21539	1929	1529	13686
740495	605950	600277	196	54307	20243	269414	124540	4410	2845	13869

2015年北京市规模以上港澳台及

项目	企业单位个数(个)	#亏损企业	工业总产值(当年价格)	工业增加值	工业销售产值(当年价格)	#出口交货值
合计	803	211	70592102	14792284	70041908	7476168
按隶属关系分组						
中央企业	11		1359089	520750	1355414	58523
地方企业	792	211	69233013	14271534	68686494	7417645
按轻重工业分组						
轻工业	296	87	10942237	2998426	10860265	1137485
重工业	507	124	59649865	11793858	59181643	6338683
按规模分组						
#大中型企业	246	50	62348476	12930490	61716557	6453279

2015年北京市规模以上港澳台及

项目	资产负债							
	固定资产原价	负债合计	#流动负债合计	#应付账款	所有者权益合计	#实收资本	营业收入	#主营业务收入
合计	25313188	41301531	36744660	15845229	35059379	16372003	79684876	77738706
按隶属关系分组								
中央企业	1829906	1105556	926779	204477	1661979	959066	1600292	1466612
地方企业	23483282	40195976	35817881	15640751	33397400	15412937	78084584	76272093
按轻重工业分组								
轻工业	4204527	6562481	6037438	2203650	6623412	3480391	14047357	13497867
重工业	21108661	34739050	30707222	13641579	28435967	12891612	65637519	64240838
按规模分组								
#大中型企业	21651571	34454311	30856533	13517580	27845486	12616011	69779346	68145695

外商投资工业企业主要经济指标

单位：万元

平均用工人数（人）	资产负债 资产总计	流动资产合计	#存货	#产成品	#应收账款	固定资产合计
369606	76445245	46516995	7918779	2859541	12054038	13843978
14046	2767534	1004196	172907	30323	340323	645318
355560	73677711	45512798	7745873	2829218	11713715	13198660
128198	13212425	8504919	1959149	925650	2102700	2156442
241408	63232820	38012076	5959631	1933890	9951338	11687536
298994	62299796	37668677	6249060	2274401	9317596	11951991

外商投资工业企业主要经济指标（续表）

单位：万元

损益 营业成本	#主营业务成本	销售费用	管理费用	财务费用	利润总额	应交税金合计	#营业税金及附加	#主营业务税金及附加	#应交增值税
63772442	62366534	5797272	3568991	507945	5852669	5168822	1377838	1376768	2428766
1225991	1124056	17025	149365	24808	232857	133376	8589	8589	62446
62546451	61242477	5780247	3419626	483137	5619812	5035447	1369250	1368180	2366319
8871530	8431785	3068425	957373	147023	966669	1097145	103901	103592	725226
54900912	53934749	2728848	2611618	360922	4886000	4071677	1273937	1273177	1703540
55873826	54706792	5187474	2828930	411996	5125486	4558604	1323250	1322605	2043869

2015年北京市规模以上港澳台及

项目	企业单位个数（个）	#亏损企业	工业总产值（当年价格）	工业增加值	工业销售产值（当年价格）
合计	803	211	70592102	14792284	70041908
开采辅助活动	***	***	***	***	***
农副食品加工业	23	13	637852	77538	628272
食品制造业	43	7	1905886	117056	1907489
酒、饮料和精制茶制造业	24	8	1166409	309548	1268571
纺织业	***	***	***	***	***
纺织服装、服饰业	24	10	243788	77386	224123
皮革、毛皮、羽毛及其制品和制鞋业	***	***	***	***	***
木材加工和木、竹、藤、棕、草制品业	***	***	***	***	***
家具制造业	10	2	364855	62997	357851
造纸和纸制品业	14	6	480799	191417	488389
印刷和记录媒介复制业	17	7	201512	74506	199638
文教、工美、体育和娱乐用品制造业	10	3	50724	11254	61838
石油加工、炼焦和核燃料加工业	***	***	***	***	***
化学原料和化学制品制造业	39	8	1008928	337924	989839
医药制造业	38	7	3596035	1402163	3411917
橡胶和塑料制品业	23	5	355284	105469	356043
非金属矿物制品业	24	9	467018	169820	461619
黑色金属冶炼和压延加工业	4		350428	43170	345764
有色金属冶炼和压延加工业	***	***	***	***	***
金属制品业	35	9	575938	185907	596309
通用设备制造业	82	20	2928655	729206	2945195
专用设备制造业	82	22	1420186	332365	1461832
汽车制造业	113	22	31524189	7129359	31532035
铁路、船舶、航空航天和其他运输设备制造业	7		231477	82969	235454
电气机械和器材制造业	47	16	2482424	542581	2506821
计算机、通信和其他电子设备制造业	69	26	14560281	1516505	14036382
仪器仪表制造业	34	1	750439	187268	749328
其他制造业	8	2	124010	16627	119717
废弃资源综合利用业	***	***	***	***	***
金属制品、机械和设备修理业	5	1	590350	227317	582116
电力、热力生产和供应业	4		664232	246415	664232
燃气生产和供应业	6		3474244	469431	3474244
水的生产和供应业	***	***	***	***	***

外商投资工业企业主要经济指标（按行业分）

单位：万元

#出口交货值	平均用工人数（人）	资产负债					
		资产总计	流动资产合计	#存货	#产成品	#应收账款	固定资产合计
7476168	369606	76445245	46516995	7918779	2859541	12054038	13843978
***	1077	***	***	***	***	***	***
56864	8221	460795	285289	99272	31574	89984	124253
96679	31815	2816890	1660580	229983	143048	347297	544236
10321	15018	1499129	636112	99888	27251	60631	351151
***	750	***	***	***	***	***	***
129912	9630	258441	222782	102828	48014	33441	20274
***	864	***	***	***	***	***	***
***	151	38655	8620	3041	1047	3755	29946
32102	3882	257755	184124	67345	30110	58367	43233
45897	2941	389124	259888	70034	17314	65309	98934
8263	4268	293652	191915	34433	18490	50837	86281
34341	1643	120270	109034	45191	28955	14538	8525
***	1096	***	***	***	***	***	***
55500	9180	1283682	757706	103329	39351	184474	370270
92972	27580	3933038	2721033	873625	452776	715440	507176
54771	7703	400025	267824	50343	18752	108883	97563
26838	6891	817686	559128	196974	20238	187854	130339
24258	1251	243307	213556	67563	11414	88990	7133
***	299	***	***	***	***	***	***
46601	6704	1425661	918087	125058	36954	201406	161374
618816	25068	4811146	3788413	1068972	260978	803236	583236
409553	16021	3473911	2312567	337323	75108	689652	262111
286541	84200	26883357	15125559	1765036	657677	3904741	6049376
150	830	192670	180445	37620	9227	73282	9576
432547	15018	3571372	2907355	527889	114414	1008480	176620
4742124	60227	12311316	9433425	1610010	742617	2172138	1814151
98876	6920	1203415	992953	188410	35124	422525	68666
93384	999	79708	58853	13106	4225	23789	17390
***	118	***	***	***	***	***	***
49592	9325	550671	354346	123601	3384	144546	180806
	1317	3955460	754805	6796	6076	119233	553226
	8212	4285822	1029385	3431	211	310875	1445156
***	387	***	***	***	***	***	***

2015 年北京市规模以上港澳台及

项目	资产负债						营业收入
	固定资产原价	负债合计	#流动负债合计	#应付账款	所有者权益合计	#实收资本	
合计	25313188	41301531	36744660	15845229	35059379	16372003	79684876
开采辅助活动	***	***	***	***	***	***	***
农副食品加工业	243843	331677	319699	105643	129118	149390	731555
食品制造业	1041956	1405140	1342734	489686	1411750	916060	4060534
酒、饮料和精制茶制造业	771292	880495	829943	306212	618634	701377	1384961
纺织业	***	***	***	***	***	***	***
纺织服装、服饰业	55476	176063	171989	41798	82378	55175	276301
皮革、毛皮、羽毛及其制品和制鞋业	7876	20881	19582	14221	25742	3442	73502
木材加工和木、竹、藤、棕、草制品业	64582	9727	9727	7083	28928	44987	26983
家具制造业	66969	163146	160044	32898	94609	30857	283142
造纸和纸制品业	279238	177678	174632	55585	211447	138206	497379
印刷和记录媒介复制业	216060	98300	86704	31121	195352	121914	230264
文教、工美、体育和娱乐用品制造业	17129	57019	56903	21991	63251	10824	66287
石油加工、炼焦和核燃料加工业	30580	23718	23718	9993	84945	11173	289005
化学原料和化学制品制造业	696800	566236	488549	206570	706180	415033	1051832
医药制造业	736463	1900278	1634131	612189	2032759	684586	3812956
橡胶和塑料制品业	221590	176114	163460	69701	223911	121064	413915
非金属矿物制品业	336818	455662	424933	126098	363351	201293	493246
黑色金属冶炼和压延加工业	47704	124659	111480	80829	114697	56774	372084
有色金属冶炼和压延加工业	***	***	***	***	***	***	***
金属制品业	354159	728864	526296	102408	696798	310878	778142
通用设备制造业	1141098	2194401	2005482	601089	2616745	929133	3279257
专用设备制造业	486163	1993016	1771935	538556	1479059	489896	1894148
汽车制造业	8808372	15090223	13527294	6852699	11786687	4665424	32025549
铁路、船舶、航空航天和其他运输设备制造业	20812	121188	121161	51030	71482	19563	259566
电气机械和器材制造业	449608	1852614	1696935	736223	1692310	1058314	2963465
计算机、通信和其他电子设备制造业	4959231	8672280	7884927	4034438	3603324	2591707	18217087
仪器仪表制造业	153856	700722	684201	338021	502693	210120	1046386
其他制造业	31820	37166	37163	29909	42542	40558	127925
废弃资源综合利用业	***	***	***	***	***	***	***
金属制品、机械和设备修理业	342626	331661	302310	66992	219010	198167	638877
电力、热力生产和供应业	1603910	1337710	847934	48972	2617749	1389603	714348
燃气生产和供应业	1982367	1182812	866658	141855	3103010	620496	3492042
水的生产和供应业	***	***	***	***	***	***	***

外商投资工业企业主要经济指标（按行业分）（续表）

单位：万元

损益							应交税金合计	#营业税金及附加	#主营业务税金及附加	#应交增值税
#主营业务收入	营业成本	#主营业务成本	销售费用	管理费用	财务费用	利润总额				
77738706	63772442	62366534	5797272	3568991	507945	5852669	5168822	1377838	1376768	2428766
***	***	***	***	***	***	***	***	***	***	***
722064	638974	631019	54699	39969	7974	-14287	7610	1056	1056	2730
3961570	2580682	2489734	1120948	192762	3579	167927	279512	24923	24923	213659
1306247	999247	929489	241689	95447	8377	24470	110295	17032	16850	70334
***	***	***	***	***	***	***	***	***	***	***
250901	221425	197480	29299	25964	1375	182	9618	1166	1054	7158
70479	62204	59613	1035	3238	163	6677	4174	281	281	2125
26897	27207	27187	2342	1325	31	-3612	1368	140	140	1190
271167	203200	193830	40360	25702	2322	11270	8217	954	954	5499
487336	371763	364663	20686	22801	-1259	82215	47552	2629	2629	20225
226177	184567	182528	12279	20030	-184	14856	18463	1618	1618	12801
65885	55191	54975	4376	5290	-227	1418	1654	442	442	472
287639	214340	213891	19099	15872	287	33886	27289	5043	5043	13532
1033553	687641	673897	179212	64937	13386	98318	115285	13169	13168	72818
3611760	1718616	1535124	1271712	276041	111941	422235	420887	34015	34004	282547
393807	329218	312199	19789	41654	1962	19010	20507	2188	2184	13130
483146	378950	372765	21748	39880	6231	43513	39708	3932	3932	24654
371995	331654	331546	10360	8166	1961	19441	10778	679	679	4726
***	***	***	***	***	***	***	***	***	***	***
720578	619354	562714	38389	66798	14836	70039	47589	4346	4345	30893
3249182	2559886	2548981	193755	237877	8682	397146	192847	16536	16536	107894
1771190	1361720	1307606	130274	250922	28483	163348	111608	10009	10002	63370
31432246	25968912	25518376	1343005	979628	136756	3120592	2866257	1166286	1166266	1019445
259200	180190	180184	9774	11310	6349	50140	29776	1436	1436	13824
2787138	2330190	2158968	205708	174326	-2467	12587	175834	11380	11380	82162
17876270	16541439	16394323	688649	628439	62423	276848	313043	33358	33210	190909
1034538	776673	772915	97098	71234	4746	106115	68395	6172	6171	39868
126190	115735	115294	6177	4596	74	1123	817	234	234	111
***	***	***	***	***	***	***	***	***	***	***
587704	535953	487403	1352	90369	8857	19880	34772	2811	2811	22910
664226	474010	459754		36219	52745	331385	97876	5222	5025	35239
3476367	3163787	3150726	26911	111266	21436	359146	97806	9633	9247	67867
***	***	***	***	***	***	***	***	***	***	***

2015 年北京市大中型

项　　目	企业单位个数（个）	#亏损企业	工业总产值（当年价格）	工业增加值	工业销售产值（当年价格）
合　计	694	144	142502541	29864755	141230251
按隶属关系分组					
中央工业	86	15	54467808	11522857	54492869
地方工业	608	129	88034733	18341898	86737382
按登记注册类型分组					
内资企业	448	94	80154065	16934265	79513694
国有企业	28	3	33156954	5691815	33171331
集体企业	4	1	75686	39379	80212
股份合作企业	***	***	***	***	***
有限责任公司	223	61	24769262	5541814	24583533
股份有限公司	98	15	19193842	4751701	18865542
私营企业	93	13	2885731	861926	2733766
港澳台商投资企业	61	17	16551927	1792739	16001830
港澳台合资经营	33	8	3602974	958797	3608709
港澳台合作经营					
港澳台商独资企业	22	7	12420790	872665	11886814
港澳台商投资股份有限公司	6	2	528163	-38724	506307
外商投资企业	185	33	45796549	11137752	45714728
中外合资经营	76	8	30901054	8128656	30774820
中外合作经营	4	2	183404	82815	173949
外资（独资）企业	99	22	14119567	2759963	14155563
外商投资股份有限公司	6	1	592524	166318	610396
按城乡分组					
#农村企业	***	***	***	***	***
按轻重工业分组					
轻工业	262	56	17624224	5558688	17220932
重工业	432	88	124878317	24306067	124009320
按规模分组					
#大型企业	139	23	112335775	22775547	111228285

工业企业主要经济指标

单位：万元

#出口交货值	平均用工人数（人）	资产负债：资产总计	流动资产合计	#存货	#产成品	#应收账款	固定资产合计
9072499	758731	324419998	113959365	14208259	4960472	26137946	57468112
324395	141147	173122326	34100233	2720857	678516	6089878	28381982
8748104	617584	151297672	79859132	11487402	4281956	20048067	29086130
2619220	459737	262120202	76290688	7959199	2686071	16820350	45516121
16915	32868	144935470	22830666	557392	96564	2421743	18519716
	2759	101883	73281	13837	3761	10401	22563
***	2387	***	***	***	***	***	***
1569710	229412	73339968	29688384	3530807	1237077	8200512	21363114
726862	140482	39149546	20730097	3116709	1018113	5203285	4888271
300269	51829	4463811	2870051	715214	312190	967633	695293
1570674	73899	18473748	11460747	2032481	791624	2961652	3055495
765855	30558	3868492	2279887	451441	113006	740563	1031508
741733	38664	11479019	7083958	1118385	633702	1485013	1954838
63086	4677	3126237	2096902	462656	44916	736077	69150
4882605	225095	43826048	26207930	4216579	1482778	6355944	8896496
3026346	114224	28016610	15957175	2285208	663240	2907979	5811318
24349	5635	268988	221389	-26980	2308	52489	42516
1785003	96701	13301117	9164776	1910174	796990	3273423	2845317
46907	8535	2239333	864590	48178	20240	122053	197346
***	1570	***	***	***	***	***	***
867707	229922	27567750	15392299	3350945	1533908	2845484	4939351
8204792	528809	296852248	98567066	10857314	3426564	23292461	52528761
6968280	451869	271397840	82278165	8457867	3219686	16021070	49058924

2015 年北京市大中型

项目	资产负债						
	固定资产原价	负债合计	#流动负债合计	#应付账款	所有者权益合计	#实收资本	营业收入
合计	107856174	149082379	94269495	29361555	175297341	94109525	155709992
按隶属关系分组							
中央工业	60222164	68801780	32212484	7681830	104320546	64109105	56022058
地方工业	47634010	80280599	62057011	21679725	70976795	30000420	99687934
按登记注册类型分组							
内资企业	86204603	114628068	63412962	15843975	147451855	81493514	85930646
国有企业	39927250	53240667	19470019	3242762	91694803	56093270	33333827
集体企业	66232	35323	32748	5693	66560	12880	81106
股份合作企业	***	***	***	***	***	***	***
有限责任公司	36018016	40967699	27948743	7518820	32353892	18625916	27869291
股份有限公司	9132894	18189020	13959111	4418409	20960526	5995831	21442366
私营企业	1018691	2151706	1962144	637672	2290203	751618	3117490
港澳台商投资企业	5810682	11212635	10371119	4419751	7261113	3233970	20641981
港澳台合资经营	2975391	1773459	1673948	628546	2095033	1309333	3844622
港澳台合作经营							
港澳台商独资企业	2676262	7647030	7210198	3292831	3831989	1061650	16061138
港澳台商投资股份有限公司	159029	1792146	1486973	498374	1334091	862987	736221
外商投资企业	15840889	23241675	20485414	9097829	20584373	9382041	49137365
中外合资经营	8828568	15027672	13414742	5777458	12988938	5142288	31679877
中外合作经营	115491	135426	125752	51170	133562	157446	357624
外资（独资）企业	6313973	7411661	6480491	3169208	5889456	3381603	16376892
外商投资股份有限公司	582858	666917	464428	99993	1572416	700704	722971
按城乡分组							
#农村企业	***	***	***	***	***	***	***
按轻重工业分组							
轻工业	9211615	12646140	10512063	2741839	14921610	5386693	20922257
重工业	98644559	136436239	83757432	26619716	160375731	88722832	134787735
按规模分组							
#大型企业	92177471	122155121	72270057	21597243	149242720	82338939	120187580

工业企业主要经济指标（续表）

单位：万元

损益							应交税金合计	#营业税金及附加	#主营业务税金及附加	#应交增值税
#主营业务收入	营业成本	#主营业务成本	销售费用	管理费用	财务费用	利润总额				
152709160	130025958	127770795	7551113	6439044	1787383	13542466	10117314	3163661	3149262	4701650
55370461	50013863	49454173	327824	1192781	773391	5985015	3899836	1511363	1506102	1742182
97338699	80012095	78316622	7223289	5246263	1013991	7557451	6217479	1652299	1643160	2959467
84563465	74152132	73064003	2363639	3610114	1375387	8416980	5558711	1840411	1826657	2657781
33266622	30613718	30572238	101868	221298	568160	4861385	1775588	422851	420486	964180
76967	60965	58090	5512	11019	-733	3864	10993	1467	1467	8575
***	***	***	***	***	***	***	***	***	***	***
27338282	24783317	24354285	833447	1675893	493009	1392448	1235285	130177	122806	737303
20737622	16480056	15897653	1099869	1360826	294333	1807779	2355053	1268648	1264877	838074
3058178	2169166	2136917	303819	331169	20473	339546	173430	16586	16340	103178
20106419	18130379	17791217	1174738	758610	131508	622086	472128	51595	50982	259449
3717062	3019932	2909907	198508	188679	29783	394445	238117	27660	27549	110955
15795888	14494628	14406445	852128	498446	73517	344527	204821	17700	17198	133581
593470	615820	474866	124102	71485	28208	-116886	29191	6235	6235	14913
48039276	37743448	36915575	4012736	2070320	280488	4503401	4086475	1271655	1271623	1784420
31182273	24389648	24056932	1922382	1238501	111311	3525383	3183893	1191181	1191152	1223620
351542	287124	281488	46498	14696	-3736	8861	16108	1296	1296	11701
15846028	12551902	12099392	1963298	743578	158916	896528	845006	74632	74631	520307
659433	514774	477763	80558	73545	13997	72629	41468	4547	4544	28792
***	***	***	***	***	***	***	***	***	***	***
20247879	13251043	12757477	3888875	1563148	204537	1938522	2054734	539474	537091	1117482
132461281	116774916	115013318	3662238	4875896	1582846	11603944	8062580	2624187	2612171	3584167
118388557	102247832	100904648	5331315	3803718	1328163	10553950	7800808	2721589	2711355	3507295

2015年北京市大中型工业

项目	企业单位个数（个）	#亏损企业	工业总产值（当年价格）	工业增加值	工业销售产值（当年价格）	#出口交货值
合计	694	144	142502541	29864755	141230251	9072499
煤炭开采和洗选业	***	***	***	***	***	***
石油和天然气开采业	***	***	***	***	***	***
黑色金属矿采选业	5	3	783004	10492	778167	
开采辅助活动	4	2	1672744	951510	1672744	125601
农副食品加工业	27	8	2214446	391609	2190687	21928
食品制造业	41	9	2047901	197724	2040660	95185
酒、饮料和精制茶制造业	16	6	1575650	489993	1672493	14519
烟草制品业	***	***	***	***	***	***
纺织业	***	***	***	***	***	***
纺织服装、服饰业	34	12	731557	364304	700682	127911
皮革、毛皮、羽毛及其制品和制鞋业	***	***	***	***	***	***
木材加工和木、竹、藤、棕、草制品业	***	***	***	***	***	***
家具制造业	10		548309	127174	552462	32539
造纸和纸制品业	6	1	411053	169105	415472	19443
印刷和记录媒介复制业	17	7	575034	233791	597215	7907
文教、工美、体育和娱乐用品制造业	4	1	943732	31293	930902	11865
石油加工、炼焦和核燃料加工业	4		5404830	1782228	5416407	
化学原料和化学制品制造业	23	4	1313536	297188	1273070	51990
医药制造业	51	6	5788860	2408004	5422722	80620
化学纤维制造业						
橡胶和塑料制品业	12		324282	88778	324203	68200
非金属矿物制品业	32	12	2226231	392621	2242998	50272
黑色金属冶炼和压延加工业	5	1	643054	-25570	642188	60905
有色金属冶炼和压延加工业	6	2	243003	37315	251136	64582
金属制品业	21	5	886090	271899	913694	182899
通用设备制造业	40	8	3333559	926505	3216416	647305
专用设备制造业	51	12	3216121	850147	3208812	488407
汽车制造业	71	10	35785219	7491075	35754454	546218
铁路、船舶、航空航天和其他运输设备制造业	15	4	1836139	405540	1805511	15849
电气机械和器材制造业	44	7	5545118	1005294	5406772	394441
计算机、通信和其他电子设备制造业	75	16	17906024	2071808	17319827	5736260
仪器仪表制造业	25	1	1122877	415840	1097964	54964
其他制造业	4		246175	144546	221341	12431
金属制品、机械和设备修理业	***	***	***	***	***	***
电力、热力生产和供应业	29	6	39410128	6607361	39401972	
燃气生产和供应业	***	***	***	***	***	***
水的生产和供应业	5		504323	245021	504323	

企业主要经济指标（按行业分）

单位：万元

平均用工人数（人）	资产负债						
	资产总计	流动资产合计	# 存货	# 产成品	# 应收账款	固定资产合计	固定资产原价
758731	324419998	113959365	14208259	4960472	26137946	57468112	107856174
10523	***	***	***	***	***	***	***
1999	***	***	***	***	***	***	***
23017	23583185	8259095	243436	37104	1618838	3940449	5702115
19640	5374846	2716986	244758	14130	1064761	1131112	2581310
21401	3375075	2260148	292938	186291	263559	325655	513848
41151	2786632	1558603	258350	142396	337895	572272	1007285
24034	3579432	1301985	185293	35748	65589	465667	1129943
916	***	***	***	***	***	***	***
1442	***	***	***	***	***	***	***
27354	890571	642376	273065	186194	106315	139690	215132
1164	***	***	***	***	***	***	***
1593	***	***	***	***	***	***	***
8575	599367	368007	88673	39689	96096	120728	176166
2463	273204	178842	60826	14623	39235	62927	197095
12849	1100056	547588	106348	45429	75934	327757	846694
2496	242666	167037	70075	33381	19085	45940	86821
10825	2601197	1036118	625003	91588	183668	1135332	3115768
19001	1753000	1100939	164153	71335	174607	380837	1489268
52631	8868384	5191810	1493338	693060	1262998	1407218	1993239
7997	312249	196733	38992	16246	89957	84056	174148
27800	6057100	4222502	568200	113014	1911870	575030	1120726
3754	829652	204436	109480	46880	64488	464002	758156
2926	430981	270144	77560	23494	55219	49895	89784
12228	2284421	1264770	237658	83708	261703	335861	516003
31849	5992307	4470028	1277086	413126	1013500	696297	1345552
36759	11689588	7153355	1058590	349215	1811610	713858	1241769
121843	34540010	17827019	2054799	833017	4591730	7668334	10807707
14834	2204108	1711482	488761	148180	736261	266653	500810
32972	7864347	6016865	886903	165737	2895050	408509	830667
88226	21277330	14358880	2447132	989657	3402794	3814471	8314916
13725	2154190	1665821	371465	82016	543391	161689	278921
1957	390095	239830	62718	27950	36698	84072	159020
9620	***	***	***	***	***	***	***
49918	156418972	23401499	95723	9551	2445313	26758937	54452181
10535	***	***	***	***	***	***	***
8714	8395574	2941552	8170		402700	3072050	4813144

2015 年北京市大中型工业

项目	资产负债						
	负债合计	# 流动负债合计	# 应付账款	所有者权益合计	# 实收资本	营业收入	# 主营业务收入
合计	149082379	94269495	29361555	175297341	94109525	155709992	152709160
煤炭开采和洗选业	***	***	***	***	***	***	***
石油和天然气开采业	***	***	***	***	***	***	***
黑色金属矿采选业	13215161	7680852	845085	10368024	2900719	2259240	2159574
开采辅助活动	2145216	2044097	655581	3229630	2797616	1608049	1603465
农副食品加工业	1812087	1391328	164306	1562988	590187	2564703	2547367
食品制造业	1592411	1518047	529999	1194221	754097	4131117	4022632
酒、饮料和精制茶制造业	1369521	1221290	304870	2209911	576464	1814846	1706612
烟草制品业	***	***	***	***	***	***	***
纺织业	***	***	***	***	***	***	***
纺织服装、服饰业	435467	411609	147596	455104	153726	788803	756260
皮革、毛皮、羽毛及其制品和制鞋业	***	***	***	***	***	***	***
木材加工和木、竹、藤、棕、草制品业	***	***	***	***	***	***	***
家具制造业	307394	280424	62762	291973	105680	483794	470965
造纸和纸制品业	153251	152864	48802	119953	54088	423539	411317
印刷和记录媒介复制业	337913	299233	105214	762143	409671	695657	666292
文教、工美、体育和娱乐用品制造业	142777	115556	29992	99889	70123	1028295	1014009
石油加工、炼焦和核燃料加工业	1460026	1419306	348752	1141171	11444	5892275	5667845
化学原料和化学制品制造业	926334	880561	116196	826667	978808	1442272	1415507
医药制造业	3791542	3224822	957167	5076841	1329634	5880218	5641581
化学纤维制造业							
橡胶和塑料制品业	158851	141636	58079	153398	61091	372784	359183
非金属矿物制品业	3395185	3052644	1193503	2643539	1059897	2856599	2755710
黑色金属冶炼和压延加工业	864531	321715	208212	-34879	311352	688805	680170
有色金属冶炼和压延加工业	128082	89415	38788	302899	67198	404645	277262
金属制品业	1100485	792994	224513	1183935	504300	1122387	1051653
通用设备制造业	2591653	2360737	692528	3378752	1102238	3521459	3463820
专用设备制造业	5867788	4644038	1386500	5821800	1856265	3740240	3582791
汽车制造业	19804165	17236208	8312955	14735845	6090410	37006748	36261861
铁路、船舶、航空航天和其他运输设备制造业	1352356	1295762	628509	851752	553794	1891375	1882711
电气机械和器材制造业	4809730	4532642	1634465	3054617	1843047	5933129	5760075
计算机、通信和其他电子设备制造业	12940232	11117784	5045439	8337098	5379892	21887787	21522439
仪器仪表制造业	872139	827395	340858	1282052	380462	1318761	1307091
其他制造业	75441	65934	14997	314654	93296	228251	226029
金属制品、机械和设备修理业	***	***	***	***	***	***	***
电力、热力生产和供应业	60199178	24132120	4714564	96219794	59116650	39690798	39568366
燃气生产和供应业	***	***	***	***	***	***	***
水的生产和供应业	4011529	1081179	184119	4384045	3544341	687339	676492

企业主要经济指标（按行业分）（续表）

单位：万元

损益						应交税金合计			
营业成本	#主营业务成本	销售费用	管理费用	财务费用	利润总额	应交税金合计	#营业税金及附加	#主营业务税金及附加	#应交增值税
130025958	127770795	7551113	6439044	1787383	13542466	10117314	3163661	3149262	4701650
***	***	***	***	***	***	***	***	***	***
***	***	***	***	***	***	***	***	***	***
2249733	2118906	8430	138918	157114	167634	65733	8891	8174	48447
1434661	1431729	5197	68553	8020	101222	57080	14659	14573	18882
1986586	1981402	222360	131580	30423	136143	178664	101625	101614	48153
2693520	2589315	1084658	187353	7043	158758	270585	23482	23382	205473
1278331	1186956	294825	117834	1381	62430	200214	65208	64854	104298
***	***	***	***	***	***	***	***	***	***
***	***	***	***	***	***	***	***	***	***
448623	423494	174044	86518	2889	83457	75737	6884	6772	54895
***	***	***	***	***	***	***	***	***	***
***	***	***	***	***	***	***	***	***	***
355708	345758	57825	43029	3940	33312	25387	2391	2300	16696
306858	297154	19562	19086	-369	77760	43883	2435	2435	18847
565738	550591	20823	89685	-1511	18262	54567	5270	4845	40810
998161	996104	6019	23394	1773	-923	6045	1379	666	3224
4413917	4191572	52516	150614	21925	287007	1308819	957924	956969	275257
1069747	1049200	209040	138496	22846	-9098	95258	13069	12977	69291
2698923	2494795	1665543	518503	127370	1057696	671029	53898	53795	442433
304678	293893	15413	35743	1831	15019	14364	1906	1906	9139
2439090	2350756	113247	213268	40629	153447	112161	20343	19670	68169
711463	703704	35263	22597	16998	-106700	7758	972	947	4070
366893	243658	4612	21866	1	6873	6833	2341	2308	3292
862136	797613	43079	105714	22222	118343	57809	7873	7601	33503
2651743	2621652	216130	263704	15748	498562	205594	19841	19769	106827
2753569	2671754	208802	397222	128055	287596	248345	24110	23795	171393
30469538	29951954	1470002	1314665	155754	3309467	3072798	1283184	1282600	1088057
1482353	1477238	39730	159521	20201	198893	137835	9802	9710	85575
4683972	4522734	444272	347816	23503	198330	293375	23504	22909	169373
19390625	19227340	942098	1088730	193371	409816	410239	53078	51375	221939
858420	853123	113266	139802	3644	238767	122414	10349	10007	71038
116428	115410	13483	25209	-2652	78580	29523	2427	2427	15835
***	***	***	***	***	***	***	***	***	***
37453908	37381430	8126	192894	707877	5241250	1681995	162874	159462	1077744
***	***	***	***	***	***	***	***	***	***
535655	531322	1431	47393	23656	258345	121658	4178	2715	13954

2015 年北京市规模以上高技术制造业主要经济指标

单位：亿元

项　　目	工业总产值	主营业务收入	利润总额	应交税金
合　计	3499.4	3967.9	263.0	177.9
按登记注册类型分组				
内资	1444.8	1549.0	171.4	90.4
国有	74.9	76.4	6.3	1.5
集体	1.1	1.2	0.0	0.1
股份合作企业	5.0	5.1	0.1	0.2
有限责任公司	844.7	888.3	78.3	43.1
股份有限公司	313.7	359.3	61.8	30.8
私营企业	205.4	218.7	24.8	14.7
其他				
港澳台商投资	1093.1	1418.4	20.9	15.6
外商投资	961.6	1000.5	70.7	71.9
按高技术领域分组				
信息化学品制造	8.1	16.8	-0.2	-0.5
医药制造业	702.3	686.4	126.6	78.8
航空、航天器及设备制造业	233.8	241.5	13.6	5.1
电子及通信设备制造业	1805.1	1866.0	54.3	52.6
计算机及办公设备制造业	375.5	729.6	10.2	11.5
医疗仪器设备及仪器仪表制造业	374.7	427.5	58.4	30.5

2015 年北京市规模以下工业企业主要指标

项　　目	单位个数（个）	从业人员平均人数（人）	工业总产值（当年价格，万元）
合　计	22705	229678	5499215
法人工业企业	18109	208588	5213535
个体经营工业单位	4596	21090	285680

注：规模以下工业企业指年主营业务收入 2000 万元以下的法人工业企业和全部个体经营工业单位。

2015 年北京市主要工业产品产量

工业产品名称		本年产量	工业产品名称		本年产量
单晶硅	（千克）	90872.0	汽　车	（万辆）	221.9
中成药	（万吨）	4.6	#基本型成用车（轿车）	（万辆）	118.9
沥青和改性沥青防水卷材	（万平方米）	5063.6	运动型多用途乘用车 (SUV)	（万辆）	42.1
纤维增强塑料制品	（万吨）	3.5	载货汽车	（万辆）	42.1
耐火材料制品	（万吨）	48.7	改装汽车	（万辆）	1.3
冷轧薄宽钢带	（万吨）	92.5	风力发电机组	（万千瓦）	421.9
单一稀土金属	（千克）	120729.0	锂离子电池	（万只）	2305.3
发动机	（万千瓦）	15065.1	移动通信手持机（手机）	（万台）	9540.8
气动元件	（万件）	22427.3	微型计算机设备	（万台）	885.6
数控金属切削机床	（台）	12471	服务器	（台）	259353
机床数控装置	（套）	39187	液晶显示模组	（万套）	6510.6
工业电炉	（台）	40	显示器	（万台）	519.0
环境污染防治专用设备	（台套）	109378	集成电路	（亿块）	62.7
			彩色电视机	（万台）	222.4

2015年北京市能源消费总量和主要能源品种消费量（按行业分）

单位：万吨

项　　目	能源消费总量（万吨标准煤）	煤　炭	焦　炭	汽　油	煤　油	柴　油	燃料油	液化石油气	天然气（亿立方米）	热力（万百万千焦）	电力（亿千瓦时）
合　计	6852.55	1165.18	0.44	462.76	544.38	182.35	4.91	51.15	145.37	16803.40	951.25
农、林、牧、渔业	84.56	30.50		4.09		3.32		0.06	0.01		18.50
采矿业	17.26	1.83		0.10		1.07		0.03	0.01	7.16	4.95
煤炭开采和洗选业	4.76	0.83		0.02		0.05		0.02		1.84	1.40
石油和天然气开采业	0.02			0.01							0.01
黑色金属矿采选业	11.49	0.94		0.04		0.73		0.01	0.01	5.03	3.38
有色金属矿采选业	0.01										
非金属矿采选业	0.84	0.06		0.01		0.28				0.14	0.13
开采辅助活动	0.14			0.02		0.01				0.15	0.03
其他采矿业											
制造业	1292.49	142.71	0.43	18.29	0.06	13.50	2.69	1.71	11.15	3574.39	170.48
农副食品加工业	23.52	8.22		0.46		0.30		0.06	0.22	52.78	4.26
食品制造业	29.87	4.66		0.56		0.56		0.12	0.59	77.96	5.30
酒、饮料和精制茶制造业	27.28	14.55		0.28		0.25		0.01	0.26	53.54	3.99
烟草制品业	***								***		***
纺织业	4.48	1.81		0.17		0.02		0.01	0.03	4.85	0.85
纺织服装、服饰业	13.35	4.77		0.80		0.13		0.03	0.05	35.36	2.29
皮革、毛皮、羽毛及其制品和制鞋业	1.14	0.14		0.07		0.01		0.01		3.45	0.27
木材加工和木、竹、藤、棕、草制品业	4.78	0.34		0.25		0.10		0.01		0.46	1.25
家具制造业	7.73	1.05		0.61		0.11	0.01	0.03	0.03	11.55	1.81
造纸和纸制品业	10.99	3.23		0.38		0.19	0.01	0.02	0.15	7.69	2.05
印刷和记录媒介复制业	23.92	1.40		1.14		0.20		0.03	0.19	58.11	5.89
文教、工美、体育和娱乐用品制造业	4.30	0.75		0.24		0.06		0.01	0.02	16.60	0.88
石油加工、炼焦和核燃料加工业	478.19	0.48		0.09		0.14		0.36	2.73	1245.79	16.57
化学原料和化学制品制造业	114.51	3.67		0.90		0.62	0.07	0.10	0.39	866.27	13.68
医药制造业	35.04	5.11		0.51		0.25		0.04	0.57	146.59	6.66
化学纤维制造业	1.34	0.01		0.02					0.03		0.32
橡胶和塑料制品业	23.92	2.25		0.68		0.24		0.21	0.20	36.84	6.07
非金属矿物制品业	132.73	72.18		1.11		6.81	2.60	0.08	0.83	33.69	16.18
黑色金属冶炼及压延加工业	22.78	0.37	0.42	0.13		0.18		0.01	0.80	1.27	4.30
有色金属冶炼及压延加工业	5.10	0.12		0.11		0.04		0.02	0.02	11.92	1.45
金属制品业	32.46	3.83		1.62		0.40		0.19	0.34	62.69	7.21
通用设备制造业	29.36	2.48		1.41	0.01	0.40		0.12	0.16	130.42	6.44
专用设备制造业	22.49	2.00		1.37		0.22		0.04	0.14	122.78	4.55
汽车制造业	109.47	0.86		2.30		1.16		0.09	2.67	141.85	23.61
铁路、船舶、航空航天和其他运输设备制造业	15.23	4.54	0.01	0.24		0.19		0.01	0.06	111.11	2.78
电气机械和器材制造业	20.30	1.50		1.10		0.11		0.05	0.10	85.34	4.43
计算机、通讯和其他电子设备制造业	78.35	0.55		0.77		0.42		0.01	0.24	167.98	24.17
仪器仪表制造业	8.26	0.36		0.67	0.01	0.04		0.01	0.06	57.72	1.51
其他制造业	4.82	1.08		0.10		0.11		0.01	0.02	24.98	0.74
废弃资源综合利用业	0.89	0.09		0.03		0.02		0.01	0.02	0.84	0.19
金属制品、机械和设备修理业	3.85	0.31		0.17	0.04	0.22		0.01	0.12	3.96	0.51
电力、燃气及水的生产和供应业	474.67	529.28		1.04		1.92	0.30	0.22	90.48	182.55	114.76
电力、热力生产和供应业	390.06	528.96		0.60		1.75	0.30	0.20	86.29	149.41	101.98
燃气生产和供应业	48.24	0.01		0.25		0.07			4.11	8.56	0.85
水的生产和供应业	36.37	0.31		0.19		0.10		0.02	0.08	24.58	11.93

注：各行业能源消费总量为各行业终端消费量与各行业分摊的损失量和加工转换损失量之和，不等于分品种能源消费量（标准煤）的合计。

2015 年北京市区规模以上工业企业产值情况

单位：万元

各　　区	工业总产值（当年价格）	＃国有控股	工业总产值			工业销售产值（当年价格）	＃出　口交货值
			＃内　资	＃港澳台商投资企业	＃外商投资企业		
全　　市	174496269	100613752	103904167	18669714	51922388	172792712	10783871
首都功能核心区	12701844	7752064	8860646	3537536	303662	12710994	116459
东城区	2030069	774754	1693938	73343	262788	1984606	82304
西城区	10671775	6977310	7166708	3464193	40874	10726388	34155
城市功能拓展区	36193708	17723041	24257645	9009549	2926514	35269625	1459119
朝阳区	7234249	4410800	5255323	721087	1257839	7137681	352981
丰台区	4525159	3195845	4157973	84276	282910	4524095	119154
石景山区	2268998	1901928	1855025	25269	388704	2261395	89957
海淀区	22165302	8214468	12989324	8178917	997061	21346454	897027
城市发展新区	83352641	42149443	34670979	5420946	43260717	82675591	8345246
房山区	8330391	6615150	7871490	94057	364844	8320109	159253
通州区	6188638	1818227	4294216	263023	1631400	6139731	351634
顺义区	28284423	15343155	5968579	797596	21518248	28293551	2993766
昌平区	8049174	4319120	6092257	306290	1650627	8028485	448275
大兴区	6944762	1846329	4611927	795353	1537481	6727697	141750
北京经济技术开发区	25555253	12207462	5832510	3164627	16558117	25166018	4250568
生态涵养发展区	11210769	1951896	5077591	701684	5431495	11099196	863049
门头沟区	865429	312610	851437	7808	6184	789682	208725
怀柔区	4513592	380576	1472886	141670	2899036	4535292	278128
平谷区	2448491	73672	746723	118530	1583239	2432957	73154
密云区	2844364	919290	1606248	367326	870790	2829498	245894
延庆区	538893	265748	400297	66350	72246	511767	57148

注：1. 统计范围为年主营业务收入 2000 万元及以上的工业法人单位。

2. 根据有关规定，国家电网公司、冀北电力有限公司的“工业总产值（当年价格）”“工业销售产值（当年价格）”由北京市统计局统一核算，故表中“工业总产值（当年价格）”“工业销售产值（当年价格）”为指标分区数据之和。

2015年北京市区规模以上工业企业产值情况（续表）

单位：万元

各　区	工业总产值			工业总产值	
	#大型企业	#中型企业	#小型企业	轻工业	重工业
全　市	112335775	30166766	28253083	26108405	148387864
首都功能核心区	10216973	1580222	610017	2015533	10686310
东城区	325107	1260467	194268	1337412	692656
西城区	9891866	319755	415749	678121	9993654
城市功能拓展区	17261730	8565596	8084001	3912399	32281310
朝阳区	2860884	2297046	2031657	1496422	5737827
丰台区	656554	1373449	1407054	878743	3646416
石景山区	992881	717692	547054	45257	2223742
海淀区	12751411	4177409	4098236	1491977	20673325
城市发展新区	49748599	16246911	16328789	17218638	66134004
房山区	5995797	731886	1509958	561598	7768793
通州区	587756	2710189	2639746	2568190	3620448
顺义区	20865979	3681221	3544784	3339775	24944649
昌平区	3576565	2100920	2309600	1782811	6266363
大兴区	1364534	2242008	3258487	2747069	4197693
北京经济技术开发区	17357968	4780687	3066214	6219195	19336058
生态涵养发展区	4071167	3774036	3230275	2961835	8248933
门头沟区	555297	57392	247068	110931	754497
怀柔区	2280610	864252	1285836	1444420	3069172
平谷区	364155	1316862	741749	555206	1893286
密云区	821204	1263424	746094	643472	2200892
延庆区	49901	272106	209528	207806	331086

注：2011年开始，企业大中小型划分标准执行国家统计局《关于统计上大中小微型企业划分办法》（国统字〔2011〕75号）。

2015 年北京市区规模以上工业企业主要财务指标

单位：个

各　　区	企业单位个数	在 2015 年企业单位个数中				从业人员年平均人数（人）
		# 国有控股	# 内　资	# 港澳台商投资	# 外商投资	
全　　市	3548	745	2745	195	608	1104384
首都功能核心区	93	49	80	4	9	69799
东 城 区	35	15	29	1	5	14601
西 城 区	58	34	51	3	4	55198
城市功能拓展区	975	314	823	50	102	311792
朝 阳 区	290	102	231	20	39	90861
丰 台 区	188	73	170	4	14	56767
石景山区	46	19	37	3	6	34379
海 淀 区	451	120	385	23	43	129785
城市发展新区	1963	308	1468	109	386	585160
房 山 区	172	34	155	5	12	46112
通 州 区	447	55	360	16	71	81088
顺 义 区	373	58	229	26	118	149808
昌 平 区	301	57	252	13	36	86663
大 兴 区	390	53	341	14	35	75166
北京经济技术开发区	280	51	131	35	114	146323
生态涵养发展区	517	74	374	32	111	137633
门头沟区	42	5	40	1	1	18731
怀 柔 区	172	18	118	12	42	44611
平 谷 区	127	11	80	7	40	29323
密 云 区	136	28	104	11	21	35681
延 庆 区	40	12	32	1	7	9287

注：1. 统计范围为年主营业务收入 2000 万元及以上的工业法人单位。

2.2011 年开始，企业大中小型划分标准执行国家统计局《关于统计上大中小微型企业划分办法》（国统字〔2011〕75 号）。

2015年北京市区规模以上工业企业主要财务指标（续表）

单位：万元

各区	资产总计	负债合计	所有者权益合计	营业收入	主营业务收入	利润总额	利税总额	应交税金合计	#应交增值税
全市	386097637	181024377	204801933	192561382	188648954	15977122	25280028	11791045	5693787
首都功能核心区	163305563	62079722	101186515	44406602	44242646	5596743	6996939	1923695	1205709
东城区	2316025	996128	1280571	2207033	2148074	204931	306837	131629	85700
西城区	160989538	61083593	99905945	42199569	42094572	5391812	6690102	1792066	1120010
城市功能拓展区	97238222	51154819	46057504	44714596	43743027	3144848	4650066	2016776	1131195
朝阳区	20713308	10476891	10229296	8273853	8070958	865293	1242185	563550	289320
丰台区	8759712	4839569	3917148	5182960	5073710	359303	530049	234077	139499
石景山区	28765691	15761741	13003951	3923854	3805994	575816	713567	168840	109314
海淀区	38999511	20076618	18907110	27333928	26792365	1344437	2164265	1050309	593062
城市发展新区	106960262	57247325	49538094	89880496	87613720	6547527	12434156	7213631	2952519
房山区	8009977	5061512	2958178	8948066	8654444	288525	1600761	1392859	337080
通州区	8504343	4874094	3520424	7713185	7555577	514358	1063051	634018	257872
顺义区	30946175	17154993	13795978	29724413	29159160	2236600	3858774	2097008	753998
昌平区	17081236	8264917	8816319	9274335	8814211	634425	980614	415330	276404
大兴区	9725875	5451969	4230036	7426975	7249113	477390	735281	348007	210029
北京经济技术开发区	32692655	16439839	16217159	26793521	26181216	2396229	4195675	2326409	1117136
生态涵养发展区	18593590	10542512	8019820	13559688	13049561	688004	1198866	636944	404364
门头沟区	2533570	1283444	1250126	892564	861683	120910	178494	71565	41711
怀柔区	5809791	3520838	2257695	5537907	5420081	198765	437446	278826	190605
平谷区	2722532	1673836	1048697	3020390	2835285	80660	156429	103372	63398
密云区	3878026	2330153	1547874	3210293	3092827	130881	236467	138806	80844
延庆区	3649670	1734242	1915428	898535	839685	156789	190030	44375	27807

2015年北京市镇村工业企业主要经济指标

单位：万元

各区	企业个数（个）	从业人员年末数（人）	增加值	总产值	营业收入	利润总额	上缴税金	劳动者报酬	资产总额	负债总额	固定资产原价
合计	9070	381028	4644267	24969735	24801556	1308430	1196245	1928005	30984538	19251400	9284156
朝阳	84	5805	64110	274826	277595	12999	15493	25400	477723	246922	207379
丰台	49	2847	28541	78954	102458	2546	3256	12548	201547	132547	85478
海淀	220	5513	57425	181567	197583	15865	7926	24662	419199	136781	113656
门头沟	52	1535	9266	77906	77421	2391	2239	4375	42325	22413	15326
房山	463	22425	214203	1156108	1217348	56010	52589	117437	2039065	1973600	810912
昌平	434	35088	425086	2342523	2399750	215289	108040	208525	6807044	3283942	917484
顺义	2275	91768	1264134	7399919	7484306	408880	345308	465494	7534690	4823993	2651332
通州	3302	108669	1170382	4914215	5871351	215186	271756	461017	5348521	3419431	2084734
大兴	593	52698	927108	6274732	4606455	319736	287397	363108	4609622	2624396	1075812
平谷	794	22449	172477	904891	943893	5038	31246	84051	1289574	1213119	490305
怀柔	227	15152	203552	799443	1051512	46102	49998	103225	1274324	838800	435235
密云	475	14918	98917	521940	523326	17389	18779	52668	891396	494302	368299
延庆	102	2161	9066	42711	48558	1075	2218	5495	49508	41154	28204

2015年北京市规模以上工业企业水和主要能源实物量消耗情况

名称	计算单位	本年消耗量	上年消耗量
水	吨	21800232	30872483
原煤	吨	497988	888074
焦炭	吨	3180	8989
汽油	吨	248427	247991
煤油	吨	1245	1744
柴油	吨	363864	108369
液化石油气	吨	128273	12190
天然气	立方米	139463284	181700285
电	千瓦小时	1963551850	2521876933

2015年北京市乡镇规模以上工业企业生产销售情况（按行业分）

单位：万元

行业分类	企业个数（个）	从业人员年平均数（人）	工业增加值	现价总产值	现价销售产值	营业收入	利润总额	上缴税金	劳动者报酬
总　计	1062	189110	3023324	15243526	15260703	17025753	912832	740793	1229456
煤炭开采和洗选业	0	0	0	0	0	0	0	0	0
石油和天然气开采业	1	36	170	0	1877	2431	10	74	340
黑色金属矿采选业	3	1075	13403	43896	40761	30251	-1272	3525	4270
有色金属矿采选业	0	0	0	0	0	0	0	0	0
非金属矿采选业	2	338	1678	24209	22974	24642	-3225	567	1837
开采辅助活动	2	0	0	6117	6614	6463	265	190	234
其他采矿业	0	0	0	0	0	0	0	0	0
农副食品加工业	59	13487	157481	1154006	1181498	1285018	21616	20441	54512
谷物磨制	3	100	5231	28552	28552	29006	77	95	476
饲料加工	22	3603	28542	213420	210478	231723	8785	1669	12579
植物油加工	0	0	0	0	0	0	0	0	0
制糖	1	1315	9442	49455	49455	49455	2992	1572	4015
屠宰及肉类加工	21	6702	93038	732859	762833	845135	2509	13566	29327
水产品加工业	2	0	0	6117	6614	6463	265	190	233
蔬菜、水果和坚果加工	6	1429	15758	93748	98519	98344	5424	2317	5779
其他农副食品加工	4	338	5470	29855	25047	24892	1564	1032	2103
食品制造业	50	13769	313504	736511	739295	1516633	35205	64565	120739
焙烤食品制造	8	4882	29195	128486	124659	137028	-2666	10342	27184
糖果、巧克力及蜜饯制造	2	283	1583	5337	5143	6136	21	167	1286
方便食品制造	10	2702	71632	137197	136353	154907	84	11249	36959
乳制品制造	4	1482	113777	179713	178852	853366	10089	19253	18107
罐头食品制造	1	60	539	3666	3773	3905	185	298	264
调味品、发酵制品制造	8	1170	15246	49397	48628	56416	3308	2682	7641
其他食品制造	17	3190	81532	232715	241887	304875	24184	20574	29298
酒、饮料和精制茶制造业	13	4980	111555	305269	398686	517177	23057	34799	43481
酒的制造	5	880	11795	56447	53185	54055	1251	3989	3466
饮料制造	7	3790	86449	208334	305751	420468	22918	23230	34404
精制茶加工	1	310	13311	40488	39750	42654	-1112	7580	5611
纺织业	14	1745	9604	66820	69099	81390	-1865	2625	7539
纺织服装、服饰业	53	10209	51158	235072	232605	243617	-1366	11089	38555
皮革、毛皮、羽毛及其制品和制鞋业	2	89	98	1258	1121	1121	-85	78	256
木材加工和木、竹、藤、棕、草制品业	7	587	5556	29411	30559	35481	512	1702	3016
家具制造业	41	8594	97298	416366	407988	429046	20386	24672	48591
木质家具制造	22	3723	37439	206366	206368	230925	10093	10168	19895
竹、藤家具制造	0	0	0	0	0	0	0	0	0
造纸和纸制品业	17	2113	22101	98412	100021	114386	2186	4630	9587
印刷和记录媒介复制业	23	3507	50873	168526	165327	176089	13520	12724	25381
文教、工美、体育和娱乐用品制造业	12	2364	14098	96318	86111	106347	2200	2635	12325

2015 年北京市乡镇规模以上工业企业生产销售情况（按行业分）（续表）

单位：万元

行业分类	企业个数（个）	从业人员年平均数（人）	工业增加值	现价总产值	现价销售产值	营业收入	利润总额	上缴税金	劳动者报酬
石油加工、炼焦和核燃料加工业	7	327	5650	39362	43482	46542	1242	1897	2007
化学原料和化学制品制造业	55	5950	99307	473480	475454	515048	28642	26217	30431
医药制造业	46	9637	216226	666048	669431	662173	120132	65606	57678
中药饮片加工	18	3311	122272	287013	156452	298982	57434	25156	22836
中成药生产	6	1495	10806	36973	36223	35898	3566	3229	5647
生物药品制造	7	1243	22091	64194	60125	60032	9732	4889	7116
化学纤维制造业	1	190	0	28721	24445	25308	5665	0	2077
橡胶和塑料制品业	39	3789	12070	228821	230075	259173	-5420	10795	23960
非金属矿物制品业	56	13026	168946	1514218	1512157	1440484	23460	38769	90840
黑色金属冶炼和压延加工业	6	1126	5113	54728	50984	50985	4099	705	2359
有色金属冶炼和压延加工业	12	540	6951	39073	39023	44903	282	1237	2968
金属制品业	99	13893	244175	1373334	1363617	1503619	78461	48737	78188
通用设备制造业	86	8809	49660	895067	876763	813551	-82974	25105	57361
专用设备制造业	100	18502	306965	1155117	1132213	1202367	271788	76689	122360
汽车制造业	92	25453	613277	3347577	3339077	3547510	220846	153474	192264
铁路、船舶、航空航天和其他运输设备制造业	14	4241	73957	211983	204062	325263	44908	15294	30589
电气机械和器材制造业	42	6349	93075	599372	583364	539510	37202	23220	49679
计算机、通信和其他电子设备制造业	21	2918	77388	288838	275787	292035	36065	15065	27181
仪器仪表制造业	11	2530	47629	126447	115976	131473	12476	10335	19759
其他制造业	61	7510	134720	660954	682494	894738	3466	40056	58950
废弃资源综合利用业	3	296	7032	17439	19096	20526	-46	809	3723
金属制品、机械和设备修理业	2	247	7406	104514	102545	102545	891	802	1412
电力、热力生产和供应业	8	725	3438	26170	26069	27857	244	1249	4012
燃气生产和供应业	0	0	0	0	0	0	0	0	0
水的生产和供应业	2	159	1762	10072	10053	10051	259	416	995

北京市第三十届企业管理现代化创新成果获奖名单（274项）

编号	成果名称	企业名称
一等奖92项		
1	大型工业企业集团建设工程管理信息系统构建与实施	北京汽车集团有限公司
2	大型汽车集团内部控制体系建设与实施	北京汽车集团有限公司
3	汽车生产企业“五位一体”基层班组管理方法的创建与实施	北京现代汽车有限公司
4	自主品牌汽车零部件采购开发项目精细化管理的创新与实践	北京汽车股份有限公司
5	以跨区域资源整合为基础的国企改制新模式的探索与实践——借道上市与轻量化布局的巧妙组合	北京汽车集团有限公司 北京海纳川汽车部件股份有限公司
6	新常态下高端酒店经营模式创新与发展	北京市北京饭店
7	构建基于移动互联技术的客户体验管理体系	北京新燕莎商业有限公司
8	以社会责任为核心的保障性住房建设管理	北京市朝阳城市建设综合开发公司
9	传统军工企业创建“双生态”文化创意产业园区的实践	北京大华无线电仪器厂
10	大型高科技企业集团全面法律风险管理体系构建与实施	京东方科技集团股份有限公司
11	构建多法人并存条件下集团企业集中管理	北京易亨电子集团有限责任公司
12	政府股权投资资金委托管理体系的构建与实施	北京国有资本经营管理中心
13	基于资本运营与一体化重组为核心的企业一级法人治理结构	中国海洋置业有限公司
14	首都电网企业配网状态检修管理体系的构建与实施	国网北京市电力公司
15	以“强简强”供电模式为目标的规划管理创新	国网北京市电力公司
16	以多元化服务构筑职工之家实体化管理	国网北京市电力公司
17	省级电网企业基于项目制的社会责任管理创新	国网北京市电力公司
18	电力企业资金管理决策支持分析系统构建及应用实践	国网北京市电力公司
19	乡镇供电所全口径同业对标管理体系实践	国网北京市电力公司
20	供电企业对标管理体系实践	国网北京市电力公司大兴供电公司
21	智能变电站调度运行一体化管理与实践	国网北京市电力公司昌平供电公司
22	配电网集中规划建设方式管理实践	国网北京市电力公司门头沟供电公司
23	供电企业精益管理实践	国网北京市电力公司城区供电公司
24	产业用纺织企业清洁生产管理	北京光华纺织集团有限公司

续表

编号	成果名称	企业名称
25	供水管网独立计量区建设与实践	北京市自来水集团有限责任公司
26	首都高速公路企业人才战略的构建与实施	北京市首都公路发展集团有限公司
27	高速公路信息服务管理体系的构建与实施	北京市首都公路发展集团有限公司
28	高速公路收费运营风险管理体系的构建与实施	北京市首都公路发展集团有限公司京沈高速公路分公司
29	以发展为导向的企业全员创新管理体系构建与实施	北京市首发天人生态景观有限公司
30	海外油气勘探开发科研项目“两点一线”全周期风险防控体系建设	中国石油化工股份有限公司石油勘探开发研究院
31	城市轨道交通工程建设安全监控应急指挥中心建设及实施	北京市轨道交通建设管理有限公司
32	乳品产业卓越质量管理体系的建立与实践	北京三元食品股份有限公司
33	大型国有石化老企业离退休服务管理体系的构建与实施	中国石化集团北京燕山石油化工有限公司离退休人员管理中心
34	成品油销售企业基于资金风险管理稽核体系建设	中国石化销售有限公司北京石油分公司
35	物业管理企业水和电平衡管理	北京京煤集团有限责任公司杨坨物业管理分公司
36	大型电网企业资产全价值链精益化管理创新与实践	国网冀北电力有限公司唐山供电公司
37	创新构建与实施电网企业运营健康管控体系	国网冀北电力有限公司
38	环首都电力烟、尘、气排放预警与控制协同管理体系建设	国网冀北电力有限公司
39	基于纠偏机制的省市县“三级联动”配电网规划全流程管理	国网冀北电力有限公司
40	电网企业审计工作管理标准化体系建设与实施	国网冀北电力有限公司
41	电网企业价值管理模式的创新与实践	国网冀北电力有限公司
42	大型电力企业精益化库存管理体系构建和实施	国网冀北电力有限公司物资分公司
43	电网调度五大智能管理体系的创新应用	国网冀北电力有限公司廊坊供电公司
44	供电企业员工职业生涯体系构建与实施	国网冀北电力有限公司秦皇岛供电公司
45	大型发电集团的全方位对标管理	北京能源投资（集团）有限公司
46	新型能源企业基于“众筹”模式的教育培训管理	北京能源投资（集团）有限公司
47	以数字化电厂目标为导向的工程建设管理	北京京能高安屯燃气热电有限责任公司
48	发电企业员工岗前培训管理的创新与实践	山西漳山发电有限责任公司
49	小型水力发电企业“运维一体化”生产管理体系的构建与实施	四川大川电力有限公司、四川众能电力有限公司
50	大型能源投资集团财务公司“票据池”综合服务模式的构建与运行	京能集团财务有限公司
51	基于供热核心业务重构、管理效率提升—大型供热企业“综合一体化”供热管理体系的构建与实施	北京市热力集团有限责任公司企业管理部、特力昆分公司
52	基于小指标实时考核平台的运行精细化管理	宁夏京能宁东发电有限责任公司
53	发电企业绩效管理的创新与实践	深圳钰湖电力有限公司
54	航天制造企业组织变革与流程优化实践	北京卫星制造厂
55	全面提升软件项目量化管理的创新与实践	首都信息发展股份有限公司
56	工业基础件企业六维度市场开拓营销创新与实践	北京京城华德液压工业有限责任公司
57	特大型铁路运输企业应对转型发展 构建办公系统科学管理体系的探索与实践	北京铁路局
58	铁路大型检修企业应对转型发展 安全管控体系的重构与实施	北京铁路局丰台车辆段
59	跨地域城市供水绩效管理体系的构建与实施	北京首创股份有限公司
60	贯穿房地产企业全价值链的精益项目管理实践	首创置业股份有限公司
61	区域通信运营商供应链管理体系创新与实践	中国移动通信集团北京有限公司
62	老字号大型中药生产企业营销模式创新	北京同仁堂科技发展股份有限公司

续表

编号	成果名称	企业名称
63	首都特大型国有公益性企业社会责任实践管理	北京公共交通控股（集团）有限公司
64	加快两化深度融合推动啤酒行业管理升级	北京燕京啤酒股份有限公司
65	系统构建战略支撑体系 推动企业转型升级	北京远东仪表有限公司
66	燃气集团战略规划动态管理体系的构建	北京市燃气集团有限责任公司企管计划部
67	“数字工会”一体化服务管理平台的建设与应用	北京市燃气集团有限责任公司工会
68	燃气企业链式绩效管理研究	北京燃气绿源达清洁燃料有限公司
69	燃气工程企业业务符合性监督体系的构建与实施	北京市燃气集团有限责任公司工程建设管理分公司
70	城市轨道交通企业境外融资创新与实践	北京市基础设施投资有限公司
71	构建服务育人环境的校园物业管理	北京市新奥物业管理有限公司
72	奥运配套设施商业化运营模式创新与实践	北京新奥和元商业管理有限责任公司
73	建设最具世界影响力钢铁厂发展战略的管控体系构建	首钢京唐钢铁联合有限责任公司
74	在“一业多地、混合所有制”背景下构建新型企业审计监管模式	北京首钢矿业投资有限责任公司
75	大型矿山企业职工健康管理体系的构建与实施	首钢矿业公司
76	大型企业医院非医疗物资采购模式创新与实践	北京大学首钢医院
77	首钢生物质能源项目建设全过程管控实践	首钢总公司建设工程管理部
78	大型国有企业薪酬分配制度改革的创新与实践	首钢总公司劳动工资部
79	大型国有跨国企业境外审计模式的构建与实施	首钢总公司审计部
80	“创业基地＋股权基金”双基产业模式的构建与实施	首钢总公司资本运营部 北京京西创业投资基金管理有限公司
81	以信息化手段推动大型建筑企业产业工人队伍建设的管理变革	北京住总集团有限责任公司
82	基于京津冀及周边地区生态协同发展的建材制造业环保管理标准化建设	北京金隅股份有限公司
83	以提升顾客满意度为核心的客户服务管理模式构建与实施	河北金隅鼎鑫水泥有限公司
84	招标后评估制度建立及应用	大唐国际发电股份有限公司
85	大型能源企业区域公司“三方案一体系”建设 提升企业管理效能创新与实践	青海大唐国际能源有限公司筹备处
86	大型电厂基建造价管理体系的建立与创新	大唐国际发电股份有限公司北京高井热电厂
87	大型火力发电企业检修安全质量控制体系的构建与实施	大唐国际发电股份有限公司陡河发电厂
88	大型发电企业物资招标采购风险控制体系的构建与实施	内蒙古大唐国际托克托发电有限责任公司
89	大数据思维提升发电企业物资采购和库存定额管控能力	广东大唐国际潮州发电有限责任公司
90	以“承转租”模式推进旧城区商业业态升级管理创新	北京华融金盈投资发展有限公司
91	国际一流水准的首都核心演艺区规划实践创新	北京正光房地产开发有限公司
92	房地产企业“尚责文化”管理体系的构建与实施	北京首都开发控股(集团)有限公司
二等奖 182 项		
1	大型汽车集团基于信息化的法律事务管理	北京汽车集团有限公司
2	大型汽车企业集团燃油限值目标管理的构建与实施	北京汽车集团有限公司
3	北京汽车产业研发基地合议协同平台的创建与实施	北京汽车集团有限公司
4	北京奔驰研发试制试验管理体系的构建与实施	北京奔驰汽车有限公司
5	基于客户全生命周期的厂商一体客户关系管理体系的创新实践	北京汽车销售有限公司
6	自主品牌汽车整车生产导入管理体系创新与实施	北京汽车股份有限公司
7	先行质量管理体系的建设和实施	北京汽车股份有限公司
8	大型乘用车企业基于价值链的精益管理体系实践与创新	北京汽车股份有限公司
9	基于供应商管理库存的物流园区运营模式创新与实践	中都物流有限公司

续表

编号	成果名称	企业名称
10	“一机三员、四步循环”在产品试验室中的应用	北京北齿有限公司
11	网络通信企业会计差错防范体系的构建	中国联合网络通信有限公司北京市分公司
12	建设在线预订及智能化管理平台 完成神舟零售商体系建立	北京神舟国际旅行社集团有限公司
13	星级服务管理制度的建立与实施	北京城乡贸易中心股份有限公司
14	传统大型国有电子信息企业面向互联网的转型发展	北京牡丹电子集团有限责任公司
15	打造敏捷运营系统应对多变市场	北京兆维科技开发有限公司
16	经营型物业管理体制的创新构建	北京二商怡和阳光物业管理有限公司
17	私人乘用车充换电服务网络运营管理模式创新	国网北京市电力公司
18	电力企业资产全寿命周期管理体系建设创新	国网北京市电力公司
19	首都电网输电线路立体巡视管理	国网北京市电力公司
20	基于文化养老的离退休网格化服务	国网北京市电力公司
21	全面质量管理小组活动成果的推广应用	国网北京市电力公司
22	电费充值卡服务方式创新与管理	国网北京市电力公司
23	审计信息化在首都电力企业的应用	国网北京市电力公司
24	八项规定执行与监督管控	国网北京市电力公司
25	供用电关系法律风险防范体系建设	国网北京市电力公司
26	基建工程项目前期管控创新实践	国网北京市电力公司
27	首都电力企业业务信息系统用户体验与评价反馈机制建立与实施	国网北京市电力公司
28	电网企业共产党员服务队品牌的创建	国网北京市电力公司
29	变电站接入电网自动化系统管控创新	国网北京市电力公司
30	调度语言安全过程管控实践	国网北京市电力公司城区供电公司
31	重要客户低压系统延伸服务方式拓展与创新	国网北京市电力公司客户服务中心
32	供电企业电费销售方式的管理创新	国网北京市电力公司密云供电公司
33	分布式新能源并网的管理创新	国网北京市电力公司顺义供电公司
34	电力检修企业继电保护自动化专业“五项管理法”创新与实践	国网北京市电力公司检修分公司
35	农电工的“W+A”培养模式创新	国网北京市电力公司房山供电公司
36	供电企业变电专业标准化管理实践	国网北京市电力公司海淀供电公司
37	职业生涯发展通道体系构建与实践	国网北京市电力公司石景山供电公司
38	建立控制点管理方法 推行逐点控制的系统化管理模式优化物流费用管理	北京东方石油化工有限公司物资装备销售中心
39	企业全方位、多层次开展管理提升活动的实践	北京二七轨道交通装备有限责任公司
40	老企业 新方法——创新全员生产维护	北京二七轨道交通装备有限责任公司
41	轨道交通高端装备研制系统化项目管理体系的实施	北京二七轨道交通装备有限责任公司
42	供水建设项目的规范化管理	北京市自来水集团有限责任公司
43	以“零缺陷管理”为核心构建安全播出保障体系	北京市房山区广播电视中心
44	北京农商银行对接支持京津冀协同发展战略行动计划	北京农村商业银行股份有限公司
45	首都高速公路运营企业后勤服务链构建与运行	北京市首都公路发展集团有限公司京沈高速公路分公司
46	首都高速公路隧道管理创新与实践	北京市首都公路发展集团有限公司京沈高速公路分公司
47	高速公路运营单位智能化安全检查方式创新与实践	北京市首都公路发展集团有限公司京沈高速公路分公司
48	高速公路基层企业员工成长机制的创建与实施	北京市首都公路发展集团有限公司京开高速公路分公司

续表

编号	成果名称	企业名称
49	高速公路监控值机专席制度的建立与运行	北京市首都公路发展集团有限公司京开高速公路分公司
50	基于交叉融合的班组管理	北京市首都公路发展集团有限公司京开高速公路分公司
51	高速公路客户通行体验工作方式创新	北京市首都公路发展集团有限公司八达岭高速公路管理分公司
52	高速公路企业运营成本的精细化管理	北京市首都公路发展集团有限公司八达岭高速公路管理分公司
53	高速公路数字视频监控管理平台的建立和运行	北京市首都公路发展集团有限公司八达岭高速公路管理分公司
54	基于信息化手段的高速公路路产网格化管理	北京市首都公路发展集团有限公司安畅高速公路管理分公司
55	利用科技化手段提升企业综合管理效能	北京市首都公路发展集团有限公司安畅高速公路管理分公司
56	“一线工作法”在生态景观企业的运用	北京市首发天人生态景观有限公司
57	积极发展混合所有制经济，深化国企改革	北京城市排水集团有限责任公司
58	以员工岗位能力建设为核心的培训管理体系建设与实践	中国石油化工股份有限公司石油勘探开发研究院
59	新闻与价值观传播在企业管理中的创新与实践	中国石油化工股份有限公司石油勘探开发研究院
60	以贯标工作促进企业管理的实践	北京城建七建设工程有限公司
61	应用目标管理法优化设备运行方式	中国石油化工股份有限公司北京燕山分公司化工三厂
62	以精细化管理为目标的加油站站长“5+1”工作模板的创建与实施	中国石化销售有限公司北京石油分公司
63	自动计量管理在油库数质量管理中的应用	中国石化销售有限公司北京石油分公司
64	基于大数据的客户全景视图与营销项目	华夏银行股份有限公司
65	华夏银行基于过程管理的国际业务综合处理平台建设项目	华夏银行股份有限公司
66	平台经济时代下银行服务模式创新研究	华夏银行股份有限公司
67	依托平台批量开发——服务小微企业新路径	华夏银行股份有限公司
68	绩效考核管理实现创新突破	内蒙古京海煤矸石发电有限责任公司
69	多维度管控　助力业扩报装工作提质增速	国网冀北电力有限公司唐山供电公司
70	全面构建农电系统“7-2-1”培训模型，实现公司“两个价值最大化”	国网冀北电力有限公司唐山供电公司
71	践行“全方位”看护，实现变电设备检修现场安全管控新突破	国网冀北电力有限公司唐山供电公司
72	成本与效益互动式管理突破企业低效运营困局	国网冀北电力有限公司
73	“421”人岗匹配模型的创建与应用	国网冀北电力有限公司
74	基于“设备本体和外部环境”的输电通道综合风险评估及管理体系	国网冀北电力有限公司
75	基于全方位评估分析机制的设备状态管理	国网冀北电力有限公司
76	通过“四化”管理　推进精益检修	国网冀北电力有限公司廊坊供电公司
77	县级供电企业负责人年薪制的设计与应用	国网冀北电力有限公司廊坊供电公司
78	创新同业对标精益化管控　助推企业管理水平全面提升	国网冀北电力有限公司秦皇岛供电公司
79	供电企业“人岗匹配”模型的构建与实施	国网冀北电力有限公司秦皇岛供电公司
80	运用“准军事化”管理模式提升作业现场标准化管理水平	国网冀北电力有限公司张家口供电公司
81	以企业文化“五统一”引领标杆项目评价管理提升	国网冀北电力有限公司张家口供电公司
82	努力推动媒体融合发展的创新与实践	国网冀北电力有限公司综合服务中心
83	95598省级远程工作站业务运营质量监督评价体系的创建与实施	国网冀北电力有限公司电力科学研究院
84	电力科研企业专业技术人才培养管理	国网冀北电力有限公司电力科学研究院
85	输电线路无人机与人工协同巡检	国网冀北电力有限公司检修分公司

续表

编号	成果名称	企业名称
86	基于工作流的班组积分制绩效体系设计	国网冀北电力有限公司检修分公司
87	以加强工程项目管理为导向的施工项目部标准化建设创新与实践	北京送变电公司
88	基于目标管理的基建精细化管控	北京京能高安屯燃气热电有限责任公司
89	火电厂信息化物流管理系统构建与实施	山西漳山发电有限责任公司
90	小型水电企业责任成本管理体系的构建和实施	四川大川电力有限公司、四川众能电力有限公司
91	火力发电企业“两全、多挂”绩效管理体系的构建与实施	京能（赤峰）能源发展有限公司
92	火力发电企业模块化检修管理	宁夏京能宁东发电有限责任公司
93	火电厂基于信息网络的集约化管理	内蒙古京能康巴什热电有限公司
94	“三化一中心”多业态商业地产 人力资源管理新模式的构建与实施	北京乐多港发展有限公司
95	工程服务合同全过程管理在发电企业ERP系统中深化应用	内蒙古岱海发电有限责任公司
96	大型发电企业“三化一体”管理模式在机组检修准备工作中的创新与实践	内蒙古岱海发电有限责任公司
97	大型燃气发电企业基于嵌入式管理的税务优化体系应用	北京京桥热电有限责任公司
98	燃煤发电企业环保改造的四位一体创新管理	内蒙古京隆发电有限责任公司
99	火力发电厂“五位一体”检修标准化管理	内蒙古华宁热电有限公司
100	燃气电厂“精、准、细、严”的精细化运行管理体系的构建与实施	北京太阳宫燃气热电有限公司
101	跨地域集团式安全管理体系的构建与实施	京能电力后勤服务有限公司
102	供热企业政企联动的供热服务模式构建与实施	北京市热力集团有限责任公司
103	北科建集团产业园区项目开发精细化管理改革的创新	北京科技园建设（集团）股份有限公司
104	蓝海云平台内容制作运行管理办法	蓝海（北京）集团有限公司
105	国有建筑企业法务管理体系的构建	北京建工四建工程建设有限公司
106	通过技术创效 促进工程项目降本增效	北京建工四建工程建设有限公司
107	“新材好师徒”活动促进企业人才培养	北京建工新型建材有限责任公司
108	跨地域集团化四维安全生产风险管控体系的构建与实施	北京首创股份有限公司
109	以持续优化理念为核心的集团型企业标准化财务管控体系的构建和实施	北京首创股份有限公司
110	水务项目工程造价全过程管控体系的构建和实践	北京首创股份有限公司
111	创建精益化的房地产运营管理体系	首创置业股份有限公司
112	打造E-learning“云管端”无缝学习体系，开创移动互联网下企业人才培养新模式	中国移动通信集团北京有限公司
113	转型内部IT，依托手机办公开拓企业市场	中国移动通信集团北京有限公司
114	北京同仁堂的科研创新平台建设	中国北京同仁堂（集团）有限责任公司北京同仁堂研究院
115	北京公交集团后勤管理体制改革实践	北京公共交通控股（集团）有限公司
116	北京定制公交——“互联网＋公交”的战略创新与实践	北京公共交通控股（集团）有限公司
117	以提升审计质量为目标的公共交通企业审计监督管理系统改革与实践	北京公共交通控股（集团）有限公司
118	公交夜班车信息服务系统管理创新实践	北京公共交通控股（集团）有限公司
119	北控水务集团企业文化管理探索与实践	北控水务集团有限公司
120	基于可持续发展理念的地下式污水处理工程项目创新设计管理与实践	北控水务集团有限公司
121	青年英才培养开发模式的创新与实践	北京市燃气集团有限责任公司人力资源部
122	以财务业务一体化为核心的燃气企业资源管控的建立与实施	北京市燃气集团有限责任公司信息档案中心

续表

编号	成果名称	企业名称
123	城市燃气管网分区计量管理	北京市燃气集团有限责任公司运营调度中心
124	夯基础、创理念、强队伍“五力”探寻特色班组之路	北京市燃气集团有限责任公司第二分公司
125	应用北斗卫星导航系统 实现燃气管线快速定位	北京市燃气集团有限责任公司高压管网分公司
126	燃气规划管理体系全面信息化构建与实践	北京市燃气集团有限责任公司规划发展部
127	自主开发能源管理系统 可视化实时能效管理提升运营效益	北京燃气能源发展有限公司
128	打造采育综合管理站 树立北京燃气新型服务窗口	北京市燃气集团有限责任公司第四分公司
129	试行非居民业务“三合一”综合管理大力提升工作效率和经营效益	北京市燃气集团有限责任公司第五分公司
130	创新体制、方法 构建相关方网状管理模式	北京市燃气集团有限责任公司第一分公司
131	实施燃气“综合化服务”管理模式适应远郊乡镇快速发展	北京市燃气集团有限责任公司第三分公司
132	土地一级开发项目群多层级矩阵管理方式的创建与实施	北京丽泽金都置业有限公司
133	虚拟管理技术在大型综合项目管理中的应用	北京新奥集团有限公司
134	以节能为标志的奥运场馆中心区绿色管理模式的实施	北京新奥集团有限公司
135	以“零信息孤岛”为目标的企业信息化管理机制的构建与实施	北京新奥集团有限公司
136	“智慧城市”理念在土地一级开发规划设计管理中的应用	北京新奥集团有限公司
137	创新建筑业技术研发体系，助推企业转型发展	北京首钢建设集团有限公司
138	适应企业转型发展的科学管理体系的创新与实践	北京首钢自动化信息技术有限公司
139	建设标准体系打造养老服务品牌	北京首钢实业有限公司
140	北京市首席技师工作室建设问题分析与对策研究	首钢总公司培训中心
141	首钢发展体育文化产业的创新与实践	首钢总公司发展研究院
142	首钢大气污染细颗粒物排放控制管理方法研究与应用	首钢总公司能源环保部
143	创新工作方法探索实践首钢转型发展时期信访维稳管理新机制	首钢总公司办公厅
144	国有房地产企业股权优化的创新实践	北京金第房地产开发有限责任公司
145	“地铁时光”随行旅程营销管理平台的创新与实施	北京市地铁运营有限公司运营四分公司
146	北京地铁乘务人员实物情景模拟业务培训管理创新实践	北京市地铁运营有限公司运营四分公司
147	地铁车辆架修以“作业指导书”为管理模式的标准化管理创新	北京市地铁运营有限公司运营四分公司
148	地铁站区管理体系的优化与创新	北京市地铁运营有限公司运营四分公司
149	以积分管理法为核心的地铁员工绩效管理创新实践	北京市地铁运营有限公司运营四分公司
150	北京地铁电梯大修管理模式创新	北京市地铁运营有限公司机电分公司
151	国有企业多元化绩效管理创建与应用	北京市地铁运营有限公司机电分公司
152	北京地铁财务管理信息化的构建与实施	北京市地铁运营有限公司
153	产品经理制在制造业向生产性服务业转型中的体系构建与实施	通达耐火技术股份有限公司
154	水泥企业转型商业模式构建与实践	北京金隅红树林环保技术有限责任公司
155	集团化智能物流系统搭建及应用推广	北京金隅水泥经贸有限公司
156	新型信息化能源管理中心在琉水公司的研发与应用	北京市琉璃河水泥有限公司
157	以管理创新为抓手破解生产成本控制瓶颈	邯郸涉县金隅水泥有限公司
158	生产、基建并轨模式下老厂转型升级的创新与实践	大唐国际发电股份有限公司北京高井热电厂
159	“五大阵地”建特色廉洁文化	大唐国际发电股份有限公司北京高井热电厂
160	“六心、七通道”职工岗位调整方案的构建与实施	大唐国际发电股份有限公司北京高井热电厂
161	“四位一体”全员业绩考核体系的创新与实践	大唐国际发电股份有限公司陡河发电厂
162	智能物资管控系统的构建与实施	大唐国际发电股份有限公司陡河发电厂
163	项目管理方法在效能监察中的应用	大唐国际发电股份有限公司陡河发电厂

续表

编号	成果名称	企业名称
164	基于全面计划管理下的全面预算管理在火力发电企业中的应用	内蒙古大唐国际托克托发电有限责任公司
165	创新引入四个管理载体 推动标准化体系闭环机制的全面建设	内蒙古大唐国际托克托发电有限责任公司
166	现代风险管理和PDCA循环管理理论在国有特大型火力发电厂经营管理风险防控的应用创新	内蒙古大唐国际托克托发电有限责任公司
167	精细化对标管理在超大型发电企业的应用	内蒙古大唐国际托克托发电有限责任公司
168	无边界组织在超大型一体化发电企业中的应用探索	内蒙古大唐国际托克托发电有限责任公司
169	火力发电厂基于风险预控理论的高危作业安全管理模式	内蒙古大唐国际托克托发电有限责任公司
170	“点检定修”在信息化管理中的应用	大唐国际发电股份有限公司张家口发电厂
171	以点检为核心的设备管理体制建设	大唐国际发电股份有限公司张家口发电厂
172	大型发电企业标准化检修管理平台的应用	大唐国际发电股份有限公司张家口发电厂
173	采用网络信息化手段提高监察效果	广东大唐国际潮州发电有限责任公司
174	超前环保管理确保达标排放	大唐国际发电股份有限公司下花园发电厂
175	打造精细化管理经营文化实现老企业扭亏为盈	大唐国际发电股份有限公司下花园发电厂
176	关口前移细化燃料管理 实现企业管理和效益双提升	大唐国际发电股份有限公司下花园发电厂
177	夯实四全管理助力扭亏为盈	大唐国际发电股份有限公司下花园发电厂
178	定向安置房景观标准化体系的创新及应用	北京华融金晖置业有限公司
179	国有上市公司收购民营中小房地产企业股权创新实践——以天津东丽湖项目拓展为例	金融街（天津）置业有限公司
180	福康延年费改创新险 引领重疾保障新发展	长城人寿保险股份有限公司
181	“生活·金融街”综合化信息服务平台	北京金融街房地产顾问有限公司
182	应用互联网技术和自助设备实现影院创新经营	北京金融街影院有限责任公司

注：同等级排名不分先后。

北京市第三十届企业管理现代化创新成果优秀组织单位名单（8家）

序号	企业名称	序号	企业名称
1	国网北京市电力公司	5	北京市首都公路发展集团有限公司
2	首钢总公司	6	北京新奥集团有限公司
3	北京汽车集团有限公司	7	国网冀北电力有限公司
4	北京能源投资（集团）有限公司	8	北京市地铁运营有限公司

注：同等级排名不分先后。

北京市第十八批企业技术中心认定名单

根据《北京市认定企业技术中心管理办法》，结合企业的综合实力、技术创新体系建设与运行机制、技术中心基本条件、技术创新活动成果等，经专家评审及北京市企业技术中心认定指导小组审定，同意安世亚太科技股份有限公司等55家企业的技术中心通过北京市第十八批认定（排名不分先后）。

序号	企业名称	序号	企业名称
1	安世亚太科技股份有限公司	29	北京天恒建设工程有限公司
2	北京安控科级股份有限公司	30	北京同益中特种前卫技术开发有限公司
3	北京奥凯立科技发展股份有限公司	31	北京新雷能科技股份有限公司
4	北京北汽模塑科技有限公司	32	北京新能源汽车股份有限公司
5	北京城建设计发展集团股份有限公司	33	北京展辰新材料有限公司
6	北京城建亚泰建设集团有限公司	34	北京致远协创软件有限公司
7	北京大华无线电仪器厂	35	北京中电拓方科技发展有限公司
8	北京鼎普科技股份有限公司	36	北京中电发科技有限公司
9	北京福田康明斯发动机有限公司	37	北京中恒博瑞数字电力科技有限公司
10	北京海泰方圆科级有限公司	38	北京中科飞鸿科技有限公司
11	北京汉邦高科技数字技术股份有限公司	39	北京中亦安图科技股份有限公司
12	北京浩瀚深度信息技术股份有限公司	40	北京卓易迅畅科技有限公司
13	北京环鼎科级有限责任公司	41	北矿新材料科技有限公司
14	北京建工环境修复股份有限公司	42	博天环境集团股份有限公司
15	北京建工四建工程建设有限公司	43	大唐科技产业集团有限公司
16	北京江南天安科技有限公司	44	德信无线通讯科技（北京）有限公司
17	北京精英智通科技股份有限公司	45	国药集团工业有限公司
18	北京康邦科技股份有限公司	46	航天信息股份有限公司
19	北京康比特体育科技股份有限公司	47	浪潮（北京）电子信息产业有限公司
20	北京科东电力控制系统有限责任公司	48	诺基亚通信系统技术（北京）有限公司
21	北京利德衡环保工程有限公司	49	数码辰星科技发展（北京）有限公司
22	北京南瑞智芯微电子科技有限公司	50	易美芯光（北京）科技有限公司
23	北京诺禾致源生物信息科技有限公司	51	中广核太阳能开发有限公司
24	北京人民在线网络有限公司	52	中国石化工程建设有限公司
25	北京申安投资集团有限公司	53	中航航空电子有限公司
26	北京生泰尔生物科技有限公司	54	中铁城建集团北京工程有限公司
27	北京数字认证股份有限公司	55	紫光捷通科技股份有限公司
28	北京泰德制药股份有限公司		

北京市工业企业部分发明授权专利

申请号	发明名称	专利权人名称	专利权人地址
201510010793X	一种可移动并带降噪功能的电力电气柜装置	国家电网公司	西城区西长安街86号
201410846865X	一种带有照明装置的电子装置安装柜	国家电网公司	西城区白广路二条1号
201410750858X	可穿戴设备的穿戴状态的处理方法及装置	北京银河润泰科技有限公司	海淀区翠微路2号院1幢4层4049号
201410689982X	一种转炉喷吹除尘灰铁水脱磷方法	北京首钢国际工程技术有限公司	石景山区石景山路60号
201410632738X	基于混合型分数阶积分电路模块的0.3阶含x方Lü混沌系统电路实现	国家电网公司	西城区白广路二条1号
201410601830X	综合利用电气量和时序信息的电力系统故障诊断方法	国家电网公司	西城区西长安街86号
2014105609302	一种使用步进式电机进行枢转驱动的电路板控制柜	国家电网公司	西城区西长安街86号
201410459078X	一种用电信息采集系统的运行监控系统及其监控方法	国家电网公司	西城区西长安街86号
201410447613X	青霉素结合蛋白PBP6的β-内酰胺类抗生素受体法检测试剂盒制备方法及检测方法	北京纳百景弈生物科技有限公司	北京经济技术开发区科创6街88号院3号楼4—50
2014104410838	一种防止煤炭自燃的阻燃剂及其制备方法	北京铱金惠通能源控股有限公司	平谷区峪口镇中桥村兴桥路5号
201410440110X	一种超薄型网状自振荡热管散热膜及其加工方法	络派模切（北京）有限公司	北京经济技术开发区同济中路7号兴盛工业园
201410423172X	一种低功耗植入式医疗系统及其降低运行功耗的方法	北京品驰医疗设备有限公司	昌平区南邵镇兴昌路1号
201410415286X	一种自动调节进水量雨水井箅复合系统	北京泰宁科创雨水利用技术股份有限公司	昌平区凉水河路6号
2014104122309	一种应对输电线路山火的多功能履带式灭火平台	国家电网公司	西城区西长安街86号
201410401567X	空气过滤器	北京博尚信科技有限公司	海淀区中关村南大街28号办公楼516室
201410386547X	一种电线杆防坠保护装置	国家电网公司	西城区西长安街86号
2014103808621	头枕销自动润滑装置	北京李尔岱摩斯汽车系统有限公司	顺义区仁和镇河南村村委会南500米
201410354389X	一种用于槽道热管数控弯曲的成型结构及弯曲方法	北京卫星制造厂	海淀区知春路63号
201410326933X	一种送电线路扩底锚杆的支撑装置	国家电网公司	西城区西长安街86号
201410325859X	含分布式电源的配电网大面积停电恢复技术	国家电网公司	西城区西长安街86号
2014103257065	一种输电线路山火卫星监测多像元火点校正方法	国家电网公司	西城区西长安街86号
2014103254851	基于区域分块查找策略的输电线路杆塔山火告警定位方法	国家电网公司	西城区西长安街86号
201410310237X	一种双效节能废水汽提脱酸脱氨的工艺方法	北京阳光欣禾科技有限公司	朝阳区北三环东路15号
201410298627X	一种基于负荷控制的微电网并网到离网运行模式切换方法	国家电网公司	西城区西长安街86号
201410292939X	一种环保型阻燃剂及其制备方法和应用	北京赛欧兰阻燃纤维有限公司	朝阳区北苑路170号凯旋城C座1205室

续表

申请号	发明名称	专利权人名称	专利权人地址
201410289416X	一种用于机械式硬盘盘片拆卸、安装和摆放的工具及其使用方法	国家电网公司	西城区西长安街86号
201410281801X	一种电动顺桨控制方法及系统	北京普华亿能风电技术有限公司	丰台区角门北路8号院1号楼正旗大厦920室
201410281537X	高压隔离开关开合状态远程监测装置	国家电网公司	西城区西长安街86号
2014102774191	一种基于用户互动能力的公平有序用电方法	国家电网公司	西城区西长安街86号
2014102704466	一种杀菌组合物	北京燕化永乐生物科技股份有限公司	房山区良乡政通路8号
201410255758X	用于仪表器的收线装置	国家电网公司	西城区西长安街86号
201410253630X	一种身份验证方法、装置、系统及相关设备	北京石盾科技有限公司	海淀区北三环西路43号青云当代大厦1008室
201410247597X	一种陆基海冰采集装置及采集方法	北京华海德源科技有限公司	海淀区蓝靛厂南路25号牛顿办公区1007室
201410242863X	一种与低温多效蒸馏技术耦合的二氧化碳捕集或分离系统	中国华能集团清洁能源技术研究院有限公司	昌平区北七家镇未来科技城华能创新基地实验楼A楼
2014102409272	像素结构及显示装置、驱动方法	京东方科技集团股份有限公司	朝阳区酒仙桥路10号
201410234215X	一种免疫球蛋白侧向层析检测系统	同昕生物技术（北京）有限公司	昌平区中关村生命科学园创新大厦A座211室
201410229129X	一种煤矿井下可移动救生舱防护门	国家电网公司	西城区西长安街86号
201410224988X	往复活塞式压缩机填料泄漏保护配气站	北京金凯威通用机械有限公司	通州区光机电一体化产业基地
201410224593X	一种虚实负荷可切换的智能电能表检定装置及其方法	国家电网公司	西城区西长安街86号
201410223945X	仿生机器人用超声波接收模块	国家电网公司	西城区西长安街86号
201410223060X	SCR催化剂再生系统和方法	北京圣鑫乾元科技有限公司	朝阳区大屯里308—304
201410222878X	一种车用甲醇汽油及其制备方法	北京达铭乔化能源科技有限公司	朝阳区左家庄15号3号楼205室
201410222733X	一种用镁盐或铝盐催化的高系统氢含量水解制氢系统及其使用方法	北京北大明德科技发展有限公司	海淀区中关村北大街127—1号2层215室
201410222282X	一种具有健康减肥作用的保健食品	北京三奇医药技术研究所有限公司	大兴区中关村科技园区永兴路28号
201410221948X	智能驱鸟器	国家电网公司	西城区西长安街86号
2014102088695	阵列基板及显示装置	京东方科技集团股份有限公司	朝阳区酒仙桥路10号
201410208524X	安全蓝牙耳机及其语音通信方法	北京民芯科技有限公司	海淀区丹棱街3号B座17层1701室
201410206608X	一种尿素溶液水解生产氨气的系统及其控制方法	北京博智伟德环保科技有限公司	海淀区中关村北大街123号64号楼2108室
201410205393X	一种改善奶牛瘤胃菌群的葡萄糖前体物及其应用	北京东方联鸣科技发展有限公司	海淀区上地信息路2号2号楼21—D
201410204657X	电力通信网设备告警全数据通知系统及方法	国家电网公司	西城区西长安街86号
2014102042032	电视会议终端的工作状态远程集中调控系统及调控方法	国家电网公司	西城区西长安街86号
2014102042028	一种电力调度交换网络结构	国家电网公司	西城区西长安街86号
201410191585X	一种掩模板及其制作方法、掩模组件	京东方科技集团股份有限公司	朝阳区酒仙桥路10号

续表

申请号	发明名称	专利权人名称	专利权人地址
201410189757X	像素驱动电路及其驱动方法、阵列基板及显示装置	京东方科技集团股份有限公司	朝阳区酒仙桥路10号
201410187534X	一种裸眼3D背光模组、显示装置和显示方法	京东方科技集团股份有限公司	朝阳区酒仙桥路10号
2014101842168	一种液晶显示面板及液晶显示装置	京东方科技集团股份有限公司	朝阳区酒仙桥路10号
201410178789X	平板显示装置的底座及平板显示装置	京东方科技集团股份有限公司	朝阳区酒仙桥路10号
201410178299X	直接液化用煤及其制备方法	神华集团有限责任公司	东城区安定门外西滨河路22号神华大厦
201410178147X	云计算平台完整性验证方法、客户端、远程端及系统	神华集团有限责任公司	东城区安定门外西滨河路22号神华大厦
201410175481X	健康监测系统及其数据采集方法	京东方科技集团股份有限公司	朝阳区酒仙桥路10号
201410170187X	一种生活用水再利用装置	国家电网公司	西城区西长安街86号
2014101682949	基于实时站内图映射的故障准确辨识方法	国家电网公司	西城区西长安街86号
2014101658812	彩膜基板及制备方法、有机电致发光显示面板、显示装置	京东方科技集团股份有限公司	朝阳区酒仙桥路10号
201410159282X	一种利用摩擦试验机测试评价润滑油减摩抗磨性能的方法	北京雅士科莱恩石油化工有限公司	顺义区李桥镇后桥村
201410156475X	一种抗病害组合物及其用途	北京明德立达农业科技有限公司	海淀区开拓路5号1层B114室
201410155520X	一种盐增稠型水溶性支化聚合物及其制备方法与应用	中国海洋石油总公司	东城区朝阳门北大街25号
201410153280X	护理垫吸收芯体多次压花方法及装置	北京倍舒特妇幼用品有限公司	密云区经济开发区远光街1号
201410147031X	用电信息采集仿真测试平台	国家电网公司	西城区西长安街86号
201410144746X	斜流板式直接空冷凝结水消能装置	国家电网公司	西城区西长安街86号
201410141054X	城市下凹式立交桥桥区道路雨水截流收集设施	北京泰宁科创雨水利用技术股份有限公司	昌平区凉水河路6号
201410140660X	一种乳化液废水处理工艺	中持水务股份有限公司	海淀区中关村东升科技园（北领地）D区
201410139307X	基于GOOSE通信机制的联闭锁逻辑自动检测方法	国家电网公司	西城区西长安街86号
201410138751X	一种小儿多种维生素颗粒剂及其制备方法	北京康远制药有限公司	丰台区长辛店李家峪211号
201410136708X	明挖预制装配式地下结构施工方法	北京城建设计发展集团股份有限公司	西城区阜成门北大街5号
201410136585X	一种中性点不接地系统电容电流的测试方法	国家电网公司	西城区西长安街86号
201410136257X	DNS行为的处理方法、装置及系统	北京奇虎科技有限公司	西城区新街口外大街28号D座112室（德胜园区）
201410133496X	一种酶解工艺生产佛手粉的方法	北京欧凯米特科技有限公司	昌平区科技园区中兴路10号
201410130865X	增产富含异构烷烃汽油的催化裂化催化剂	中国石油天然气股份有限公司	东城区东直门北大街9号
201410128970X	一种显示面板包装设备	京东方科技集团股份有限公司	朝阳区酒仙桥路10号
201410121333X	一种降低特厚板坯头坯判废率的二冷水启动方法	首钢总公司	石景山区石景山路68号

续表

申请号	发明名称	专利权人名称	专利权人地址
201410120763X	一种基于调度信号的货运机车自动操纵实时优化控制系统	北京清软英泰信息技术有限公司	海淀区清华大学华业大厦三区4层
201410119350X	移相变压器选址方法	国家电网公司	西城区西长安街86号
201410116381X	一种数字电视射频信号分析装置及方法	北京数字电视国家工程实验室有限公司	海淀区花园路2号
201410114761X	天线匹配方法、电路及电子设备	联想（北京）有限公司	海淀区上地西路6号
201410106949X	一种马铃薯增产杀虫降解农残专用液体药肥及其制备方法	润禾泰华生物科技（北京）有限公司	北京经济技术开发区科创十三街18号院29号楼
201410105663X	一种卧式气流干化系统	北京中矿环保科技股份有限公司	海淀区彩和坊路10号1+1大厦706室
201410100552X	一种用于高压试验母线活动输电装置	国家电网公司	西城区西长安街86号
2014100966252	真空绝热板保温装饰干挂系统及其施工方法	建研科技股份有限公司	朝阳区北三环东路30号
201410096211X	一种基于IEC61850通信规约的行波测距方法	国家电网公司	西城区西长安街86号
201410090756X	输电铁塔及紧固件用防腐合金镀层及制备工艺	国家电网公司	西城区西长安街86号
2014100876909	一种由铜镍渣制备水玻璃和铁精粉的方法	斯莱登（北京）化工科技有限公司	西城区太平街甲6号B座996
201410083687X	跌落式熔管支架	国家电网公司	西城区西长安街86号
201410082161X	板框式PTFE膜除尘器	北京神雾环境能源科技集团股份有限公司	昌平区马池口镇神牛路18号
201410081224X	一种锥束CT系统几何位置的校正装置及其校正方法	北京锐视康科技发展有限公司	丰台区北京丰台科技园航丰路13号
201410072510X	一种钛硅复合氧化物的制备方法	中国海洋石油总公司	东城区朝阳门北大街25号
201410069735X	超低温热源发动机	摩尔动力（北京）技术股份有限公司	朝阳区北苑路168号中安盛业大厦24层
201410068178X	信息提醒方法、装置及终端	小米科技有限责任公司	海淀区清河中街68号华润五彩城购物中心2期13层
201410067791X	一种密封出料方法和连续式密封出料装置	北京北方永邦科技股份有限公司	海淀区上地信息路1号1-2号B栋839号
201410067086X	一种防白烟冷却塔	北京源深节能技术有限责任公司	海淀区定慧北里23号蓝宏中心5层
201410063476X	生物有机酶解—耦合转化抗生素药渣制备生物腐殖酸菌剂的方法	北京观澜科技有限公司	丰台区南四环西路188号十二区8号楼7层
201410056329X	一种封框胶组合物、液晶显示面板	北京京东方光电科技有限公司	北京经济技术开发区西环中路8号
201410055879X	信息处理方法及装置	联想（北京）有限公司	海淀区上地信息产业基地创业路6号
2014100553404	基于电力网络开环模式运行的网络式保护方法	北京科锐配电自动化股份有限公司	海淀区上地创业路8号3号楼4层
2014100552505	基于电力网络闭环模式运行的网络式保护方法	北京科锐配电自动化股份有限公司	海淀区上地创业路8号3号楼4层
201410055036X	带有干扰元素的防伪标识及其生成方法	立德高科（北京）数码科技有限责任公司	海淀区大柳树路17号富海国际港803室
201410053783X	具有电控逻辑电路的微型断路器	华威博奥电力设备有限公司	通州区中关村科技园区环景路11号
2014100502845	分级氧化处理反渗透(RO)浓水的方法	北京环利科环境工程技术有限公司	海淀区西三环北路72号世纪经贸大厦A-1106
2014100493653	一种保护呼吸道和肺部的组合物	北京同仁堂健康药业股份有限公司	北京经济技术开发区景园北街2号58幢

续表

申请号	发明名称	专利权人名称	专利权人地址
201410049179X	一种光栅、显示装置及光栅的制造方法	北京京东方显示技术有限公司	北京经济技术开发区经海一路118号
201410049147X	电力系统的静态电压稳定裕度分析及系统故障排序方法	国家电网公司	西城区西长安街86号
201410044004X	用于计算机导航人工耳蜗植入术中的电钻定位把持机构	北京德康健医药科技有限公司	丰台区科学城中核路1号03号楼620–621室
2014100419301	一种水泥回转窑燃烧工况实时调整方法及装置	北京汉能清源科技有限公司	丰台区南四环西路188号10区2号楼
201410041395X	基于新型浮置板和高分子隔振装置的浮置道床施工方法	北京九州一轨隔振技术有限公司	丰台区科学城星火路11号写字公园A座6层
201410040803X	矿化胶原复合骨黏合及填充材料	北京奥精医药科技有限公司	海淀区中关村生物医药园A区4层417室
201410040313X	一种含环戊基及五氟丙烯醚类单体的液晶组合物及其应用	北京八亿时空液晶科技股份有限公司	房山区燕山岗南路东一巷6号C座218室
201410040264X	一种含五氟丙烯醚类单体的液晶组合物及其应用	北京八亿时空液晶科技股份有限公司	房山区燕山岗南路东一巷6号C座218室
201410040176X	一种光刻胶组合物	京东方科技集团股份有限公司	朝阳区酒仙桥路10号
201410038154X	一种不锈钢化学抛光剂及抛光方法	国家电网公司	西城区西长安街86号
2014100367434	一种软骨再生支架材料的制备方法	北京大清生物技术有限公司	海淀区上地三街9号嘉华大厦C–701
201410036703X	一种电动汽车交直流组合充电控制系统及控制方法	国家电网公司	西城区西长安街86号
201410036291X	一种异常毕赤酵母菌及其应用	北京绿环国际科技有限公司	昌平区科技园创新路7号1号院2089号
2014100237515	一种用于骨修复的可塑形骨修复材料及其制备方法	北京大清生物技术有限公司	海淀区上地三街9号嘉华大厦C–701
201410022300X	打码机和打码方法	北京京东方显示技术有限公司	北京经济技术开发区宏达北路10号
201410021699X	无固相钻井液抑制性评价方法	中国海洋石油总公司	东城区朝阳门北大街25号中国海油大厦
2014100212240	改质沥青及其制备方法	神华集团有限责任公司	东城区安定门西滨河路22号神华大厦
201410021138X	用于预防术后粘连的生物可降解材料及其制备方法	北京大清生物技术有限公司	海淀区上地三街9号嘉华大厦C–701
201410020529X	改性沥青、利用煤直接液化残渣常压连续化制备改性沥青的方法及其应用	神华集团有限责任公司	东城区安定门西滨河路22号神华大厦
2014100189140	电化学处理造纸废水以延缓厌氧颗粒污泥钙化的方法	北京国环清华环境工程设计研究院有限公司	海淀区清华大学学研大厦B708
201410018264X	一种基于灵敏度分析的消除断面越限的电力系统调度方法	国家电网公司	西城区西长安街86号
201410008684X	一种压裂液连续混配装置	北京神州卓越石油科技有限公司	海淀区学院路20号16号楼112室
201410007472X	既有建筑后增短肢墙和钢拉杆的抗震加固施工方法	北京筑福国际工程技术有限责任公司	石景山区杨庄大街69号抗震园1号筑福国际
201410007232X	生产铸造焦的配合煤及铸造焦的生产方法	神华集团有限责任公司	东城区安定门西滨河路22号神华大厦
201410001368X	一种基于角度测量的OBU定位方法及系统	北京万集科技股份有限公司	海淀区上地东路1号院5号楼601
201410000798X	对版权用户进行权限管理的方法及系统	合一网络技术(北京)有限公司	海淀区海淀大街8号中钢国际广场A座5层A、C区
2013107533587	一种数据判断方法和装置	北京雪迪龙科技股份有限公司	昌平区回龙观国际信息产业基地3街3号

续表

申请号	发明名称	专利权人名称	专利权人地址
201310753257X	用于烧结的节能添加剂及其应用	首钢总公司	石景山区石景山路68号
201310753190X	柔性阵列基板以及具有该柔性阵列基板的柔性显示装置	京东方科技集团股份有限公司	朝阳区酒仙桥路10号
201310752824X	一种可实时显示注射器内药量的注射泵	北京中金硅谷科技有限公司	朝阳区东大桥路8号尚都国际A座2511
201310752817X	智能营养基质	北京仁创三会农业科技有限公司	海淀区上地东里1区4号楼603室
201310752750X	透气防渗砂及应用该透气防渗砂的砂基种植槽	北京仁创三会农业科技有限公司	海淀区上地东里1区4号楼603室
201310751330X	一种透水路面结构的铺装方法	北京东方园林股份有限公司	朝阳区北苑家园绣菊园7号
201310751059X	薄膜晶体管、阵列基板及显示装置	京东方科技集团股份有限公司	朝阳区酒仙桥路10号
201310747618X	一种保证视音频正常播出的三级故障检测系统和方法	北京中科大洋科技发展股份有限公司	海淀区中关村软件园11号楼
2013107447331	一种利用禽蛋蛋清液制作蛋白颗粒的方法	北京德青源农业科技股份有限公司	海淀区中关村南大街12号科海福林大厦5层
2013107418199	一种精制白泥的加工方法以及由该方法获得的白泥	中国神华能源股份有限公司	东城区安外西滨河路22号神华大厦
201310741694X	改善粗轧中间坯镰刀弯的自动控制方法	首钢总公司	石景山区石景山路68号
201310741648X	掩膜版组、薄膜晶体管及制作方法、阵列基板、显示装置	北京京东方光电科技有限公司	北京经济技术开发区西环中路8号
201310741510X	一种粉煤灰酸法生产氧化铝过程中溶出料浆分离洗涤方法	中国神华能源股份有限公司	东城区安外西滨河路22号神华大厦
201310741292X	一种背光模组、显示装置	京东方科技集团股份有限公司	朝阳区酒仙桥路10号
2013107410604	一种液晶组合物及其应用	北京八亿时空液晶科技股份有限公司	房山区燕山岗南路东一巷6号C座218房间
201310733511X	一种眼镜夹持器	京东方科技集团股份有限公司	朝阳区酒仙桥路10号
201310731017X	一个组成型表达启动子及其应用	北京未名凯拓作物设计中心有限公司	海淀区上地西路39号北大生物城
2013107283100	阵列基板及其制作方法、显示装置	京东方科技集团股份有限公司	朝阳区酒仙桥路10号
201310718838X	一种游泳池或水疗池的水处理方法	北京恒动环境技术有限公司	海淀区中关村南大街12号高层7楼221号
201310717249X	一种多晶硅片酸性制绒液的添加剂及其应用	北京合德丰材料科技有限公司	丰台区城南嘉园益城园11号楼1层3-101
201310714311X	一种二维磁光阱系统	北京航天时代光电科技有限公司	海淀区丰滢东路1号
201310713565X	淬火水槽料位旋转装置	北京京诚凤凰工业炉工程技术有限公司	北京经济技术开发区建安街乙6号
201310713445X	一种辅助啮合式起动机及其电磁开关	北京佩特来电器有限公司	通州区宋庄镇
2013107119642	陶瓷盘式过滤机	中冶京诚工程技术有限公司	北京经济技术开发区建安街7号
201310705340X	混凝土轨枕养护降温系统及养护降温方法	北京中铁房山桥梁有限公司	房山区大件路1号
201310704668X	一种液晶显示面板及显示装置	北京京东方光电科技有限公司	北京经济技术开发区西环中路8号

续表

申请号	发明名称	专利权人名称	专利权人地址
2013107014693	一种治疗丙肝的中药组合物及其制备方法	北京亚东生物制药有限公司	昌平区科技园区振兴路 8 号
201310700092X	信息系统一体化运维监控服务预警平台及其实现方法	北京首都国际机场股份有限公司	顺义区北京空港物流园区绿生路 2 号
201310696668X	悬挑飘窗板混凝土整体浇筑结构及其施工方法	北京城建六建设集团有限公司	密云区河南寨镇政府北侧 58 号
201310693593X	一种 YSZ–LSM 复合热障涂层材料的制备方法	北矿新材科技有限公司	昌平区沙河镇沙阳路富生路 5 号
201310690634X	一种 VMS 版面动态组网方法及装置	北京四通智能交通系统集成有限公司	海淀区皂君庙路 14 号鑫三元写字楼 5 层
201310689454X	一种高炉渣粒化与显热回收工艺及装备	北京中冶设备研究设计总院有限公司	朝阳区安外胜古庄 2 号北京中冶设备院
2013106835081	色彩增益饱和点的搜索方法、装置、搜索系统及方法	京东方科技集团股份有限公司	朝阳区酒仙桥路 10 号
201310683050X	一种流量控制方法及系统	北京京东尚科信息技术有限公司	海淀区苏州街 20 号 2 号楼 2 层
201310681060X	一种煤提质废水处理工艺	北京赛科康仑环保科技有限公司	海淀区中关村东路 18 号财智国际大厦 C 座 1502 室
201310675005X	一种带远程控制的瓦斯继电器	国家电网公司	西城区西长安街 86 号
201310674837X	一种分离硫酸钾与硫酸铵的方法	北京世纪地和控股有限公司	海淀区西八里庄路 69 号人民政协报大厦 9 层
201310671378X	一种处理奥克托今生产废水的装置及其方法	北京北方节能环保有限公司	丰台区海鹰路总部国际 6 号院 21 栋
201310669444X	一种基于典型故障集的电力系统功角稳定性近似判定方法	国家电网公司	西城区西长安街 86 号
2013106689742	一种铁矿烧结冷却过程复合余热高效利用系统	北京志能祥赢节能环保科技有限公司	丰台区南四环西路 188 号总部基地六区 2 号楼
201310661607X	偏光片、显示面板及显示装置	京东方科技集团股份有限公司	朝阳区酒仙桥路 10 号
201310660032X	一种转炉冶炼高钛铁水的方法	首钢总公司	石景山区石景山路 68 号
2013106599182	一种载人旋转式平梯	国家电网公司	西城区西长安街 86 号
201310636638X	一种地衣芽孢杆菌及其用途	北京昕大洋科技发展有限公司	海淀区中关村南大街 12 号中国农业科学院百欣科技楼 502
201310636211X	喷墨打印装置及打印方法	北京美科艺数码科技发展有限公司	海淀区花园东路 11 号泰兴大厦 1 层、2 层
2013106336613	数字标牌显示内容选择方法和装置	理光软件研究所（北京）有限公司	海淀区西直门外大街 168 号腾达大厦 28 层
201310631340X	拉压及扭转振动疲劳试验装置	北京乐冶液压气动设备技术有限公司	西城区广安门外大街 248 号 608 室
201310630844X	隔离开关操作安全防护装置	国家电网公司	西城区西长安街 86 号
201310629551X	测定三维井眼中抽油杆柱轴向力和侧向力的方法及设备	中国石油天然气股份有限公司	东城区东直门北大街 9 号
2013106282492	一种治疗大肠杆菌病的组合物	北京生泰尔生物科技有限公司	昌平区科技园区超前路 9 号 B 座 2354 号
2013106278463	一种绿棉线衫的制备方法	北京光华纺织集团有限公司	朝阳区光华路 8 号光华大厦
201310619788X	一种发电机减震垫用高性能橡胶及其制备工艺	国家电网公司	西城区西长安街 86 号
201310618872X	一种综合控制厚板坯中碳含铌钢窄面侧裂的方法	首钢总公司	石景山区石景山路 68 号

续表

申请号	发明名称	专利权人名称	专利权人地址
2013106063993	低温热致相法制备增强型中空纤维膜的方法、其产品、用途及设备	北京碧水源膜科技有限公司	海淀区生命科学园路23–2号
201310600676X	一种微生物复合菌剂及其在调节土壤酸碱度上的应用	北京市京圃园生物工程有限公司	海淀区中关村南大街12号中国农科院科海福林大厦5层
2013106000123	一种控制柜门框架型材和内嵌框式型材屏柜门	北京新利同创电子设备有限责任公司	昌平区流村镇北流村工业园
201310599738X	弧形轨道多缸协同步履推进方法	华电重工股份有限公司	东城区永定门西滨河路8号院7号楼中海地产广场东塔15楼
201310592154X	含有中草药的母猪饲料添加剂	北京和利美生物科技有限公司	大兴区金辅路甲2号凯驰大厦A516
2013105907114	一种全冠乔木移植装置	北京麦克哈格国际生态环境工程科技有限公司	顺义区龙湾屯镇山里辛庄村中心街185号
201310585649X	一种蛋鸡全价配合饲料	北京德青源农业科技股份有限公司	海淀区中关村南大街12号科海福林大厦5层
201310577872X	一种甲磺酸卡莫司他口崩片及其制备方法和其新应用	北京泰德制药股份有限公司	北京经济技术开发区荣京东街8号
201310577287X	熔丝筒组件	北京双杰电气股份有限公司	海淀区上地三街9号D座1111室
201310576942X	一种小型化中继数传用户终端系统及实现方法	航天东方红卫星有限公司	北京市5616信箱
2013105755802	一种手势控制拍摄的方法和装置	合一网络技术（北京）有限公司	海淀区海淀大街8号中钢国际大厦6层法务团队
2013105753012	一种降低蛋鸡微量元素排放的复合多矿预混料	北京德青源农业科技股份有限公司	海淀区中关村南大街12号科海福林大厦5层
201310575201X	一种儿童成长扩展服	北京派克兰帝儿童服装服饰有限公司	丰台区宋庄路顺三条21号嘉业大厦2期1号楼18层
201310575152X	一种偏光片剥离刀	京东方科技集团股份有限公司	朝阳区酒仙桥路10号
2013105738046	控制害虫的方法	北京大北农科技集团股份有限公司	海淀区中关村大街27号14层
201310571655X	抗胆碱药物组合物	北京三泉医药技术有限公司	丰台区贾家花园15号院7号楼1层西侧
2013105667799	一种阴道收缩康复治疗设备	北京君仪凯医疗科技有限公司	朝阳区育慧北路8号3区3号楼2层C2302号
201310565967X	一个基因KT525在提高植物耐逆性上的应用	北京未名凯拓作物设计中心有限公司	海淀区上地西路39号北大生物城
201310558827X	螺旋出土顶管管幕施工方法及设备	北京首尔工程技术有限公司	海淀区清河观澳园北区底商1层109
2013105570948	一种基于空芯气缸的内焊机导气电缆传送系统	中国石油天然气集团公司	东城区东直门北大街9号中国石油大厦
2013105566637	一种污泥低温干化处理系统及工艺	北京纬纶华业环保科技股份有限公司	海淀区中关村东路18号财智国际大厦A座1906室
201310556548X	TFT液晶显示面板	京东方科技集团股份有限公司	朝阳区酒仙桥路10号
2013105564881	一种旋流干煤粉气化炉	神华集团有限责任公司	东城区安外西滨河路22号神华大厦
2013105546879	辛伐他汀固体组合物	北京中申专利科技有限公司	昌平区回龙观龙腾苑二区6号楼4单元201号
2013105545490	一种曲司氯铵缓释组合物及其制备方法	舒泰神（北京）生物制药股份有限公司	北京经济技术开发区荣京东街5号
201310553956X	一种酸轧生产高强度捆带用钢的方法	首钢总公司	石景山区石景山路68号

续表

申请号	发明名称	专利权人名称	专利权人地址
201310544720X	叠层有机发光二极管器件和显示装置	京东方科技集团股份有限公司	朝阳区酒仙桥路10号
201310532759X	一种发动机启动马达及车辆	北京汽车研究总院有限公司	顺义区仁和镇双河大街99号
201310532741X	一种交流驱动的像素电路、驱动方法及显示装置	京东方科技集团股份有限公司	朝阳区酒仙桥路10号
2013105265659	一种植物芽苗盘景及其制作方法	北京绿山谷芽菜有限责任公司	丰台区太子峪村西长兴路环岛西1千米
201310522625X	全自动化学发光免疫分析仪磁珠清洗装置	北京利德曼生化股份有限公司	北京经济技术开发区宏达南路5号
201310521364X	荷包钳及其活动手柄	北京中法派尔特医疗设备有限公司	昌平区北七家镇郑各庄村宏富大厦61704室
2013105203864	反射式血氧饱和度测量仪及其测量方法	北京新兴阳升科技有限公司	海淀区阜成路28号航医大厦1906
201310517761X	一种净化车间专用吸尘器	北京泰科诺科技有限公司	昌平区崔村镇西辛峰工业园村南6区1号
201310512354X	氧化风喷出装置	北京中航泰达环保科技股份有限公司	丰台区南四环西路188号101区18号楼2层
201310507194X	车身及包括该车身的汽车	北京汽车研究总院有限公司	顺义区仁和镇双河大街99号
2013105070010	一种具有缓解疲劳、补肾壮阳功效的生物中药配方组合物、中药制剂、制备方法及其用途	北京一品堂医药科技有限公司	西城区德胜门外新风街1号512室
201310505091X	一种隔垫物及其制作方法、显示器	京东方科技集团股份有限公司	朝阳区酒仙桥路10号
201310502809X	鸡快慢羽基因型的鉴别方法及雏鸡雄雌鉴别方法	北京市华都峪口禽业有限责任公司	平谷区峪口镇兴隆庄北街3号
201310495425X	一种水性环氧酯树脂的制备方法及其应用	北京金汇利应用化工制品有限公司	海淀区永定路88号8C13
201310495376X	一种复合薄膜及其制作方法、光电元件和光电设备	京东方科技集团股份有限公司	朝阳区酒仙桥路10号
2013104953399	组合式继电器外壳	国家电网公司	西城区西长安街86号
201310494679X	一种铁路凹底双层运输汽车专用车槽型梁接长的焊接方法	南车二七车辆有限公司	丰台区张郭庄甲1号
201310492625X	OLED背板及其制作方法	京东方科技集团股份有限公司	朝阳区酒仙桥路10号
2013104922009	双面分离膜	北京中天元环境工程有限责任公司	怀柔区雁西镇雁西环岛西侧50米
201310491597X	转底炉炉底及具有该转底炉炉底的转底炉	北京神雾环境能源科技集团股份有限公司	昌平区马池口镇神牛路18号
201310491276X	一种雾霾中导电离子和不溶物颗粒提取采集装置	国家电网公司	西城区西长安街86号
2013104895533	一种再生骨料处理方法及应用其制备高性能混凝土	北京新奥混凝土集团有限公司	朝阳区小红门乡三合山甲一号
201310489039X	高空作业工器具携带装置	国家电网公司	西城区长安街86号
201310488282X	一种控制器设计方法及装置	北京经纬恒润科技有限公司	朝阳区安翔北里11号B座8层
2013104880275	一种脱氮复合菌剂及其制备方法和应用	北京沃土天地生物科技有限公司	海淀区圆明园西路2号北京5109信箱
201310488003X	一种适用于星载导航接收机的自主完好性监测方法	航天恒星科技有限公司	海淀区知春路82号院

续表

申请号	发明名称	专利权人名称	专利权人地址
201310486542X	开关管分离式LED驱动电路结构	易美芯光（北京）科技有限公司	北京经济技术开发区科创104街99号汇龙森科技园2号楼4层
201310486447X	一种具有气泡净化功能的客车后置发动机冷却系统	北京北方华德尼奥普兰客车股份有限公司	丰台区朱家坟五里5号
2013104854020	一种再生混凝土骨料的强化预处理方法	北京新奥混凝土集团有限公司	朝阳区小红门乡三台山甲1号
2013104852612	一种高活性再生掺和料及其制备方法和应用	北京新奥混凝土集团有限公司	朝阳区小红门乡三台山甲1号
201310476994X	用于中低压微电网的储能并联控制方法和装置	北京艾科迈新能源科技有限公司	海淀区中关村东路8号东升大厦C座111室
201310476916X	煤矿井下一孔多点光纤光栅钻孔应力测试装置	煤炭科学技术研究院有限公司	朝阳区和平街青年沟路5号
201310472661X	等离子体一体化脱硫脱硝除尘的方法及装置	北京睿昱达科技有限公司	北京经济技术开发区科创104街99号33幢B栋5层510室
2013104711544	一种柯萨奇病毒A16型鼠适应株及其应用	北京科兴生物制品有限公司	海淀区上地西路39号北大生物城
2013104707981	压力分散型预应力抗拔抗浮桩及施工方法	北京建材地质工程公司	朝阳区望京西路甲50—1号卷石天地大厦A座4层
201310462954X	近场通信标签脚本的提供与获取方法、装置、移动终端和服务器	小米科技有限责任公司	海淀区清河中街68号华润五彩城购物中心2期13层
201310459992X	用于医疗设备的旋转部件限位装置及具有其的医疗设备	北京永新医疗设备有限公司	通州区中关村科技园区通州园金桥科技产业基地环科中路17号17a
201310456423X	一种用于电吸附除盐的中孔炭电极的制备方法	北京国环清华环境工程设计研究院有限公司	海淀区清华大学学研综合楼A304室
201310454881X	棒材淬火装置	北京京诚凤凰工业炉工程技术有限公司	北京经济技术开发区建安街乙6号
2013104548699	一种开箱机浮动式切割头	普天物流技术有限公司	海淀区海淀北二街6号
2013104528568	水煤浆的制浆系统和多元料浆气化系统	神华集团有限责任公司	东城区安定门外西滨河路22号神华大厦
2013104525324	一种陶粒透水砖及其制备方法	北京仁创科技集团有限公司	海淀区上地三街9号B座508
201310447692X	一种汽车前格栅与前保险杠安装结构及车辆	北京汽车股份有限公司	顺义区仁和镇双河大街99号
201310447621X	一种煤焦油悬浮床加氢裂化装置优化进料的配套工艺方法	北京石油化工工程有限公司	朝阳区奥运媒体村天居园7号楼
2013104468586	清洗液吸取装置和显影液冲洗设备	京东方科技集团股份有限公司	朝阳区酒仙桥路10号
201310444740X	扫描电镜用扫描信号与工频同步的方法、装置和系统	北京中科科仪股份有限公司	海淀区中关村北二条13号
201310444500X	净洗一体机的衣物烘干装置	北京中家智铭设计有限公司	西城区下斜街29号9号楼2层
201310443930X	一种非调质钢及其生产工艺	北大方正集团有限公司	海淀区成府路298号方正大厦9层
201310441531X	辅助封框胶结构、对盒基板及显示装置	北京京东方光电科技有限公司	北京经济技术开发区西环中路8号
201310432715X	一种快速提高通量的反渗透膜膜元件的制备方法	北京碧水源膜科技有限公司	怀柔区雁栖经济开发区乐园南二街4号
201310432095X	一种移位寄存器单元及栅极驱动电路	京东方科技集团股份有限公司	朝阳区酒仙桥路10号
2013104305521	一种柔性饰面砖的制备方法及制得的产物	北京仁创科技集团有限公司	海淀区上地三街9号B座508

续表

申请号	发明名称	专利权人名称	专利权人地址
201310430468X	显示屏和拼接屏	京东方科技集团股份有限公司	朝阳区酒仙桥路10号
201310429986X	像素电极、阵列基板和显示装置	京东方科技集团股份有限公司	朝阳区酒仙桥路10号
2013104223502	一种检测人EGFR基因突变的试剂盒及其检测方法	瑞希基因科技（北京）股份有限公司	朝阳区北辰西路69号峻峰华亭C座510
2013104221719	一种节能墙体	华建耐尔特（北京）低碳科技有限公司	朝阳区望京SOHO大厦22–1505
2013104218913	一种透明质酸化学发光定量测定试剂盒及其制备方法	北京润诺思医疗科技有限公司	昌平区科技园区超前路37号院6号楼5层
2013104208860	一种改性聚氨酯发泡墙板	华建耐尔特（北京）低碳科技有限公司	朝阳区望京SOHO大厦22–1505
201310418672X	一种热轧带钢穿带前带头处理方法	首钢总公司	石景山区石景山路68号
201310415833X	一种地面修补材料及其制备方法与用途	北京中景橙石生态艺术地面科技股份有限公司	丰台区南四环西路188号2区5号楼6层
201310412046X	一种钢板吊运装置	北京南车时代机车车辆机械有限公司	昌平区昌平火车站西500米
201310397925X	阵列基板及其驱动方法、柔性显示器件及电子设备	京东方科技集团股份有限公司	朝阳区酒仙桥路10号
201310397795X	风力发电变流器直流母线的制动模块的控制系统和方法	北京天诚同创电气有限公司	北京经济技术开发区博兴一路8号
201310397467X	一种棉籽气力输送变频电控系统	北京中棉工程技术有限公司	西城区宣武门外大街甲1号环球财讯中心B座6层
201310395364X	利用污泥制造实体块的方法、实体块和回填方法	北京四方如钢混凝土制品有限公司	昌平区沙河镇七里渠南村
201310393078X	一种高纯度卡巴他赛中间体的制备方法	北京阳光诺和药物研究有限公司	石景山区古城南街77号阳光医药科技园216
201310392733X	一种办公楼宇门禁系统的调试方法、系统	中安消技术有限公司	海淀区科学院南路2号融科资讯中心C座北楼17层12–13
2013103831892	一种快速检测CK19mRNA表达量的方法及其试剂盒	北京明谛生物医药科技有限公司	丰台区科学城航丰路11号
201310383057X	液晶显示面板、液晶显示器及其制备方法	京东方科技集团股份有限公司	朝阳区酒仙桥路10号
2013103818722	2–溴–3–甲氧基吡啶的制备方法	北京格林凯默科技有限公司	海淀区西小口路66号东升科技园D–3楼411
201310381596X	灌注桩混凝土用超保坍型聚羧酸减水剂及其制备方法	北京金隅水泥节能科技有限公司	房山区琉璃河镇车站前街1号
201310371511X	一种细纱机动滑轮系对称式牵吊升降分配装置及其分配方法	经纬纺织机械股份有限公司	朝阳区亮马桥路39号第一上海中心7层
2013103704736	固定码率的自适应分辨率转码方法	合一网络技术（北京）有限公司	海淀区海淀大街8号中钢国际广场A座5层A、C区
201310368422X	检测龋齿蛋白的质谱模型及构建方法	北京毅新博创生物科技有限公司	北京经济技术开发区地盛东路1号院1幢B201
2013103672237	一种厨余垃圾微生物好氧堆肥的方法	北京水木清辉环保科技有限责任公司	昌平区超前路37号兴业创业园6B1307
201310363294X	一种控制模拟高线斯太尔摩风冷线冷速的装置	首钢总公司	石景山区石景山路68号
201310361579X	一种处理虚拟试衣模特图像的方法和装置	北京京东尚科信息技术有限公司	海淀区苏州街20号2号楼2层
201310359733X	人工湿地系统	北京中环嘉诚环境工程有限公司	海淀区丹棱街3号中国电子大厦B座1701

续表

申请号	发明名称	专利权人名称	专利权人地址
201310359010X	太阳能、风能、空气能互补供暖系统	北京乾富科技有限公司	海淀区中关村南大街甲6号9层901
201310354157X	一种3D显示方法和3D显示装置	京东方科技集团股份有限公司	朝阳区酒仙桥路10号
201310352720X	一种生物组织处理、灭菌及保存的容器和方法	北京瑞健高科生物科技有限公司	昌平区科技园区生命园路29号1幢316-3室
201310351653X	偏光片剥离机及剥离方法	京东方科技集团股份有限公司	朝阳区酒仙桥路10号
201310349511X	一种带稳压腔的燃烧室火焰筒与过渡段密封的连接结构	北京华清燃气轮机与煤气化联合循环工程技术有限公司	海淀区中关村东路1号院8号楼1001号
201310347793X	一种用于SCR脱硝系统的防堵型喷氨格栅	北京博智伟德环保科技有限公司	海淀区中关村北大街123号64号楼2108室
201310347176X	可切换二维与三维显示模式的显示装置	京东方科技集团股份有限公司	朝阳区酒仙桥路10号
201310343968X	一种导电银胶及其制备方法	京东方科技集团股份有限公司	朝阳区酒仙桥路10号
2013103432623	可移动炭活化方法	北京金润华扬科技有限公司	海淀区蓝靛厂南路25号牛顿办公区924-925室
2013103366015	多降液管塔盘和具有其的板式塔	北京泽华化学工程有限公司	海淀区地锦路7号院8号楼
2013103362230	吊顶石材干挂构造及其施工方法	北京市建筑工程装饰集团有限公司	朝阳区安慧北里逸园28号逸园商务楼
201310331869X	一种消除镀锌板表面黑色横纹缺陷的方法	首钢总公司	石景山区石景山路68号
201310331837X	一种原子荧光光谱法测定含钽高温合金中碲的分析方法	中国航空工业集团公司北京航空材料研究院	海淀区北京81信箱
201310329847X	一种像素电路、有机电致发光显示面板及显示装置	京东方科技集团股份有限公司	朝阳区酒仙桥路10号
201310329798X	一种色谱级甲醇的制备方法	北京旭阳化工技术研究院有限公司	丰台区南四环西路188号五区21号楼
2013103297443	显示装置	京东方科技集团股份有限公司	朝阳区酒仙桥路10号
201310322739X	用于超塑成型的模具和方法	北京超塑新技术有限公司	通州区中关村科技园区景盛南四街甲13号8a
2013103225430	一种双路实时信号电源监测装置及控制方法	北京国铁路阳技术有限公司	丰台区南四环西路总部基地188号一区7号楼
201310321728X	一种冬虫夏草抗菌消炎凝胶及其制备方法	北京百睿宏嘉生物科技有限公司	密云区西田各庄镇雁密路99号601室-215
2013103206143	一种储藏稳定单组分室温固化有机硅组合物	北京天山新材料技术有限公司	石景山区八大处高科技园区双园路5号
201310320019X	降低总粒相物、焦油和尼古丁吸入的组合物及其制备方法	北京益生汇康生物技术有限公司	北京经济技术开发区地盛北街1号院36楼307
2013103173648	一种透气防渗毯及其应用	北京仁创科技集团有限公司	海淀区上地三街9号B座508
201310316409X	一种模块化强化集成室内空气净化装置	北京金恒博远冶金技术发展有限公司	海淀区学院路30号科群大厦3层311室
2013103153184	一种有机无机微胶囊包覆可膨胀石墨的制备方法	北京市建筑工程研究院有限责任公司	海淀区复兴路34号
201310314190X	一种手机模型产品的外表面的镀铬效果的加工方法	北京亿海腾模型工业有限公司	北京经济技术开发区东区科创二街21号

续表

申请号	发明名称	专利权人名称	专利权人地址
201310314063X	一种封框胶固化装置	京东方科技集团股份有限公司	朝阳区酒仙桥路10号
201310313775X	一种净水储水单元及净水储水系统	北京仁创科技集团有限公司	海淀区上地三街9号B座508
201310311665X	一种阵列基板及其制作方法和显示面板	北京京东方光电科技有限公司	北京经济技术开发区西环中路8号
2013103076864	一种高速公路隧道停车定位检测和联动报警装置及方法	北京新一代照明有限公司	海淀区中关村东路1号院3号楼404室
201310306970X	一种高速公路设施巡检装置及方法	北京新一代照明有限公司	海淀区中关村东路1号院3号楼404室
2013102964257	一种治疗便秘的药物组合物及其制备方法和用途	北京恒清堂医药科技有限公司	密云区经济开发区西统路8号508室−349
201310287473X	一种立体显示装置	京东方科技集团股份有限公司	朝阳区酒仙桥路10号
201310287314X	基于电力载波通讯的输入信号保护电路	北京博纳电气股份有限公司	昌平区科技园区中兴路10号1号楼A201室
2013102869182	多芳基取代嘧啶衍生物及其制备方法、有机电致发光器件、有机电致发光显示装置	京东方科技集团股份有限公司	朝阳区酒仙桥路10号
201310286800X	一种检测PTEN基因和PI3K/AKT蛋白的方法及其在癌症治疗中的应用	北京沁蓝生物科技有限公司	密云区滨河路172号楼501室−89
201310285853X	一种堆垛机用货叉组件及堆垛机、搬送卡匣的方法	京东方科技集团股份有限公司	朝阳区酒仙桥路10号
201310284754X	封框胶及其制备方法和显示装置	北京京东方光电科技有限公司	北京经济技术开发区西环中路8号
2013102796336	一种驱动电路及发光装置	京东方科技集团股份有限公司	朝阳区酒仙桥路10号
201310274557X	一种防火双银低辐射镀膜玻璃及其制造方法	北京物华天宝安全玻璃有限公司	顺义区李桥镇任李路沿河段1号
201310273200X	一种提金用活性炭的常温常压再生方法	北京理工通达环境科技有限责任公司	海淀区北三环西路66号北京理工大学产业楼
2013102723547	一种改进的盐碱地植物种植系统	北京仁创科技集团有限公司	海淀区上地三街9号B座508
201310272006X	柔性显示装置	京东方科技集团股份有限公司	朝阳区酒仙桥路10号
201310265480X	一种多终端同步显示方法、显示装置及显示装置级联系统	京东方科技集团股份有限公司	朝阳区酒仙桥路10号
201310264991X	一种兰索拉唑组合物及其制备方法	悦康药业集团有限公司	北京经济技术开发区宏达中路6号
201310264014X	电子雷管起爆控制网络及其起爆控制方法	北京丹芯灵创科技有限公司	丰台区航丰路8号B座6118室
201310263606X	PFA变径管材成型模具	蓝星（北京）特种纤维技术研发中心有限公司	顺义区空港工业区B区安详路5号
2013102627893	一种电路转换操纵装置	北京北机机电工业有限责任公司	通州区漷县镇漷兴三街18号
201310261736X	一种3D显示器件及其制造方法、显示装置	京东方科技集团股份有限公司	朝阳区酒仙桥路10号
201310261609X	弧形化学钢化夹胶结构玻璃的加工方法	北京北玻安全玻璃有限公司	通州区通州开发区内东一街2号
201310260115X	一种车门内外腰线板刚度测试装置	北京汽车研究总院有限公司	顺义区顺通路25号5幢106室
201310256777X	一种使用同一种载热体对反应釜加热、激冷和冷却的装置	蓝星（北京）特种纤维技术研发中心有限公司	顺义区空港工业区B区安详路5号

续表

申请号	发明名称	专利权人名称	专利权人地址
2013102565469	高耸建筑物外凸构筑物步进式滑升安装施工方法	北京首钢建设集团有限公司	石景山区苹果园路15号
201310256488X	多价免疫原性组合物	北京科兴生物制品有限公司	海淀区上地西路39号北大生物城
201310251930X	商品防伪验证方法	北京卡多宝信息技术有限公司	海淀区中关村南大街5号2区683号0270室
201310250824X	一种乘用子午胎二段成型机及其成型方法	北京敬业机械设备有限公司	西城区六铺炕街1号北楼5层
201310249965X	一种纤维滤材及其制备方法及使用该纤维滤材的过滤器	北京市神力达环保科技有限公司	通州区八里桥南街16号京贸国际公寓B座106室
201310249901X	一种臭氧尾气的处理方法及装置	北京赛科康仑环保科技有限公司	海淀区中关村东路18号财智国际大厦C座1502室

北京市部分工业企业名录

单位名称	办公地点	邮编	联系电话	主要产品
北京远东仪表有限公司	东城区和平里北街6号	100013	64214101	工业过程测量仪表、自动化控制、系统集成、仪表成套、工程服务、电工仪表及零部件精密加工与组装
北京同仁堂股份有限公司	东城区崇外大街42号	100062	67179817	同仁牛黄清心丸、同仁乌鸡白凤丸、同仁大活络丸、安宫牛黄丸、坤宝丸、国公酒等
北京玻璃集团公司	东城区东大地街1号	100062	67180003	各类玻璃制品、眼镜片、眼镜架
北京京仪绿能电力系统工程有限公司	西城区鼓楼西大街41号	100009	64034443	光伏并网逆变器及发电系统
北京中纺海天染织技术有限公司	朝阳区光华路8号	100026	65830839	纺织助剂
北京京工雷蒙服装服饰有限公司	朝阳区松榆西里29号	100021	67336655	梭织服装
北京京工伊里兰服装服饰有限公司	朝阳区松榆西里29号	100021	87372863	羽绒服
北京市工业技师学院	朝阳区化工路甲1号	100023	67387521	技能培训、职业技能培训鉴定、就业服务
北京天彩纺织服装有限公司	朝阳区光华路8号光华大厦A座9层	100026	65815275	服装
北京华新发展公司	朝阳区垡头东里1号	100023	67374765	开发技术、发展化工产品
北京大有工贸公司	朝阳区大郊亭4号	100022	58076895	建筑黏合剂等
北京华腾通标检测与校准技术研究中心有限责任公司(北京市化工产品质量检测站)	朝阳区双井邮局239信箱	100124	67758350	化工产品检验、检测及标准化、培训服务
北京华腾劳务派遣有限公司	朝阳区劲松南路9号	100021	67714054	劳务管理、劳务派遣
北京华腾丰旺科技有限公司	朝阳区豆各庄1号院	100023	87391568	建材保温板、其他化工产品
北京京纸集团有限公司	朝阳区广渠路39号院1号楼	100022	67043081	系列信息用纸、复合包装材料
北京布莱迪工程技术有限公司	朝阳区成寿寺路甲135号	100164	67633541	各种压力表系列、压力变送器系列、压力控制器、测温仪表、化学密封系列、气体减压器系列、阀门系列
北京兴大豪科技开发有限公司	朝阳区酒仙桥东路1号	100016	64358866	电脑刺绣机电子控制系统
北京启明烽科技有限公司	海淀区清河镇安宁庄东路18号12号楼	100026	62929294	燃烧器控制系统

续表

单位名称	办公地点	邮编	联系电话	主要产品
北京大华天坛服装有限公司	海淀区中关村大街人民大学南路三义庙	100086	62612565	梭织服装
北京北分瑞利分析仪器（集团）有限责任公司	海淀区北清路160号	100095	62403048	原子吸收光谱系列，原子荧光光谱系列，气相色谱、高效液相色谱、原子发射光谱系列，紫外/可见光谱系列，红外拉曼光谱系列，微波消解/萃取仪等光谱分析仪器
北京五星青岛啤酒有限公司	海淀区西三旗建材城中路2号	100096	82912308	五星啤酒
北京龙徽酿酒有限公司	海淀区玉泉路2号	100143	68219243	龙徽葡萄酒
北京市化学工业研究院	海淀区中关村北大街123号	100084	62567814	工程塑料合金材料、科研开发及服务
北京市化工职业病防治院	海淀区香山一棵松50号	100093	62591713	化工职业病预防、治疗、监测
北京晟德瑞环境技术有限公司	海淀区闵庄路3号玉泉慧谷2号楼2层	100093	88856181	环境监测系统集成
北京华腾新材料股份有限公司	海淀区中关村北大街123号	100084	62551996	聚氨酯黏合剂
北京京仪敬业电工科技有限公司	丰台区右安门外东滨河路2号	100069	66175725	各种微型电机产品、高中低压配电装置产品、自动化成套产品
北京京仪椿树整流器有限责任公司	丰台区三顷地甲3号	100040	88680221	电解电镀电源、LED用蓝宝石炉电源、电弧炉电源、中频感应加热电源、多晶硅还原炉电源、单晶炉电源、铸锭炉电源、氢化炉电源等
北京京仪仪器仪表研究总院有限公司	北京丰台区苇子坑2号	100079	64045440	激光测量仪器、激光参量测试仪器、半导体
北京同仁堂科技发展股份有限公司	丰台区南三环中路20号	100079	87632899	六味地黄丸系列产品、感冒清热颗粒、牛黄解毒片系列、生脉饮口服液等
北京乐金日用化学有限公司	丰台区石榴庄南里8号	100075	67644544	竹盐牙膏
北京超羽纤维制品有限公司	房山区良乡工业开发区	102488	65080450	床上用品
北京星海钢琴集团公司	通州区次渠光机电一体化基地光大路8号	101111	81503999	钢琴、管乐、民乐
北京东光实业总公司	通州区滨河路143号	101149	61561473	丙烯酸酯类、乳液、树酯产品
北京华腾橡塑乳胶制品有限公司	通州区光机电一体化基地兴光五街6号	101111	81501509	工业胶板、橡塑制品、医用及家用手套
北京瑞京乳胶制品有限公司	通州区次渠工业开发区	101111	81501309	乳胶手套
北京宜刚鞋业有限公司	通州区次渠工业开发区	101111	81501429	全胶鞋
北京华腾大搪设备有限公司	通州区光机电一体化基地嘉创二路8号	101111	81502146	大型搪玻璃设备、铆焊制品
北京华腾东光科技发展有限公司	通州区滨河路143号	101149	61505749	丙烯酸酯类、乳液、树酯产品
北京一轻日用化学有限公司	通州区中关村科技园通州园·光机电一体化产业基地科创东六街6号	101111	81503351	金鱼牌洗涤产品，奥琪、宝贝化妆品，欧珀莱化妆品
北京五洲佳泰新型涂层材料有限公司	顺义区高丽营镇金马工业区6号	101303	67662420	双轴向布、帐篷、充气产品
北京京澳毛纺有限公司	顺义区高丽营镇高泗路四村段30号	101303	69454140	毛纱、混纺纱
北京京棉巨龙有限公司	顺义区高丽营镇金马工业区B区1号	101303	69457212	气流纱、布
北京五洲燕阳特种纺织品有限公司	大兴区瀛海镇黄亦路97号	100076	69276011	消防水带、软质输油管、软体油罐

续表

单位名称	办公地点	邮编	联系电话	主要产品
北京雪莲羊绒有限公司	大兴区瀛海镇瀛海工业园区中路1号	100076	69285267	羊绒衫
北京化学工业集团有限责任公司	北京经济技术开发区西环北路23号	100176	67864201	精细化工、化工装备、工业及民用气体、电子化学品、新能源、新材料、循环经济产业、环保产业
北京化学试剂研究所	大兴区安定镇安定北街58号	102607	80239006	锂离子电池电解液、锂电池电解液、超净高纯试剂、高纯物质、新型扩散源、标准溶液及实验试剂和其他精细化学品
北京华腾化工有限公司	大兴区安定镇安定北街58号	102607	80239083	化工集团大兴化工园区水、电、汽公用工程生产及管理，经营贸易
北京华腾天海环保科技有限公司	大兴区安定镇安定北街58号	102607	80239838—805	溶剂试剂回收精炼、甲醛
北京北仪创新真空技术有限责任公司	大兴区工业开发区前高米店盛坊路仪器仪表基地	102600	60251397	各种真空应用设备、真空获得设备、真空测量仪表及非晶硅太阳能电池生产线设备
北京京仪北方仪器仪表有限公司	大兴区工业开发区前高米店盛坊路2号仪器仪表基地	102600	60250334	各种机电式、全电子式和智能型电能计量系列产品、现场远传抄表系统等
北京同仁堂健康药业股份有限公司	北京经济技术开发区景园北街2号58幢同仁堂健康大厦	100176	81726688	保健食品、食品、中成药等
北京百事可乐饮料有限公司	大兴区西红门大白楼13号	100076	61280988	百事可乐饮料
北京一轻食品集团公司	大兴区北兴路东段6号	102600	60240118	义利牌系列面包、巧克力、糖果、北冰洋饮料
北京味多美食品科技有限责任公司	大兴区生物医药产业基地天荣街24号	102609	60270360	生日蛋糕、金砖、老婆饼、法棒
北京星伟体育用品有限公司	大兴区中关村科技园区大兴生物医药产业基地民和路8号	102600	61258399	生产体育器材（星牌台球桌）
美巢集团股份公司	大兴区瀛元街6号	100076	4006101266	刮墙腻子、抗裂刮墙腻子、耐水腻子、高强耐水腻子、抗裂耐水腻子等
北京维冠机电股份有限公司	大兴区采育镇北京采育经济开发区采伟路6号	102606	80278166	通信基站产品，电力变电控制柜、风电控制柜，轨道交通配套产品、售检票机及配套件等
北京仟草中药饮片有限公司	大兴区鼎业路7号院	100078	61280066	中药饮片，含直接口服饮片，净制、切制、蒸制、炙制、煅制、煨制、焯制
北京人民电器厂有限公司	大兴区工业开发区金苑路29号	102600	69298558	塑壳断路器、万能式断路器、微型断路器、双电源、交流接触器
北汽福田汽车股份有限公司	昌平区沙河镇沙阳路老牛湾村北	102206	80708919	柴油轻型载货车
新时代健康产业（集团）有限公司	昌平区科技园区白浮泉路10号北控科技大厦	102206	64850599	“国珍”系列保健品
北京诺华制药有限公司	昌平区永安路31号	102200	85668973	卡马西平片、（凝胶）膏霜剂、双氯芬酸片、其他片剂
乐普（北京）医疗器械股份有限公司	昌平区超前路37号	102200	80123820	雷帕霉素药物洗脱支架、无载体药物支架
北京雪迪龙科技股份有限公司	昌平区高新三街3号	102206	80730674	烟气连续监测系统、烟气连续监测系统软件PAS—DAS1.0
北京利尔高温材料股份有限公司	昌平区工业园区四号楼	102211	61713266	不定型耐火材料、功能耐火材料、耐火机压制品、耐火预制件
扬子江药业集团北京海燕药业有限公司	昌平区生命园路16号	102206	80728999—6663	厄贝沙坦片、苏黄止咳胶囊
北京知蜂堂蜂产品有限公司	昌平区科技园区白浮泉路13号	102200	60716202	蜂胶浓缩液、蜂蜜、蜂王浆、花粉、普诺宁思胶囊

续表

单位名称	办公地点	邮编	联系电话	主要产品
北京煜邦电力技术有限公司	昌平区科技园区华昌路1号1、2、3号楼	102200	84423522	EDAD系列电能数据采集装置、采集器、集中器、电量计费系统装置、专变采集终端
北京康比特体育科技股份有限公司	昌平区科技园区利祥路5号	102200	50949362	运动健康营养食品
北京万泰生物药业股份有限公司	昌平区科学园路31号	102206	59528810	丙型肝炎病毒抗体诊断试剂盒、人类免疫缺陷病毒抗体诊断试剂盒、戊型肝炎病毒IgM抗体诊断试剂盒
三一重工股份有限公司	昌平区北清路8号6幢5楼	102206	60737370	混凝土搅拌运输车
北京爱康宜诚医疗器材股份有限公司	昌平区科技园区白浮泉路10号	102200	80109581－650	人工关节
中生北控生物科技股份有限公司	昌平区科技园区超前路27号	102200	80107541	临床诊断试剂系列产品
北京金房暖通节能技术股份有限公司	昌平区超前路9号B座2273室	102299	67711118	节能设备
北京勤邦生物技术有限公司	昌平区回龙观镇生命园路29号创新大厦B座236、240室	102208	80700520	β－抗生素类试纸条、黄曲霉毒素试纸条、林可霉素试纸条、氯霉素试剂盒/试纸条
北京佰仁医疗科技有限公司	昌平区科技园区东区华昌路2号	102200	60735920	瓣膜成形环、涤纶补片、外科生物补片
北京亚东生物制药有限公司	昌平区科技园区振兴路8号	102200	51660661	板蓝根颗粒、复方斑蝥胶囊、感冒清热胶囊、坤宝丸、小儿咽扁颗粒
博奥生物集团有限公司	昌平区生命科学园路18号	102206	80726868	生物芯片试剂盒及耗材、生物芯片相关配套仪器设备
北大先行科技产业有限公司	昌平区科技园区超前路9号	102200	69727775－162	磷酸铁锂、三元素、钴酸锂
北京新清河毛纺染织有限责任公司	平谷区马坊镇工业开发区西区	101204	60999011	精纺毛织品
北京地天泰针织绒线有限公司	平谷区马坊镇工业开发区西区	101204	60999127	绒线
北京京兰非织造布有限公司	平谷区马坊镇工业开发区西区191号	101204	89965194	无纺布
北京科兴源热电有限公司	平谷区马坊镇工业开发区西区189号	101204	60999728	热力生产及供应
北京雪莲同达制衣有限公司	平谷区滨河工业开发区63号	101200	69935637	毛针织品
北京福田戴姆勒汽车有限公司	怀柔区红螺东路21号	101400	60678738	"福田欧曼"品牌中重卡产品
北京碧水源膜科技有限公司	怀柔区雁栖经济开发区乐园南二街4号	101400	61689200	超、微滤膜
北京杰远电气有限公司	怀柔区雁栖经济开发区雁栖南四街	101407	62979948	输配电及控制设备
北京英茂药业有限公司	怀柔区雁栖经济开发区雁栖东二路48号	101400	61669252	胃溶型薄膜包衣预混剂，肠溶型薄膜包衣预混剂
天威瑞恒高压套管有限公司	怀柔区雁栖经济开发区雁栖河西二路2号	101407	61669863	变压器套管
朗活医药耗材（北京）有限公司	怀柔区雁栖经济开发区雁栖河西路3号	101407	61669540	新型药包装材料、输液膜及导管
北京安德建奇数字设备有限公司	怀柔区杨宋镇凤翔科技开发区一园8号	101400	61678811	数控快走丝线切割机床AR系列、数控电火花成形机床AF系列、数控电火花超硬刀具加工机床AT系列、数控单向走丝线切割机床AW系列、数控电火花高速穿孔机床AD系列，JCV立式加工中心和JCD龙门式加工中心

续表

单位名称	办公地点	邮编	联系电话	主要产品
北京康普锡威科技有限公司	怀柔区雁栖经济开发区乐园大街6号	101407	69667237 69660183	各种规格和品种的高品质锡基合金焊料
北京奥邦焊业有限公司	怀柔区雁栖经济开发区南四街6号	101407	61667348	特种金属药芯耐磨焊丝
北京厚明德新材料包装有限公司	怀柔区雁栖经济开发区乐园大街36号	101407	61669916	超高温蒸煮系列、高温蒸煮系列、水煮系列、粉剂农药系列、休闲食品系列、冷冻食品系列、高端试剂包装、热收缩膜系列塑料包装印刷产品
北京东方红航天生物技术股份有限公司	怀柔区北房经纬工业区裕华路9号	101400	61683671	片剂、胶囊剂、口服液、粉剂等剂型的系列航天高科技保健食品
达能乳业（北京）有限公司	怀柔区雁栖经济开发区雁栖北一街6号	101407	61666555	碧悠、达能系列发酵乳
北京西餐食品有限公司	怀柔区庙城镇郑重庄村630号	101401	60697904	肉制品（酱卤肉制品、熏煮香肠火腿制品、熏烧烤肉制品、腌腊肉制品）、其他水产加工品（生食水产品、风味鱼制品）
北京露露饮料有限责任公司	怀柔区开放路16号	101400	69691366	杏仁系列饮品
北京东明兴业科技有限公司	怀柔区雁栖经济开发区	101407	61665518	精密模具
北京中冀福庆专用车有限公司	怀柔区杨宋镇凤翔科技开发区二园9号	101400	61675258	自卸汽车、非公路用工程车、警务工作站
北京御食园食品股份有限公司	怀柔区雁栖经济开发区乐园大街31号	101407	61668198	果脯系列、大小黑豆产品、冻干烤鸭、茯苓夹饼等休闲食品
北京斯普乐电线电缆有限公司	怀柔区雁栖经济开发区雁栖东二路58号	101407	61665369	汽车电线
北京奥星恒迅包装科技有限公司	怀柔区雁栖经济开发区雁栖河西路3号	101407	61669540	开发、生产新型药品包装材料；销售自产产品
北京红螺食品有限公司	怀柔区庙城镇郑重庄村631号	101401	60692542	果脯系列、羊羹、茯苓饼、烤鸭、老北京十三绝系列等休闲系列食品
纽利味食品（北京）有限公司	怀柔区雁栖工业开发区雁栖北二街11号	101407	61666868–601	加工食品添加剂、水解蛋白、裹粉裹浆、面包屑、饼干粉、香辛料、调味品
北京博萨汽车配件有限公司	怀柔区雁栖经济开发区雁栖东二路43号	101407	61668566–833	车门外板、后围外板、顶盖、前门滑槽总成、地板
北京天元奥特橡塑有限公司	怀柔区杨宋镇凤翔东大街2号	101400	61676028	橡胶制品、塑料制品、空气弹簧减震器、汽车座椅、空气弹簧后悬置等
北京英思沃工业科技有限公司	怀柔区北房镇经纬工业区	101400	61685581	移动通信基站配套产品、变频器配套产品、钻井设备配套产品、网络融资服务平台
北京金田麦国际食品有限公司	怀柔区雁栖经济开发区雁栖北二街12号	101407	61668620	水煮型速食面系列、水煮型速食米制品系列、速冻面系列、半干面系列、鲜切面系列
北京科锐博华电气设备有限公司	怀柔区北房镇经纬工业区18号	101400	62981321	箱式变电站、GRC、非晶合金变压器
奥瑞金包装股份有限公司	怀柔区雁栖经济开发区乐园南一街7号	101407	61666999	食品包装用覆膜铁
北京东方希望饲料有限公司	怀柔区北房镇希望路10号	101400	61682819	510肉小鸡、511肉中鸡、541肉小鸭、542肉中鸭、猪浓缩饲料
北京福斯汽车电线有限公司	怀柔区雁栖经济开发区雁栖大街39号	101407	61667841	汽车电线
北京广振商工汽车部件有限公司	怀柔区杨宋镇凤翔开发区安平1园2号	101400	61675334	汽车车门玻璃升降器总成
北京红星股份有限公司	怀柔区红星路1号	101400	61697061	红星青花瓷系列、北京特酿系列
北京凌云东园科技有限公司	怀柔区杨宋镇北京凤翔科技开发区凤翔一园28号	101400	61678526	汽车车门框及车门侧防撞杆

续表

单位名称	办公地点	邮编	联系电话	主要产品
北京世东凌云科技有限公司	怀柔区杨宋镇北京凤翔科技开发区	101400	61677911	不锈钢光亮饰条、车门内外装饰密封条、前后风挡玻璃密封条、车顶装饰条、车门防撞条、前格栅、尾翼、三角窗、B柱饰板、轮毂罩等
北京统一饮品有限公司	怀柔区开放路70号	101400	89681966	多果汁系列（鲜橙多、蜜桃多、葡萄多、芒果多）、老坛酸菜牛肉面、阿萨姆奶茶、统一冰红茶、统一绿茶
北汽福田汽车股份有限公司北京欧曼重型汽车厂	怀柔区红螺东路21号	101400	4008900966	欧曼GTL产品
波尔亚太（北京）金属容器有限公司	怀柔区雁栖工业开发区永乐大街8号	101407	61663300	两片铝质易拉罐
红牛维他命饮料有限公司	怀柔区雁栖经济开发区	101407	61669833	红牛（普通型）、红牛（牛磺酸强化型）
玛氏食品（中国）有限公司	怀柔区雁栖经济开发区	101407	61667410	德芙、M&M's、士力架、脆香米
太平洋制罐（北京）有限公司	怀柔区雁栖镇	101407	61642155	铝质两片易拉罐
有研粉末新材料（北京）有限公司	怀柔区雁栖经济开发区雁栖南四街12号	101400	61667638	电解铜粉、高纯度雾化铜粉、铜合金粉、部分合金化CuSn扩散粉、超细预合金粉
北京红星股份有限公司	怀柔区红星路1号	101400	65683106	红星牌系列白酒
北京铜牛服装有限公司	密云区工业开发区科技路31号	101500	51279898	梭织服装
雪润（北京）羊绒制品有限公司	延庆区经济技术开发区2区百莲街5号	102100	61118329	无毛绒

北京市政府相关部门通信指南

单位名称	地　址	网址或电子邮箱	邮　编	电　话
北京市经济和信息化委员会	朝阳区惠新东街6号	www.bjeit.gov.cn	100029	57587000 84640621
北京市发展和改革委员会	西城区复兴门南大街丁2号	www.bjpc.gov.cn	100031	66415588
北京市商务委员会	丰台区横道沟西街2号院6号楼	www.bjcoc.gov.cn	100164	65248780
北京市科学技术委员会	西城区西直门南大街16号	www.bjkw.gov.cn	100035	66153395
北京市财政局	海淀区阜成路15号	www.bjcz.gov.cn	100048	88549114
北京市质量技术监督局	朝阳区育慧南路3号	www.bjtsb.gov.cn	100029	57520000
北京市工商行政管理局	海淀区苏州街36号	www.baic.gov.cn	100080	82691919
北京市安全生产监督管理局	西城区槐柏树街2号院3号楼	www.bjsafety.gov.cn	100053	65023616
北京市国土资源局	东城区和平里北街2号	www.bjgtj.gov.cn	100013	64409669
北京市交通管理委员会	丰台区六里桥南里甲9号B座	www.bjjtw.gov.cn	100073	63011677
北京市食品药品监督管理局	西城区枣林前街70号	www.bjda.gov.cn	100053	83979811
北京市东城区产业和投资促进局	东城区建国门金宝街52号	www.bjdch.gov.cn	100005	65258800
北京市西城区发展和改革委员会	西直门内大街275号	www.bjxch.gov.cn	100035	82141179
北京市朝阳区发展和改革委员会	朝阳区百子湾西里303号	fagaiwei.bjchy.gov.cn	100124	65090538 65013688
北京市海淀区经济和信息化办公室	海淀区四季青路6号海淀招商大厦	www.zhsp.gov.cn	100195	88498837
北京市丰台区经济和信息化委员会	丰台区文体路2号	www.bjft.gov.cn	100071	83656000

续表

单位名称	地 址	网址或电子邮箱	邮 编	电 话
北京市石景山区经济和信息化委员会	石景山区石景山路18号	ecrd.bjsjs.gov.cn	100043	88699890
北京市门头沟区经济和信息化委员会	门头沟区新桥南大街46号	www.bjmtg.gov.cn	102300	69842584
北京市房山区经济和信息化委员会	房山区长阳镇昊天北大街38号	jxw.bjfsh.gov.cn	102445	81312701
北京市通州区经济和信息化委员会	通州区新华东街256号	gyj.bjtzh.gov.cn	101100	69546276 69541494
北京市顺义区经济和信息化委员会	顺义区建新西街甲3号	www.jxw.bjshy.gov.cn	101300	69441064
北京市大兴区经济和信息化委员会	大兴区兴丰大街三段138号	www.bjdx.gov.cn	102600	69243537
北京市昌平区经济和信息化委员会	昌平区西环路15号	cpjxw.bjchp.gov.cn	102200	69742365
北京市平谷区经济和信息化委员会	平谷区乐园西小区7号	www.bjpg.gov.cn	101200	69986796
北京市怀柔区经济和信息化委员会	怀柔区青春路42号	www.hrjxw.gov.cn	101400	69624574
北京市密云区经济和信息化委员会	密云区鼓楼东大街8号	www.myec.gov.cn	101500	69055880 69041694
北京市延庆区经济和信息化委员会	延庆区东外大街建业胡同2号	www.bjyq.gov.cn	102100	69103310 69144623
中关村科技园区管理委员会	海淀区阜成路73号裕惠大厦906号	www.zgc.gov.cn	100080	88827911
北京经济技术开发区管理委员会	北京经济技术开发区荣华中路15号博大大厦	www.bda.gov.cn	100176	67881240
北京市民政工业总公司	朝阳区华严北里2号	www.bjflqy.com.cn	100029	62012303 68355545
北京市工商联合会	东城区广渠门内白桥大街22号605室	www.bjgsl.org.cn	100062	67123591
北京工业经济联合会	西城区槐柏树街2号		100053	63187806
北京校办产业管理中心	朝阳区安华西里一区13号楼3层	songhy@best-info.cn	100011	64206229
北京企业联合会	朝阳区北辰东路汇园公寓J座12门	www.bec.org.cn	100101	87713151
北京市中小企业服务中心	东城区东四十条凯龙大厦301、302、305室	www.bjeit.gov.cn	100700	64058636 64056117
北京市技术创新服务中心	朝阳区工体北路6号凯富大厦4层	www.bjeit.gov.cn	100027	85235079
北京市产业经济研究中心	朝阳区工体北路6号凯富大厦5层	rc.ac.cn	100027	85987281 85235624

北京市辖区内国有控股工业企业通信指南

单位名称	地 址	网 址	邮 编	电 话
北京一轻控股集团有限责任公司	朝阳区广渠路38号	www.bjyq.com.cn	100022	87529807
北京隆达轻工控股有限责任公司	西城区德胜门东滨河路5号	www.elongda.com	100120	82259651
北京纺织控股有限责任公司	东城区东单三条33号	www.bthc.com.cn	100005	65127929
北京工美集团有限责任公司	东城区王府井大街200号	www.gongmeigroup.com.cn	100005	65288866
中国石化集团北京燕山石油化工有限公司	房山区燕山岗南路1号	www.yanshanpcgc.com.cn	102500	69346978
北京化学工业集团有限责任公司	北京经济技术开发区西环北路23号华腾发展大厦	www.bjhgjt.com.cn	100176	67864201
北京金隅集团有限责任公司	东城区北三环东路36号北京环球贸易中心D座	www.bbmg.com.cn	100013	66411587 66412086

续表

单位名称	地　址	网　址	邮　编	电　话
北京能源集团有限责任公司	朝阳区永安东里16号CBD国际大厦A区	www.powerbeijing.com	100022	85218888
北京市电力公司	西城区前门西大街41号	www.bj.sgcc.com.cn	100031	63128201
北京电子控股有限责任公司	朝阳区三里屯西六街6号	www.behc.com.cn	100027	84545438
北京京城机电控股有限责任公司	朝阳区东三环中路59号京城机电大厦18层	www.jcmeh.com	100022	87707100
北京京仪集团有限责任公司	朝阳区建国路93号院9号楼16—19层	www.biichg.com	100022	58204466 58206350
华润医药集团有限公司	朝阳区曙光西里甲5号凤凰置地广场A座27层	www.crpharm.com	100028	57985000
中国北京同仁堂集团有限责任公司	东城区东兴隆街52号	www.tongrentang.com	100062	67015895
首钢总公司	石景山区石景山路厂东门	www.shougang.com.cn	100041	88291114
北京汽车集团有限公司	顺义区仁和镇双河大街99号	www.baicgroup.com.cn	101300	87664009
中车北京二七机车有限公司	丰台区长辛店杨公庄1号	www.27rail.com.cn	100072	83306001 83306066
中车北京二七车辆有限公司	丰台区张郭庄甲1号	www.crrcjc.cc	100072	83804071
中车北京南口机械有限公司	昌平区南口镇道北	www.njgs.crrcnk.cc	102202	51013561 69771809

说 明

本索引采取主题索引也称内容分析索引法编纂。主题词（标目）主要以《北京工业年鉴》（2016）版正文中出现的专业名词、名词性词组、地名、机构名、人名为主。

特载、大事记、工业数据、附录等栏目内容不在标引范围内。

本索引基本按汉语拼音音序排列，汉字打头的标目按首字的音序音调依次排列，首字相同时则以第二字排序，依次类推；以阿拉伯数字打头的主题词，排在最前面；以英文字母打头的主题词，列于其后。

本索引的文字部分为标目，标目之后的阿拉伯数字表示该标目所在正文中的页码（地址页），其后的小写英文字母（a、b）表示正文中的栏别（从左至右）。部分标目后面有若干个页码或栏别，则表示该标目均在这些地方出现。

C

D

E

F

G

H

J

K

L

R

S

T

W

X

Y

Z